Paolo Monti
Francesca Faenza

Res publica

Terza edizione

PER IL COMPUTER E PER IL TABLET

L'eBook multimediale

1 REGÌSTRATI A MYZANICHELLI

Vai su **my.zanichelli.it** e regìstrati come studente

2 SCARICA BOOKTAB

- Scarica **Booktab** e installalo
- Lancia l'applicazione e fai login

3 ATTIVA IL TUO LIBRO

- Clicca su **Attiva il tuo libro**
- Inserisci la **chiave di attivazione** che trovi sul **bollino argentato** adesivo (qui accanto un esempio di bollino con chiave di attivazione)

4 CLICCA SULLA COPERTINA

Scarica il tuo libro per usarlo offline

ZANICHELLI

Realizzazione editoriale:
- Coordinamento redazionale: Antonella Avventuroso
- Segreteria di redazione: Deborah Lorenzini, Rossella Frezzato
- Progetto grafico: Segni d'immagine, Bologna
- Redazione e impaginazione: Edistudio, Milano
- Progetto grafico, impaginazione e ricerca iconografica pagine NEWS: Arketipa, Bologna
- Disegni: Giulio Peranzoni

Contributi:
- Mappe concettuali e parole crittografate: Francesco Calzone
- Edizione per l'insegnante: Marcella Molinaro
- Schede CLIL: Francesca Faenza
- Revisione linguistica CLIL: Richard Rice

Realizzazione delle risorse digitali
- Coordinamento redazionale: Antonella Avventuroso
- Redazione: Jacopo Bassi
- Realizzazione videosimulatore: Arcadia Consulting srl
- Sceneggiature videosimulatore: Francesca Faenza
- Realizzazione e adattamento della sceneggiatura dei video dei CLIL: Antonio Mannucci, Pier Xenofon Kotanidis
- Voce narrante: Richard Rice
- Disegni: Giulio Peranzoni
- Esercizi interattivi ZTE: Simona Sgrizzi
- Progettazione esecutiva e sviluppo software: duDAT srl, Bologna

Copertina:
- Progetto grafico: Miguel Sal & C., Bologna
- Realizzazione: Roberto Marchetti e Francesca Ponti
- Immagine di copertina: Giulio Peranzoni

Prima edizione: 2010
Seconda edizione: 2014
Terza edizione: febbraio 2017

Ristampa:

7 6 5 4 2019 2020 2021 2022

Zanichelli garantisce che le risorse digitali di questo volume sotto il suo controllo saranno accessibili, a partire dall'acquisto dell'esemplare nuovo, per tutta la durata della normale utilizzazione didattica dell'opera. Passato questo periodo, alcune o tutte le risorse potrebbero non essere più accessibili o disponibili: per maggiori informazioni, leggi my.zanichelli.it/fuoricatalogo

File per sintesi vocale
L'editore mette a disposizione degli studenti non vedenti, ipovedenti, disabili motori o con disturbi specifici di apprendimento i file pdf in cui sono memorizzate le pagine di questo libro.
Il formato del file permette l'ingrandimento dei caratteri del testo e la lettura mediante software screen reader. Le informazioni su come ottenere i file sono sul sito
http://www.zanichelli.it/scuola/bisogni-educativi-speciali

Grazie a chi ci segnala gli errori
Segnalate gli errori e le proposte di correzione su **www.zanichelli.it/correzioni**.
Controlleremo e inseriremo le eventuali correzioni nelle ristampe del libro.
Nello stesso sito troverete anche l'errata corrige, con l'elenco degli errori e delle correzioni.

Zanichelli editore S.p.A. opera con sistema qualità
certificato CertiCarGraf n. 477
secondo la norma UNI EN ISO 9001:2015

Questo libro è stampato su carta che rispetta le foreste.
www.zanichelli.it/chi-siamo/sostenibilita

Stampa: Arti Grafiche Battaia F.&C. Srl
Via Papa Giovanni XXIII, 5 Zibido San Giacomo (Milano)
per conto di Zanichelli editore S.p.A.
Via Irnerio 34, 40126 Bologna

INDICE

LEZIONE 4

La famiglia nel nostro ordinamento

UNITÀ 2
Lo Stato

LEZIONE 5

Caratteri generali dello Stato

LEZIONE 6
Forme di Stato e forme di governo

UNITÀ 3
La Costituzione repubblicana

LEZIONE 7
Dallo Statuto alla Costituzione

LEZIONE 8
I principi fondamentali

LEZIONE 14
Tipi di mercato

UNITÀ 6
La struttura dello Stato italiano

LEZIONE 15
Dove nascono le leggi

LEZIONE 16
Il Governo del Paese

UNITÀ 7
Le grandi organizzazioni internazionali

LEZIONE 21
Il diritto internazionale

LEZIONE 22
L'Unione europea

LEZIONE 23

L'organizzazione della Ue

UNITÀ 8

Come aumentare la ricchezza della Nazione

LEZIONE 24

Dal mercantilismo al liberismo

LEZIONE 25

Da Keynes al neoliberismo

UNITÀ 9

La moneta

LEZIONE 26

Moneta, inflazione e svalutazione

LEZIONE 27

L'attività finanziaria

UNITÀ 10

Sottosviluppo e globalizzazione

LEZIONE 28

Il mercato globale

Che cos'è il diritto?

Immaginiamo di essere scampati a un naufragio e di ritrovarci, insieme ad altri naufraghi, su un'isola deserta. Che fare? Per prima cosa cercheremo di procurarci cibo e acqua potabile, di costruire un riparo per la notte e accendere un fuoco. Ben presto, però, ci accorgeremo che ci sono altri problemi da risolvere oltre ai bisogni materiali. Per esempio: chi prende le decisioni per il gruppo? Come vanno spartiti i viveri? Che punizioni dare a chi ruba il cibo degli altri? Chi farà i turni per mantenere acceso il fuoco la notte? Se questi problemi non verranno risolti, la comunità dei naufraghi avrà vita breve. Ogni gruppo, piccolo o grande che sia, ha bisogno di darsi delle regole. Ed è qui che entra in gioco il diritto. ■

In natura vale la legge del più forte. E nella nostra società?

KimsCreativeHub, iStock.

Il diritto pone un limite all'uso della forza. Ma allora è utile solo a chi è debole e non saprebbe difendersi da solo?

skynesher, iStock.

Il diritto è fatto di regole. Le regole ci tolgono la libertà?

Ecelop, iStock.

Il diritto L'automobilista fermo al semaforo sta obbedendo a una regola del codice della strada. Se improvvisamente smettesse di farlo, sarebbe più libero?

36clicks, iStock.

Diritto e **DIRITTI.**

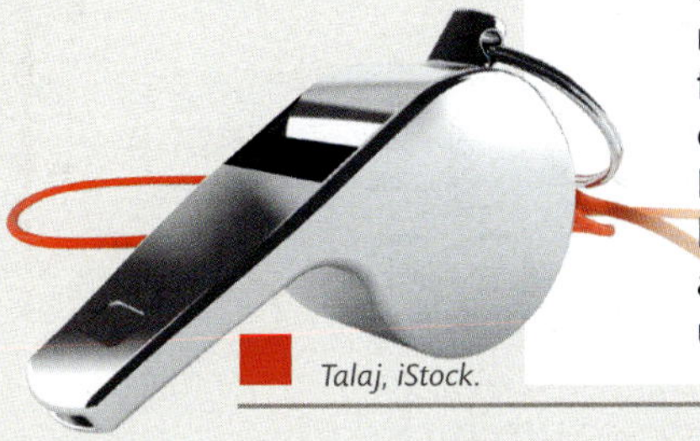

Talaj, iStock.

Se vediamo un leone aggredire una gazzella, certo proviamo compassione per la gazzella, ma non possiamo dire che il leone abbia commesso un crimine e meriti una punizione. È la legge della natura. Nella nostra società fortunatamente le cose non stanno così. A differenza della giungla, esistono regole che limitano l'uso della forza e ci fanno vivere più sicuri. È il diritto a fornirci uno scudo molto potente, dando a ciascuno di noi dei diritti e gli strumenti per farli valere.
Ma il diritto e i diritti non servono solo a difenderci, anzi! Grazie a loro possiamo fare molte altre cose. Ecco perché chi pensa di non aver bisogno delle regole perché si considera il più forte commette un grosso errore!

Che cosa si può fare con le regole?

Quando pensiamo alle regole, è probabile che ci vengano in mente obblighi, divieti e sanzioni. Le regole ci sembrano poco attraenti perché le viviamo per lo più come limitazioni. In molti casi, però, possiamo "fare cose" proprio perché ci sono le regole.
Per esempio, potremmo giocare a calcio o fare una partita a scacchi se non esistessero le regole del calcio e degli scacchi? Evidentemente no. E potremmo esprimerci nella nostra lingua se non seguissimo le regole della grammatica e della sintassi? Ancora una volta, no. In questi casi è chiaro che seguire le regole non ci rende meno liberi, ma anzi ci offre il piacere di giocare una partita e di comunicare con gli altri

Le norme giuridiche

Tutto questo vale anche per le regole del diritto, che prendono il nome di norme giuridiche. Le norme non pongono solo limiti, ma aprono possibilità: rendono possibili cose che, altrimenti, non lo sarebbero. Se possiamo comprare un paio di jeans, vendere la nostra collezione di fumetti, sposarci, prendere la patente, abbonarci a una tv a pagamento, è grazie al diritto e alle sue norme. Ecco perché regole e libertà non sono concetti contrapposti!

Natykach Nataliia, Shutterstock.

ATTIVITÀ

1. Per cominciare.

Osserva le fotografie della pagina accanto. In base a quello che hai imparato, sai rispondere alle domande contenute nelle didascalie?

2. Crea i collegamenti.

Considera ora le immagini come se fossero i fotogrammi di un'unica sequenza. Che cosa le tiene insieme? Quali sono i collegamenti fra l'una e l'altra?
Puoi procedere in questo modo:

- **osserva**: che cosa vedi nella prima fotografia?
- **interpreta**: perché quell'immagine rimanda al mondo del diritto?
- **crea i collegamenti**: quale può essere il legame tra la prima e la seconda fotografia? Che cosa aggiunge la seconda fotografia alla prima?
- Prosegui così per le immagini successive.

UNITÀ 1

Introduzione al diritto

LEZIONE 1

Il diritto e la norma giuridica

COMPETENZE DI UNITÀ

COMPETENZE DI ASSE

- Riconoscere le caratteristiche e i valori fondamentali del nostro sistema giuridico, allo scopo di orientare i propri comportamenti alle scelte di fondo espresse dall'ordinamento
- Comprendere l'importanza di un sistema sociale basato sulle regole quali pilastri di un'ordinata e pacifica convivenza

CONOSCENZE

- Conoscere i caratteri delle norme giuridiche, i modi di interpretazione, abrogazione, soluzione dei contrasti e le funzioni delle sanzioni
- Capire come l'ordinamento guarda alla persona fisica e come regola la persona giuridica
- Conoscere le principali norme in tema di rapporto coniugale, filiazione, successione ereditaria

ABILITÀ

- Saper individuare le norme nell'ordinamento e saper scegliere il criterio di interpretazione più adatto
- Saper individuare la specificità dei rapporti giuridici
- Sapersi orientare tra le norme che regolano i rapporti familiari e di successione

1 Che cos'è il diritto e quali sono le sue funzioni?

Le *fonti* da cui provengono regole di comportamento sono piuttosto numerose. Sappiamo tutti, per esempio, che pongono regole le confessioni religiose, le associazioni sportive, i circoli ricreativi, i comitati. Ma, soprattutto, a imporre le proprie regole è lo Stato. Noi ci occuperemo esclusivamente di queste ultime, che chiameremo **regole di diritto**.

Diciamo allora che:

→ **il diritto** che ci accingiamo a studiare è l'insieme delle regole poste (e imposte) dallo Stato.

Aggiungiamo subito che tra le regole dello Stato e quelle di altre organizzazioni corre una differenza notevolissima. Per coglierla immaginiamo di non voler più rispettare le norme poste dalla confessione religiosa cui apparteniamo. Qualcuno potrebbe imporcene il rispetto con la forza? La risposta, come tutti sappiamo, è negativa.

Immaginiamo ora che una persona, violando una delle più note regole dello Stato, commetta un furto. Il giudice potrà imporle di subire la punizione prevista per questo tipo di trasgressione?

La risposta questa volta è affermativa, perché la *forza pubblica* (Polizia, Carabinieri, Guardia di Finanza) esiste proprio per imporre a tutti il rispetto delle regole poste dallo Stato. In generale possiamo allora dire che:

> **lo Stato** non è l'unico soggetto che pone regole di comportamento, ma è sicuramente l'unico che può imporne il rispetto anche con l'uso della forza.

Nel mondo romano il concetto di diritto era espresso, in origine, dal termine *ius*, che significava ordine, comando, e da quel termine sono poi derivati i nostri giudice, giuridico, giudiziario. Solo in epoca medievale cominciò a maturare la convinzione che gli ordini dovessero essere giusti e ragionevoli. Al posto di ius, cominciò così a comparire il termine *directum* (da cui è derivato il nostro diritto) da intendere come dritto, retto, corretto e in definitiva giusto.

Perché lo Stato impone con la forza le proprie regole? Non vivremmo meglio senza tante norme da rispettare?

Se abitassimo su un'isola deserta, sicuramente non avremmo bisogno di rispettare regole imposte da altri. Ma viviamo in una società piuttosto affollata e questo fatto muta considerevolmente la prospettiva. Come insegna la normale esperienza, quando più persone vivono insieme finiscono spesso per entrare in contrasto. E quando si generano contrasti, ciascuno è naturalmente portato a far prevalere i propri interessi su quelli degli altri. Ciò, presto o tardi, favorisce un clima di diffusa e pericolosa conflittualità in cui il più forte tende a prevalere sul più debole. Nasce da qui la necessità di avere un organismo dotato di sufficiente autorità (lo Stato) che assicuri il pacifico svolgimento della vita sociale, vietando le azioni violente e ponendo regole uguali per tutti.

> **La funzione tradizionale del diritto**, pertanto, è garantire la pacifica convivenza stabilendo preventivamente i comportamenti da tenere, quelli da evitare e le conseguenze nelle quali può incorrere chi non rispetta le regole.

> **Una seconda funzione**, della quale ci occuperemo ampiamente in questo corso, è disciplinare l'organizzazione dello Stato e l'attività dei suoi organi. Si tratta di un compito di grande importanza, perché solo limitando con apposite regole l'attività di chiunque eserciti un pubblico potere (dal Presidente della Repubblica all'agente di polizia) si può avere la ragionevole speranza che tale potere non venga impiegato in modo scorretto.

Le parole "diritto" e "legge" si traducono così:

LINGUA	DIRITTO	LEGGE
in inglese	right	law
in francese	droit	loi
in tedesco	recht	gesetz
in sloveno	pravo	zakon
in spagnolo	derecho	ley
in portoghese	direito	lei
in svedese	ratten	lag
in arabo	kanum	sharia

> **Una ulteriore funzione** assunta dal diritto in tempi relativamente recenti è quella di favorire la crescita economica e sociale del Paese. Oggi l'azione dello Stato si misura in gran parte dal modo in cui, attraverso lo strumento normativo, riesce a favorire lo sviluppo economico, a tutelare il lavoro, a salvaguardare l'ambiente, a favorire l'istruzione, a garantire a tutti assistenza sanitaria, e così via.

ZOOM

Che cosa si intende per diritto naturale?

Diritto naturale è un'espressione impiegata per indicare *un diritto universale ed eterno composto di regole che la natura infonde nell'uomo.* E *giusnaturalismo* (ricordiamo che *ius* in latino significa *diritto*) è chiamata la corrente di pensiero che ne sostiene l'esistenza. Ma esistono veramente queste regole? E soprattutto: qual è il loro contenuto? Che cosa stabiliscono? L'interrogativo è di grande rilevanza poiché, se il diritto naturale esiste, deve necessariamente collocarsi in una posizione di superiorità rispetto al diritto posto dagli uomini e ciò comporta che le leggi dello Stato sono giuste solo se non contravvengono alle leggi di natura.

Nel Medioevo i padri della Chiesa identificarono la legge naturale con la legge di Dio. Sul piano pratico ciò portava ad affermare la superiorità della Chiesa (in quanto interprete del pensiero divino) su qualsiasi altro ordinamento.

Da questa interpretazione si andò via via distaccando il pensiero filosofico e giuridico, fino a giungere, nel corso dell'Ottocento, alla ferma e condivisa negazione di ogni *diritto naturale.*

Nella seconda metà del Novecento è riaffiorata una nuova forma di *giusnaturalismo*, questa volta laico e svincolato da ogni condizionamento di tipo religioso. È accaduto, infatti, che l'orrore per i crimini commessi dai regimi totalitari e l'indignazione per la violazione dei più elementari diritti umani, riscontrabile ancora oggi in vaste aree del mondo, abbia fatto rinascere nelle coscienze l'idea che esista un nucleo di diritti fondamentali (come il diritto alla vita, alla libertà personale, alla libertà di espressione, alla libertà di associazione, al giusto processo) che appartiene all'uomo in quanto tale e che nessuno, neppure lo Stato, può permettersi di violare.

Con il diritto naturale non vanno confuse le **leggi della natura**, come la legge di gravità o la legge di conservazione dell'energia.

Quelle che noi chiamiamo *leggi della natura* sono descrizioni di fenomeni fisici, mentre il diritto non descrive la realtà ma *prescrive* comportamenti da tenere.

2 Quale rapporto corre tra diritto e giustizia?

Sul giornale è scritto che in molti Paesi la legge ancora prevede la pena di morte per i reati più gravi. Non è una legge ingiusta?

Per rispondere a questa domanda dovremmo prima chiederci che cosa è la giustizia, e la risposta non è agevole perché non esiste al mondo un concetto di giustizia uguale per tutti. Popoli diversi hanno convinzioni diverse su ciò che è giusto e ciò che non è giusto. E anche uno stesso popolo può mutare opinione con il passare del tempo.

In Italia, per esempio, ancora nella prima metà del Novecento si riteneva giusto che il lavoro delle donne fosse pagato meno di quello degli uomini perché, essendo queste costituzionalmente più deboli (venivano chiamate *mezze forze*), non producevano quanto i maschi adulti. Oggi riteniamo che una simile discriminazione sia assolutamente ingiusta e che tra uomo e donna debba esservi assoluta parità.

In generale, con il tempo e con la cultura, tende a mutare nella gente il sentimento del giusto. E nel produrre le leggi, il legislatore accorto deve adeguarsi a questo mutamento. Se rimane indietro o se va troppo avanti, ci sarà inevitabilmente una parte della società che giudicherà le leggi ingiuste perché sono troppo conservatrici e una parte che le giudicherà ingiuste perché sono troppo avanzate.

Prendiamo come esempio la pena di morte. In molte società essa è ancora vissuta come una giusta punizione per i crimini più gravi ed è ritenuta giusta la legge che la contempla. Ma in quelle stesse società ci saranno probabilmente molte persone che la pensano in modo diverso. Se queste, con il loro impegno, riusciranno a modificare il sentimento del giusto dominante nella loro società, la legge comincerà a essere vissuta come ingiusta da un numero sempre crescente di soggetti e il legislatore, prima o poi, dovrà modificarla.

Possiamo allora concludere che, salvo eccezioni:

> **in ogni Stato** le regole di diritto tendono a riflettere, con maggiore o minore ritardo, ciò che la maggioranza dei cittadini ritiene giusto e corretto in un dato momento storico.

Quando è stata eliminata la pena di morte in Italia?

La pena di morte per i reati commessi in tempo di pace è stata eliminata, nel nostro Paese, con l'entrata in vigore della Costituzione repubblicana, il 1° gennaio 1948. Successivamente, con la legge costituzionale n. 2 del 2007, *è stata eliminata anche dal codice militare di guerra.*

Storicamente il primo Stato al mondo ad abolire la pena capitale è stato il Granducato di Toscana, nel 1786, seguito dalla Repubblica di San Marino, nel 1865. Nel Regno d'Italia la massima pena è stata cancellata nel 1889; è stata poi reintrodotta dal fascismo nel 1926 e nuovamente eliminata, come si è detto, dalla Costituzione repubblicana.

L'ultima condanna a morte mediante fucilazione è stata eseguita nel 1945. I tre condannati avevano ucciso per rapina dieci persone gettandole ancora vive in una cisterna.

Il 18 dicembre 2007 l'Assemblea Generale delle Nazioni Unite ha approvato una mozione presentata dal Governo italiano su impulso dell'associazione radicale "Nessuno tocchi Caino" con la quale è stata decretata la moratoria, cioè la sospensione a tempo indeterminato, della esecuzione delle sentenze capitali. Hanno assunto questo impegno 104 Stati; hanno votato contro 54 e si sono astenuti 29.

3 Che cos'è la norma giuridica?

Le regole di diritto sono chiamate, con terminologia più specifica, *norme giuridiche.*

Norma vuol dire semplicemente *regola* (anche nel linguaggio corrente chiamiamo *normale* ciò che è fatto secondo le regole).

Giuridica è un aggettivo che deriva dal latino *ius*, che in epoca classica, quindi prima della volgarizzazione medievale, indicava il *diritto*.

→ **Norma giuridica** vuol dire, pertanto, regola di diritto.

Non potremmo usare il termine "legge" al posto di "norma giuridica"? Non sarebbe più semplice dire che il diritto è un insieme di leggi?

Certamente sarebbe più semplice, ma non sarebbe altrettanto corretto. Come vedremo più diffusamente nell'Unità 6, nel nostro Paese ci sono diversi organi cui è affidato il compito di produrre *norme giuridiche* (Parlamento, Consigli regionali, Governo, ecc.), cosicché le norme assumono nomi diversi (legge, legge regionale, regolamento) in funzione della **fonte** da cui provengono.

> **Sinteticamente** possiamo allora dire che tutte le leggi contengono norme giuridiche, ma non tutte le norme giuridiche sono leggi.

Se tutte le norme sono regole da rispettare, a che cosa serve chiamarle con nomi diversi?

La diversa denominazione assunta dalle norme giuridiche non è priva di utilità. Essa ci consente di individuare immediatamente la *fonte* da cui provengono e ciò è di grande utilità perché nel nostro ordinamento non tutte le *fonti* hanno la stessa importanza. Anche intuitivamente riusciamo a capire che una norma contenuta in una legge approvata dal Parlamento debba avere maggior peso di un regolamento emanato dal Sindaco di un piccolo Comune.

In generale diciamo allora che le norme giuridiche possono scaturire da fonti diverse.

Le fonti sono ordinate secondo una *scala gerarchica* per effetto della quale nessuna norma proveniente da una fonte di grado inferiore può validamente porsi in contrasto con una norma proveniente da una fonte di grado superiore. È un po' come dire, rapportandoci alla gerarchia militare, che un ordine del caporale non potrà mai validamente porsi in contrasto con un ordine del generale.

4 Come sono ordinate le fonti del diritto?

Poiché, come abbiamo appena detto, le fonti del diritto sono ordinate *gerarchicamente*, è opportuno gettare subito uno sguardo a questa *scala gerarchica*, tenendo tuttavia presente che i caratteri specifici delle diverse *fonti* ci appariranno molto più chiari nel corso dell'Unità 6.

Costituzione è un termine che deriva dal verbo *costituire* che significa, letteralmente, *fondare, istituire*. E la Costituzione, con le sue norme, fonda, istituisce, organizza un certo modello di Stato.

1. Al primo posto troviamo la **Costituzione della Repubblica italiana**.

→ **La Costituzione** è la legge fondamentale dello Stato.

   Le sue norme riconoscono e tutelano i diritti inviolabili dei cittadini, garantiscono le libertà fondamentali e definiscono poteri e funzioni dei principali organi dell'apparato statale.

   Trovandosi al primo posto nella scala gerarchica, le norme costituzionali prevalgono sempre, in caso di contrasto, su qualsiasi altro tipo di norma.

2. Al secondo posto si collocano (tra di loro a pari merito, direbbe un giudice sportivo) le cosiddette **fonti primarie**, che a loro volta si suddividono in:
   - **fonti statali**, che comprendono:
     - *leggi ordinarie*, approvate dal Parlamento (> Unità 6);
     - *decreti legge* e *decreti legislativi*, adottati dal Governo (> Unità 6);

- **fonti regionali e provinciali**, che comprendono:
  – *leggi regionali* (approvate dai Consigli regionali) valide solo sul territorio della Regione che le ha emanate;
  – *leggi delle Province autonome di Trento e Bolzano*, ugualmente valide solo nei rispettivi territori;
- **fonti comunitarie**, che comprendono:
  – *trattati, regolamenti* e *direttive* dell'Unione europea.

Queste ultime fonti, nelle materie a esse riservate, prevalgono sulle *fonti primarie nazionali*. Per chiarire questo aspetto, tuttavia, rimandiamo all'Unità 7, nel quale parleremo dell'Unione europea.

I regolamenti sono considerati una *fonte secondaria* del diritto e non possono modificare le norme contenute nelle *fonti primarie*. Ciò, tuttavia, non deve indurci a credere che essi abbiano scarsa importanza. Per esempio sono *regolamenti* le disposizioni comunali che stabiliscono dove si può parcheggiare liberamente o a pagamento; su quali terreni si può edificare; e così via.

3. Al terzo posto troviamo i **regolamenti**, che possono essere adottati:
- dal Governo o dai singoli ministri;
- da organi regionali e comunali;
- da altri organi della Pubblica Amministrazione.

4. Al quarto posto, infine, si collocano le **consuetudini** (o usi). Sono così chiamate le norme che *non sono state scritte né poste da alcuna autorità* ma sono nate dalla ripetizione costante e generale di atti compiuti nella convinzione di adempiere a un dovere giuridico, cosicché alla fine rispettarle è diventato un obbligo. In passato sono state una fonte importante del diritto, ma oggi hanno valore vincolante per i cittadini solo nei casi in cui disciplinano questioni non regolate da una norma scritta oppure quando una norma scritta fa espresso riferimento a esse. Per esempio, una disposizione del codice civile ci consente di tagliare le radici degli alberi che dal fondo vicino si insinuano nel nostro giardino. A meno che, precisa la norma, le consuetudini o gli usi locali non dispongano diversamente.

Potrei avere una definizione esatta di "fonte del diritto"?

Il termine *fonte* solitamente indica una sorgente da cui sgorga acqua.

Per similitudine indichiamo come *fonti del diritto* gli atti (approvazione delle leggi, emanazione di regolamenti, ecc.) e i fatti (il formarsi delle consuetudini) dai quali scaturiscono *norme giuridiche*.

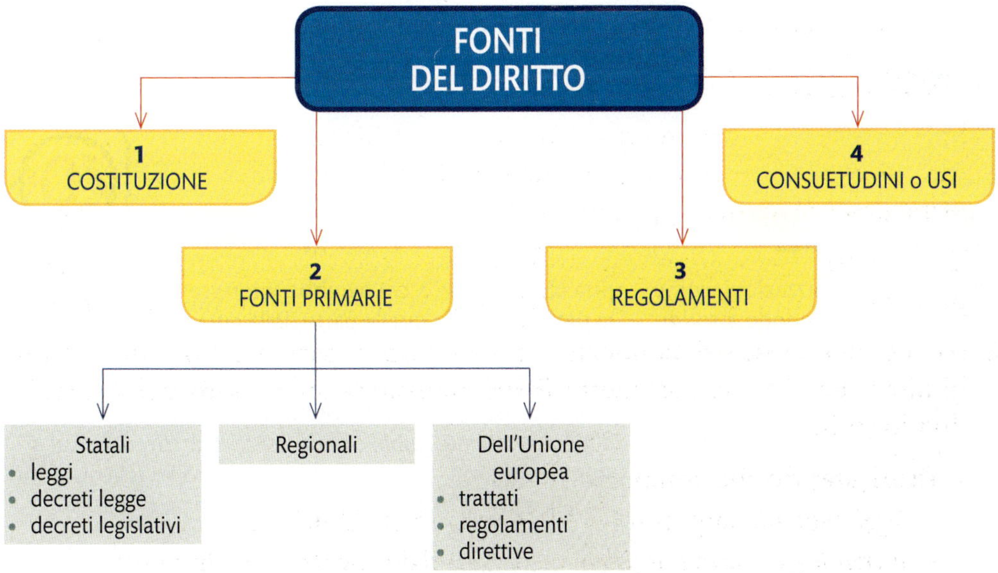

5 Che cosa si intende per ordinamento giuridico?

Poiché le norme giuridiche, come è ragionevole, non sono poste a caso, ma sono tra loro coordinate e *ordinate* secondo un criterio logico, il loro insieme viene anche chiamato *ordinamento giuridico*.

→ **Ordinamento giuridico** e diritto, pertanto, sono sinonimi.

Le norme che compongono l'ordinamento giuridico sono suddivise in due grandi gruppi che prendono il nome di **diritto pubblico** e di **diritto privato**.

> **Il diritto pubblico** comprende le norme che regolano:

- l'organizzazione dello Stato e degli altri **enti pubblici**;
- le situazioni nelle quali gli enti pubblici possono esercitare un **potere di comando** nei confronti dei cittadini.

ZOOM

Perché gli "enti pubblici" hanno un potere di comando?

Enti pubblici sono chiamate quelle organizzazioni, come lo Stato, le Regioni o i Comuni, che provvedono a soddisfare i principali bisogni della collettività. Ed è ragionevole che nello svolgere tali funzioni essi debbano poter imporre le proprie scelte anche a chi, eventualmente, ne rimanesse penalizzato. Per esempio, quando il Sindaco decide, nell'interesse collettivo, di chiudere al traffico automobilistico alcune strade, deve avere il potere di *imporre* la propria scelta anche a chi avrebbe interesse a transitare con la propria auto in quella parte della città. **Sono enti pubblici**, oltre allo Stato, alle Regioni, alle Città metropolitane, alle Province e ai Comuni, anche altre organizzazioni che svolgono compiti più circoscritti. Per esempio, la Banca d'Italia è un *ente pubblico* che esercita il controllo sul sistema creditizio; l'Inps e l'Inail gestiscono le assicurazioni sociali, il Cnr si occupa di ricerca scientifica; e così via.

> **Il diritto privato** comprende le norme che regolano *soprattutto* i rapporti tra privati cittadini.

Perché "soprattutto"?

Perché in realtà questo ramo del diritto regola anche i rapporti tra i privati cittadini e gli *enti pubblici* quando questi ultimi non possono esercitare alcun potere di comando e debbono comportarsi come fossero soggetti privati.

Vediamo di chiarire la questione con qualche esempio.

Immaginiamo che il Sindaco della nostra città debba comperare lampade per l'illuminazione stradale; che il Ministero della Difesa debba comperare camion per l'esercito; che una Regione debba comperare arredi per i suoi uffici. In questi casi essi non potranno imporre alle imprese fornitrici di consegnare loro le lampade, i camion o gli arredi ma, come qualsiasi privato cittadino, dovranno chiedere, contrattare e pagare.

Gli altri rami del diritto

Per comodità di studio e di ricerca, sia all'interno del diritto privato, sia all'interno del diritto pubblico, le norme vengono raggruppate in funzione della materia che disciplinano.

> **Le norme di diritto privato** vengono ripartite in due grandi rami che chiamiamo rispettivamente *diritto civile* e *diritto commerciale*.

- Il **diritto civile** rappresenta la parte generale del diritto privato e regola i rapporti che si stabiliscono in materia di famiglia, di proprietà, di contratti, di successione per causa di morte.
- Il **diritto commerciale** regola prevalentemente rapporti in cui almeno una parte è un *imprenditore*. Si occupa, pertanto, di imprese, di società commerciali, di titoli di credito, di fallimento, e così via.

Altre ripartizioni sono operate riunendo le norme per argomenti più specifici. Potrà così capitarci di sentir parlare di *diritto del lavoro, diritto agrario, diritto bancario, diritto industriale, diritto di navigazione*, e così via.

> **Le norme di diritto pubblico** sono suddivise, sempre per comodità di studio, in numerosi altri insiemi di norme fra i quali è importante ricordare:

- il **diritto costituzionale**, che comprende le norme che regolano l'organizzazione e l'attività dei massimi organi dello Stato (Parlamento, Governo, Presidente della Repubblica); tali norme riconoscono anche i fondamentali diritti dei cittadini e dettano i principi a cui deve ispirarsi l'ordinamento nel suo complesso;
- il **diritto amministrativo**, che disciplina l'organizzazione e l'attività della Pubblica Amministrazione: Ministeri, Regioni, Comuni e altri enti pubblici;
- il **diritto penale**, che comprende le norme che definiscono i reati, cioè fatti ritenuti dal legislatore di particolare gravità, e stabiliscono le pene da comminare a chi li commette;
- il **diritto processuale**, che regola lo svolgimento dei processi;
- il **diritto tributario**, che regola l'attività di imposizione e riscossione dei tributi.

6 Come si cercano le norme nell'ordinamento?

Per rintracciare le norme all'interno dell'ordinamento, occorre conoscerne i *dati identificativi*. Sono tali:

- la **fonte** da cui proviene (Costituzione, legge, regolamento, ecc.);
- la **data** di emanazione;
- il **numero** d'ordine.

Supponiamo di essere interessati a conoscere la norma che consente agli studenti meritevoli di sostenere con un anno di anticipo gli esami di maturità. Dove potremmo cercarla?

Nel caso specifico la norma che si vuole trovare è contenuta nella legge (*fonte*) 10 dicembre 1997 (*data*) n. 425 (*numero d'ordine*).

Senza queste indicazioni qualsiasi ricerca avrebbe un esito altamente incerto. Solo per la data è possibile fare a meno dell'indicazione completa essendo sufficiente conoscere l'anno.

IDENTIFICANO LA NORMA
- la fonte
- la data
- il numero

Solitamente per indicare le fonti da cui proviene la norma ci si avvale di abbreviazioni. Le più comuni sono:

- Cost. per indicare la Costituzione;
- l. per indicare la legge ordinaria;
- d.l. per indicare i decreti legge;
- d.lg. per indicare i decreti legislativi (talvolta anche d.lgs.).

IL TESTO NORMATIVO È DIVISO IN ARTICOLI
- gli articoli sono divisi in commi

Al fine di consentire una più agile individuazione delle specifiche disposizioni, i testi normativi sono divisi in **articoli** e gli articoli, a loro volta, sono suddivisi in **commi**.

> **Comma** è un termine che deriva dal greco *kòmma*, che significava "frammento" e nel linguaggio giuridico è utilizzato per indicare la parte di norma che inizia quando il testo va a capo. Se scriviamo, per esempio, art. 2, c. 1, intendiamo riferirci all'articolo due, comma primo.

E i codici che cosa sono?

→ **Il codice** è una legge molto ampia, formata da centinaia e a volte da migliaia di articoli, che disciplina un'intera materia o un intero ramo del diritto.

Il termine **codice** proviene dal latino *codex*, espressione con cui venivano indicati i testi scritti su fogli di pergamena o di papiro rilegati sul dorso come i nostri libri (mentre quelli scritti su fogli arrotolati erano chiamati *volumen*). A partire dall'Alto Medioevo il termine *codex* andò assumendo un significato sempre più ristretto, finendo poi per indicare esclusivamente i libri contenenti materiali giuridici.

> **I principali codici in vigore in Italia sono**:

- il **codice civile** (abbreviato c.c.) che raccoglie gran parte del diritto privato;
- il **codice di procedura civile** (c.p.c.) formato dalle norme che regolano il processo civile;
- il **codice penale** (c.p.) che riunisce tutte le norme che stabiliscono quali comportamenti sono *reati* e a quali pene deve essere sottoposto il *reo*;
- il **codice di procedura penale** (c.p.p.) formato dalle norme che regolano il processo penale;
- il **codice della navigazione** (c. nav.) che pone regole per la navigazione marittima e aerea.

Per facilitare la ricerca delle norme i codici sono divisi, al loro interno, in libri, titoli, capi e articoli.

Per esempio, se vogliamo sapere in quale pena incorre chi partecipa a una rissa dovremo consultare:

- il *codice penale*,
- *libro secondo intitolato "dei delitti in particolare"*,
- *titolo* XII (*"dei delitti contro la persona"*),
- *articolo* 588 - *"Rissa"*.

Per rendere più rapida la ricerca generalmente i curatori dei codici pongono nelle ultime pagine un indice analitico nel quale gli argomenti sono elencati per voci e sottovoci con a fianco il numero di uno o più articoli. Per esempio se fossimo stati vittima di un furto in albergo e volessimo sapere se abbiamo diritto a un risarcimento da parte dell'albergatore, ci basterà consultare l'indice analitico del **codice civile**, andare alla lettera «A» e cercare la voce Albergo. Di seguito troveremo la sottovoce «deposito in albergo» e di fianco l'indicazione dell'articolo (in questo caso il 1783 ss.) che stabilisce quale responsabilità assume l'albergatore per gli oggetti portati in albergo dai clienti.

Le norme online
Fino a pochi anni fa, per leggere il contenuto di una norma occorreva conoscere, oltre ai suoi dati identificativi, anche gli estremi (data e numero d'ordine) della *Gazzetta Ufficiale* sulla quale era stata pubblicata. Oggi questa informazione è meno indispensabile grazie alla possibilità di conoscere il testo delle leggi collegandosi al sito Internet del Parlamento italiano (**www.parlamento.it**) oppure consultando la *Gazzetta Ufficiale*, al sito **www.gazzettaufficiale.it.**

Quando una questione è regolata da più articoli del codice, si è soliti citare il numero del primo articolo che la regola seguito da ss., che significa "e seguenti".

IL CODICE CIVILE ITALIANO È DIVISO IN 6 LIBRI

- **LIBRO PRIMO** Delle persone e della famiglia
- **LIBRO SECONDO** Delle successioni
- **LIBRO TERZO** Della proprietà
- **LIBRO QUARTO** Delle obbligazioni
- **LIBRO QUINTO** Del lavoro
- **LIBRO SESTO** Della tutela dei diritti

ZOOM

Codici e testi unici, storia e uso

Nella scala gerarchica i codici valgono più delle leggi?

Il codice ha lo stesso valore di tutte le altre leggi approvate dal Parlamento con procedura ordinaria (> Unità 6). Ciò comporta che i suoi articoli possono essere modificati, eliminati o integrati da altre leggi. È anzi opportuno segnalare che ai codici vengono apportate frequenti modifiche per renderli sempre più rispondenti alle nuove esigenze e ogni operatore del diritto che voglia essere costantemente aggiornato deve procurarsi ogni anno la nuova edizione dei codici in vigore.

Quali differenze ci sono tra codici e testi unici?

I **testi unici**, come i codici, sono raccolte di norme riguardanti una medesima materia. Però:

- nella formazione dei **codici** è prevalente l'elemento innovativo. Quando il legislatore predispone un nuovo codice ridisegna per intero la materia da regolare abrogando automaticamente la disciplina preesistente;
- nella formazione dei **testi unici**, invece, l'obiettivo prevalente non è rinnovare, ma solo *riunire* in un unico testo norme già esistenti, coordinandole opportunamente.

Quando sono comparsi i codici?

Il tentativo di riunire le norme giuridiche in un documento scritto, in modo da ordinarle e renderle conoscibili a tutti (giudici e cittadini), è antichissimo. L'esempio forse più lontano è costituito dal codice fatto compilare dal re di Babilonia, Hammurabi, nel XVIII secolo a.C. Ma si trattava solo di una raccolta eterogenea di leggi.

I codici moderni hanno fatto la loro comparsa soltanto all'inizio del XIX secolo. Il **codice civile francese** (detto anche Napoleonico), emanato nel 1804, è stato il primo di questa nuova serie e a esso si è ispirata la successiva codificazione in molti altri Paesi europei.

In Italia, i primi codici sono stati emanati, sul modello francese, tra il 1865 e il 1889, poi sostituiti, tra il 1930 e il 1942, da quelli attualmente in vigore (anche questi più volte modificati e integrati).

Perché nell'ordinamento anglosassone non ci sono codici?

La codificazione, e più in generale il ricorso alla norma scritta approvata da un organo legislativo, affonda le sue radici nella tradizione del diritto romano ed è in uso soprattutto nei Paesi dell'Europa continentale e dell'America latina.

Questo sistema, nel quale un apposito organo legislativo delibera norme che i giudici dovranno poi applicare ai casi concreti, è detto **civil law**.

Diversa è la situazione presente in Gran Bretagna e nei Paesi che hanno conosciuto l'influenza coloniale inglese (Stati Uniti, Canada, Australia, India) dove si è affermato un sistema giuridico detto di **common law**, cioè di "diritto comune". Nei Paesi di *common law* l'intervento del legislatore è considerato un fatto eccezionale, mentre un ruolo fondamentale, nella formazione del diritto, è assegnato alle decisioni assunte dalle Corti di Giustizia.

Le principali sentenze pronunciate da queste corti vengono riunite in apposite raccolte chiamate *reports*, e costituiscono un precedente su cui altri giudici dovranno fondare le proprie sentenze adeguandole, però, alla particolarità del caso specifico che si trovano a giudicare. In tal modo il diritto viene continuamente aggiornato senza dover attendere che sia il legislatore a farlo.

Sarebbe logico domandarsi se il sistema del *common law* sia migliore o peggiore del *civil law*, ma una risposta certa non esiste. Se esistesse, uno dei due sistemi sarebbe inevitabilmente scomparso. Invece sopravvivono entrambi da secoli perché ciascuno dei due affonda le proprie radici in un diverso tessuto culturale e risponde a esigenze e tradizioni diverse.

7 Quali rapporti sono "giuridici"?

Nella vita quotidiana entriamo spesso in rapporto con altre persone: pensiamo ai rapporti di vicinato, di amicizia, di lavoro, e così via. In linea di massima lo stabilirsi di queste relazioni è un fatto positivo, poiché l'uomo è un *animale sociale*.

Ma i rapporti, anche quelli sorti sotto i migliori auspici, nel tempo possono entrare in crisi per l'emergere, tra le parti, di esigenze o di interessi contrastanti. Pensiamo a quanto appare soddisfatto e disponibile il lavoratore quando inizia un *rapporto* di lavoro, e quanto si inquieta quando viene licenziato. Oppure pensiamo a quanto appaiono soddisfatte e reciprocamente disponibili le coppie quando iniziano un *rapporto* matrimoniale e quanto sono inquiete quando si separano.

Per evitare che tali inquietudini possano indurre le parti ad assumere atteggiamenti prevaricatori o addirittura violenti, i rapporti socialmente più importanti vengono regolati dal diritto con specifiche norme e prendono il nome di **rapporti giuridici**.

→ **Rapporti giuridici** sono chiamati tutti i rapporti tra due o più parti regolati dal diritto.

Per esempio, le norme che compongono il *diritto del lavoro* regolano i contrasti che potrebbero svilupparsi durante un *rapporto* di lavoro; le norme che compongono il *diritto di famiglia* regolano i contrasti che potrebbero svilupparsi in un *rapporto* famigliare, e così via.

Come si regola un rapporto?

Si regola stabilendo quale tra gli interessi contrapposti dovrà *prevalere* sull'altro. Per esempio, regolando un aspetto del rapporto di lavoro subordinato, il primo comma dell'art. 2109 c.c. stabilisce che *il prestatore di lavoro ha diritto ad un giorno di riposo per ogni settimana*. Con ciò la norma riconosce l'interesse del lavoratore al riposo settimanale come *prevalente* rispetto al contrapposto interesse del datore di lavoro a una più intensa utilizzazione del proprio dipendente.

Al titolare dell'interesse ritenuto *prevalente*, detto anche **parte attiva** del rapporto, l'ordinamento attribuisce un *diritto soggettivo* (nel nostro caso al riposo settimanale). Al titolare dell'interesse *soccombente*, detto anche **parte passiva**, impone invece un *obbligo* (nel nostro caso consentire il riposo settimanale).

E se il datore di lavoro disattende il suo obbligo e non concede le ferie al dipendente?

In questo caso il lavoratore potrà rivolgersi al giudice.

> **L'attribuzione di un diritto soggettivo** consente sempre al titolare di rivolgersi al giudice per far valere le proprie ragioni.

Qualche precisazione sul "diritto soggettivo"

Nei Paragrafi precedenti abbiamo detto e più volte ripetuto che il diritto è l'insieme delle norme giuridiche poste dallo Stato. Ora, sentir parlare, all'improvviso, di **diritto soggettivo** può aver generato un po' di confusione. Ma si tratta di piccola cosa. La confusione sparisce se si chiarisce che nella nostra lingua la parola *diritto* assume due significati. Può indicare:

- l'insieme delle norme giuridiche, oppure
- la posizione di un soggetto il cui *interesse*, all'interno di un rapporto giuridico, è ritenuto *prevalente* da una norma giuridica.

Con terminologia più specifica diciamo che:

→ **diritto oggettivo** (o anche *ordinamento giuridico*) è l'insieme delle norme poste dallo Stato;

→ **diritto soggettivo** è il potere, attribuito a un soggetto, di far valere davanti al giudice un proprio **interesse** riconosciuto **prevalente** (e quindi meritevole di tutela) da una norma presente nell'ordinamento.

Sono *diritti soggettivi*, per esempio: il diritto di essere pagati per il lavoro svolto, il diritto di essere risarciti per un danno subito ingiustamente, il diritto di non essere molestati nel godimento delle cose proprie, il diritto di manifestare il proprio pensiero, il diritto di votare per eleggere i propri rappresentanti politici, e così via.

ZOOM — Parti e soggetti nel rapporto giuridico

Perché viene detto che nel rapporto giuridico compare una **parte** attiva e una **parte** passiva? Non sarebbe stato più semplice parlare di soggetto attivo e di soggetto passivo?

Forse sarebbe stato più semplice, ma non sarebbe stato altrettanto corretto. Immaginiamo che due amici decidano di aprire un pub e che, a questo scopo, abbiano ottenuto un mutuo da una banca. Nel rapporto giuridico che si stabilisce tra loro e la banca compaiono complessivamente tre soggetti:

- due (gli amici), si trovano nella parte passiva accomunati dal medesimo obbligo di restituire il denaro avuto in prestito,
- e uno solo (la banca) si trova nella parte attiva.

Parte è un termine che indica i centri di interesse presenti nel rapporto giuridico. Ciascuna parte (o centro di interesse) può essere composta da uno o più soggetti.

Terzi sono chiamati tutti coloro che rimangono estranei al rapporto.

8 Altre possibili situazioni soggettive

Generalmente nel regolare un rapporto giuridico l'ordinamento attribuisce, come abbiamo appena visto, diritti soggettivi e obblighi, ma può anche attribuire doveri, oneri, potestà, soggezioni o interessi legittimi.

> **L'obbligo** indica la necessità di **soddisfare**, con il comportamento imposto, **l'interesse specifico di uno o più soggetti**.

È un *obbligo*, per esempio, pagare al creditore il debito contratto o restituire al proprietario le cose avute in prestito.

> **Il dovere** indica, invece, la necessità di **soddisfare**, con il comportamento imposto, **un interesse generale**.

Per esempio è *dovere* di tutti i cittadini concorrere alla difesa del Paese, pagare le imposte, essere fedeli alla Repubblica.

Profondamente diverso dal dovere e dall'obbligo è l'onere.

> **L'onere** è un comportamento che, pur non essendo obbligatorio, è indispensabile tenere se si vuole **conseguire un determinato risultato**.

Così, per esempio, pagare le tasse scolastiche non è un obbligo né un dovere ma un *onere*, cioè qualcosa che occorre fare se si vuole frequentare la scuola o sostenere gli esami di fine corso.

La potestà tradizionalmente riconosciuta ai genitori nei confronti dei figli minori è oggi chiamata **responsabilità genitoriale** per sottolineare come il ruolo dei genitori, nei confronti dei figli, comporti più doveri che poteri (art. 316 c.c.).

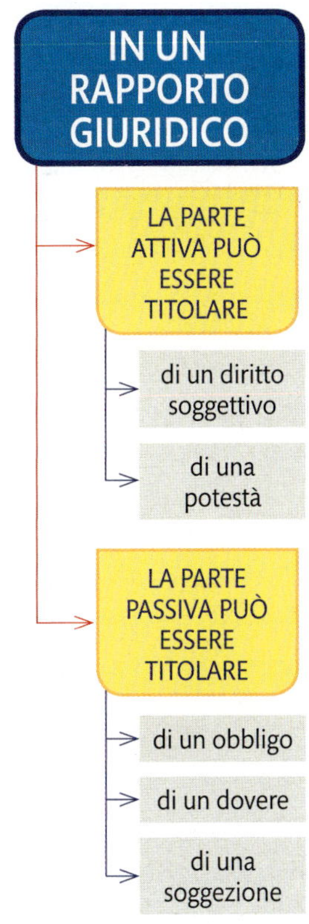

E le potestà che cosa sono?

Consideriamo il caso, non infrequente, di un vigile urbano che veda un giovane guidare il motorino in modo spericolato. Possiamo dire che quel vigile ha il diritto di fermare il giovane e di sanzionarlo? La risposta è negativa, perché il diritto soggettivo, come sappiamo, consente al titolare di far valere un proprio interesse. E il vigile, nel caso specifico, potrebbe non avere alcun interesse personale a fermare il giovane. Egli ha piuttosto il **potere** di fermarlo e anche il **dovere** di farlo nell'interesse della collettività. Questa posizione giuridica, in cui un soggetto (nel nostro caso il vigile urbano) può e deve fare certe cose non nel proprio interesse ma nell'interesse di altri soggetti, si chiama potestà.

> **Potestà** è il complesso di *poteri* e di *doveri* accordati a un soggetto per la tutela di interessi altrui. In generale qualsiasi esercizio di un *pubblico potere* si configura come una potestà.

> **Soggezione** è chiamata, invece, la situazione in cui viene a trovarsi chi è soggetto all'altrui potestà.

9 Come sono classificati i diritti soggettivi?

Sappiamo, per lunga esperienza, quanto le classificazioni siano poco amate dagli studenti. Tuttavia, poiché abbiamo necessità di presentare le diverse denominazioni che assumono i diritti soggettivi in funzione delle loro diverse caratteristiche, non possiamo evitare questo passaggio.

> **Diritti pubblici e privati**

- **Pubblici** sono chiamati quei diritti soggettivi che tutelano gli interessi del singolo nei confronti dello Stato e di altri enti pubblici. Rientrano

DIRITTI SOGGETTIVI
- pubblici o privati
- patrimoniali o non patrimoniali
- assoluti o relativi
- disponibili o indisponibili

in questa ampia categoria i diritti di libertà personale, i diritti politici, i diritti di riunione, di associazione e di manifestazione del pensiero.

- **Privati** sono chiamati i diritti soggettivi che tutelano gli interessi del singolo nei confronti di altri soggetti privati o anche nei confronti degli enti pubblici quando questi agiscono come privati. Vi rientrano il diritto di proprietà, i diritti di credito, i diritti di famiglia e di successione ereditaria.

> Diritti patrimoniali e non patrimoniali

- **Patrimoniali** sono detti i diritti che hanno per oggetto interessi di natura economica. Questi a loro volta vengono divisi in *diritti reali* e *di credito*:
  - *diritti reali* sono i diritti sulle cose e il loro nome deriva dal latino *res* che significa "cosa" (il principale tra questi è il *diritto di proprietà*);
  - *diritti di credito* sono quei diritti che attribuiscono al creditore la possibilità di pretendere dal debitore una certa prestazione, come il pagamento di una somma di denaro, l'esecuzione di un lavoro, il rilascio di un bene, e così via.
- **Non patrimoniali** sono i diritti che hanno per oggetto interessi di natura prevalentemente non economica. Sono tali i cosiddetti *diritti della personalità*, come il diritto alla vita, all'integrità fisica, all'onore e i *diritti di famiglia*.

> Diritti assoluti e relativi

- **Assoluti** sono i diritti che attribuiscono al titolare una protezione nei confronti di ogni soggetto. Per esempio, il *diritto alla vita* è assoluto in quanto tutti debbono astenersi dall'attentare alla vita della persone; il *diritto di proprietà* è ugualmente assoluto perché tutti debbono astenersi dal turbare il godimento di questo diritto. Nell'ambito dei diritti assoluti rientrano sia i *diritti reali*, sia i *diritti della personalità*.
- **Relativi** sono i diritti che possono essere fatti valere solo nei confronti di (o *relativamente a*) alcuni soggetti determinati. Per esempio, se il nostro debitore ci deve del denaro, possiamo far valere il nostro diritto *solo* nei suoi confronti.

> Diritti disponibili e indisponibili

- **Disponibili** sono i diritti che possono essere trasferiti ad altri, gratuitamente o dietro compenso. Per esempio tutti sappiamo che possiamo trasferire il nostro *diritto di proprietà* sulle cose vendendole, donandole o lasciandole in eredità e ciò significa che la proprietà è un diritto disponibile.
- **Indisponibili** sono quei diritti che tutelano alcuni fondamentali valori umani e sociali. Vi rientrano i *diritti politici* (non può, per esempio, essere ceduto ad altri il proprio diritto di voto); i *diritti della personalità*, come il diritto alla vita, al nome, all'integrità fisica; alcuni *diritti di natura famigliare*, come il diritto dei figli all'educazione e al mantenimento.

10 Quanto durano nel tempo i diritti soggettivi?

Quasi tutti i diritti soggettivi hanno un termine oltre il quale non possono più essere esercitati. Per capirne la ragione immaginiamo che un editore ci venda un'enciclopedia con pagamento dilazionato e supponiamo che dopo più di dieci anni ci informi che una rata non è stata pagata. Il problema che subito si pone è: come verificare se la richiesta è fondata? Si può pretendere che a distanza di tanti anni conserviamo ancora le ricevute di pagamento? Perché l'editore non ha fatto valere prima il proprio diritto?

Per risolvere questa e mille altre questioni simili, l'ordinamento stabilisce che tutti i diritti (a eccezione di alcuni, particolarmente importanti, indicati dalla legge) si estinguono per **prescrizione**.

→ **La prescrizione** è l'estinzione del diritto che si verifica quando il titolare omette di esercitarlo per tutto il tempo previsto dalla legge (in genere dieci anni).

Tornando al nostro esempio, l'editore, e più in generale qualsiasi creditore, non potrà più far valere la propria pretesa se il diritto è caduto in *prescrizione*. La ragione di questa disposizione è dare certezza ai rapporti giuridici ed evitare che il mancato esercizio di un diritto possa generare equivoci e contrasti.

> **Non sono soggetti a prescrizione** i diritti indisponibili e alcuni altri indicati dalla legge.

E se uno per errore paga un debito prescritto?

Chi, per correttezza, voglia pagare un debito prescritto può sicuramente farlo. Ma se non vuole farlo il creditore non può pretendere, davanti al giudice, di essere pagato.

Diverso è il caso in cui il debitore paghi senza rendersi conto che il debito è ormai prescritto. Egli in questo caso non può pretendere la restituzione di ciò che ha pagato senza averne l'obbligo.

Prescrizioni brevi sono previste dagli artt. 2947-2953 c.c. Vediamone alcune:
- l'art. 2947 stabilisce che il diritto al risarcimento del danno derivante da un fatto illecito compiuto da altri, si prescrive in cinque anni dal giorno in cui il fatto si è verificato. Se però il danno è stato causato dalla circolazione di veicoli, il diritto si prescrive in due anni;
- l'art. 2948 stabilisce che si prescrive in cinque anni il diritto a riscuotere le pigioni delle case;
- l'art. 2951 stabilisce che si prescrivono in un anno i diritti derivanti dal contratto di trasporto.

ZOOM

Per quanto tempo deve essere conservata la prova del pagamento di imposte e utenze domestiche?

Vanno conservate:
- **per tre anni** la ricevuta del bollo auto (anche se l'auto è stata venduta);
- **per cinque anni** le ricevute dell'avvenuto pagamento di contravvenzioni, dichiarazione dei redditi, acqua, energia elettrica, gas, servizio di nettezza urbana e telefono (per queste ultime voci se vi è stata domiciliazione bancaria occorre conservare gli estratti conto della banca che attestano gli avvenuti pagamenti).

La decadenza

Immaginiamo che venga bandito un concorso. Tutti coloro che possiedono i requisiti richiesti *hanno diritto* di inoltrare la domanda di partecipazione. Ma non sarebbe ragionevole che ciascuno pretendesse di esercitare questo suo diritto quando vuole. Com'è comprensibile esso deve essere esercitato *entro e non oltre* il termine stabilito. Superato quel termine il diritto di partecipare al concorso *decade*.

→ **La decadenza** è l'estinzione del diritto causata dalla mancata osservanza del termine perentorio entro il quale può essere esercitato.

MAPPA che cosa hai imparato

LOSAI?

In questa Lezione hai iniziato a conoscere il diritto, cioè l'insieme delle regole poste dallo Stato. Hai imparato che cosa sono le fonti del diritto e qual è la loro gerarchia. Hai imparato anche che le regole del diritto prendono il nome di norme giuridiche, e che le norme, tutte insieme, formano l'ordinamento giuridico con le sue diverse ramificazioni. Infine, hai imparato che cosa sono i rapporti giuridici e come sono classificati i diritti soggettivi.

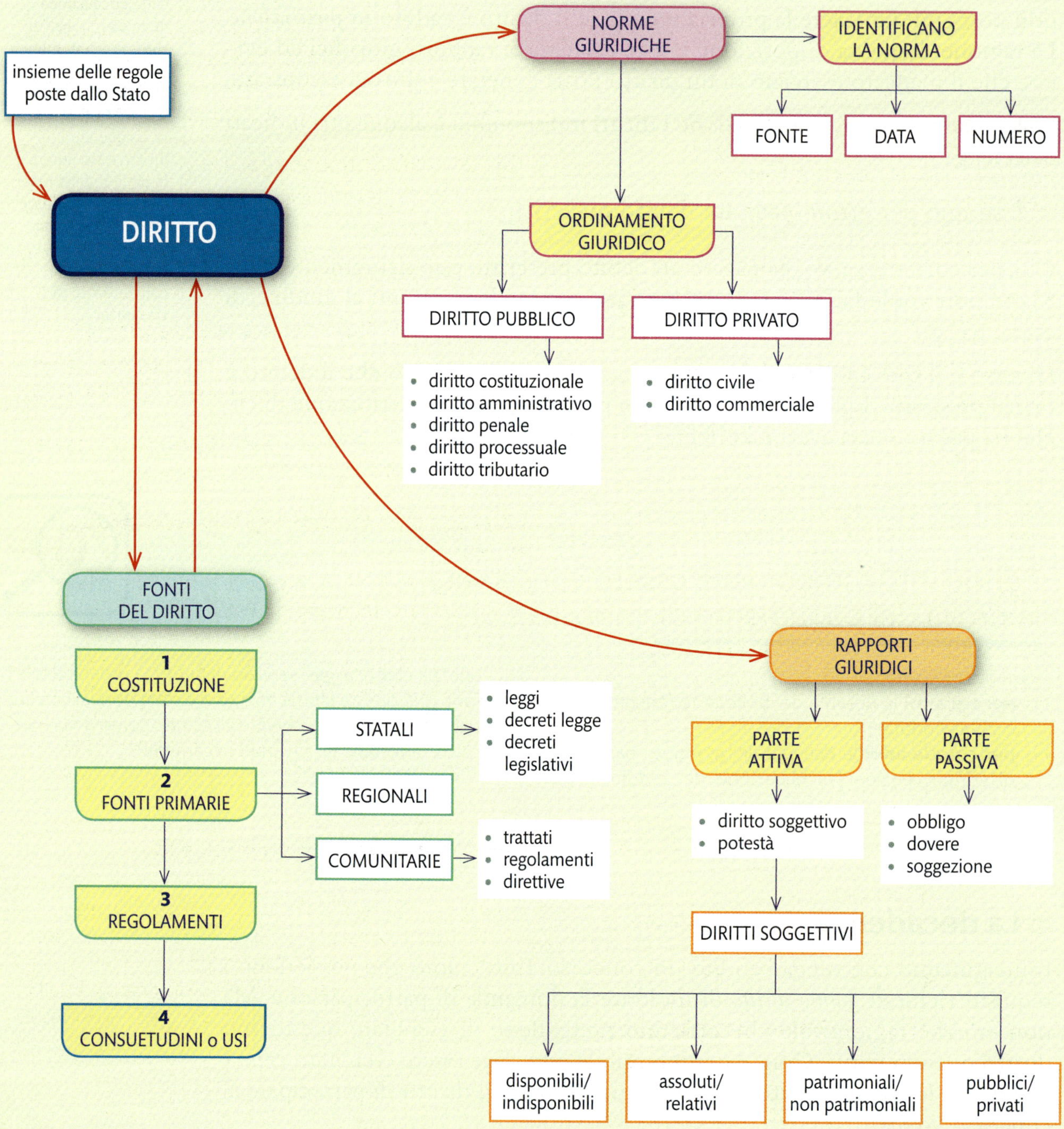

Lezione 1 riguardando gli appunti

Che cosa è il diritto?

- Chiamiamo diritto l'insieme delle regole poste e imposte dallo Stato per disciplinare la vita sociale sul proprio territorio.

Qual è la differenza tra norme poste dallo Stato e norme poste da altre organizzazioni?

- Solo le norme dello Stato sono obbligatorie perché il loro rispetto può essere imposto con la forza.

Quali sono le funzioni principali del diritto?

- Funzione tradizionale del diritto è garantire la pacifica convivenza. Altre importanti funzioni sono: regolare l'organizzazione dello Stato e l'attività dei suoi organi; favorire la crescita economica e sociale del Paese.

Quale rapporto corre tra il diritto e la giustizia?

- In ciascuno Stato le regole di diritto tendono a riflettere, con maggiore o minore ritardo, ciò che la maggioranza dei cittadini ritiene giusto e corretto in un dato momento storico.

Che cosa distingue il diritto positivo dal diritto naturale?

- Diritto positivo è chiamato l'insieme di norme *poste* dallo Stato.
- Diritto naturale è un'espressione che indica *un diritto composto di regole che la natura infonde nell'uomo*, e *giusnaturalismo* è chiamata la corrente di pensiero che ne sostiene l'esistenza.

Che cosa è la norma giuridica?

- Norma vuol dire semplicemente *regola*; giuridica significa *di diritto*. Norma giuridica vuol dire, pertanto, *regola di diritto*.

Che cosa sono le fonti del diritto?

- Sono fonti del diritto gli atti e i fatti dai quali scaturiscono norme giuridiche.
- Le fonti nazionali sono ordinate secondo una scala gerarchica che pone al primo posto la Costituzione della Repubblica italiana; al secondo posto le fonti primarie (leggi ordinarie, decreti legge e decreti legislativi, leggi regionali); al terzo posto i regolamenti; al quarto le consuetudini o usi.

Come è suddiviso l'ordinamento giuridico?

- È suddiviso in due grandi gruppi di norme che prendono il nome di *diritto pubblico* e di *diritto privato*.
- Il diritto pubblico comprende le norme che regolano l'organizzazione e l'attività dello Stato e degli altri enti pubblici e le norme che regolano i casi nei quali gli enti pubblici possono esercitare un potere di comando nei confronti dei cittadini.
- Il diritto privato comprende le norme che regolano soprattutto i rapporti tra privati cittadini.

Che cosa è un rapporto giuridico?

- Rapporti giuridici sono chiamati tutti i rapporti tra due o più parti regolati dal diritto. Al titolare dell'interesse ritenuto prevalente l'ordinamento attribuisce un *diritto soggettivo*, mentre al titolare dell'interesse soccombente impone un *obbligo*.

Che cosa è il diritto soggettivo?

- Chiamiamo diritto *soggettivo* il potere, attribuito a un soggetto, di far valere davanti al giudice un proprio *interesse* riconosciuto *prevalente* da una norma presente nell'ordinamento.

Che cosa sono la potestà e la soggezione?

- Chiamiamo potestà il complesso di poteri e doveri accordati a un soggetto per la tutela di un interesse altrui.
- Soggezione è chiamata la situazione in cui viene a trovarsi chi è soggetto all'altrui potestà.

Qual è la differenza tra obbligo, dovere e onere?

- L'obbligo indica la necessità di soddisfare, con il comportamento imposto, l'interesse specifico di uno o più soggetti.
- Il dovere indica, invece, la necessità di soddisfare, con il comportamento imposto, un interesse generale.
- L'onere è un comportamento che, pur non essendo obbligatorio, è indispensabile tenere se si vuole conseguire un determinato risultato.

Che cosa sono la prescrizione e la decadenza?

- La prescrizione è l'estinzione del diritto che si verifica quando il titolare omette di esercitarlo per tutto il tempo previsto dalla legge.
- La decadenza è l'estinzione del diritto causata dalla mancata osservanza del termine perentorio entro il quale può essere esercitato.

verifica | mettiti alla prova

1. Completa la mappa concettuale utilizzando le seguenti parole:

indisponibili ~ privati ~ non patrimoniali ~ relativi.

2. Scegli la risposta corretta.

1 Il diritto è costituito dall'insieme:
   a. delle norme giuridiche poste dallo Stato
   b. delle leggi poste dallo Stato
   c. dei regolamenti
   d. dei giudici

2 Il rapporto affettivo tra una ragazza e un ragazzo diventa giuridico:
   a. subito
   b. dopo un anno
   c. dopo il fidanzamento
   d. dopo il matrimonio

3 I codici nella scala gerarchica:
   a. hanno lo stesso valore delle leggi
   b. hanno valore superiore alle leggi
   c. hanno valore inferiore alle leggi
   d. sono una fonte secondaria del diritto

4 L'espressione "norma giuridica" indica:
   a. solo le leggi
   b. tutte le regole poste dallo Stato
   c. solo i regolamenti
   d. tutte le regole poste da qualsiasi organizzazione

3. Rispondi alle seguenti domande.

A Che cosa sono le consuetudini?
B Quali sono i dati identificativi di una norma?
C Che cos'è un rapporto giuridico e come si regola?
D Che cos'è la prescrizione e quali diritti non sono soggetti a prescrizione?

4. Barra con una crocetta la risposta che ritieni esatta e motiva il perché.

1 Tutti i rapporti fra due o più persone sono giuridici. SÌ NO
perché? ....

2 Le fonti primarie occupano il primo posto tra le fonti del diritto. SÌ NO
perché? ....

3 Nella gerarchia delle fonti i regolamenti sono sopraordinati alle consuetudini. SÌ NO
perché? ....

4 Decadenza e prescrizione possono essere considerate sinonimi. SÌ NO
perché? ....

5 Le consuetudini sono norme contenute nella Costituzione. SÌ NO
perché? ....

5. Svela il crittogramma.

Sostituisci ogni numero con una lettera dell'alfabeto. A numero uguale corrisponde lettera uguale!

A	B	C	D	E	F	G	H	I	J	K	L	M	N	O	P	Q	R	S	T	U	V	W	X	Y	Z
				11		29	3				13		22	4				23		14					

L	'	_	N	S	_	E	_	E		_	E	L	L	E		N	O	_	_	E		È
13		1	22	23	1	11	16	11		7	11	13	13	11		22	4	5	16	11		

_	H	_	_	_	_	_	O		O	_	_	_	N	_	_	E	N	_	O		G	_	U	_	_	_	_	_	O	.
2	3	1	17	16	17	6	4		4	5	7	1	22	17	16	11	22	6	4		29	1	14	5	1	7	1	2	4	

LEZIONE 2
Dentro la norma giuridica

1 Quali sono i caratteri comuni alle norme giuridiche?

Sappiamo, ma giova ripeterlo, che il diritto oggettivo è costituito dall'insieme delle *norme giuridiche* poste dallo Stato.

Le *norme giuridiche* (siano contenute in *leggi*, *decreti*, *regolamenti* o *consuetudini*) presentano almeno tre caratteri comuni:

- la **generalità**,
- l'**obbligatorietà**,
- l'**astrattezza**.

Per capire meglio il significato di questi attributi consideriamo una norma qualsiasi; per esempio l'art. 582 del codice penale, che così dispone: *Chiunque cagiona ad alcuno una lesione personale* [...], *è punito con la reclusione da tre mesi a tre anni*.

Se esaminiamo questa norma ci sarà facile scoprire che essa è:

- **generale** poiché si rivolge a *chiunque*;

> **Astratto** è un aggettivo che proviene dal latino *abstrahere* composto da *ab* (da) e *trahere* (trarre). Astratto, pertanto, è ciò che è fuori dal reale, dal concreto.
> **Fattispecie** viene dal latino *facti* (fatto) e *species* (aspetto, forma).
> La fattispecie, pertanto, è la forma sotto cui si presenta il fatto.

TUTTE LE NORME GIURIDICHE SONO
- generali
- obbligatorie
- astratte

- **obbligatoria** perché non si limita a *consigliare* di non procurare lesioni personali, ma lo vieta in modo categorico;
- **astratta** poiché non disciplina un caso concreto. Non dice, per esempio "*... se Tizio o Caio procurano lesioni ad altri...*", ma descrive un comportamento ipotetico (qualcuno provoca una lesione a qualcun altro) che può verificarsi in qualsiasi momento e un numero indefinito di volte.

→ **Fattispecie** viene chiamato il comportamento ipotetico descritto nella norma.

Per maggiore chiarezza proviamo a individuare la *fattispecie* in alcune norme di cui abbiamo semplificato il testo per agevolarne la lettura:

- art. 635 c.p. Danneggiamento – chiunque distrugge, disperde o deteriora cose altrui (*fattispecie*) è punito, su richiesta della persona offesa, con la reclusione da 6 mesi a 3 anni;
- art. 423 c.p. Incendio – chiunque cagiona un incendio (*fattispecie*) è punito con la reclusione da tre a sette anni;
- art. 2043 c.c. Risarcimento per fatto illecito – chi volontariamente o per disattenzione o inesperienza procura ad altri un danno ingiusto (*fattispecie*) dovrà risarcire il danneggiato.

Sanzione proviene dal latino *sanctus* che significa *sacro, inviolabile*. Nel linguaggio giuridico questo termine assume il significato di punizione idonea a rendere *inviolabile* la norma.
Pena proviene dal greco *poiné* e significa *pagare*. La *poiné* era la somma con cui nella Grecia arcaica poteva essere compensata la vittima di un reato o i suoi famigliari.
Detentiva deriva dal latino *detinere*, composto di *de* e *tinere*, cioè *tenere saldamente*.
Pecuniaria deriva dal latino *pecunia* (moneta) che a sua volta deriva da *pecus* (pecora) che in età arcaica era il più frequente mezzo di pagamento.

2 In che modo la sanzione rende obbligatorie le norme?

→ **Sanzione** è chiamata la *conseguenza* prevista dall'ordinamento per chi trasgredisce le norme giuridiche.

L'ordinamento dispone un ventaglio di sanzioni che, per le loro specifiche caratteristiche, possiamo riunire in tre gruppi: sanzioni *penali*, *civili* e *amministrative*.

> **La sanzione penale** ha una funzione dissuasiva e punitiva e accompagna quelle norme la cui violazione è ritenuta dal legislatore di particolare gravità.

Può essere *detentiva* o *pecuniaria*.

- È **detentiva** la sanzione che comporta una restrizione della libertà personale.
- È **pecuniaria** la sanzione che prevede il pagamento di una multa o di un'ammenda. In particolare: la multa può comportare il pagamento di una somma compresa tra 50 a 50 000 euro; l'ammenda una somma compresa tra 20 a 10 000 euro (artt. 24 e 26 c.p.) e si applica ai reati meno gravi, detti contravvenzioni. Talvolta la pena pecuniaria si aggiunge alla pena detentiva con funzione accessoria. Altre volte ha funzione di pena alternativa (detenzione oppure pagamento di una multa).

Le norme a cui è associata una sanzione penale sono chiamate **norme penali**.

> **La sanzione civile** ha una funzione dissuasiva ma soprattutto *riparatoria* poiché consiste, generalmente, nella riparazione del danno ingiusto causato con il proprio comportamento.

Così, ad esempio, chi non paga un debito non potrà essere arrestato poiché l'arresto per debiti è scomparso dal nostro ordinamento dal 1877. Tuttavia, il giudice a cui il creditore si è rivolto potrà ordinargli di pagare il dovuto più una ulteriore somma a titolo di risarcimento del danno.

Nel parlare corrente viene chiamata *multa* la sanzione applicata a chi non rispetta le norme del codice della strada. In realtà si tratta di una sanzione amministrativa pecuniaria.

> **La sanzione amministrativa** è prevista soprattutto per la violazione di norme che regolano gli aspetti della vita sociale su cui si estende il controllo della Pubblica Amministrazione (> Unità 6).

La sanzione amministrativa può consistere nel pagamento di una somma di denaro oppure in altre e più gravi forme di punizione, come il licenziamento per il pubblico dipendente che abbia commesso gravi mancanze, oppure il ritiro della licenza commerciale per il ristoratore che non abbia rispettato le norme sull'igiene, e così via.

La caratteristica più evidente di questo tipo di sanzione è che essa non viene applicata da un giudice dopo un processo, ma direttamente da organi della Pubblica Amministrazione come il vigile urbano o l'agente della polizia stradale.

Se qualcuno guidando in modo spericolato investe un passante, sarà soggetto alla sanzione penale, civile o amministrativa?

Sarà soggetto alla sanzione amministrativa in quanto ha violato le norme di comportamento previste dal codice della strada.

Sarà soggetto alla sanzione penale in quanto ha colposamente causato lesioni personali.

Sarà soggetto alla sanzione civile perché dovrà risarcire alla vittima i danni che le ha procurato (spese mediche, interruzione del lavoro, eventuali invalidità, e così via).

Più in generale possiamo dire che:

> **Le sanzioni si cumulano** se vengono violate contemporaneamente norme di diversa natura.

ZOOM

Quando il condannato può evitare di scontare la pena

L'articolo **131 *bis*** del codice penale consente di non applicare la sanzione a chi abbia commesso un reato punibile con la sola pena pecuniaria o con una pena detentiva non superiori a cinque anni. Ciò però è possibile solo:

- se l'offesa è di particolare tenuità per l'esiguità del danno arrecato,
- se il comportamento delittuoso non è abituale per chi lo ha posto in essere.

Inoltre il giudice dovrà valutare le modalità in cui il reato è stato commesso e non potrà escludere l'applicazione della pena, per esempio, se nel fatto è riscontrabile crudeltà, futilità dei motivi oppure incapacità o impossibilità della vittima di difendersi come può accadere a minori o ad anziani.

È bene precisare che *la non punibilità non va confusa con l'assoluzione*. La persona che ha commesso il reato verrà processata e, se ritenuta colpevole, verrà condannata e la condanna registrata nel casellario giudiziario talché, in caso di reiterazione del reato, potrebbe vedersi negato lo stesso beneficio.

È utile ancora sottolineare che *la condanna (anche se la pena viene disapplicata) costituisce comunque una dichiarazione di colpevolezza* a carico dell'imputato che la vittima potrà utilizzare in sede civile per domandare il risarcimento del danno. Così per esempio un pugno dato a un compagno con frattura del setto nasale potrebbe non essere sanzionato penalmente ma potrebbe comportare un risarcimento di parecchie migliaia di euro.

3 Quando entra in vigore la norma giuridica?

Le norme giuridiche, dopo essere state approvate dagli organi competenti, debbono essere **pubblicate** su appositi organi di stampa, il più noto dei quali è la *Gazzetta Ufficiale della Repubblica*.

> **Prima della pubblicazione** nessuno è obbligato a rispettare le norme anche se sono state regolarmente approvate.

Perché è necessaria la pubblicazione?

- Le leggi, i decreti legge, i decreti legislativi e i regolamenti governativi vengono pubblicati sulla *Gazzetta Ufficiale della Repubblica;*
- le leggi e i regolamenti regionali sui *Bollettini Ufficiali delle Regioni;*
- i regolamenti comunitari sulla *Gazzetta Ufficiale dell'Unione europea.*

La pubblicazione risponde a una duplice esigenza:

- per un verso consente a tutti i cittadini di prendere visione del contenuto della norma;
- per un altro verso consente allo Stato di *presumere* che tutti i cittadini ne abbiano preso visione.

Dopo la pubblicazione nessuno potrà più validamente sostenere di avere agito senza conoscere i divieti e gli obblighi imposti. Il vecchio detto "la legge non ammette ignoranza" trova il suo fondamento proprio nella **presunzione di conoscenza** che deriva dall'aver reso le norme note a tutti mediante la pubblicazione su un organo ufficiale di stampa.

Solitamente le norme entrano in vigore (cioè debbono essere obbligatoriamente rispettate) 15 giorni dopo la loro pubblicazione. Questo intervallo di tempo viene chiamato **vacatio legis**.

Vacatio è un termine che in latino significa *esenzione*, *esonero*.

→ **La vacatio legis**, pertanto, è quell'arco di tempo in cui si è *esonerati* dal rispettare le disposizioni contenute nella norma.

La ragione di questo istituto è dare a tutti la possibilità di adeguarsi alle nuove prescrizioni. In particolare:

- se il legislatore lo ritiene opportuno, per esempio perché le nuove norme sono molto complesse, può fissare un termine di *vacatio* maggiore dei consueti 15 giorni;
- ma se l'entrata in vigore della legge è ritenuta particolarmente urgente, il legislatore può anche ridurre il termine della *vacatio*.

ZOOM

Le norme giuridiche possono avere valore retroattivo?

In linea di principio la risposta è negativa.
Tuttavia, immaginiamo che una persona stia per essere condannata a sei anni di reclusione per un comportamento che una norma successiva non considera più reato.
È giusto mandare quella persona in carcere o è più giusto dare alla norma penale valore retroattivo?
Non v'è dubbio che la seconda soluzione sia quella da preferire.

Possiamo allora concludere che:

- **come regola generale** le norme giuridiche non hanno valore retroattivo;
- **le norme di diritto penale** assumono efficacia retroattiva *soltanto* se contengono disposizioni più favorevoli per chi ha commesso il reato;
- **gli altri tipi di norma** possono assumere efficacia retroattiva solo in casi particolari e solo quando ciò risponda a criteri di maggiore giustizia.

4 Come si eliminano le norme giuridiche?

Solitamente le norme non hanno scadenza e rimangono in vigore fino a quando non vengono eliminate.

> **L'abrogazione** (o eliminazione) di una norma può avvenire in modo *tacito*, in modo *espresso* o per effetto di *referendum* abrogativo.

- **L'abrogazione tacita** si ha quando una norma più recente disciplina una certa questione in modo diverso da come era disciplinata in precedenza. In questo caso la norma più vecchia risulta automaticamente eliminata. Per esempio, sappiamo tutti che per legge la maggiore età si raggiunge a 18 anni. Ma se una nuova legge stabilisse che si diventa maggiorenni a 16, la prima, cioè la più vecchia, sarebbe automaticamente abrogata.
- **L'abrogazione espressa** si ha quando una norma dichiara esplicitamente che deve considerarsi eliminata una norma precedente.
- **L'abrogazione per referendum** si ha quando i cittadini vengono chiamati a decidere se vogliono oppure no eliminare in tutto o in parte una certa legge. Se prevalgono i "sì", la legge sarà automaticamente abrogata e nessuno dovrà più rispettarla. Se prevalgono i "no", la legge seguiterà a rimanere in vigore.

Per il principio della gerarchia delle fonti l'abrogazione (sia essa espressa o tacita) si verifica solo se la norma abrogante è di grado pari o superiore alla norma che si vuole abrogare.

Le leggi, inoltre, possono essere **annullate** dalla Corte costituzionale quando si rivelino in contrasto con principi o disposizioni contenute nella Costituzione (> Unità 6).

Quando una legge non viene più rispettata da nessuno, si può considerare abrogata?

Assolutamente no. Una norma scritta non può mai essere abrogata per mancato rispetto. Gli unici modi per abrogare una norma sono quelli che abbiamo sopra descritto.

5 Come si regolano i contrasti tra norme giuridiche?

Come abbiamo appreso nella Lezione 1, le *fonti del diritto* sono piuttosto numerose e ciò rende tutt'altro che improbabili sovrapposizioni e contrasti. Che fare in questi casi?

Quando due o più norme giuridiche contengono disposizioni tra loro contrastanti, i criteri da seguire, per capire quale si debba applicare, sono sostanzialmente tre: il criterio della **competenza**, il criterio **gerarchico** e il criterio **cronologico**.

Il criterio della competenza

> **Il criterio della competenza** ci indica quale *fonte* (legge costituzionale, legge ordinaria, legge regionale, ecc.) ha la *competenza* (o l'*autorità*) per disciplinare quella certa materia.

Questo criterio si applica quando le norme in conflitto provengono da enti diversi: per esempio quando una legge dello Stato è in contrasto con una legge regionale o quando è in contrasto con un regolamento comunitario.

In questi casi:

- la Costituzione italiana (art. 117) ci dirà se la materia è di competenza statale o regionale;
- il Trattato sull'Unione europea ci dirà se invece quella specifica materia rientra nella competenza della Ue.

In tema di immigrazione, per esempio, l'art. 117 Cost. stabilisce che competente a legiferare è solo lo Stato. Una norma regionale su tale tema, come nel caso sopra prospettato, non avrebbe pertanto alcun valore.

Rammentiamo, a proposito di **gerarchia delle fonti**, che:
- le consuetudini non possono porsi in contrasto con alcuna norma scritta;
- i regolamenti non possono porsi in contrasto con le fonti primarie;
- le fonti primarie non possono porsi in contrasto con la Costituzione.

Il criterio gerarchico

Il criterio della competenza non ci aiuta a risolvere tutti i possibili contrasti che possono sorgere tra norme giuridiche. Può accadere, infatti, che il contrasto si generi tra norme provenienti da fonti diverse (per esempio una legge e un regolamento governativo) che sono entrambe *competenti* a disciplinare quella certa materia. In questo caso si applica il criterio gerarchico.

> **Il criterio gerarchico** comporta che, tra due fonti ugualmente competenti a regolare una certa materia, prevalga sempre quella di grado superiore.

Il criterio cronologico

Ora dobbiamo esaminare l'ultima ipotesi. Che cosa accade se il contrasto si verifica tra due norme provenienti dalla medesima fonte (per esempio tra due leggi o tra due regolamenti)?

Per rispondere immaginiamo che nella nostra scuola venga emessa una circolare con la quale si dispone che le vacanze pasquali durino sette giorni e successivamente ne venga emessa un'altra con la quale si stabilisce che durino otto giorni. A quale delle due norme dovremo attenerci?

Ovviamente a quella più recente, in quanto rivela chiaramente la volontà di mutare una disposizione più vecchia.

In generale possiamo allora dire che, in caso di contrasto tra norme provenienti dallo stesso tipo di fonte, si deve applicare il criterio *cronologico*.

> **Il criterio cronologico** comporta che tra due norme di pari grado prevale sempre quella che reca la data più recente.

Gerarchia è un termine che deriva dal greco *hierarches*, che indicava il capo delle funzioni sacre, cui tutti erano subordinati.
Cronologia è un termine che deriva dal greco *khrònos* (tempo).
Il criterio cronologico, pertanto, considera la successione di norme nel tempo.

6 Come si interpretano le norme giuridiche?

Accade, talvolta, che nello scrivere una norma il legislatore non adoperi i termini migliori. Consideriamo, a titolo di esempio, l'articolo 575 del codice penale dove è stabilito che *chiunque cagiona la morte di un uomo è punito con la reclusione non inferiore ad anni 21.*

Poiché nella legge è scritto *uomo*, dobbiamo dedurne che le donne si possono uccidere impunemente? L'uccisione di una donna rientra nella fattispecie dell'omicidio?

Il buon senso ci induce a rispondere affermativamente, ma un giudice non può giudicare secondo il buon senso: egli deve attenersi alla legge.

Come ci si deve comportare, allora, se la legge presenta una formulazione ambigua oppure se il fatto da giudicare non è perfettamente riconducibile alla *fattispecie* contenuta nella norma? In questi casi occorre procedere alla **interpretazione**.

→ **L'interpretazione** è l'attività volta a capire se un determinato fatto rientra in una determinata fattispecie oppure no.

Per condurre questa operazione si debbono seguire due criteri:

- **il criterio letterale**, che ci porta a capire il significato delle parole e del testo nel suo insieme;
- **il criterio logico**, che ci porta a capire qual è la funzione di quella certa norma nell'ordinamento.

Tornando al nostro esempio, non v'è dubbio che la funzione della norma sull'omicidio sia diretta a evitare che vengano uccisi esseri umani, siano essi uomini, donne o bambini.

È l'interpretazione *logica*, pertanto, e non il puro buon senso, a consentirci di far rientrare anche l'uccisione della donna nella fattispecie dell'omicidio.

Interpretazione estensiva e restrittiva

Interpretando l'art. 575 c.p. ci siamo domandati se al termine *uomo* dovesse attribuirsi il significato più ristretto di *maschio* o quello più esteso di *persona*. Nello scegliere senza esitazione la seconda soluzione abbiamo operato una interpretazione logica che ci ha condotto a dare un significato *estensivo* alla norma. Se invece avessimo scelto la prima soluzione avremmo adottato una interpretazione *restrittiva*.

I giuristi, cioè gli studiosi del diritto, spesso suggeriscono la corretta interpretazione da dare alle norme (detta **interpretazione dottrinale**) ma per quanto il loro parere sia autorevole non è mai vincolante.

In generale possiamo allora dire che tutte le volte in cui l'analisi letterale non è sufficiente a chiarire il significato della norma e si impone il ricorso al criterio logico, l'interpretazione può risultare:

- **restrittiva** se restringe l'ambito di applicazione della norma;
- **estensiva** se lo amplia.

Interpretazione giudiziale e autentica

L'interpretazione è detta **giudiziale** (o anche giurisprudenziale) quando è operata dai giudici che, trovandosi a valutare un fatto concreto, debbono capire se questo rientra oppure no in una determinata *fattispecie*. La loro interpretazione sarà vincolante per le parti in causa.
È detta **autentica** quando è operata dal legislatore che, di fronte a norme poco chiare, può decidere di fornire esso stesso la versione corretta. L'interpretazione autentica è vincolante per tutti.

MAPPA che cosa hai imparato

In questa Lezione hai approfondito la tua conoscenza delle norme giuridiche. Hai imparato quali sono i loro caratteri fondamentali e che ruolo gioca la sanzione ai fini dell'obbligatorietà delle norme. Hai appreso in che modo le norme entrano in vigore e come cessano di esistere per effetto dell'abrogazione. Hai anche scoperto che le norme possono trovarsi in conflitto fra loro, ma che esistono dei metodi per risolvere tali conflitti. Infine, hai imparato che il significato delle norme dipende da come le interpretiamo.

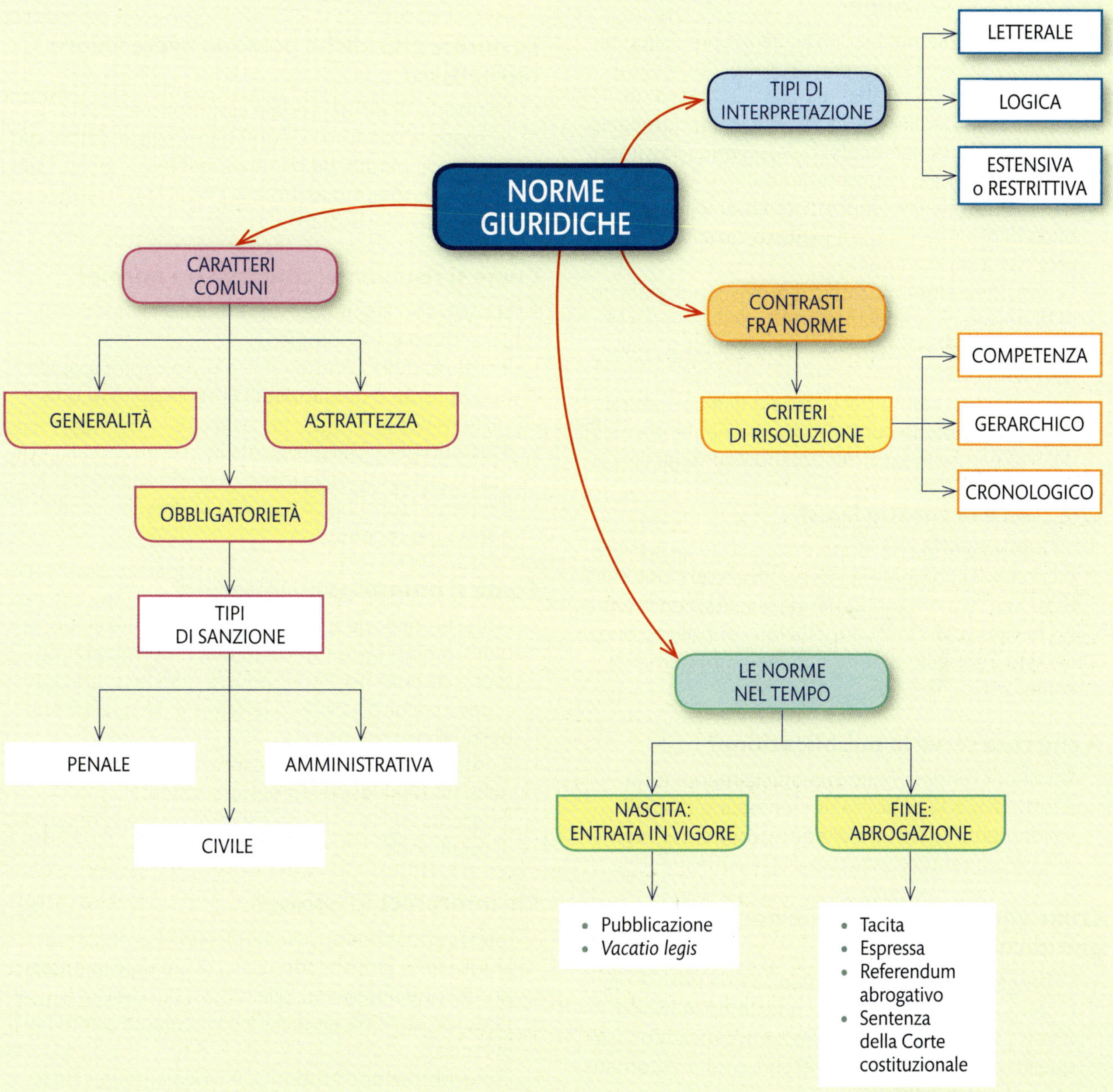

Lezione 2 riguardando gli appunti

Quali sono i caratteri comuni alle norme giuridiche?

- Le norme giuridiche (siano contenute in leggi, decreti, regolamenti o consuetudini) sono sempre *generali*, *obbligatorie* e *astratte*.

Che cosa è la fattispecie?

- Fattispecie viene chiamato il comportamento ipotetico descritto nella norma.

Che cosa è la sanzione?

- Sanzione è chiamata la *conseguenza* prevista per chi trasgredisce le norme giuridiche. Può essere civile, penale o amministrativa.
- La sanzione penale può essere *detentiva* (limitazione della libertà personale) o *pecuniaria* (pagamento di una multa o di un'ammenda).
- La sanzione civile comporta generalmente l'obbligo di risarcire il danno ingiusto causato con il proprio comportamento.
- La sanzione amministrativa è prevista per violazioni di norme che regolano aspetti della vita sociale su cui si estende il controllo della Pubblica Amministrazione.
- Può essere di natura pecuniaria o di altra natura.
- Quando si violano contemporaneamente norme di diversa natura le sanzioni possono cumularsi.

Che cosa è la *vacatio legis*?

- Le norme giuridiche, dopo essere state approvate dagli organi competenti, debbono essere pubblicate su appositi organi di stampa e solitamente entrano in vigore 15 giorni dopo la loro pubblicazione. Questo intervallo di tempo viene comunemente chiamato *vacatio legis*.

A che cosa serve la pubblicazione?

- Serve per rendere la norma ufficialmente nota a tutti. Dopo la pubblicazione nessuno può più validamente sostenere di non conoscere le regole in essa contenute.

Come vengono eliminate le norme giuridiche?

- L'abrogazione tacita si ha quando una norma più recente disciplina una certa questione in modo diverso da come era disciplinata in precedenza. In questo caso la norma più vecchia risulta automaticamente eliminata.
- L'abrogazione espressa si ha quando una norma dichiara esplicitamente che deve considerarsi eliminata una norma precedente.
- L'abrogazione per *referendum* si ha quando i cittadini vengono chiamati a decidere se vogliono oppure no eliminare in tutto o in parte una certa legge.
- Le leggi, inoltre, possono essere annullate dalla Corte costituzionale quando si rivelino in contrasto con principi o disposizioni contenute nella Costituzione.

Le norme giuridiche possono avere valore retroattivo?

- Le norme di diritto penale assumono efficacia retroattiva soltanto se contengono disposizioni più favorevoli per chi ha commesso il reato; gli altri tipi di norma possono assumere efficacia retroattiva solo in casi particolari.

Come si risolvono i contrasti tra norme?

- Si risolvono seguendo i criteri della competenza, gerarchico e cronologico.
- Il criterio della competenza aiuta a capire a quale tipo di fonte è demandata la regolazione di una certa materia.
- Il criterio gerarchico accorda la prevalenza alla norma proveniente dalla fonte di grado superiore.
- Il criterio cronologico accorda la prevalenza alla norma più recente.

Come si interpretano le norme?

- L'interpretazione è l'attività volta a capire se un determinato fatto rientra in una determinata *fattispecie* oppure no. Per condurre questa operazione si deve seguire il criterio *letterale* e, se questo non basta, il criterio *logico*.
- Il criterio letterale ci porta a capire il significato delle parole e del testo nel suo insieme.
- Il criterio logico ci porta a capire qual è la funzione di quella certa norma nell'ordinamento.

Chi interpreta le norme?

- Interpretano le norme i giudici (interpretazione giudiziale o giurisprudenziale); il legislatore (interpretazione autentica); gli studiosi del diritto.
- L'interpretazione giudiziale è vincolante per le parti in causa.
- L'interpretazione autentica è vincolante per tutti.
- L'interpretazione dottrinale non è vincolante.

verifica | mettiti alla prova

1. Completa la mappa concettuale utilizzando le seguenti parole:

autentica ~ giudiziale ~ restrittiva ~ estensiva.

2. Scegli la risposta corretta.

1 La sanzione penale ha funzione:
   a. riparatoria
   b. dissuasiva
   c. punitiva
   d. sia dissuasiva che punitiva

2 Per risolvere il contrasto tra due norme il primo criterio da adottare è quello:
   a. gerarchico
   b. cronologico
   c. scientifico
   d. della competenza

3 La norma giuridica entra in vigore:
   a. dopo l'approvazione
   b. dopo la pubblicazione
   c. dopo la proclamazione
   d. dopo la *vacatio legis*

4 Le norme giuridiche, se non è disposto diversamente, rimangono in vigore:
   a. dieci anni
   b. venti anni
   c. fin quando non vengono contestate
   d. fin quando non vengono abrogate

3. Rispondi alle seguenti domande.

A Che cos'è la *vacatio legis*?
B Quali tipi di sanzione conosci?
C In che modo vengono eliminate le norme giuridiche?
D Come sono regolati i contrasti fra le norme giuridiche?

4. Barra con una crocetta la risposta che ritieni esatta e motiva il perché.

1 Un debitore che non paga il suo debito può essere arrestato. SÌ NO

perché? ....
....
....

2 La sanzione civile può comportare la limitazione della libertà personale. SÌ NO

perché? ....
....
....

3 In qualche caso il condannato può evitare di scontare la pena. SÌ NO

perché? ....
....
....

4 Secondo il criterio cronologico prevale la norma meno recente. SÌ NO

perché? ....
....
....

5 L'interpretazione autentica è quella operata dai giudici. SÌ NO

perché? ....
....
....

5. Svela il crittogramma.

Sostituisci ogni numero con una lettera dell'alfabeto. A numero uguale corrisponde lettera uguale!

A	B	C	D	E	F	G	H	I	J	K	L	M	N	O	P	Q	R	S	T	U	V	W	X	Y	Z
						7		24					20												

_	_		_	_	G	G	_		N	_	N		_	_	_	_	_	_	_		I	G	N	_	_	_	N	_	_	.
16	18		16	14	7	7	14		20	6	20		18	21	21	14	22	22	14		24	7	20	6	5	18	20	23	18	

UNITÀ 1
Introduzione al diritto

LEZIONE 3
Il diritto e le persone

1 Le persone come soggetti del diritto

Come è ragionevole, le norme attribuiscono *diritti* e *obblighi* non agli animali o alle cose, ma solo alle *persone*.
Come sappiamo per generale esperienza, le persone possono operare *individualmente* o *collettivamente*, attraverso la costituzione di associazioni o di società commerciali.

Possiamo allora dire che:

> **titolari di diritti e di obblighi** possono essere sia le *persone fisiche*, sia le *organizzazioni collettive*, cioè formate da più soggetti.

Delle *organizzazioni collettive* ci occuperemo nel Paragrafo 10. Qui di seguito soffermeremo invece la nostra attenzione sulle vicende delle *persone fisiche*.

SOGGETTI DI DIRITTO TITOLARI DI DIRITTI E OBBLIGHI

- PERSONE FISICHE
- ORGANIZZAZIONI COLLETTIVE

ZOOM

Gli animali hanno diritti?

Gli animali, sebbene non possano essere considerati titolari di diritti, godono di alcune protezioni. Per esempio l'art. 544 *bis* del codice penale (modificato con l. 201/2010) stabilisce che:

Chiunque, per crudeltà o senza necessità, cagiona la morte di un animale è punito con la reclusione da quattro mesi a due anni.

E l'art. 544 *ter* aggiunge:

Chiunque, per crudeltà o senza necessità, cagiona una lesione ad un animale ovvero lo sottopone a sevizie o a comportamenti o a fatiche o a lavori insopportabili per le sue caratteristiche etologiche è punito con la reclusione da tre a 18 mesi o con la multa da 5000 a 30 000 euro.

2 Quando nasce (e quando si estingue) la persona fisica?

> **La persona fisica nasce**, dal punto di vista giuridico, quando inizia la respirazione polmonare.

Da quell'istante essa incomincia a vivere autonomamente e per questo solo fatto acquista una serie considerevole di diritti, come il diritto alla vita e all'integrità fisica, il diritto alle cure da parte dei genitori, il diritto di ereditare, e così via.

La nascita della persona deve essere dichiarata entro dieci giorni all'*ufficiale dello stato civile* il quale la annoterà nell'archivio informatico *dello stato civile*.

Unitamente alla *dichiarazione di nascita* deve essere comunicato il nome che si intende attribuire al nuovo nato.

Poiché le persone non sono eterne, c'è un altro imprescindibile evento che dobbiamo prendere in considerazione, ed è quello del decesso.

> **La persona fisica si considera deceduta**, stabilisce l'art. 2 della legge n. 578 del 1993, quando la respirazione polmonare e la circolazione sanguigna sono cessate per un intervallo di tempo tale da comportare la perdita irreversibile di tutte le funzioni dell'encefalo.

La scelta del nome spetta congiuntamente a entrambi i genitori. È comunque vietato imporre al bambino lo stesso nome del padre, del fratello o della sorella viventi o nomi ridicoli.
Chiunque voglia cambiare nome oppure cambiare cognome perché ridicolo o vergognoso, può farne domanda al prefetto (art. 89, d.p.r. n. 396/2000) ma in nessun caso può essere richiesta l'attribuzione di cognomi di importanza storica o comunque tali da indurre in errore circa l'appartenenza del richiedente a famiglie illustri.

ZOOM

Si può dare al nuovo nato il cognome della madre?

Il nostro ordinamento non regola espressamente l'attribuzione del cognome ai figli. Essi acquistano il cognome del padre in base a una regola deducibile da una serie di altre norme come, per esempio, l'art. 143 bis c.c. (la moglie aggiunge al proprio cognome quello del marito...), per effetto del quale viene ad attribuirsi un unico cognome all'intero nucleo famigliare.

Nel 2016 la Corte costituzionale è intervenuta in questa materia con una sentenza innovativa.

La Corte ha stabilito che attribuire automaticamente il cognome del padre ai figli nati nel matrimonio è costituzionalmente illegittimo.

Se i genitori sono d'accordo, potranno dare ai figli il doppio cognome, paterno e materno. Questa pronuncia segna il tramonto della concezione patriarcale della famiglia, dominata dalla figura del padre/marito, in nome della parità tra uomo e donna tutelata dalla Costituzione.

3 Che cos'è la capacità giuridica?

Stabilisce la Costituzione, nell'art. 3, che tutti i cittadini sono uguali davanti alla legge senza distinzione di sesso, di razza, di lingua, di religione, di opinioni politiche o di condizioni personali o sociali.

Con questa solenne affermazione la Costituzione riconosce la *parità giuridica* delle persone fisiche. Riconosce cioè, a ogni essere umano e in eguale misura, l'attitudine (o *capacità*) di essere titolare di diritti e di doveri. Questa attitudine viene chiamata *capacità giuridica*.

→ **La capacità giuridica** è l'idoneità a essere titolari di diritti e di doveri.

- **Si acquista** al momento della nascita.
- **Si perde** solo con la morte.

È importante avere la piena capacità giuridica?

ZOOM

L'attribuzione a ogni persona della piena capacità giuridica costituisce una delle più importanti conquiste di civiltà. Se una persona fosse del tutto priva di capacità giuridica si troverebbe nella stessa situazione di un animale o di un oggetto. Non avevano capacità giuridica gli schiavi, che ai tempi dell'antica Roma Marco Porcio Catone definiva "*attrezzi da lavoro parlanti*".

Se una persona avesse solo una *limitata* capacità giuridica starebbe un po' meglio ma si troverebbe a essere comunque una sorta di cittadino di serie B. In tempi recenti hanno subito questa triste esperienza i cittadini di fede ebraica nell'Italia fascista e nella Germania nazista e i cittadini di colore nei Paesi in cui operava il regime dell'*apartheid*.

4 Che cos'è la capacità di agire?

Abbiamo detto, nel Paragrafo precedente, che nel nostro ordinamento la capacità giuridica si acquista con la nascita.

Ciò comporta, per esempio, che un adolescente potrebbe diventare, magari per via ereditaria, proprietario di un cospicuo patrimonio. Se ciò avvenisse, potrebbe dissiparlo come meglio crede?
Come è facile intuire, la risposta è negativa. Ragionevolmente, infatti, l'ordinamento consente di esercitare il contenuto dei propri diritti solo a chi possiede la *capacità di agire* nel proprio interesse.

Come si può stabilire se una persona ha o non ha questa capacità?

Non potendo verificare, caso per caso, se gli individui hanno o non hanno questa *capacità*, la legge traccia una linea di demarcazione e presume che essa sia assente in chi non ha ancora compiuto i 18 anni di età.

I soggetti minori di età possono autonomamente compiere solo alcuni atti indicati dalla legge. Così, per esempio, chi abbia superato i 16 anni può, in presenza di gravi motivi, essere autorizzato dal Tribunale a contrarre matrimonio.

→ **Capacità di agire** è chiamata la capacità di esercitare con il proprio volere il contenuto dei propri diritti e di assumere obblighi e si acquista al compimento della maggiore età.

Al di sotto di questa soglia il minore è soggetto alla **potestà** dei genitori che ne assumono la rappresentanza e ne amministrano i beni.
Se, per avversa sorte, i genitori mancassero, il giudice assegnerà al minore un **tutore** che svolgerà le medesime funzioni di assistenza e di controllo.

5 Quando viene modificata la capacità di agire?

Poniamoci alcune domande.

- Se un ragazzo minorenne, con regolare autorizzazione, contraesse matrimonio, sarebbe ancora soggetto, benché sposato, alla potestà dei genitori?
- Se una persona maggiorenne, e quindi pienamente capace di agire, fosse affetta da disturbi mentali piuttosto gravi, potrebbe ugualmente disporre, magari in modo stravagante, del proprio patrimonio?
- Se un soggetto, sotto l'effetto di sedativi o per ubriachezza o per altra causa momentanea, fosse indotto ad assumere impegni particolarmente gravosi, potrebbe, una volta riacquistata la necessaria lucidità, liberarsi degli impegni presi?

Le ipotesi delineate pongono in luce la necessità di inserire alcune eccezioni alla regola generale sulla *capacità di agire* e l'ordinamento vi ha provveduto introducendo alcuni specifici istituti.

> **L'emancipazione** è l'istituto che consente al minore di età di acquistare una capacità di agire limitata agli atti di poco impegno economico, detti, per questo, atti di *ordinaria amministrazione*. Per gli atti più importanti, cioè di *straordinaria amministrazione*, dovrà avvalersi dell'aiuto di un *curatore* nominato dal Tribunale.

Attualmente nel nostro ordinamento si considerano emancipati solo i minori autorizzati a contrarre matrimonio e curatore potrà essere nominato il coniuge che sia maggiorenne.

> **L'interdizione** è il provvedimento con il quale viene totalmente sospesa la capacità di agire della persona, maggiore di età, quando questa si trovi in una condizione di abituale infermità di mente che la rende incapace di curare i propri interessi.

Con la stessa sentenza con la quale pronuncia l'interdizione, il giudice nomina un *tutore* che agirà per conto e nell'interesse dell'interdetto.

> **L'inabilitazione** è l'istituto per cui una persona, affetta da infermità non così grave da dar luogo a interdizione, può essere dichiarata dal giudice non del tutto *abile* a curare i propri interessi e quindi solo *parzialmente* incapace di agire. Le verrà assegnato un *curatore* e la sua situazione giuridica sarà del tutto simile a quella del minore emancipato.

> **L'amministrazione di sostegno** è un istituto per effetto del quale viene assegnata, alla persona le cui condizioni psicofisiche non appaiono così gravi da richiedere misure di interdizione o di inabilitazione, un *amministratore*, affinché la *sostenga*, cioè l'assista, in taluni atti di rilevanza giuridica.

> **L'incapacità naturale** è una incapacità dovuta a cause, anche transitorie (stato d'ira, malore, ubriachezza), che rendono un soggetto momentaneamente non in grado di intendere e di volere.

La persona che in uno stato di incapacità naturale compia un atto dal quale ricava grave danno, può chiedere al giudice, a talune condizioni, che tale atto venga annullato.

Curatore è colui che è delegato all'esercizio di particolari funzioni di assistenza e sorveglianza nei casi previsti dalla legge. **Tutore** è un termine di origine incerta impiegato estensivamente con il significato di *protettore, difensore*.

Atti di ordinaria amministrazione (sebbene la legge non ne dia una definizione) sono considerati quelli poco rilevanti sul piano economico, come l'acquisto di generi alimentari, di libri, giornali, capi di vestiario e così via. **Atti di straordinaria amministrazione** sono quelli che comportano una sostanziale e permanente alterazione nel patrimonio come l'acquisto o la vendita di beni immobili.

Può essere domandata l'emissione dei provvedimenti modificativi della capacità di agire dalla persona stessa quando capisca di essere in difficoltà, dal coniuge o dai parenti entro il quarto grado.
Possono essere revocati tali provvedimenti quando è cessata la causa per la quale sono stati emessi.

6 Come rintracciare le persone?

In ogni Comune è predisposto un **registro anagrafico**, oggi informatizzato, nel quale sono obbligate a iscriversi tutte le persone residenti in quel territorio. Chiunque si trasferisca in modo permanente in altra località ha l'obbligo di darne comunicazione all'ufficio anagrafico del Comune in cui va a risiedere.

Stabilisce l'art. 16 della Costituzione che ogni persona è libera di circolare e soggiornare in qualsiasi parte del territorio nazionale.

A questo fondamentale principio di libertà si contrappone però l'esigenza di individuare, con una certa rapidità, il luogo in cui le persone decidono di stabilirsi.

Immaginiamo che un nostro debitore si sposti con frequenza e per lunghi periodi da una città all'altra. Come potremmo rintracciarlo per notificargli la nostra volontà di agire contro di lui in un processo?

Un problema analogo si pone ai pubblici poteri: se una persona si sposta con frequenza, dove si può notificarle, ad esempio, un verbale di contravvenzione al codice della strada, oppure una cartella esattoriale?

Per rispondere alle esigenze di una pronta localizzazione, il codice civile detta le norme utili a individuare la *residenza* e il *domicilio* delle persone.

Il d.l. n. 179 del 2012 prevede che ogni cittadino abbia la facoltà di indicare alla Pubblica Amministrazione un proprio **domicilio digitale** inteso come indirizzo di posta elettronica a cui dovrà pervenirgli ogni comunicazione amministrativa.

→ **La residenza** è il luogo in cui la persona vive abitualmente. L'indicazione viene riportata sui documenti di riconoscimento della persona.

→ **Il domicilio** è il luogo in cui una persona ha stabilito la sede principale dei suoi affari e dei suoi interessi (ufficio, azienda o altro).

Poiché non esiste un registro pubblico del domicilio, ognuno può darne comunicazione alle persone con cui è in corrispondenza nel modo che crede più opportuno.

→ **La dimora** è semplicemente il luogo in cui una persona si trova in modo occasionale o transitorio, come un albergo o una casa per le vacanze.

ZOOM

Quali sono i principali documenti di identità personale?

La carta di identità personale, per effetto del d.l. n. 179 del 2012, deve avere forma digitale; ha durata decennale; deve contenere la fotografia e le impronte digitali del titolare e ingloba anche i dati relativi alla tessera sanitaria.

Sono equivalenti alla carta di identità il passaporto, la patente di guida, la patente nautica, il libretto di pensione, il patentino di abilitazione alla conduzione di impianti termici, il porto d'armi, le tessere di riconoscimento, purché munite di fotografia e di timbro o di altra segnatura equivalente, rilasciate da un'amministrazione dello Stato (d.p.r. n. 445 del 2000, art. 35).

Il passaporto, stabilisce l'art. 20 *ter* del d.lg. n. 135/2009, è individuale. I minori di età che debbano recarsi all'estero non sono più iscritti sul passaporto dei genitori, ma devono avere un proprio documento di identità personale. La validità del passaporto è decennale per gli adulti; scende a cinque anni per i minori di età compresi tra 3 e 18 anni; scende a tre anni per i minori di età inferiore a 3 anni.

I minori di anni 14, sebbene titolari di un passaporto individuale, possono farne uso solo a condizione che viaggino in compagnia di uno dei genitori o di chi ne fa le veci.

Tutti i documenti di identità personale sono rilasciati o rinnovati con validità fino alla data corrispondente al giorno e mese di nascita del titolare (d.l. n. 5/2012).

7 Quando di una persona si perdono le tracce

Secondo un vecchio aneddoto un uomo uscì di casa per andare a comperare le sigarette e telefonò dopo venti anni dal Sud America per dire che stava bene e salutava tutti.

Forse l'aneddoto è frutto di fantasia, ma la improvvisa e incomprensibile scomparsa delle persone è, purtroppo, un evento tutt'altro che infrequente e quasi mai presenta risvolti umoristici. Questo evento, quando si verifica, interessa sicuramente la Magistratura penale, la quale dovrà accertare che non sia conseguenza di attività criminose. Ma è rilevante anche sotto altri aspetti. Per esempio, chi può riscuotere i crediti dello scomparso prima che cadano in prescrizione? Chi può pagare i suoi debiti? Chi deve amministrare il suo patrimonio? E ancora: il coniuge della persona scomparsa deve considerarsi liberato dal vincolo matrimoniale oppure no?

La legge distingue tre diverse ipotesi: la *scomparsa*, l'*assenza* e la *morte presunta*.

> **La scomparsa** viene dichiarata dal Tribunale quando una persona non è più comparsa nel luogo del suo ultimo domicilio o dell'ultima residenza e non se ne hanno più notizie. In questi casi il giudice, su richiesta di chiunque vi abbia interesse, nomina un *curatore* il quale dovrà *curare* gli affari dello scomparso fin quando questi non ricompaia.

> **L'assenza** viene dichiarata quando la persona non dà più notizie di sé da almeno due anni. Poiché in questo caso comincia a essere ragionevole il dubbio che la persona sia deceduta, il giudice consente agli eredi di prendere *provvisoriamente* possesso dei beni dell'assente. Se questi dovesse tornare avrebbe diritto di riavere le proprie cose.

> **La morte presunta** viene dichiarata dal Tribunale dopo dieci anni dalla scomparsa, ma in casi particolari (per esempio catastrofi naturali) può essere dichiarata anche prima. Per effetto della dichiarazione di morte presunta, gli eredi che erano già stati immessi nel possesso temporaneo dei beni ne acquistano la piena disponibilità e il coniuge può contrarre un nuovo matrimonio (art. 65 c.c.).

E se il presunto morto tornasse vivo e vegeto?

Se il morto non era morto, gli eredi non potevano ereditare. Ne consegue che questi dovranno restituire il patrimonio al legittimo titolare, con la sola esclusione di quanto hanno ormai consumato.

Sul piano familiare il presunto morto avrà diritto di riprendere regolarmente la propria vita coniugale e l'eventuale nuovo matrimonio contratto nel frattempo dal coniuge dovrà essere dichiarato nullo (art. 68 c.c.). La possibilità di divorziare aiuta, in questo caso, a dipanare la intricata situazione che verrebbe a determinarsi per effetto di questa norma.

8 Come sono tutelati i diritti alla vita e all'integrità fisica?

È stato condannato per omicidio preterintenzionale:
- uno studente per aver spintonato un compagno il quale, cadendo su una vetrata andata in frantumi, ha riportato ferite che ne hanno causato la morte;
- il dipendente di una discoteca che ha malamente buttato fuori dal locale un giovane il quale, cadendo in strada, ha riportato una frattura cranica che ne ha causato il decesso;
- un giovane violento che ha dato un calcio all'addome a un compagno causandogli un'emorragia interna.

I diritti alla vita e all'integrità fisica sono ritenuti, bene a ragione, i diritti più importanti riconosciuti alla persona umana.

Nel nostro ordinamento essi sono protetti:

- da **norme civili**, che obbligano l'autore di eventuali fatti lesivi a risarcire il danno economico e morale causato con la propria azione;
- da **norme penali**, che prevedono una restrizione della libertà personale a carico di chi abbia causato la morte di una persona o le abbia procurato lesioni per *colpa*, con *dolo* o anche in modo *preterintenzionale*.

Precisiamo che:

- la **colpa** si ha quando l'evento lesivo non era voluto ma si è prodotto per *imprudenza*, *imperizia*, *negligenza* o per *disattenzione*. Si ha un evento colposo, per esempio, se un vaso di fiori negligentemente lasciato sul davanzale della finestra cade in testa a un passante; se un ciclomotore guidato imprudentemente investe un pedone; e così via;
- il **dolo** si ha quando l'evento lesivo è voluto dall'agente (è il caso del rapinatore o del *killer* che volontariamente uccidono);
- **preterintenzionale** (la parola significa *oltre l'intenzione*) è l'evento che, per cause non previste, ha prodotto effetti non voluti o più gravi di quelli previsti e voluti.

La qualificazione dell'azione come *dolosa*, *preterintenzionale* o *colposa* non è indifferente ai fini della sanzione. Per esempio, l'omicidio *doloso* comporta la pena dell'ergastolo, l'omicidio *preterintenzionale* la reclusione da 10 a 18 anni, l'omicidio *colposo* la reclusione da sei mesi a 5 anni.

Tutto sommato chi causa un evento colposo se la cava con poco!

In effetti il reato colposo è punito in modo abbastanza lieve. Ma questo non deve indurci a comportarci con eccessiva leggerezza. Per esempio se zigzagando sul marciapiedi con uno *skateboard* investiamo un anziano professionista causandogli lesioni che lo costringano a rimanere inattivo per un mese o due, difficilmente andremo in prigione. Ma dovremo comunque risarcirlo per il danno causato che comprenderà le spese mediche sostenute o da sostenere in futuro, il mancato guadagno per il tempo della forzata inattività, il disagio anche psichico sopportato a causa della nostra azione.

ZOOM

È punibile il danno causato da un illecito in attività sportiva?

La Cassazione, con sentenza n. 1951/2000, ha chiarito quanto segue. Non sono penalmente perseguibili i cosiddetti illeciti sportivi, cioè quei comportamenti che, pur costituendo talvolta infrazione alle regole del gioco, non superano la soglia di rischio consentito nell'esercizio di quella specifica attività sportiva. Pertanto **non sarà penalmente perseguibile** l'autore dell'evento lesivo che abbia rispettato le regole del gioco, né chi le abbia violate non volontariamente ma a causa della foga agonistica e della incapacità o impossibilità di interrompere per tempo la propria azione; **sarà invece penalmente perseguibile** l'autore del fatto lesivo che abbia violato volontariamente le regole del gioco.

La donazione di organi

Si può rinunciare volontariamente all'integrità fisica donando un proprio organo?

La donazione di organi prelevati da una persona vivente è consentita purché, stabilisce l'art. 5 c.c., non comporti una diminuzione *permanente* dell'integrità fisica della persona. È lecita pertanto la donazione del sangue, previo accertamento, da parte del medico, che non ne possa derivare alcun danno al paziente (l. n. 592 del 14 luglio 1967).

Tuttavia, in deroga all'art. 5 c.c. alcune leggi speciali consentono la donazione anche quando questa comporti una diminuzione permanente dell'integrità fisica. Per esempio, la legge n. 458 del 1967 consente la donazione di un rene poiché è possibile vivere anche con un solo rene. È comunque richiesta l'autorizzazione preventiva del giudice che deve verificare la capacità di agire del donatore e la piena consapevolezza delle conseguenze a cui l'atto lo espone.

Non è mai consentita, invece, la vendita di organi. Sotto il profilo morale legittimare una simile vendita significherebbe favorire un commercio ignobile. Sotto il profilo giuridico l'ipotesi è ancora meno praticabile. Nel contratto di vendita, infatti, se una parte si rende inadempiente l'altra può chiedere al giudice di obbligarla ad adempiere forzatamente la prestazione. Nel nostro caso ciò significherebbe che se una persona, dopo aver promesso di vendere un proprio organo e magari aver ricevuto il compenso concordato, si sottraesse all'impegno assunto, potrebbe essere trascinata con la forza in camera operatoria. Il che appare chiaramente impensabile in ogni società civile. La cessione di organi, pertanto, non può configurare una vendita, e anche la promessa di cederli gratuitamente può essere revocata in ogni momento.

ZOOM

Come è sanzionato l'omicidio stradale?

L'omicidio stradale colposo, stabilisce l'art. 589 del codice penale, è punito con la reclusione da 2 a 7 anni. Ma la pena, aggiunge l'art. 589 *bis*, sale da 5 a 10 anni di reclusione se il guidatore del veicolo a motore che ha causato l'incidente era in stato di ebbrezza alcolica media (tasso compreso tra 0,8 e 1,5 grammi per litro) e da 8 a 12 anni se era in stato di ebbrezza alcolica grave (tasso superiore a 1,5 grammi per litro) o di alterazione psico-fisica conseguente all'assunzione di sostanze stupefacenti o psicotrope. La pena è aumentata ancora se l'autore del reato non ha conseguito la patente (o ha la patente sospesa o revocata), se non ha assicurato il proprio veicolo a motore o se si è dato alla fuga.

Alcune questioni di attualità

Che cosa si intende per procreazione medicalmente assistita?

La procreazione, come tutti sappiamo, è un fatto naturale. Ma capita, talvolta, che problemi di natura fisica o psichica rendano impossibile ad alcune coppie di avere dei figli. Può venire in aiuto, in questi casi, la cosiddetta **procreazione medicalmente assistita** che consente di favorire artificialmente l'unione dei *gameti* maschili e femminili al fine di consentire la procreazione anche a coppie che, per difficoltà di vario genere, non riescono ad avere figli in modo naturale.

Le norme che regolano nel nostro Paese la procreazione medicalmente assistita (contenute nella legge n. 40 del 2014) erano in origine molto restrittive e, tra l'altro, consentivano la fecondazione artificiale solo se la coppia era accertatamente infertile e solo se il seme impiantato proveniva dal partner della donna.

Con alcune importanti sentenze la Corte costituzionale ha fatto decadere molti limiti contenuti nella legge e in particolare:

- ha reso legittima la cosiddetta *fecondazione eterologa*, cioè realizzata impiegando ovociti o spermatozoi donati da una terza persona estranea alla coppia e prelevati, con criteri di assoluta riservatezza, dalle cosiddette *banche del seme*;
- ha reso possibile procedere alla procreazione medicalmente assistita anche alle coppie che, pur essendo fertili, siano portatrici di malattie genetiche che, attraverso la procreazione naturale, potrebbero trasmettersi al feto.

Che cosa succede se ad attentare alla propria vita è la persona stessa?

Il tentativo di suicidio non è punibile. E ciò appare sicuramente ragionevole perché chi ha tentato di commettere un atto così grave verso se stesso ha bisogno più di aiuto che di punizioni.

L'aiuto dato a un aspirante suicida, invece, è severamente punito perché giuridicamente nessuno può rinunciare al diritto alla vita. Pertanto, chi aiuta una persona a morire in virtù di un consenso che questa non poteva validamente esprimere, non ha alcuna attenuante: per la legge la sua azione è simile all'omicidio.

Una persona con una malattia irreversibile potrebbe essere aiutata a morire?

L'eutanasia, cioè la morte indolore concessa a chi sia affetto da gravi, dolorose e irreversibili malattie, non è ammessa nel nostro ordinamento.

Diverso dall'eutanasia è il cosiddetto *testamento biologico*. **Il testamento biologico**, in estrema sintesi, è un documento nel quale la persona dichiara, tra l'altro, se intende essere o non essere sottoposta a trattamenti che la tengano in vita artificialmente qualora, per sopravvenuta incapacità, non fosse in grado di esprimere ella stessa la propria volontà.

Sulla possibilità di introdurre questo istituto nel nostro ordinamento è in corso da alcuni anni un complesso dibattito al quale ha dato impulso significativo la Corte di cassazione con sentenza n. 21748 del 2007. La Suprema Corte, partendo dal principio costituzionale che nessuna persona può essere sottoposta a un trattamento sanitario contro la propria volontà, ha sentenziato che possono essere disattivate le apparecchiature che tengono artificialmente in vita una persona quando il giudice abbia accertato, con prove certe e inoppugnabili, che questa sarebbe stata la volontà della persona se avesse avuto la capacità di esprimersi autonomamente.

È punibile chi, per difendersi, procura lesioni personali?

La punibilità, in questi casi, è esclusa solo se la difesa è "legittima", cioè esercitata nei limiti posti dalla legge.

Stabilisce in proposito l'**art. 52 del codice penale**: "Non è punibile chi ha commesso il fatto per esservi stato costretto dalla necessità di difendere un diritto proprio o altrui contro il **pericolo attuale** di una offesa ingiusta, sempre che la difesa sia **proporzionata** all'offesa".

Questa norma, a una sommaria lettura, sembrerebbe giustificare qualsiasi reazione, ma non è così. Letta con attenzione essa dice che la difesa è legittima:

- **solo se il pericolo è attuale**; per esempio, se uno scippatore, fuggendo, lascia cadere la cosa che ha scippato, non sarà lecito inseguirlo e usargli violenza perché il pericolo (di perdere la cosa) non esiste più. In questo caso le lesioni inflitte non costituirebbero una difesa, ma piuttosto una vendetta che, come tale, non è mai consentita dalla legge;
- **solo se l'azione difensiva è proporzionale all'offesa**. Ciò vuol dire che in presenza di un pericolo attuale possiamo reagire anche con ragionevole energia, ma il danno che infliggiamo con la nostra reazione deve essere proporzionato al rischio che corriamo.
  Per esempio, non possiamo usare armi per difenderci da uno scippo in corso perché non vi sarebbe proporzione tra il danno che rischiamo di subire (perdere una cosa) e il male che infliggiamo. Se, per malaugurata ipotesi, lo scippatore o altro malvivente morisse a causa della nostra reazione, rischieremmo (con qualche attenuante) una pena fino a 21 anni di reclusione.

9 Com'è tutelata la privacy delle persone?

→ **Il diritto alla riservatezza** (o *privacy*) tutela l'interesse della persona a non subire ingerenze non volute nella propria vita personale e famigliare.

Benché a questo diritto sia oggi riconosciuta grande importanza, non esiste, nel nostro ordinamento, una norma rubricata *diritto alla riservatezza*, nella quale possiamo leggere fattispecie e sanzione. Esistono invece più norme che considerano aspetti particolari di questo ampio e multiforme diritto.

- **Il diritto alla riservatezza dell'immagine** è tutelato dall'art. 10 c.c., che così dispone:
  "Qualora l'immagine di una persona o dei genitori, del coniuge o dei figli sia stata esposta o pubblicata fuori dei casi in cui l'esposizione o la pubblicazione è consentita dalla legge [...], l'autorità giudiziaria, su richiesta dell'interessato, può disporre che cessi l'abuso, salvo il risarcimento dei danni."
- **Il diritto alla riservatezza del domicilio** è tutelato dall'articolo 14 Cost.:
  "Il domicilio è inviolabile. Non vi si possono eseguire ispezioni o perquisizioni o sequestri, se non nei casi e modi stabiliti dalla legge [...]."
- **Il diritto alla riservatezza della corrispondenza** è tutelato dall'articolo 15 Cost.:
  "La libertà e la segretezza della corrispondenza e di ogni altra forma di comunicazione sono inviolabili. La loro limitazione può avvenire soltanto per atto motivato dell'autorità giudiziaria con le garanzie stabilite dalla legge."

La tutela dei dati personali

Grande importanza ha assunto, in tempi recenti, il diritto alla riservatezza dei **dati personali**. Ciò che maggiormente preoccupa, in questo caso, è la possibilità che questi dati (raccolti per finalità del tutto lecite, per esempio dagli istituti bancari, dagli ospedali, ecc.) possano essere poi prelevati per via telematica e aggregati in modo da consentire vere e proprie schedature dei cittadini.

Per prevenire abusi e distorsioni è stato emanato il d.lg. n. 196 del 2003 denominato **codice della privacy** e istituita una **Autorità garante per la tutela dei dati personali** alla quale è possibile rivolgersi per segnalazioni e reclami.

> **L'art. 1 del codice della privacy** sinteticamente stabilisce che: "chiunque ha diritto alla protezione dei dati personali che lo riguardano".

Ciò comporta che nessuno può raccogliere e utilizzare dati personali senza il consenso della persona interessata. Tale consenso non è richiesto quando i dati sono trattati in ambito giudiziario, oppure da parte delle forze di polizia e negli altri casi contemplati nella parte II del *codice*.

Particolare attenzione la legge riserva ai cosiddetti **dati sensibili**. Sono tali, chiarisce l'art. 4, quelli idonei a rivelare:

- l'origine etnica della persona;
- le sue convinzioni religiose e filosofiche;
- le opinioni politiche;
- l'adesione a partiti, sindacati, associazioni o altre organizzazioni;
- lo stato di salute e la vita sessuale.

La raccolta e il trattamento di questi dati (solitamente operata da ospedali, enti pubblici, società di selezione del personale, istituti di rilevazioni demoscopiche) deve essere preventivamente autorizzata dall'Autorità garante della *privacy*.

> **L'Autorità garante** per la protezione dei dati personali è un organo collegiale costituito da quattro componenti. I suoi compiti sono descritti dall'art. 154 del codice della privacy. Tra i tanti ricordiamo quelli di:

- controllare che i trattamenti siano effettuati nel rispetto della legge;
- esaminare i reclami e le segnalazioni e provvedere sui ricorsi presentati dagli interessati;
- prescrivere le misure per rendere il trattamento conforme alle disposizioni vigenti;
- vietare il trattamento illecito o non corretto dei dati o disporne il blocco;
- denunciare alla Magistratura i fatti configurabili come reati.

Per capire quanto può essere insidioso un trattamento distorto dei dati personali, immaginiamo che cerchi lavoro il signor Rossi, i cui dati, assemblati, ci rivelano che è un "cinquantenne, privo di reddito, con salute cagionevole e qualche precedente penale". Lo assumeremmo mai nella nostra impresa? Probabilmente no. Eppure se andassimo a guardare bene potremmo scoprire che il sig. Rossi è rimasto privo di reddito perché l'impresa presso cui lavorava è fallita; ha avuto qualche problema di salute che ha ormai superato, e il suo nome compare nel casellario giudiziario perché una volta da giovane ha avuto un diverbio con un vigile urbano. Tutto ciò non renderebbe il signor Rossi un cattivo dipendente, ma il modo in cui sono stati *trattati i suoi dati* ci indurrà, probabilmente, a non assumerlo.

10 Come sono regolate le organizzazioni collettive?

Nel Paragrafo 1 abbiamo detto che titolari di diritti e di obblighi possono essere sia le persone fisiche, sia le **organizzazioni collettive**.
Sappiamo infatti che gli uomini possono agire individualmente per conseguire i propri interessi ideali o materiali, oppure possono riunirsi in gruppi organizzati.

Un'importante distinzione, nel campo delle organizzazioni collettive, va operata tra *associazioni*, *società* o *fondazioni*.

> **Le associazioni** sono organizzazioni di persone costituite per il perseguimento di finalità non economiche. Può trattarsi di finalità religiose, assistenziali, previdenziali, culturali, sportive, e così via.

Se invece la finalità è di natura economica, prendono il nome di *società*.

> **Le società** sono organizzazioni di persone costituite per svolgere un'attività economica al fine di dividerne gli utili.

Diverse dalle associazioni e dalle società (che sono caratterizzate dalla presenza di una pluralità di persone) sono le *fondazioni*, per la cui costituzione è necessaria e sufficiente la presenza di un capitale.

> **Le fondazioni** sono organizzazioni di beni destinati a uno scopo di natura ideale.

Si può per esempio costituire una fondazione depositando una somma di denaro in banca e stabilendo, con un atto notarile, che gli interessi pagati dalla banca siano destinati all'erogazione di borse di studio.

Anche i comitati sono organizzazioni collettive, sebbene la loro importanza sia più limitata. Generalmente sorgono per realizzare, attraverso una raccolta di fondi, feste e manifestazioni culturali e hanno una durata temporanea.

ORGANIZZAZIONI COLLETTIVE
- → associazioni
- → società
- → fondazioni

Le persone giuridiche

Se le organizzazioni collettive hanno uno scopo lecito e sono in regola con gli altri requisiti previsti dalla legge, possono domandare e ottenere di essere iscritte in un apposito registro pubblico. Per effetto di questa iscrizione esse acquistano la **personalità giuridica**: potranno godere di diritti e assumere obblighi *quasi* come fossero persone fisiche e per tale ragione vengono chiamate *persone giuridiche*.

→ **Persone giuridiche** sono le organizzazioni alle quali l'ordinamento riconosce la titolarità di diritti e di obblighi quasi come fossero persone fisiche.

Le **persone giuridiche** sono così chiamate perché non nascono da un parto naturale come quelle fisiche ma dal compimento di alcuni specifici atti giuridici.

> **Organi della persona giuridica** sono:

- l'assemblea degli associati, che generalmente assume le decisioni;
- l'amministratore o gli amministratori che generalmente danno esecuzione alle scelte operate dall'assemblea.

Le associazioni non riconosciute

Stiamo costituendo con alcuni amici un'associazione sportiva. Siamo obbligati a chiedere il riconoscimento della personalità giuridica?

Le associazioni che non richiedono o che non ottengono la personalità giuridica sono indicate come *non riconosciute*. La mancanza del riconoscimento non pone queste associazioni in una posizione di illegalità: la maggior parte dei circoli, club e piccole associazioni non chiedono alcun riconoscimento.

La differenza di maggior rilievo tra persone giuridiche e associazioni non riconosciute consiste nel fatto che le prime rispondono per i debiti solo con il patrimonio sociale, le seconde anche con il patrimonio personale degli associati se quello sociale non basta.

MAPPA che cosa hai imparato

LOSAI?

In questa Lezione hai fatto conoscenza con i soggetti del diritto, e cioè le persone fisiche e le organizzazioni collettive. Hai imparato che ciascuno di noi gode dalla nascita della capacità giuridica, cioè dell'attitudine ad avere diritti e doveri. La capacità di agire invece ci permette di compiere atti giuridicamente rilevanti e la legge stabilisce come e quando l'acquisiamo e la perdiamo. Hai anche imparato che differenza c'è fra residenza, domicilio e dimora, e quali conseguenze giuridiche derivino dalla scomparsa di una persona. Infine, hai familiarizzato con alcuni fondamentali diritti come la vita, l'integrità fisica, la privacy.

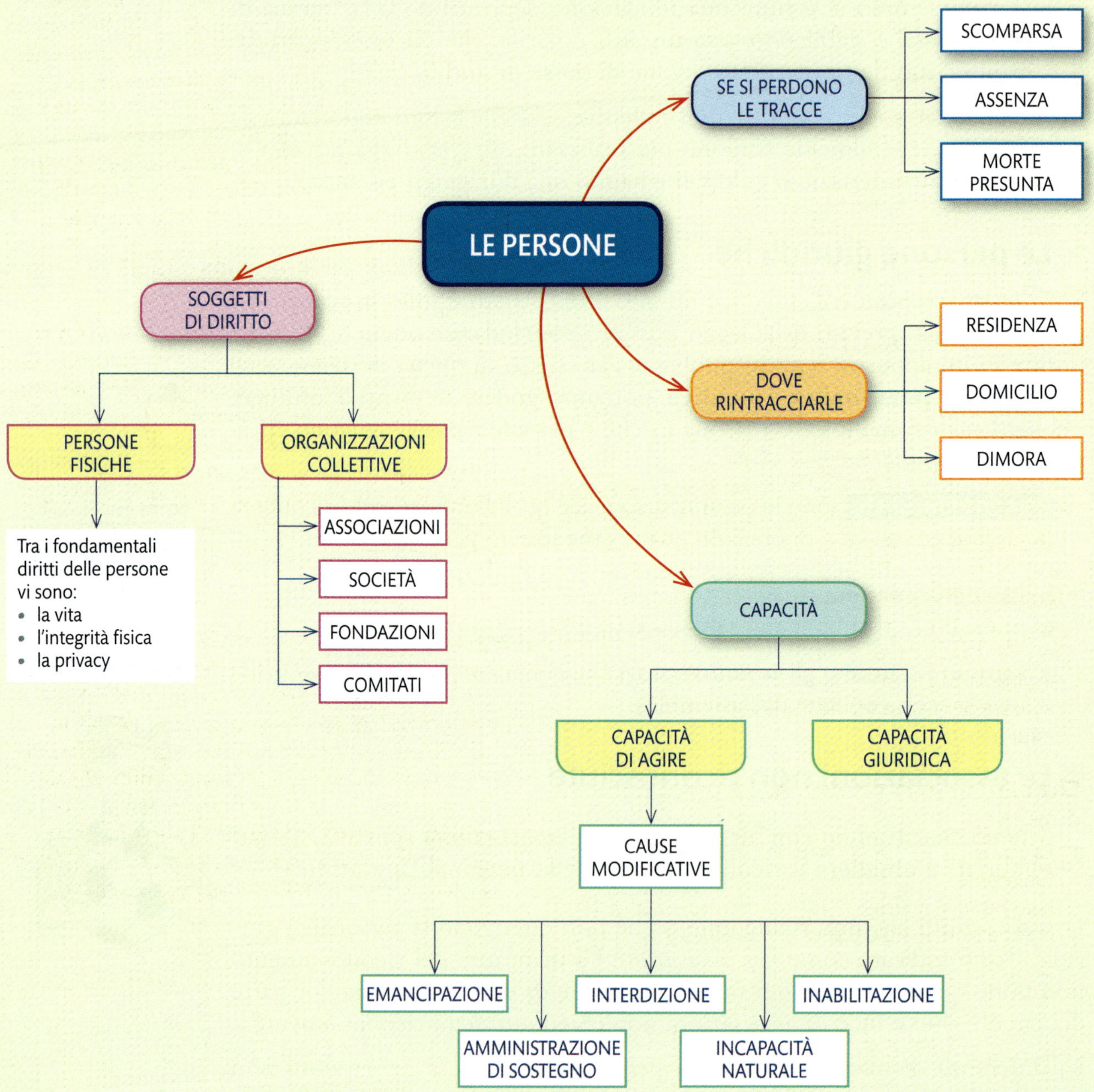

Lezione 3 riguardando gli appunti

Chi sono i destinatari dei diritti e degli obblighi?

- Titolari di diritti e di obblighi possono essere sia le *persone fisiche* che le *organizzazioni collettive*.

Quando nasce e quando muore la persona fisica?

- La persona fisica nasce quando inizia la respirazione polmonare.
- Si considera deceduta quando la respirazione polmonare e la circolazione sanguigna sono cessate per un intervallo di tempo tale da comportare la perdita irreversibile delle funzioni dell'encefalo.

Che cosa sono la capacità giuridica e la capacità di agire?

- La capacità giuridica è l'idoneità a essere titolare di diritti e di doveri. Si acquista con la nascita e si perde solo con la morte.
- Capacità di agire è chiamata invece la capacità di esercitare con il proprio volere il contenuto dei propri diritti e si acquista solo con la maggiore età.

Quali modificazioni può subire la capacità di agire?

- Con l'*emancipazione* la capacità di agire viene anticipata ma solo relativamente agli atti di ordinaria amministrazione.
- Con l'*interdizione* la capacità di agire viene sospesa; l'interdetto non può compiere atti giuridici e in sua vece opera un tutore nominato dal tribunale.
- L'*inabilitazione* e l'*amministrazione di sostegno* comportano una limitazione della capacità di agire e l'assegnazione rispettivamente di un curatore e di un amministratore di sostegno.
- Inoltre la capacità di agire può essere considerata assente per cause anche transitorie (*incapacità naturale*).

Che cosa sono la residenza, il domicilio e la dimora?

- La *residenza* è il luogo in cui la persona vive abitualmente.
- Il *domicilio* è il luogo in cui una persona ha stabilito la sede principale dei suoi affari.
- La *dimora* è semplicemente il luogo in cui una persona si trova in modo occasionale.

Che cosa sono la scomparsa, l'assenza e la morte presunta?

- La *scomparsa* viene dichiarata dal Tribunale quando una persona non è più comparsa nel luogo del suo ultimo domicilio o dell'ultima residenza e non se ne hanno più notizie. Un curatore nominato dal giudice dovrà *curare* gli affari dello scomparso fin quando questi non ricompaia.
- L'*assenza* viene dichiarata quando la persona non dà più notizie di sé da almeno due anni. In questo caso gli eredi possono prendere *provvisoriamente* possesso dei beni dell'assente. Se questi dovesse tornare avrebbe diritto di riavere le proprie cose.
- La *morte presunta* viene dichiarata dopo dieci anni dalla scomparsa, ma in casi particolari può essere dichiarata anche prima. Gli eredi acquistano la piena disponibilità del patrimonio dello scomparso.

Come è tutelato il diritto alla vita e all'integrità fisica?

- Il diritto alla vita e all'integrità fisica è protetto sia da norme civili che da norme penali.
- Le *norme civili* obbligano l'autore di eventuali fatti lesivi a risarcire il danno economico e morale causato con la propria azione;
- Le *norme penali* prevedono una restrizione della libertà personale a carico di chi abbia causato la morte di una persona o le abbia procurato lesioni per *colpa*, con *dolo* o anche in modo *preterintenzionale*.

Quali sono le persone giuridiche?

- *Persone giuridiche* sono le organizzazioni alle quali l'ordinamento riconosce la titolarità di diritti e di obblighi *quasi* come fossero persone fisiche. In particolare: le *associazioni* sono organizzazioni di persone costituite per il perseguimento di finalità non economiche; le *società* sono organizzazioni di persone costituite per svolgere un'attività economica al fine di dividerne gli utili; le *fondazioni* sono organizzazioni di beni destinati a uno scopo di natura ideale.

verifica mettiti alla prova

1. Completa la mappa concettuale utilizzando le seguenti parole:

fondazioni ~ società ~ associazioni.

ORGANIZZAZIONI COLLETTIVE →	COSTITUITE PER SVOLGERE UN'ATTIVITÀ ECONOMICA →	....
	COSTITUITE PER IL PERSEGUIMENTO DI FINALITÀ NON ECONOMICHE →	....
	ORGANIZZAZIONI DI BENI DESTINATI A UNO SCOPO IDEALE →	....

2. Scegli la risposta corretta.

1 La capacità giuridica si acquista:
- a. al compimento dei 14 anni
- b. al compimento dei 16 anni
- c. al compimento della maggiore età
- d. al momento della nascita

2 Il reato preterintenzionale è punito:
- a. come il reato doloso
- b. in modo più grave del reato doloso
- c. in modo meno grave del reato colposo
- d. in modo meno grave del reato doloso e più grave di quello colposo

3 L'integrità fisica della persona è protetta da norme:
- a. civili
- b. penali
- c. sia civili che penali
- d. sia civili che amministrative

4 Le associazioni non riconosciute rispondono dei debiti sociali:
- a. solo con il loro patrimonio
- b. solo con quello personale dei soci
- c. sia con l'uno che con l'altro
- d. non rispondono perché sono illegali

3. Rispondi alle seguenti domande.

- A Qual è la differenza fra il dolo e la colpa?
- B Che cosa sono la residenza, il domicilio e la dimora?
- C In che modo viene tutelata la privacy delle persone?
- D Che cos'è la capacità giuridica, quando si acquista e quando si perde?

4. Barra con una crocetta la risposta che ritieni esatta e motiva il perché.

1 Il tutore e il curatore svolgono le medesime funzioni. SÌ NO

perché? ....

2 L'integrità fisica è tutelata solo con norme penali. SÌ NO

perché? ....

3 L'interdizione è un provvedimento applicabile quando una persona è parzialmente incapace di curare i propri interessi. SÌ NO

perché? ....

4 L'emancipazione attribuisce al minore la piena capacità di agire. SÌ NO

perché? ....

5 In mancanza del riconoscimento le associazioni sono illegali. SÌ NO

perché? ....

5. Svela il crittogramma.

Sostituisci ogni numero con una lettera dell'alfabeto. A numero uguale corrisponde lettera uguale!

A	B	C	D	E	F	G	H	I	J	K	L	M	N	O	P	Q	R	S	T	U	V	W	X	Y	Z
						20					4	5			18										

L _ (4 12)   _ _ P _ _ _ _ À (7 12 18 12 7 1 21)   G _ _ _ _ _ _ _ _ (20 1 17 6 1 16 1 7 12)   _ _ (2 1)   P _ _ _ _ (18 13 6 16 13)

_ _ L _ (2 14 4 14)   _ _ _ (7 14 24)   L _ (4 12)   M _ _ _ _ (5 14 6 21 13).

UNITÀ 1
Introduzione al diritto

LEZIONE 4

La famiglia nel nostro ordinamento

1 Che cos'è la famiglia?

Famiglia è un termine dal significato piuttosto elastico. Può indicare:

- il nucleo ristretto, composto dai coniugi e dai figli con essi conviventi;
- l'insieme delle persone unite da rapporti di **parentela** e di **affinità**.

→ **La parentela** è il vincolo che lega le persone che discendono da uno stesso *stipite*, cioè da una stessa persona (detta anche *capo stipite*).

→ **L'affinità** è il vincolo che unisce un coniuge ai parenti dell'altro coniuge (il marito ai parenti della moglie e la moglie ai parenti del marito).

> **Parentela in linea retta** si ha quando più persone discendono l'una dall'altra: padre, figlio, nipote.

Rispetto a un determinato soggetto sono:

- **ascendenti** le persone nate prima (i nostri genitori, i nostri nonni);
- **discendenti** le persone nate dopo (i nostri figli, i nostri nipoti).

> **Parentela in linea collaterale** si ha quando le persone hanno uno *stipite* comune ma non discendono le une dalle altre. Sono tra loro *collaterali* i fratelli, i cugini, gli zii e i nipoti.

Come si calcolano i gradi della parentela?

I gradi si calcolano sul numero delle generazioni:

- **per i parenti in linea retta** si contano tanti gradi quante sono le generazioni escludendo lo stipite: padre e figlio sono parenti di primo grado, nonno e nipote sono di secondo grado, ecc.;
- **per i collaterali** si contano le generazioni salendo fino allo stipite (che viene escluso dal calcolo) e ridiscendendo fino al parente che si vuole considerare. Pertanto sono parenti di secondo grado i fratelli; sono di terzo grado gli zii e i nipoti; sono di quarto o sesto grado i cugini, come indicato nello schema;
- **per gli affini** le linee e i gradi si calcolano come per la parentela. Per esempio, una persona è *affine in linea retta di primo grado* con i propri suoceri, mentre è *affine in linea collaterale di secondo grado* con i cognati.

B e C figli di A: sono fra di loro parenti di 2° grado e nei confronti di A sono entrambi parenti di 1° grado.
D ed E figli di B: sono fra di loro parenti di 2° grado e nei confronti di B sono entrambi parenti di 1° grado; nei confronti di C sono parenti di 3° grado; nei confronti di F e G sono parenti di 4° grado; nei confronti di J e K sono parenti di 5° grado.
H figlio di D: nei confronti di I, J e K è parente di 6° grado e nei confronti di A è parente di 3° grado.

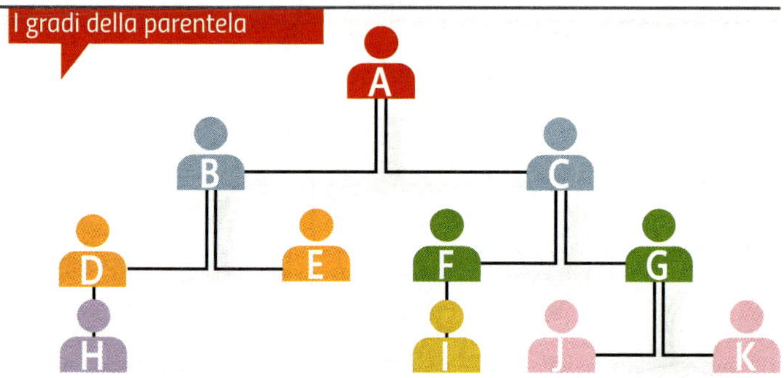

Chi ha diritto agli alimenti?

Secondo la nostra cultura giuridica, chi si trovi nella condizione di non poter provvedere al proprio mantenimento ha diritto di chiedere i necessari mezzi di sussistenza (detti *alimenti*) ai propri parenti. A quali parenti? Il codice civile (art. 433) detta un ordine di priorità. All'obbligo di prestare gli alimenti sono tenuti, nell'ordine: il coniuge; i figli e, in loro mancanza, i nipoti; i genitori e, in loro mancanza, i nonni; i generi e le nuore; il suocero e la suocera; i fratelli e le sorelle.

Gli alimenti debbono comprendere quanto è necessario per la vita del richiedente (vitto, alloggio, vestiario, cure sanitarie), avuto riguardo alla sua posizione sociale, e debbono essere rapportati alle condizioni economiche di chi è tenuto a somministrarli.

Il diritto agli alimenti, inoltre, è considerato un **diritto personalissimo**: ciò significa che non può essere ceduto ad altri e si estingue con la morte del beneficiario.

2 Qual è la differenza tra atto di matrimonio e rapporto matrimoniale?

→ **Il matrimonio** è un atto giuridico con il quale due persone manifestano la volontà di costituire una nuova famiglia.

Da questo **atto** nasce un **rapporto giuridico** destinato a durare più o meno a lungo (rapporto matrimoniale) che comporta, per i coniugi, diritti e obblighi.

> **Il rapporto matrimoniale** (con i suoi diritti e obblighi) è regolato interamente da leggi dello Stato.

> **La celebrazione**, invece, cioè il rito che porta alla formazione dell'atto e alla nascita del rapporto matrimoniale, può avvenire secondo tre diverse forme indicate rispettivamente come matrimonio *civile*, *concordatario* (o cattolico) e *acattolico*.

La celebrazione del matrimonio, qualunque sia il tipo di rito prescelto, deve essere preceduta dalla **pubblicazione della notizia**, fatta a cura dell'ufficiale dello stato civile.

La pubblicazione serve per consentire, a chi ritenga vi siano impedimenti al matrimonio, di farli valere prima che questo venga celebrato. Si previene, in tal modo, il rischio di un successivo annullamento.

La pubblicazione (legge n. 69/2009, art. 32) deve essere fatta sul *sito informatico* del Comune. Se viene omessa, il matrimonio è ugualmente valido, ma gli sposi e l'ufficiale celebrante sono puniti con il pagamento di una sanzione amministrativa, per altro di modesta entità.

Matrimonio è un termine che proviene da *matre(m)* "madre" poiché in origine indicava la "maternità legale".
Sposo/a proviene dal participio passato di *spondere* "promettere solennemente".
Coniuge viene dal latino *coniungere*, cioè congiungere, unire insieme.

Il matrimonio tra parenti o tra cittadini di nazionalità diversa

ZOOM

Ci si può sposare tra cugini?

Poiché la legge non pone alcun divieto, il matrimonio tra cugini è giuridicamente possibile (anche se la scienza medica avverte che, se si tratta di *cugini primi*, è più accentuata la possibilità di trasmettere alla prole eventuali malattie genetiche). Il divieto di contrarre matrimonio (artt. 84-90 del codice civile) riguarda solo:

- le persone ancora vincolate a un precedente matrimonio civile;
- le persone legate tra loro da vincoli di parentela, affinità o adozione, come indicato nell'art. 87 del codice civile;
- i minori di età.

In questo caso tuttavia il tribunale, su istanza degli interessati, accertata la loro maturità psicofisica e la fondatezza delle ragioni addotte può, *per gravi motivi*, ammettere al matrimonio chi abbia compiuto 16 anni. Lo stato di gravidanza della ragazza minore di età non comporta, di per sé, la concessione automatica dell'autorizzazione a contrarre matrimonio. Non si vuole, infatti, che le nozze abbiano funzione puramente riparatrice e che i giovani vi siano indotti dal timore della riprovazione sociale o famigliare.

Come è regolato il matrimonio tra cittadini italiani e cittadini stranieri?

La l. n. 218 del 1995 che ha riformato il sistema italiano di diritto internazionale privato dispone, all'art. 27, che le condizioni per contrarre matrimonio in Italia sono regolate dalla legge nazionale di ciascun nubendo al momento del matrimonio. Solo le norme che fossero in contrasto con nostre disposizioni di ordine pubblico (per esempio quelle che vietano la poligamia) non potrebbero essere accolte.

Il matrimonio civile

Il matrimonio civile è quello celebrato, alla presenza di almeno due testimoni, da un ufficiale dello stato civile (il Sindaco o un suo delegato) che dà lettura agli sposi degli artt. **143**, **144** e **147** del codice civile in cui sono stabiliti i principali diritti e doveri dei coniugi, sia tra di loro che nei confronti dei figli.

Quindi riceve da ciascuna delle parti personalmente e una dopo l'altra la dichiarazione che esse vogliono prendersi rispettivamente in marito e in moglie.

L'atto si perfeziona quando il celebrante pronuncia la frase rituale "vi dichiaro uniti in matrimonio".

Il matrimonio concordatario

Il matrimonio concordatario è celebrato da un ministro del culto secondo le norme del diritto canonico e nel rispetto delle disposizioni contenute nel *Concordato* stipulato tra lo Stato e la Chiesa cattolica.
Affinché il matrimonio religioso acquisti efficacia anche per lo Stato italiano è necessario che il sacerdote celebrante legga agli sposi gli artt. 143, 144 e 147 del codice civile. L'atto di matrimonio, così perfezionato, deve essere trasmesso all'ufficiale dello stato civile che provvederà alla sua *trascrizione* nei registri dello stato civile.

Il matrimonio acattolico

Se le parti professano una religione diversa da quella cattolica, possono celebrare il matrimonio davanti a un ministro del loro culto ma l'atto, per quanto riguarda le condizioni di validità, è interamente regolato dalle norme del codice civile.

ZOOM

Che cosa dispongono gli artt. 143, 144 e 147 c.c.

Art. 143 c.c. *Diritti e doveri reciproci dei coniugi.*

Con il matrimonio il marito e la moglie acquistano gli stessi diritti e assumono i medesimi doveri. Dal matrimonio deriva l'obbligo reciproco alla fedeltà, all'assistenza morale e materiale, alla collaborazione nell'interesse della famiglia e alla coabitazione. Entrambi i coniugi sono tenuti, ciascuno in relazione alle proprie sostanze e alla propria capacità di lavoro professionale o casalingo, a contribuire ai bisogni della famiglia.

Art. 144 c.c. *Indirizzo della vita famigliare e residenza della famiglia.*

I coniugi concordano tra loro l'indirizzo della vita familiare e fissano la residenza della famiglia secondo le esigenze di entrambi e quelle preminenti della famiglia stessa. A ciascuno dei coniugi spetta il potere di attuare l'indirizzo concordato.

Art. 147 c.c. *Doveri verso i figli.*

Il matrimonio impone ad ambedue i coniugi l'obbligo di mantenere, istruire ed educare la prole tenendo conto delle capacità, dell'inclinazione naturale e delle aspirazioni dei figli.

3 Com'è regolato il rapporto tra genitori e figli?

In merito al rapporto tra genitori e figli la **Costituzione** (art. 30, c. 1) così dispone:
"È diritto e dovere dei genitori mantenere, istruire ed educare i figli, anche se nati fuori dal matrimonio".

E l'**art. 315 del codice civile** precisa:
"Tutti i figli (*quindi anche quelli nati da coppie non sposate*) hanno lo stesso stato giuridico".

Questa norma di grande civiltà è stata introdotta dalla **legge n. 219 del 2012**, che ha definitivamente cancellato dal nostro ordinamento ogni distinzione tra figli nati da genitori sposati (in passato indicati come *legittimi*) e figli nati da genitori non sposati (in passato indicati come *naturali*).

Quali poteri hanno i genitori nei confronti dei figli?

Più che poteri, i genitori hanno dei doveri nei confronti dei figli.

Il d.lgs. n. 154 del 2013, modificando l'art. 316 del codice civile, ha sostituito il concetto di potestà genitoriale con quello di **responsabilità genitoriale** proprio per sottolineare come il ruolo dei genitori, nei confronti dei figli, comporti più doveri che poteri.

Stabilisce a questo proposito l'art. 315 *bis* c.c. che il figlio ha diritto di essere mantenuto, educato, istruito e assistito moralmente dai genitori, nel rispetto delle sue capacità, delle sue inclinazioni naturali e delle sue aspirazioni.
La responsabilità genitoriale non cessa, aggiunge l'art. 317 c.c., anche se è intervenuta separazione, divorzio o altra forma di scioglimento del matrimonio.

Fino a quale età il figlio ha diritto di essere mantenuto economicamente?

L'obbligo del mantenimento dovrebbe cessare con il raggiungimento della maggiore età, ma la Cassazione ha più volte espresso il principio che il diritto del figlio si protrae fino al momento in cui questi abbia raggiunto una indipendenza economica, a meno che non versi in colpa per non essersi messo in condizione di conseguire un titolo di studio o di procurarsi un reddito mediante una idonea attività lavorativa o per avere ingiustificatamente rifiutato tale attività (Cass. 2006 n. 8221).

E se il figlio non ancora maggiorenne volesse andare a vivere da solo?

Chiarisce l'art. 318 c.c. che il figlio, fino alla maggiore età o all'emancipazione, non può abbandonare la casa dei genitori e se lo facesse i genitori potrebbero richiamarlo ricorrendo, se necessario, al giudice tutelare.

Chi vuole adottare un bambino che cosa deve fare?

→ **L'adozione** è un istituto che consente, con provvedimento giudiziario, di assegnare una famiglia ai minori che si trovino in stato di abbandono.

- **Possono adottare i minori di età** i coniugi uniti in matrimonio da almeno tre anni e conviventi purché risultino idonei a svolgere il ruolo di genitori. Non è di ostacolo il fatto che abbiano già figli propri.
- **Possono essere adottati** i minori dichiarati dal Tribunale in stato di *adottabilità*.

L'adottabilità può essere pronunciata quando i minori siano lasciati in situazione di abbandono perché privi di assistenza morale e materiale dai genitori o dai parenti (perché deceduti, sconosciuti, o semplicemente perché non in grado di provvedere al loro mantenimento) purché la mancata assistenza non sia dovuta a cause di forza maggiore di carattere transitorio.

Per effetto del decreto di adozione il minore diventa figlio legittimo degli adottanti, diventa parente degli ascendenti e discendenti di questi (ma non dei loro collaterali) e in merito alla successione assume la medesima posizione degli altri figli presenti nella famiglia.

E se i parenti del minore volessero prendersi cura del minore si potrebbe evitare la dichiarazione di adottabilità?

La risposta è affermativa. Con una importante sentenza (sent. 16897 del 2015) la Corte di cassazione ha riaffermato il principio che il minore ha il diritto di crescere e di essere educato nella propria famiglia d'origine. Pertanto, ha stabilito la Corte, non può farsi ricorso alla dichiarazione di adottabilità se vi è la manifesta disponibilità dei parenti entro il quarto grado a prendersi cura del minore purché, bene inteso, dimostrino di essere idonei a svolgere tale compito.

Qual è la differenza tra adozione e affidamento?

L'adozione è un provvedimento definitivo. L'affidamento, invece, è un provvedimento provvisorio.

Stabilisce la legge n. 184 del 1983 che un minore, temporaneamente privo di un ambiente famigliare idoneo alla sua formazione, può essere affidato a un'altra famiglia (possibilmente che abbia altri figli minori), a singole persone o a comunità di tipo famigliare, che provvedano al suo mantenimento, alla sua educazione e alla sua istruzione.

Possono essere posti in affidamento, per esempio, i minori i cui genitori siano in ospedale per una lunga degenza o stiano scontando una pena detentiva.

L'affidamento cessa, con provvedimento della stessa autorità che lo ha disposto, quando sia venuta meno la situazione di difficoltà temporanea della famiglia di origine che lo ha determinato.

4 Quali sono i possibili regimi patrimoniali della famiglia?

L'ordinamento giuridico offre ai coniugi la possibilità di scegliere tra diversi regimi patrimoniali e consente anche di passare dall'uno all'altro in qualsiasi momento.

→ **La comunione dei beni** è il regime che la legge considera normale e si applica automaticamente se i coniugi non dichiarano espressamente di voler regolare in altro modo il loro rapporto patrimoniale. Per effetto della comunione diventano di proprietà comune i beni che i coniugi acquistano insieme o separatamente *durante* il matrimonio.

Sono esclusi dal regime di comunione i beni di cui era proprietario il coniuge prima del matrimonio e i beni che il coniuge eredita o riceve in donazione durante il matrimonio.

→ **La separazione dei beni** è invece un regime in base al quale i coniugi mantengono la propria totale autonomia patrimoniale. Ciascuno pertanto sarà proprietario non solo dei beni che aveva prima del matrimonio ma anche di quelli che acquisterà successivamente a qualsiasi titolo.

La scelta di questo regime può essere fatta al momento della celebrazione del matrimonio o anche successivamente per atto pubblico.

5 Come sono regolati la separazione e il divorzio?

Può accadere che dopo un periodo più o meno lungo di convivenza si generino tra i coniugi contrasti insanabili. Quando ciò accade l'ordinamento consente di procedere alla **separazione coniugale** e successivamente al **divorzio**.

> **La separazione** può essere chiesta, stabilisce l'art. 151 c.c., quando si verifichino fatti tali, anche indipendenti dalla volontà dei coniugi, da rendere *intollerabile la prosecuzione della convivenza* (per esempio perché si è esaurito il rapporto affettivo). Con la separazione non si scioglie ancora il matrimonio e per la legge i coniugi rimangono ancora marito e moglie, ma si attenuano i reciproci doveri. In particolare cessa l'obbligo della coabitazione e della reciproca fedeltà.

> **Il divorzio** produce, invece, lo scioglimento del matrimonio civile e determina la cessazione degli effetti civili del matrimonio concordatario.

I coniugi divorziati riacquistano la **libertà di stato** e possono contrarre un nuovo matrimonio civile. Non possono invece contrarre un nuovo matrimonio concordatario perché la Chiesa cattolica considera il loro vincolo indissolubile.
La richiesta di divorzio può essere presentata da uno dei coniugi dopo sei mesi dalla separazione se questa è stata consensuale o dopo dodici mesi se è stata giudiziale (legge n. 55/2005).

> **L'educazione e il mantenimento dei figli**, sia in caso di separazione sia di divorzio, vengono posti a carico di entrambi i genitori (cosiddetto *affidamento condiviso*), salvo che il giudice ritenga, nell'interesse del minore, di affidarne la custodia a uno solo dei genitori.

Le procedure semplificate

I coniugi che vogliano separarsi o divorziare possono rivolgersi al giudice e iniziare un regolare procedimento volto a definire tutte le questioni sulle quali non sono riusciti a trovare un accordo, come la divisione dei beni comuni, l'entità dell'assegno divorzile o di separazione, il mantenimento dei figli, e così via. Si tratta però di un procedimento lungo e costoso.

> **Due tipi di procedura semplificata** sono previsti dalla legge n. 32 del 2014. In particolare:

- **se i coniugi hanno già raggiunto un accordo** sui termini della separazione o del divorzio, possono presentarsi direttamente davanti all'ufficiale dello stato civile che, preso atto della loro volontà, li invita a tornare non prima di trenta giorni. Se, dopo questo termine di riflessione, si ripresentano, la loro domanda verrà trascritta nel registro dello stato civile e assumerà il valore di una sentenza. Ciò però è possibile solo se la coppia **non ha** in comune figli minori di età o portatori di gravi handicap;
- **se i coniugi non hanno raggiunto da soli un pieno accordo**, possono rivolgersi ai rispettivi avvocati e trovare con essi una mediazione. Questa procedura è consentita anche se la coppia ha in comune figli minori di età o portatori di gravi handicap. In questo caso, infatti, l'accordo raggiunto con la mediazione degli avvocati deve essere trasmesso al procuratore della Repubblica presso il Tribunale competente il quale dovrà verificarne la correttezza controllando soprattutto che sia rispettato l'interesse dei figli minori o portatori di handicap.

La separazione è addebitabile a uno dei coniugi quando questi sia venuto meno ai doveri di fedeltà e assistenza morale e materiale e ciò abbia reso *intollerabile*, per l'altro coniuge, la prosecuzione della convivenza.
Il giudice dovrà indagare se vi è stata effettivamente violazione dei doveri coniugali; se tale violazione è stata di rilevante entità; se non è stata causata o favorita dal comportamento dell'altro coniuge; se ha realmente reso *intollerabile* la convivenza oppure è stata conseguente a una convivenza già divenuta intollerabile per altre ragioni, e così via. Queste indagini rendono sempre molto incerto l'esito della richiesta di addebito.

L'assegno di mantenimento e l'assegno divorzile

Sebbene una parte della dottrina tenda a distinguere la natura giuridica dei due tipi di sostegno a favore del coniuge (o ex coniuge) economicamente più debole, sul piano pratico non vi è, tra i due, molta differenza.

Il coniuge separato o divorziato che dispone di un minore reddito ha diritto di ricevere dall'altro coniuge un assegno che gli consenta di mantenere un tenore di vita simile a quello che ha tenuto (o avrebbe potuto tenere) in costanza di matrimonio.

Spesso, tuttavia, ciò non è concretamente possibile e il giudice, nel fissare la somma da erogare, deve tenere conto delle effettive possibilità economiche del coniuge tenuto a corrisponderla.

> **L'assegno non è dovuto** se la separazione è addebitabile al coniuge che dovrebbe riceverlo.

> **L'uso dell'abitazione famigliare** spetta ai figli e, per conseguenza, al genitore che con essi convive.

6 Le coppie di fatto e le unioni civili

La famiglia basata sul matrimonio non è l'unica forma di unione affettiva disciplinata dall'ordinamento. La legge n. 76 del 2016 ha introdotto nel nostro Paese una regolamentazione speciale per le unioni civili e le convivenze di fatto.

> **Le convivenze di fatto** sono quelle tra persone non unite nel vincolo matrimoniale ma legate stabilmente in un rapporto di coppia. Le coppie di fatto possono riguardare sia persone di sesso diverso, sia persone dello stesso sesso.

> **Le unioni civili** sono invece quelle unioni tra persone dello stesso sesso che vengono istituzionalizzate davanti all'ufficiale di stato civile.

Per entrambe queste "formazioni sociali" la legge detta regole particolari che solo in parte ricalcano quelle poste per la famiglia tradizionale. Vediamo le disposizioni più significative.

La coppia di fatto

Le coppie che stabiliscono una convivenza di fatto possono (ma solo se lo vogliono) regolare i loro rapporti patrimoniali sottoscrivendo un **contratto di convivenza**, redatto per atto pubblico o in forma di scrittura privata autenticata da un notaio o da un avvocato.
Il contratto può essere successivamente modificato dalle parti in qualsiasi momento.

> **Il contratto di convivenza si risolve** se una o entrambe le parti decidono di separarsi.
Se era stato concordato un regime di comunione dei beni, questa si scioglie automaticamente.
Su istanza della parte che versi in stato di bisogno e non sia in grado di provvedere al proprio mantenimento, il giudice può imporre all'altra parte di corrisponderle un **assegno di mantenimento** per un periodo proporzionale alla durata che ha avuto la convivenza.

> Se uno dei conviventi muore l'altro non ha diritto né all'eredità, né alla reversibilità della pensione.

L'unione civile

L'unione civile si costituisce con una dichiarazione fatta all'ufficiale di stato civile e alla presenza di due testimoni. L'atto verrà poi registrato nell'archivio dello stato civile.

Gli obblighi principali, per le parti, sono quello della reciproca assistenza e della coabitazione, ma non l'obbligo di fedeltà, come nel matrimonio.

Il regime patrimoniale ordinario è la comunione dei beni, ma le parti possono stabilire un regime diverso.

Se una parte muore l'altra ne eredita i beni (da dividersi però con eventuali figli della parte deceduta) e ha diritto alla pensione di reversibilità.

Allo scioglimento dell'unione si applicano, in quanto compatibili, le norme della legge sul divorzio.

7 Quali effetti produce la successione per causa di morte?

Se, passando *a miglior vita*, un lontano e pressoché sconosciuto parente dovesse lasciarci eredi di tutto il suo patrimonio, non c'è dubbio che, superata la fase del comprensibile dolore, ci scopriremmo a pensare a lui con insospettata simpatia. Tuttavia (anche se la cosa può apparire disdicevole) prima di accettare una imprevista eredità è sempre prudente fare due conti.

De cuius è l'espressione con cui nel diritto romano si indicava il defunto ed è l'abbreviazione della frase latina *is de cuius haereditate agitur*, cioè colui della cui eredità si tratta. Il sospetto è che i Romani non amassero parlare di morti.

Con la morte di una persona, infatti, si trasmette agli eredi tutto il suo **patrimonio**. E, secondo la legge, il patrimonio comprende non solo i *beni* e i *crediti*, ma anche eventuali *debiti*.

Accettando l'eredità di una persona, pertanto, assumiamo anche l'obbligo di pagare tutti i suoi creditori.

Quando si ha il fondato sospetto che i debiti siano superiori ai crediti è possibile recarsi presso un notaio per dichiarare formalmente di accettare l'eredità

con **beneficio di inventario**. Con tale dichiarazione gli eredi si impegnano a eseguire l'inventario dei beni del *de cuius* e a pagare, con questi, tutti i creditori, per appropriarsi, alla fine, solo di ciò che eventualmente rimane.

Si può rinunciare a un'eredità?

Nessuno può essere obbligato a ricevere un'eredità non gradita. Questa si acquista solo in seguito ad **accettazione**. Se l'erede designato non accetta, tale facoltà passa ai suoi discendenti (figli, nipoti, ecc.) tra i quali l'eredità andrà divisa secondo il criterio delle **stirpi**. Per esempio, immaginiamo che il *de cuius* abbia come eredi due figli a lui premorti i quali gli hanno lasciato rispettivamente uno e quattro nipoti. Il nipote unico (appartenente a una stirpe) avrà diritto a metà dell'eredità del nonno, e gli altri quattro (altra stirpe) all'altra metà.

Le forme testamentarie, previste dagli **artt. 601-608 c.c.**, sono le seguenti:
- testamento **olografo**, scritto e sottoscritto dal testatore di proprio pugno senza ricorso a mezzi meccanici;
- testamento **pubblico**, redatto dal notaio alla presenza di testimoni e sottoscritto dal testatore;
- testamento **segreto**, redatto e sottoscritto dal testatore, sigillato e consegnato a un notaio alla presenza di testimoni.

Qualunque forma venga scelta, il testamento ha sempre la medesima efficacia.

8 Quali sono i possibili tipi di successione?

L'ipotesi statisticamente più frequente è che le persone passino "a miglior vita" senza fare testamento. In questi casi a chi andranno i beni del *de cuius?* Per evitare liti e incomprensioni la legge stabilisce in via generale chi debbano essere gli eredi detti *legittimi* proprio perché indicati dalla legge.

> **Sono eredi legittimi** i figli (o i loro discendenti) unitamente al coniuge superstite. In loro mancanza diventano eredi gli ascendenti, i fratelli e le sorelle. In mancanza di questi, gli altri parenti fino al sesto grado. Se non vi sono parenti l'eredità va allo Stato.

E se c'è un testamento?

→ **Il testamento** è l'atto (revocabile e modificabile in ogni momento dal testatore) con il quale una persone stabilisce liberamente chi e in che misura dovrà ereditare i suoi beni.

Tuttavia il potere del testatore non è senza limiti. Per esempio egli non potrebbe lasciare tutto il proprio patrimonio a un solo figlio e nulla al coniuge e agli altri figli. Per un comprensibile dovere di solidarietà famigliare nessuno può escludere dall'eredità o trattare in modo non equanime i più stretti congiunti. Costoro hanno sempre diritto a una quota di eredità e il testatore potrà liberamente disporre solo della parte residua.

> **Legittimari** sono chiamati coloro (coniuge, figli, ascendenti) che hanno diritto di beneficiare della quota a essi riservata dalla legge.

La **percentuale di ripartizione** della quota fra i legittimari è disciplinata dal codice civile negli artt. 536-552.
La similitudine dei termini non deve indurci a operare confusione tra eredi legittimari e legittimi:

- **legittimari** sono solo i parenti più stretti indicati dalla legge a cui deve andare necessariamente una parte dell'eredità anche in presenza di un testamento che disponga diversamente;
- **legittimi** sono i parenti, sia vicini che lontani, ai quali può andare l'eredità in mancanza di testamento.

MAPPA che cosa hai imparato

LOSAI?

In questa Lezione hai imparato come il nostro ordinamento disciplina la famiglia, un'istituzione in evoluzione continua. Sei partito dalla definizione dei legami di parentela e affinità per poi scoprire le caratteristiche dell'istituto del matrimonio (civile, concordatario e acattolico). Hai imparato che, oltre alla famiglia fondata sul matrimonio, l'ordinamento riconosce anche le famiglie di fatto e le unioni civili. Inoltre, hai studiato quali sono i regimi patrimoniali fra coniugi, quali diritti e doveri entrino in gioco nel rapporto fra genitori e figli, e quali regole governino la successione per causa di morte. Infine hai imparato cosa accade quando il matrimonio va in crisi: gli istituti della separazione e del divorzio.

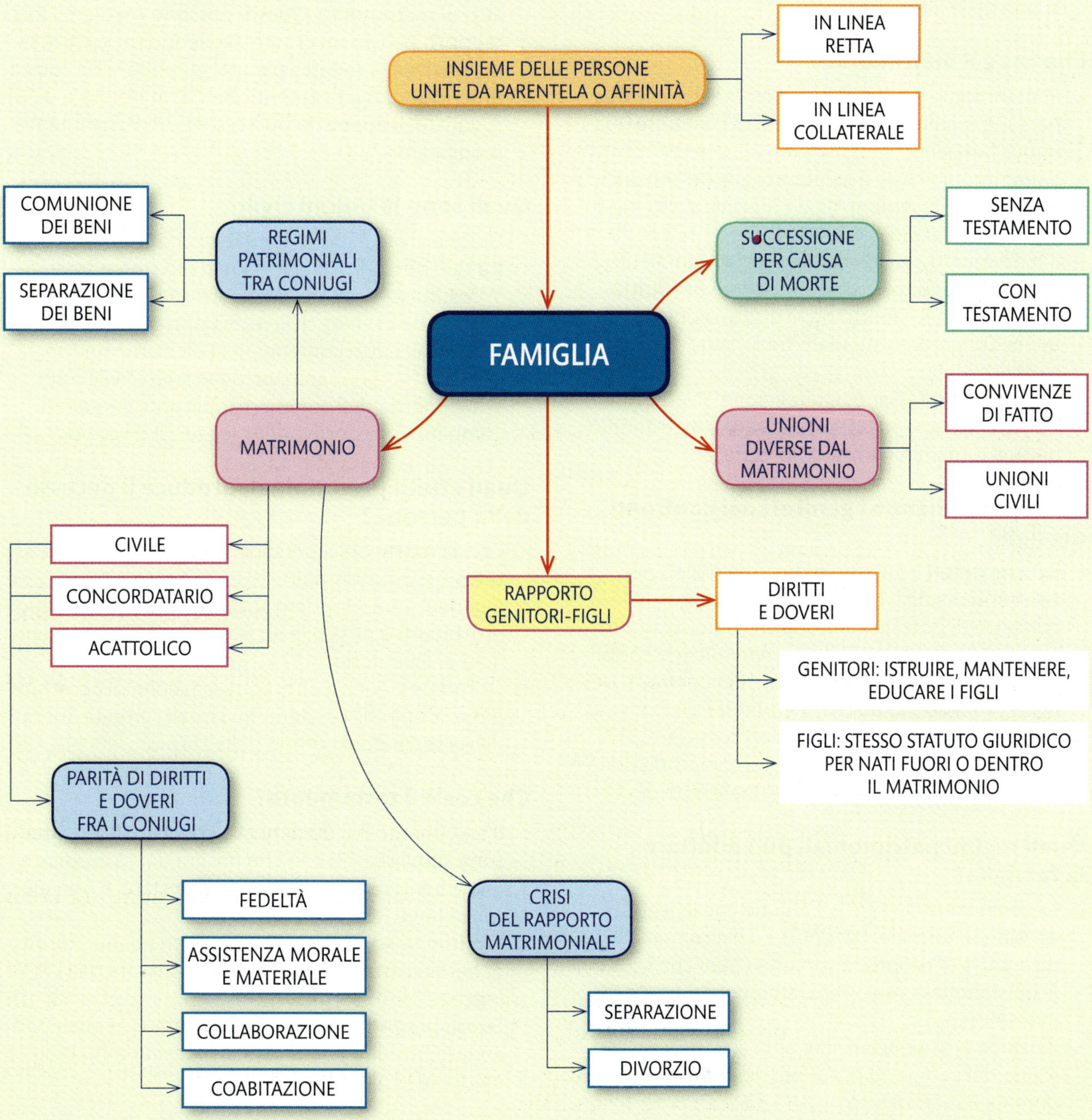

Lezione 4 riguardando gli appunti

Che cos'è la famiglia?

- Famiglia è un termine che indica sia il nucleo ristretto, composto dai coniugi e dai figli con essi conviventi, sia l'insieme delle persone unite da rapporti di *parentela* e di *affinità*.
- La parentela è il vincolo che lega le persone che discendono da uno stesso *stipite*.
- L'affinità è il vincolo che unisce un coniuge ai parenti dell'altro.
- Parentela in *linea retta* si ha quando più persone discendono l'una dall'altra.
- Parentela in *linea collaterale* si ha quando le persone hanno uno stipite comune ma non discendono le une dalle altre.

Che cos'è il matrimonio?

- Il matrimonio è un *atto giuridico* con il quale due persone manifestano la volontà di costituire una nuova famiglia.
- Il matrimonio civile è celebrato, alla presenza di almeno due testimoni, da un ufficiale dello stato civile (il Sindaco o un suo delegato).
- Il matrimonio concordatario è celebrato da un ministro del culto secondo le norme del diritto canonico e nel rispetto delle disposizioni contenute nel Concordato stipulato tra lo Stato e la Chiesa cattolica.
- Se le parti professano una religione diversa da quella cattolica, possono celebrare il matrimonio davanti a un ministro del loro culto.

Quali poteri hanno i genitori nei confronti dei figli?

- Più che poteri, i genitori hanno dei doveri nei confronti dei figli. Nell'art. 316 del codice civile, il concetto di potestà genitoriale è stato sostituito con quello di *responsabilità genitoriale* per sottolineare come il ruolo dei genitori, nei confronti dei figli, comporti più doveri che poteri.
- La responsabilità genitoriale non cessa (art. 317 c.c.) anche se è intervenuta separazione, divorzio o altra forma di scioglimento del matrimonio.

Quali regimi patrimoniali può adottare la famiglia?

- La *comunione dei beni* è il regime che la legge considera normale. Per effetto della *comunione* diventano di proprietà comune i beni che i coniugi acquistano insieme o separatamente durante il matrimonio.
- Il *regime di separazione* dei beni attribuisce a ciascuno dei coniugi la proprietà dei beni che acquista durante il matrimonio.

Qual è la differenza tra separazione e divorzio?

- La *separazione* non scioglie il matrimonio poiché per la legge i coniugi rimangono ancora marito e moglie, ma attenua i reciproci doveri.
- Il *divorzio* produce lo scioglimento del matrimonio civile e determina la cessazione degli effetti civili del matrimonio concordatario.

Quali sono le coppie di fatto?

- Coppie di fatto sono quelle formate da due persone maggiorenni unite stabilmente da legami affettivi e di convivenza ma non vincolate da un atto di matrimonio. Queste possono regolare i loro rapporti patrimoniali sottoscrivendo un contratto di convivenza redatto per atto pubblico o in forma di scrittura privata autenticata da un notaio o da un avvocato. Il contratto può essere successivamente modificato.

Quali sono le unioni civili?

- Unione civile è chiamata quella che si stabilisce tra due persone maggiorenni dello stesso sesso. Si costituisce con una dichiarazione fatta davanti all'ufficiale di stato civile e alla presenza di due testimoni. L'atto contenente la dichiarazione verrà poi registrato nell'archivio dello stato civile. Allo scioglimento dell'unione si applicano, in quanto compatibili, le norme della legge sul divorzio.

Quali effetti patrimoniali produce il decesso della persona?

- Con la morte della persona si trasmette agli eredi tutto il suo patrimonio.
- Quando si ha il fondato sospetto che i debiti siano esorbitanti è possibile accettare l'eredità con beneficio di inventario.
- Se l'erede rinuncia all'eredità la facoltà di accettare passa ai suoi discendenti tra i quali l'eredità andrà divisa secondo il criterio delle stirpi.

Che cos'è il testamento?

- Il testamento è il documento con il quale una persona stabilisce chi e in che misura dovrà ereditare i suoi beni. Tuttavia il potere del testatore non è senza limiti.
- *Legittimari* sono chiamati coloro che hanno diritto di beneficiare della quota a essi riservata dalla legge.
- *Legittimi* sono i parenti, anche lontani, ai quali può andare l'eredità in mancanza di testamento o di eredi più prossimi.

verifica mettiti alla prova

1. Completa la mappa concettuale utilizzando le seguenti parole:

affinità ~ parentela ~ parenti ~ persone ~ stipite.

FAMIGLIA → INSIEME DI .... → UNITE DA RAPPORTI DI

→ .... → VINCOLO CHE LEGA LE PERSONE CHE DISCENDONO DA UNO STESSO ....

→ .... → VINCOLO CHE UNISCE UN CONIUGE AI .... DELL'ALTRO CONIUGE

2. Scegli la risposta corretta.

1 Per un soggetto i parenti del coniuge sono:
- a. parenti di secondo grado
- b. parenti di terzo grado
- c. parenti acquisiti
- d. affini

2 I figli di due sorelle sono tra di loro parenti:
- a. di secondo grado
- b. di terzo grado
- c. di quarto grado
- d. affini

3 I figli del "de cuius" sono:
- a. eredi legittimi
- b. eredi legittimari
- c. sia eredi legittimi che legittimari
- d. eredi di primo grado

4 La comunione dei beni riguarda:
- a. solo i beni acquisiti durante il rapporto matrimoniale
- b. anche i beni acquisiti da ciascuno prima del matrimonio
- c. anche i beni ereditati
- d. anche i beni ricevuti per donazione

3. Rispondi alle seguenti domande.

- A Quali sono i tipi di successione?
- B Come vengono regolati la separazione e il divorzio?
- C Quali tipi di matrimonio conosci?
- D Che cos'è la famiglia e come si calcolano i gradi della parentela?

4. Barra con una crocetta la risposta che ritieni esatta e motiva il perché.

1 La parentela è il vincolo che unisce un coniuge ai parenti dell'altro coniuge. SÌ NO

perché? ....

2 I fratelli sono parenti di primo grado. SÌ NO

perché? ....

3 I figli nati fuori del matrimonio sono detti "naturali". SÌ NO

perché? ....

4 Il testamento è un atto irrevocabile e immodificabile. SÌ NO

perché? ....

5 I genitori debbono mantenere i figli solo fino alla maggiore età. SÌ NO

perché? ....

5. Svela il crittogramma.

Sostituisci ogni numero con una lettera dell'alfabeto. A numero uguale corrisponde lettera uguale!

A	B	C	D	E	F	G	H	I	J	K	L	M	N	O	P	Q	R	S	T	U	V	W	X	Y	Z
			5			4					26	10						20							8

_	L		D	_	_	_	_	Z	_	_		S	_	_	_	G	L	_	_		_	L
16	26		5	16	19	14	2	8	16	14		20	23	16	14	4	26	16	9		16	26

M	_	_	_	_	M	_	_	_	_	,	L	_		S	_	_	_	_	_	Z	_	_	_	_		_	_	.
10	12	7	2	16	10	14	25	16	14		26	12		20	9	21	12	2	12	8	16	14	25	9		25	14	

Unità 1 sei pronto per la verifica? in un'ora

1. Scegli la risposta corretta.

1 **Il "comma" è:**
a. una fonte del diritto
b. parte di una norma
c. un insieme di consuetudini
d. una piccola raccolta di norme

2 **Il rapporto matrimoniale è regolato:**
a. dalle leggi dello Stato
b. dalle convenzioni matrimoniali
c. dalle norme della Chiesa cattolica
d. dalle norme della confessione religiosa dei coniugi

3 **Il criterio della competenza comporta che in caso di contrasto tra norme prevale sempre:**
a. la norma proveniente da una fonte di grado superiore
b. la norma proveniente dalla fonte delegata a disciplinare quella specifica materia
c. la norma più recente
d. la norma più giusta

4 **Le norme giuridiche solitamente entrano in vigore:**
a. subito dopo essere state approvate
b. quindici giorni dopo essere state approvate
c. quindici giorni dopo essere state pubblicate
d. cinque giorni dopo l'annuncio sui telegiornali

5 **Solitamente le norme giuridiche hanno una scadenza?**
a. sì, decadono dopo cinque anni
b. sì, decadono dopo trent'anni
c. no, decadono solo se nessuno le rispetta
d. no, decadono solo se vengono abrogate

6 **L'interpretazione "giurisprudenziale" è quella operata:**
a. dai giudici
b. dal legislatore
c. dagli studiosi del diritto
d. dagli studenti

7 **Il diritto privato comprende le norme che regolano soprattutto:**
a. i rapporti tra privati cittadini
b. i rapporti tra privati cittadini e giudici
c. i rapporti tra enti pubblici
d. i rapporti tra associazioni

8 **La sanzione imposta da un vigile urbano a un automobilista indisciplinato è:**
a. una sanzione civile
b. una sanzione penale
c. una sanzione amministrativa
d. una sanzione comunale

9 **Il diritto soggettivo si forma:**
a. quando il soggetto nasce
b. quando un interesse del soggetto è protetto da una norma giuridica
c. quando il soggetto raggiunge la maggiore età
d. quando il soggetto acquista la residenza

10 **La piena capacità di agire si acquista:**
a. con la nascita
b. con il matrimonio
c. con la maggiore età
d. con la iscrizione nel registro anagrafico

11 **Sono persone giuridiche:**
a. i giudici
b. gli agenti di polizia
c. le organizzazioni di persone o di beni iscritte in un apposito registro pubblico
d. le organizzazioni di persone o di beni regolate dal diritto

12 **I regolamenti sono:**
a. una fonte primaria
b. una fonte secondaria
c. una fonte terziaria
d. una fonte consuetudinaria

13 **Le consuetudini possono validamente porsi in contrasto con una norma scritta:**
a. mai
b. sempre
c. talvolta
d. solo quando rispondono a un maggiore criterio di giustizia

14 **Sono chiamati affini:**
a. i parenti prossimi
b. i parenti lontani
c. i parenti di secondo grado
d. i parenti del coniuge

2 punti per ogni risposta esatta

Punti: ..../28

ZTE Mettiti alla prova con gli esercizi interattivi — Punteggio massimo: 100 punti | Sufficienza: 60 punti

2. Collega le parole della colonna di sinistra con le corrispondenti espressioni.

1 Consuetudini
2 Leggi ordinarie
3 Capacità giuridica
4 Sanzione
5 *Vacatio legis*
6 Divorzio
7 Affinità
8 Regolamenti

a. produce lo scioglimento del matrimonio civile
b. si acquisisce al momento della nascita
c. serve per rendere inviolabile la norma
d. norme approvate dal Parlamento
e. norme non scritte e né poste da alcuna autorità
f. vincolo che unisce un coniuge ai parenti dell'altro coniuge
g. periodo in cui si è esonerati dal rispettare una norma
h. fonte secondaria del diritto

2 punti per ogni risposta esatta
Punti: ..../16

3. Sai qual è la differenza tra...

Obbligo	Dovere ....
Sanzione pecuniaria	Sanzione detentiva ....
Colpa	Dolo ....
Separazione	Divorzio ....

5 punti per ogni risposta esatta
Punti: ..../20

4. Rispondi alle seguenti domande.

A Che cosa sono, quali sono e come sono ordinate le fonti del diritto?
B Come possono essere abrogate le norme giuridiche?
C Che cosa sono le persone giuridiche?
D Che cosa è la capacità di agire?

9 punti per ogni risposta esatta
Punti: ..../36

5. L'ESPERTO RISPONDE **Metti alla prova le tue competenze.**
Mentre la classe usciva dall'aula ho dato una spinta a un compagno che è finito su una vetrata rompendola e ferendosi gravemente.
Che tipo di responsabilità ho? In fondo era solo uno scherzo, io non volevo che si facesse male!

Ai confini dello Stato

Le tessere di un grande puzzle. Se osserviamo la Terra dallo spazio, quello che vediamo sono le distese degli oceani e poi le pianure, le montagne, i fiumi e i deserti. Se invece osserviamo una cartina politica, la superficie terrestre ci appare suddivisa in tante zone di colori diversi simili alle tessere di un puzzle, alcune grandi e altre piccole, delimitate da contorni più o meno frastagliati. Sappiamo bene che ciascuna di quelle zone colorate rappresenta uno Stato. Come vedremo, lo Stato non è semplicemente una porzione della superficie terrestre. Ma, d'altro canto, ogni Stato per poter esistere ha bisogno di un territorio delimitato da certi confini. ■

Ogni Stato occupa una porzione di territorio. Sapresti dire quanti Stati ci sono nel mondo?

bubaone, iStock.

Nell'era del web e della globalizzazione, i confini fra gli Stati esistono solo sulle carte geografiche?

KeremYucel, iStock.

Viviamo in un **mondo senza frontiere**, eppure molte persone sono pronte a rischiare la vita pur di varcare un confine. Come si spiega?

Anjo Kan, Shutterstock.

La nostra società sta diventando sempre più **multiculturale**. Quali sfide attendono gli Stati nazionali?

Rawpixel.com, Shutterstock.

I confini ESISTONO ANCORA?

Uno Stato senza territorio è qualcosa di difficile anche solo da immaginare. Mai come in questo momento storico, però, l'idea stessa di confini e frontiere appare in crisi sotto l'incalzare della globalizzazione. Basta un semplice clic per connetterci in tempo reale con il resto del mondo, senza incontrare barriere né ostacoli. Il nostro stile di vita – dai prodotti che acquistiamo alla musica che ascoltiamo – viaggia su una scala non più nazionale, ma globale. Lo stesso vale per le decisioni politiche e per le strategie economiche: nel bene e nel male, la nostra comunità di riferimento non è più confinata entro le frontiere nazionali.

Gts, Shutterstock.

Guerre e migrazioni

Ci sono però situazioni in cui la forza dei confini riemerge in modo drammatico. Pensiamo alle guerre. Diversi governi nel mondo combattono conflitti sanguinosi per espandere i confini del proprio dominio, talvolta anche solo per conquistare un fazzoletto di terra. Un altro esempio, molto vicino a noi, è quello delle folle di migranti pronti a rischiare la vita pur di varcare le frontiere dell'Europa. In questo caso il confine rappresenta, e non solo in modo simbolico, la linea che separa un'esistenza disperata dalla speranza di una vita dignitosa. Trovarsi al di qua o al di là del confine fa ancora la differenza, anche in un mondo globalizzato. Dal canto loro, i Paesi occidentali vivono con inquietudine il fenomeno dell'immigrazione che pone nuove sfide a livello sociale, economico e culturale. Un'inquietudine che sfocia anche in episodi di intolleranza e xenofobia.

Verso il multiculturalismo

Una delle maggiori sfide per gli Stati nazionali è gestire il passaggio verso un nuovo modello di società: la società multiculturale. Una sfida non facile, perché gli Stati nazionali sono nati come comunità omogenee per etnia, lingua, religione, tradizioni. Ora che quel modello sta tramontando, gli Stati devono ricostruire la propria identità su basi nuove, aperte alla convivenza e al reciproco rispetto tra diversi. Ciascuno di noi può dare un contributo a questo passaggio così importante!

ATTIVITÀ

1. Per cominciare.

Osserva le fotografie della pagina accanto. In base a quello che hai imparato, sai rispondere alle domande contenute nelle didascalie?

2. Crea i collegamenti.

Considera ora le immagini come se fossero i fotogrammi di un'unica sequenza. Che cosa le tiene insieme? Quali sono i collegamenti fra l'una e l'altra?
Puoi procedere in questo modo:

- **osserva**: che cosa vedi nella prima fotografia?
- **interpreta**: perché quell'immagine rimanda al mondo del diritto?
- **crea i collegamenti**: quale può essere il legame tra la prima e la seconda fotografia? Che cosa aggiunge la seconda fotografia alla prima?
- Prosegui così per le immagini successive.

Yegor Larin, Shutterstock.

UNITÀ 2
Lo Stato

LEZIONE 5
Caratteri generali dello Stato

COMPETENZE DI UNITÀ

COMPETENZE DI ASSE

- Riconoscere il ruolo dello Stato nella organizzazione dei popoli
- Collocare lo Stato di appartenenza nel quadro delle possibili forme di Stato e di governo

CONOSCENZE

- Comprendere che cos'è lo Stato e quali sono i suoi elementi costitutivi
- Conoscere il ruolo della cittadinanza quale status attributivo di posizioni giuridiche
- Conoscere le diverse forme che può assumere lo Stato
- Conoscere i diversi modi con i quali può essere ripartito l'esercizio del potere sovrano tra gli organi dello Stato

ABILITÀ

- Sapersi orientare sulle tematiche relative alla concessione della cittadinanza alla luce dei conflitti generati dai flussi migratori
- Saper riconoscere la fisionomia politica e istituzionale di uno Stato attraverso l'analisi della sua forma di governo e del suo modo di rapportarsi ai cittadini

1 Gli Stati nel mondo

Purtroppo in tutto il globo non c'è più un solo metro quadrato di terraferma che non appartenga già a uno Stato.
L'unica eccezione è costituita dall'Antartide, un continente disabitato, che non appartiene a nessuno. Ma il suo territorio, in base al trattato di Washington del 1° dicembre 1959, può essere utilizzato solo per ricerche scientifiche.

Attualmente gli Stati sono 196, ma questo numero tende a mutare in funzione di imponderabili accadimenti politici.
Ci sono Stati che si sono divisi, come l'ex URSS, la ex Jugoslavia, la ex Cecoslovacchia, e ci sono Stati che si sono uniti, come è avvenuto per la Germania dell'Est e dell'Ovest nel 1990 e come potrebbe avvenire in un prossimo futuro per i Paesi dell'Unione europea.

Anche l'Italia è nata dall'unione del Regno di Sardegna con gli Stati in cui era divisa la nostra penisola nella prima metà dell'Ottocento.

Il Sud Sudan è lo Stato di più recente formazione. Si è reso indipendente dal Sudan il 9 luglio 2011 al termine di una lunga guerra civile.
Il nuovo Paese è stato ufficialmente ammesso all'ONU il 14 luglio 2011, diventandone il 193esimo membro. La capitale è Giuba.

2 I due significati della parola Stato

Lo Stato è una realtà molto complessa per la quale è piuttosto difficile coniare una definizione semplice ed esaustiva. Noi, senza avventurarci in complicate analisi, adotteremo la definizione tradizionalmente accettata.

→ **Si ha uno Stato** quando su un territorio delimitato da confini vive stabilmente un popolo governato da un proprio apparato sovrano.

Elementi costitutivi di uno Stato, pertanto, sono:

- un **territorio** delimitato da confini;
- un **popolo** che vi risiede stabilmente;
- un **apparato che eserciti la sovranità**, cioè il potere di comando, su quel popolo e su quel territorio.

SONO ELEMENTI COSTITUTIVI DELLO STATO
- → il territorio
- → il popolo
- → l'apparato che esercita la sovranità

Nei prossimi Paragrafi esamineremo ciascuno di questi tre elementi cercando di definirli meglio. Prima di proseguire, tuttavia, dobbiamo precisare che nella nostra lingua la parola Stato assume anche un altro significato.

→ **Stato** è chiamato anche l'apparato che, concretamente, esercita la sovranità.

In Italia, come vedremo meglio nell'Unità 6, i principali organi che compongono l'apparato statale sono il Parlamento, il Governo, il Presidente della Repubblica e la Corte costituzionale.

Per una più puntuale distinzione chiamiamo:

- **Stato comunità** il primo;
- **Stato apparato** il secondo.

3 Qual è il fondamento della sovranità?

→ **Sovranità** significa *superiorità* e lo Stato è sovrano in quanto si pone in una posizione di superiorità rispetto a qualsiasi altro soggetto presente sul suo territorio.

Perché lo Stato assume una posizione di superiorità?

Lo Stato non solo può usare la forza per imporre il rispetto delle proprie regole, ma è anche l'unico organismo che può legittimamente impiegarla. Si dice a questo proposito, che esso, entro i propri confini, ha il **monopolio della forza**.

Uno dei compiti più importanti dello Stato è regolare la vita sociale all'interno dei propri confini ponendo norme generali e imponendone a tutti il rispetto. E non v'è dubbio che tale compito possa essere assolto con successo solo assumendo e conservando una posizione di assoluta e indiscussa superiorità.

Come ci rivela la normale esperienza, ogni Stato ha la possibilità di servirsi degli organi di polizia per imporre, **anche con l'uso della forza**, il rispetto delle proprie regole.

Potremmo domandarci se sia proprio necessario che lo Stato usi la forza, ma la risposta è nella realtà che ci circonda. Non è difficile immaginare che se scomparissero le forze di polizia e il rispetto della legge divenisse discrezionale, non vi sarebbe più argine all'intraprendenza di ladri, truffatori, assassini, evasori fiscali, inquinatori, speculatori, sfruttatori del lavoro umano, e così via.

Se guardiamo alle esperienze di altri Paesi possiamo scoprire che alcuni (per esempio il Costa Rica) hanno rinunciato ad avere un esercito, ma nessuno ha mai potuto rinunciare ad avere almeno un corpo di polizia incaricato di assicurare l'ordine pubblico.

ZOOM

Come si può abbattere la forza dello Stato?

La forza dello Stato si può abbattere solo con la rivoluzione o con il colpo di Stato.

- La rivoluzione si configura come il tentativo, da parte del popolo, di abbattere in modo violento il potere statale.
- Il colpo di stato, o *golpe*, è invece il sovvertimento illegittimo dell'organizzazione costituzionale da parte di un organismo dello Stato stesso.

L'abbattimento della forza statale però non è mai definitivo. Se il *golpe* o la rivoluzione hanno successo l'apparato sconfitto verrà sostituito da un nuovo apparato che assumerà di nuovo il monopolio della forza.

L'indipendenza e l'originarietà dello Stato

Sovranità è un termine che viene dal latino *superanus*, cioè *che sta sopra*, impiegato con il significato di potestà suprema di comando. **Indipendenza** è il contrario di dipendenza. Il termine, infatti, è composto dalla preposizione *in* (che ha valore negativo) e dal sostantivo *dipendenza* (soggezione al potere di altri).

Ogni Stato, per essere veramente tale, oltre che sovrano al proprio interno, deve essere indipendente da poteri esterni.

→ **L'indipendenza** consiste nell'assenza di subordinazione a norme emanate da altri Stati o da organizzazioni sovranazionali.

Se un soggetto esterno potesse imporre le proprie norme a uno Stato, questo non sarebbe più sovrano ma subordinato. Per tale ragione tutti gli Stati si dichiarano "**sovrani e indipendenti**" e non riconoscono alcuna autorità, interna o esterna, superiore alla propria.

Strettamente connesso all'indipendenza è il carattere della originarietà.

→ **Originarietà** dello Stato significa che questo non deriva la sua sovranità da un'autorità esterna, ma dalla sua sola forza.

Lo Stato italiano, per esempio, è nato dai moti risorgimentali per forza propria e non per concessione di altri soggetti.

Del resto, se la sovranità non fosse originaria ma venisse concessa da un altro ente si dovrebbe giungere alla conclusione che l'ente concedente è *superiore* allo Stato e quindi quest'ultimo non sarebbe più sovrano ma subordinato.

Riassumendo possiamo dire che la sovranità dello Stato si manifesta sotto tre diversi aspetti tra loro strettamente connessi:

- la **superiorità** entro i suoi confini;
- l'**indipendenza** da poteri esterni;
- l'**originarietà**.

La generalità dei fini

Un ulteriore carattere distintivo dello Stato è la *generalità dei fini*. Obiettivo fondamentale di uno Stato, infatti, è regolare la vita sociale di una collettività. Ma, a ben guardare, si tratta di un obiettivo talmente ampio da risultare, di fatto, privo di confini. Per tale ragione si dice che lo **Stato è un "ente a fini generali"**.

4 Come si individua il territorio dello Stato?

→ **Il territorio** è lo spazio, delimitato da confini, all'interno del quale lo Stato esercita la propria sovranità.

Se, per conquista militare o per qualsiasi altra ragione, lo Stato perde tutto il proprio territorio, cessa di esistere. Esso, privato di un ambito entro il quale esercitare il proprio potere sovrano, non ha più alcuna funzione e non c'è nulla che ne motivi la sopravvivenza.

Ciò spiega la ragione per la quale tutti gli Stati, nessuno escluso, sono pronti a ricorrere alle armi e a sacrificare la vita dei propri cittadini pur di difendere i propri confini. Difendendo i confini e il territorio in essi compreso lo Stato difende se stesso e la propria sopravvivenza.

Secondo la Convenzione di Chicago del 1944 gli Stati firmatari consentono il sorvolo inoffensivo di aerei stranieri entro le rotte indicate dallo Stato sorvolato.
Secondo la convenzione sui diritti del mare (art. 17) alle navi straniere è consentito il transito nelle acque territoriali di altri Stati, purché sia inoffensivo.
I sommergibili possono attraversare le acque territoriali di un altro Stato solo se navigano in emersione.

Il territorio dello Stato comprende: la terraferma; le acque territoriali (se si tratta di uno Stato rivierasco); lo spazio aereo che sovrasta la terraferma e le acque territoriali; il sottosuolo, sia terrestre che marino.

> **La terraferma**, come tutti sappiamo, è il suolo, cioè la parte solida del territorio.

> **Il sottosuolo** è soggetto alla sovranità dello Stato solo fin dove arriva la concreta possibilità di sfruttamento. Nessun Paese può pretendere, ad esempio, di estendere la propria sovranità fino al centro della Terra.

> **Le acque territoriali** sono costituite da una fascia di mare, solitamente non più ampia di dodici miglia, sulla quale si estende la sovranità dello Stato. Le navi che vi entrano, entrano nel territorio dello Stato e sono soggette alle leggi di questo. L'estensione delle acque territoriali, stabilisce la *Convenzione del diritto del mare*, non può superare le dodici miglia, ma ciascuno Stato rivierasco ha la possibilità di estendere fino a duecento miglia dalla propria costa lo sfruttamento economico delle acque marine e del fondo marino.

> **Lo spazio aereo** che sovrasta il suolo e le acque territoriali è soggetto anch'esso alla sovranità dello Stato che può vietare a qualsiasi velivolo di entrarvi. Tale potere, tuttavia, si arresta al limite dell'atmosfera, cosicché i satelliti possono orbitare liberamente intorno al globo.

> **Le navi e gli aerei** costituiscono il cosiddetto *territorio flottante* dello Stato.

ZOOM

Il territorio flottante, le ambasciate e i consolati

Quale legge si applica a bordo di navi e di aerei?

Le navi e gli aerei costituiscono il cosiddetto *territorio flottante dello Stato* e ciò comporta che a bordo si applicano le leggi dello Stato nel quale la nave o l'aereo sono stati immatricolati, ovunque questi si trovino.

Tuttavia, per quanto riguarda l'applicazione della legge penale vi è una distinzione da fare tra navi e aerei militari o civili.

Le navi e gli aerei militari godono di una particolare immunità per effetto della quale se a bordo venisse commesso un reato mentre si trovano nelle acque territoriali o nello spazio aereo di un altro Stato, sarebbero comunque le autorità di bordo competenti a occuparsene.

Le navi e gli aerei civili godono invece di una immunità più attenuata. Se a bordo accadesse un fatto penalmente rilevante mentre si trovano nelle acque territoriali o nello spazio aereo di uno altro Stato, le autorità locali potrebbero intervenire. Tuttavia, per antica consuetudine, esse si astengono dal salire a bordo se il reato non interferisce con l'ordine pubblico dello Stato ospitante o non coinvolge suoi cittadini, salvo che l'intervento sia espressamente richiesto dal comandante della nave o dell'aeromobile.

Le autorità locali possono invece sempre intervenire se ciò appare necessario per la repressione del traffico illecito di stupefacenti o sostanze psicotrope.

Entrare in ambasciata è come andare all'estero?

Le sedi diplomatiche (ambasciate e consolati), per un'antica consuetudine internazionale, sono protette dalla cosiddetta **immunità territoriale**.
Questa consiste in una serie di privilegi, il più noto dei quali è il divieto, per le autorità dello Stato ospitante, di introdursi nel palazzo sede dell'ambasciata senza l'autorizzazione del diplomatico che vi dimora.
Questa particolare condizione viene talvolta indicata come *extraterritorialità*, ma si tratta di una qualificazione non del tutto esatta perché le sedi diplomatiche, sebbene protette da uno speciale regime giuridico, sono sempre territorio dello Stato ospitante.

Precisiamo che:
- **l'ambasciata** è la residenza o l'ufficio dell'ambasciatore, e l'ambasciatore è il rappresentante del proprio Stato presso un altro Stato. Il termine deriva dal provenzale *ambassador* (servitore) per indicare, probabilmente, che l'ambasciatore *serve* il suo Paese;
- **il consolato**, invece, è la residenza o l'ufficio del console, e il console ha il compito principale di tutelare gli interessi dei connazionali che risiedono o transitano nel Paese in cui opera. Pertanto, il turista che si trovi all'estero e abbia bisogno di aiuto non dovrà rivolgersi all'ambasciatore ma al console del proprio Paese.

5 Da chi è composto il popolo di uno Stato?

→ **Il popolo di uno Stato** è composto dall'insieme dei suoi cittadini, cioè da quelle persone alle quali è riconosciuta la cittadinanza.

Diverso dal concetto di popolo è quello di **popolazione**. Con questo termine, infatti, si indica l'insieme delle **persone** (cittadini, stranieri e apolidi) che per qualsiasi ragione si trovano sul territorio dello Stato.
Stranieri sono i cittadini di altri Stati.
Apolidi sono le persone che si trovano prive di ogni cittadinanza.

La cittadinanza, pertanto, indica l'appartenenza di una persona a uno Stato. Essa comporta l'attribuzione di una complessa serie di diritti e di doveri che solo in parte possono estendersi agli stranieri e agli apolidi.

> **L'attribuzione della cittadinanza** è regolata in modo autonomo in ciascun Paese, ma in linea generale gli ordinamenti prevedono che possa acquistarsi:

- per discendenza (un po' enfaticamente si dice anche per *ius sanguinis*, cioè per **diritto di sangue**);
- per **diritto di suolo** (*ius soli*); in base a questo secondo criterio diventa cittadino di uno Stato chi nasce sul territorio di quello Stato, indipendentemente dal tipo di cittadinanza posseduta dai genitori.

Il nostro ordinamento adotta essenzialmente il criterio della discendenza (o *ius sanguinis*). Tuttavia, la nuova realtà dell'immigrazione e la presenza di tanti bambini nati in Italia da coppie straniere regolarmente residenti sta consigliando di integrare la normativa e di dare maggiore applicazione allo *ius soli*, come già è stato fatto in altri Paesi europei.

C'è differenza tra cittadinanza, etnia, nazione?

> **La cittadinanza** indica l'appartenenza delle persone a uno Stato.

> **Etnia** è un termine che viene dal greco *éthnos*, che significa popolo.
Le etnie sono gruppi sociali di antica formazione i cui componenti hanno sviluppato e conservato fattori culturali comuni come la lingua, la religione, le tradizioni, le memorie storiche.

Oggi all'interno degli Stati convivono generalmente più etnie. E sebbene alcune di esse conservino ancora evidenti tratti dei caratteri originari, nella maggior parte dei casi si è sviluppato un processo di fusione e di amalgamazione che ha prodotto il superamento delle antiche distinzioni.
All'appartenenza etnica si è così sostituito il senso di appartenenza a un gruppo più vasto che coincide con il popolo dello Stato e che chiamiamo nazione.

> **Nazione** (il termine viene dal latino *natus* che significa nato) indica un popolo che, superando le antiche divisioni etniche, ha saputo trovare una propria unità sviluppando nel tempo un patrimonio culturale comune. Dove questo processo di amalgamazione non è avvenuto e dove prevalgono ancora le rivalità etniche, la pace sociale è fortemente minacciata o addirittura compromessa.
Nell'Italia risorgimentale l'idea, tenacemente sostenuta, che tutto il popolo della penisola appartenesse a un'unica nazione e che dovesse battersi per la comune indipendenza, ebbe un ruolo importantissimo per il raggiungimento dell'unità.

Si può essere cittadini di due Stati?

Poiché ogni Stato determina autonomamente i modi di acquisto della propria cittadinanza, non è infrequente che, per effetto di leggi diverse, una stessa persona si trovi ad avere una **doppia cittadinanza**. Ciò può accadere, ad esempio, a chi abbia un genitore italiano e l'altro straniero. È da precisare, a questo proposito, che tutti noi, dal 1992, siamo sia cittadini italiani che **cittadini europei**. Vedremo nell'Unità 7 quali prerogative sono collegate al possesso della cittadinanza dell'Unione europea.

Come si acquista la cittadinanza italiana?

> **La cittadinanza italiana** per quanto dispone la legge n. 91/1992 si acquista:

- **per discendenza**: è italiano chi abbia uno o entrambi i genitori italiani anche se l'evento della nascita è avvenuto all'estero;
- **per nascita sul territorio**: è italiano chi è nato sul territorio italiano, ma solo se entrambi i genitori sono apolidi o ignoti (pensiamo ai casi di neonati abbandonati);
- **per adozione**: diventa italiano il cittadino straniero adottato da un cittadino italiano;
- **per matrimonio**: chi dopo aver sposato un cittadino o una cittadina italiana risiede legalmente in Italia per almeno due anni dopo la celebrazione del matrimonio, può chiedere la cittadinanza, a condizione che nel frattempo il matrimonio non sia stato annullato o sia intervenuta separazione coniugale;
- **per prolungata residenza**: può richiedere la cittadinanza italiana lo straniero che risieda legalmente nel territorio della Repubblica da almeno dieci anni (termine che potrebbe essere portato a cinque) e anche chi, nato in Italia da genitori stranieri, abbia risieduto nel nostro Paese legalmente e senza interruzione fino al raggiungimento della maggiore età;
- **per decreto del Capo dello Stato**, quando ricorrano le condizioni previste dalla legge.

ZOOM

Lo *ius soli* sarà introdotto anche in Italia?

Nel 2016 è stato presentato alla Camera dei deputati un disegno di legge con cui si vorrebbe introdurre in Italia lo *ius soli* e il cosiddetto *ius culturae*.

Lo *ius soli*, come previsto dal disegno di legge, consente di acquistare la cittadinanza a chi è nato nel territorio della Repubblica da genitori stranieri di cui almeno uno sia in possesso del **permesso di soggiorno Ue di lungo periodo**. Tale permesso (vedi Paragrafo 6) è concesso allo straniero che abbia soggiornato regolarmente in Italia per almeno cinque anni; che abbia superato un test di conoscenza della lingua italiana; che abbia un reddito non inferiore all'importo annuo dell'assegno sociale; che abbia la disponibilità di un alloggio idoneo secondo la legge.

Lo *ius culturae* consente di ottenere la cittadinanza al minore straniero che sia nato in Italia o che sia entrato nel nostro Paese entro il compimento dei dodici anni di età purché abbia frequentato per almeno cinque anni un corso regolare di studi nel nostro Paese.

Il diritto di asilo e l'estradizione

La nostra Costituzione dispone (art. 10, c. 3) che sia concesso **asilo**, cioè *rifugio*, allo straniero che nel proprio Paese sia stato privato dell'effettivo esercizio delle libertà democratiche.

Si chiama **estradizione**, invece, quella complessa procedura per effetto della quale una persona che sia fuggita all'estero, per evitare un processo penale o l'esecuzione di una condanna, viene riconsegnata alle autorità del suo Paese su domanda di queste.

Le autorità italiane, secondo quanto dispone la nostra Costituzione (art. 10, c. 4), non possono *estradare*, cioè riconsegnare al Paese di provenienza, lo straniero che sia accusato di reati politici.

Sono considerati politici i reati commessi al fine di lottare contro un regime autoritario per affermare i valori di libertà e di democrazia che in Italia sono riconosciuti come fondamentali.

Asilo deriva dal greco *àsylon* composto da *a* (con valore privativo) e *sylon* (violenza). L'asilo pertanto è il luogo in cui si è al riparo da ogni violenza.
Estradizione deriva dal latino *ex* (fuori) e *traditio* (consegna). L'estradato viene portato fuori del confine dello Stato e consegnato alle autorità del proprio Paese.

6 Com'è regolata l'immigrazione dai Paesi extracomunitari?

Nel nostro Paese l'ingresso e il soggiorno dello straniero sono regolati in via principale dal Testo unico sull'immigrazione (d.lg. n. 286 del 1998, più volte modificato e integrato) dal quale si evince quanto segue.

Il numero di cittadini stranieri da ammettere nel territorio dello Stato italiano per svolgere lavoro subordinato (anche di carattere stagionale) e lavoro autonomo viene definito ogni anno con un decreto del Presidente del Consiglio dei Ministri.

Nei limiti della quota stabilita e in mancanza di particolari ragioni ostative, lo straniero che ne faccia richiesta ottiene il visto d'ingresso rilasciato dalle autorità diplomatiche o consolari italiane presenti nel suo Paese.

Per soggiornare regolarmente in Italia, chi abbia ottenuto il visto d'ingresso per motivi di lavoro deve richiedere alla questura un **permesso di soggiorno** che viene rilasciato dietro presentazione di un contratto di lavoro nel quale deve risultare, tra l'altro, che il datore garantisce la disponibilità di un alloggio per il lavoratore che assume e si impegna a pagare le spese di viaggio per il rientro del lavoratore stesso nel Paese di provenienza.

Chi abbia regolarmente soggiornato in Italia per almeno cinque anni e dimostri di avere un reddito sufficiente per sostenere se stesso e i propri famigliari conviventi, nonché la disponibilità di un alloggio idoneo, può richiedere, per sé e per i propri famigliari, un *permesso di soggiorno Ue* per **soggiornanti di lungo periodo** valido a tempo indeterminato.

Il rilascio del permesso Ue è subordinato al superamento, da parte del richiedente, di un test di conoscenza della lingua italiana (l. n. 94/2009).

Allo straniero regolarmente soggiornante sul nostro territorio sono riconosciuti gli stessi diritti spettanti al cittadino italiano per quanto riguarda tra l'altro:

- i rapporti di lavoro (retribuzione, orari, riposi, ferie, ecc.);
- la tutela giurisdizionale;
- l'accesso ai pubblici servizi.

Un *permesso di soggiorno temporaneo* può essere rilasciato anche allo straniero irregolare che voglia sottrarsi a forme di sfruttamento operate da organizzazioni criminali e che a tal fine collabori con le forze dell'ordine e con l'autorità giudiziaria.

Immigrare significa entrare in un Paese straniero o in un'altra zona del proprio Paese per stabilirvisi. Il termine viene dal latino *immigrare* composto da *migrare* (andare) e *in* (dentro).
Clandestino è un termine che proviene dal francese *clandestin* che a sua volta risale al latino *clandestinu(m)*, da *clam* (di nascosto) e *intestinus* (interno). Clandestino è colui che si introduce di nascosto.

Una statistica della Caritas del 2012 rileva che il 12% degli immigrati nel nostro Paese possiede una laurea; il 40,9% un diploma di scuola media superiore; il 49,9% un diploma di scuola media inferiore; il 12,6% la licenza elementare. Il 12% non ha titolo di studio ma sa comunque leggere e scrivere e solo il 2,5% è analfabeta.

Lo straniero che richieda il permesso di soggiorno deve sottoscrivere un **accordo di integrazione** articolato per crediti. La perdita integrale dei crediti determina la revoca del permesso di soggiorno (l. n. 94/2009 art. 4 *bis*).

In nessun caso può disporsi:

- il respingimento dello straniero verso uno Stato in cui egli possa essere oggetto di persecuzione per motivi di razza, di sesso, di lingua, di cittadinanza, di religione, di opinioni politiche, di condizioni personali o sociali;
- l'espulsione dello straniero minore di diciotto anni e delle donne in stato di gravidanza.

Per un elementare principio di civiltà giuridica a tutte le persone che in modo regolare o irregolare si trovino sul nostro territorio sono riconosciuti i **diritti fondamentali della persona umana**, previsti dalle norme del diritto interno, dalle convenzioni e dalle consuetudini internazionali.

Tra questi diritti rientra:

- il *diritto alla salute* che comporta l'assistenza ospedaliera per qualsiasi essere umano a qualunque titolo si trovi sul nostro territorio;
- il *diritto all'istruzione*, che consente ai minori stranieri di frequentare la nostra scuola dell'obbligo indipendentemente dalla condizione giuridica dei loro genitori.

Sconfinando

L'acquisto della cittadinanza

L'acquisto della cittadinanza per *ius sanguinis* è previsto da tutti gli ordinamenti del mondo. Diverse invece sono le regole che ne consentono l'acquisto per *ius soli* o che permettono allo straniero di chiedere la cittadinanza dopo una lunga permanenza nel Paese ospitante.

Vediamo che cosa succede in alcuni Paesi europei.

La cittadinanza francese:

- per *ius soli* è attribuita a chi nasce in Francia se almeno uno dei genitori è a sua volta nato in Francia, e a chi sia nato in Francia da genitori stranieri e vi risieda regolarmente al compimento della maggiore età;
- per prolungata residenza può essere chiesta da chi abbia risieduto abitualmente in Francia per almeno cinque anni. Il termine è ridotto a due anni per chi abbia compiuto o ultimato gli studi in un istituto di istruzione universitaria francese.

La cittadinanza tedesca:

- per *ius soli* è attribuita a chi nasce in Germania anche da cittadini stranieri purché almeno uno dei genitori risieda regolarmente nel Paese da almeno otto anni;
- per prolungata residenza può essere chiesta da chi abbia risieduto abitualmente in Germania per almeno otto anni. È richiesta la conoscenza della Costituzione tedesca e il giuramento di fedeltà alla stessa.

La cittadinanza spagnola:

- per *ius soli* è attribuita a chi nasce in Spagna da cittadini stranieri purché almeno uno dei genitori sia nato in Spagna, oppure a chi nasce in Spagna da genitori ignoti o apolidi;
- per prolungata residenza può essere richiesta da chi abbia risieduto abitualmente in Spagna per almeno dieci anni.

La cittadinanza britannica:

- per *ius soli* è attribuita a chi nasce nel Regno Unito da cittadini stranieri che, per legge, possano risiedervi a tempo indeterminato (per esempio perché appartenenti all'Unione europea) e a chi nasce da cittadini stranieri non stabilmente residenti purché abbia vissuto continuativamente nel Regno Unito per dieci anni dalla nascita.

MAPPA che cosa hai imparato

LOSAI?

In questa Lezione hai imparato che cos'è lo Stato, nel doppio significato di Stato comunità e di Stato apparato. Hai imparato anche che lo Stato è un ente sovrano, a fini generali, e che i suoi elementi costitutivi sono il territorio, il popolo e l'apparato che esercita la sovranità. Hai appreso che la sovranità consiste nella superiorità, indipendenza e originarietà dello Stato, e che il territorio comprende anche il sottosuolo, le acque territoriali e lo spazio aereo sovrastante. Infine hai imparato che cos'è il popolo, come viene regolato l'acquisto della cittadinanza e qual è la posizione giuridica dello straniero.

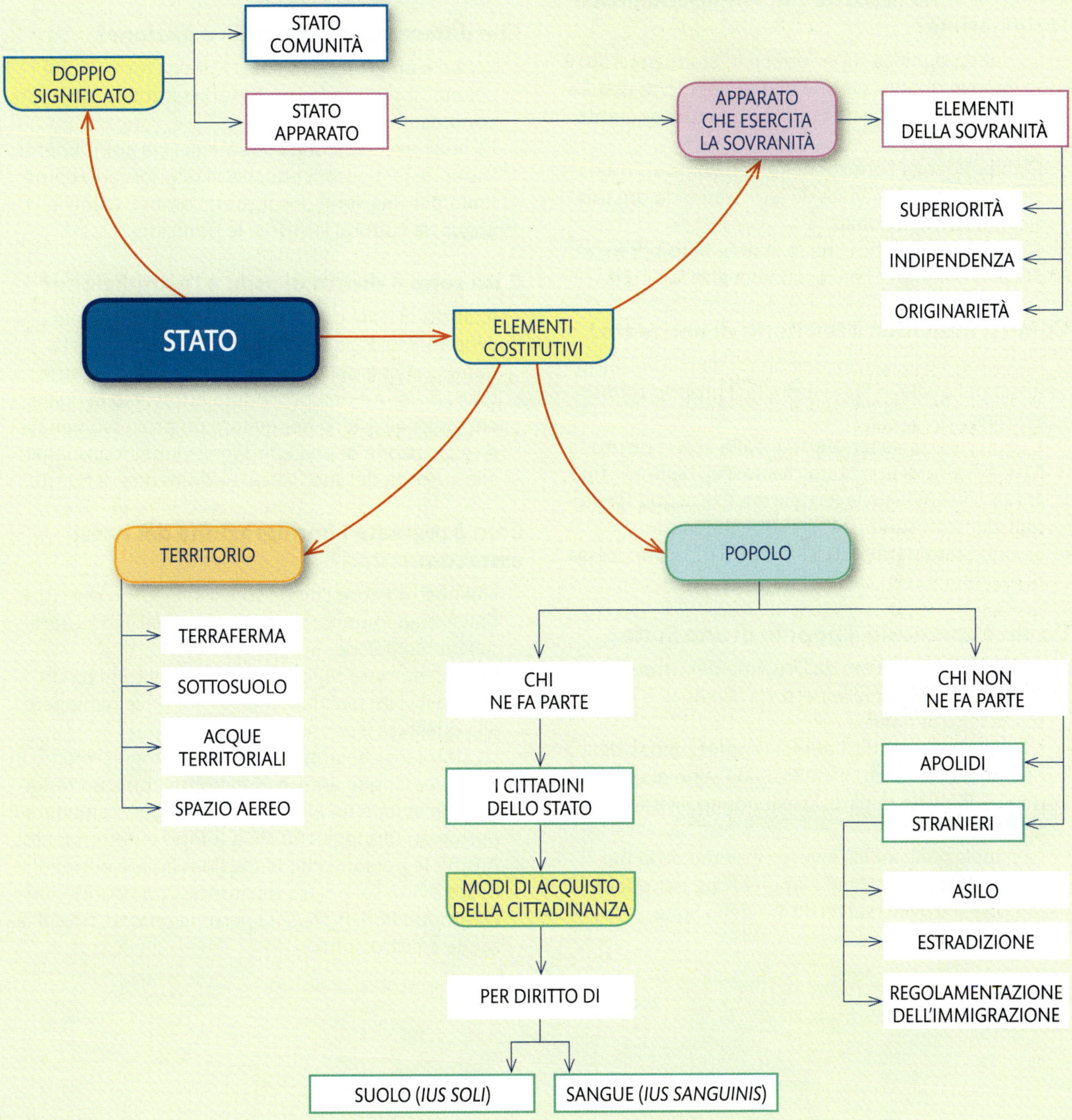

Lezione 5 riguardando gli appunti

Che cos'è lo Stato?

- A seconda del modo in cui viene impiegata, la parola "Stato" assume due diversi significati.
- Stato è un *territorio* delimitato da confini su cui vive stabilmente un *popolo* governato da un proprio apparato.
- Stato è anche l'*apparato* che, su quel popolo e su quel territorio, esercita la sovranità, cioè il potere di comando.
- Elementi costitutivi dello Stato sono: un *territorio*, un *popolo*, un *apparato* che esercita la sovranità.

Che cosa sono la sovranità, l'indipendenza e l'originarietà?

- Sovranità significa superiorità e lo Stato apparato è *sovrano* in quanto si pone in una posizione di *superiorità* rispetto a qualsiasi altro soggetto operante sul suo territorio.
- L'indipendenza consiste nell'assenza di subordinazione a norme emanate da altri Stati o da organizzazioni sovranazionali.
- Originarietà significa che lo Stato è nato per forza propria e non per concessione di altri soggetti.

Come si individua il territorio di uno Stato?

- Il territorio è lo spazio, delimitato da confini, all'interno del quale lo Stato esercita il proprio potere sovrano.
- È composto dalla terraferma, dalle acque territoriali (se si tratta di uno Stato rivierasco), dallo spazio aereo che sovrasta la terraferma e le acque territoriali, dal sottosuolo, sia terrestre che marino.
- Se uno Stato perde tutto il proprio territorio, cessa di esistere.

Da chi è composto il popolo di uno Stato?

- Il popolo è composto dall'insieme dei *cittadini* dello Stato, cioè da quelle persone alle quali è riconosciuta la cittadinanza.
- La *cittadinanza* indica quindi l'appartenenza di una persona a uno Stato e implica una serie di diritti e doveri che solo in parte si estendono a stranieri e apolidi.
- La *popolazione* indica invece l'insieme delle persone (cittadini, stranieri e apolidi) che per qualsiasi ragione si trovino sul territorio dello Stato.

Chi sono gli stranieri e gli apolidi?

- *Stranieri* sono i cittadini di altri Stati. *Apolidi* sono le persone prive di ogni cittadinanza.

Come si acquista la cittadinanza?

- La cittadinanza si acquista per *discendenza* (diritto di sangue) o per *diritto di suolo*.
- Quella italiana si acquista per discendenza, cioè nascendo da almeno un genitore italiano, ma si può acquisire anche per adozione, per matrimonio, per prolungata residenza, per decreto del Capo dello Stato.

Che differenza c'è tra etnia e nazione?

- L'*etnia* è un gruppo sociale di antica formazione i cui membri conservano fattori culturali e identitari comuni.
- La *nazione* indica una collettività i cui componenti, superate le divisioni etniche, si riconoscono come unità per una serie di caratteri comuni, come la lingua, la cultura, la storia, le tradizioni.

Cosa sono il diritto di asilo e l'estradizione?

- Il diritto di *asilo* consente allo straniero che nel proprio Paese sia privo dei diritti e delle libertà democratiche di trovare *rifugio* in un altro Paese.
- L'*estradizione* è una procedura attraverso la quale chi fugge all'estero per evitare un processo penale o l'esecuzione di una condanna viene riconsegnato alle autorità del suo Paese, su domanda di queste.

Com'è regolata l'immigrazione dai Paesi extracomunitari?

- Nel nostro Paese l'ingresso e il soggiorno dei cittadini extracomunitari sono regolati dal *Testo Unico sull'Immigrazione*.
- Per soggiornare regolarmente in Italia, chi ha ottenuto il visto per motivi di lavoro deve richiedere alla questura il *permesso di soggiorno*.
- Lo straniero che abbia soggiornato regolarmente in Italia per cinque anni, e che inoltre abbia un reddito sufficiente e un alloggio idoneo, può richiedere il permesso di soggiorno Ue a tempo indeterminato.
- A tutte le persone che in modo regolare o irregolare si trovino sul nostro territorio sono riconosciuti i *diritti fondamentali della persona umana*, tra cui la salute e l'istruzione.

verifica mettiti alla prova

1. Completa la mappa concettuale utilizzando le seguenti parole:

esterna ~ indipendenza ~ originarietà ~ norme ~ superiorità ~ superiore.

SOVRANITÀ DELLO STATO
- → NESSUN ENTE È .... ALLO STATO → ....
- → NON È SUBORDINATO A .... EMANATE DA ALTRI STATI → ....
- → NON DERIVA LA SUA SOVRANITÀ DA UN'AUTORITÀ .... → ....

2. Scegli la risposta corretta.

1 Quale, tra i seguenti attributi, non rientra tra quelli tipici di uno Stato?
   a. la sovranità
   b. l'imparzialità
   c. l'indipendenza
   d. l'originarietà

2 Uno Stato può definirsi sovrano se:
   a. non deriva i propri poteri da un'autorità esterna
   b. rifiuta ogni subordinazione giuridica nei confronti di altri Stati
   c. può imporre le proprie norme a tutti i soggetti presenti sul suo territorio
   d. è retto da un sovrano

3 Lo Stato è un ente originario perché:
   a. non deriva i propri poteri da un'autorità esterna
   b. rifiuta ogni subordinazione giuridica nei confronti di altri Stati
   c. può imporre le proprie norme a tutti i soggetti presenti sul suo territorio
   d. il suo territorio in origine non apparteneva a nessuno

4 Uno Stato è indipendente se:
   a. non è giuridicamente subordinato a soggetti a esso interni
   b. non è subordinato a soggetti a esso esterni
   c. non deriva il proprio potere da soggetti esterni
   d. ha il monopolio della forza al suo interno

3. Rispondi alle seguenti domande.

A Quali sono gli elementi costitutivi dello Stato?

B Che cosa è lo "Stato apparato"?

C Perché si dice che lo Stato è sovrano al proprio interno?

D Che cosa è lo *ius soli*?

4. Barra con una crocetta la risposta che ritieni esatta e motiva il perché.

1 Uno Stato può esistere anche senza territorio. **SÌ NO**

perché? ....

2 La parola Stato ha due significati. **SÌ NO**

perché? ....

3 Uno Stato si dice indipendente se è nato per forza propria. **SÌ NO**

perché? ....

4 C'è differenza tra cittadinanza, etnia e nazione. **SÌ NO**

perché? ....

5 In Italia l'asilo viene concesso a chiunque lo chieda. **SÌ NO**

perché? ....

5. Svela il crittogramma.

Sostituisci ogni numero con una lettera dell'alfabeto. A numero uguale corrisponde lettera uguale!

A	B	C	D	E	F	G	H	I	J	K	L	M	N	O	P	Q	R	S	T	U	V	W	X	Y	Z
								15			2		12				9	25							26

L _   _ I _ _ _ _ I N _ N Z _   È   L' _ _ _ _ R _ N _ N Z _
(2 11   14 15 10 10 11 8 15 12 11 12 26 11   È   2 11 24 24 11 9 10 22 12 22 12 26 11)

_ I   _ N _   _ _ R S _ N _   _   _ N _   S _ _ _ _ .
(8 15   3 12 11   24 22 9 25 16 12 11   11   3 12 16   25 10 11 10 16)

LEZIONE 6

Forme di Stato e forme di governo

1 Qual è la differenza tra forma di Stato e di governo?

> **Forma di Stato** è un'espressione che non indica la forma geografica di un Paese, ma il rapporto che si stabilisce tra l'apparato statale che esercita la sovranità e i cittadini (o sudditi) a esso subordinati.

Vedremo tra breve che questo rapporto può essere di tipo autoritario, come nelle monarchie assolute o nelle dittature, oppure può assumere i caratteri della democrazia nella quale i cittadini partecipano, direttamente o indirettamente, alle scelte politiche.

> **Forma di governo**, invece, è un'espressione con la quale indichiamo il modo in cui, all'interno dello Stato apparato, è distribuito il potere sovrano.

Per esempio nella forma di governo presente in Italia l'esercizio del potere sovrano è ripartito, con diverso grado di intensità, tra Parlamento, Governo, Presidente della Repubblica e altri enti pubblici.

2 Come si sono susseguite nel tempo le diverse forme di Stato

Il rapporto tra Stato e cittadini ha subito, soprattutto nei Paesi occidentali, un processo evolutivo abbastanza comune. Prima di occuparcene, tuttavia, sarà utile osservare che secondo la prevalente opinione dei giuristi, nelle epoche più remote e fino a tutto il Medioevo non è esistita alcuna organizzazione simile ai moderni Stati.

Ciò non significa che non vi siano state, in passato, organizzazioni dirette a governare i popoli. Significa soltanto che quelle organizzazioni, che sono state chiamate, a seconda dei tempi e dei luoghi, regni, imperi, repubbliche e così via, non possedevano gli stessi caratteri delle moderne organizzazioni statali.

FORME DI STATO NEL TEMPO
- Monarchia assoluta
- Stato liberale
- Stato liberal-democratico

Lo Stato, così come noi oggi lo conosciamo, indicato anche come **Stato moderno**, è il punto di arrivo di un lungo processo storico che prende l'avvio, in Europa, con la fine dell'ordinamento feudale e si sviluppa attraverso una serie di fasi successive che così possiamo schematicamente indicare:

- nascita e consolidamento delle **monarchie assolute** (tra il Quattrocento e il Seicento);
- fine dell'assolutismo e nascita dello **Stato liberale** (dalla fine del Settecento alla prima metà dell'Ottocento);
- evoluzione dello Stato liberale in **Stato liberal-democratico** (dai primi anni del Novecento in poi).

Il susseguirsi di queste diverse forme di Stato ha costituito un percorso che si può dire comune alla maggior parte dei Paesi europei, ma non mancano Paesi che hanno seguito strade diverse:

- in Russia, nel 1917, e più tardi in altri Paesi dell'Est europeo, il cammino verso lo Stato liberale è stato interrotto dalla costituzione dello *Stato comunista*. Solo dopo il 1990, con il dissolvimento dell'URSS, l'organizzazione politica di questi Paesi ha cominciato a orientarsi verso un sistema liberal-democratico;
- in Italia dal 1922 al 1943 si è costituito lo *Stato fascista* e modelli simili di Stato si sono affermati anche in Germania, Spagna e Portogallo. Tutti questi Paesi, sebbene in tempi e con modalità diverse, sono poi rientrati nella forma liberal-democratica.

Avendo presente questo schema generale, possiamo affrontare l'analisi delle diverse fasi del processo evolutivo dello Stato.

3 Quando nasce lo Stato moderno?

Abbiamo detto, poco sopra, che l'ordinamento feudale non presentava ancora i caratteri che noi oggi attribuiamo allo Stato. Ciò per alcune importanti ragioni.

Monarchia viene dal verbo greco *archein* (essere a capo, comandare) e da *mónos* (da solo).
Monarca assoluto è colui che regna senza limitazioni.
Assoluto è un aggettivo che deriva da *solutum* nel significato di *sciolto*. E il *monarca assoluto* è colui che è *sciolto*, cioè libero, da ogni condizionamento.

Innanzitutto nel sistema feudale la sovranità spettava formalmente all'imperatore o al re, ma ogni feudatario, e più tardi ogni principato, ogni comune, ogni signoria, disponevano di una propria forza armata sul territorio.

Il sovrano, pertanto, non aveva il monopolio della forza e non riusciva a estendere su tutto il territorio le proprie leggi. Egli, nei fatti, non era sovrano. Ma non lo erano neppure i feudatari, poiché essi ricevevano l'investitura da un'autorità superiore alla quale giuravano obbedienza e fedeltà.

La situazione cominciò a mutare con il lento affermarsi, in Europa, delle cosiddette **monarchie assolute**.

Per effetto di questa trasformazione, che durerà alcuni secoli, lo Stato inizierà ad assumere i caratteri della:

> **sovranità**: il re, dopo aver dissolto le milizie feudali, acquista il monopolio della forza ed estende le sue leggi su tutto il territorio;

> **indipendenza**: il re non prende più ordini dall'imperatore né da altra autorità esterna allo Stato;

> **originarietà**: il re deriva il suo potere non più da un'investitura esterna (imperiale o papale) ma dalla sua stessa forza, legittimata dal diritto dinastico.

4 Come si passa dall'assolutismo allo Stato liberale?

Borghesia è un sostantivo che indica una classe sociale composta da imprenditori, capitalisti, commercianti, artigiani, liberi professionisti, dirigenti industriali e simili.
Il termine viene dal latino tardo *burgu(m)* (luogo fortificato), da cui il medievale *burgensem*, abitante del sobborgo fuori delle mura.

Tra il XIV e il XV secolo, mentre si consolidava un po' in tutta Europa il potere assoluto dei sovrani, cresceva anche, per ricchezza e per importanza, il ceto borghese. Questa classe sociale, che aveva cominciato a svilupparsi fin dai primi secoli del Medioevo, comprendeva professionisti, artigiani, piccoli commercianti. Ma anche grandi banchieri, assicuratori, armatori, titolari di imprese di import-export e (soprattutto a partire dalla fine del Settecento) anche industriali manifatturieri.

In quanto produttrice di ricchezza la borghesia si considerava, bene a ragione, la vera spina dorsale dello Stato. Ma, ciò non di meno, essa non aveva alcuna partecipazione nella gestione del potere politico e rimaneva soggetta all'arbitrio del sovrano e della nobiltà.

Questa situazione di emarginazione divenne, con il tempo, sempre più intollerabile ed esplose in Francia, nel 1789, con una delle più famose rivoluzioni che la Storia ricordi.

Dalla Francia il messaggio di uguaglianza e di libertà si diffuse rapidamente in tutta Europa e nel corso dell'Ottocento, sotto la spinta dei moti rivoluzionari, le monarchie assolute caddero una a una in quasi tutto il vecchio continente.

La borghesia poté così assumere un prevalente potere politico che impiegò per organizzare un nuovo modello di Stato, detto **Stato liberale**.

> **Lo Stato liberale** si presentava come:

- uno Stato di diritto,
- nella maggior parte dei casi monarchico,
- organizzato secondo il principio della divisione dei poteri.

Stato di diritto significa che tutti, compreso il re, sono soggetti alla legge e che gli organi pubblici possono fare solo ciò che la legge esplicitamente consente loro di fare.

Stato monarchico significa che al vertice dell'organizzazione statale sta la figura del monarca, sebbene a esso, nello Stato liberale, siano rimasti poteri notevolmente inferiori rispetto a quelli di cui godeva in passato.

Stato fondato sulla divisione dei poteri significa che le funzioni fondamentali dello Stato sono ripartite tra organi diversi e tra loro indipendenti.

In particolare:

- *il potere legislativo*, che consiste nel discutere e approvare le leggi, è affidato in modo prevalente al Parlamento;
- *il potere esecutivo*, che consiste nel governare lo Stato, è affidato a un Governo nominato dal re;
- *la funzione giudiziaria*, che consiste nel giudicare sull'inosservanza delle leggi, è affidata alla Magistratura.

Tale suddivisione, già teorizzata dal filosofo Montesquieu (1689-1755), costituisce un passaggio di fondamentale importanza nel superamento del dispotismo, che era stato reso possibile dalla concentrazione di ogni potere nella figura del monarca assoluto.

Liberale deriva da *liber*, libero.
Stato liberale è lo Stato costituito sul riconoscimento dei fondamentali diritti di libertà del cittadino e sulla divisione dei poteri statali tra organi diversi.
Dispotismo significa potere assoluto, esercitato senza alcun rispetto per la legge. Il termine deriva dal greco *despotes*, signore, tiranno.

Sconfinando

L'originale percorso dell'Inghilterra

Mentre, sul continente europeo, il modello di *Stato liberale* doveva affermarsi con la forza rivoluzionaria, in Inghilterra esisteva già lo *Stato di diritto*, uno Stato, cioè, nel quale anche il re è soggetto alla legge.

Le ragioni di tale anticipo dei tempi affondano nella storia di questo Paese ed è difficile racchiuderle in poche righe. Ma alcune linee guida possiamo individuarle.

Innanzitutto, a differenza di quanto avveniva sul continente, i sovrani inglesi non riuscirono mai a prevalere in modo definitivo sulla grande feudalità e ad assumere, quindi, un *potere assoluto*. Al contrario furono i baroni del regno che, nel 1215, piegarono il re *Giovanni Senzaterra* costringendolo a sottoscrivere la **Magna Charta Libertatum**, cioè la *grande carta della libertà*, con la quale il sovrano si impegnava a rispettare i privilegi nobiliari e a convocare periodicamente il Parlamento, cioè l'assemblea dei grandi feudatari. Ma proprio questi grandi feudatari, nel corso dei secoli, finirono per autodistruggersi in una serie di interminabili lotte intestine, lasciando così spazio alla piccola nobiltà che nel frattempo era cresciuta per importanza e non disdegnava di entrare nel mondo degli affari insieme alla dinamica borghesia. Nobili e borghesi si trovarono a condividere le medesime esigenze e insieme divennero i più gelosi custodi delle prerogative del Parlamento.

Nel 1688, dopo aver costretto alla fuga l'ultimo re che aveva tentato di assumere il potere assoluto, il Parlamento offrì la corona al nuovo sovrano (Guglielmo d'Orange) a condizione che questi accettasse il *Bill of Rights*.

Il **Bill of Rights** (*carta dei diritti*) era un documento che elencava tutto ciò che al sovrano non era più concesso di fare. Significativa è la scelta delle espressioni con le quali veniva affidata la corona al nuovo Re: "*I Lord* [...] *e i Comuni,* [...] *stabiliscono che Guglielmo e Maria, principe e principessa di Orange, sono dichiarati re e regina d'Inghilterra* [...]".

Il Parlamento, dunque, non riconosceva diritti divini o di discendenza ma stabiliva chi doveva essere re. Questa svolta fondamentale condurrà, attraverso un processo graduale e senza più grandi sussulti, verso una *monarchia parlamentare*, nella quale il re rappresenta l'unità della nazione ma il potere politico è detenuto dal Parlamento.

5 Quando uno Stato è democratico?

La borghesia ha avuto il grande merito di rovesciare il sistema delle monarchie assolute e di aprire la via agli attuali sistemi democratici. Ma lo Stato liberale ottocentesco, sebbene fosse uno Stato di diritto nel quale tutti i cittadini erano sottoposti alla legge, si presentava ancora come uno Stato scarsamente democratico.

Che cos'è esattamente la democrazia?

Democrazia è un termine che deriva dal greco *demos*, che significa popolo e *kratos*, che significa potere.

→ **La democrazia**, dunque, è un sistema nel quale il potere, cioè la sovranità, appartiene a tutto il popolo e non solo a pochi soggetti.

Da un punto di vista organizzativo la democrazia può esercitarsi in modo *diretto* o *indiretto*.

> **La democrazia diretta** prevede che il popolo voti direttamente i più importanti provvedimenti riguardanti la vita del Paese e che i governanti, ascoltato il responso popolare, si limitino a darvi esecuzione.

DEMOCRAZIA
- → diretta
- → indiretta

Questo sistema è stato adottato per un arco di tempo non breve nelle antiche città greche e nella Roma repubblicana. Ma in quelle realtà storiche la consultazione popolare diretta era agevolata dal fatto che il numero dei votanti era piuttosto contenuto e ciò consentiva, in taluni casi, di riunirli nella piazza o nel foro e procedere direttamente alle deliberazioni.

Oggi nessuna piazza potrebbe contenere i cittadini di uno Stato di normali dimensioni.

> **La democrazia indiretta** o *rappresentativa* prevede, invece, che il popolo elegga i propri rappresentanti, i quali eserciteranno il potere sovrano nei modi e nelle forme previste dalla Costituzione.

È questo il modello di democrazia oggi assolutamente prevalente, anche se non mancano, nei moderni ordinamenti, esempi di democrazia diretta. Vedremo ad esempio, nell'Unità 6, che in Italia, con il referendum abrogativo, tutti i cittadini sono chiamati *direttamente* a decidere se una determinata legge (o una sua parte) debba rimanere nell'ordinamento o debba essere abrogata.

È sufficiente che il popolo elegga i suoi rappresentanti perché si abbia una democrazia?

No, non è sufficiente. Talvolta le elezioni politiche vengono indette anche negli Stati dittatoriali, ma essendovi un unico partito ed essendo vietata ogni forma di opposizione, il popolo non ha alcuna reale possibilità di scelta.

> **Elementi essenziali** affinché uno Stato possa essere definito *democratico* sono:

- il **suffragio universale**, cioè la possibilità per tutti i cittadini di votare liberamente e di essere eletti;
- il **pluralismo politico**, cioè la presenza di una pluralità di partiti, di associazioni, di movimenti che concorrano liberamente a orientare la volontà dell'elettorato;
- la **libertà di riunione**, di associazione e di espressione del pensiero, affinché sia favorita la più ampia circolazione delle idee;

- la **libertà di stampa**, intesa come reale possibilità per tutti i gruppi di accedere ai mezzi di comunicazione di massa, come giornali e soprattutto televisioni e Internet;
- l'**accettazione del metodo democratico**, in virtù del quale le decisioni politiche vengono assunte a maggioranza, ma la minoranza, pur dovendo uniformarsi a tali decisioni, è libera di esprimere pubblicamente il proprio dissenso e di operare per diventare essa stessa maggioranza.

ZOOM

In democrazia chi vince comanda?

Non bisogna confondere la democrazia con il *dispotismo della maggioranza* (chi ha vinto le elezioni comanda e gli altri subiscono).

Sebbene in democrazia spetti alle forze politiche di maggioranza governare il Paese, queste, nello svolgere tale funzione, non possono e non devono ignorare le richieste di quella parte di cittadinanza che si riconosce nell'**opposizione**. A un Governo autenticamente democratico si richiede una continua attività di mediazione tra legittime esigenze.

6 Come si è giunti alla forma liberal-democratica?

Abbiamo detto, all'inizio del precedente Paragrafo, che al suo primo apparire lo Stato liberale si presentava generalmente come uno Stato scarsamente democratico. Ora, avendo individuato gli elementi essenziali per l'esistenza di una reale democrazia, siamo in grado di capire meglio la ragione di questa affermazione.

Dopo aver sconfitto l'assolutismo monarchico, la borghesia aveva cercato di escludere le masse popolari dalla gestione del potere politico. E a questo scopo aveva spesso limitato proprio quei diritti di libertà che erano stati alla base della rivoluzione liberale. Soprattutto aveva fortemente limitato il *diritto di voto*.

In Italia la prima legge elettorale per l'elezione della Camera dei deputati attribuiva l'elettorato attivo e passivo (cioè il diritto di eleggere e di essere eletti) solo a chi possedeva un reddito molto elevato.
Questa limitazione, che a noi oggi appare inconcepibile, discendeva dalla considerazione, ampiamente condivisa nel mondo borghese, che solo la proprietà affranca l'uomo dal bisogno e lo rende realmente libero.

ZOOM

Le forme di governo secondo Aristotele

Osservava Aristotele, il filosofo greco vissuto nel IV secolo a.C., che tutte le forme di governo possono essere valide se dirette a tutelare l'interesse collettivo, ma tutte possono degenerare se manca questo fine.
La **monarchia** può trasformarsi in **tirannide**; l'**aristocrazia** può trasformarsi in **oligarchia**, cioè nel governo di pochi che operano nel proprio interesse (il termine deriva dal greco *oligoi*, pochi, e *arché*, governo); la **democrazia** può trasformarsi in **demagogia**. Questo termine deriva dal greco *demagogos*, capopopolo, inteso come uomo politico che conquista e conserva il potere facendo promesse irrealizzabili e stimolando le passioni anche meno nobili del popolo.

Da ciò si faceva discendere un'importante conseguenza: se i proprietari sono le sole persone realmente libere, solo loro sono in grado di operare le migliori scelte per il bene comune. In pratica solo a chi ha un alto reddito spetta il diritto e l'onere di guidare lo Stato. La classe operaia e contadina e la piccola borghesia erano, pertanto, escluse da qualsiasi forma di partecipazione politica.

Ma poiché il cammino della Storia non si ferma, la borghesia conservatrice non riuscì a bloccare la richiesta di democrazia che veniva dagli strati più bassi e più vasti della società. In tempi e in modi diversi, in tutta Europa cominciò così ad avviarsi un lento processo di *democratizzazione* che andò generalmente trasformando lo Stato liberale in uno **Stato liberal-democratico**. In uno Stato, cioè, dove i principi del *liberalismo* (legalità, libertà, uguaglianza) cominciarono a trovare reale applicazione.

ZOOM

Quanto bisognava essere ricchi nel Regno d'Italia per avere diritto al voto?

Nel 1861, subito dopo l'unità d'Italia, la legge elettorale stabiliva che potessero votare e che potessero candidarsi al Parlamento solo gli uomini che fossero soggetti a una imposta sul reddito di almeno 40 lire, che avessero compiuto i 25 anni e che sapessero leggere e scrivere.

Questo significa che su 22 milioni di cittadini poterono votare solo seicentomila persone. Erano esclusi dal diritto di voto gli analfabeti, le persone con reddito troppo basso e le donne.

L'esclusione delle donne derivava dal pregiudizio culturale che poneva il mondo femminile ai margini della vita pubblica. L'esclusione degli analfabeti e delle persone a basso reddito, invece, era suggerita dal fondato timore che costoro avrebbero favorito l'ascesa in Parlamento dei movimenti di opposizione e soprattutto del Partito socialista che cominciava a raccogliere grande favore tra le masse popolari.

Nel 1882 il diritto di voto venne esteso a tutti gli uomini maggiorenni che fossero soggetti a imposte dirette per almeno 19,80 lire oppure che avessero superato l'esame di seconda elementare. In tal modo la percentuale degli elettori passò dall'1,9% del 1861 al 6,9%.

Nel 1912 il diritto fu esteso a tutti gli uomini, compresi gli analfabeti, che avessero compiuto i 30 anni e l'elettorato salì al 23%.

Nel 1919, infine, l'età per votare fu abbassata a 21 anni e l'elettorato salì al 27%.

Nel 1946 in occasione del referendum popolare con cui si chiedeva agli italiani se volevano avere una forma di governo monarchica o repubblicana, il diritto di voto venne esteso anche alle donne.

Che cosa si intende per Stato sociale?

→ **Lo Stato sociale**, detto anche *Stato del benessere* o *Welfare State* in inglese, si presenta come uno Stato democratico che si è dato come fine quello di promuovere lo sviluppo economico e sociale garantendo a tutti i cittadini, anche a quelli appartenenti alle fasce economiche più disagiate, un livello accettabile di benessere.

Questo modello di Stato cominciò a delinearsi nella prima metà del Novecento soprattutto nel Regno Unito e poi, via via, in altri Paesi come la Svezia, la Danimarca, la Francia e, più tardi, l'Italia.

> **Le linee tradizionali** lungo le quali si snodano gli interventi dello Stato sociale sono essenzialmente quattro.

- L'erogazione, da parte dello Stato, di quei servizi pubblici essenziali (come l'istruzione, la sanità, i trasporti) che hanno effetti positivi non solo per chi ne fruisce direttamente, ma per l'intera collettività. Non v'è dubbio, infatti, che sia vantaggioso per tutti vivere in un Paese culturalmente preparato, mediamente sano, dotato di una buona viabilità, di trasporti efficienti e così via.
- Le assicurazioni sociali: tutti, indipendentemente dal loro reddito, debbono essere garantiti contro i *grandi rischi* connessi al sopraggiungere della vecchiaia, all'insorgere di malattie, o a forme di invalidità. L'universalità delle prestazioni è un tratto caratteristico e irrinunciabile dello Stato sociale.
- Le politiche redistributive del reddito: queste vengono attuate in modo diretto dallo Stato attraverso l'erogazione di assegni di povertà, di invalidità, di disoccupazione. Si tratta di interventi non più assicurativo-previdenziali, come quelli considerati sopra, ma più propriamente assistenziali.
- La quarta direttrice, infine, è costituita da una politica fiscale fondata soprattutto sulla *progressività* delle aliquote e sulla *personalità* dell'imposta.
  - *Progressività* significa che l'aliquota deve diminuire al diminuire del reddito imponibile.

– *Personalità* significa che, a parità di reddito, versa meno imposte chi ha una condizione personale più disagiata dovuta, per esempio, alla presenza di familiari a carico o a problemi di natura sanitaria. In questo modo si attua una *redistribuzione* indiretta dei redditi: chi ha minore *capacità contributiva* paga meno imposte ma può usufruire dei servizi offerti dallo Stato nella stessa misura di chi ha maggiore reddito.

Benché oggi venga imputato, da alcuni settori politici ed economici, di causare una dispersione di risorse, lo Stato sociale è ancora il modello prevalente nei Paesi economicamente più avanzati.

7 Come avrebbe dovuto essere lo Stato comunista?

L'idea di una società di tipo comunista, variamente immaginata, ha radici piuttosto antiche. Ma quando oggi si parla di *comunismo*, generalmente ci si riferisce al progetto ricavabile dalle opere di due filosofi tedeschi vissuti nel corso dell'Ottocento: Karl Marx (1818-1883) e Friedrich Engels (1820-1895).
Per Marx (semplificandone al massimo il pensiero) lo sfruttamento a cui gli imprenditori privati sottoponevano i lavoratori sarebbe cessato solo trasferendo tutte le aziende allo Stato.

Poiché lo Stato non ha intenti speculativi, il prodotto ottenuto avrebbe potuto essere equamente distribuito tra i cittadini, consentendo a ciascuno di soddisfare i propri normali bisogni. Si sarebbe così formata una società più giusta, senza ricchi né poveri e senza più classi sociali in conflitto tra loro.

Ma così gli imprenditori avrebbero dovuto cedere tutte le loro aziende?

Poiché era prevedibile che la borghesia si sarebbe opposta con grande vigore a un simile progetto, Marx ed Engels ritenevano che in un primo momento sarebbe stato necessario l'uso della forza rivoluzionaria. Il proletariato avrebbe dovuto prendere saldamente in mano le redini dello Stato e solo quando l'opposizione borghese fosse stata battuta, sarebbe stato possibile procedere alla costruzione della società comunista, nella quale tutti gli esseri umani avrebbero vissuto liberi dal bisogno.

Storicamente l'ideale comunista ha ispirato la creazione di alcuni Stati. Citiamo, per tutti, l'**URSS** e la **Repubblica Popolare Cinese**. Ma né in questi Paesi, né in altri che volontariamente o forzatamente li hanno seguiti, si è andati oltre il primo stadio nella costruzione del comunismo. Ovunque, dopo aver costituito un forte Stato totalitario, il partito comunista non è stato in grado, o più semplicemente non ha voluto, procedere alla creazione di una società libera e autogestita.
Tra il 1989 e il 1992 l'URSS si è disgregata. Le Repubbliche che la componevano hanno riacquistato la loro autonomia e Mosca è tornata a essere soltanto la capitale della Russia (oggi "Federazione russa"). L'esperienza cinese, invece, resiste ancora, ma non è escluso che nei prossimi anni anche la Cina possa aprirsi al pluralismo politico e alla democrazia.

8 Quali sono stati i caratteri della dittatura fascista?

→ **Dittatura** significa accentramento dei poteri in un solo organo.

E poiché generalmente non tutti condividono tale accentramento, ogni dittatura, per conservare se stessa, tende innanzitutto a reprimere ogni forma di dissenso *eliminando le libertà democratiche*.

> **In Italia** la dittatura fascista si realizzò:

- concentrando la maggior parte del potere politico nella figura del Capo del Governo;
- ponendo fuori legge partiti politici e sindacati diversi dal partito e dal sindacato fascista;
- limitando la libertà di associazione e di manifestazione del pensiero;
- eliminando ogni forma di pluralismo.

Della dittatura fascista tratteremo nell'Unità 3, quando ci occuperemo della storia costituzionale del nostro Paese.

Il termine dittatura viene dal latino *dictare*, che significava dettare, dare ordini. Nella Roma repubblicana dittatore era il magistrato al quale, nei momenti di grave pericolo per lo Stato, il Senato delegava i pieni poteri civili e militari. La carica però durava solo sei mesi e il dittatore che desse segni di volerla prolungare rischiava la pena capitale.

9 Qual è la differenza tra Stato unitario, federale e regionale?

Prima di chiudere il tema del rapporto tra Stato e cittadini dobbiamo soffermarci brevemente a considerare il modo in cui sono generalmente strutturati gli Stati contemporanei.

Nel disegnare l'organizzazione di uno Stato, infatti, uno dei primi problemi da risolvere è se sia più conveniente:

- *concentrare* l'esercizio del potere sovrano in un apparato centrale (ricordiamo che "apparato" è un termine che in questo caso indica l'insieme degli organi a cui è affidato il potere politico);
- oppure prevedere la *coesistenza* di diversi apparati, ciascuno dotato di una propria limitata sovranità.

STATO
→ unitario
→ regionale
→ federale

La prima soluzione porta alla costruzione di uno **Stato unitario** caratterizzato dalla concentrazione delle maggiori funzioni pubbliche nel Parlamento e nel Governo.
La seconda soluzione porta alla costruzione di uno Stato federale.

Lo **Stato federale** è formato dall'unione di più Stati ciascuno dei quali conserva il proprio territorio, il proprio popolo e la propria sovranità. Ma tutti, sottoscrivendo un'unica Costituzione, delegano una parte della sovranità a un apparato centrale, detto Stato federale.

Di solito all'apparato federale vengono delegate le competenze in materia di politica estera, difesa del territorio, politica economica e monetaria. Tra i più importanti Stati federali ricordiamo gli USA, il Canada, l'Australia, la Svizzera, la Germania.
Una via intermedia tra Stato unitario e Stato federale è costituita dallo **Stato regionale**, nel quale una parte consistente del potere politico e amministrativo è assegnata alle Regioni.

Questo è il modello di Stato attualmente vigente in Italia e a esso dedicheremo particolare attenzione nell'Unità 6.

10 Quali sono le possibili forme di governo?

Nei Paragrafi precedenti ci siamo occupati dei diversi tipi di rapporto che possono stabilirsi tra l'apparato statale, a cui è demandato l'esercizio della sovranità, e i cittadini a esso subordinati.
Abbiamo così individuato alcune particolari forme di Stato: lo *Stato assoluto*, lo *Stato liberale*, lo *Stato liberal-democratico*.
Ora dobbiamo gettare uno sguardo all'interno dell'apparato statale per vedere a quali organi è generalmente attribuito l'esercizio del potere sovrano.

→ **Forma di governo** è l'espressione che indica il modo in cui il potere di comando *viene ripartito* tra organi diversi.

Tra le possibili forme di Governo una prima distinzione deve essere operata tra forma *monarchica* e *repubblicana*.

> **La forma monarchica** contempla, al vertice dello Stato, la figura del *re*.

> **La forma repubblicana** vi pone, invece, un *Presidente*.

Qual è la differenza tra un re e un Presidente?

La differenza, in linea generale, possiamo individuarla nel fatto che:

- il *Presidente* viene eletto (dal popolo o dal Parlamento) e rimane in carica solo per il tempo previsto dalla Costituzione;
- il *re* diventa tale per diritto dinastico e rimane sul trono per tutta la vita (salvo che venga deposto o decida di abdicare).

Qual è la differenza tra monarchia assoluta e monarchia parlamentare?

La forma di governo monarchica può assumere l'aspetto di monarchia assoluta, costituzionale o parlamentare.

> **La monarchia assoluta**, come abbiamo visto, è caratterizzata dalla concentrazione dei fondamentali poteri dello Stato (legislativo, esecutivo e giudiziario) nella figura del re.
Questa forma di governo, che era particolarmente diffusa nell'antichità, si andò generalmente trasformando, soprattutto per effetto delle rivoluzioni borghesi dell'Ottocento, in **monarchia costituzionale** (nella quale il re, benché soggetto a una *Costituzione*, conservava comunque un grande potere) e successivamente in *monarchia parlamentare*.

FORME DI GOVERNO
- → REPUBBLICA
- → MONARCHIA
  - → assoluta
  - → costituzionale
  - → parlamentare

> **La monarchia parlamentare** rappresenta lo stadio più evoluto di questa forma di governo. Il potere legislativo spetta al Parlamento e il potere esecutivo al Governo. Quest'ultimo viene nominato dal re, ma per governare deve avere la fiducia, cioè il voto favorevole, della maggioranza parlamentare. In questo tipo di ordinamento il re assume la funzione di rappresentante dell'unità nazionale e di garante delle istituzioni democratiche, ma non ha potere di comando o, quanto meno, lo ha in misura molto limitata.

Sconfinando

Forme di governo

In Europa la forma di governo monarchica è ancora presente in dieci Paesi: Regno Unito, Spagna, Paesi Bassi, Belgio, Danimarca, Norvegia, Svezia, Principato di Monaco, Lussemburgo, Lichtenstein.

Le monarchie assolute sono concentrate in prevalenza nell'area mediorientale e interessano i regni di Arabia Saudita, Bahrein, Oman, Qatar e gli Emirati Arabi Uniti.

L'ultimo imperatore presente al mondo siede sul trono del Giappone. Non ha poteri di Governo ma, in base alla Costituzione, è "simbolo dello Stato e dell'unità del popolo".

Repubblica parlamentare e presidenziale

Anche la forma di Governo repubblicana (come quella monarchica) può presentarsi con connotazioni diverse. Particolare importanza assumono oggi le esperienze di *repubblica parlamentare* e di *repubblica presidenziale*.

REPUBBLICA
→ parlamentare
→ presidenziale

> **Nella repubblica parlamentare** il Parlamento svolge un ruolo primario. Esso, oltre a esercitare la funzione legislativa, elegge il Presidente della Repubblica e opera uno stretto controllo sull'attività del Governo. Quest'ultimo può governare solo se ha la fiducia (cioè il consenso) della maggioranza del Parlamento ed è costretto a dimettersi se tale fiducia viene a mancare.

In questo sistema il Presidente assume la funzione di rappresentante dell'unità nazionale e di garante delle istituzioni democratiche. I suoi poteri sono molto simili a quelli che competono al re nelle monarchie parlamentari.

> **Nella repubblica presidenziale**, invece, il Presidente viene eletto direttamente dal popolo e assume un ruolo **centrale** nell'organizzazione dello Stato.

Che cosa significa esattamente "centrale"? Quali sono i suoi poteri?

Rispondere a questa domanda è pressoché impossibile perché non esiste un modello unico di *presidenzialismo*. Non potendo considerare tutte le diverse ipotesi che l'esperienza ci offre, ci limiteremo a considerare i tratti fondamentali del modello adottato negli Stati Uniti d'America, dal quale, peraltro, tutti gli altri discendono.

Nell'ordinamento statunitense, dunque:

- il Presidente è titolare del potere esecutivo ed è anche Capo dello Stato (in pratica riunisce in sé la carica di Capo dello Stato e di Capo del Governo);
- i ministri sono suoi stretti collaboratori e vengono da lui nominati e revocati.

Questi ampi poteri incontrano tuttavia dei limiti nella Costituzione, alle cui norme il Presidente deve attenersi, e nel Parlamento (negli USA chiamato *Congresso*), che è il custode del potere legislativo, cioè del potere di discutere e approvare le leggi.

Il Parlamento, inoltre, nei casi previsti dalle norme vigenti, può porre il Presidente sotto accusa e decretarne la rimozione.

Sconfinando

Gli ordinamenti costituzionali in alcuni Paesi europei

Austria È una repubblica federale. Il parlamento è bicamerale. I 64 membri della Camera alta (*Bundesrat*) rappresentano i singoli Stati. Il Presidente federale, che ha essenzialmente funzioni di rappresentanza e di controllo, nomina il Cancelliere federale che è il maggiore artefice e responsabile della politica nazionale.

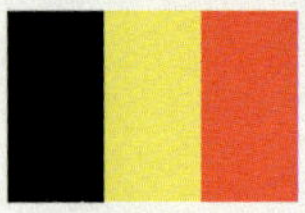

Belgio È uno Stato federale che si regge su un delicatissimo equilibrio tra le comunità Fiamminga e Vallona. La forma di governo è quella della monarchia parlamentare. Il Parlamento è bicamerale imperfetto e per tradizione i figli del sovrano siedono in Senato. Il re è Capo dello Stato. Il Governo è composto dal Primo Ministro, nominato dal re, e da 14 ministri (sette francofoni e sette fiamminghi).

Danimarca È una monarchia costituzionale. Il sovrano è formalmente titolare dei maggiori poteri ma in realtà la politica nazionale è guidata dal Primo Ministro che governa il Paese unitamente al Consiglio dei Ministri. Il Parlamento è monocamerale; può legiferare su qualsiasi materia e con voto di sfiducia può costringere il Governo alle dimissioni.

Francia È una repubblica semipresidenziale. Il Presidente della Repubblica ha notevoli poteri: nomina il Primo Ministro, presiede il Governo, comanda le forze armate, firma i trattati e ha rilevanti competenze in materia di politica estera e di politica di difesa. Il Primo Ministro dirige soprattutto la politica interna. Il Parlamento è di tipo bicamerale imperfetto.

Germania È una repubblica federale costituita da 16 *Länder* (regioni). Il Parlamento federale è bicamerale imperfetto (i componenti del *Bundestag* rappresentano i diversi *Länder*). Il Presidente ha funzioni analoghe a quelle del nostro Presidente della Repubblica, mentre la figura politicamente più importante è il *Bundeskanzler* (Cancelliere); questi è il Capo del Governo e come tale decide le linee guida della politica federale. Il Governo per governare deve avere la fiducia del *Bundestag*.

Grecia È una repubblica parlamentare. Il Parlamento, monocamerale, oltre a esercitare il potere legislativo, elegge il Presidente della Repubblica. Questi svolge soprattutto funzioni di rappresentanza e di controllo costituzionale. Il Primo Ministro è nominato dal Presidente della Repubblica e svolge un ruolo centrale nel processo politico. Può essere costretto alle dimissioni con voto di sfiducia del Parlamento.

Irlanda È una repubblica parlamentare. Il Parlamento è composto dalla Camera dei Rappresentanti e dal Senato. Quest'ultimo è formato da 60 membri: 11 nominati dal Primo Ministro, 6 eletti dalle Università nazionali e 43 in base ai risultati delle elezioni. La carica di capo del Governo viene normalmente affidata al leader del partito che ha vinto le elezioni politiche. Il governo (*Án Rialtas*) è costituzionalmente limitato a 15 membri.

Lussemburgo È una monarchia costituzionale nella quale i poteri del Granduca sono ormai prevalentemente formali. Il potere legislativo è esercitato dalla Camera dei Deputati mentre il potere esecutivo è esercitato dal Primo Ministro e dai ministri.

Paesi Bassi Costituiscono una monarchia parlamentare. Il sovrano ha un ruolo prevalentemente rappresentativo e il potere esecutivo è affidato al Governo, guidato dal Primo Ministro nominato dal sovrano. Il Parlamento è bicamerale.

Polonia È una repubblica semipresidenziale. Il Presidente della Repubblica viene eletto direttamente dai cittadini e condivide con il Governo alcune competenze come la difesa nazionale e la politica estera. Il Parlamento è formato da due Camere (*Sejm* e *Senat*) ed esercita il potere legislativo. Il Governo è composto da un Consiglio dei ministri e da un Presidente del Consiglio che vengono nominati dal Capo dello Stato.

Portogallo È una repubblica presidenziale. Il Presidente, eletto a suffragio universale con un mandato di cinque anni, dispone di ampi poteri e nomina il Primo Ministro che, ottenuta la fiducia del Parlamento, presiede un gabinetto composto da 15 membri. Il potere legislativo è esercitato da un Parlamento monocamerale.

Regno Unito È una monarchia parlamentare. Il monarca nomina il Primo Ministro il quale sceglie gli altri ministri che saranno posti a capo dei vari *dipartimenti* (ministeri). I ministri preposti ai dipartimenti più importanti formano il Gabinetto. Il Parlamento è composto dalla Camera dei Comuni e dalla Camera dei Lord.

Spagna Dopo la morte del dittatore Francisco Franco la Spagna è diventata una monarchia costituzionale (1975). Il Parlamento (*Cortes Generales*) è di tipo bicamerale imperfetto e può essere sciolto anticipatamente dal Capo del Governo. Questi viene nominato dal re dopo aver ottenuto la fiducia del *Congresso dei deputati*. Anche i ministri sono nominati (o esonerati dall'incarico) dal re su indicazione del capo del Governo.

Svezia È una monarchia costituzionale nella quale il sovrano ha funzioni prevalentemente rappresentative. I maggiori poteri sono esercitati dal Parlamento, che è monocamerale, e dal Governo, presieduto da un Primo Ministro.

MAPPA che cosa hai imparato

LOSAI?

In questa Lezione hai imparato a distinguere tra le forme di Stato (che riguardano il rapporto tra l'apparato statale e i cittadini o sudditi) e le forme di governo (che indicano il modo in cui è distribuito il potere sovrano). Partendo dalla nascita dello Stato moderno, hai percorso le tappe che hanno portato allo sviluppo delle diverse forme di Stato fino ad arrivare ai nostri giorni. Hai anche imparato che le principali forme di governo sono la monarchia e la repubblica, e che ciascuna di esse conosce diverse varianti.

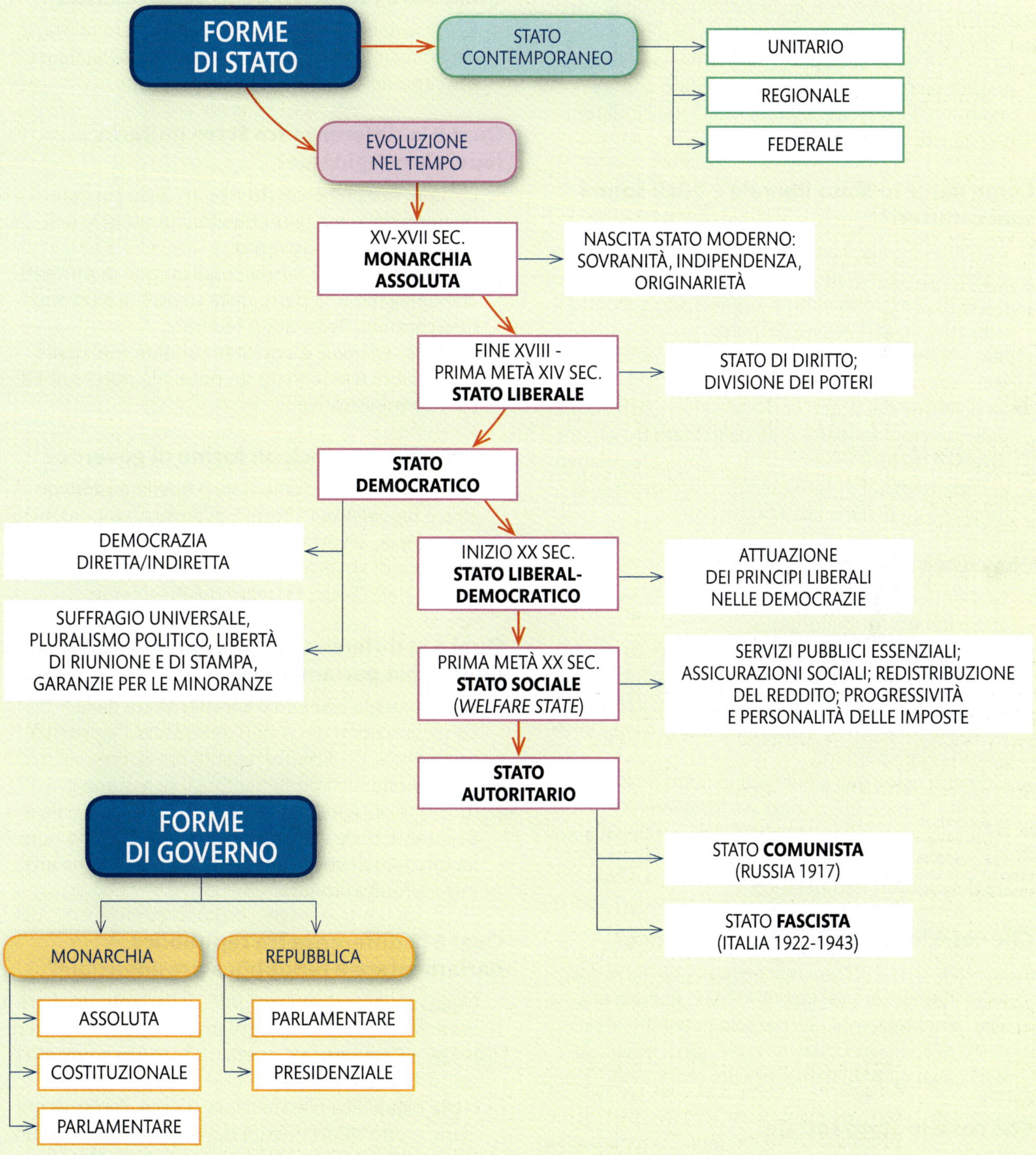

Lezione 6 riguardando gli appunti

Qual è la differenza tra forma di Stato e forma di governo?

- La *forma di Stato* indica il tipo di rapporto che si stabilisce tra l'apparato statale, che esercita la sovranità, e i cittadini (o i sudditi) a esso subordinati.
- La *forma di governo* indica il modo in cui, all'interno dello Stato apparato, è distribuito il potere sovrano.

Quando comincia a delinearsi lo Stato moderno?

- Lo *Stato moderno* comincia a delinearsi, in Europa, con il dissolversi dell'ordinamento feudale e con la nascita delle cosiddette monarchie assolute. È a partire da questo periodo che lo Stato comincia ad assumere i caratteri della sovranità, dell'indipendenza e dell'originarietà.

Come nasce lo Stato liberale e quali sono i suoi caratteri?

- Lo Stato liberale si afferma nel primo Ottocento e si presenta come uno *Stato di diritto*, nella maggior parte dei casi monarchico, organizzato secondo il principio della *divisione dei poteri*.
- Stato di diritto significa che tutti, compreso il re, sono soggetti alla legge.
- La divisione dei poteri consiste nella ripartizione delle funzioni fondamentali dello Stato tra organi diversi e tra loro indipendenti: il potere legislativo al Parlamento, il potere esecutivo al Governo, la funzione giudiziaria alla Magistratura.

Che cosa è la democrazia?

- La democrazia è un sistema nel quale la sovranità appartiene a tutto il popolo.
- Si ha democrazia *diretta* quando il popolo vota direttamente i più importanti provvedimenti relativi alla vita del Paese. Si ha democrazia *indiretta* o *rappresentativa* quando il popolo si limita a eleggere i propri rappresentanti.
- Elementi essenziali affinché uno Stato possa essere definito democratico sono: il suffragio universale, il pluralismo politico, la libertà di riunione, di associazione e di espressione del pensiero, l'accettazione del metodo democratico.

Che cos'è lo Stato liberal-democratico?

- Lo Stato liberal-democratico è un'evoluzione dello stato liberale. Ai suoi esordi, lo Stato liberale era scarsamente democratico e solo in seguito al processo di *democratizzazione* i principi di legalità, libertà, uguaglianza hanno trovato reale applicazione.

Che cos'è lo Stato sociale?

- Lo Stato sociale, detto anche *Stato del benessere* o *Welfare State*, si presenta come uno Stato democratico che si è dato come fine quello di promuovere lo sviluppo economico e sociale garantendo a tutti i cittadini uno standard minimo di benessere.

Che cos'è lo Stato comunista?

- È un modello di Stato nel quale non esiste più la divisione della società in classi né la proprietà privata. Gli strumenti della produzione, cioè le aziende, appartengono solo allo Stato.

Quali sono i caratteri dello Stato fascista?

- È un modello di Stato autoritario e nazionalista, in cui i massimi poteri sono concentrati nella figura del capo del Governo.

Qual è la differenza tra Stato unitario, federale e regionale?

- Lo *Stato unitario* è caratterizzato dalla concentrazione delle maggiori funzioni pubbliche nel Parlamento e nel Governo.
- Lo *Stato federale* è formato dall'unione di più Stati che delegano una parte della sovranità a un apparato centrale, detto Stato federale.
- Lo *Stato regionale* è uno Stato unitario nel quale alle Regioni è assegnato un notevole potere politico e amministrativo.

Quali sono le principali forme di governo?

- La distinzione fondamentale è quella tra *monarchia* e *repubblica*. La forma di governo monarchica contempla, al vertice dello Stato, la figura del re. La forma di governo repubblicana contempla, al vertice dello Stato, la figura del Presidente.

Qual è la differenza tra monarchia assoluta e monarchia parlamentare?

- La monarchia *assoluta* è caratterizzata dalla concentrazione dei poteri dello Stato (legislativo, esecutivo e giudiziario) nella figura del re.
- Nella monarchia *parlamentare* il re assume la funzione di rappresentante dell'unità nazionale e di garante delle istituzioni democratiche, ma non ha funzioni di governo o, quanto meno, le ha in misura molto limitata.

Qual è la differenza tra repubblica parlamentare e repubblica presidenziale?

- Nella *repubblica parlamentare*, il Parlamento, oltre a esercitare la funzione legislativa, elegge il Presidente della Repubblica e opera uno stretto controllo sull'attività del Governo.
- Nella *repubblica presidenziale*, invece, il Presidente viene eletto direttamente dal popolo e assume un ruolo centrale nell'organizzazione dello Stato.

verifica mettiti alla prova

1. Completa la mappa concettuale utilizzando le seguenti parole:

amministrativo ~ federale ~ Governo ~ regionale ~ unione ~ unitario.

STRUTTURA DEGLI STATI CONTEMPORANEI
- → GRAN PARTE DELLE FUNZIONI PUBBLICHE È CONCENTRATA NEL PARLAMENTO E NEL .... → STATO ....
- → PARTE DEL POTERE POLITICO E .... È CONFERITO ALLE REGIONI → STATO ....
- → FORMATO DALL' .... DI PIÙ STATI → STATO ....

2. Scegli la risposta corretta.

1 Lo Stato moderno inizia a delinearsi:
   a. con le prime monarchie assolute
   b. con la Rivoluzione francese
   c. con la Rivoluzione americana
   d. con le prime repubbliche

2 Lo Stato liberale nasce:
   a. dal superamento dell'assolutismo monarchico
   b. con la formazione degli Stati nazionali
   c. con la formazione delle prime repubbliche
   d. con la liberazione da poteri esterni

3 Stato di diritto significa:
   a. che le leggi dello Stato sono giuste
   b. che il diritto è posto dagli organi dello Stato
   c. che la vita sociale è regolata dal diritto
   d. che tutti i cittadini sono soggetti alla legge

4 Democrazia diretta significa:
   a. che i cittadini eleggono direttamente i loro rappresentanti
   b. che i cittadini si pronunciano direttamente sui provvedimenti da adottare
   c. che tutti possono esprimere liberamente il proprio pensiero
   d. che i parlamentari sono eletti direttamente dai cittadini

3. Rispondi alle seguenti domande.

A Che cos'è lo Stato sociale?
B Quando si può definire democratico uno Stato?
C Quali sono le differenze fra lo Stato unitario e quello federale?
D Quali sono le caratteristiche principali della repubblica parlamentare?

4. Barra con una crocetta la risposta che ritieni esatta e motiva il perché.

1 Per avere una democrazia è sufficiente che il popolo elegga i suoi rappresentanti. **SÌ NO**

perché? ....

2 Nella repubblica presidenziale il Parlamento elegge il Presidente. **SÌ NO**

perché? ....

3 Il termine "repubblica" indica una forma di Stato. **SÌ NO**

perché? ....

4 Anche una monarchia può essere democratica. **SÌ NO**

perché? ....

5 Lo Stato liberale ottocentesco era pienamente democratico. **SÌ NO**

perché? ....

5. Svela il crittogramma.

Sostituisci ogni numero con una lettera dell'alfabeto. A numero uguale corrisponde lettera uguale!

A	B	C	D	E	F	G	H	I	J	K	L	M	N	O	P	Q	R	S	T	U	V	W	X	Y	Z
											13	14			11				5						19

_	_	L	L	_		_	_	M	_	_	_	_	Z	_	_		_	L		P	_	T	_	_	_
17	2	13	13	23		1	2	14	9	8	16	23	19	12	23		12	13		11	9	5	2	16	2

_	P	P	_	_	T	_	_	_	_		_	L		P	_	P	_	L	_	.
23	11	11	23	16	5	12	2	17	2		23	13		11	9	11	9	13	9	

CLIL INTERRAIL Rights through Europe • Great Britain

IN THIS MODULE YOU WILL

Learn about the peculiarity of Britain's constitution.

Find out about the origins of *Magna Carta*.

Discuss with your classmates about the British constitutional monarchy.

Practice your English through oral and written exercises.

1. Reading

Read the text to learn something interesting about Britain's constitution.

CLIL INTERRAIL Rights through Europe • Great Britain

Britain's unwritten constitution

"**Unlike** most modern states, Britain does not have a **codified** constitution but an **unwritten** one.

For most people, especially abroad, the United Kingdom does not have a constitution at all in the sense most commonly used around the world – a document of fundamental importance **setting out** the structure of government and its relationship with its citizens. All modern states, **saving** only the UK, New Zealand and Israel, have adopted a documentary constitution of this kind, the first and most complete model being that of the United States of America in 1788.

However, in Britain we certainly say that we have a constitution, but we have what is known as an "unwritten constitution".

There is irony in the fact that the United Kingdom today does not have a written constitution, yet historically it has had a rich **heritage** of pioneering constitutional charters and documentation. **First and foremost** is Magna Charta (1215), the "Great Charter of the Liberties of England". This established the principle that our rulers, at that time the king, could not do whatever they liked, but were subject to the law. This simple concept **laid** the foundations for constitutional government and freedom under the law. **Insofar** as Magna Carta was the first great public act of the nation, it also established the direction of travel for our political system towards representative institutions and, much later, democracy itself".

Robert Blackburn, *Britain's unwritten constitution*

GLOSSARY

Unlike: different from
Codify: to organize and collect together rules into a code
Unwritten: not written or recorded
Set out: to establish
Saving: with the exception of
Heritage: patrimony, capital
First and foremost: more important than others
Lay: to build
Insofar: as far as

2. Questions

Answer the following questions about the British constitution.

a. Does Britain have a constitution?
b. Is Britain's constitution written in a document?
c. Which was the first country in the world to adopt a complete model of documentary constitution?
d. Which important principle was established by *Magna Carta* in 1215?
e. Can you name two other countries which have an unwritten constitution?

3. Pair work

The *Magna Carta* is one of the most important documents in the history of constitutional law. With the help of your classmate, try to find out something more about it and write a brief summary (max 20 lines). The summary should answer the following questions:

a. Why was *Magna Carta* created?
b. What does it say?
c. Is *Magna Carta* still important today?

For your research, we suggest you explore the British Library's website where you will find an interesting article with all the information you need as well as a very nice animation about Magna Carta. See: www.bl.uk/magna-carta/articles/magna-carta-an-introduction

4. Watch the video

Do you want to know more about the role of the King/Queen in British constitution? Watch the video!

5. Complete the sentences

In the following sentences some words are missing. On the basis of what you have learned in the video, try to fill the blanks. Use the words below.

limited • *empire* • *parliamentary* • *neutral* • *represents* • *Commonwealth*

a. Elizabeth II is a .... monarch.
b. The executive powers of the king/queen are .... by constitutional rules.
c. The monarch .... national unity.
d. The king/queen is the head of the ...., a multinational body created after the dissolution of the British ....
e. The monarch is politically ....

6. Open discussion

In your opinion, which is the best form of government? Parliamentary monarchy or republic? Discuss in class with your classmates and give reasons for your answers.

Unità 2 sei pronto per la verifica? in un'ora

1. Scegli la risposta corretta.

1 **Gli Stati si riservano, in via esclusiva, il monopolio della forza:**
a. per garantire la pace sociale al proprio interno
b. per impedire ad altri Stati di intervenire nei propri affari interni
c. per impedire rivoluzioni
d. per antica tradizione

2 **Il colpo di Stato è:**
a. il sovvertimento illegittimo dell'organizzazione costituzionale condotto da un organo dello Stato
b. il tentativo popolare di abbattere lo Stato
c. il tentativo di modificare con legge costituzionale le funzioni degli organi pubblici
d. un grande progetto di riforma avversato dalle opposizioni

3 **Stato di diritto significa:**
a. che la vita dei cittadini è regolata dal diritto
b. che solo lo Stato può porre regole di diritto
c. che il diritto dello Stato è composto solo da norme giuridiche
d. che anche le più alte cariche dello Stato devono rispettare le norme giuridiche

4 **Con l'espressione "Stato sociale" si intende uno Stato:**
a. che favorisce i rapporti sociali
b. in cui coesistono più gruppi sociali
c. in cui domina una sola classe sociale
d. che garantisce a tutti un livello accettabile di benessere

5 **Il territorio dello Stato comprende anche lo spazio aereo:**
a. fino a diecimila metri di altezza
b. fino a ventimila metri di altezza
c. fino al limite dell'atmosfera
d. senza alcun limite

6 **In una repubblica presidenziale:**
a. il Presidente viene eletto direttamente dal popolo
b. il Presidente viene eletto direttamente dal Parlamento
c. il Presidente viene nominato dal Governo
d. il Presidente viene scelto fra i membri più anziani del Parlamento

7 **Nel nostro Paese i diritti fondamentali della persona sono riconosciuti:**
a. solo ai cittadini
b. a tutte le persone
c. a tutte le persone purché regolarmente residenti
d. solo ai cittadini italiani e dell'Unione europea

8 **Le persone che a qualsiasi titolo si trovano sul territorio di uno Stato compongono:**
a. il popolo
b. la popolazione
c. la nazione
d. la gente

9 **La cittadinanza italiana si acquista in via prevalente:**
a. per diritto di suolo
b. per discendenza
c. per matrimonio
d. per decreto del Capo dello Stato

10 **L'acquisto per nascita della cittadinanza italiana avviene a condizione che:**
a. entrambi i genitori siano italiani
b. sia italiano il padre
c. sia italiano almeno uno dei genitori
d. la nascita si sia verificata sul territorio italiano

11 **Apolidi sono chiamati:**
a. coloro che non hanno la cittadinanza di alcuno Stato
b. tutti gli stranieri
c. gli stranieri di cui non si può individuare la provenienza
d. coloro che non rientrano in alcuna popolazione

12 **Può chiedere asilo in Italia:**
a. lo straniero a cui sia impedito nel suo Paese l'esercizio delle libertà democratiche
b. lo straniero che non abbia, nel suo Paese, la possibilità di raggiungere le condizioni vitali minime
c. lo straniero che non condivida la linea politica prevalente nel suo Paese
d. solo lo straniero proveniente da uno dei Paesi dell'Unione europea

13 **L'estradizione è il procedimento con cui:**
a. si mette fuori strada il magistrato che conduce le indagini
b. si espelle un cittadino dal proprio Paese
c. il cittadino straniero viene consegnato alle autorità del suo Paese su richiesta di queste
d. il cittadino straniero viene accolto nel nostro Paese

14 **Nel nostro Paese l'estradizione non è consentita:**
a. per i reati politici
b. per i reati comuni
c. per i delitti
d. per il reato di uxoricidio

2 punti per ogni risposta esatta

Punti: ..../28

ZTE

Punteggio massimo: 100 punti | Sufficienza: 60 punti

2. Collega le parole della colonna di sinistra con le corrispondenti espressioni.

1 Asilo
2 Terraferma
3 Territorio flottante
4 Dittatura
5 Apolide
6 Forma di governo
7 Suffragio universale
8 Sovranità

a. accentramento dei poteri in un solo organo
b. persona priva di ogni cittadinanza
c. può essere concesso a chi fugge da un Paese privo di libertà democratiche
d. consente a tutti i cittadini di votare ed essere eletti
e. parte solida del territorio
f. le navi e gli aerei
g. modo in cui è ripartito il potere tra gli organi di uno Stato
h. superiorità

2 punti per ogni risposta esatta
Punti: ....../16

3. Sai qual è la differenza tra...

Democrazia diretta	Democrazia indiretta ....
Repubblica parlamentare	Repubblica presidenziale ....
Sovranità	Indipendenza ....
Rivoluzione	Colpo di Stato ....

5 punti per ogni risposta esatta
Punti: ....../20

4. Rispondi alle seguenti domande.

A Qual è la differenza tra Stato comunità e Stato apparato?
B In quali casi l'Italia nega l'estradizione dello straniero?
C Quali sono le possibili forme di Governo?
D Qual è il carattere distintivo dello Stato sociale?

9 punti per ogni risposta esatta
Punti: ....../36

5. L'ESPERTO RISPONDE **Metti alla prova le tue competenze.**
Vorrei sapere se è possibile che uno Stato retto da una monarchia può essere più democratico di una repubblica.

Uguali davanti alla legge

La Costituzione e i suoi principi. L'ordinamento giuridico può essere raffigurato come una piramide. Di questa piramide, la Costituzione rappresenta sia la base, sia il vertice. A prima vista ciò può sembrare strano, ma in effetti la Costituzione è il fondamento del sistema giuridico e, nel contempo, è il suo punto più alto essendo la fonte di massimo grado. Gli assi portanti di questa piramide sono i principi costituzionali: un insieme di valori fondamentali che sorreggono l'intero edificio del diritto. Non è possibile stabilire quale principio sia più importante degli altri, ma senza dubbio uno dei cardini del sistema è il principio di uguaglianza. Ma in che senso i cittadini sono uguali davanti alla legge? ■

Uguaglianza e democrazia vanno di pari passo. Che senso avrebbero la sovranità popolare e il suffragio universale, se i voti di alcuni pesassero di più dei voti degli altri?

ImpaKPro, iStock.

"Tutti i cittadini sono uguali davanti alla legge". Purtroppo, questo principio subisce spesso delle violazioni: sai indicarne qualcuna, nel passato o nel presente?

Il principio di uguaglianza consiste nel trattare tutti nello stesso modo?

DrGrounds, iStock.

Come si fa a correre una gara equa, se i blocchi di partenza non sono allineati?

xavier gallego morell, Shutterstock.

Su un autobus IN ALABAMA.

L'ex presidente USA Barack Obama sul bus di Rosa Parks, oggi conservato in un museo.

È il 1° dicembre del 1955. La signora Rosa Parks, di professione sarta, sta tornando a casa in autobus dal lavoro, in Alabama. È molto stanca e vorrebbe sedersi, ma c'è un problema. I posti a sedere sono riservati ai bianchi e lei è afroamericana. Rosa decide di sedersi ugualmente. L'autista le ordina di alzarsi, ma lei rimane seduta. Rosa viene arrestata dalla polizia. La comunità afroamericana reagisce a questa ingiustizia dando vita a una delle più celebri campagne per i diritti civili della storia, guidata da Martin Luther King. Il caso di Rosa arriva fino alla Corte Suprema, che all'unanimità abolisce la segregazione razziale sui mezzi di trasporto pubblici perché contraria alla Costituzione. Da allora Rosa Parks è diventata un simbolo della lotta per l'uguaglianza di tutti i cittadini.

Uguali, ma come?

Il principio di uguaglianza si oppone alle discriminazioni, siano esse basate sull'origine etnica come nel caso di Rosa Parks, o su altre qualità personali. Uguaglianza, però, non sempre significa uguale trattamento.

Supponiamo che due amici si sfidino a una corsa automobilistica: vince chi percorrerà più chilometri in un'ora di tempo. Apparentemente i due amici sono trattati secondo uguaglianza, avendo entrambi a disposizione un'ora di tempo. Ma supponiamo che uno dei due abbia una Ferrari e l'altro un'utilitaria: è chiaro che la corsa si svolgerà in condizioni inique. Chi guida l'utilitaria non ha nessuna chance di vincere. Ciò dimostra che se le condizioni di partenza sono ìmpari, trattare tutti allo stesso modo non fa che ribadire le disuguaglianze. Ma allora che fare?

Le azioni positive

Può sembrare paradossale, ma in questi casi è proprio l'uguaglianza che richiede di operare delle discriminazioni: discriminazioni positive, che consentano a chi parte svantaggiato di recuperare terreno. Queste discriminazioni fatte in nome dell'uguaglianza si chiamano "azioni positive", e in molti Paesi sono previste a favore delle donne, delle minoranze etniche, dei disabili, e in genere dei gruppi che necessitano di un aiuto per emanciparsi dall'esclusione sociale, politica ed economica.

ATTIVITÀ

1. Per cominciare.

Osserva le fotografie della pagina accanto. In base a quello che hai imparato, sai rispondere alle domande contenute nelle didascalie?

2. Crea i collegamenti.

Considera ora le immagini come se fossero i fotogrammi di un'unica sequenza. Che cosa le tiene insieme? Quali sono i collegamenti fra l'una e l'altra?

Puoi procedere in questo modo:

- **osserva**: che cosa vedi nella prima fotografia?
- **interpreta**: perché quell'immagine rimanda al mondo del diritto?
- **crea i collegamenti**: quale può essere il legame tra la prima e la seconda fotografia? Che cosa aggiunge la seconda fotografia alla prima?
- Prosegui così per le immagini successive.

OSTILL, iStock.

UNITÀ 3
La Costituzione repubblicana

LEZIONE 7
Dallo Statuto alla Costituzione

COMPETENZE DI UNITÀ

COMPETENZE DI ASSE
- Riconoscere i valori fondamentali posti dalla Costituzione alla base della nostra convivenza sociale
- Riconoscere le scelte operate dal nostro Stato nei rapporti con la comunità internazionale
- Collocare l'esperienza personale nel tessuto sociale della comunità nel rispetto dei valori espressi dalla Costituzione

CONOSCENZE
- Conoscere il percorso storico, sociale e giuridico che ha portato alla promulgazione della Costituzione repubblicana
- Comprendere le scelte di valore contenute nei principi fondamentali della Costituzione
- Conoscere il contenuto dei diritti e dei doveri dei cittadini

ABILITÀ
- Saper riconoscere, in una situazione data, il profilo di un valore fondamentale costituzionalmente garantito
- Saper applicare la disciplina di un diritto costituzionale in una controversia con lo Stato

1 Quali trasformazioni ha operato lo Statuto albertino?

Abbiamo già chiarito, nella Lezione 6, che nella prima metà dell'Ottocento la borghesia riuscì, soprattutto con la forza rivoluzionaria, ad assumere un prevalente potere politico in quasi tutti i Paesi europei e a imporre ai monarchi il rispetto di una *Costituzione*.

> **La Costituzione**, lo ricordiamo, è la legge fondamentale dello Stato; la legge, cioè, che contiene le regole e i principi posti a fondamento dell'intero ordinamento giuridico.

Accettando di rispettare le norme di una Costituzione, i sovrani dell'Ottocento rinunciarono definitivamente al loro potere assoluto e consentirono la nascita dello *Stato di diritto*.

> **Lo Stato di diritto** è un modello di Stato nel quale tutti, compreso il re, sono soggetti alle legge.

Che cosa c'è scritto nelle Costituzioni?

Ogni Stato predispone la propria *legge fondamentale* in piena autonomia e vi scrive ciò che ritiene più importante. In tutte le Costituzioni moderne, tuttavia, sono presenti:

- norme che tutelano i fondamentali diritti dei cittadini;
- norme che regolano l'organizzazione e l'attività dei pubblici poteri.

Per quanto riguarda il nostro Paese, tralasciando le Costituzioni concesse e ritirate nel periodo risorgimentale, possiamo considerare come prima, vera Costituzione lo **Statuto albertino**, così chiamato perché concesso ai propri sudditi dal re di Piemonte Carlo Alberto di Savoia.

→ **Lo Statuto albertino**, emanato nel 1848, era una Costituzione che trasformava la monarchia sabauda da assoluta a costituzionale.

Venne chiamato "Statuto" (da *statuire*, stabilire) per sottolineare che era stato stabilito, cioè concesso unilateralmente dal re e non era stato imposto con la forza da un'assemblea popolare, come era accaduto nella Francia rivoluzionaria.

Dopo la proclamazione del Regno d'Italia, lo *Statuto* venne esteso a tutto il Paese e divenne la prima Costituzione dell'Italia unita.

Si può modificare la Costituzione di uno Stato?

In linea generale tutte le Costituzioni sono modificabili attraverso procedure più o meno complesse. In particolare sono chiamate:

- **flessibili** le Costituzioni le cui norme possono essere modificate o integrate con una semplice legge del Parlamento;
- **rigide** quelle le cui norme possono essere modificate o integrate dal Parlamento solo attraverso una procedura molto complessa.

Lo Statuto albertino era una Costituzione flessibile o rigida?

Lo Statuto era una Costituzione flessibile e come tale poteva essere modificato con una semplice legge del Parlamento. Questa caratteristica lo rese assai vulnerabile e durante il ventennio fascista fu agevole, per la maggioranza par-

lamentare composta da fascisti, modificarlo in modo da trasformare lo *Stato liberale* in uno *Stato totalitario*.
Per evitare che ciò potesse ripetersi in futuro e che qualsiasi maggioranza parlamentare potesse, con troppa semplicità, modificare le regole fondamentali dello Stato, è stato stabilito che la nostra Costituzione repubblicana sia una costituzione rigida.

ZOOM

Come erano ripartiti i poteri dello Stato nello Statuto albertino?

- Il **potere legislativo**, che consiste nel discutere e approvare le leggi, veniva affidato congiuntamente al Parlamento e al re, il cui consenso, detto sanzione, era indispensabile perché le leggi entrassero in vigore. Il Parlamento era composto da una Camera dei deputati elettiva e da un Senato nominato dal re.
- Il **potere esecutivo**, che consiste nel governare il Paese, spettava al re, il quale poteva nominare e revocare i suoi ministri. Ma ben presto prevalse la prassi secondo la quale il Governo non poteva rimanere in carica se non riceveva il voto favorevole del Parlamento.
- Il **potere giudiziario**, infine, che consiste nel giudicare la violazione delle leggi e applicare ai responsabili le previste sanzioni, era affidato a giudici nominati dal re.

2 Com'è iniziata e com'è finita la parentesi fascista?

Fascismo è un termine che prende ispirazione dai *fasci littori* dell'antica Roma, che erano fasci di verghe legati insieme con al centro una scure.
I *littori* (cioè i portatori di fasci) scortavano nelle cerimonie ufficiali i più alti magistrati romani.

Abbiamo visto, nella Lezione 6, come il generale passaggio dallo Stato liberale ottocentesco allo Stato liberal-democratico abbia subìto in Italia una battuta d'arresto a causa della dittatura fascista.

Le ragioni che hanno favorito nel nostro Paese l'iniziale fortuna del fascismo sono molte e complesse e noi qui possiamo delineare solo alcuni passaggi chiave.

Iniziamo osservando che la situazione economica italiana, già grave all'inizio del Novecento, era divenuta drammatica dopo la fine della Prima guerra mondiale. Molte fabbriche, che durante il conflitto avevano lavorato per l'esercito, chiudevano i battenti; i reduci non trovavano lavoro; il costo della vita aumentava; l'agricoltura era in crisi. Scioperi e manifestazioni di protesta si susseguivano con ritmo incalzante da nord a sud e sembrava che la rivoluzione socialista stesse per esplodere da un momento all'altro.

In questo scenario di grande confusione e di grande tensione sociale fece la sua comparsa, nel 1919, una nuova formazione politica, denominata **Fasci italiani di combattimento**, fondata a Milano da Benito Mussolini. Questa nuova formazione, che proclamava di voler riportare nel Paese l'ordine e la legalità, si impose rapidamente all'attenzione generale.

Il 28 ottobre 1922, certo di aver conquistato ormai il sostegno della borghesia e di un'ampia parte degli ambienti militari, Mussolini dette il via a una *marcia su Roma* di tutte le squadre fasciste. Doveva essere un tentativo di rivoluzione ma il re ordinò all'esercito di non opporre resistenza e i fascisti entrarono nella Capitale senza incontrare ostacoli.

Due giorni più tardi Vittorio Emanuele III conferiva a Mussolini l'incarico di formare un nuovo Governo.

Quali trasformazioni operò il Governo fascista?

Dopo essere stato nominato Capo del Governo e dopo aver ottenuto una schiacciante maggioranza di consensi nelle elezioni del 1924, Mussolini dette subito avvio al processo di trasformazione dello Stato italiano in *Stato dittatoriale* attraverso una serie di *regi decreti* e di *leggi* (dette *fascistissime*) i cui effetti possiamo così riassumere.

- **Soppressione delle libertà democratiche**: fu limitata la libertà di riunione, di associazione, di manifestazione del pensiero e la stampa fu assoggettata a censura.
- **Soppressione del pluralismo politico**: i partiti politici e i sindacati, diversi da quelli fascisti, vennero posti fuori legge. Nel 1924 una nuova legge elettorale consentì agli italiani di votare con un sì o con un no per una sola lista: quella fascista.
- **Soppressione della Camera dei deputati**: nel 1939, la Camera dei deputati venne sostituita con la cosiddetta *Camera dei fasci e delle corporazioni*, composta esclusivamente da fascisti, che non aveva più il compito di approvare le leggi ma solo quello di collaborare con il Governo alla formazione delle leggi.
- **Concentrazione dei massimi poteri nella persona del Capo del Governo**, responsabile del suo operato solo davanti al re.
- **Emanazione delle leggi razziali**: a partire dal settembre 1938, la *Gazzetta Ufficiale* pubblicò diversi decreti sulla "difesa della razza". Il programma di epurazione si indirizzò soprattutto contro gli ebrei, a partire dalle scuole e dalle Università. Quattromila docenti vennero allontanati dalle loro cattedre. Ai ragazzi di fede ebraica fu vietato di proseguire gli studi oltre la scuola dell'obbligo. I più grandi furono esentati dal servizio militare. I matrimoni misti vennero vietati.

Le elezioni del 1924 si svolsero correttamente?
In un circostanziato discorso alla Camera, il deputato socialista Giacomo Matteotti denunciò come le elezioni si fossero svolte in un clima di violenza e di intimidazione e come in talune sezioni elettorali la custodia delle urne contenenti le schede fosse stata affidata a uomini della milizia fascista. Dieci giorni dopo Matteotti fu assassinato.

Come si concluse l'esperienza fascista?

- **Il 10 giugno 1940** Mussolini aveva trascinato l'Italia in guerra.
- **Il 10 luglio 1943** un primo contingente di truppe anglo-americane sbarcava in Sicilia. La guerra per l'Italia era praticamente perduta.
- **La notte del 24 luglio** si riunì il *Gran consiglio del fascismo* che votò la sfiducia al Capo del Governo. La mattina successiva (il **25 luglio**) il re fece arrestare Mussolini e affidò il Governo al maresciallo Badoglio.
- **L'8 settembre** venne ufficialmente annunciato che l'Italia aveva sottoscritto un armistizio con gli anglo-americani. E la sera stessa il re e i suoi ministri lasciarono in gran fretta Roma e si rifugiarono a Brindisi, nel territorio già occupato dalle truppe alleate. L'esercito e il Paese furono abbandonati a se stessi.

Con la fuga del re l'Italia rimase divisa in due parti.

Il centro-nord era occupato dai Tedeschi che nel frattempo avevano liberato Mussolini e avevano favorito la formazione della *Repubblica sociale italiana*, con capitale a Salò.

Il sud era occupato dagli anglo-americani che, insieme ad alcuni reparti superstiti dell'esercito italiano, faticosamente tentavano di risalire la penisola.

Sul territorio controllato dalle truppe naziste si accendeva intanto la lotta partigiana. A guidarla erano gli esponenti dei vecchi partiti politici che, posti fuori legge dal fascismo, si erano ricostituiti nella clandestinità e si erano poi riuniti nei *Comitati di liberazione nazionale* (CLN).

- **Il 25 aprile 1945** l'Italia venne definitivamente liberata dall'occupazione tedesca.
- **Il 16 marzo 1946** il Governo provvisorio, formato dai massimi esponenti del CLN, decise di affidare al popolo la scelta tra monarchia e repubblica, mediante l'indizione di un *referendum*, detto *istituzionale* perché avrebbe determinato la forma di Governo da dare all'Italia.
  Al *referendum istituzionale*, per la prima volta nella storia del nostro Paese, poterono votare anche le donne.
- **Il 2 giugno 1946** il popolo italiano scelse la Repubblica, anche se con uno scarto di soli due milioni di voti.

LE DATE DA RICORDARE

10 giugno 1940	**10 luglio 1943**	**25 luglio 1943**	**8 settembre 1943**	**25 aprile 1945**	**2 giugno 1946**	**1 gennaio 1948**
l'Italia entra in guerra	le truppe alleate sbarcano in Sicilia	Mussolini viene arrestato	viene firmato l'armistizio	l'Italia viene liberata dall'occupazione tedesca	si tiene il referendum istituzionale	entra in vigore la Costituzione repubblicana

3 Com'è nata la nuova Carta costituzionale?

Il 2 giugno del 1946 agli elettori erano state consegnate due schede. Una serviva per operare la scelta tra monarchia e repubblica. L'altra serviva per eleggere i deputati che, riuniti in **Assemblea costituente**, avrebbero redatto una nuova Carta costituzionale.

Questa seconda scelta non era meno importante della prima. Occorre considerare, infatti, che nella vita di uno Stato ciò che più conta non è la presenza o l'assenza di un re. Al mondo ci sono regimi oppressivi che hanno al loro vertice un *Presidente della Repubblica* e ci sono antiche democrazie, come il Regno Unito, la Svezia, la Norvegia, che hanno conservato l'istituto *monarchico*.

Ciò che realmente conta, nella connotazione di uno Stato, è il modo in cui la Costituzione organizza l'esercizio dei poteri pubblici e tutela i diritti fondamentali dei cittadini. È la Costituzione che disegna uno Stato più o meno democratico, più o meno accentrato, più o meno garantista, più o meno sensibile alle istanze sociali. Eleggendo i membri dell'Assemblea costituente, il popolo italiano sceglieva le persone alle quali avrebbe affidato il proprio futuro; gli architetti ai quali avrebbe demandato il progetto di una *nuova casa comune*.

L'Assemblea, eletta il 2 giugno e composta da 556 membri, lavorò per 19 mesi.

La nuova Costituzione italiana venne definitivamente approvata il 22 dicembre 1947, in pieno periodo natalizio.

Il 27 dicembre fu promulgata e pubblicata su una edizione straordinaria della *Gazzetta Ufficiale*.

Il giorno di capodanno del 1948 entrò ufficialmente in vigore.

Come si presenta la nostra Costituzione?

La nostra Costituzione è, innanzitutto, una Costituzione *rigida*. Questo non significa che non può essere cambiata, ma che può essere cambiata solo con la complessa procedura prevista dall'art. 138 della Costituzione stessa e della quale ci occuperemo più avanti.

> **Strutturalmente** la Costituzione:

- si apre con l'enunciazione dei **Principi fondamentali** che ne costituiscono la premessa;
- prosegue con una prima parte nella quale sono fissati i principali **diritti e doveri dei cittadini**;
- termina con una seconda parte nella quale è delineato l'**ordinamento della Repubblica**, cioè il funzionamento dei principali organi dello Stato.

La Costituzione reca in calce XVIII **disposizioni transitorie e finali** che erano state poste per regolare alcune questioni legate al trapasso dal vecchio al nuovo ordinamento. Attualmente rimangono in vigore solo la XII, che vieta la ricostituzione del partito fascista, e parte della XIII, che stabilisce il passaggio allo Stato italiano dei beni di casa Savoia.

ZOOM

Sono preferibili le Costituzioni flessibili o le Costituzioni rigide?

La flessibilità è una caratteristica tipica delle Costituzioni ottocentesche.

Essa consentiva al gruppo politicamente dominante (in quel tempo la grande borghesia) di modificare la legge fondamentale dello Stato se ciò si fosse reso necessario per tutelare meglio i propri interessi.

Le Costituzioni rigide compaiono, invece, nel Novecento. Essendo il frutto di una complessa mediazione tra forze politiche diverse, è interesse comune evitare che le regole concordate possano essere cambiate sulla base di una semplice maggioranza parlamentare. Appare a tutti più ragionevole che, se delle modifiche si rendono necessarie, debba esserci su esse la più ampia convergenza delle forze politiche e sociali del Paese.

MAPPA che cosa hai imparato

LOSAI?

In questa Lezione hai approfondito il ruolo della Costituzione, il documento che contiene le regole e i principi fondamentali dell'ordinamento. Hai seguìto l'evoluzione storica che ha portato dallo Statuto albertino del 1848 alla Costituzione repubblicana del 1948, e hai imparato la differenza fra Costituzione flessibile (come lo Statuto albertino) e rigida (come la Costituzione del 1948). Hai ripercorso la parabola del regime fascista, che soppresse molte libertà e garanzie costituzionali, e le fasi che hanno portato alla nascita della Repubblica italiana: dal referendum del 1946 ai lavori dell'Assemblea costituente, all'avvento della Costituzione repubblicana del 1948.

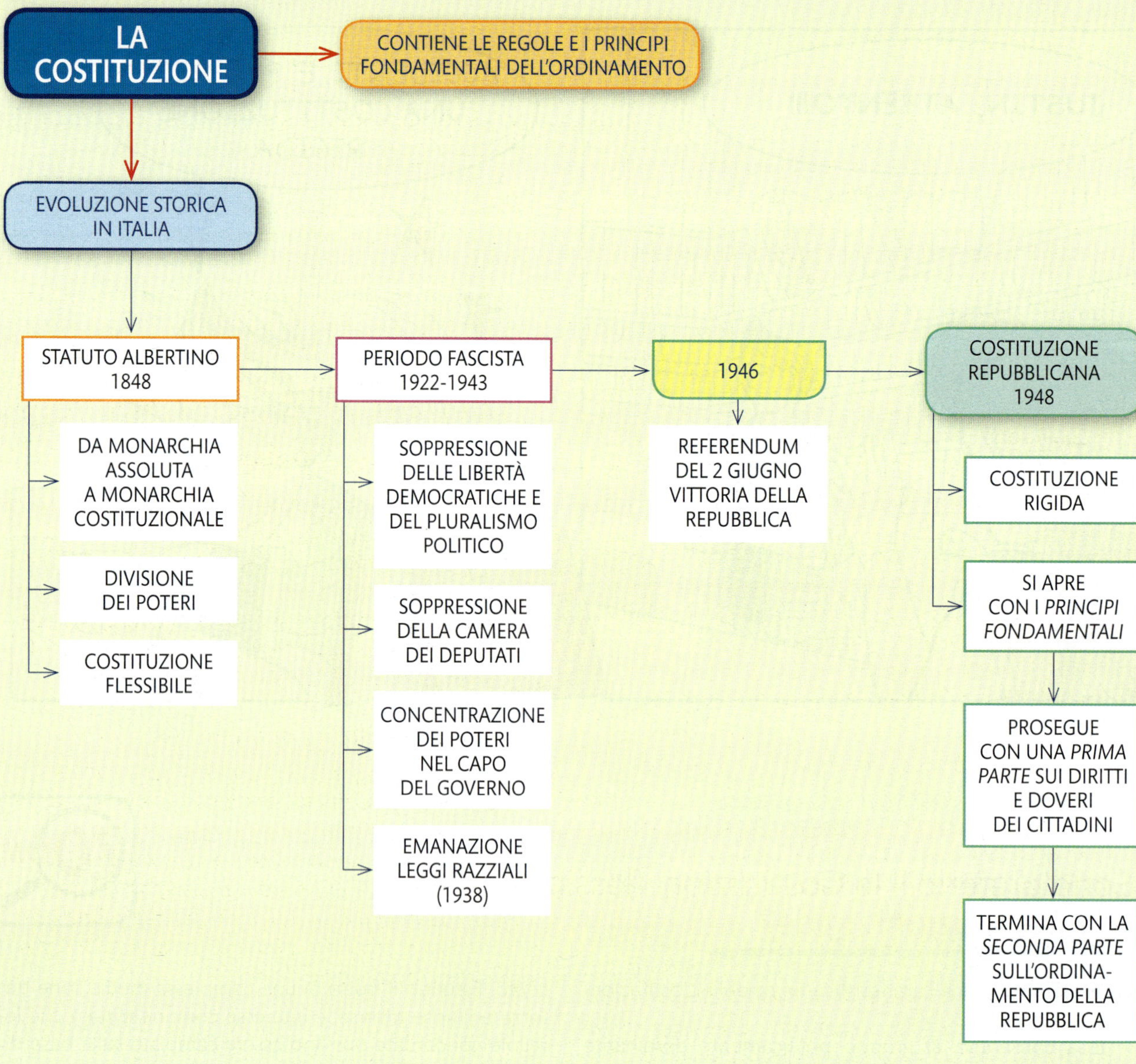

Lezione 7 riguardando gli appunti

Che cos'è la Costituzione?

- La Costituzione è la legge *fondamentale* dello Stato, cioè contiene le regole e i principi posti a fondamento dell'intero ordinamento giuridico.
- Le Costituzioni solitamente contengono norme che tutelano i diritti fondamentali dei cittadini e norme che regolano l'organizzazione e l'attività dei pubblici poteri.

Che cosa si intende per Stato di diritto?

- Lo Stato di diritto è un modello di Stato nel quale tutti, compreso il re, sono soggetti alle leggi.

Quando è stata introdotta in Italia la prima Costituzione?

- Il *4 marzo 1848*, il re di Piemonte Carlo Alberto di Savoia concesse ai propri sudditi uno Statuto che trasformava la monarchia sabauda da assoluta in costituzionale. Dopo la proclamazione del Regno d'Italia lo *Statuto albertino* venne esteso a tutta la penisola e divenne la prima Carta costituzionale italiana.
- Lo Statuto albertino assegnava al Parlamento il potere legislativo, al re (formalmente) il potere esecutivo, e alla Magistratura il potere giudiziario.

Che cosa significa Costituzione flessibile e Costituzione rigida?

- *Flessibili* sono le Costituzioni le cui norme possono essere modificate o integrate con una semplice legge del Parlamento. Lo Statuto albertino era una Costituzione flessibile.
- *Rigide* sono le Costituzioni le cui norme possono essere modificate o integrate dal Parlamento solo attraverso una procedura molto complessa. L'attuale Costituzione italiana è rigida.

Come avvenne l'instaurazione del regime fascista?

- Nel 1919 Benito Mussolini fondò a Milano i *Fasci italiani di combattimento.*
- Il 28 ottobre 1922, dopo una *marcia su Roma* di tutte le squadre fasciste, il re Vittorio Emanuele III conferì a Mussolini l'incarico di formare un nuovo Governo.
- Negli anni successivi lo Stato liberale italiano venne trasformato in Stato dittatoriale mediante l'emanazione di una serie di *regi decreti* e di *leggi* (dette *fascistissime*) che disponevano la soppressione delle libertà democratiche e del pluralismo politico.
- Nel 1938 iniziarono a essere emanate le leggi razziali.
- Nel 1939 la Camera dei deputati venne sostituita con una cosiddetta *Camera dei fasci e delle corporazioni*, che aveva il compito di collaborare con il Governo alla formazione delle leggi.
- I massimi poteri dello Stato vennero concentrati nella figura del Capo del Governo.

Come si concluse l'esperienza fascista?

- La notte del 24 luglio 1943, nel disastro di una guerra ormai perduta, il Gran consiglio del fascismo votò la sfiducia al Capo del Governo.
- La mattina successiva (25 luglio) Mussolini venne arrestato e il Governo fu affidato al maresciallo Badoglio.
- L'8 settembre 1943 fu annunciato che l'Italia aveva sottoscritto un armistizio con gli anglo-americani.
- Il re e i suoi ministri scapparono da Roma lasciando senza guida l'intero Paese.
- Sul territorio controllato dalle truppe naziste si accese la lotta partigiana guidata dagli esponenti dei partiti politici riuniti nei comitati di liberazione nazionale (CLN).
- Il 25 aprile 1945 l'Italia venne definitivamente liberata dall'occupazione tedesca.
- Il 2 giugno 1946 il popolo italiano fu chiamato a scegliere tra monarchia e repubblica.
- La scelta repubblicana vinse per due milioni di voti.

Com'è nata la nuova Costituzione?

- Il 2 giugno 1946 gli italiani votarono anche per l'elezione dei deputati che, riuniti in Assemblea costituente, avrebbero redatto una nuova Carta costituzionale.
- La nuova Costituzione venne definitivamente approvata dall'Assemblea il 22 dicembre 1947, e il 1° gennaio 1948 entrò ufficialmente in vigore.

Come si presenta la Costituzione?

- Strutturalmente, la Costituzione si apre con l'enunciazione dei *Principi fondamentali*, che ne costituiscono la premessa.
- Prosegue con una prima parte nella quale sono fissati i principali *diritti e doveri dei cittadini.*
- Nella seconda e ultima parte è delineato l'*ordinamento della Repubblica*, cioè il funzionamento dei principali organi dello Stato.

verifica | mettiti alla prova

1. Completa la mappa concettuale utilizzando le seguenti parole:

1948 ~ 1848 ~ flessibile ~ rigida.

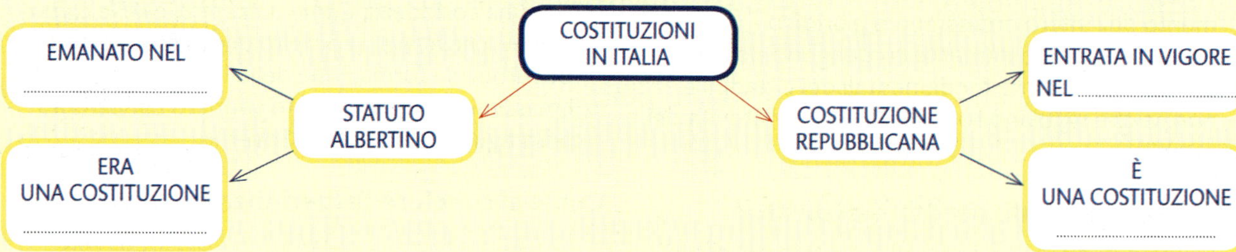

2. Scegli la risposta corretta.

1 La Costituzione repubblicana è entrata in vigore il primo gennaio del:
- a. 1847
- b. 1947
- c. 1948
- d. 1968

2 L'8 settembre 1943:
- a. venne annunciato l'armistizio
- b. venne arrestato Mussolini
- c. venne liberata Roma
- d. venne firmata la pace

3 Il 25 aprile 1945:
- a. il re e il suo Governo abbandonarono Roma
- b. l'Italia venne liberata dall'occupazione tedesca
- c. venne approvata la Costituzione repubblicana
- d. venne costituito un Governo provvisorio

4 Il 2 giugno viene celebrata la "festa della Repubblica" perché:
- a. il re andò in esilio
- b. entrò in vigore la Costituzione repubblicana
- c. si tenne il referendum per la scelta tra monarchia e repubblica
- d. ebbe termine la Seconda guerra mondiale

3. Rispondi alle seguenti domande.

A Che cos'è la Costituzione?

B Qual è la differenza fra Costituzione rigida e flessibile?

C Che cosa vuol dire "stato di diritto?"

D Quali trasformazioni attuò il governo fascista?

4. Barra con una crocetta la risposta che ritieni esatta e motiva il perché.

1 La Costituzione italiana è flessibile. SÌ NO

perché? ....

2 Si possono modificare solo le Costituzioni flessibili. SÌ NO

perché? ....

3 La Costituzione italiana è entrata in vigore nel 1947. SÌ NO

perché? ....

4 Lo Statuto albertino era una Costituzione rigida. SÌ NO

perché? ....

5 Il 2 giugno 1946 l'Italia venne definitivamente liberata dall'occupazione tedesca. SÌ NO

perché? ....

5. Svela il crittogramma.

Sostituisci ogni numero con una lettera dell'alfabeto. A numero uguale corrisponde lettera uguale!

A	B	C	D	E	F	G	H	I	J	K	L	M	N	O	P	Q	R	S	T	U	V	W	X	Y	Z
					6	13					26						2	23	17						

__ L (1 26) 2 G __ __ G __ __ (13 1 25 13 18 21) 1946 __ L (1 26) __ __ __ __ L __ (10 21 10 21 26 21)

__ T __ L __ __ __ __ (1 17 8 26 1 8 18 21) S __ __ L S __ (23 7 5 26 23 5) L __ (26 8) R __ __ __ __ __ L __ __ __ (2 5 10 25 22 22 26 1 7 8).

UNITÀ 3
La Costituzione repubblicana

LEZIONE 8

I principi fondamentali

1 L'importanza della scelta repubblicana, democratica e lavorista

La Costituzione italiana si apre con una norma che è quasi un biglietto da visita del nostro Stato.

> Art. 1

"L'Italia è una Repubblica democratica, fondata sul lavoro.
La sovranità appartiene al popolo, che la esercita nelle forme e nei limiti della Costituzione."

Vediamo che cosa vuol dire tutto ciò:

- *Repubblica* è un termine che indica un tipo di organizzazione nel quale il *Capo dello Stato* esercita i suoi poteri per delega del popolo e, soprattutto, per un tempo determinato;
- *democratica* significa che tutto il popolo partecipa alle scelte politiche. In che modo vi partecipa? Come precisa l'art. 1, vi partecipa nelle *forme e nei limiti indicati dalla Costituzione* e cioè, come vedremo meglio più avanti, eleggendo i propri rappresentanti, presentando al Parlamento proposte di legge di iniziativa popolare, promuovendo referendum e così via;

La Costituzione esclude in modo assoluto la possibilità di un ritorno per via legale al sistema monarchico. **L'art. 139 Cost.**, infatti, tassativamente stabilisce che: *"la forma repubblicana non può essere oggetto di revisione costituzionale".*

- *fondata sul lavoro* è un'espressione sulla quale spesso si ironizza. Ma a torto. Con essa, infatti, i costituenti hanno voluto sottolineare come la Repubblica abbia compiuto un salto di qualità rispetto al vecchio Stato monarchico-liberale che poneva i titoli di sangue e la ricchezza a fondamento del sistema politico e sociale. Con l'introduzione del **principio lavorista** nella Carta costituzionale si è voluto annunciare la nascita di un nuovo modello di Stato che avrà riguardo per la persona umana senza più distinzione di nascita o di censo.

2 Come vengono riconosciuti i diritti inviolabili?

I diritti inviolabili non vengono riconosciuti solo ai cittadini italiani, ma a qualsiasi persona che si trovi sul nostro territorio compreso chi, per ipotesi, vi si fosse introdotto illegalmente.

Dopo aver stabilito quali sono i caratteri fondamentali dello Stato italiano, la Costituzione pone una norma importantissima per la tutela delle nostre libertà.

> Art. 2

"La Repubblica riconosce e garantisce i *diritti inviolabili dell'uomo*, sia come singolo sia nelle formazioni sociali ove si svolge la sua personalità [...]."

Per capire la grande importanza di questa disposizione dobbiamo considerare che, in linea generale, i diritti di cui tutti noi godiamo ci vengono attribuiti dallo Stato attraverso l'emanazione di norme giuridiche. Tuttavia, secondo un principio ormai ampiamente condiviso dalla cultura giuridica, ci sono diritti che non hanno bisogno di essere attribuiti dallo Stato perché nascono con l'uomo e per tale ragione sono da considerare **inviolabili**.

Rientrano tra i diritti inviolabili riconosciuti e tutelati dalla Costituzione: il diritto alla vita; il diritto alla libertà personale; il diritto di associazione, di religione, di manifestazione del pensiero; i diritti politici e altri importantissimi diritti.

L'art. 2 della Costituzione, accogliendo in pieno tale principio, impone agli organi della nostra Repubblica di **riconoscere** l'esistenza di questi diritti e di garantirne il rispetto da parte di tutti.
La norma precisa, infine, che i diritti inviolabili sono riconosciuti alle persone sia come singole sia nelle **formazioni sociali**. Ciò significa che la Costituzione considera fondamentale, per il pieno sviluppo della persona umana, anche la possibilità di riunirsi in formazioni, cioè in gruppi sociali organizzati, come la famiglia, le associazioni, i comitati, i partiti politici, i sindacati, e così via.

ZOOM

Nuove norme costituzionali potrebbero eliminare quelle che riconoscono i nostri diritti inviolabili?

La risposta è assolutamente negativa. Secondo la maggior parte della dottrina, l'aggettivo inviolabile deve essere inteso come **immodificabile**.

Del resto, proviamo a immaginare che una nuova legge costituzionale pretenda di eliminare la pluralità dei partiti, di abolire il diritto di sciopero, di svuotare di contenuto le libertà personali, di creare ostacoli alla libertà religiosa. Una simile legge non modificherebbe solo alcune norme costituzionali, ma farebbe crollare tutto il nostro sistema democratico e ci proietterebbe di colpo in una sorta di medioevo giuridico.

Possiamo allora capire perché la dottrina ritenga che una norma costituzionale che violi i diritti fondamentali del cittadino non costituisca una semplice revisione della Costituzione, ma piuttosto uno stravolgimento del tipo di Stato disegnato dalla Costituzione e un sovvertimento del sistema democratico.

3 Com'è garantito il principio di uguaglianza?

La terza norma della Costituzione pone un altro pilastro nel nostro sistema giuridico. Essa contiene il riconoscimento del **principio di uguaglianza**.

> Art. 3

"Tutti i cittadini hanno pari dignità sociale e sono *eguali davanti alla legge* senza distinzione di sesso, di razza, di lingua, di religione, di opinioni politiche, di condizioni personali e sociali.
È compito della Repubblica rimuovere gli ostacoli di ordine economico e sociale, che, limitando di fatto la libertà e l'eguaglianza dei cittadini, impediscono il pieno sviluppo della persona umana [...]."

- **Il primo comma** stabilisce che le leggi non debbono operare discriminazioni tra i cittadini accordando ad alcuni ingiustificati privilegi e gravando altri di ingiustificati oneri. Né possono privare alcune categorie di persone di diritti che invece sono riconosciuti ad altre. Ciò comporta l'incostituzionalità di qualsiasi legge ordinaria che operi in senso contrario.
  Tuttavia, il fatto che *formalmente* la legge non possa operare discriminazioni non garantisce che *sostanzialmente* tali discriminazioni non vi siano.
  Per esempio, *formalmente* tutti abbiamo diritto di frequentare l'Università o di rivolgerci a un giudice con l'assistenza di un bravo avvocato. Ma se non abbiamo denaro sufficiente per pagare l'iscrizione all'Università o la parcella dell'avvocato, questi diritti è come se non li avessimo.
  Le differenti condizioni personali e sociali determinano, in sostanza, una *discriminazione di fatto* tra chi ha i mezzi necessari per godere dei propri diritti e chi non li ha.
  Che fare? Come attenuare queste differenze? Come attuare una *uguaglianza sostanziale* dei cittadini davanti alla legge?
- **Il secondo comma** interviene imponendo agli organi della Repubblica di operare affinché siano rimossi gli ostacoli di ordine economico e sociale che impediscono alle persone di godere pienamente dei propri diritti.
  Viene così affermato al più alto livello il principio di *uguaglianza sostanziale*.
  Danno attuazione a questo principio costituzionale, per esempio, le norme che:
  - consentono agli studenti universitari le cui famiglie hanno un basso reddito di pagare minori tasse;
  - consentono, a chi non ha sufficienti mezzi economici, di essere difeso in un processo a spese dello Stato;
  - consentono, a chi ha un basso reddito, di pagare imposte minori rispetto a chi ha un alto reddito;
  - dispongono, nelle assunzioni al lavoro, quote di riserva in favore delle persone diversamente abili;
  - organizzano il sistema sanitario nazionale in modo che tutti possano essere curati allo stesso modo nelle strutture pubbliche, indipendentemente dal reddito di ciascuno.

Perché si sostiene che libertà ed eguaglianza non sempre sono conciliabili?

ZOOM

Libertà e uguaglianza sono il fondamento di ogni democrazia. Ciò non di meno questi due principi, tanto spesso accostati, presentano caratteri del tutto contrapposti.

Il massimo grado di libertà, soprattutto nei rapporti economici e sociali, favorisce i soggetti più forti e più ricchi, generando il massimo della disuguaglianza.

Ma, per altro verso, il massimo grado di uguaglianza, ponendo tutti forzatamente sullo stesso piano, avvilisce ogni libertà.

Non v'è dubbio, allora, che il legislatore debba, con molta oculatezza, operare sempre una giusta mediazione per evitare che il prevalere dell'uno o dell'altro principio determini situazioni sociali insostenibili.

4 Che cosa significa "diritto al lavoro"?

> Art. 4

"La Repubblica riconosce a tutti i cittadini *il diritto al lavoro* e promuove le condizioni che rendano effettivo questo diritto [...]."

Se lavorare è un diritto, ogni disoccupato potrebbe rivolgersi al giudice e pretendere che gli sia trovato un lavoro!

Certamente non può essere così. L'espressione *diritto al lavoro* non va intesa in senso giuridico ma solo come vigorosa sottolineatura dell'importanza che la Costituzione attribuisce al lavoro quale strumento per la realizzazione dell'individuo.

In un sistema a economia di mercato, sono principalmente le imprese a creare occupazione. E la creano se la domanda di beni e di servizi da parte dei consumatori è elevata talché esse sono indotte ad aumentare la produzione e, di conseguenza, ad assumere nuovi dipendenti. Ma se il livello dei consumi è basso e la produzione ristagna, nessun giudice potrà imporre loro di assumere più lavoratori dipendenti di quanti abbiano bisogno.

Il senso della norma costituzionale, allora, si capisce meglio prestando attenzione all'ultima frase "*La Repubblica ... promuove le condizioni che rendano effettivo questo diritto*". Ciò significa che la Costituzione impegna gli organi dello Stato a promuovere (cioè assumere) ogni iniziativa utile a stimolare gli investimenti e con essi l'espansione della produzione e dell'occupazione.

Ma come può operare lo Stato in questa direzione? Può farlo, per esempio:

- potenziando le infrastrutture necessarie allo sviluppo produttivo;
- tenendo basso il costo del denaro in modo che sia meno dispendioso per gli imprenditori operare nuovi investimenti;
- riducendo la pressione fiscale sulle imprese che assumono nuovo personale; e così via.

Si tratta di interventi di politica economica che gli Stati contemporanei attuano ormai abitualmente ma che nel nostro Paese incontrano un grosso limite costituito dalla impossibilità di dilatare troppo la spesa pubblica. Questa infatti può essere coperta solo aumentando il prelievo fiscale o il debito pubblico e entrambi, in Italia, sono già a un livello nettamente superiore a quello delle madia europea.

5 Come è resa indivisibile la Repubblica?

Potrebbe accadere che spinte secessioniste provochino una frantumazione del nostro Paese, magari attraverso un referendum?

La Costituzione esclude categoricamente questa ipotesi.

> Art. 5
"*La Repubblica, una e indivisibile*, riconosce e promuove le autonomie locali [...]."

La norma, dunque, è inequivocabile: *La Repubblica è una e indivisibile*. Di seguito, tuttavia, aggiunge che essa riconosce e promuove le **autonomie locali**. Con l'espressione **autonomie locali** si indicano essenzialmente le Regioni, le Città metropolitane, le Province e i Comuni (> Unità 6).

Nel complesso, pertanto, il significato della norma è il seguente:

- l'Italia è una Repubblica indivisibile,
- ma alcune funzioni pubbliche possono essere assegnate a Regioni, Città metropolitane, Province e Comuni che potranno gestirle in modo "autonomo", cioè secondo proprie scelte.

6 Come sono tutelate le minoranze linguistiche?

Sul territorio italiano sono presenti diverse **minoranze alloglotte**. Vi è un gruppo *franco-provenzale* in Valle d'Aosta; un consistente gruppo *tedesco-tirolese* in Alto Adige; uno *slavo* in Friuli-Venezia Giulia. Vi sono, poi, altri gruppi minori sparsi sul territorio nazionale, come i *Ladini* nelle valli dolomitiche, i *Catalani* ad Alghero, i *Greci* e gli *Albanesi* in varie Regioni meridionali.

La domanda che dobbiamo porci è: queste minoranze debbono integrarsi nel tessuto nazionale, debbono cioè *italianizzarsi*, o hanno diritto di conservare la propria identità culturale?

Alloglotta è una parola di origine greca composta da *allos*, che significa diverso, e *glossa* che significa lingua.
Alloglotta pertanto è una lingua diversa da quella della maggioranza degli abitanti di un Paese.

La Costituzione ci risponde così:

> Art. 6

"La Repubblica tutela con apposite norme le minoranze linguistiche."

Con questa norma i costituenti hanno mutato radicalmente orientamento rispetto al passato regime fascista che si era particolarmente impegnato nella cancellazione delle diverse realtà etniche presenti sul territorio italiano.

7 Come sono regolati i rapporti tra lo Stato e la Chiesa cattolica?

Con la norma che stiamo per considerare la Costituzione ha posto le basi del rapporto tra lo Stato italiano e la Chiesa cattolica.

Cittadini della Santa Sede sono tutte le persone che hanno stabile residenza nella Città del Vaticano.
I delitti commessi nella Città del Vaticano possono essere giudicati e sanzionati dall'autorità giudiziaria italiana solo se vi è una esplicita richiesta della Santa Sede.
La piazza di San Pietro è soggetta ai poteri di polizia delle autorità italiane fino ai piedi della scalinata della Basilica.

> Art. 7

"Lo Stato e la Chiesa cattolica sono, ciascuno nel proprio ordine, indipendenti e sovrani. I loro rapporti sono regolati dai *Patti Lateranensi*."

Si tratta di una norma di grande rilevanza perché i suoi effetti si ripercuotono tanto su chi è credente quanto su chi non lo è. Prima di esaminarla, tuttavia, sarà opportuno chiarire le ragioni che stanno alla base della sua formulazione.
Nel 1870 le truppe italiane entravano in Roma completando l'unità della Nazione e ponendo fine al potere temporale dei Papi. Il Pontefice, che allora era Pio IX, si ritirò nei palazzi vaticani e interruppe ufficialmente ogni rapporto con lo Stato italiano.
Nel 1929, cioè dopo quasi 60 anni, il Governo fascista operò una *conciliazione* con la Santa Sede che venne ufficialmente consacrata dalla firma dei **Patti Lateranensi** (così chiamati perché sottoscritti nel Palazzo di San Giovanni in Laterano).

Caduto il fascismo, l'Assemblea costituente si trovò a dover ridefinire i rapporti tra la Repubblica e la Chiesa. E su questo tema si aprì subito un acceso dibattito tra laici e cattolici. Prevalse infine la posizione cattolica e nella Carta costituzionale fece la sua comparsa l'**art. 7** che:

- riafferma il valore dei Patti Lateranensi;
- obbliga lo Stato italiano a concordare con la Santa Sede qualsiasi loro modificazione;
- rende incostituzionale qualsiasi legge che sia in contrasto con essi.

ZOOM

Qual è il contenuto dei Patti Lateranensi?

I Patti Lateranensi si compongono di tre documenti: il trattato, la convenzione finanziaria e il concordato.

- **Il trattato** si occupa, in modo prevalente, della costituzione dello Stato della Città del Vaticano.
- **La convenzione** finanziaria fissa l'entità del risarcimento riconosciuto al Pontefice per la perdita dello Stato pontificio. Tale risarcimento venne forfettariamente quantificato nella somma di un miliardo e settecentocinquanta milioni di lire.
- **Il concordato** contiene le norme destinate a regolare i rapporti tra lo Stato Italiano e la Chiesa cattolica. Nel 1984, dopo una lunga trattativa tra lo Stato italiano e la Santa Sede, il contenuto originario del concordato è stato parzialmente modificato.

8 Come sono regolati i rapporti tra lo Stato e le altre Chiese?

La Costituzione si occupa anche delle religioni diverse da quella cattolica e in proposito così dispone:

> Art. 8

"Tutte le confessioni religiose sono egualmente libere davanti alla legge. Le confessioni religiose diverse dalla cattolica hanno diritto di organizzarsi secondo i propri statuti, in quanto non contrastino con l'ordinamento giuridico italiano. I loro rapporti con lo Stato sono regolati per legge sulla base di intese con le relative rappresentanze."

L'espressione **tutte le confessioni religiose sono libere davanti alla legge** significa che tutte possono liberamente esercitare il loro ministero purché esso non preveda pratiche contrarie all'ordine pubblico e al buon costume.

Lo Stato, a seconda del rapporto che stabilisce con le confessioni religiose, può configurarsi come *teocratico, ateo, confessionale, laico*.

- **Lo Stato teocratico** è caratterizzato da una assoluta identificazione tra potere politico e potere religioso. Il termine viene dal greco ed è composto da *kratos* (governo) e *theòs* (Dio). Nel sistema teocratico l'attività di governo è esercitata direttamente dall'autorità religiosa e i principi della fede sono tradotti in leggi la cui osservanza è obbligatoria per tutti. Possiamo riconoscere questo tipo di organizzazione in alcuni Paesi di fede islamica.
- **Lo Stato ateo** (il termine viene dal greco ed è composto da *a*, con valore privativo, e *theòs*, Dio) non riconosce alcuna religione e, anzi, tende a limitare o addirittura a sopprimere la stessa libertà religiosa. Si sono avuti esempi di Stato ateo nei Paesi governati con il sistema comunista.
- **Lo Stato confessionale** impronta la propria legislazione ai principi della religione dominante che riconosce come religione di Stato. Tutte le altre confessioni sono soltanto tollerate.
- **Lo Stato laico**, al contrario, persegue una accentuata separazione tra potere religioso e potere politico. Esso rivendica la propria indipendenza da ogni condizionamento di tipo confessionale e pone tutte le religioni sullo stesso piano di indifferenza, lasciando che le rispettive organizzazioni gestiscano come meglio credono le questioni di fede, purché nel rispetto dell'ordine pubblico e del buon costume.

In applicazione dell'art. 8 Cost. sono state emanate leggi che recepiscono gli accordi conclusi con le seguenti organizzazioni confessionali:
- la Tavola Valdese (l. n. 449/1984);
- l'Unione italiana delle Chiese Avventiste del 7° giorno (l. n. 16/1988);
- le Assemblee di Dio in Italia (l. n. 517/1998);
- l'Unione delle Comunità Ebraiche italiane (l. n. 101/1989);
- l'Unione Cristiana Evangelica Battista d'Italia (l. n. 116/1995);
- la Chiesa Evangelica Luterana in Italia (l. n. 520/1995).

ZOOM

L'Italia si può definire uno Stato laico?

Lo Stato italiano nasce dichiaratamente laico e il suo programma nei confronti della religione è ben sintetizzato dalla frase di Cavour *"Libera Chiesa in libero Stato"*: libera la Chiesa di occuparsi delle anime dei suoi fedeli, ma libero anche lo Stato di curare le cose terrene secondo le proprie leggi.

Una netta inversione di rotta si ebbe nel 1929 quando il regime fascista stipulò con la Santa Sede i Patti Lateranensi. Nel *concordato* si affermava che *"la religione cattolica apostolica e romana è la sola religione dello Stato"*. E con ciò il fascismo faceva ufficialmente dell'Italia uno *stato confessionale*.

Solo nel 1984, con la revisione delle disposizioni concordatarie, fu possibile riaffermare (art. 1) che *"lo Stato e la Chiesa cattolica sono, ciascuno nel proprio ordine, indipendenti e sovrani."* L'Italia tornava pertanto a essere, almeno formalmente, uno stato laico.

9 Come sono tutelati la cultura e il paesaggio?

Dopo aver delineato i rapporti tra lo Stato e le confessioni religiose, la Costituzione passa a occuparsi di temi completamente diversi, quali la promozione della cultura, la tutela del paesaggio e la conservazione del patrimonio storico e artistico.

> Art. 9

"La Repubblica promuove lo sviluppo della cultura e la ricerca scientifica e tecnica. Tutela il paesaggio e il patrimonio storico e artistico della Nazione."

Sull'importanza di promuovere, cioè di agevolare, la crescita culturale di un Paese non c'è bisogno di spendere molte parole, tanto è evidente l'opportunità di tale intervento.

Per quanto riguarda in modo particolare la ricerca scientifica, è sufficiente riflettere sul valore sociale e umano delle ricerche sul cancro, sull'AIDS, sui trapianti di organi, sulle energie pulite per renderci conto dell'importanza di una tale promozione. E se anche volessimo limitarci a considerare solo l'aspetto puramente economico, è di tutta evidenza come oggi le scoperte scientifiche e le innovazioni tecnologiche costituiscano il più potente elemento propulsivo nel campo della produzione di beni e di servizi.

Il secondo comma dell'art. 9 esorta la Repubblica a tutelare il **paesaggio**. Osservando lo scempio che è stato fatto del nostro territorio, non è difficile dedurne che tale esortazione è rimasta a lungo disattesa. Solo in tempi relativamente recenti si è sviluppata una più concreta attenzione non solo verso la conservazione del paesaggio inteso come bellezza dei luoghi, ma anche verso la tutela dell'*ambiente* in cui viviamo.
Il termine ambiente viene impiegato, in questo contesto, per indicare l'insieme delle condizioni necessarie per la continuazione della specie umana sul nostro pianeta. E che tali condizioni siano ormai seriamente minacciate non è un mistero per nessuno.

In Italia, nel 1986, è stato istituito il **Ministero per l'Ambiente** con il compito di:

- assicurare la promozione, la conservazione e il recupero delle condizioni ambientali;
- provvedere alla conservazione e alla valorizzazione del patrimonio naturale;
- difendere le risorse naturali.

Nel corso degli anni sono poi stati emanati numerosi provvedimenti in tema di difesa del territorio, inquinamento, gestione dei rifiuti, risparmio delle riserve idriche, e così via.
Oggi, tutta questa complessa normativa è riunita nel *codice dei beni culturali e del paesaggio* (d.lg. n. 42/2004) e nel *codice dell'ambiente* (d.lg. n. 152/2006).

10 Come si pone l'Italia nel diritto internazionale?

Per quanto concerne la collocazione dell'Italia nel diritto internazionale, la Costituzione stabilisce che:

> Art. 10
"L'ordinamento giuridico italiano si conforma alle norme del diritto internazionale generalmente riconosciute."

E poiché le norme *generalmente riconosciute* sono le **consuetudini internazionali**, se ne deve dedurre che la Costituzione vincola lo Stato italiano al loro rispetto.

Vedremo nell'Unità 7 che le *consuetudini internazionali* sono quelle norme non scritte che si sono andate formando nel tempo attraverso la ripetizione di comportamenti tenuti nella convinzione di adempiere a un obbligo giuridico.
Sono tali, per esempio, le norme che impongono il rispetto dei convogli della Croce Rossa in zone di guerra; quelle che riconoscono particolari immunità alle sedi e al personale diplomatico, e così via.
(Nei commi successivi la norma detta i principi fondamentali sulla condizione dello **straniero in Italia**, sul **diritto di asilo** e sull'**estradizione**. Temi dei quali ci siamo già occupati nell'Unità 2.)

La consuetudine che costituisce la base di tutto il diritto internazionale è la norma, risalente al diritto romano, che recita *"pacta sunt servanda"*, cioè i *patti vanno rispettati*.

11 Quando l'Italia può entrare in guerra?

Dopo le grandi tragedie causate dalla Prima e dalla Seconda guerra mondiale, i Paesi europei, e l'Italia fra questi, hanno deciso che di guerre, in Europa, ce ne erano state abbastanza e che era il caso di voltare pagina. Opportunamente pertanto la nostra Costituzione ha disposto che:

> Art. 11
"L'Italia ripudia la guerra come strumento di offesa alla libertà dei popoli e come mezzo di risoluzione delle controversie internazionali [...]."

La norma, letta con attenzione, ci dice che il nostro Paese rifiuta la guerra come strumento di **offesa**, ma non esclude che azioni belliche possano essere intraprese a scopo di **difesa**. Ed è proprio la funzione difensiva che legittima, anche nel nostro ordinamento, la presenza di un esercito.

Se il nemico ci aggredisce o ci minaccia, chi decide se possiamo reagire con le armi?

La risposta ci viene da alcuni articoli della Costituzione che, per il caso di aggressione, così dispongono:

- le Camere deliberano lo stato di guerra e conferiscono al Governo i poteri necessari (art. 78);
- il Presidente della Repubblica [...] dichiara lo stato di guerra deliberato dalle Camere (art. 87);
- l'art. 52 infine aggiunge: *la difesa della Patria è sacro dovere del cittadino.*

12 Com'è fatta la bandiera italiana?

Con la descrizione dei caratteri della nostra bandiera si chiude la parte della Costituzione dedicata ai Principi fondamentali.

> Art. 12

"La bandiera della Repubblica è il tricolore italiano: verde, bianco e rosso, a tre bande verticali di eguali dimensioni."

Chi ha scelto il tricolore come bandiera per l'Italia?

La storia della nostra bandiera inizia nel 1796. In quell'anno Napoleone stava conducendo vittoriosamente la campagna d'Italia e alle truppe francesi si erano unite due legioni di volontari italiani: la Legione lombarda e la Legione italiana. L'11 ottobre Napoleone scriveva al direttorio che esse avevano scelto come colori nazionali il bianco, il verde e il rosso.

Questa scelta verrà confermata l'11 maggio 1798 dal Gran Consiglio della Repubblica Cisalpina. In quella sede si precisò che la bandiera doveva essere formata da tre bande verticali e parallele: verde quella prossima all'asta, bianca quella centrale e rossa la successiva.

MAPPA che cosa hai imparato

LOSAI?

In questa Lezione hai imparato quali sono i principi fondamentali della nostra Costituzione (artt. 1-12). Il primo articolo descrive l'Italia come una repubblica democratica fondata sul lavoro. Gli articoli seguenti garantiscono i diritti fondamentali dell'uomo, il principio di eguaglianza formale e sostanziale, il diritto al lavoro; stabiliscono l'unità e indivisibilità dello Stato ma valorizzando le autonomie locali; tutelano le minoranze linguistiche e attribuiscono pari libertà a tutte le confessioni religiose; proteggono la cultura, il paesaggio e il patrimonio storico-artistico del nostro Paese; affermano che l'Italia si conforma al diritto internazionale vigente e ripudia la guerra. Infine, stabiliscono che la bandiera italiana è il tricolore.

Lezione 8 riguardando gli appunti

Con quale affermazione si apre la Costituzione?

- L'art. 1 stabilisce che l'Italia è una Repubblica democratica fondata sul lavoro. La sovranità appartiene al popolo, che la esercita nelle forme e nei limiti della Costituzione.
- L'espressione "fondata sul lavoro" è alla base del *principio lavorista*, che segna la fine delle distinzioni di nascita o di censo tra i cittadini.

Che cosa dispone l'art. 2 della Costituzione?

- L'art. 2 stabilisce che la Repubblica deve riconoscere e garantire i diritti inviolabili dell'uomo sia come singolo sia nelle formazioni sociali ove si svolge la sua personalità.
- Rientrano tra i diritti inviolabili dell'uomo i diritti politici, i diritti di libertà personale, di associazione, di religione, di manifestazione del pensiero.
- Le formazioni sociali cui fa riferimento la norma sono i gruppi sociali organizzati come la famiglia, le associazioni, i partiti politici, i sindacati e così via.

Qual è il contenuto dell'art. 3 della Costituzione?

- L'articolo 3 contiene il riconoscimento del principio di uguaglianza, in base al quale i cittadini hanno pari dignità sociale e sono eguali davanti alla legge, senza distinzioni di sesso, di razza, di lingua, di religione, di opinioni politiche, di condizioni personali e sociali.
- Il secondo comma dell'art. 3 specifica che è compito della Repubblica rimuovere gli ostacoli di ordine economico e sociale che, limitando di fatto la libertà e l'uguaglianza dei cittadini, impediscono il pieno sviluppo della persona umana.

Qual è il significato del "diritto al lavoro" contenuto nell'art. 4 della Costituzione?

- Il primo comma dell'art. 4 dispone: "la Repubblica riconosce a tutti i cittadini il diritto al lavoro e promuove le condizioni che rendono effettivo questo diritto".
- Ciò vuol dire che lo Stato deve assumere tutte quelle iniziative che, agevolando la produzione e il commercio, inducano gli imprenditori a impiegare un numero sempre crescente di lavoratori.

Che cosa prevede l'art. 5 della Costituzione?

- L'art. 5 stabilisce senza equivoci che la Repubblica è una e indivisibile. La stessa norma tuttavia precisa che è favorita la costituzione di autonomie locali.

Le minoranze linguistiche ricevono tutela costituzionale?

- Sì. L'art. 6 dispone: "La Repubblica tutela con apposite norme le minoranze linguistiche".

Come sono regolati i rapporti tra lo Stato italiano e le confessioni religiose?

- L'art. 7 riafferma il valore dei Patti Lateranensi e obbliga lo Stato italiano a concordare con la Santa Sede qualsiasi loro modificazione.
- L'art. 8 riconosce la libertà di culto anche per le altre confessioni religiose e stabilisce che i loro rapporti con lo Stato sono regolati per legge sulla base di intese con le relative rappresentanze.

In che misura la Costituzione si occupa della cultura e dell'ambiente?

- L'art. 9 dispone: "La Repubblica promuove lo sviluppo della cultura e la ricerca scientifica e tecnica. Tutela il paesaggio e il patrimonio storico e artistico della Nazione".

Che cosa stabilisce la Costituzione in merito ai rapporti internazionali?

- L'art. 10 obbliga l'Italia al rispetto delle consuetudini internazionali, cioè di quelle norme che si sono andate formando nel tempo attraverso la ripetizione di comportamenti ritenuti giuridicamente obbligatori.
- I commi successivi dell'art. 10 dettano i principi fondamentali sulla condizione dello straniero in Italia, sul diritto di asilo e sull'estradizione.

Che cosa dispongono gli artt. 11 e 12 della Costituzione?

- L'art. 11 stabilisce che l'Italia ripudia la guerra come strumento di offesa alla libertà degli altri popoli e come mezzo di risoluzione delle controversie internazionali.
- L'art. 12 fissa le caratteristiche della bandiera italiana: il tricolore verde, bianco e rosso.

verifica mettiti alla prova

1. Completa la mappa concettuale utilizzando le seguenti parole:

Presidente della Repubblica ~ difensiva ~ Parlamento ~ offensiva.

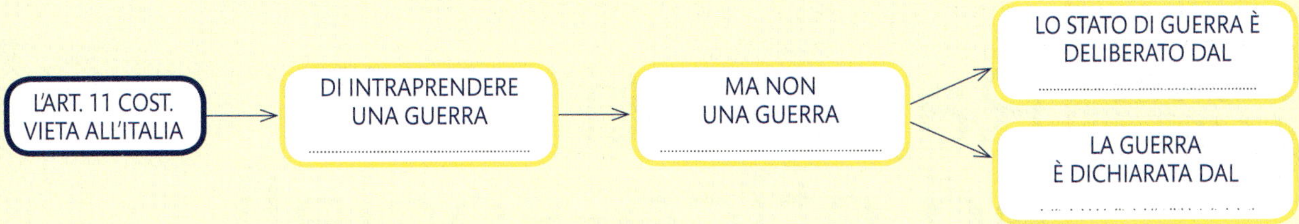

2. Scegli la risposta corretta.

1 L'art. 3 della Costituzione introduce nell'ordinamento un principio di uguaglianza:
a. formale
b. razionale
c. sostanziale
d. imperfetta

2 Secondo quanto dispone l'art. 6 della Costituzione in Italia le minoranze linguistiche:
a. devono perdere la loro identità e integrarsi
b. sono tutelate dalla legge
c. non sono tutelate dalla legge
d. sono solo tollerate

3 L'art. 2 Cost. riconosce e tutela i diritti inviolabili:
a. di ogni essere umano
b. solo dei cittadini italiani
c. solo dei cittadini dell'Unione europea
d. anche degli stranieri ma solo se regolarmente residenti

4 Uno Stato che persegue una netta separazione tra politica e religione è definito:
a. ateo
b. confessionale
c. laico
d. teocratico

3. Rispondi alle seguenti domande.

A Come sono regolati i rapporti tra lo Stato e la Chiesa cattolica?

B In che modo sono tutelate le minoranze linguistiche dalla Costituzione?

C L'art. 4 della Costituzione riconosce a tutti i cittadini il diritto al lavoro. Che cosa significa?

D Secondo l'art. 1 Cost. l'Italia è una repubblica democratica. Spiega il significato dei due termini.

4. Barra con una crocetta la risposta che ritieni esatta e motiva il perché.

1 Si possono eliminare gli articoli della Costituzione che riconoscono i diritti inviolabili. SÌ NO

perché? ....

2 La Costituzione vieta sempre e comunque all'Italia di entrare in guerra. SÌ NO

perché? ....

3 Una Regione potrebbe staccarsi dall'Italia e formare uno Stato indipendente. SÌ NO

perché? ....

4 Le confessioni religiose diverse da quella cattolica non sono tutelate dall'ordinamento. SÌ NO

perché? ....

5 La tutela dei diritti inviolabili riguarda solo i cittadini italiani. SÌ NO

perché? ....

5. Svela il crittogramma.

Sostituisci ogni numero con una lettera dell'alfabeto. A numero uguale corrisponde lettera uguale!

A	B	C	D	E	F	G	H	I	J	K	L	M	N	O	P	Q	R	S	T	U	V	W	X	Y	Z
					15						10				8		3		5						

L' _ T _ L _ _ (10 17 5 13 10 17 13) È _ _ _ (7 22 13) R _ P _ _ _ L _ _ _ (3 4 8 7 6 6 10 17 9 13)

_ _ _ _ _ R _ T _ _ _ (18 4 23 20 9 3 13 5 17 9 13) F _ _ _ _ T _ (15 20 22 18 13 5 13) _ _ L (26 7 10) L _ _ _ R _ (10 13 16 20 3 20).

LEZIONE 9

Rapporti civili ed etico-sociali

1 Uno sguardo d'insieme

La Carta costituzionale, dopo aver enunciato i "Principi fondamentali" a cui dovrà ispirarsi tutta la legislazione dello Stato, prosegue con una "prima parte" intitolata: **Diritti e doveri dei cittadini**.

Questa prima parte, a sua volta, è suddivisa in *quattro titoli*:

- il *Titolo I*, rubricato **rapporti civili**, contiene le norme poste dalla Costituzione a garanzia delle fondamentali libertà dei cittadini;
- il *Titolo II*, rubricato **rapporti etico-sociali**, contiene norme poste a tutela della famiglia, della salute e della libertà nella ricerca scientifica, nell'arte e nell'insegnamento;
- il *Titolo III*, rubricato **rapporti economici**, contiene norme che delineano il sistema economico che caratterizza il nostro Paese e pongono garanzie a tutela del lavoro;

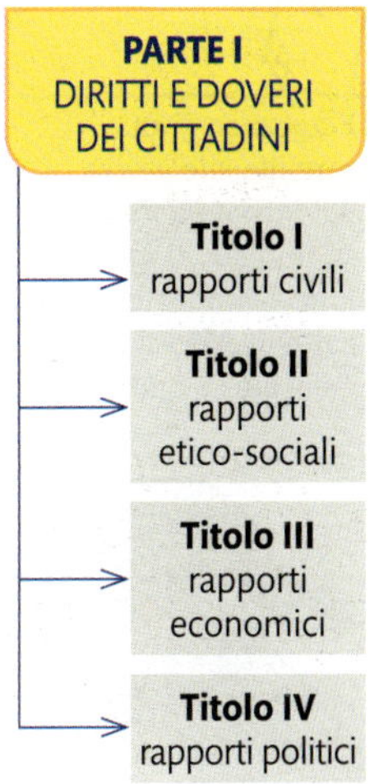

- il *Titolo IV*, rubricato **rapporti politici**, contiene norme poste a garanzia della partecipazione di tutti i cittadini alla vita politica del Paese.

In questa Lezione e nella prossima esamineremo, articolo per articolo, il contenuto dei diversi *titoli*.

2 La tutela della libertà personale

La prima domanda che dobbiamo porci è perché mai la libertà personale debba essere tutelata. Chi può insidiare la nostra libertà?
L'unico soggetto che con il suo apparato repressivo può legalmente ed efficacemente minacciare la nostra libertà personale è lo Stato.

Sappiamo infatti che le norme penali sono accompagnate da una sanzione che il più delle volte consiste proprio in una prolungata limitazione della libertà e sappiamo anche che l'esecuzione di tali sanzioni è assicurata con l'impiego della forza pubblica.

Tutti noi naturalmente abbiamo (o dovremmo avere) grande fiducia nell'oculatezza con cui lo Stato dispone e applica tali sanzioni. Ma l'esperienza non è avara di casi in cui l'apparato statale o alcuni suoi organi hanno usato il potere repressivo in modo strumentale o troppo disinvolto. Ecco allora la necessità di una norma di rango costituzionale che in modo chiaro e netto ponga un argine a deviazioni, abusi o leggerezze sempre possibili.

> **L'art. 13 Cost.** stabilisce in proposito:
"La libertà personale è inviolabile.
Non è ammessa forma alcuna di detenzione, di ispezione o perquisizione personale, né qualsiasi altra restrizione della libertà personale, se non per atto motivato dell'autorità giudiziaria e nei soli casi e modi previsti dalla legge. [...]"

La norma, dunque, esordisce con l'enunciazione di un principio generale (*la libertà personale è inviolabile*) e precisa che non è ammessa forma alcuna di detenzione, di ispezione (corporale) e perquisizione (sugli abiti), né altra restrizione della libertà personale.

E con i detenuti come la mettiamo?

Ragionevolmente il divieto non può essere inteso in senso assoluto.
Il **secondo comma dell'art. 13**, letto attentamente, ci dice che limitare la libertà personale è possibile:

- ma solo nei casi e nei modi previsti dalla legge;
- e solo per ordine del giudice.

Stabilendo che solo un giudice può emanare provvedimenti che limitino la libertà personale, la Costituzione ha inteso affidare questo delicatissimo compito a un organo che si presume (e si spera) sia particolarmente competente, distaccato e indipendente.

Se una persona sta rapinando una banca, la polizia deve attendere l'ordine del giudice prima di arrestarla?

Il terzo comma dell'art. 13 Cost. ci offre una risposta molto chiara e ragionevole.

Flagranza è un termine che deriva dal latino *flagrare*, nel significato di *ardere*. È in flagranza chi è colto quando il delitto è ancora... *caldo*.

In casi straordinari, stabilisce la norma, l'autorità di pubblica sicurezza può procedere all'arresto temporaneo di una persona anche senza il permesso del giudice. Ma ciò può avvenire, soltanto:

- se la persona è gravemente indiziata di aver commesso un reato e sussistono sufficienti elementi per ritenere che possa darsi alla fuga;
- se la persona viene colta nell'atto di commettere un reato o subito dopo averlo commesso; si dice, in questo caso, che il soggetto è in *flagranza di reato.*

Per indurre una persona a confessare un reato si possono usare "le maniere forti"?

La risposta è assolutamente e fermamente negativa! In tutti i Paesi civili, solo la legge può stabilire quali pene vanno applicate e solo il giudice può ordinare di applicarle. E in nessun Paese civile è previsto dalla legge l'uso della violenza fisica sulle persone arrestate.

Il quarto comma dell'art. 13 Cost. stabilisce categoricamente che:
"È punita ogni violenza fisica e morale sulle persone comunque sottoposte a restrizione di libertà."

3 L'inviolabilità del domicilio e la segretezza della corrispondenza

Il domicilio, come già sappiamo, è il luogo dove la persona ha la sede principale dei propri affari. Ma la Costituzione impiega questo termine in modo più ampio e vi fa rientrare anche i luoghi di dimora occasionale, come una camera d'albergo, e persino i **mezzi di trasporto** (Corte cost., sentenza 31/3/1987, n. 88).

Strettamente collegata alla tutela della libertà personale è l'inviolabilità del domicilio e della corrispondenza.

> Art. 14

"Il domicilio è inviolabile.
Non vi si possono eseguire ispezioni o perquisizioni o sequestri, se non nei casi e modi stabiliti dalla legge secondo le garanzie prescritte per la tutela della libertà personale. [...]"

> Art. 15

"La libertà e la segretezza della corrispondenza e di ogni altra forma di comunicazione, sono inviolabili.
La loro limitazione può avvenire soltanto per atto motivato dell'autorità giudiziaria con le garanzie stabilite dalla legge."

Considerando attentamente le due norme notiamo che ancora una volta la Costituzione, dopo aver affermato un principio generale (il domicilio e la corrispondenza sono inviolabili), introduce alcune ragionevoli eccezioni.

Risulta infatti dalla lettura che:

- **il domicilio** può essere sottoposto a perquisizione, **la corrispondenza** può essere sequestrata e le conversazioni telefoniche (che sono una forma di comunicazione) possono essere registrate, *solo* su ordine del giudice e solo nei casi, nei modi e con le garanzie previste dalla legge;
- senza autorizzazione del giudice, le forze dell'ordine possono violare il domicilio di una persona solo nei casi particolari previsti dalla legge. Per esempio quando in quel luogo si sta commettendo un reato o quando la violazione si renda necessaria per accertamenti di natura sanitaria, per verifiche sulla pericolosità degli ambienti o per controlli di natura tributaria operati dalla Guardia di Finanza.

4 La libertà di circolazione e di soggiorno

> Art. 16

"Ogni cittadino può circolare e soggiornare liberamente in qualsiasi parte del territorio nazionale, salvo le limitazioni che la legge stabilisce in via generale per motivi di sanità o di sicurezza [...].
Ogni cittadino è libero di uscire dal territorio della Repubblica e di rientrarvi, salvo gli obblighi di legge."

Questa norma costituisce un altro tassello che va a inserirsi nel quadro delle libertà personali costituzionalmente garantite.

Essa consente alla legge di porre restrizioni alla libertà di circolazione e di soggiorno dei cittadini *solo* per ragioni di sanità o di sicurezza.

Avremo modo di vedere, nell'Unità 6, che la Costituzione torna su questo tema (art. 120) vietando espressamente alle Regioni di ostacolare, con le loro norme, la libera circolazione delle persone e delle cose tra i rispettivi territori.

La legge stabilisce che alle persone di cui sia stata accertata la pericolosità per la sicurezza pubblica può essere vietato di soggiornare in uno o più Comuni oppure può essere imposto **l'obbligo di soggiornare** nel Comune di residenza.

La libertà di circolazione vale anche per gli stranieri?

Poiché l'art. 16 parla di *cittadini*, se ne deve dedurre che le medesime garanzie non sono estese agli stranieri.

Oggi, tuttavia, la qualificazione di straniero va intesa in senso restrittivo poiché, in base agli accordi comunitari, ogni cittadino dell'Unione europea ha diritto di circolare, stabilirsi e lavorare liberamente sul territorio di qualsiasi Stato membro. Di fatto, pertanto, rimangono esclusi dalla garanzia costituzionale solo gli stranieri provenienti da Paesi extracomunitari.

Ai cittadini della Ue il soggiorno può essere inibito (> Unità 7):

- solo se si protrae oltre tre mesi e la persona risulti priva di reddito, di lavoro e di assicurazione sanitaria (salvo che sia studente);
- oppure quando il giudice abbia accertato la pericolosità sociale della persona.

5 La libertà di riunione

Nelle manifestazioni che si svolgono in luogo pubblico o aperto al pubblico è vietato l'uso dei caschi protettivi e di qualsiasi altro mezzo (per esempio il passamontagna) che renda difficoltoso il riconoscimento dei partecipanti. Il contravventore è punibile con l'arresto da sei a dodici mesi e con una multa.

La libertà di riunione costituisce una condizione fondamentale per la crescita culturale e politica di una Nazione.

I convegni, i seminari, le assemblee e persino le manifestazioni di piazza sono occasioni importantissime per la formazione, la circolazione e il confronto delle idee. Opportunamente, allora, la nostra Costituzione ha posto una specifica norma a tutela di questa libertà.

> Art. 17

"I cittadini hanno diritto di riunirsi pacificamente e senz'armi.
Per le riunioni, anche in luogo aperto al pubblico, non è richiesto preavviso.
Delle riunioni in luogo pubblico deve essere dato preavviso alle autorità, che possono vietarle soltanto per comprovati motivi di sicurezza o di incolumità pubblica."

- **Il primo comma**, al fine evidente di garantire la sicurezza pubblica, pone un limite di ordine generale: le riunioni, sia pubbliche che private, debbono svolgersi pacificamente e senza armi.
- **I commi successivi** stabiliscono che per tenere una riunione in luogo pubblico deve essere dato preavviso alle autorità. Mentre per le riunioni che si tengono in luoghi *aperti al pubblico* o in luoghi privati non occorre alcun preavviso.

ZOOM

Qual è la differenza tra luogo pubblico, aperto al pubblico e privato?

Luoghi pubblici sono le strade, le piazze, le stazioni ferroviarie e qualsiasi altro posto dove vi è libertà di circolazione.
La riunione convocata in luogo pubblico può essere vietata dalla pubblica autorità quando sussistano *comprovati motivi* di sicurezza o di incolumità.

Luoghi aperti al pubblico sono i cinema, i teatri, i pub, le palestre, gli stadi e in generale tutte quelle strutture per le quali, ricorrendo determinati presupposti (come l'iscrizione o il pagamento del biglietto d'ingresso), vi è libertà di accesso. Chi voglia organizzare riunioni in tali luoghi, dispone la norma in esame, non è obbligato a darne preventivo avviso alla pubblica autorità.

Luoghi privati sono le case di abitazione, le fabbriche, le sedi di partito, di sindacato e così via. Neppure per le riunioni convocate in questi luoghi vi è alcun obbligo di comunicazione alla pubblica autorità.

6 La libertà di associazione

> Art. 18

"I cittadini hanno diritto di associarsi liberamente, senza autorizzazione, per fini che non sono vietati ai singoli dalla legge penale.
Sono proibite le associazioni segrete e quelle che perseguono, anche indirettamente, scopi politici mediante organizzazioni di carattere militare."

Qual è la differenza tra libertà di associazione e libertà di riunione?

→ **La riunione** è un incontro tra più persone destinato a concludersi in un breve arco di tempo.

→ **L'associazione**, invece, prevede la costituzione di una organizzazione stabile. Sono associazioni i partiti politici, i sindacati, i circoli culturali, le organizzazioni religiose, e così via.

Secondo quanto dispone la Costituzione, chi vuole costituire un'associazione non ha bisogno di chiedere permessi o autorizzazioni.

Gli unici divieti riguardano la formazione di:

- associazioni per delinquere, cioè finalizzate alla realizzazione di obiettivi vietati dalla legge penale;
- associazioni paramilitari con finalità politiche;
- associazioni segrete.

Interpretazioni dell'art. 18 Cost.

Tra segretezza e riservatezza

La segretezza non va confusa con la riservatezza.

La legge considera **segrete**, e quindi soggette a scioglimento, solo le associazioni che, occultando la propria esistenza, svolgono attività diretta a interferire sull'esercizio di funzioni pubbliche o di interesse nazionale (legge n. 17 del 1982). Non rientrano in questa categoria le associazioni che per tutelare la privacy dei loro iscritti non ne rendono pubblici i nominativi.

Cortei e processioni

Non vengono menzionati dalla Costituzione ma la dottrina prevalente non dubita che i cortei e le processioni religiose debbano qualificarsi come riunioni in movimento. In questi casi, tuttavia, il diritto di riunione può essere limitato al fine di renderlo compatibile con la libertà di circolazione degli altri cittadini.

7 La libertà di religione

Dei rapporti tra lo Stato italiano e le istituzioni religiose, come abbiamo visto nella Lezione 8, si occupano gli artt. 7 e 8 della Costituzione.

La norma che stiamo per esaminare, invece, ha per oggetto solo la **libertà di credo**, garantita a chiunque risieda sul territorio nazionale, sia esso cittadino o straniero.

> Art. 19

"Tutti hanno diritto di professare liberamente la propria fede religiosa in qualsiasi forma, individuale o associata, di farne propaganda e di esercitarne in privato o in pubblico il culto, purché non si tratti di riti contrari al buon costume."

L'unico limite posto dalla norma, dunque, è il divieto di praticare culti contrari al *buon costume*, inteso, essenzialmente, come offesa alla morale sessuale corrente.

E se una persona non è credente?

Anche la libertà di coscienza dei non credenti rientra sicuramente sotto la tutela dell'art. 19. La professione di ateismo, pertanto, dovrebbe ricevere, nel nostro Paese, la medesima protezione della professione di fede.

Ci sembra importante, a questo proposito, sottolineare la differenza tra ateo e laico:

> l'**ateismo** è un convincimento in merito all'esistenza di Dio;

> il **laicismo** è un modo di concepire i rapporti tra lo Stato e le confessioni religiose.

8 La libertà di manifestazione del pensiero

Tra i provvedimenti che i regimi autoritari generalmente adottano con maggior solerzia vi è la limitazione, se non addirittura la soppressione, della libertà di manifestazione del pensiero. Perché? Perché attraverso il confronto delle idee si sviluppa la comune crescita culturale. E tale crescita, unita a una corretta e documentata informazione, può alimentare movimenti di opposizione non graditi ai detentori del potere. "Mettere il bavaglio alla stampa", dunque, è una delle prime preoccupazioni dei sistemi illiberali. Per contro, nessun sistema democratico può fare a meno di riconoscere ai cittadini la più ampia libertà di espressione.

Coerentemente con il disegno di una Repubblica libera e democratica, la nostra Costituzione stabilisce:

> Art. 21

"Tutti hanno diritto di manifestare liberamente il proprio pensiero con la parola, lo scritto e ogni altro mezzo di diffusione.
La stampa non può essere soggetta ad autorizzazioni o censure. [...]"

La legge stabilisce che le pubblicazioni periodiche siano soggette a registrazione presso la cancelleria del tribunale. **La registrazione** (che non è un'autorizzazione) serve solo per dichiarare chi è responsabile per le notizie pubblicate.

La norma pertanto:

- garantisce *a tutti* la libertà di espressione (quindi non solo ai cittadini, ma anche agli stranieri)
- e vieta ogni forma di censura.

È da sottolineare che la mancanza di censure non è sufficiente a soddisfare il diritto del cittadino a una corretta informazione. Se, infatti, il controllo dei grandi mezzi di comunicazione (soprattutto televisioni, Internet e giornali) finisce in mano a uno o a pochi editori, è possibile che questi siano tentati di dare alle notizie il taglio più aderente ai propri interessi. Per tale ragione in tutti i Paesi civili lo Stato contrasta i monopoli nell'informazione e favorisce la nascita di una *pluralità di fonti informative*.

Solo la pluralità consente alle persone di operare un raffronto tra le diverse versioni dei fatti e di crearsi un proprio autonomo convincimento.

ZOOM

L'insulto è una "libera manifestazione del pensiero"?

Le frasi ingiuriose, sebbene talvolta esprimano il pensiero della persona più efficacemente di una complessa argomentazione, non rientrano nell'ambito della tutela offerta dall'art. 21 Cost.

Come ha chiarito la Corte costituzionale, vi sono *limiti impliciti* alla libertà di manifestazione del pensiero non direttamente menzionati dall'art. 21 Cost. ma con esso sicuramente compatibili. Sono tali, per esempio:

- il divieto di *oltraggiare*, *ingiuriare* e *diffamare* le persone;
- il divieto di commettere *apologia di reato*, cioè di esaltare la violazione delle norme penali;
- il divieto di violare la privacy delle persone.

Quest'ultimo divieto è attenuato se la violazione riguarda persone che rivestono un ruolo pubblico come i personaggi della politica, dello sport o dello spettacolo. In questi casi il *diritto di cronaca* tende a prevalere sul loro diritto alla riservatezza.

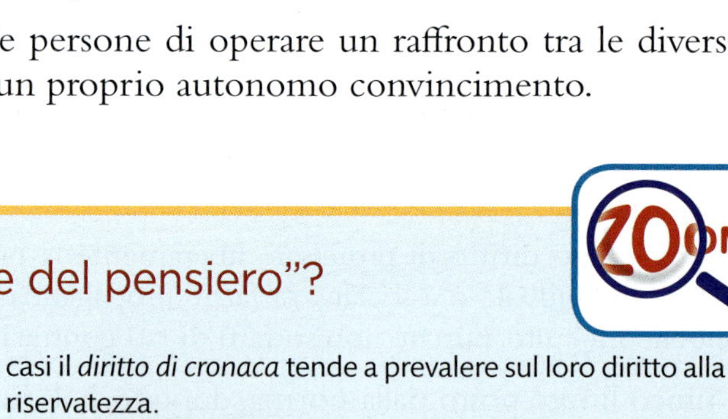

9 La tutela della capacità giuridica, della cittadinanza e del nome

> Art. 22

"Nessuno può essere privato, per motivi politici, della capacità giuridica, della cittadinanza, del nome."

Ricordiamo (> Lezione 3) che:

→ **La capacità giuridica** è la capacità di essere titolare di diritti e di doveri.

Affermare che in una società tutte le persone hanno la piena capacità giuridica significa dire che tutti possono avere gli stessi diritti.

Privare una persona della capacità giuridica (cioè di ogni diritto) significa renderla, davanti alla legge, simile a un animale o a una cosa. Gli schiavi non avevano capacità giuridica.

Limitare la capacità giuridica di una persona significa privarla della possibilità di essere titolare di una parte dei diritti. E dunque significa porla in una condizione di inferiorità rispetto agli altri cittadini.

In Italia, durante il regime fascista, era stata fortemente limitata la capacità giuridica dei cittadini di fede ebraica. Per prevenire il ripetersi di simili nefandezze, la Costituzione stabilisce che nessuno può essere privato per motivi politici della capacità giuridica, oltre che della propria cittadinanza e del proprio nome.

10 L'amministrazione della giustizia

Il Titolo I della Costituzione si chiude con alcuni articoli (artt. 24-27) che pongono le norme fondamentali per una corretta **amministrazione della giustizia**.

Tra l'altro queste norme riconoscono:

- il diritto di essere assistiti da un difensore durante il processo;
- il diritto di essere giudicati in base a leggi entrate in vigore prima che il fatto sia stato commesso;
- il diritto a non essere considerati colpevoli prima che sia stata emessa una sentenza definitiva;
- il divieto di infliggere pene contrarie al senso di umanità;
- il divieto della pena di morte.

Di questi e di altri temi legati all'amministrazione della giustizia ci occuperemo nell'Unità 6.

11 I principi posti a fondamento del diritto di famiglia

Una norma del codice civile emanato nel 1942 stabiliva testualmente che:
- il marito è il capo della famiglia;
- la moglie segue la condizione civile di lui, ne assume il cognome ed è obbligata ad accompagnarlo ovunque egli creda opportuno fissare la sua residenza.

La famiglia è stata il primo nucleo dell'organizzazione sociale, e ha preceduto nel tempo altre e più complesse forme di organizzazione, come la tribù, la città, lo Stato.

Questo suo essere cellula base e prima fonte di educazione e di condizionamento per i figli ha indotto spesso i legislatori a regolare la famiglia in modo che essa formasse il tipo di cittadino che si intendeva avere.

Ciò spiega perché nei regimi autoritari questa si presenti sempre molto gerarchizzata, fondata sull'obbedienza all'autorità paterna e maritale.

La Costituzione repubblicana, coerentemente con il suo impianto democratico, ha posto su questo tema tre importanti norme.

> L'**art. 29**, c. 2 riconosce la parità di diritti tra uomo e donna e stabilisce:
"[...] Il matrimonio è ordinato sulla eguaglianza morale e giuridica dei coniugi, con i limiti stabiliti dalla legge a garanzia dell'unità familiare."

> L'**art. 30**, in relazione ai figli, dispone:
"È dovere e diritto dei genitori mantenere, istruire ed educare i figli, anche se nati fuori del matrimonio [...]."

> L'**art. 31**, infine, pone i cardini di un programma di sostegno alle famiglie e di protezione dell'infanzia:
"La Repubblica agevola con misure economiche e altre provvidenze la formazione della famiglia e l'adempimento dei compiti relativi, con particolare riguardo alle famiglie numerose."

Ricordiamo che la legge n. 219 del 2012 ha cancellato dal nostro ordinamento ogni distinzione tra figli nati da genitori *sposati* (in passato indicati come *legittimi*) e figli nati da genitori non *sposati* (in passato indicati come *naturali*). L'art. 315 del codice civile ora stabilisce che: "**Tutti i figli** (quindi anche quelli nati da coppie non sposate) **hanno lo stesso stato giuridico**".

12 Il diritto alla salute

Dispone la Costituzione:

> **Art. 32**
"La Repubblica tutela la salute come fondamentale diritto dell'individuo e interesse della collettività, e garantisce cure gratuite agli indigenti. [...]"

In esecuzione di questo precetto costituzionale sono state emanate, nel nostro Paese, norme dirette a garantire l'igiene nei posti di lavoro, la prevenzione delle malattie attraverso le vaccinazioni obbligatorie, i controlli nella produzione degli alimenti. Ma soprattutto è stato istituito, nel **1978**, il **servizio sanitario nazionale**.

Prima di questa data ogni categoria di lavoro aveva una propria *mutua,* cioè una propria assicurazione, la quale garantiva prestazioni sanitarie più o meno efficienti in funzione dei contributi, più o meno elevati, versati dai suoi assicurati. Con questo sistema il diritto alla salute riceveva una tutela differenziata a seconda del reddito dei cittadini.

> **La riforma del 1978** ha introdotto il principio della generalità e uguaglianza delle prestazioni, perseguito attraverso l'istituzione di un unico servizio sanitario nazionale.

Ma della sanità pubblica si lamentano tutti!

Non v'è dubbio che questo servizio, spesso criticato per la sua scarsa efficienza e per la ingente dispersione di risorse economiche, debba assolutamente essere migliorato. Ma degno di considerazione ci sembra il fatto che con esso si è superato il concetto di una sanità che distingue tra poveri, meno poveri, ricchi e ricchissimi. L'enorme struttura sanitaria pubblica offre a tutti i cittadini le proprie prestazioni *senza distinzione di censo*. Naturalmente non è vietato ai cittadini di rivolgersi alle strutture private quando essi lo ritengano più rassicurante o confortevole.

La salute e l'ambiente

Quando fu emanata la nostra Costituzione, il problema del degrado e dell'inquinamento ambientale non si poneva in termini drammatici come si pone oggi. E ciò spiega perché la Carta costituzionale non contenga alcuna specifica norma sulla tutela dell'ambiente.
Ciò non di meno, la giurisprudenza e la dottrina sono concordi nel ritenere che il diritto alla salute comprenda anche il diritto alla salubrità dell'ambiente, poiché da un ambiente malato, inquinato, degradato, possono derivare malattie per l'individuo che costituiscono palese violazione del suo diritto alla salute.

Per vigilare su questo delicato settore è stato istituito il **Ministero dell'Ambiente** ed è stata riconosciuta, a cittadini e associazioni, la possibilità di chiamare in giudizio i responsabili dei danni ambientali affinché siano condannati a pagare un adeguato risarcimento.

ZOOM

Fin dove arriva la libertà in materia sanitaria?

I malati hanno l'obbligo di curarsi?

Il secondo comma dell'art. 32 Cost. così dispone:
"Nessuno può essere obbligato a un determinato trattamento sanitario se non per disposizione di legge. La legge non può in nessun caso violare i limiti imposti dal rispetto della persona umana."
La Costituzione, pertanto, garantisce al paziente la libertà di accettare o respingere i trattamenti sanitari. E ciò comporta che al diritto alla salute non corrisponde un uguale *obbligo di curarsi*.

La legge, tuttavia, prevede alcune eccezioni a tale libertà, e tra queste ricordiamo l'obbligo, per tutti, di sottoporsi a *vaccinazioni* utili a prevenire forme epidemiche e a tutelare la salute pubblica.

Che cosa si intende, in tema sanitario, per "consenso informato"?

La libertà di accettare o di rifiutare un determinato trattamento sanitario deve essere accompagnata dalla possibilità, per la persona, di conoscere le conseguenze della propria scelta.
Stabilisce in proposito la legge che il personale sanitario deve informare il paziente sul suo reale stato di salute e sulle possibili conseguenze della terapia o delle analisi diagnostiche proposte.
Il paziente, qualora decida di accettare, deve esprimere *per iscritto* il proprio consenso. Il consenso può essere solo *verbale* se la terapia o l'analisi è di *routine* e se c'è consolidato rapporto di fiducia tra medico e paziente.

Il consenso è presunto quando la persona non sia in grado di esprimerlo e le sue condizioni siano talmente gravi da richiedere un intervento immediato, come talvolta accade in seguito a incidenti stradali.

13 La libertà di insegnamento

Dopo l'esperienza fascista, durante la quale era stato imposto alla scuola un modello educativo funzionale ai principi del regime, la Costituzione repubblicana ha voluto affermare in modo netto che la scuola, l'arte e la scienza devono essere libere da ogni condizionamento.

> L'**art. 33** dispone in proposito:
"L'arte e la scienza sono libere e libero ne è l'insegnamento.
La Repubblica detta le norme generali sull'istruzione e istituisce scuole statali per tutti gli ordini e gradi.
Enti e privati hanno il diritto di istituire scuole ed istituti di educazione, senza oneri per lo Stato [...]."

Il primo comma della norma in esame contiene il fermo divieto, per lo Stato, di porre censure all'espressione artistica o limitazioni alla ricerca scientifica e contiene anche la garanzia della **libertà d'insegnamento**.

Anche agli stranieri, che in modo regolare o irregolare si trovano sul territorio della Repubblica, è garantito il diritto allo studio.

Tale libertà comporta:

- il divieto di imporre ai docenti della scuola pubblica interpretazioni ufficiali delle discipline da loro insegnate;
- il divieto di operare una selezione nell'assunzione degli insegnanti che non sia fondata esclusivamente sull'accertamento della loro conoscenza della materia e, al massimo, della loro capacità di esporre e di comunicare.

Diverso è il discorso per le scuole private, nelle quali è possibile stabilire l'indirizzo da dare all'insegnamento. L'esempio più evidente è costituito dalle scuole *confessionali*, che hanno il dichiarato fine di impartire agli studenti un insegnamento ispirato alla loro fede.

L'istituzione delle scuole private è consentita dal secondo comma dell'art. 33, ma nel terzo comma è precisato che ciò non deve comportare oneri, cioè spese, per lo Stato.

14 Quali doveri impone la Costituzione?

Fino a ora abbiamo parlato di diritti. Ma i doveri dove sono?

Dei 42 articoli che compongono l'intera *parte prima* della Costituzione solo tre contengono la previsione di specifici *doveri*.
La ragione di tale squilibrio è nella considerazione che lo Stato apparato (il cui principale attributo, lo ricordiamo, è la sovranità) può imporre doveri attraverso l'emanazione di leggi e regolamenti senza bisogno di specifiche autorizzazioni da parte della Costituzione. Il problema che in generale si pongono le Costituzioni democratiche, pertanto, non è individuare nuovi doveri, quanto piuttosto garantire una sfera di libertà, per il cittadino, all'interno della quale lo Stato non possa entrare se non con grandi cautele. Prima di chiudere questa Lezione vediamo, brevemente, i tre articoli in questione.

La difesa della Patria

> Art. 52
"La difesa della Patria è sacro dovere del cittadino.
Il servizio militare è obbligatorio nei limiti e modi stabiliti dalla legge. [...] L'ordinamento delle Forze armate si informa allo spirito democratico della Repubblica."

È utile precisare che dal 2000 è cessato il servizio obbligatorio di leva e che l'obbligo di indossare la divisa militare potrebbe tornare solo:

- se fosse deliberato lo stato di guerra;
- se si verificasse una crisi internazionale che richiedesse un aumento della consistenza numerica delle nostre Forze armate.

Gli obblighi fiscali

> Art. 53
"Tutti sono tenuti a concorrere alle spese pubbliche in ragione della loro capacità contributiva.
Il sistema tributario è informato a criteri di progressività."

Questa norma non è di immediata comprensione per chi non conosce i fondamenti della *scienza delle finanze*. Possiamo cercare, però, di illustrarla brevemente. Un sistema tributario è improntato a criteri di:

- **proporzionalità**, se il prelievo fiscale si effettua applicando la stessa aliquota a tutti i redditi, grandi o piccoli;
- **progressività**, se il prelievo fiscale si effettua applicando aliquote via via minori al diminuire del reddito imponibile delle persone.

La nostra Costituzione ha scelto il secondo sistema perché risponde a un criterio di maggiore **eguaglianza sostanziale**.

La fedeltà alla Repubblica

> L'**art. 54** conclude la breve rassegna dei doveri costituzionali con un forte richiamo alla necessità di ciascuno di essere fedele alle istituzioni repubblicane:
"Tutti i cittadini hanno il dovere di essere fedeli alla Repubblica e di osservarne la Costituzione e le leggi.
I cittadini cui sono affidate funzioni pubbliche hanno il dovere di adempierle con disciplina ed onore, prestando giuramento nei casi stabiliti dalla legge."

MAPPA che cosa hai imparato

LOSAI?

In questa Lezione hai passato in rassegna i diritti e i doveri dei cittadini previsti dalla Costituzione nel Titolo I, dedicato ai rapporti civili, e nel Titolo II, dedicato ai rapporti etico-sociali. Hai imparato che la libertà personale, il domicilio e le comunicazioni sono inviolabili, e che i cittadini sono liberi di circolare, riunirsi e associarsi; di professare una religione; di esprimere il loro pensiero. Hai imparato anche quali principi regolano l'amministrazione della giustizia, quali governano il diritto di famiglia e come vengono garantiti il diritto alla salute e la libertà d'insegnamento. Infine, hai appreso quali doveri prevede la Costituzione per i cittadini.

COSTITUZIONE ITALIANA, PARTE I. DIRITTI E DOVERI DEI CITTADINI

- **TITOLO I. RAPPORTI CIVILI**
  - SONO INVIOLABILI
    - ART. 13: LA LIBERTÀ PERSONALE
    - ART. 14: IL DOMICILIO
    - ART. 15: LA LIBERTÀ E SEGRETEZZA DELLA CORRISPONDENZA E DI OGNI COMUNICAZIONE
  - È GARANTITA LA LIBERTÀ DI
    - ART. 16: CIRCOLAZIONE E SOGGIORNO
    - ART. 17: RIUNIONE
    - ART. 18: ASSOCIAZIONE
    - ART. 19: RELIGIONE
    - ART. 21: MANIFESTAZIONE DEL PENSIERO
  - NESSUNO PUÒ ESSERE PRIVATO PER MOTIVI POLITICI
    - ART. 22: DELLA CAPACITÀ GIURIDICA, DELLA CITTADINANZA, DEL NOME
  - L'AMMINISTRAZIONE DELLA GIUSTIZIA GARANTISCE
    - ART. 24: IL DIRITTO DI DIFESA
    - ART. 25: DI ESSERE GIUDICATI IN BASE A LEGGI ENTRATE IN VIGORE PRIMA DEL FATTO
    - ART. 27: DI NON ESSERE CONSIDERATI COLPEVOLI PRIMA DELLA SENTENZA DEFINITIVA, DI NON SUBIRE PENE INUMANE, DI NON ESSERE CONDANNATI A MORTE.
- **TITOLO II. RAPPORTI ETICO-SOCIALI**
  - FONDAMENTI DELLA FAMIGLIA
    - ART. 29: PARITÀ DEI CONIUGI
    - ART. 30: DIRITTI/DOVERI DEI GENITORI
    - ART. 31: SOSTEGNO ALLE FAMIGLIE
  - ART. 32: LA SALUTE
    - È UN DIRITTO DELL'INDIVIDUO E INTERESSE DELLA COLLETTIVITÀ.
    - IL SERVIZIO SANITARIO NAZIONALE
  - ART. 33: LIBERTÀ DI INSEGNAMENTO
  - SONO DOVERI DEI CITTADINI
    - ART. 52: LA DIFESA DELLA PATRIA
    - ART. 53: GLI OBBLIGHI FISCALI
    - ART. 54: LA FEDELTÀ ALLA REPUBBLICA

Lezione 9 riguardando gli appunti

In che modo l'art. 13 tutela la libertà personale?

- Il primo comma enuncia il principio generale: *la libertà personale è inviolabile*. E il secondo comma specifica che non è ammessa forma alcuna di detenzione, di ispezione (corporale) e perquisizione (sugli abiti), né altra restrizione della libertà personale.
- Le forze dell'ordine possono procedere a limitazione della libertà personale solo nei casi e nei modi previsti dalla legge e solo per ordine del giudice.

Come tutelano gli artt. 14 e 15 l'inviolabilità del domicilio e la segretezza della corrispondenza?

- Il domicilio può essere sottoposto a perquisizione, la corrispondenza può essere sequestrata e le conversazioni telefoniche (che sono una *forma di comunicazione*) possono essere registrate solo su ordine del giudice e nei soli casi previsti dalla legge.

Come tutela l'art. 16 la libertà di circolazione e soggiorno?

- L'art. 16 consente restrizioni alla libertà di circolazione e di soggiorno dei cittadini *solo* per ragioni di sanità o sicurezza.
- Poiché l'art. 16 parla di *cittadini*, se ne deve dedurre che le medesime garanzie non sono estese agli *stranieri*.

Come tutela l'art. 17 la libertà di riunione?

- L'art. 17 stabilisce che i cittadini hanno diritto di riunirsi pacificamente e senza armi. Per le riunioni, anche in luogo aperto al pubblico, non è richiesto preavviso. Delle riunioni in luogo pubblico, invece, deve essere dato preavviso alle autorità, che possono vietarle soltanto per comprovati motivi di sicurezza o di incolumità pubblica.

Come tutela l'art. 18 la libertà di associazione?

- L'art. 18 stabilisce che i cittadini hanno diritto di associarsi liberamente, senza bisogno di chiedere alcuna autorizzazione, per fini che non sono vietati ai singoli dalla legge penale.
- Sono però proibite le associazioni segrete e quelle che perseguono, anche indirettamente, scopi politici mediante organizzazioni di carattere militare.

Come tutela l'art. 19 la libertà religiosa?

- L'art. 19 riconosce a tutti (anche ai non cittadini) il diritto di professare liberamente la propria fede religiosa in qualsiasi forma, individuale o associata; di farne propaganda; di esercitarne in privato o in pubblico il culto, fermo restando il limite del buon costume.

Come tutela l'art. 21 la libertà di manifestazione del pensiero?

- L'art. 21 garantisce a tutti la libertà di manifestazione del pensiero e aggiunge che la stampa non può essere soggetta ad autorizzazioni o censure.

Si può privare una persona della capacità giuridica, della cittadinanza o del nome per motivi politici?

- No: l'ipotesi è esclusa in modo tassativo e senza eccezioni dall'art. 22 della Costituzione.

Che cosa prevede il Titolo I della Costituzione in materia di giustizia?

- Gli articoli da 24 a 27 prevedono, tra l'altro, il diritto di essere assistiti da un avvocato difensore durante il processo; il diritto di essere giudicati in base a leggi entrate in vigore prima del fatto commesso; il diritto a non essere considerati colpevoli prima della sentenza definitiva. Per quanto riguarda le sanzioni penali, la Costituzione mette al bando le pene contrarie al senso di umanità e la pena di morte.

Come regola la Costituzione i rapporti familiari?

- L'art. 29 stabilisce che il matrimonio è ordinato sull'eguaglianza morale e giuridica dei coniugi.
- L'art. 30 tutela i figli, anche se nati fuori dal matrimonio, stabilendo che è dovere e diritto dei genitori mantenerli, istruirli ed educarli.

Come tutela la Costituzione il diritto alla salute?

- L'art. 32 dispone che la Repubblica tutela la salute come fondamentale diritto dell'individuo.
- In esecuzione di questo precetto è stato tra l'altro istituito, nel 1978, il servizio sanitario nazionale.

Come è tutelata la libertà di insegnamento?

- L'art. 33 afferma che l'arte e la scienza sono libere, e libero ne è l'insegnamento.

Quali doveri impone la Costituzione?

- La Costituzione impone a tutti i cittadini tre importanti doveri: contribuire alla difesa della Patria in pericolo; concorrere alle spese pubbliche in ragione della propria capacità contributiva; essere fedeli alla Repubblica.

verifica mettiti alla prova

1. Completa la mappa concettuale utilizzando le seguenti parole:

pensiero ~ pacificamente e senza armi ~ fede religiosa ~ corrispondenza ~ inviolabile ~ domicilio.

ALCUNE LIBERTÀ TUTELATE DALLA COSTITUZIONE

- L'ART. 13 STABILISCE CHE LA LIBERTÀ PERSONALE È .... → L'ART. 14 STABILISCE L'INVIOLABILITÀ DEL .... → L'ART. 15 TUTELA LA SEGRETEZZA DELLA ....
- L'ART. 17 GARANTISCE LA LIBERTÀ DI RIUNIONE PURCHÉ AVVENGA .... → L'ART. 19 GARANTISCE LA LIBERTÀ DI PROFESSARE LA PROPRIA .... → L'ART. 21 GARANTISCE LA LIBERTÀ DI MANIFESTAZIONE DEL ....

2. Scegli la risposta corretta.

1 L'art. 13 Cost. stabilisce che sulle persone sottoposte a restrizione della libertà:
- a. è possibile esercitare violenza fisica e morale per indurle a confessare i loro reati
- b. è possibile esercitare la violenza morale ma non quella fisica
- c. è possibile usare qualsiasi tipo di violenza quando sia necessario
- d. è vietata ogni forma di violenza

2 La famiglia, secondo il dettato costituzionale, è fondata:
- a. sull'obbedienza all'autorità maritale
- b. sulla patria potestà
- c. sul criterio gerarchico
- d. sulla uguaglianza dei coniugi

3 Un locale cinematografico è giuridicamente considerato luogo:
- a. pubblico
- b. privato
- c. di svago
- d. aperto al pubblico

4 In Italia la libertà di manifestazione del pensiero è garantita:
- a. a tutti
- b. solo ai cittadini italiani
- c. solo ai cittadini dell'Unione europea
- d. solo agli stranieri regolarmente residenti

3. Rispondi alle seguenti domande.

A Com'è regolata la libertà di credo nella Costituzione?

B La Costituzione impone ai cittadini anche doveri? Quali?

C Quali forme di associazione vieta la Costituzione?

D In che modo è tutelata la libertà personale nella Carta costituzionale?

4. Barra con una crocetta la risposta che ritieni esatta e motiva il perché.

1 In nessun modo è possibile limitare la libertà personale. SÌ NO

perché? ....

2 I termini "ateismo" e "laicismo" possono essere considerati sinonimi. SÌ NO

perché? ....

3 Nelle scuole private è possibile decidere l'indirizzo da dare all'insegnamento. SÌ NO

perché? ....

4 La Costituzione pone limiti alla libertà di riunione. SÌ NO

perché? ....

5 La stampa, secondo l'art. 21 Cost., può essere soggetta ad autorizzazioni o censure. SÌ NO

perché? ....

5. Svela il crittogramma.

Sostituisci ogni numero con una lettera dell'alfabeto. A numero uguale corrisponde lettera uguale!

A	B	C	D	E	F	G	H	I	J	K	L	M	N	O	P	Q	R	S	T	U	V	W	X	Y	Z
					26	9					24						12	3	14						

L' _ R T _ | _ | L _ | S _ _ _ _ _ _ | S _ _ _ | L _ _ _ R _
24 21 12 14 2 | 2 | 24 21 | 3 19 6 2 15 17 21 | 3 5 15 5 | 24 6 18 2 12 2

_ | L _ _ _ R _ | _ _ | È | L' _ _ S _ G _ _ _ _ _ T _ .
2 | 24 6 18 2 12 5 | 15 2 | | 24 6 15 3 2 9 15 21 23 2 15 14 5

VIDEOSIMULATORE
FAI LA TUA SCELTA
Il diritto di voto

LEZIONE 10 Rapporti economici e politici

1 Come sono regolati i rapporti economici?

Sotto il titolo **Rapporti economici** la Costituzione contiene ben dodici articoli (artt. 35-47) con i quali pone i principi generali a cui si deve ispirare l'attività economica nel nostro Paese e la disciplina del lavoro. Di queste norme esamineremo quelle più qualificanti, non seguendo l'ordine in cui compaiono sulla nostra Carta costituzionale ma raggruppandole secondo i temi trattati.

La Costituzione e il sistema economico

→ **Sistema economico** è un'espressione che indica il modo in cui è organizzato l'apparato produttivo di un Paese.

Come vedremo più avanti (> Lezione 12), i sistemi economici di maggiore rilievo sono il **sistema collettivista** (nel quale tutte le aziende appartengono allo Stato); il **sistema capitalista puro** (nel quale i capitali monetari e le aziende appartengono solo ai privati); il **sistema misto**, nel quale capitali e aziende possono appartenere sia a soggetti pubblici che a soggetti privati.

La nostra Costituzione opta per quest'ultimo, riconoscendo un ruolo determinante all'iniziativa privata (nel nostro Paese la maggior parte delle imprese appartengono a privati), ma consentendo anche allo Stato di essere presente in campo economico sia con iniziative dirette (per esempio con le imprese pubbliche) sia con interventi legislativi che rendano le iniziative dei privati compatibili con l'*interesse generale*.

> **L'interesse generale** è esplicitamente tutelato dall'**art. 41 Cost.**, che così esordisce:
"L'iniziativa economica privata è libera."

Ma subito dopo aggiunge che:
"Non può svolgersi in contrasto con l'utilità sociale o in modo da recare danno alla sicurezza, alla libertà, alla dignità umana."

È evidente, in questo secondo comma, il rifiuto di quei sistemi nei quali l'obiettivo dell'accumulazione capitalista giustifica ogni sorta di sfruttamento delle risorse naturali e umane.

La Costituzione e il diritto di proprietà

> L'**art. 42 Cost.** nel primo comma stabilisce:
"La proprietà è pubblica o privata. I beni economici appartengono allo Stato, ad enti o a privati."

E nel secondo aggiunge:
"La proprietà privata è riconosciuta e garantita dalla legge che ne determina i modi di acquisto, di godimento e i limiti allo scopo di assicurarne la *funzione sociale* e di renderla accessibile a tutti."

Che cosa significa assicurare la funzione sociale?

> **Assicurare la funzione sociale** significa, in buona sostanza, porre vincoli a quelle forme di utilizzazione e di disposizione dei beni che, pur recando vantaggio ai singoli proprietari, possono rivelarsi pregiudizievoli per gli interessi della collettività.
Per esempio, il potere di edificare sul proprio fondo, pur recando indubbio vantaggio ai proprietari fondiari, potrebbe rivelarsi di notevole pregiudizio per la collettività se non venisse limitato a certe aree ben definite.

In linea generale, secondo il dettato costituzionale, ogni volta che il Parlamento individua un conflitto tra interesse privato e interesse collettivo, deve emanare le norme più idonee a salvaguardare quest'ultimo. Sono nate in tal modo, nel corso degli anni, la legislazione sulla tutela dell'ambiente, sulla edificabilità dei suoli, sulla sicurezza del lavoro in fabbrica, sulla protezione dei beni culturali, e così via.

La Costituzione e la tutela del lavoro

> L'**art. 36 Cost.** esordisce stabilendo che:
"Il lavoratore ha diritto a una retribuzione [...] sufficiente ad assicurare a sé e alla famiglia un'esistenza libera e dignitosa."

La norma non determina, né potrebbe farlo, quale deve essere l'ammontare di una retribuzione capace di assicurare un'esistenza libera e dignitosa. Tuttavia, per concorde orientamento della dottrina e della giurisprudenza, la retribuzione minima al di sotto della quale al datore di lavoro non è concesso scendere è quella stabilita dai **contratti collettivi di lavoro** stipulati, per le diverse categorie, tra le maggiori rappresentanze sindacali dei lavoratori e degli imprenditori.

Sempre in tema di lavoro gli **artt. 39 e 40 Cost.** aggiungono che:

- l'*organizzazione sindacale* è libera;
- il *diritto di sciopero* si esercita nell'ambito delle leggi che lo regolano.

Queste due ultime norme hanno costituito, per la nostra legislazione sociale, una svolta veramente storica. Nel primo periodo dello Stato unitario, e più tardi, di nuovo, con l'ordinamento fascista, erano severamente sanzionati sia lo sciopero, sia la costituzione di libere organizzazioni sindacali. Oggi tutte le moderne democrazie, e non soltanto l'Italia, riconoscono e tutelano sia il diritto di associazione sindacale che il diritto di sciopero.

Ma gli scioperi nei servizi pubblici creano sempre un gran caos!

Ciò è sicuramente vero. Pensiamo ai disagi che derivano ai cittadini dallo sciopero del personale medico e paramedico negli ospedali, o allo sciopero degli addetti alla raccolta dei rifiuti o al trasporto urbano. Il problema che si pone, in questi casi, è come conciliare il diritto dei dipendenti con i diritti della collettività.

Un punto d'incontro tra le contrapposte esigenze è stato tentato con le leggi (l. n. 146 del 1990 e n. 83 del 2000) che hanno posto limiti alle modalità di sciopero nei **servizi pubblici essenziali** stabilendo che:

- debbano essere comunque garantite le prestazioni minime indispensabili (per esempio il servizio di pronto soccorso negli ospedali);
- deve essere dato preavviso dello sciopero al pubblico con un anticipo di almeno dieci giorni;
- la data dello sciopero deve essere prefissata e non si può cambiare senza un nuovo preavviso, né si può variare la durata dell'astensione dal lavoro.

Rientrano nella disciplina dei **servizi pubblici essenziali** i settori della sanità; protezione civile; raccolta e smaltimento dei rifiuti urbani; trasporti pubblici; poste e telecomunicazioni; informazione radio e televisiva pubblica; scuola (con particolare riferimento allo svolgimento degli scrutini e degli esami).

2 Come sono regolati i rapporti politici?

> L'**art. 1 Cost.** stabilisce che **la sovranità appartiene al popolo** (> Lezione 8). Ma subito dopo aggiunge **che la esercita nei modi e nei limiti della Costituzione**.

Combinando questa disposizione con quelle contenute nella seconda parte della Carta costituzionale (> Unità 6) si ricava che nel nostro ordinamento il popolo non esercita la propria sovranità in modo diretto esprimendo il proprio parere su tutte le questioni dello Stato, ma in modo *indiretto*, eleggendo i rappresentanti a cui affida il compito di operare le scelte più opportune per il governo del Paese.

In Italia, dunque, vi è una **democrazia rappresentativa**.

→ **Sono elettori**, stabilisce l'art. 48 Cost., tutti i cittadini, uomini e donne, che hanno raggiunto la maggiore età.

IL VOTO È
- personale
- uguale
- libero
- segreto

Il voto, aggiunge la medesima norma:

- è *personale* (ciò significa che non si può delegare ad altri l'esercizio di questo diritto. Solo chi è gravato da un serio impedimento fisico può chiedere di essere assistito da una persona di sua fiducia);
- è *uguale* perché nessuna persona può disporre di più voti;
- è *libero* e *segreto*.

È opportuno osservare che la segretezza del voto non significa che non possiamo rivelare per chi abbiamo votato. Significa soltanto che nessuno può pretendere di controllare come votiamo.

Solo la garanzia della segretezza consente a tutti di esprimere liberamente le proprie preferenze senza il pericolo di subire pressioni o ritorsioni.

ZOOM

Votare è un obbligo?

La legge non prevede alcuna sanzione a carico di chi non si reca alle urne. Votare, pertanto, non è un obbligo, ma è un **dovere civico**. È un dovere, cioè, di ogni buon cittadino. Chi non vota lascia che siano gli altri a scegliere per lui.

Grave almeno quanto non votare è votare senza una preventiva e corretta informazione sulla reputazione dei candidati e sui diversi programmi che i partiti politici intendono attuare.

Se il voto non è ben meditato si rischia di mandare al governo del Paese una formazione politica che persegue interessi materiali o ideali diversi o addirittura in conflitto con i propri.

3 Qual è la funzione dei partiti politici?

Non è raro, nella vita dei Paesi democratici, che in taluni periodi i partiti politici vengano vissuti, da larga parte della popolazione, come organizzazioni invadenti e litigiose, i cui *leader* sono impegnati più ad affermare il proprio potere personale che a perseguire il bene della collettività. In tale situazione è comprensibile che la gente si domandi se sarebbe possibile farne a meno.

Ebbene, probabilmente potremmo fare a meno dei partiti così come oggi sono strutturati e organizzati. Ma sicuramente non potremmo fare a meno di organizzazioni che svolgano le medesime funzioni. E più che qualsiasi ragionamento ci induce a tale conclusione l'osservazione della realtà: non esiste al mondo un solo Stato democratico nel quale non siano presenti due o più formazioni politiche organizzate.

Perché i partiti sono così indispensabili? Qual è la loro funzione?

> **Le principali funzioni** dei partiti, nelle moderne democrazie, sono:

- individuare le richieste che provengono dalla società civile;
- tradurre tali richieste in proposte concrete da sottoporre, per mezzo dei propri parlamentari, all'approvazione delle Camere.

L'**art. 49 Cost.** dispone in proposito:
"Tutti i cittadini hanno diritto di associarsi liberamente in partiti per concorrere con metodo democratico a determinare la politica nazionale."

La Costituzione, dunque, assegna ai partiti una funzione di grande rilievo.

Essi hanno il compito di *concorrere*, con i propri programmi, alla individuazione delle scelte più idonee per l'interesse del Paese.

Come debbono svolgere i partiti questa funzione?

L'art. 49 pone un solo limite: essi debbono farlo con **metodo democratico**. Ciò vuol dire che nessun partito può imporre con la violenza il proprio programma e la competizione elettorale deve svolgersi nel rispetto delle regole della democrazia.

Potere di comando e finanziamenti dei partiti politici

I partiti politici hanno un potere di comando?

Giuridicamente i partiti politici sono associazioni private e come tali non hanno alcun potere di comando. Lo assumono indirettamente solo quando i loro candidati vengono eletti al Parlamento oppure assumono incarichi di governo.

È corretto finanziare i partiti politici con denaro pubblico?

Se è vero che i partiti politici svolgono una funzione di rilievo costituzionale e sono indispensabili per la sopravvivenza della democrazia, è ragionevole che debbano essere aiutati in qualche modo a coprire le spese necessarie per svolgere la loro attività: sedi, attrezzature, impiegati, organi di stampa, e così via. In tutti i Paesi europei sono previste forme di finanziamento diretto o indiretto.

In Italia la **legge n. 13 del 2014** ha sostituito il precedente sistema di finanziamento pubblico con una forma di contribuzione indiretta e volontaria dei cittadini. In base alle nuove disposizioni ciascun contribuente, all'atto della dichiarazione annuale del reddito sulle persone fisiche, può destinare il due per mille della propria imposta al finanziamento di un partito politico.

Condizione perché il partito possa ricevere la contribuzione è che la sua organizzazione interna sia ispirata a criteri di trasparenza e democraticità.

4 Come avvengono le consultazioni elettorali?

Nel nostro ordinamento sono previsti due tipi di consultazione elettorale. Chiamiamo:

- **elezioni politiche** quelle dirette a eleggere i candidati al Parlamento nazionale e i candidati al Parlamento europeo. Queste elezioni si tengono ogni cinque anni;
- **elezioni amministrative** quelle dirette a eleggere i Consigli regionali e comunali nonché i Presidenti delle Regioni e i Sindaci. Anche queste elezioni si tengono ogni cinque anni.

Come si esercita il diritto di voto?

I sistemi di voto adottati nelle moderne democrazie sono piuttosto variegati, e ciò deriva dal fatto che in ogni Paese si cerca, con complesse alchimie, di conciliare due obiettivi tra loro difficilmente conciliabili:

- **consentire una sicura e stabile guida politica al Paese**;
- **garantire che l'assemblea eletta rispecchi fedelmente l'orientamento politico degli elettori**.

> **Il primo obiettivo** si raggiunge tanto più facilmente quanto minore è il numero dei partiti presenti in Parlamento.

Se, ad esempio, i partiti fossero due, non v'è dubbio che, escludendo un'ipotesi poco probabile di parità, uno solo di essi otterrebbe la maggioranza dei voti e potrebbe guidare il Paese senza impedimenti per tutta la durata della legislatura.

Se, al contrario, i partiti fossero molti, difficilmente uno solo sarebbe in grado di ottenere la maggioranza dei consensi. Il Paese, pertanto, dovrebbe essere guidato da una **coalizione**, cioè da un'alleanza di più partiti. Ma le *coalizioni* spesso sono instabili, perché costringono a una forzata convivenza formazioni politiche portatrici di interessi diversi.

> **Il secondo obiettivo** (garantire che l'assemblea eletta rispecchi fedelmente l'orientamento politico degli elettori) si pone in evidente contrasto con il primo perché solo la presenza di una molteplicità di partiti consente realmente agli elettori di scegliere quello che più riflette il loro orientamento.

Chiarito ciò, vediamo come i sistemi elettorali maggiormente in uso realizzano questi due obiettivi.

Il sistema proporzionale

Questo sistema prevede la suddivisione del territorio nazionale in zone piuttosto ampie dette **circoscrizioni**.
Agli elettori residenti in ciascuna circoscrizione compete di eleggere un certo numero di candidati che andranno a ricoprire altrettanti *seggi* (cioè posti) in Parlamento.

SISTEMI ELETTORALI
→ proporzionale
→ maggioritario

Il sistema viene chiamato **proporzionale** perché i partiti conquistano, in ciascuna circoscrizione, un numero di seggi *proporzionale* al numero di voti ottenuti. Per esempio, se i *seggi* disponibili sono dieci, chi ha ottenuto il 60% dei voti avrà 6 *seggi*; chi ha ottenuto il 20% avrà 2 *seggi*, e così via.
In questo modo anche le formazioni più piccole riescono ad aggiudicarsi qualche seggio e a entrare in Parlamento.

Il sistema maggioritario

È detto *all'inglese* perché è adottato nel Regno Unito e, seppure con qualche variante, nei cosiddetti Paesi anglosassoni. Esso prevede la ripartizione del territorio nazionale in zone piuttosto piccole dette *collegi*, in ciascuno dei quali può essere eletto un solo candidato. Viene chiamato **maggioritario** perché tra tutti i concorrenti in un medesimo *collegio* si aggiudica l'unico seggio in palio il candidato che ottiene il maggior numero di voti rispetto agli altri.

Questo sistema tende al **bipartitismo**, perché gli elettori sono (o dovrebbero essere) tendenzialmente portati a non disperdere il proprio voto assegnandolo a candidati di partiti minori che non avrebbero alcuna probabilità di aggiudicarsi il seggio in palio.

Le possibili infedeltà del sistema maggioritario

Il sistema maggioritario può condurre a risultati che non sempre riflettono fedelmente l'orientamento del corpo elettorale. Può accadere, per esempio, che formazioni con largo seguito nel Paese non ottengano una rappresentanza parlamentare corrispondente alla loro forza.
Vediamo un'ipotesi estrema.
Supponiamo che vi siano 100 seggi in Parlamento e che sulla scena politica operino 4 partiti:

- il partito A raccoglie in media il 36% dei voti;
- il partito B il 35%;
- i partiti C e D si dividono il rimanente 29%.

Ora immaginiamo che i candidati di A prevalgano di stretta misura su quelli di B nel 70% dei collegi e che i candidati di B prevalgano, invece, nel restante 30%.
Concluso lo spoglio dei voti la situazione in Parlamento sarà la seguente:

- A disporrà di 70 deputati e B solo di 30, nonostante le due forze politiche siano sostanzialmente equivalenti;
- C e D non avranno alcun deputato, nonostante rappresentino, complessivamente, il 29% degli elettori.

I sistemi corretti

Sia al sistema elettorale maggioritario che al sistema proporzionale possono essere introdotte alcune correzioni al fine di modificarne parzialmente gli effetti.

SISTEMI ELETTORALI CORRETTI
- con doppio turno
- con sbarramento
- con premio di maggioranza

Il sistema maggioritario può essere corretto con l'introduzione del **doppio turno** di votazioni, detto anche "ballottaggio".
Al primo turno elettorale partecipano tutti i partiti e in ogni collegio risulteranno immediatamente eletti coloro che avranno raggiunto più del 50% dei voti. Se ciò non avviene, come è altamente probabile, si passa al secondo turno di votazione, detto anche ballottaggio.
Al secondo turno sono ammessi solo quei candidati che nel primo hanno ottenuto una percentuale di voti superiore al limite minimo stabilito dalla legge e in ogni collegio vince il candidato che riceve più voti.

Il sistema proporzionale può essere invece corretto con altri tipi di accorgimenti, come lo **sbarramento** (le liste che restano al di sotto di una certa percentuale di voti non ottengono alcun seggio in Parlamento) e il **premio di maggioranza** (il partito che raccoglie i maggiori consensi ottiene in premio un numero più alto di seggi che gli consentono di avere la maggioranza assoluta in Parlamento).

5 Quale sistema di voto è adottato in Italia?

La Costituzione italiana lascia alla legge ordinaria la scelta del sistema elettorale da adottare. E per un lungo arco di tempo (dal 1948 al 1993) la scelta è caduta sul sistema proporzionale. Questo sistema, tuttavia, era imputato di favorire l'instabilità politica, perché consentiva a troppi partiti, anche a quelli numericamente poco significativi, di entrare in Parlamento e di condizionare il lavoro del Governo in modo non sempre utile al Paese.
Nel 1993, raccogliendo il diffuso scontento popolare, le Camere hanno approvato una nuova legge, di cui è stato primo firmatario l'attuale Presidente della Repubblica Sergio Mattarella, che combinava insieme alcuni elementi del sistema maggioritario con altri del sistema proporzionale. Neppure questa legge, però, ha incontrato l'unanime favore del mondo politico e nel 2005 è stata sostituita con una nuova legge elettorale che però la Corte costituzionale nel 2014 ha giudicato incostituzionale in alcune sue parti.

Gli elettori che risiedono all'estero hanno diritto di eleggere, complessivamente, dodici deputati e sei senatori inviando per posta il loro voto al più vicino consolato italiano (l. n. 459 del 2001).

Una nuova legge, denominata *Italicum*, è stata approvata nel 2015, ma questa regolava solo l'elezione della Camera dei deputati perché, secondo la riforma costituzionale che avrebbe dovuto accompagnarla, solo la Camera poteva essere eletta in modo diretto dai cittadini, mentre il Senato avrebbe dovuto essere composto da amministratori locali e Sindaci.
La riforma ostituzionale, però, non è mai entrata in vigore a causa dell'opposizione popolare manifestata attraverso un referendum, e per di più l'*Italicum* è stato censurato in alcune sue parti da una ulteriore sentenza della Corte costituzionale.
Mentre scriviamo, pertanto, coesistono due leggi elettorali.

> **Per la Camera dei deputati** (unica eleggibile con ciò che è rimasto dell'*Italicum* dopo la censura della Corte costituzionale) si dovrebbe votare:

- con un sistema proporzionale (i seggi assegnati a ciascun collegio sono distribuiti a ciascuna lista in proporzione al numero di voti ottenuto),
- con sbarramento al 3% (per evitare l'ingresso alla Camera di piccole formazioni)
- e premio di maggioranza alla lista che raccoglierà almeno il 40% dei voti validamente espressi.

È stato eliminato dalla Corte costituzionale il ballottaggio tra le due liste più votate, come prevedeva inizialmente la legge.

> **Per il Senato della Repubblica** si dovrebbe votare con ciò che rimane della legge elettorale del 2005, dopo la censura della Corte costituzionale. Cioè con un sistema:

- proporzionale,
- senza premio di maggioranza (eliminato dalla Corte costituzionale nel 2014),
- con sbarramento all'8% per le liste di singoli partiti, al 20% per le liste che riuniscono in coalizione più partiti.

È possibile tuttavia, come auspicato dal Presidente della Repubblica, che il Parlamento approvi in tempi rapidi una nuova legge che regoli in modo uniforme l'elezione dei membri della Camera e del Senato.

Sconfinando

Il voto femminile

Le donne hanno ottenuto il diritto di partecipare alle elezioni politiche:
- nel 1906 in Finlandia;
- nel 1915 in Danimarca;
- nel 1918 nel Regno Unito e in Irlanda;
- nel 1919 in Austria, Germania, Lussemburgo e Paesi Bassi;
- nel 1921 in Svezia;
- nel 1931 in Spagna;
- nel 1942 in Grecia;
- nel 1945 in Francia;
- nel 1946 in Italia;
- nel 1948 in Belgio;
- nel 1971 in Svizzera;
- nel 1974 in Portogallo.

MAPPA che cosa hai imparato

LOSAI?

In questa Lezione hai imparato che cosa prevede la Costituzione riguardo i rapporti economici (Titolo III) e i rapporti politici (Titolo IV). Hai appreso che la Costituzione delinea un sistema economico misto, in cui l'iniziativa privata non può andare a discapito dell'interesse generale e in cui è assicurata la funzione sociale della proprietà privata. Hai imparato quali sono i diritti del lavoratore, come è disciplinato il diritto di voto e quale ruolo hanno i partiti politici. Infine, hai imparato quali sono i principali sistemi elettorali.

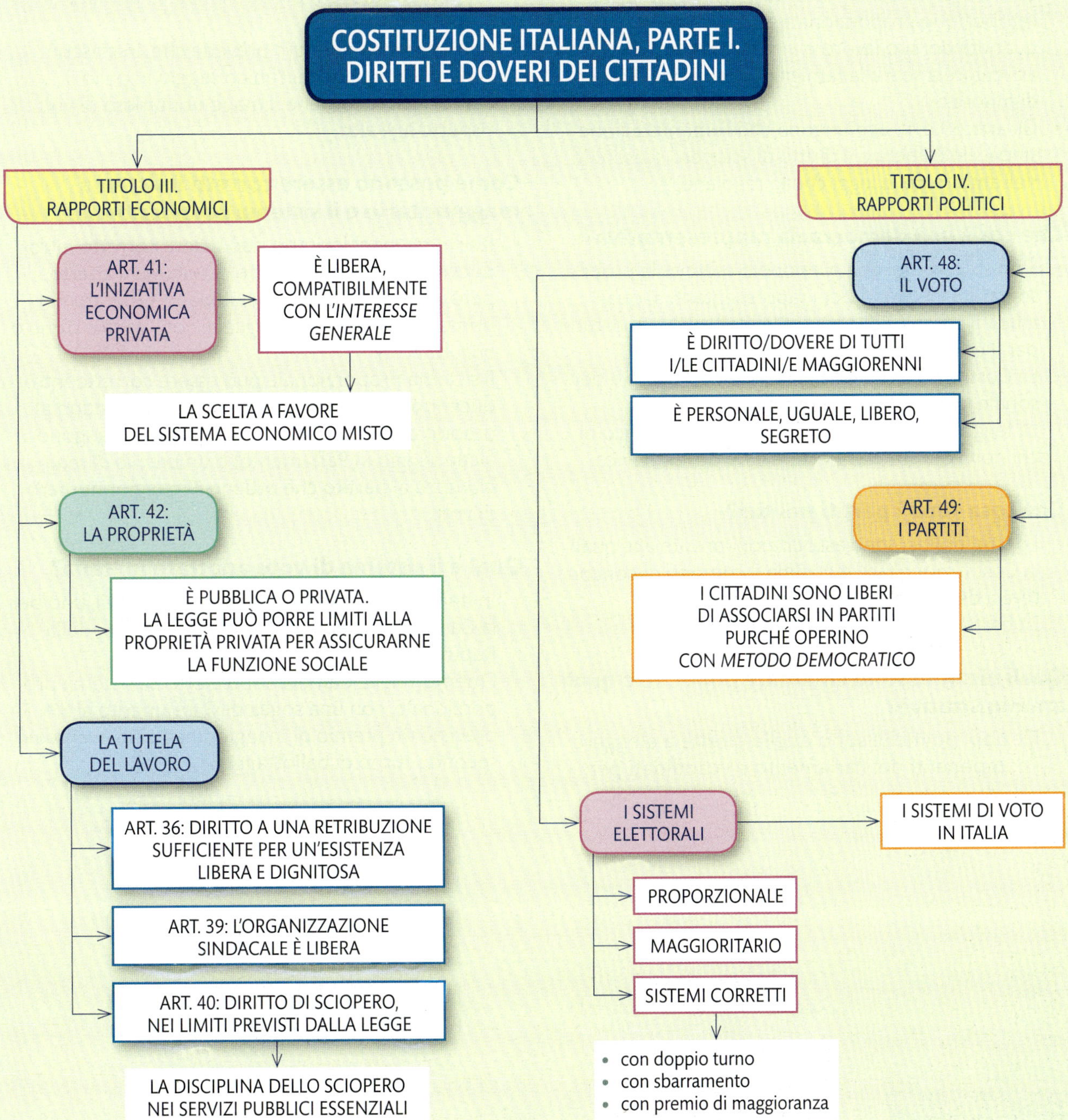

Lezione 10 riguardando gli appunti

Come regola la Costituzione i rapporti economici?

- L'art. 41 stabilisce che l'attività economica privata è libera. Ma subito dopo aggiunge che essa non può svolgersi in contrasto con l'utilità sociale o in modo da recare danno alla sicurezza, alla libertà e alla dignità umana.
- L'art. 42 afferma che la proprietà è pubblica o privata, e i beni economici appartengono allo Stato, a enti o a privati. La legge assicura la *funzione sociale* della proprietà privata.
- L'art. 36 ricorda che il lavoratore ha diritto a una retribuzione proporzionata alla qualità e alla quantità del suo lavoro e in ogni caso sufficiente ad assicurare a sé e alla famiglia un'esistenza libera e dignitosa.
- Gli artt. 39 e 40 aggiungono che l'organizzazione sindacale è libera e il diritto di sciopero si esercita nell'ambito delle leggi che lo regolano.

Che cos'è una democrazia rappresentativa?

- È un sistema nel quale il popolo esercita la propria sovranità eleggendo dei rappresentanti ai quali affida il compito di operare le scelte più opportune per il governo dello Stato.
- La Costituzione italiana stabilisce che il voto è personale, uguale, libero e segreto.
- La legge non prevede alcuna sanzione a carico di chi non vota. Tuttavia votare è un dovere civico.

Che cosa sono i partiti politici?

- I partiti politici sono associazioni private alle quali la Costituzione (art. 49) affida il compito di concorrere a determinare la politica nazionale.
- La costituzione dei partiti è libera.

Quali elezioni sono chiamate politiche e quali amministrative?

- Elezioni politiche sono quelle dirette a eleggere i componenti del Parlamento e i candidati per il Parlamento europeo. Si tengono ogni cinque anni.
- Elezioni amministrative sono quelle dirette a eleggere i Consigli regionali e comunali, nonché i Presidenti delle Regioni e i Sindaci. Anche queste si tengono ogni cinque anni.

Come operano i sistemi proporzionale e maggioritario?

- Il sistema *proporzionale* prende questo nome perché i partiti conquistano, in ciascuna circoscrizione, un numero di seggi proporzionale al numero di voti ottenuti.
- Il sistema *maggioritario* prevede che, in ciascun collegio, si aggiudichi l'unico seggio in palio il candidato che ottiene il maggior numero di voti rispetto agli altri.

Come possono essere corretti il sistema maggioritario e il sistema proporzionale?

- Il sistema maggioritario può essere corretto introducendo un secondo turno di votazioni aperto, però, solo ai candidati che abbiano superato nel primo turno una certa soglia di voti (*doppio turno* o *ballottaggio*).
- Il sistema proporzionale può essere corretto introducendo uno *sbarramento* (le liste che restano al di sotto di una certa percentuale non ottengono alcun seggio in Parlamento) o un *premio di maggioranza* al partito che ottiene il maggior numero di voti.

Qual è il sistema di voto adottato in Italia?

- In Italia sono previsti due sistemi elettorali, uno per la Camera dei deputati e uno per il Senato della Repubblica.
- I membri della Camera sono eletti col sistema proporzionale, con una soglia di sbarramento al 3%. È previsto un premio di maggioranza e un eventuale secondo turno di ballottaggio.

verifica mettiti alla prova

1. Completa la mappa concettuale utilizzando le seguenti parole:

amministrative ~ comunale ~ maggioritario ~ Parlamento ~ proporzionale ~ seggio ~ voti ~ europeo.

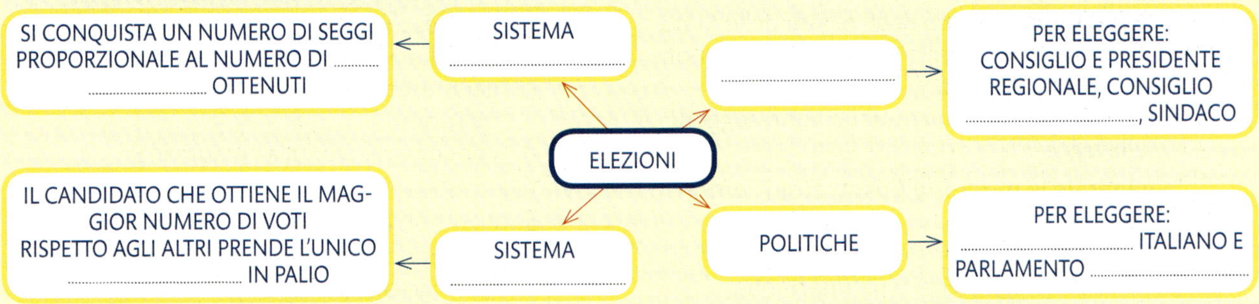

2. Scegli la risposta corretta.

1 L'art. 41 Cost. afferma che in economia l'iniziativa privata:
- a. è libera
- b. è vietata
- c. è libera a patto che produca ricchezza
- d. è libera ma non può svolgersi in contrasto con l'utilità sociale

2 La proprietà, secondo il dettato costituzionale:
- a. può essere solo privata
- b. può essere solo pubblica
- c. non può essere limitata dalla legge
- d. può essere limitata dalla legge allo scopo di assicurarne la funzione sociale

3 Le elezioni politiche sono dirette a eleggere:
- a. la Camera dei deputati
- b. il Parlamento europeo
- c. il Parlamento italiano e il Parlamento europeo
- d. i Consigli regionali

4 Le elezioni amministrative sono dirette a eleggere:
- a. i membri del Governo
- b. gli organi elettivi delle Regioni
- c. gli organi elettivi di Regioni e Comuni
- d. solo i Sindaci dei Comuni con più di 5000 abitanti.

3. Rispondi alle seguenti domande.

A Quale funzione assegna la Costituzione ai partiti politici?

B Come sono finanziati oggi i partiti politici?

C In Italia vi è una democrazia rappresentativa. Cosa significa?

D Quali sono i tipi di consultazione elettorale previsti dal nostro ordinamento?

4. Barra con una crocetta la risposta che ritieni esatta e motiva il perché.

1 Il premio di maggioranza prevede che il partito che raccoglie i maggiori consensi ottenga in premio un numero più alto di seggi in Parlamento. SÌ NO

perché? ....

2 Nel sistema economico misto i capitali possono appartenere solo allo Stato. SÌ NO

perché? ....

3 Secondo l'art. 42 Cost. la proprietà può essere solo privata. SÌ NO

perché? ....

4 La segretezza del voto impedisce a chiunque di rivelare per chi si è votato. SÌ NO

perché? ....

5 Si può limitare il diritto di proprietà. SÌ NO

perché? ....

5. Svela il crittogramma.

Sostituisci ogni numero con una lettera dell'alfabeto. A numero uguale corrisponde lettera uguale!

A	B	C	D	E	F	G	H	I	J	K	L	M	N	O	P	Q	R	S	T	U	V	W	X	Y	Z
	3																		16		17				

__ __ (7 25) V __ T __ (17 14 16 14) È __ __ B __ __ __ (25 7 3 15 18 14) __ (15) __ __ __ __ __ T __ (24 15 6 18 15 16 14).

Unità 3 sei pronto per la verifica? in un'ora

1. Scegli la risposta corretta.

1 Stato di diritto significa:
a. che le leggi dello Stato sono giuste
b. che il diritto è posto dagli organi dello Stato
c. che è vietato qualsiasi comportamento non conforme al diritto
d. che anche gli organi pubblici sono soggetti alla legge

2 In generale le moderne Costituzioni contengono:
a. la esatta elencazione dei diritti soggettivi
b. la raccolta delle leggi più importanti
c. le norme che tutelano i fondamentali diritti dei cittadini e regolano l'organizzazione dello Stato
d. le norme che regolano i più importanti rapporti internazionali

3 Lo Statuto albertino disponeva che il Parlamento fosse composto:
a. da una sola Camera
b. da due Camere elettive
c. da un Senato elettivo e da una Camera dei deputati nominata dal re
d. da una Camera dei deputati elettiva e un Senato nominato dal re

4 L'attuale Costituzione italiana è entrata in vigore:
a. il 25 luglio 1943
b. il 2 giugno 1946
c. il 1° gennaio 1948
d. il 22 dicembre 1949

5 La scelta repubblicana fu operata:
a. dall'Assemblea costituente eletta dagli italiani a suffragio universale
b. da un'assemblea composta dai maggiori esponenti dei partiti che avevano combattuto il fascismo
c. dal primo Governo provvisorio
d. dal popolo italiano attraverso un referendum

6 Costituzione rigida significa che le sue norme:
a. sono immodificabili
b. sono molto rigorose
c. non lasciano spazio a equivoci
d. sono modificabili solo con una procedura molto complessa

7 L'art. 1 Cost. stabilisce che la sovranità appartiene:
a. al Parlamento
b. al Governo
c. al Presidente della Repubblica
d. al popolo

8 L'art. 2 Cost.:
a. introduce il principio della democrazia rappresentativa
b. introduce il principio di uguaglianza
c. garantisce la tutela dei diritti inviolabili dell'uomo
d. contiene regole sulla cittadinanza

9 L'art. 3 Cost. introduce nell'ordinamento:
a. il criterio di uguaglianza formale
b. il criterio di uguaglianza sostanziale
c. l'obbligo di eliminare ogni diversità economica tra i cittadini
d. l'obbligo per tutti di rispettare le leggi

10 Il riconoscimento del diritto al lavoro contenuto nell'art. 4 Cost. comporta:
a. l'obbligo per lo Stato di dare lavoro a tutti i cittadini
b. l'obbligo per tutti i cittadini di svolgere un lavoro
c. l'obbligo per lo Stato di promuovere le condizioni che favoriscano l'aumento dei posti di lavoro
d. l'obbligo per le imprese di aumentare quanto più possibile il numero dei posti di lavoro

11 L'art. 6 Cost. stabilisce che le minoranze linguistiche presenti in Italia:
a. debbano perdere la loro identità e integrarsi nel tessuto nazionale
b. siano tutelate dalla legge affinché sia rispettato il loro patrimonio culturale
c. non abbiano alcuna particolare tutela
d. siano solo tollerate

12 I rapporti tra lo Stato italiano e la Santa Sede sono regolati:
a. dall'art. 7 della Costituzione italiana
b. dalle leggi ordinarie dello Stato
c. da consuetudini internazionali
d. dai Patti Lateranensi

13 L'art. 11 Cost. stabilisce che l'Italia ripudia la guerra:
a. solo se ha uno scopo aggressivo
b. solo se condotta con armi non convenzionali
c. solo se condotta contro Paesi più piccoli
d. senza condizioni

14 Lo stato di guerra è deliberato:
a. dal Parlamento
b. dal Governo
c. dal Presidente della Repubblica
d. dal popolo mediante referendum

2 punti per ogni risposta esatta
Punti: ..../28

ZTE Mettiti alla prova con gli esercizi interattivi — Punteggio massimo: 100 punti | Sufficienza: 60 punti

2. Collega le parole della colonna di sinistra con le corrispondenti espressioni.

1	Stato ateo	a.	tutti sono soggetti alla legge, anche gli organi pubblici
2	Art. 19 Cost.	b.	libertà personale
3	Stato teocratico	c.	non riconosce alcuna religione
4	Laicismo	d.	obblighi fiscali
5	Stato di diritto	e.	modo di interpretare i rapporti tra lo Stato e le confessioni religiose
6	Art. 13 Cost.	f.	identificazione tra potere politico e potere religioso
7	Coalizione	g.	libertà di religione
8	Art. 53 Cost.	h.	alleanza fra partiti politici

2 punti per ogni risposta esatta
Punti: ..../16

3. Sai qual è la differenza tra...

Costituzione flessibile	Costituzione rigida ....
Eguaglianza formale	Eguaglianza sostanziale ....
Stato laico	Stato confessionale ....
Elezioni politiche	Elezioni amministrative ....

5 punti per ogni risposta esatta
Punti: ..../20

4. Rispondi alle seguenti domande.

A Quali sono le principali libertà tutelate dalla Costituzione?
B Quali doveri impone la Costituzione?
C Quanto è importante la libertà di manifestazione del pensiero?
D Che cosa significa "assicurare la funzione sociale" della proprietà?

9 punti per ogni risposta esatta
Punti: ..../36

5. L'ESPERTO RISPONDE **Metti alla prova le tue competenze.**
Sono un dipendente dell'azienda dei trasporti urbani e poiché mi ritengo mal pagato volevo organizzare una serie di scioperi ma mi è stato detto che, per legge, noi non possiamo scioperare come e quando vogliamo. Vorrei sapere perché.

Oltre la ricchezza

Vivere in un Paese molto povero significa vivere in condizioni di estrema precarietà, talvolta ai limiti della sopravvivenza. Per questo gli studiosi di economia politica, così come i governi di tutto il mondo, si interrogano da sempre su come aumentare la ricchezza nazionale.
Ma come si fa a calcolare quanto è ricco uno Stato? L'indicatore che viene utilizzato è il PIL (Prodotto interno lordo). Vedremo meglio nelle prossime pagine in che cosa consiste. Per il momento ci basta sapere che il PIL indica il valore di tutto quello che produce un Paese in un certo periodo di tempo. Più un Paese produce, più il suo PIL è elevato. Ciò significa che i Paesi con il PIL più alto sono i più ricchi del mondo. Ma sono anche quelli dove si vive meglio? ■

Vivere in un Paese con un PIL elevato ha molti vantaggi, e non solo di tipo materiale. Sai indicarne qualcuno?

Alija, iStock.

Il PIL fotografa in modo completo il nostro livello di benessere, o ci sono cose che gli sfuggono?

AlexRaths, iStock.

Lo sviluppo economico è importante, ma non meno importante è garantire un adeguato sviluppo umano. Sapresti dire in che cosa consiste?

Monkey Business Images, Shutterstock.

Riusciresti a vivere bene in un Paese ricco, in cui però l'ambiente è distrutto o si può essere arrestati per le proprie idee?

enviromantic, iStock.

Quello che il PIL NON DICE.

Dim Dimich, Shutterstock.

In generale è vero che i Paesi più ricchi sono quelli in cui si vive meglio. Eppure il PIL di un Paese non ci dice tutto sul livello di benessere dei suoi abitanti. Per esempio, dal PIL sono escluse tutte le attività che non creano redditi, ma alcune di esse contribuiscono in modo importante al benessere collettivo (pensiamo al volontariato). Inoltre, un PIL elevato ci dice se uno Stato è ricco, ma non se quella ricchezza è equamente distribuita fra i cittadini. Senza contare che la qualità della nostra vita dipende da una serie di fattori che non hanno strettamente a che fare con la ricchezza del Paese in cui viviamo. Per queste ragioni gli economisti hanno elaborato altri indicatori, in grado di cogliere dati che sfuggono al calcolo del PIL. Fra questi vi è l'Indice di Sviluppo Umano (ISU).

Lo sviluppo umano

La domanda che si pone l'ISU non è quanto produce un Paese, ma come stanno i suoi cittadini. L'indice si basa su tre fattori: il livello di scolarizzazione, la speranza di vita e il reddito pro capite. Il benessere viene quindi misurato non solo sulla ricchezza, ma anche sull'accesso all'istruzione (l'analfabetismo non è affatto debellato nel mondo) e sulla possibilità di condurre una vita lunga e sana.
È interessante notare che la classifica dei Paesi con il più alto Indice di Sviluppo Umano non coincide con quella del PIL: gli USA, al primo posto nella classifica PIL, finora non hanno mai raggiunto il primo posto nella classifica ISU, in cui spiccano Australia, Norvegia, Giappone e Islanda. Evidentemente, il detto per cui i soldi non fanno la felicità sembra essere confermato!

La qualità della vita

Ma anche l'ISU è un indice parziale. Come ha rilevato, fra gli altri, il premio Nobel Amartya Sen, ci sono altri fattori che concorrono al benessere oltre a istruzione e speranza di vita. Fra questi: la libertà di espressione e di stampa, la salvaguardia dell'ambiente naturale, la presenza di elezioni libere, un adeguato sviluppo della tecnologia e della vita culturale.

ATTIVITÀ

1. Per cominciare.

Osserva le fotografie della pagina accanto. In base a quello che hai imparato, sai rispondere alle domande contenute nelle didascalie?

2. Crea i collegamenti.

Considera ora le immagini come se fossero i fotogrammi di un'unica sequenza. Che cosa le tiene insieme? Quali sono i collegamenti fra l'una e l'altra?
Puoi procedere in questo modo:

- **osserva**: che cosa vedi nella prima fotografia?
- **interpreta**: perché quell'immagine rimanda al mondo del diritto?
- **crea i collegamenti**: quale può essere il legame tra la prima e la seconda fotografia? Che cosa aggiunge la seconda fotografia alla prima?
- Prosegui così per le immagini successive.

Rose Carson, Shutterstock.

UNITÀ 4

La ricchezza della Nazione

LEZIONE 11

I temi dell'economia politica

COMPETENZE DI UNITÀ

COMPETENZE DI ASSE

- Saper valutare l'importanza degli studi economici volti alla crescita della ricchezza nazionale
- Saper valutare l'influenza dei diversi attori del processo economico ai fini di un maggiore sviluppo
- Saper cogliere l'importanza di un equilibrato rapporto commerciale con il resto del mondo

CONOSCENZE

- Conoscere i caratteri generali dello studio economico
- Conoscere i caratteri dei singoli operatori presenti nel processo di sviluppo economico
- Comprendere la mutua influenza di ciascun operatore sugli altri
- Conoscere le differenze tra bilancio dello Stato, bilancia dei pagamenti e bilancia commerciale

ABILITÀ

- Saper prevedere gli effetti:
  - di una variazione delle imposte sul sistema produttivo
  - di una riduzione o di un aumento del reddito delle famiglie
  - di un ampliamento o di una restrizione degli scambi commerciali

1 Come si può definire l'economia politica?

Dovendo iniziare un corso di *economia politica*, è ragionevole chiedersi quale sia la definizione che meglio ne riassuma il contenuto. Ma la risposta è tutt'altro che semplice.
Questa materia indaga su tanti e tali aspetti delle relazioni economiche che si presta piuttosto male a essere condensata in una formula. Fra le tante proposte abbiamo perciò scelto quella che, pur non essendo la più completa, riassume meglio la parte di economia di cui noi qui ci occuperemo.

→ **L'economia politica** è la disciplina che studia come aumentare la ricchezza nazionale.

Che cosa si intende per ricchezza nazionale?

Cerchiamo di ricordare le immagini di desolazione che spesso ci giungono dai reportage televisivi sui Paesi più sfortunati del globo. Poi pensiamo a come appaiono le strade delle nostre città in prossimità delle festività natalizie e in modo empirico ma efficace avremo l'idea di che cosa significhi Paese povero e Paese ricco.

→ **La ricchezza nazionale** è data dalla quantità e dalla qualità di beni e di servizi di cui possono godere i cittadini di uno Stato per soddisfare i propri bisogni.

Ricco è chi ha molto denaro?

Il possesso del denaro si può identificare con la ricchezza solo *in via mediata* in quanto con il denaro possiamo comperare i beni e servizi che *arricchiscono* la nostra vita. Ma il denaro da solo (pensiamo di possedere tanto oro ma di essere prigionieri in un'isola deserta come Robinson Crusoe) non serve a nulla.
"Ricco" è un termine che viene dal longobardo *rihhi* che significa potente.

Che cosa significa letteralmente "economia"?

> **Economia** è un termine che deriva dalla parola greca *oikonomìa*, composta da *oikos* (casa) e *nòmos* (regola). L'economia, pertanto, nel significato originario del termine, è l'insieme delle regole utili per la buona amministrazione della casa.

> **Economia politica** invece è un'espressione che deriva dall'unione di *oikonomía* e *polis* (città, Stato) e indica l'estensione alla città (e più in generale allo Stato) delle regole della buona amministrazione familiare.

In realtà se uno Stato venisse amministrato come una famiglia probabilmente andremmo ancora in giro a cavallo.
Amministrare bene una casa, infatti, significa impiegare al meglio le risorse disponibili.

Amministrare uno Stato in senso moderno significa non solo impiegare al meglio le risorse disponibili, ma anche promuovere tutte quelle iniziative che servono ad aumentare la disponibilità di risorse, per esempio attraverso il finanziamento della ricerca scientifica e tecnologica, il potenziamento della scuola pubblica, la ricerca di nuovi mercati, e così via.

Risorsa è qualsiasi mezzo con cui è possibile provvedere a una necessità. Parliamo di risorse energetiche utili alla produzione o di risorse naturali, di risorse rinnovabili, di risorse umane, e così via.

Che cosa sono i bisogni, i beni e i servizi?

→ **I bisogni** sono quelle necessità umane che producono uno stato di tensione se non vengono soddisfatte.

Una ulteriore categoria è costituita dai **bisogni collettivi**. Sono così definiti quei bisogni che l'essere umano non percepirebbe se vivesse da solo, ma che sorgono quando vive in comunità. Sono tali, per esempio, il bisogno di un'efficace amministrazione della giustizia o di un efficace controllo dell'ordine pubblico.

Gli economisti dividono i bisogni in due categorie:

- **bisogni primari** sono quelli la cui urgente soddisfazione è necessaria per la sopravvivenza stessa dell'uomo. Sono tali, per esempio, il bisogno di mangiare, di bere, di ripararsi dal freddo;
- **bisogni secondari** sono quelli la cui soddisfazione rende più confortevole la vita. Sono tali, per esempio, il bisogno di mangiare gelati, di bere bibite frizzanti, di ripararsi dal freddo con un pullover di ottima fattura. Ma anche il bisogno di leggere libri, di ascoltare la musica, di spostarsi agevolmente da un luogo all'altro, di comunicare a distanza, e così via.

Come si possono soddisfare i bisogni?

I bisogni possono essere soddisfatti, in funzione della loro natura, con **beni** o con **servizi**.

→ **I beni** sono, in linea generale, tutte le *cose* capaci di soddisfare i nostri bisogni, dall'aria che respiriamo al panino al prosciutto.

Tuttavia tra i due esempi citati vi è una rilevante differenza: l'aria è gratis (essendo disponibile in quantità pressoché illimitata e non potendo fisicamente essere oggetto di appropriazione), mentre il panino al prosciutto si paga. E, come è comprensibile, all'economista interessa solo il secondo tipo di bene, che viene chiamato **bene economico**.

Materiali sono chiamati quei beni che hanno una consistenza fisica.
Immateriali sono chiamati quei beni, come le frequenze elettromagnetiche per trasmissioni radio e televisive, i brevetti industriali o le creazioni artistiche, che pur non avendo una consistenza fisica, hanno nella nostra società un grande valore commerciale.

> **Beni economici** sono quelle cose che, essendo disponibili in quantità limitata, o dovendo essere prodotte, assumono un prezzo.

In questa ottica non è un bene economico l'aria, né la pioggia, né l'acqua del mare o il calore del Sole. Per paradosso sono invece beni economici una pistola, un fucile, un cacciabombardiere.

→ **Servizi** sono chiamate le *attività* che soddisfano i bisogni.

Il gestore di un pub, per esempio, con la sua attività offre un servizio utile a soddisfare il bisogno di socialità. Il gestore di un campo di calcetto offre un servizio utile a soddisfare il bisogno di praticare un'attività sportiva, e così via.

> **Servizi pubblici** sono i servizi erogati dalla Pubblica Amministrazione per soddisfare i bisogni più importanti che emergono dalla collettività.

ZOOM

Qual è la differenza tra micro e macro economia?

L'indagine sulle condizioni e sui comportamenti più idonei a favorire la crescita della ricchezza nazionale viene condotta seguendo due diversi percorsi di studio tradizionalmente indicati come *micro* e *macro* economia.

Microeconomia ("micro" significa piccolo) è l'indagine che parte dal presupposto che ogni operatore (produttore, consumatore, risparmiatore, ecc.) debba comportarsi in modo ragionevole e conforme al proprio interesse, cosicché analizzando il comportamento di un "operatore tipo" si possa prevedere quale sarà il comportamento generale.

Macroeconomia è chiamata invece quella parte degli studi economici che concentra la propria attenzione sull'intero sistema economico analizzando gli effetti prodotti dall'andamento degli investimenti, dei consumi, del risparmio, della spesa pubblica, del prelievo fiscale, e così via.

2 Qual è la differenza tra reddito e patrimonio?

Ci sono Paesi, in Africa, o anche in Asia, che dispongono di ampie riserve di materie prime, eppure figurano tra i più poveri del mondo. Com'è possibile?

La ricchezza di un Paese può essere considerata in due modi: come *patrimonio* e come *reddito*.

→ **Patrimonio** chiamiamo un insieme di beni.

→ **Reddito** chiamiamo un flusso di ricchezza che si rinnova continuamente.

Molti Paesi hanno un grande patrimonio costituito per lo più dalle risorse naturali di cui dispongono.
Altri Paesi, come l'Italia, non hanno un grande patrimonio in termini di risorse naturali, ma le loro imprese producono beni e servizi che generano un notevole reddito, cioè un notevole flusso di ricchezza.

Le ragioni per le quali molti Paesi registrano ancora un bassissimo livello di sviluppo economico saranno esaminate meglio nell'Unità 10.

È meglio avere un grande patrimonio o un grande reddito?

Il patrimonio, se viene bene utilizzato, è fonte di reddito. Pensiamo a ciò che ricavano i Paesi arabi dalla estrazione e vendita del petrolio.
Altre volte il patrimonio non riesce a produrre reddito sufficientemente elevato perché chi lo possiede non ha la capacità o la possibilità di utilizzarlo.

Molti Paesi, nelle aree meno sviluppate del globo, possiedono ingenti risorse naturali ma non dispongono della tecnologia e dei capitali necessari per sfruttarle in modo adeguato.

In questi Paesi il patrimonio produce uno scarso reddito, cosicché essi sono *ricchi* (di materie prime) ma *poveri* in quanto i loro cittadini non dispongono di tutti quei beni e di quei servizi che rendono confortevole la vita.

Eppure le materie prime non sono la base essenziale di qualsiasi produzione?

Indubbiamente le materie prime sono importanti. E infatti tutti i Paesi più industrializzati hanno sempre cercato di assicurarsi, talvolta con metodi non condivisibili, un accesso a queste risorse.

Tuttavia oggi sono soprattutto i risultati della ricerca scientifica e tecnologica a consentire all'apparato produttivo di un Paese di incrementare il proprio reddito. La competizione tra imprese si combatte ormai soprattutto sul piano dell'innovazione e vince chi riesce a produrre tecnologie nuove o a migliorare la qualità o la funzionalità di quelle vecchie.
Guardiamo per esempio ai telefoni cellulari o ai computer. C'è ancora qualcuno che acquisterebbe uno di quei vecchi telefonini pesanti e ingombranti o i vecchi pc con scarsa memoria? Certamente no. Questo vuol dire che il sistema produttivo di un Paese, se vuole battere la concorrenza internazionale, deve impegnare molto denaro nella ricerca scientifica e tecnologica. Possiamo ben dire che oggi la materia prima più preziosa è il cervello.

Qual è la differenza tra ricerca scientifica e ricerca tecnologica?

> **La scienza** scopre le leggi della natura.

> **La tecnologia** inventa le possibili applicazioni pratiche delle scoperte scientifiche.

Per esempio, l'individuazione delle proprietà dei materiali semiconduttori, come il silicio, è stata una *scoperta scientifica*, mentre le utilizzazioni che via via ne sono state fatte (dai transistor, ai computer, ai robot) sono state il frutto della *ricerca tecnologica*. Semplificando possiamo dire che la scienza alimenta la tecnologia e la tecnologia alimenta la produzione.

Nel campo della ricerca scientifica si è soliti operare una distinzione tra ricerca di base e ricerca applicata.

> **La ricerca di base** è quella svolta dai ricercatori senza alcuna finalità commerciale ma solo per amore di conoscenza. Generalmente è finanziata dallo Stato o da altri enti pubblici.

> **La ricerca applicata** invece è un tipo di ricerca più mirato a una applicazione immediata (esempio tipico è la ricerca farmaceutica) ed è solitamente finanziata da grandi imprese con finalità commerciali.

L'Italia investe nella ricerca solo l'1,1% del PIL e si trova in una posizione di forte ritardo rispetto agli altri Paesi industrializzati. Ai primi posti per la spesa si trovano Stati Uniti, Giappone, Cina, Germania, Francia, Regno Unito.

Investimenti in ricerca per Paese

Posizione in graduatoria e Paese	Investimenti assoluti (in miliardi di dollari)	In % rispetto al PIL
1. Usa	496,84	2,76
2. Cina	372,81	1,98
3. Giappone	164,59	3,39
4. Germania	107,42	2,92
5. Corea del Sud	74,53	4,04
6. India	66,49	0,85
7. Francia	59,17	2,26
8. Russia	51,49	1,5
9. Regno Unito	44,51	1,78
10. Brasile	36,81	1,21
11. Canada	28,89	1,79
12. Australia	27,03	2,39
13. Italia	26,37	1,27
14. Taiwan	24,93	2,35

3 Come si calcola il prodotto interno lordo?

I beni e i servizi, la cui disponibilità determina la nostra ricchezza, sono generalmente prodotti dalle imprese.

Di conseguenza possiamo dire (con un po' di approssimazione) che la *ricchezza di un Paese* si misura sommando tutto quanto viene prodotto dalle sue imprese in un certo arco di tempo (generalmente un anno).

→ **Prodotto interno lordo** (abbreviato in **PIL**) viene chiamata la somma di beni e di servizi prodotti in un anno in un Paese, calcolata al netto dei reimpieghi.

Che cosa vuol dire "al netto dei reimpieghi"?

Immaginiamo che nel nostro Paese si produca un quintale di grano da cui si ricavano 70 chilogrammi di farina con la quale si confezionano mille merendine. Dire che abbiamo prodotto grano, farina e merendine sarebbe assolutamente scorretto. Il grano, infatti, è stato *impiegato* per produrre farina e la farina è stata *impiegata* per produrre merendine.

Tolti dunque i *reimpieghi*, il nostro Paese si è *arricchito* solo di mille merendine. E queste fanno parte del nostro *prodotto interno lordo*.

→ **Nel calcolo del PIL**, pertanto, vanno considerati solo i *beni* e i *servizi finali*.

Perché il prodotto è "lordo"?

Qualsiasi produzione necessita di macchinari più o meno complessi. Ma i macchinari vanno cambiati periodicamente perché si usurano o perché diventano obsoleti (pensiamo a un vecchio computer ancora funzionante ma non più attuale). Ciò significa che una parte del prodotto interno dovrà essere destinata agli ammortamenti, cioè al rinnovo degli strumenti necessari alla produzione (*ammortamento* è un termine che deriva dal verbo *morire* e in economia indica quanto occorre per rinnovare le strutture che gradualmente... muoiono).

Parliamo di prodotto interno lordo semplicemente perché, per comodità, lo calcoliamo *al lordo* degli ammortamenti.

Talvolta la produzione nazionale viene indicata come **PNL**, cioè *prodotto nazionale lordo*.

La differenza tra PNL e PIL sta in ciò:

- il **PNL** misura la produzione realizzata sia nel nostro Paese che all'estero da soggetti residenti in Italia;
- il **PIL** misura la produzione realizzata esclusivamente in Italia sia da soggetti residenti nel nostro Paese che da soggetti residenti all'estero.

Un PIL in aumento indica generalmente un miglioramento delle condizioni economiche del Paese. Maggiore produzione, infatti, significa maggiori investimenti, maggiore occupazione e maggiore reddito distribuito alle famiglie.

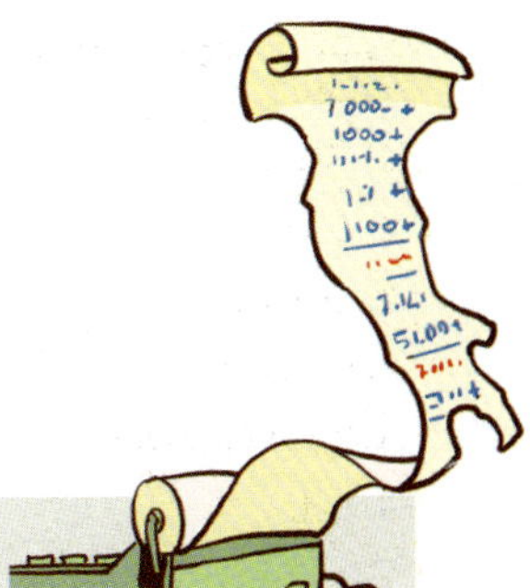

Un PIL in diminuzione indica, al contrario, un peggioramento delle condizioni economiche.

Se volessimo calcolare il PIL dell'Italia come dovremmo fare?

PIL 2015 in miliardi di dollari (FONTE: FONDO MONETARIO INTERNAZIONALE)	
USA	17,947
Cina	10,983
Giappone	4,123
Regno Unito	2,849
Francia	2,422
India	2,091
Italia	1,816
Brasile	1,773
Canada	1,552

Abbiamo detto che il PIL è dato dalla somma di beni e servizi finali prodotti in un anno. Ma non c'è dubbio che se volessimo sommare cose eterogenee come automobili, merendine, capi bovini, libri e altro, ci troveremmo parecchio in difficoltà.
La soluzione consiste nel dare a tutte queste cose un valore in euro corrispondente al loro prezzo di vendita e fare poi la somma di tutti i valori.

In Italia l'ammontare del PIL viene periodicamente rilevato dall'*Istituto nazionale di Statistica* (ISTAT). Se dai rilievi risulta che il PIL è diminuito rispetto all'anno precedente vuol dire che siamo diventati più poveri; se è aumentato vuol dire che siamo diventati più ricchi.

La ricerca delle cause e degli accorgimenti che favoriscono l'aumento del PIL (e dunque della ricchezza nazionale) costituisce una parte fondamentale della scienza economica.

Noi analizzeremo, tra breve, le indicazioni che ci giungono dalle maggiori correnti di pensiero cercando di individuare i suggerimenti che ci sembrano più convincenti.
Prima però dovremo spendere qualche parola sui *sistemi economici* e dovremo cercare di capire come funziona il *nostro* sistema economico.

L'aumento del PIL coincide sempre con l'aumento del benessere sociale?

La green economy o *economia verde* è una disciplina di studio ancora in fase di ricerca e di definizione, che ha come obiettivo la sostituzione dell'attuale modello di sviluppo economico caratterizzato da forti emissioni inquinanti con un modello ecosostenibile dove siano prevalenti l'utilizzo di energie rinnovabili, la riutilizzazione di rifiuti e acque reflue e la conservazione degli ecosistemi.

Affinché in un Paese vi sia un elevato livello di benessere è sicuramente necessario che il prodotto interno lordo sia elevato. Ma ciò non sempre è sufficiente. Ci sono Paesi, soprattutto nelle aree in via di sviluppo, dove il PIL è in aumento ma la maggior ricchezza prodotta, invece di essere impiegata per sostenere i redditi delle famiglie o per accrescere i servizi sociali, viene male utilizzata o finisce nelle mani di una ristretta oligarchia.

Quando ciò avviene non si può dire che l'aumento del PIL si traduca in una crescita del benessere collettivo.

Condizioni minime affinché in un Paese *prodotto interno lordo* e *benessere sociale* tendano a coincidere sono:

- che il tasso di disoccupazione sia molto basso;
- che i cittadini dispongano di un ragionevole reddito;
- che i servizi pubblici siano di buon livello;
- che l'ambiente sia ben tutelato.

Solo così si può affermare che la crescita economica è fonte di benessere sociale.

MAPPA che cosa hai imparato

In questa Lezione hai imparato che l'economia politica si occupa di come aumentare la ricchezza nazionale. La ricchezza nazionale consiste nella quantità e qualità di beni e servizi di cui godono i cittadini per soddisfare i propri bisogni, che possono essere primari o secondari. Hai imparato anche che la ricchezza nazionale può essere espressa attraverso il PIL, cioè la somma di beni e servizi finali prodotti in un anno, in un dato Paese, al netto dei reimpieghi. Il PIL è detto "lordo" perché è calcolato al lordo degli ammortamenti. Infine, hai imparato che l'ammontare del PIL in Italia è rilevato dall'ISTAT.

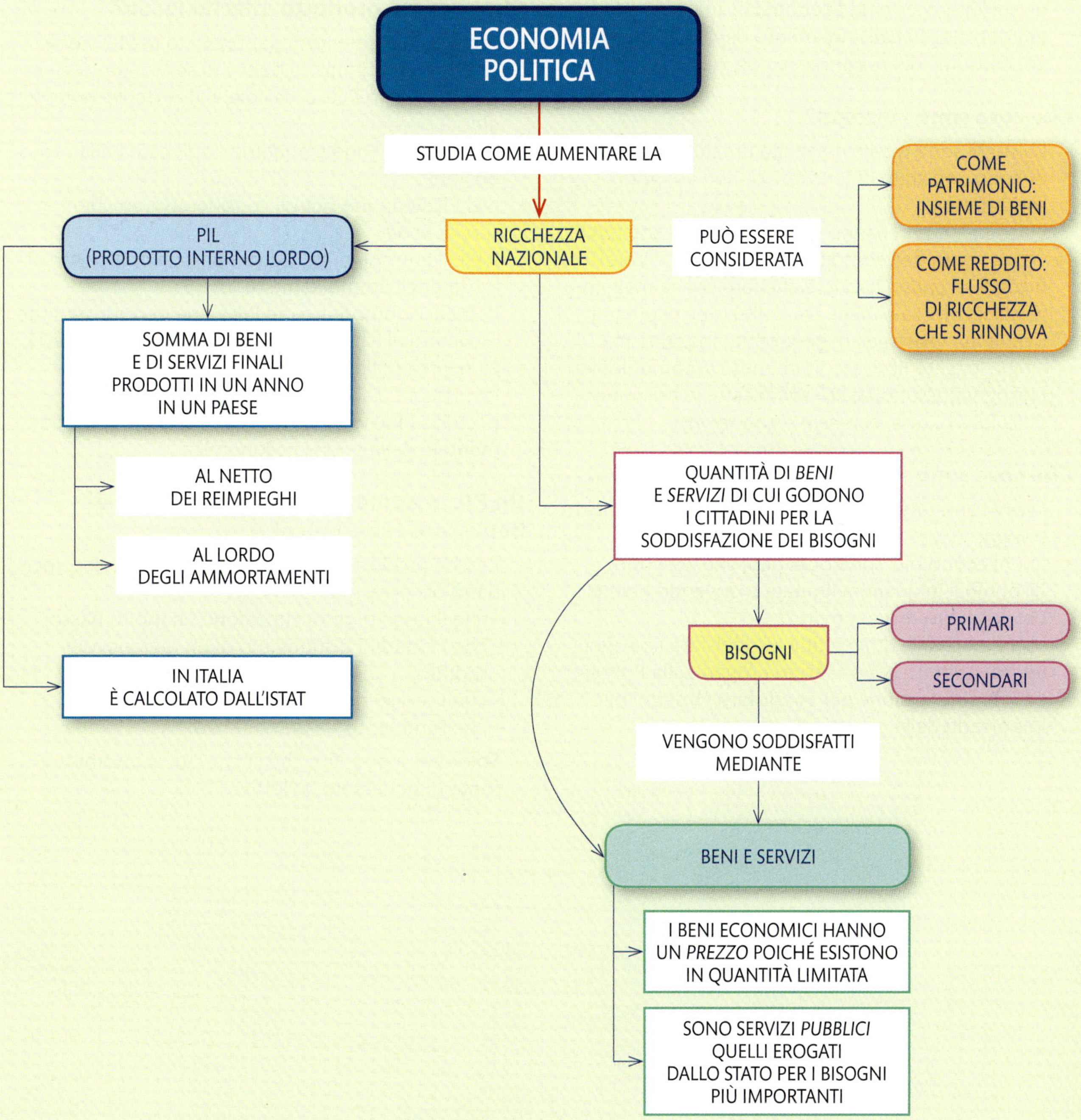

Lezione 11 riguardando gli appunti

Che cosa si intende per ricchezza nazionale?

- La ricchezza nazionale è data dalla quantità e dalla qualità dei beni e dei servizi di cui possono godere i cittadini di uno Stato per soddisfare i propri bisogni.

Qual è la differenza tra micro e macro economia?

- La microeconomia analizza il presumibile comportamento di un operatore economico e lo estende alla generalità di quel tipo di operatore.
- La macroeconomia concentra la propria attenzione sull'intero sistema economico, analizzando gli effetti prodotti dall'andamento degli investimenti, dei consumi, del risparmio, e così via.

Che cosa sono i bisogni?

- I bisogni sono quelle necessità umane che producono uno stato di tensione se non vengono soddisfatte.
- I bisogni *primari* hanno a che fare con la sopravvivenza stessa dell'uomo (come mangiare e bere). I bisogni *secondari* hanno a che fare con la maggiore piacevolezza o pienezza dell'esistenza umana (come mangiare gelati, bere bibite frizzanti, ma anche leggere libri, ascoltare musica, comunicare).
- I bisogni possono essere soddisfatti, in funzione della loro natura, con *beni* o con *servizi.*

Che cosa sono i beni e i servizi?

- I beni sono tutte le *cose* capaci di soddisfare i nostri bisogni.
- I beni economici sono quei beni che, essendo disponibili in quantità limitata o dovendo essere prodotti, assumono un *prezzo.*
- I servizi sono le *attività* utili a soddisfare i bisogni.
- Servizi pubblici sono i servizi erogati dalla Pubblica Amministrazione per soddisfare i bisogni più importanti della collettività.

Che cosa sono il patrimonio e il reddito?

- Il patrimonio è un insieme di beni.
- Il reddito è un flusso di ricchezza che si rinnova continuamente e può derivare sia dal lavoro che dallo sfruttamento del patrimonio.

Qual è la differenza tra ricerca scientifica e ricerca tecnologica?

- La scienza *scopre* le leggi della natura.
- La tecnologia *inventa* le possibili applicazioni pratiche delle scoperte scientifiche.

Che cosa è il prodotto interno lordo?

- Prodotto interno lordo (abbreviato in PIL) viene chiamata la somma di beni e di servizi prodotti in un anno in un Paese, calcolata al *netto dei reimpieghi.*
- I reimpieghi sono le materie impiegate nella produzione.
- Nel PIL vengono quindi considerati solo i beni e servizi *finali.*
- Il PIL viene chiamato "lordo" perché è calcolato al lordo degli ammortamenti.
- In Italia l'ammontare del PIL viene periodicamente rilevato dall'Istituto Nazionale di Statistica (ISTAT).
- La ricerca delle cause e degli accorgimenti che favoriscono l'aumento del PIL (e dunque della ricchezza nazionale) costituisce una parte fondamentale della scienza economica.

Un PIL in aumento è un indice sicuro di benessere economico?

- Perché prodotto interno lordo e benessere coincidano occorre, quanto meno:
  - che il tasso di disoccupazione sia molto basso,
  - che i cittadini dispongano di un ragionevole reddito,
  - che i servizi pubblici siano di buon livello,
  - che l'ambiente sia ben tutelato.

  Solo così si può dire che la crescita economica è fonte di benessere collettivo.

verifica mettiti alla prova

1. Completa la mappa concettuale utilizzando le seguenti parole:

beni ~ rinnova ~ bisogni ~ necessità ~ attività.

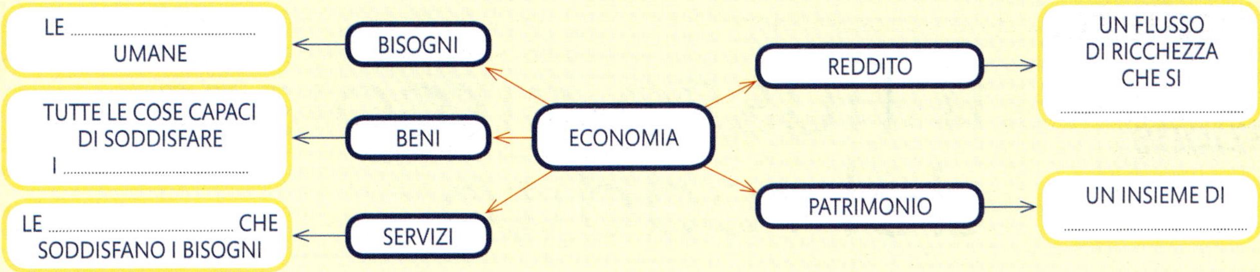

2. Scegli la risposta corretta.

1 L'economia politica studia:
   a. come economizzare sui costi pubblici
   b. come economizzare sui costi della politica
   c. come aumentare la ricchezza nazionale
   d. come ridurre i consumi privati

2 La ricchezza nazionale è data:
   a. dalla quantità di oro in circolazione nello Stato
   b. dalla quantità di denaro posseduta dalla Banca centrale
   c. dalla quantità di beni e servizi di cui godono i cittadini
   d. dal valore delle esportazioni

3 Andare in vacanza in estate è:
   a. un bisogno primario
   b. un bisogno secondario
   c. una necessità
   d. un lusso

4 La necessità di avere una efficiente tutela dell'ordine pubblico è un bisogno:
   a. individuale
   b. collettivo
   c. relativo
   d. imprescindibile

3. Rispondi alle seguenti domande.

A Qual è la differenza tra cose e beni?
B Come si definisce il patrimonio?
C Come si definisce il reddito?
D Quali tipi di beni e di servizi compongono il PIL?

4. Barra con una crocetta la risposta che ritieni esatta e motiva il perché.

1 L'aumento del PIL coincide sempre con l'aumento del benessere collettivo. **SÌ NO**

perché? ....

2 Il valore della produzione realizzata da un'impresa italiana in Brasile viene calcolata nel PIL. **SÌ NO**

perché? ....

3 La tecnologia si occupa di studiare le leggi della natura. **SÌ NO**

perché? ....

4 Mangiare cibi buoni è considerato un bisogno primario. **SÌ NO**

perché? ....

5 L'aria che respiriamo è da considerarsi un bene economico. **SÌ NO**

perché? ....

5. Svela il crittogramma.

Sostituisci ogni numero con una lettera dell'alfabeto. A numero uguale corrisponde lettera uguale!

A	B	C	D	E	F	G	H	I	J	K	L	M	N	O	P	Q	R	S	T	U	V	W	X	Y	Z
	19	14			2	15												7							

S _ _ _   B _ _ _   _ _ _ _ _ _   C _ S _   C _ _
7 12 16 12   19 22 16 8   25 18 22 13 13 22   14 12 7 22   14 6 22

S _ _ _ _ S F _ _ _   _   _ _ S _ _ _   B _ S _ G _ _ .
7 12 5 5 8 7 2 10 16 12   8   16 12 7 17 11 8   19 8 7 12 15 16 8

UNITÀ 4
La ricchezza della Nazione

LEZIONE 12
Il flusso circolare del reddito

1 Come funziona il sistema economico?

Se vogliamo capire quali accorgimenti siano utili ad aumentare la produzione nazionale (e quindi l'occupazione e il reddito) dobbiamo prima vedere come funziona il *sistema economico* nel quale ci troviamo a operare.

Sistema è un sostantivo che indica una pluralità di elementi coordinati tra loro in modo da formare un complesso organico soggetto a determinate regole. Il termine viene dal greco *systema*, che significa riunione, raccolta. Nel sistema sono raccolti più elementi.

→ **Sistema economico** è l'espressione che indica il *modo* in cui è organizzato l'apparato produttivo di un Paese.

I sistemi economici di maggiore rilievo sono:

- il sistema collettivista;
- il sistema capitalista puro;
- il sistema misto.

> **Il sistema collettivista**, detto anche *a economia pianificata*, è caratterizzato dal fatto che gli strumenti della produzione (in pratica le aziende) possono appartenere *solo* allo Stato.

Spetta allo Stato pianificare, attraverso i suoi organi, l'attività economica, stabilendo che cosa si deve produrre, come si deve produrre e in che misura. Questo è stato il sistema tipico dei Paesi comunisti (> Unità 2).

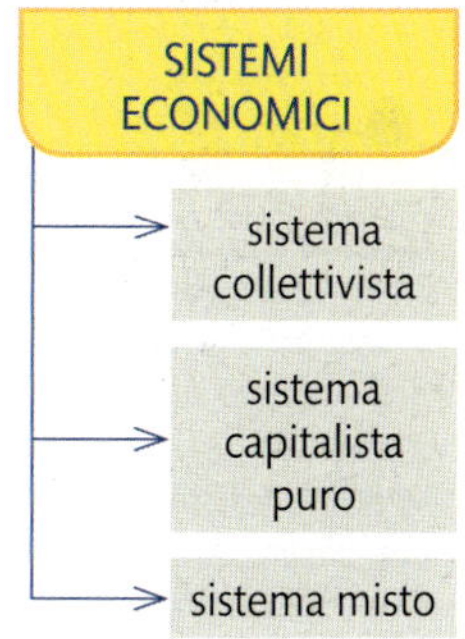

> **Il sistema capitalista puro** è caratterizzato dal fatto che i capitali monetari e le aziende appartengono *solo* ai soggetti privati.

In questo sistema lo Stato deve rimanere il più possibile estraneo al processo produttivo e deve lasciare ai privati la più ampia libertà di intraprendere iniziative economiche, o di dismetterle quando ritengano che queste non sono più sufficientemente remunerative.

Questo sistema è stato adottato dai Paesi occidentali per tutto l'Ottocento e il primo quarto del Novecento.

> **Il sistema misto** si distingue per il fatto che i capitali monetari e le aziende appartengono *prevalentemente* ai soggetti privati, ma lo Stato interviene nel processo economico assumendo tutte quelle misure che servono a correggere le eventuali distorsioni prodotte dall'iniziativa privata e guidando l'economia verso uno sviluppo costante, nel rispetto delle esigenze di tutta la collettività.

Chiariremo più avanti che cosa significa tutto ciò. Per ora è importante sapere che, soprattutto in Europa, è prevalente il sistema *a economia mista*, anche se, per effetto del riaffermarsi di teorie liberiste, il ruolo dello Stato tende sempre di più a restringersi.

Quali sono i principali attori del sistema economico?

Gli attori principali, in un sistema a economia mista e aperta agli scambi con altri Paesi, sono sostanzialmente quattro:

- le **famiglie**;
- le **imprese**;
- la **Pubblica Amministrazione**;
- il **resto del mondo**.

Nei prossimi Paragrafi vedremo l'importanza di ciascuno e capiremo come, operando insieme, possono alimentare il flusso di reddito che rende ricco un Paese.

2 Come circola il reddito tra imprese e famiglie?

Sappiamo, per diffusa esperienza, che i beni e i servizi sono prodotti dalle *imprese*. Ma, come appare ragionevole, le imprese sono interessate a produrre a condizione che qualcuno sia disposto a comperare ciò che viene prodotto.

Impresa è chiamata l'attività economica volta alla produzione e allo scambio di beni o di servizi e **imprenditore** è colui che professionalmente esercita l'attività di impresa.

Ora, non v'è dubbio che tutti noi saremmo disposti ad acquistare le cose piacevoli o interessanti che solitamente troviamo esposte nei negozi. Ma per farlo dobbiamo disporre di un reddito, cioè di un flusso di denaro che entri con una certa continuità nei nostri portafogli.

Chi ci dà questo reddito?

Interesse è chiamato il reddito che deriva dall'impiego di capitali monetari.
Profitto è il reddito che deriva da attività d'impresa.
Stipendio è il reddito che deriva da lavoro subordinato.

Flusso è un termine che deriva dal latino *fluere* che significa scorrere, da cui è derivato anche *flumen*, fiume.

A dispensare reddito in cambio, per esempio, del nostro lavoro, sono essenzialmente le imprese. Possiamo schematizzare questo processo nel modo che segue:

1. le **imprese**, per produrre, hanno bisogno di capitali monetari (per acquistare macchinari, materie prime e quanto altro serve) e di lavoratori per far funzionare gli impianti;
2. esse pertanto, in cambio di capitali e di lavoro, corrispondono un **reddito** alle famiglie degli imprenditori e dei lavoratori sotto forma di interessi, di profitti e di stipendi;
3. le **famiglie** (sia degli imprenditori che dei lavoratori) con il reddito che ricevono possono acquistare i beni e i servizi utili a soddisfare i loro bisogni, sia primari che secondari;
4. la **spesa** delle famiglie per l'acquisto di beni e servizi (che per convenzione d'ora in poi chiameremo *consumo*) costituisce per le imprese un'entrata con la quale esse possono rinnovare i macchinari, acquistare nuove materie prime, pagare stipendi e profitti, e produrre altri beni e servizi.

> **Si stabilisce**, così, un *flusso di reddito* che, in modo circolare, va dalle imprese alle famiglie e dalle famiglie torna alle imprese.

Se questo flusso si interrompe l'intero sistema crolla.

Se le famiglie dei lavoratori, per ipotesi, non ricevessero più un reddito, non potrebbero acquistare la produzione delle imprese e queste, a loro volta, non avrebbero più i mezzi né l'interesse a produrre ancora. E senza produzione di beni e di servizi il Paese cesserebbe di essere ricco perché non si potrebbero più soddisfare i bisogni delle famiglie.

Riassumiamo ora in uno schema quanto abbiamo detto:

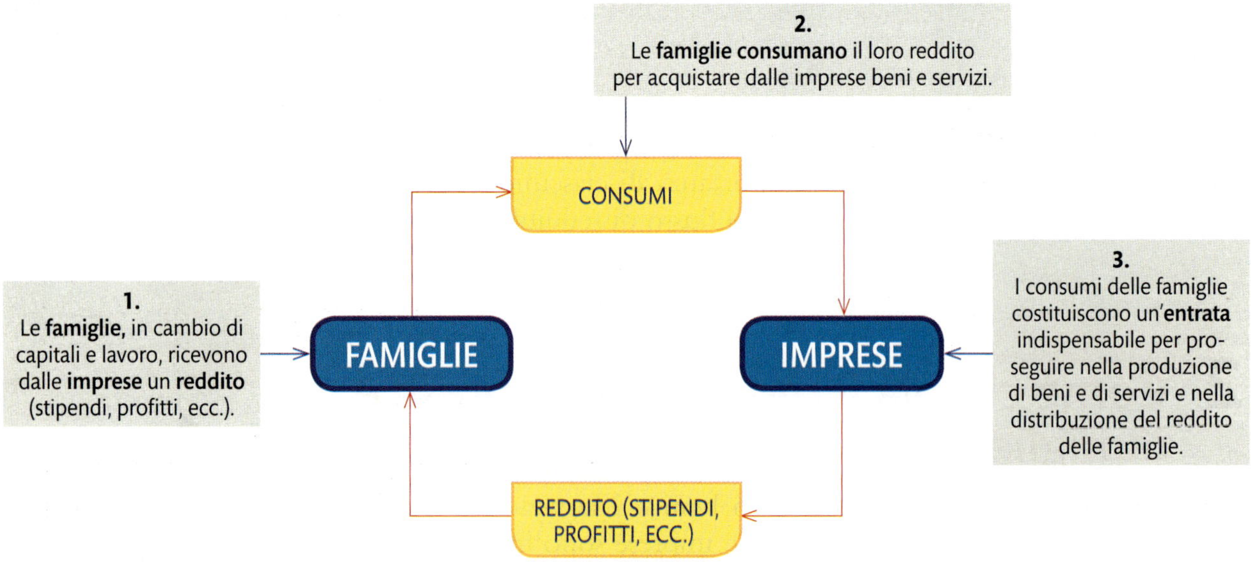

3 In che misura il risparmio favorisce gli investimenti?

Abbiamo supposto, per semplicità, che tutto il reddito che giunge alle famiglie sia immediatamente consumato, cioè speso per l'acquisto di beni e di servizi.

In realtà, come la normale esperienza ci suggerisce, una parte del reddito famigliare viene solitamente **risparmiata**.

Le ragioni che possono indurre al risparmio sono le più varie. Si può risparmiare, ad esempio, in vista di spese future già programmate, oppure per sopperire a future necessità, o magari perché non si ha tempo e modo di consumare subito tutto il proprio reddito.

Dove collocano solitamente le persone i loro risparmi?

La risposta più o meno la conosciamo tutti. Il risparmio solitamente viene collocato sui mercati finanziari acquistando azioni od obbligazioni di grandi società, quote di fondi comuni di investimento, titoli di Stato e così via (> Unità 9).
E poiché i principali intermediari tra i risparmiatori e i mercati finanziari sono le banche, nella nostra esposizione supporremo che tutto il risparmio delle famiglie venga affidato alle **banche**.

La banca è un'impresa autorizzata a raccogliere denaro presso il pubblico dei risparmiatori e a impiegarlo in attività di prestito. E, proprio perché il denaro che presta in gran parte non le appartiene, l'attività bancaria è soggetta a notevoli vincoli e controlli. **Le società finanziarie**, invece, sono imprese che svolgono attività di prestito prevalentemente con denaro proprio. Per tale ragione esse hanno una maggiore libertà (e minori controlli) nel gestire il rapporto con i clienti.

Oggi i rivoli di risparmio che da milioni di persone confluiscono verso il sistema bancario alimentano una sorta di immenso bacino di denaro al quale può attingere (ovviamente pagando un *interesse*) chiunque abbia bisogno di un finanziamento.

Spesso sono le famiglie a chiedere prestiti alle banche per fare acquisti importanti. Ma i soggetti che più fanno ricorso al credito sono gli imprenditori. Costoro se vogliono aumentare o migliorare la loro produzione debbono operare sempre nuovi **investimenti**. Debbono cioè acquistare nuovi impianti, nuovi macchinari, nuovi brevetti.

→ **Investimento** viene chiamato l'acquisto di strutture che servono ad aumentare o a migliorare l'attività produttiva.

Una parte di questi acquisti solitamente viene coperta con l'autofinanziamento, cioè con i risparmi che l'impresa stessa ha accantonato. Ma una parte ancora maggiore viene finanziata con denaro chiesto in prestito.

> **In una fase di espansione** del sistema economico la maggior parte del risparmio operato dalle famiglie viene chiesto in prestito dalle imprese e si trasforma in investimenti.

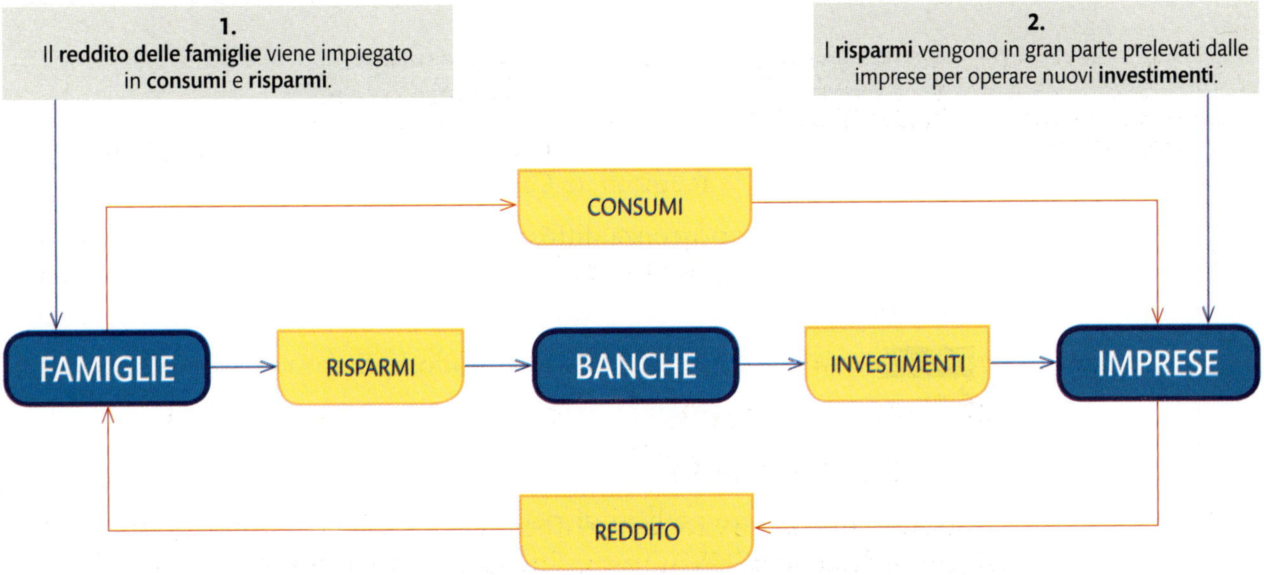

Ecco allora qual è l'importante ruolo delle banche all'interno del nostro sistema economico. Immaginiamo per un attimo che esse non esistano (e più in generale che non esistano i mercati finanziari); oppure immaginiamo che esse non ricevano più denaro perché i risparmiatori preferiscono nasconderlo in casa.

A quel punto accadrebbe che:

- le imprese non saprebbero come reperire i fondi necessari per operare nuovi investimenti;
- la mancanza di nuovi investimenti comporterebbe un calo nella produzione, cioè una riduzione del *prodotto nazionale*.

Con le banche abbiamo aggiunto un nuovo tassello (e non sarà l'ultimo) al nostro schema del **flusso del reddito**.

4 Qual è il ruolo della Pubblica Amministrazione

In un sistema a economia mista, oltre alle imprese e alle famiglie, assume grande importanza la **Pubblica Amministrazione**.

Con questa espressione (> Unità 6) indichiamo sia lo Stato sia gli altri enti pubblici, soprattutto le Regioni, le Città metropolitane e i Comuni.

Sappiamo tutti, per conoscenza diffusa, che la Pubblica Amministrazione preleva ricchezza, soprattutto attraverso i *tributi*, e la riversa per altra via nel sistema economico.

→ **Tributi** sono le somme che in vario modo lo Stato richiede ai suoi cittadini.

I tributi più importanti sono le *imposte* e le *tasse*.

- Le **imposte** sono prelievi di ricchezza che lo Stato opera d'autorità sui redditi dei cittadini.

- *Imposte dirette* sono chiamate quelle che vengono *imposte* al cittadino per il solo fatto di aver percepito un reddito (uno stipendio, una pensione, un utile d'impresa, ecc.) o, talvolta, per il fatto di possedere un patrimonio.
- *Imposte indirette* sono chiamate quelle che i soggetti debbono pagare soprattutto quando spendono il loro reddito. L'imposta indiretta più diffusa e a tutti nota è l'IVA.

- Le **tasse** invece sono quei tributi che talvolta le persone debbono pagare se vogliono usufruire di un servizio pubblico.

Per esempio, la scuola pubblica è finanziata con le imposte. Ma gli studenti che vogliono iscriversi o vogliono sostenere l'esame di maturità debbono pagare in più una *tassa*.

Tra le tasse più note ricordiamo anche:

- la **Tari** (tassa sui rifiuti solidi urbani) che deve essere pagata da chiunque detiene e utilizza un immobile a qualunque titolo;
- la **Tasi**, la tassa per i servizi indivisibili resi dai Comuni, come l'illuminazione pubblica, la pulizia di strade e giardini, la cura del patrimonio artistico, e così via. Deve essere pagata da tutti i proprietari di immobili.

Versare tributi non è sicuramente piacevole, ma per capire la ragione di questo sacrificio che ci viene richiesto, poniamoci alcune domande.

- Un posto banco nella scuola pubblica costa alcune migliaia di euro l'anno, però ciascuno studente paga solo pochi euro di iscrizione; come è possibile?
- Un posto letto in un ospedale pubblico costa alcune centinaia di euro al giorno, però nel nostro Paese tutti possono essere curati in ospedale senza pagare nulla; come è possibile?
- Ci sono persone, colpite nel fisico da un destino crudele, che non possono lavorare, eppure ricevono una pensione e la necessaria assistenza; come è possibile?
- Tutti noi viviamo in relativa sicurezza grazie alla vigilanza delle forze dell'ordine senza per questo pagare nulla, ma il mantenimento di un corpo di polizia costa parecchi milioni di euro l'anno; come è possibile?

È possibile perché nelle società più evolute lo Stato, attraverso la Pubblica Amministrazione, offre a tutti i suoi cittadini, siano essi ricchissimi, ricchi, poveri o poverissimi, una serie di servizi pubblici che, se resi con la necessaria efficienza, rendono la vita di tutti più serena.

Lo Stato però non ha risorse proprie e per erogare questi servizi deve prelevare il denaro necessario tramite l'imposizione di tributi.

Aggiungiamo che se lo Stato volesse fare felici le persone meno riflessive potrebbe sicuramente ridurre le entrate fiscali.

Ma con esse dovrebbe ridurre anche la quantità e la qualità dei servizi che esso eroga: dunque, scuole più affollate (per risparmiare aule e personale), ospedali meno efficienti, strade più dissestate, trasporti pubblici più cari, e così via.

Per la verità un paio di soluzioni per diminuire i tributi che gravano sui cittadini senza danno per i servizi pubblici vi sarebbero.

Ma nel nostro Paese esse sembrano pressoché improponibili.

Tributo è un sostantivo che deriva dall'aggettivo latino *tributu(m)* che significava "ciò che riguarda la tribù", poi passato a indicare l'imposta che doveva pagare ciascuna delle tribù in cui era ripartito il popolo romano.
Imposta viene dal latino *imponere*, nel significato di *porre sopra*. E l'imposta è un prelievo di ricchezza *messa sopra* al reddito o ai beni delle persone.
Tassa viene dal latino *taxare* di etimologia incerta.

- Una consisterebbe nell'individuare ed eliminare le spese inutili e gli **sperperi** talora operati dagli enti pubblici.
- L'altra consisterebbe nella eliminazione della **evasione fiscale**. È di chiara evidenza, infatti, che se tutti pagassero il dovuto, tutti pagheremmo di meno. Purtroppo nel nostro Paese l'evasione fiscale incontra ancora una certa diffusa tolleranza. E ciò è assolutamente irragionevole perché chi evade ci costringe a pagare anche per lui. È un po' come se il sabato sera, in discoteca, alcuni furbi facessero mettere la loro consumazione sul nostro conto.

Il bilancio dello Stato

Fisco deriva dal latino *fiscu(m)* cestello, poi passato a indicare la *"cassa dello Stato"*. Oggi con questo termine indichiamo l'apparato finanziario dello Stato soprattutto impegnato a riscuotere i tributi. **Erario**, invece, indica il tesoro pubblico, le finanze dello Stato. Il termine deriva dal latino *aes*, che indicava il rame o il bronzo intesi come denaro. Le prime monete, infatti, erano coniate con questi metalli.

La domanda che dobbiamo ora porci è: come si regola lo Stato nel decidere quali e quanti tributi porre a carico dei cittadini e in che modo impiegare le somme riscosse?

L'organo che ogni anno predispone per conto dello Stato un dettagliato piano di entrate e di spese è il Governo (> Unità 6) e questo piano viene chiamato *bilancio*.

→ **Il bilancio dello Stato** è un documento che illustra:

- le **spese** che si intende sostenere per erogare servizi pubblici;
- i **tributi** che si ritiene di dover porre a carico dei cittadini per sostenere tali spese.

Questo documento viene votato dal Parlamento e, solo dopo che è stato approvato, il Governo può cominciare a riscuotere i *tributi* e ad affrontare le *spese*.

Riprendiamo ora il nostro schema del flusso circolare del reddito e aggiungiamo l'attività della Pubblica Amministrazione:

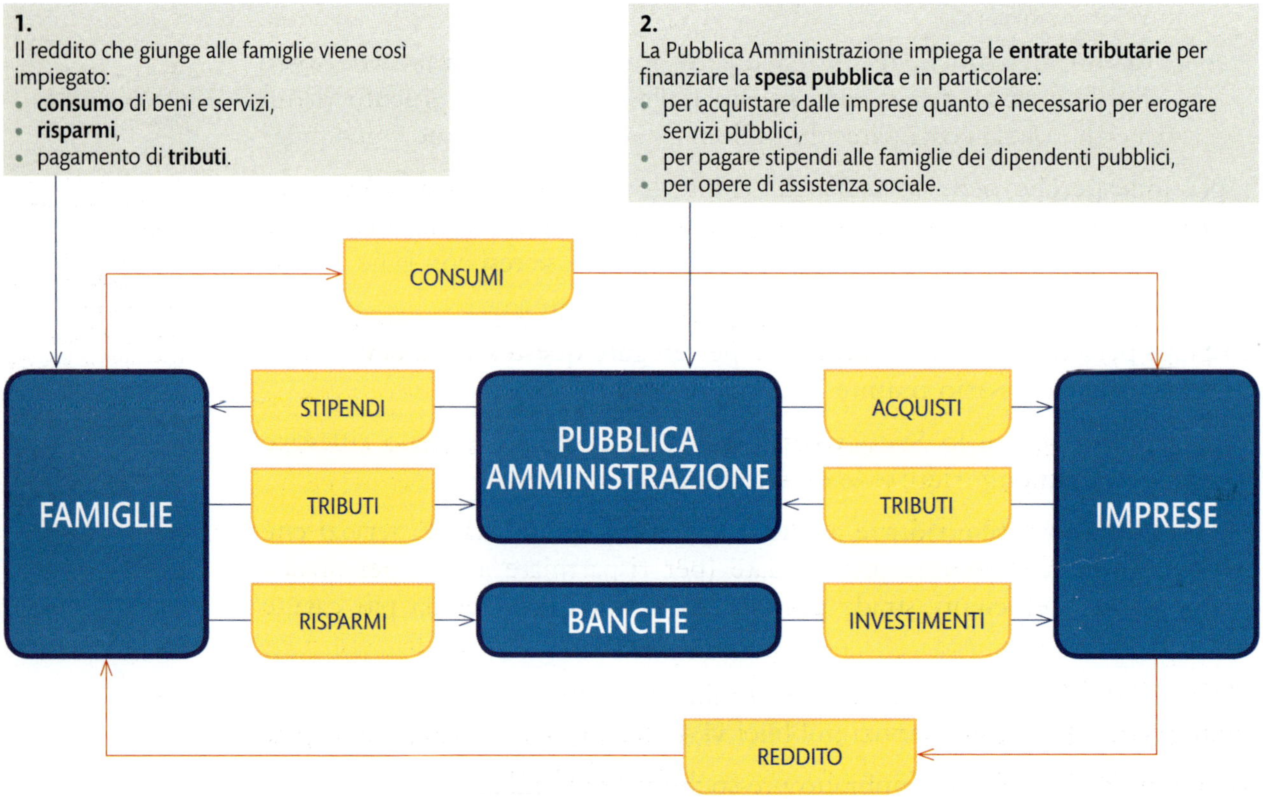

ZOOM

Perché i servizi pubblici sono spesso inefficienti e di qualità scadente?

La responsabilità per l'inefficienza di molti servizi pubblici è in gran parte riconducibile a noi stessi. Vediamo perché.

- Innanzitutto dobbiamo avere presente che l'erogazione di servizi pubblici (o quantomeno il controllo sulla loro efficienza) rientra generalmente nell'attività del Governo e degli altri enti pubblici, come le Regioni e i Comuni. Pertanto, se tali servizi sono resi in modo inefficiente o con sperpero di pubblico denaro, la responsabilità primaria va ricondotta agli organi che governano questi enti. Ma poiché gli organi di governo regionali e comunali sono elettivi e anche il Governo centrale dipende dalle scelte degli elettori, dobbiamo dedurne che la responsabilità per i disservizi ricade anche su di noi cittadini che, evidentemente, non abbiamo accordato la nostra fiducia alle persone migliori.
- In secondo luogo può influire, sulla qualità del servizio, la considerazione che i pubblici dipendenti hanno del loro ruolo nella società. Non è raro che alcuni svolgano le loro funzioni non con il corretto spirito di servizio, ma come esercizio di un pubblico potere. E ciò rende spesso sgradevole il rapporto tra i cittadini e la Pubblica Amministrazione.

- Ultimo per elencazione ma non per ordine di importanza è l'atteggiamento dei cittadini verso la cosa pubblica. Un atteggiamento non sempre rispettoso che spesso vanifica l'effetto del servizio reso. Per esempio, è vero che le aule scolastiche hanno talvolta un aspetto deprimente. Ma, potremmo chiederci, chi sarà stato mai a renderle tali con graffiti, scritte e incisioni?

5 Gli scambi con il resto del mondo

Se ci troviamo a passare per una qualsiasi via commerciale della nostra città, non ci sarà difficile notare quanti prodotti stranieri sono in mostra nelle vetrine dei nostri negozi. Per altro verso, se ci troviamo in viaggio all'estero è altamente probabile che troviamo esposti in vendita i migliori prodotti italiani.

L'*interscambio commerciale* è ormai un pilastro essenziale per lo sviluppo economico e ha assunto grande importanza nella determinazione del reddito nazionale.

Ritorniamo, dunque, al nostro schema. Non prima, però, di aver fatto alcune precisazioni.

Gli scambi con il resto del mondo avvengono prevalentemente a opera delle imprese di importazione e di esportazione. Per esempio, se vogliamo acquistare un'automobile straniera dobbiamo rivolgerci all'impresa di importazione italiana che ha acquistato dall'impresa produttrice straniera l'auto che noi vediamo in esposizione.

Ma le importazioni (auto, moto, materie prime, brevetti industriali, ecc.) vanno pagate. E ciò significa che esse provocano una fuoriuscita di reddito dal nostro circuito.

In compenso le nostre esportazioni (automobili, vini, ecc.) ci vengono pagate, e ciò comporta una entrata di reddito nel nostro circuito.

Gli economisti sono soliti dividere le imprese in tre settori.
- **Settore primario** è chiamato quello delle imprese agricole;
- **settore secondario** quello delle imprese industriali;
- **settore terziario** quello delle imprese che erogano servizi. In Italia quest'ultimo assorbe oltre il 60% della forza lavoro.

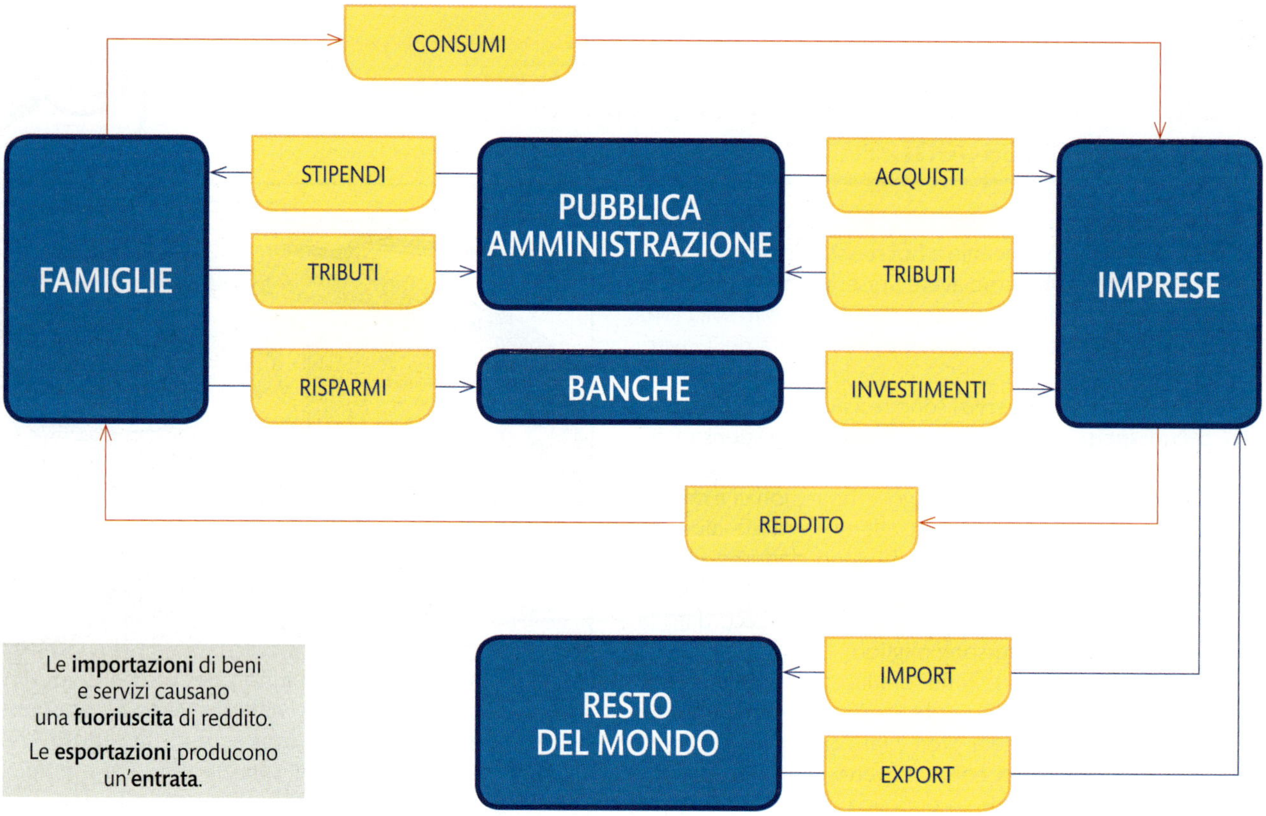

Le **importazioni** di beni e servizi causano una **fuoriuscita** di reddito.
Le **esportazioni** producono un'**entrata**.

È utile precisare che la **bilancia** (al femminile) commerciale non deve essere confusa con il **bilancio** (al maschile) dello Stato. Mentre l'una registra il dare e l'avere negli scambi commerciali tra imprese nazionali e straniere, l'altro registra le entrate su cui il Governo può contare e le spese che si impegna ad effettuare. Può accadere, pertanto, che il bilancio dello Stato sia in deficit mentre la bilancia commerciale è in attivo, o viceversa.

→ **Bilancia commerciale** è chiamato il conto che annota:

- nella voce *entrate* il valore dei beni e dei servizi che abbiamo esportato in un anno;
- nella voce *uscite* il valore dei beni e dei servizi che abbiamo importato.

Se la bilancia commerciale è in attivo, perché il valore delle esportazioni ha superato quello delle importazioni, il nostro flusso del reddito si arricchisce.

Se la bilancia commerciale è in passivo, perché il valore delle esportazioni è stato inferiore a quello delle importazioni, il nostro flusso del reddito si impoverisce.

La bilancia commerciale, tuttavia, non ci dà un quadro completo dei movimenti di dare e di avere. Può accadere benissimo che un Paese abbia una bilancia commerciale in *deficit* ma riesca a pareggiare i conti grazie alla valuta che portano i turisti stranieri in vacanza o alle rimesse degli emigranti o ad altre fonti di entrata. Il quadro complessivo del dare e dell'avere è contenuto in un altro documento chiamato *bilancia dei pagamenti*.

→ **La bilancia dei pagamenti** registra e confronta il valore globale di tutte le entrate e le uscite di valuta in un anno.

È più importante la bilancia commerciale o quella dei pagamenti?

Una *bilancia dei pagamenti* in pareggio o in attivo fa tirare un sospiro di sollievo alle autorità monetarie: significa che per quell'anno il Paese non è andato in deficit. Negli anni succesivi poi si vedrà.

Una *bilancia commerciale* in attivo ci dice che il Paese esporta più beni di quanti ne importa. Ciò significa che il sistema produttivo del Paese è efficiente e competitivo, e che questa è una realtà solida che legittima l'aspettativa di buoni risultati anche per gli anni successivi.

6 Quali sono gli effetti del protezionismo?

In economia l'invasione di prodotti stranieri induce talvolta, con scarsa riflessione, a invocare una politica *protezionista*.

→ **Protezionismo** è chiamata la strategia che mira a proteggere i prodotti nazionali dalla concorrenza straniera.

Il sistema più semplice per attuarlo è quello di imporre forti *dazi*, cioè forti tasse, sulle merci provenienti dall'estero. In tal modo il prezzo di queste merci diventa così alto che il consumatore preferisce rivolgersi ai prodotti nazionali.

Dazio è un termine prelevato direttamente dalla lingua latina nella quale indicava l'azione di dare.

Come ha dimostrato la concreta esperienza, poche iniziative sono dannose per l'economia quanto l'attuazione di pratiche protezioniste. Vediamone sinteticamente le ragioni.

- Per una questione di comprensibile reciprocità, se ciascuno protegge la propria produzione, gli scambi internazionali tendono a esaurirsi e nessuno riesce più a esportare quanto vorrebbe. Ciò comporta una contrazione della produzione e del reddito.
  Storicamente, soprattutto i Paesi europei hanno cercato di superare questo limite conquistando militarmente nuovi mercati per approvvigionarsi di materie prime e per collocarvi i loro prodotti. Il *colonialismo* e le guerre che in passato hanno dilaniato l'Europa ne sono state la tragica conseguenza.
- Sul piano interno il protezionismo ha creato problemi non minori. La mancanza di concorrenza ha frenato, negli imprenditori, sia l'interesse a contenere i prezzi, sia l'interesse a operare investimenti in nuove tecnologie per migliorare la qualità dei loro prodotti.

Come si possono rendere concorrenziali i prodotti nazionali?

I beni e i servizi prodotti in un Paese sono concorrenziali con quelli di altri Paesi se sono migliori nella **qualità** e se sono offerti a **minor prezzo**. Ma per poter essere offerti a minor prezzo debbono avere costi di produzione più bassi. E ciò pone un interrogativo: come si abbassano i costi di produzione? Un aiuto in questo senso può sicuramente venire da una solida collaborazione tra lo Stato e il mondo imprenditoriale.

> **Lo Stato** deve predisporre tutte quelle *infrastrutture* (strade, porti, aeroporti, fonti di energia) che agevolino la fase della produzione e dell'esportazione dei prodotti. Deve inoltre favorire la ricerca scientifica e tecnologica, attraverso il potenziamento delle Università e dei centri specializzati. E deve eliminare tutti quegli impedimenti burocratici che non rispondono a reali esigenze di controllo.

> **Il mondo imprenditoriale**, da parte sua, deve reinvestire almeno una parte dei profitti nella creazione di nuove strutture e nell'innovazione tecnologica. Se, per mancanza di investimenti, le imprese impiegano tecnologie superate o presentano prodotti non innovativi, non potranno mai essere competitive sui mercati internazionali. Neppure se lo Stato fornisse loro le migliori infrastrutture del mondo.

L'Italia ha un forte interscambio commerciale con gli altri Paesi europei, soprattutto con la Germania e con la Francia. Se questi Paesi incappassero in una forte crisi recessiva, noi ne trarremmo un vantaggio o uno svantaggio?

Ne trarremmo sicuramente uno svantaggio perché la minore ricchezza farebbe diminuire i loro consumi e le loro importazioni. Al contrario, se il loro PIL aumentasse, amplierebbero i consumi e con essi le importazioni. Per altro verso anche loro esportano nel nostro Paese. E per la stessa ragione sono indotti a "tifare" per una sana crescita della nostra economia.

L'interscambio commerciale, in sostanza, ha creato, tra i Paesi economicamente più sviluppati, una sorta di *solidarietà forzata* per la quale ciascuno, pur cercando di prevalere in tutti i modi sugli altri, spera che gli altri rimangano comunque *buoni compratori*.

ZOOM

Gli scambi commerciali dell'Italia nel 2015

Alcuni Paesi da cui l'Italia importa		
Paese	mln di dollari	% sul totale
Germania	51,023	12,3
Francia	42,548	10,3
Cina	10,42	2,5
Stati Uniti	35,989	8,7
Russia	7,109	1,7
Turchia	10,005	2,4
Giappone	5,517	1,3

Alcuni Paesi verso cui l'Italia esporta		
Paese	mln di dollari	% sul totale
Germania	56,809	15,4
Francia	32,109	8,7
Cina	28,158	7,6
Stati Uniti	14,197	3,8
Russia	14,259	3,9
Turchia	6,621	1,8
Giappone	3,122	0,8

MAPPA che cosa hai imparato

LO SAI?

In questa Lezione hai imparato che cosa è un sistema economico, quali sono i suoi attori principali e come interagiscono fra loro. Hai seguito il flusso del reddito che circola dalle imprese alle famiglie e dalle famiglie alle imprese, hai imparato come il risparmio favorisca gli investimenti e quale sia il ruolo delle banche. Hai anche studiato come agisce la Pubblica Amministrazione attraverso l'imposizione di tributi, che cos'è il bilancio dello Stato e, infine, qual è il ruolo delle importazioni e delle esportazioni da e verso il resto del mondo.

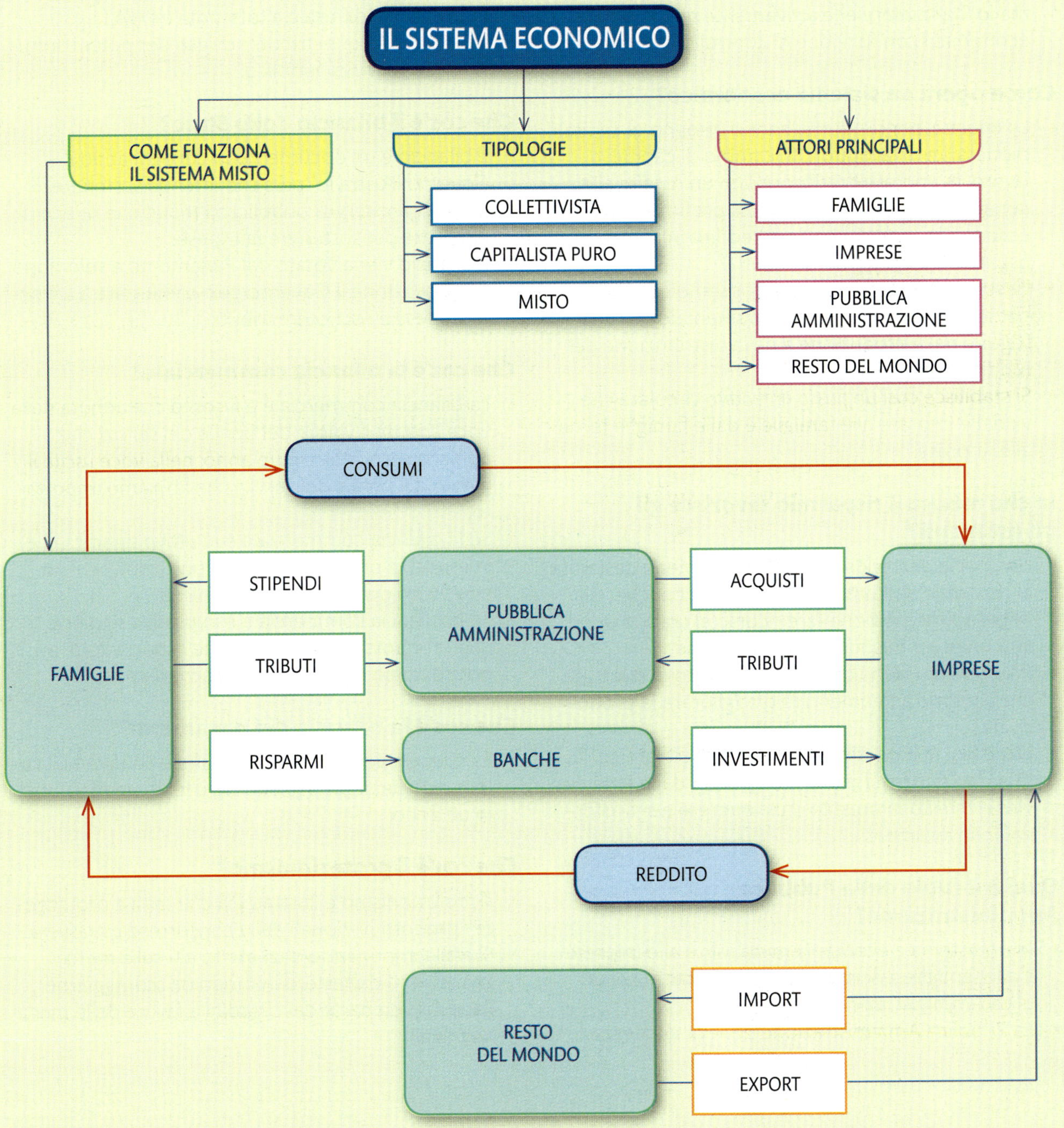

Lezione 12 riguardando gli appunti

Che cos'è un sistema economico?

- Il sistema economico indica il modo in cui è organizzato l'apparato produttivo di un Paese.
- I sistemi economici principali sono il sistema collettivista, il sistema capitalista puro e il sistema misto.
- Nel sistema *collettivista*, detto anche *a economia pianificata*, gli strumenti della produzione (le aziende) possono appartenere *solo* allo Stato.
- Nel sistema *capitalista puro* i capitali monetari e le aziende appartengono *solo* a soggetti privati.
- Nel sistema *misto* i capitali monetari e le aziende appartengono *prevalentemente* a soggetti privati, ma lo Stato interviene attivamente nel processo economico con funzione di controllo e di impulso.

Come opera un sistema economico?

- Le *imprese*, per produrre, hanno bisogno di capitali monetari e di lavoratori. In cambio di capitali e lavoro, le imprese corrispondono un *reddito* alle famiglie sotto forma di interessi, profitti e stipendi.
- Le *famiglie* impiegano il loro reddito in consumi, risparmi e pagamento di tributi.
- La spesa delle famiglie per il consumo costituisce per le imprese un'entrata fondamentale per proseguire nella produzione e nella distribuzione del reddito alle famiglie.
- Si stabilisce così un *flusso di reddito* circolare che va dalle imprese alle famiglie e dalle famiglie torna alle imprese.

In che misura il risparmio favorisce gli investimenti?

- Una parte del reddito delle famiglie viene destinata al *risparmio*, solitamente affidato alle banche. Gli imprenditori possono fare ricorso al credito per aumentare o migliorare la produzione.
- *Investimento* viene chiamato l'acquisto di strutture che servono ad aumentare o migliorare la produzione.
- Nelle fasi di *espansione* del sistema economico, la maggior parte del risparmio operato dalle famiglie viene chiesto in prestito dalle imprese e si trasforma in investimenti.

Qual è il ruolo della Pubblica Amministrazione?

- In un sistema a economia mista, oltre alle imprese e alle famiglie assume grande importanza la Pubblica Amministrazione.
- La Pubblica Amministrazione preleva ricchezza soprattutto attraverso i tributi e la riversa, per altra via, nel sistema economico.
- I principali tipi di tributi sono le *imposte* e le *tasse*.

Qual è la differenza tra imposte e tasse?

- Le *imposte* sono prelievi di ricchezza che lo Stato opera d'autorità sui redditi dei cittadini.
- Le imposte *dirette* vanno versate per il solo fatto di aver percepito un reddito (stipendio, pensione, profitti) o di possedere un patrimonio.
- Le imposte *indirette* vanno versate soprattutto quando spendiamo il nostro reddito. L'imposta indiretta più diffusa e a tutti nota è l'IVA.
- Le *tasse* sono quei tributi richiesti per poter usufruire di un servizio pubblico.

Che cos'è il bilancio dello Stato?

- Il bilancio è un documento in cui ogni anno il Governo illustra le *spese* che intende sostenere per erogare servizi pubblici e i *tributi* che ritiene di applicare per sostenere tali spese.
- Il bilancio viene votato dal Parlamento e solo dopo l'approvazione il Governo può cominciare a affrontare spese e riscuotere tributi.

Che cos'è la bilancia commerciale?

- La bilancia commerciale è il conto che annota nella voce *entrate* il valore dei beni e dei servizi che abbiamo esportato in un anno; nella voce *uscite* il valore dei beni e dei servizi che abbiamo importato.
- Se la bilancia commerciale è in *attivo* significa che le esportazioni superano le importazioni, e il nostro flusso del reddito si arricchisce.
- Se la bilancia commerciale è in *passivo* significa che le importazioni superano le esportazioni, e il nostro flusso del reddito si impoverisce.

Che cos'è la bilancia dei pagamenti?

- La bilancia dei pagamenti registra e confronta il valore globale di tutte le entrate e le uscite di valuta in un anno.

Che cos'è il protezionismo?

- Il protezionismo è la strategia che mira a proteggere i prodotti nazionali dalla concorrenza straniera.
- Si attua imponendo dazi molto alti sulle merci provenienti dall'estero in modo da scoraggiarne l'acquisto da parte dei cittadini a favore delle merci nazionali.

verifica | mettiti alla prova

1. Completa la mappa concettuale utilizzando le seguenti parole:

investimenti ~ consumi ~ risparmio ~ entrata ~ tributi.

IL REDDITO PRODOTTO DALLE IMPRESE VA IN PARTE → ALLE FAMIGLIE
↓
CHE LO IMPIEGANO IN ...., ... E .... → I CONSUMI DELLE FAMIGLIE SONO PER LE IMPRESE UNA .... → CHE IN PARTE VIENE IMPIEGATA PER NUOVI ....

2. Scegli la risposta corretta.

1 Sistema economico è chiamato:
- a. un sistema che costa poco
- b. un sistema utile ad aumentare la ricchezza nazionale
- c. il modo in cui è organizzato l'apparato produttivo di un Paese
- d. il modo meno dispendioso di aumentare il PIL

2 Nel sistema collettivista gli strumenti della produzione appartengono:
- a. all'intera collettività
- b. solo allo Stato
- c. solo ai privati
- d. sia allo Stato che ai privati

3 Per avere un sistema economico in espansione occorre:
- a. che il risparmio rimanga nelle banche
- b. che il risparmio si trasformi in investimenti
- c. che gli investimenti rimangano costanti
- d. che i consumi siano controllati

4 Se le famiglie riducessero i consumi, il sistema economico:
- a. si rafforzerebbe
- b. si indebolirebbe
- c. non ne risentirebbe se contemporaneamente aumentasse il risparmio
- d. non ne risentirebbe se diminuissero le imposte

3. Rispondi alle seguenti domande.

A Che cos'è il bilancio dello Stato?
B Quali sono i caratteri dei tre principali sistemi economici?
C Qual è la differenza fra la bilancia commerciale e la bilancia dei pagamenti?
D Qual è il ruolo della Pubblica Amministrazione nel sistema economico misto?

4. Barra con una crocetta la risposta che ritieni esatta e motiva il perché.

1 Per attuare il protezionismo occorre imporre forti dazi sulle esportazioni. SÌ NO
perché? ....

2 Il risparmio favorisce gli investimenti. SÌ NO
perché? ....

3 In un sistema capitalista sarebbe possibile eliminare le banche. SÌ NO
perché? ....

4 Sarebbe per noi vantaggioso se tutti i Paesi con cui abbiamo scambi commerciali andassero in recessione. SÌ NO
perché? ....

5 Quando il sistema economico è in piena espansione i risparmi restano inutilizzati nelle banche. SÌ NO
perché? ....

5. Svela il crittogramma.

Sostituisci ogni numero con una lettera dell'alfabeto. A numero uguale corrisponde lettera uguale!

A	B	C	D	E	F	G	H	I	J	K	L	M	N	O	P	Q	R	S	T	U	V	W	X	Y	Z
			4								16	18			15			19	10		23				

S __ (19 2)   T __ T T __ (10 14 10 10 5)   P __ __ __ S S __ __ __ (15 17 13 17 19 19 2 7 3)   L __ (16 2)   __ M P __ S T __ (5 18 15 3 19 10 2) ,

T __ T T __ (10 14 10 10 5)   P __ __ __ __ __ __ M M __ (15 17 13 22 2 7 2 18 18 3)   D __ (4 5)   M __ __ __ (18 2 12 3) .

Unità 4 sei pronto per la verifica? in un'ora

1. Scegli la risposta corretta.

1 Il PIL è chiamato prodotto interno "lordo" perché è calcolato al lordo:
a. delle tasse
b. delle spese
c. degli ammortamenti
d. dei reimpieghi

2 L'aumento del PIL coincide con l'aumento del benessere sociale:
a. sempre
b. mai
c. solo a certe condizioni
d. solo se comporta un aumento della produzione

3 La creazione di posti di lavoro in un Paese è favorita di più:
a. dall'aumento del PIL
b. dall'aumento del PNL
c. dalla riduzione dei reimpieghi
d. dalla riduzione degli ammortamenti

4 Beni sono chiamate le cose che:
a. possono essere oggetto di appropriazione
b. hanno un effetto benefico
c. sono fatte bene
d. sono utili

5 Il PIL misura la produzione:
a. realizzata in Italia da imprese italiane
b. realizzata in Italia sia da imprese italiane che da imprese straniere
c. realizzata al lordo dei reimpieghi
d. realizzata al lordo degli ammortamenti

6 Sono chiamati reimpieghi:
a. le materie prime tenute di scorta
b. le materie prime utilizzate per la seconda volta
c. prodotti di seconda scelta
d. prodotti impegati per la fabbricazione di altri prodotti

7 Se un'impresa italiana trasferisce la sua azienda all'estero, il valore dei beni prodotti andrà calcolato:
a. nel PIL italiano
b. nel PNL italiano
c. nel PIL del Paese straniero
d. nel PNL del Paese straniero

8 La ricerca scientifica è volta:
a. a operare scoperte
b. a operare invenzioni
c. a trovare nuove applicazioni industriali
d. a trovare forme di utilità

9 Se le famiglie aumentano la quota di risparmio, i loro consumi:
a. aumentano
b. diminuiscono
c. rimangono invariati
d. si modificano

10 Le tasse sono tributi che gravano:
a. su tutti i cittadini in proporzione al loro reddito
b. su tutti i cittadini indipendentemente dal reddito
c. solo su chi ha un reddito elevato
d. solo su chi usufruisce di determinati servizi pubblici

11 Il bilancio dello Stato è il documento nel quale si registrano:
a. tutte le voci di entrata e uscita
b. solo le differenze tra entrate e uscite pubbliche
c. solo i valori delle merci in entrata e uscita dal Paese
d. solo le imposte e le tasse riscosse in un anno

12 Per capire se le esportazioni di prodotti industriali sono in crescita o in diminuzione è utile guardare:
a. la bilancia dei pagamenti
b. la bilancia commerciale
c. il bilancio dello Stato
d. il bilanciamento del dare e dell'avere

13 Il reddito delle famiglie viene normalmente impegato in:
a. consumi
b. consumi e risparmi
c. consumi, risparmi e tributi
d. consumi, risparmi, tributi e investimenti

14 Nella maggior parte dei Paesi industrializzati il sistema economico è di tipo:
a. collettivista
b. capitalista puro
c. misto
d. avanzato

2 punti per ogni risposta esatta

Punti: ..../28

ZTE

Punteggio massimo: 100 punti | Sufficienza: 60 punti

2. Collega le parole della colonna di sinistra con le corrispondenti espressioni.

1 PIL	a. parte del prodotto che serve per rinnovare le strutture di produzione
2 Interesse	b. prelievi di ricchezza che lo Stato opera d'autorità sui redditi dei cittadini
3 Servizio	c. insieme di beni
4 Ricco	d. acquisto di strutture produttive
5 Imposte	e. attività che soddisfa i bisogni
6 Ammortamento	f. somma di beni e di servizi prodotti in un anno in un Paese
7 Patrimonio	g. dal longobardo "rihhi" che significa potente
8 Investimento	h. reddito che deriva dall'impiego di capitali monetari

2 punti per ogni risposta esatta

Punti: ..../16

3. Sai qual è la differenza tra...

Reddito	Patrimonio ....
Beni	Servizi ....
Tasse	Imposte ....
Macroeconomia	Microeconomia ....

5 punti per ogni risposta esatta

Punti: ..../20

4. Rispondi alle seguenti domande.

A Quali sono i caratteri del sistema a economia mista?

B A che cosa servono gli investimenti?

C È più importante una bilancia dei pagamenti attiva o una bilancia commerciale attiva?

D Perché gli economisti moderni avversano il protezionismo?

9 punti per ogni risposta esatta

Punti: ..../36

5. L'ESPERTO RISPONDE **Metti alla prova le tue competenze.**

Il mio datore di lavoro da un lato si lamenta perché non riesce a vendere tutta la produzione e dall'altro sostiene che noi impiegati spendiamo troppo e dovremmo risparmiare. Secondo me in questo ragionamento c'è qualcosa che non torna!

NEWS

n° 5

Concorrenza virtuosa

AL MERCATO. SE ABBIAMO VOGLIA DI FRAGOLE E IN PAESE C'È UN UNICO FRUTTIVENDOLO, NON ABBIAMO MOLTA SCELTA: DOBBIAMO RIVOLGERCI A LUI, ANCHE SE LE VENDE A PREZZO SALATO. PRENDERE O LASCIARE. LE COSE CAMBIANO SE CI TROVIAMO AL MERCATO CIRCONDATI DA MOLTISSIMI BANCHI DI FRUTTA, CIASCUNO CON CASSETTE DI FRAGOLE IN BELLA MOSTRA, TUTTE DI BUONA QUALITÀ. IN QUESTO CASO NOI AVREMO L'IMBARAZZO DELLA SCELTA, MENTRE I VENDITORI SARANNO IN COMPETIZIONE PER AGGIUDICARSI LA NOSTRA PREFERENZA. COME? GIOCANDO SUL PREZZO. IL BANCO CHE OFFRIRÀ LE FRAGOLE AL PREZZO PIÙ CONVENIENTE, MA PUR SEMPRE REMUNERATIVO PER IL VENDITORE, SI SARÀ DIMOSTRATO IL MIGLIORE. ■

Quando ci troviamo davanti a prodotti con caratteristiche molto simili, al limite indistinguibili, quale tenderemo a scegliere?

diego_cervo, iStock.

I consumatori in carne e ossa non sempre sono razionali, e non sempre scelgono sulla base della pura convenienza economica. Sai indicare qualche fattore in grado di influenzare le scelte di acquisto?

jgroup, iStock.

Scegliere un prodotto può essere anche una scelta etica? Credi che le persone siano disposte a pagare un po' di più i beni prodotti senza inquinare l'aria o le falde acquifere?

Alf Ribeiro, Shutterstock.

Immaginiamo che un buon numero di consumatori inizi a comprare solo i prodotti rispettosi dei lavoratori e dell'ambiente. Secondo te, come reagiranno le imprese per non perdere consensi?

ducu59us, Shutterstock.

Il prezzo detta SEMPRE LA SCELTA?

L'esempio delle fragole dà un'idea di come funzionano un mercato di monopolio (quando c'è un solo fruttivendolo) e un mercato di concorrenza perfetta (quando i fruttivendoli sono numerosi e vendono fragole pressoché identiche, per cui la scelta del consumatore è dettata solo dal prezzo). Come vedremo, nella realtà le cose sono più complesse di così. Ma certamente ciascuno di noi, dovendo scegliere fra prodotti molto simili, preferirà sempre quello col prezzo più basso. O, forse, non sempre? A volte una pubblicità efficace riesce a farci desiderare un prodotto distogliendoci dal calcolo della pura convenienza. Ma altre volte possiamo essere noi a decidere, consapevolmente, di non farci guidare solo dal prezzo.

Petmal, iStock.

Il consumo critico

Negli ultimi anni sta emergendo una forma di consumo, chiamata consumo critico, che ha come protagonista una figura di consumatore più sensibile e informato rispetto al consumatore medio. Un consumatore che preferisce i prodotti di aziende che non sfruttano la manodopera e rispettano l'ambiente: e li preferisce anche se costano un po'di più. Il prezzo non è l'unico o il più importante criterio di preferenza. Oltre che una scelta individuale, il consumo critico è anche alla base di alcuni movimenti politici che contestano la società dei consumi di massa e i suoi effetti. Scegliere prodotti "etici" diventa allora una forma di attivismo. Ma quali sono i risultati attesi?

Una concorrenza virtuosa

L'idea di base è che preferire i prodotti di aziende che rispettano i lavoratori e l'ambiente può, col tempo, portare a cambiamenti positivi: le imprese tenderanno ad adeguarsi ai comportamenti che i consumatori mostrano di apprezzare, innalzando così il livello di sostenibilità sociale e ambientale. Il consumo critico intende motivare le imprese a farsi concorrenza non solo per offrire il prezzo più basso, ma anche per offrire gli standard virtuosi più alti.

ATTIVITÀ

1. Per cominciare.

Osserva le fotografie della pagina accanto. In base a quello che hai imparato, sai rispondere alle domande contenute nelle didascalie?

2. Crea i collegamenti.

Considera ora le immagini come se fossero i fotogrammi di un'unica sequenza.
Che cosa le tiene insieme? Quali sono i collegamenti fra l'una e l'altra?
Puoi procedere in questo modo:

- **osserva**: che cosa vedi nella prima fotografia?
- **interpreta**: perché quell'immagine rimanda al mondo del diritto?
- **crea i collegamenti**: quale può essere il legame tra la prima e la seconda fotografia? Che cosa aggiunge la seconda fotografia alla prima?
- Prosegui così per le immagini successive.

Zoonar/Roberto Rizzo, Alamy.

UNITÀ 5
Prezzi, costi e mercati

LEZIONE 13
I prezzi e i costi

COMPETENZE DI UNITÀ

COMPETENZE DI ASSE
- Saper collocare la propria esperienza di consumatore nei diversi tipi di mercato
- Sapersi proiettare nel ruolo di produttore e valutare la strategia da adottare in funzione delle variazioni nel mercato

CONOSCENZE
- Conoscere il processo di formazione dei prezzi di mercato
- Conoscere i limiti all'espansione della produzione in funzione dei costi
- Conoscere i caratteri dei diversi tipi di mercato

ABILITÀ
- Saper individuare, nella realtà, i diversi tipi di mercato
- Saper individuare, come consumatore, gli effetti delle variazioni di prezzo sulla domanda di diversi tipi di bene
- Saper valutare, come produttore, la strategia da seguire in funzione dell'andamento dei costi di produzione

1 Come varia la domanda di beni e di servizi?

Nell'Unità precedente abbiamo visto come gran parte del reddito delle famiglie sia assorbito dai *consumi*.

Ora dobbiamo vedere in che modo si determinano i **prezzi** di ciò che normalmente consumiamo.

A questo scopo analizzeremo il comportamento:

- degli *acquirenti*, che domandano beni e servizi;
- dei *produttori*, che offrono beni e servizi sul mercato.

→ **Domanda**, nel linguaggio degli economisti, indica la quantità di un certo bene o servizio che viene richiesto dai consumatori.

Diremo pertanto che la *domanda* è alta o bassa a seconda che la quantità richiesta (di un bene o di un servizio) sia alta o bassa.

La domanda in funzione del prezzo

Facendo riferimento alla normale esperienza, possiamo constatare che normalmente, a **parità di altre condizioni**, la quantità domandata:

- tende ad aumentare se il prezzo scende;
- tende a scendere se il prezzo sale.

Per esempio, se ci piace andare al pub o in discoteca, ci andremo tanto più spesso quanto più basso, a parità di servizio, sarà il prezzo delle bevande o dell'ingresso.

Al contrario, se i prezzi aumentassero, saremmo portati (o forse sarebbe meglio dire costretti) a restringere la nostra domanda.

Tutto ciò viene sintetizzato dicendo che:

→ **la quantità domandata** di un bene o di un servizio, a parità di altre condizioni, è inversamente proporzionale al suo prezzo.

Ciò può essere rappresentato in modo efficace con il grafico sotto riportato. La retta discendente (chiamata curva della domanda) indica il comportamento del consumatore medio.

Naturalmente possono anche esserci persone che si comportano in modo diverso, ma questo non interessa l'economista.

Ciò che interessa è capire come si comporta la *massa* dei consumatori perché è questa che, con le sue scelte, determina l'andamento della domanda globale.

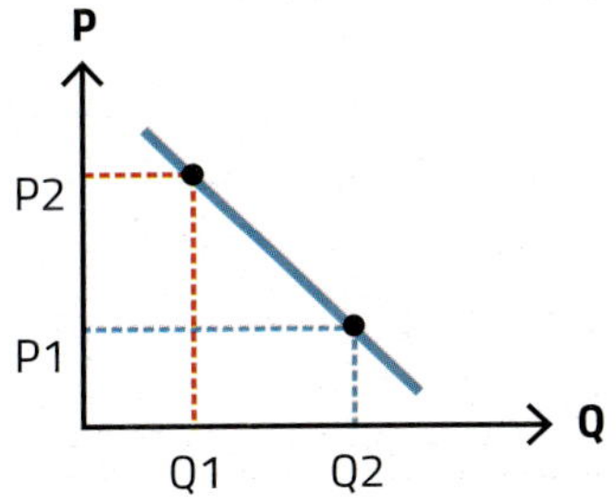

CURVA DELLA DOMANDA A PARITÀ DI ALTRE CONDIZIONI:
- al prezzo **P2** (alto) il consumatore medio domanda una quantità **Q1** (bassa);
- al prezzo **P1** (basso) il consumatore medio domanda una quantità **Q2** (alta).

La domanda in funzione di altri fattori

La domanda di un bene o di un servizio non dipende solo dal prezzo ma anche da altri elementi. Per esempio:

- **dal reddito della persona** (se una persona è ricca può permettersi di *domandare* di più);
- **dai suoi gusti** (se una cosa ci piace siamo portati a *domandarne* in misura maggiore);
- **dal prezzo di beni o servizi simili** (se la discoteca costa troppo cara potremmo ripiegare sul pub).

Il rapporto tra domanda, reddito e gusto viene generalmente rappresentato dai due grafici che seguono.

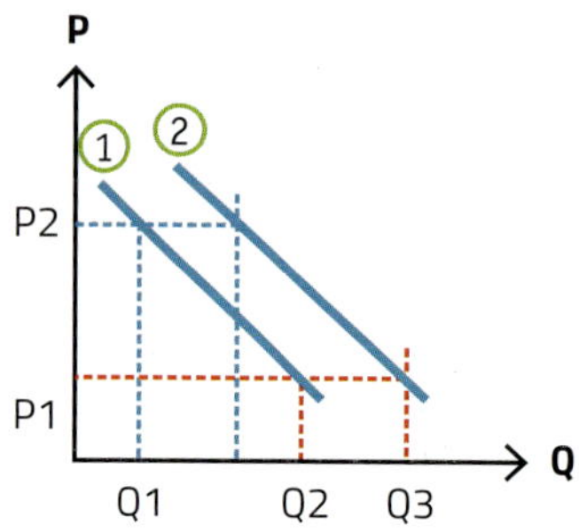

LA DOMANDA IN FUNZIONE DEL REDDITO

A parità di altre condizioni possiamo supporre che:
- il consumatore il cui **reddito sia basso** consumerà una bassa quantità al prezzo P2 e una quantità di poco superiore al prezzo P1 (curva 1);
- il consumatore il cui **reddito sia alto** consumerà una notevole quantità al prezzo P2 e una quantità ancora maggiore al prezzo P1 (curva 2). La curva pertanto scivolerà verso destra o verso sinistra in funzione del reddito.

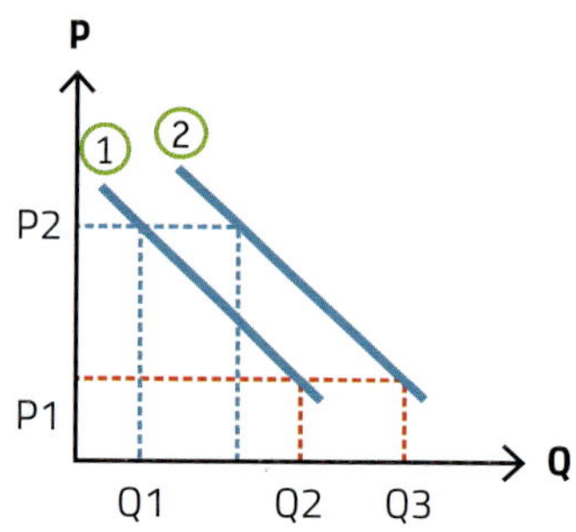

LA DOMANDA IN FUNZIONE DEL GUSTO

A parità di altre condizioni possiamo supporre che:
- **se il bene piace poco** il consumatore ne domanderà una bassa quantità al prezzo P2 e una quantità di poco superiore al prezzo P1 (curva 1);
- **se il bene piace molto** il consumatore domanderà una notevole quantità al prezzo P2 e una ancora maggiore al prezzo P1 (curva 2). Anche in questo caso la curva scivolerà verso destra.

2 Quando la domanda è flessibile o rigida?

Il rapporto tra prezzo e quantità ha un andamento diverso a seconda del tipo di prodotto o di servizio offerto.

> **A domanda rigida** sono detti quei prodotti come il sale, il pane, le sigarette, la benzina e tanti altri che l'esperienza può suggerirci, per i quali la quantità domandata rimane rigida (cioè varia poco o nulla) al variare del prezzo.

> **A domanda elastica** sono detti quei beni e servizi (libri, cinema, discoteca) per i quali una piccola variazione di prezzo produce considerevoli variazioni, in più o in meno, della quantità domandata.

Perché ci interessa questa distinzione? Ci interessa perché:

- **più la domanda è rigida** e più al produttore è consentito di alzare il prezzo, poiché sa che comunque venderà quasi la stessa quantità di prodotto;
- **più la domanda è elastica** e meno al produttore è consentito alzare il prezzo, perché rischia di vendere molto meno.

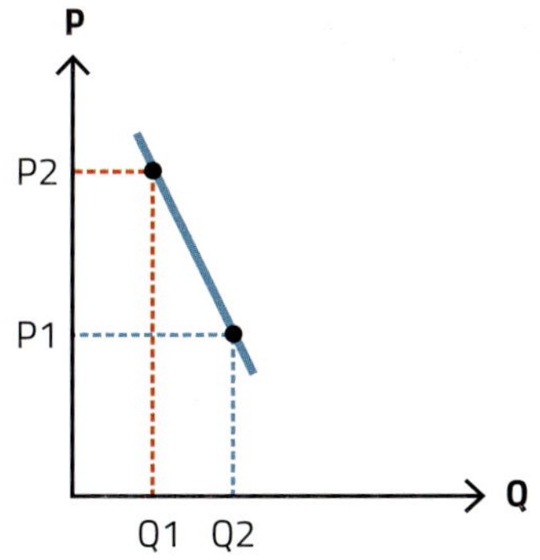

DOMANDA RIGIDA

Un innalzamento anche elevato del prezzo (da P1 a P2) fa diminuire di poco la quantità domandata (da Q2 a Q1).

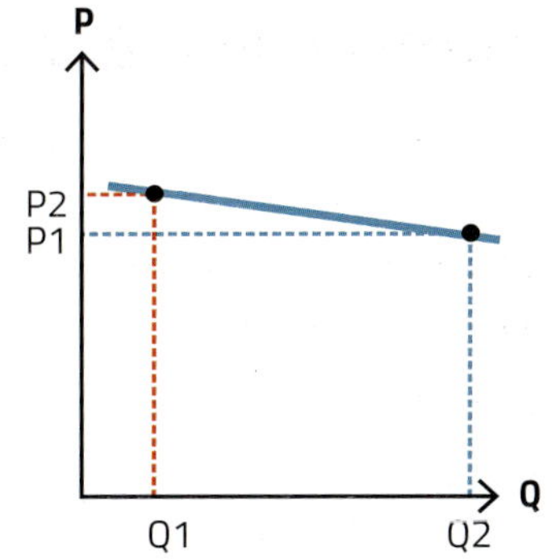

DOMANDA ELASTICA

Un modesto aumento di prezzo (da P1 a P2) fa diminuire molto la quantità domandata (da Q2 a Q1).

3 Come varia l'offerta?

→ **L'offerta**, nel linguaggio degli economisti, indica la quantità di un certo bene o servizio che il produttore è disposto a offrire in funzione del costo di produzione e del prezzo di vendita.

Prendiamo come esempio l'attività di un pasticciere e immaginiamo che affronti gli **stessi costi** per produrre cornetti farciti al cioccolato o cannoli fritti alla crema. Egli produrrà più cannoli o più cornetti? Vediamo alcune ipotesi:

- se i cornetti si vendessero a 50 centesimi e i cannoli a 1 euro, egli avrebbe sicuramente convenienza a produrre più cannoli che cornetti;
- se il prezzo di vendita dei cornetti e dei cannoli fosse uguale sarebbe per lui indifferente produrre gli uni o gli altri;
- se il prezzo dei cannoli fosse di 50 centesimi e quello dei cornetti di 1 euro, sarebbe per lui conveniente produrre pochi cannoli e molti cornetti.

L'offerta di paste dunque scende se il prezzo di mercato si abbassa e sale se il prezzo di mercato si alza.

Possiamo allora concludere che, salvo eccezioni:

→ **La quantità offerta** di un bene o di un servizio è direttamente proporzionale al suo prezzo di vendita.

Ciò viene efficacemente rappresentato dal grafico che segue.

La curva ascendente ci dice che:

- se il prezzo di vendita aumenta, il produttore è indotto ad aumentare l'offerta;
- se il prezzo di vendita diminuisce, il produttore è indotto a diminuire l'offerta e a dedicare le proprie energie ad altre produzioni, più remunerative.

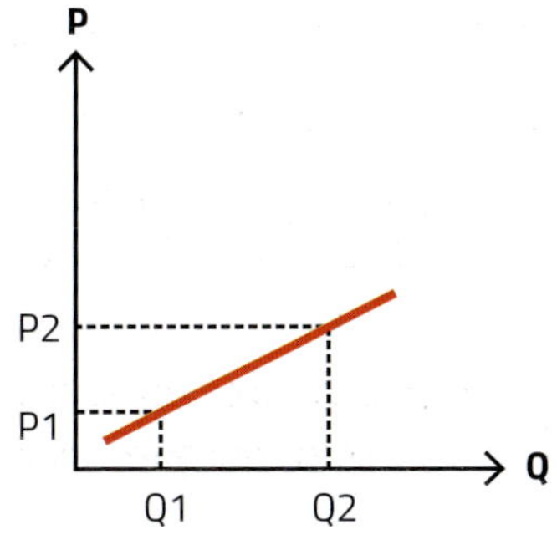

CURVA DELLA OFFERTA A PARITÀ DI COSTO DI PRODUZIONE:

– al prezzo **P2** (alto) il produttore offre una quantità **Q2** (alta);
– al prezzo **P1** (basso) il produttore offerta una quantità **Q1** (bassa).

Ma il prezzo di vendita non lo stabilisce il produttore stesso?

Non completamente. Teoricamente il produttore è libero di applicare ai suoi prodotti il prezzo che vuole, ma in pratica se applicasse prezzi troppo alti rispetto a quelli praticati dalla concorrenza non venderebbe nulla. Se vorrà vendere, la sua produzione dovrà avvicinare i suoi prezzi a quelli già praticati sul mercato dai suoi concorrenti.

Se il prezzo di vendita è basso, l'imprenditore non dovrebbe produrre di più per guadagnare sulla quantità?

Un tale comportamento sarebbe ragionevole se il produttore potesse produrre un solo bene. Ma in un Paese in cui ci sia libertà di impresa, si ha sempre la possibilità di produrre cose diverse o alternative. Il produttore, pertanto, **a parità di costi**, non spenderà molte energie per produrre un bene che si vende a poco prezzo. Mentre sarà disposto ad aumentare la produzione di quei beni che, sempre a parità di costi, si vendono a prezzi più elevati.

4 Come si forma il prezzo di mercato?

→ **Prezzo di mercato** è chiamato il prezzo medio di un prodotto che si registra in un dato momento su un dato mercato.

Per capire come si forma, immaginiamo di iniziare una nuova produzione in un luogo dove non ci siano concorrenti.

Per esempio, supponiamo di aprire una pasticceria all'italiana in una cittadina del nord Europa dove conoscono solo lo *strudel*. A quanto potremo vendere i nostri cornetti farciti? Per deciderlo dovremo fare tre operazioni.

Prima operazione

Con un'attenta indagine di mercato (che non usano certo i pasticcieri ma che usano moltissimo i grandi imprenditori) il produttore deve innanzi tutto capire quanto prodotto (automobili, lavatrici, pacchetti vacanze, cornetti farciti, ecc.) i consumatori sono disposti ad acquistare ai vari possibili prezzi e tracciare poi un *grafico della domanda*.

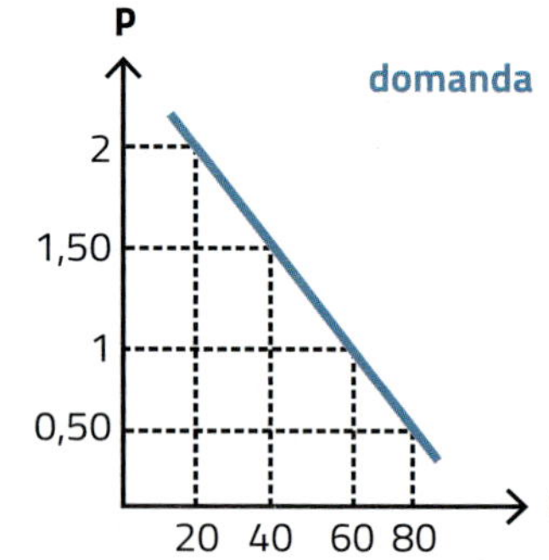

Supponiamo che il grafico ricavato dalla nostra indagine di mercato sia quello qui sopra riportato. Esso ci dice che se i cornetti costassero 2 euro, la gente del luogo ne comprerebbe al massimo 20; se costassero 1,50 euro, ne comprerebbe 40; se costassero 1 euro ne comprerebbe 60; se costassero 50 centesimi ne comprerebbe 80.

Seconda operazione

Individuato quanti cornetti i nostri potenziali clienti sono disposti ad acquistare ai vari prezzi, ci rimane da capire quanti cornetti noi siamo disposti ad offrire ai vari possibili prezzi. Dovremo dunque fare due conti e tracciare un nostro *grafico dell'offerta*.

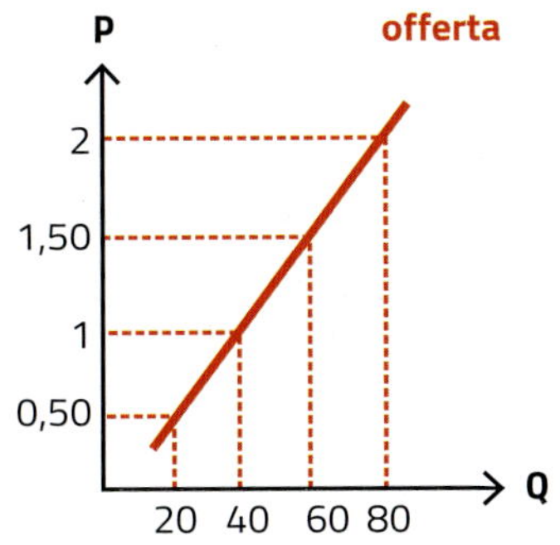

Supponendo che il grafico sia quello qui a fianco riportato, esso ci dice che:

- per 50 centesimi saremmo disposti a produrre al massimo 20 cornetti;
- per 1 euro potremmo produrne al massimo 40;
- per 2 euro tralasceremmo di occuparci di altre cose e porteremmo la nostra produzione a 80 cornetti.

Terza operazione

Sovrapponendo ora i due grafici scopriremo quale prezzo è conveniente da praticare.

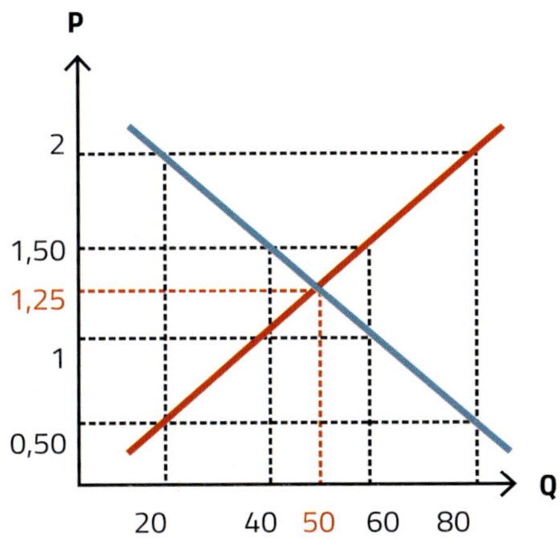

QUESTO NUOVO GRAFICO CI DICE CHE:

- se producessimo 80 cornetti e pretendessimo di venderli a 2 euro l'uno commetteremmo un grave errore perché a quel prezzo i consumatori sarebbero disposti a domandarne soltanto 20 e ne rimarrebbero 60 invenduti;
- se producessimo 20 cornetti e li ponessimo in vendita a 50 centesimi l'uno, commetteremmo un altro errore poiché a quel prezzo i consumatori ne avrebbero domandati addirittura 80;
- ma se producessimo 50 cornetti e li mettessimo in vendita a 1,25 euro saremmo sicuri di vendere tutta la produzione al prezzo massimo consentito in quel tipo di mercato.

Possiamo allora integrare la definizione che abbiamo dato all'inizio del Paragrafo dicendo che:

→ **Il prezzo di mercato** (cioè il prezzo medio che si registra in un dato momento sul mercato) è quel prezzo che assicura al produttore di vendere tutta la quantità prodotta con il massimo profitto possibile.

E se il produttore non indovinasse il prezzo giusto?

È possibile che il produttore sbagli i suoi calcoli chiedendo, per esempio, un prezzo troppo alto. In questo caso, quando si renderà conto che la domanda dei consumatori è troppo bassa, comincerà a diminuire il prezzo fin quando non individuerà quello che gli consentirà di vendere tutta la sua produzione.

5 Come varia il prezzo?

Rimanendo in tema dolciario, immaginiamo che altri pasticcieri italiani, attratti dai buoni affari che si concludono nella cittadina nord-europea da noi prescelta, decidano di aprire nuove pasticcerie in concorrenza con la nostra. Che cosa accadrà? Accadrà che l'offerta salirà di molto e dopo un po' ciascun pasticciere scoprirà che se vuole vendere tutta la sua produzione dovrà invogliare i clienti abbassando i prezzi.

Come si rappresenta graficamente la variazione del prezzo di mercato?

Per vedere su un grafico come varia il prezzo di mercato, dobbiamo prima capire come si rappresentano l'aumento o la diminuzione, rispettivamente, della domanda e dell'offerta.

La domanda

Immaginiamo che un cliente della nostra pasticceria sia disposto a domandare due cornetti se il prezzo è di 1 euro l'uno e un solo cornetto se il prezzo è di 2 euro.

Supponiamo poi che si aggiunga un altro cliente e immaginiamo, per semplicità, che sia disposto ugualmente a domandare un solo cornetto se il prezzo è di 2 euro e due cornetti se il prezzo è di 1 euro. Quale sarà la domanda globale?

Non è difficile capire che al prezzo di 1 euro saranno domandati globalmente quattro cornetti e al prezzo di 2 euro ne saranno domandati due. Tutto ciò si rappresenta graficamente come segue.

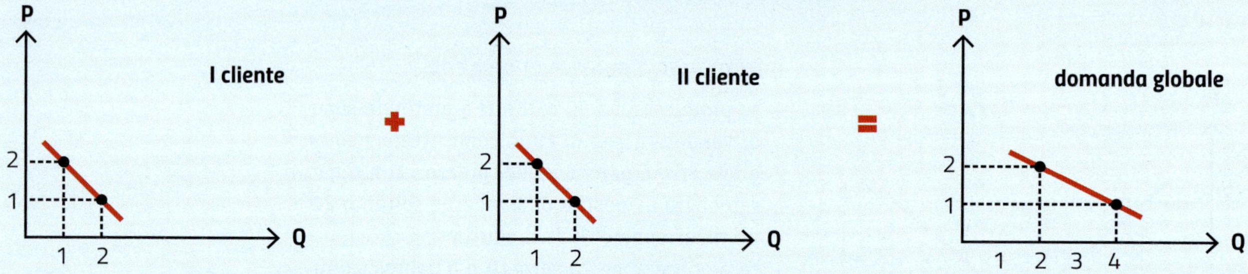

Se al primo cliente se ne aggiunge un secondo aumenta la domanda globale e la curva si sposta verso destra. Se il secondo cliente si mette a dieta, la domanda globale diminuisce e la curva si sposta di nuovo verso sinistra.

L'offerta

Immaginiamo che dal lato dell'offerta si presentino due situazioni del tutto analoghe.

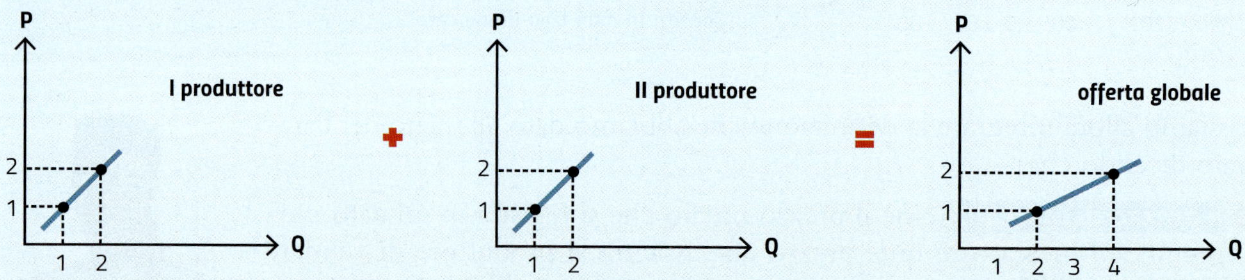

Se al primo produttore se ne aggiunge un altro l'offerta globale aumenta e la curva si sposta verso destra. Ma se dopo un po' il secondo produttore si ritira dal mercato, l'offerta globale diminuisce e la curva si sposta di nuovo verso sinistra.

Il prezzo di mercato

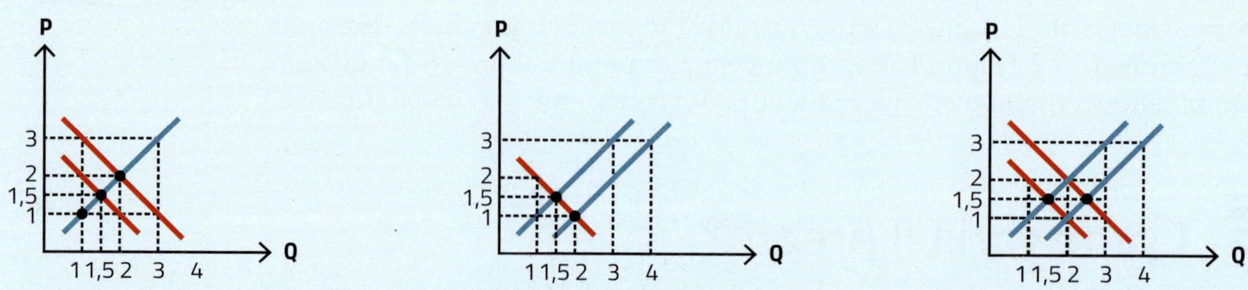

Il primo grafico ci dice che, a parità di offerta, se la domanda aumenta o diminuisce il prezzo di mercato aumenta o diminuisce. Il secondo grafico ci dice che, a parità di domanda, se l'offerta aumenta il prezzo diminuisce e se l'offerta diminuisce il prezzo aumenta. Il terzo grafico ci dice che se la domanda e l'offerta aumentano o diminuiscono nella stessa misura, il prezzo di mercato rimane invariato.

In linea generale possiamo dire che:

→ **quando l'offerta supera la domanda** il prezzo di mercato tende a scendere.

Ora immaginiamo che i nostri concorrenti, delusi per la diminuzione dei prezzi, chiudano bottega e vadano altrove. Improvvisamente l'offerta globale subirà un calo; tutti i clienti verranno nella nostra pasticceria e noi avremo la possibilità di aumentare un po' il prezzo, sicuri che comunque riusciremo a vendere tutta la nostra produzione.

In linea generale possiamo dire che:

→ **quando l'offerta è inferiore alla domanda** il prezzo di mercato tende a salire.

Naturalmente possiamo dire la stessa cosa invertendo i termini:

- quando la domanda è più alta dell'offerta il prezzo tende a salire;
- quando la domanda è inferiore all'offerta il prezzo tende a scendere.

6 Come i costi di produzione condizionano l'offerta?

Immaginiamo di voler diventare imprenditori e, poiché amiamo il mare, decidiamo di produrre tavole da surf. Presa questa decisione dovremo subito cercare di capire (come farebbe qualsiasi buon imprenditore) qual è la strategia migliore per rendere massimo il nostro profitto.

> **Il profitto** (sappiamo per generale conoscenza) è dato dai ricavi meno i costi. Pertanto, per rendere massimo il profitto occorre operare in modo che i ricavi siano alti e i costi siano bassi.

> **I ricavi** (o fatturato dell'impresa) si calcolano moltiplicando il prezzo di vendita di ciascuna unità prodotta per il numero dei pezzi complessivamente prodotti e venduti.

Per aumentare i ricavi, dunque, occorre agire:

- sui prezzi;
- sulla quantità venduta.

Sui prezzi, però, non abbiamo grandi possibilità di manovra. Per quanto le nostre tavole siano bellissime, non possiamo pretendere di venderle a un prezzo troppo elevato rispetto a quelle dei nostri concorrenti. Non ci resta, allora, che aumentare il più possibile la quantità prodotta.

A questo scopo si potrebbero far lavorare gli impianti giorno e notte?

Questa sembrerebbe la soluzione più logica, ma in realtà non lo è.
L'esperienza e un po' di calcoli dimostrano che aumentando la quantità prodotta:

- inizialmente il costo di ciascun pezzo tende a diminuire;
- ma se spingiamo ancora in avanti la produzione ogni nuovo pezzo prodotto comincia ad avere per noi un costo sempre più elevato.

COSTI DI PRODUZIONE
→ costi fissi
→ costi variabili

Prima di predisporre un piano aziendale, pertanto, dovremo capire *come* variano i costi, al fine di arrestare la produzione nel punto in cui questi cominciano a essere troppo alti.

Vedremo nei prossimi Paragrafi che i costi si dividono in **costi fissi** e **costi variabili**.

E vedremo anche in che misura il loro andamento suggerisce la quantità che è conveniente produrre.

7 Quali costi sono fissi e quali variabili?

Possiamo immaginare che per produrre tavole da surf dovremo dotarci, quanto meno, di un magazzino dove tenere la resina e le vernici; di una struttura nella quale allineare le macchine che eseguono in successione le fasi della lavorazione; di un secondo magazzino dove stipare le tavole finite in attesa che i furgoni della distribuzione passino a ritirarle.

→ **Costo fisso** viene chiamato il costo della struttura produttiva.

È detto "fisso" perché non varia (naturalmente entro i limiti imposti dalla dimensione della struttura stessa) se produciamo una, dieci o venti tavole al giorno.

Ma affinché dalla nostra fabbrica escano tavole da surf non basta aver comperato magazzini e macchinari.
Occorre affrontare nuovi costi per acquistare la resina e la vernice, per pagare gli operai e così via.

Questi costi saranno, nel loro complesso, tanto più elevati quante più tavole vogliamo produrre.
E per tale ragione vengono chiamati *costi variabili*.

→ **Costi variabili** sono detti quelli che variano al variare della quantità prodotta.

8 Come incidono sulla quantità prodotta i costi fissi?

Immaginiamo di aver pagato la nostra fabbrica 600 000 euro e supponiamo, per assurdo, che fosse destinata a produrre, per tutta la sua esistenza, una sola tavola da surf.
Non v'è dubbio che quella tavola ci costerebbe 600 000 euro di costo fisso più alcuni spiccioli per quelli che abbiamo chiamato i costi variabili (resina, vernice, lavoro, ecc.).
Se decidessimo di produrre due tavole, ciascuna ci costerebbe 300 000 euro di costo fisso più i costi variabili.
Se decidessimo di produrre diecimila tavole, ciascuna ci costerebbe soli 60 euro di costo fisso più i costi variabili.

Possiamo allora concludere che:

→ **l'incidenza dei costi fissi** diminuisce all'aumentare della quantità prodotta.

9 Come variano i costi variabili?

Immaginiamo che un operaio guadagni 20 euro l'ora e che impieghi un'ora per produrre una tavola. Nelle normali otto ore di lavoro egli dunque produrrà otto tavole.

Se volessimo spingere ancora in avanti la produzione (per esempio fabbricare nove tavole) egli dovrebbe svolgere del lavoro straordinario. Ma il lavoro straordinario costa più di quello ordinario, e ciò significa che la nona tavola avrebbe per noi un costo superiore all'ottava.

Se poi volessimo spingere ancora la produzione, dovremmo tenere aperta la fabbrica anche durante la notte, e ciò comporterebbe un aggravio generale dei costi per il lavoro notturno degli operai, per la maggiore energia elettrica impiegata, per la più rapida usura dei macchinari, e così via. Possiamo sintetizzare tutto ciò affermando che all'aumentare della produzione:

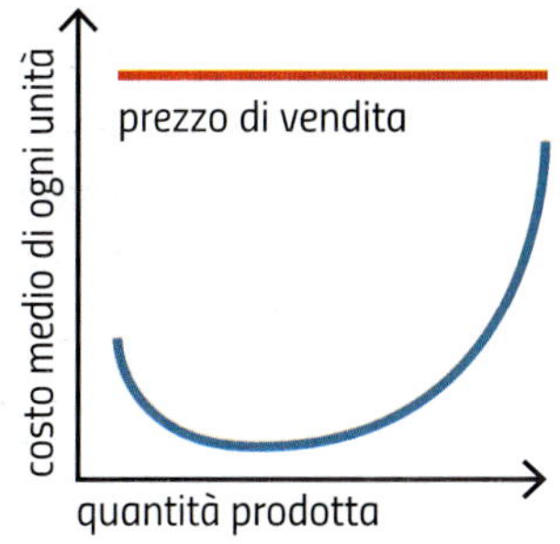

- inizialmente il costo di ciascun pezzo diminuisce, soprattutto per effetto della incidenza via via minore dei costi fissi;
- ma oltre un certo limite il costo di ogni ulteriore pezzo prodotto comincia ad aumentare, soprattutto per effetto dei costi variabili;
- e se spingiamo ancora avanti la produzione può accadere che ci troviamo a produrre tavole il cui costo variabile sia addirittura superiore al prezzo di vendita.

È opportuno fermare la produzione quando il costo delle tavole comincia ad aumentare?

Quando il costo comincia ad aumentare, accade che su ogni tavola in più che produciamo guadagneremo un po' di meno rispetto a quella precedente, ma si tratta pur sempre di guadagno. Perché rinunciarvi?

Ragionevolmente, allora, espanderemo la nostra produzione fino a che il costo dell'ultima tavola prodotta non si avvicina pericolosamente al prezzo di vendita. A quel punto, se aumentassimo ancora la produzione rischieremmo di lavorare in perdita.

Possiamo allora concludere che:

> **il produttore ha convenienza a estendere la produzione** fin quando il costo dell'ultimo pezzo prodotto è prossimo al prezzo di mercato.

Quanto prossimo?

La risposta dipende dal tipo di domanda che giunge dai consumatori. In particolare:

- se la domanda è elevata e l'imprenditore presume di non avere rimanenze spingerà al massimo consentito la produzione;
- ma se la domanda è incerta o fluttuante ed è forte il rischio di avere prodotti invenduti, egli si fermerà molto prima.

10 Quali sono i fattori della produzione?

FATTORI PRODUTTIVI
→ capitale
→ lavoro
→ materia prima

Immaginiamo di volerci dedicare alla produzione di grano. Che cosa ci occorrerà per attuare il progetto? Innanzitutto avremo bisogno di macchine. Nel linguaggio economico gli strumenti che servono alla produzione vengono chiamati **capitale**.

Ma gli strumenti non lavorano da soli; occorre che qualcuno li faccia funzionare. Occorre, cioè, il **lavoro umano**.

Infine avremo bisogno della **materia prima** da trasformare: in questo caso della terra che dovrà essere opportunamente preparata e seminata.

Se invece di coltivare grano volessimo dedicarci alla produzione di cioccolatini oppure all'assemblaggio di computer, lo schema di base non cambierebbe. Ci occorrerebbero sempre *strutture produttive*, *lavoro* e *materia* da trasformare.

Possiamo allora concludere che qualsiasi tipo di produzione necessita di **tre fattori**:

- il capitale, cioè le strutture necessarie alla produzione;
- il lavoro umano, necessario per organizzare la produzione e far funzionare le macchine;
- la materia prima da trasformare.

11 Che cos'è la produttività?

Know how è un'espressione inglese traducibile con "conoscere come" e indica quell'insieme di tecniche, accorgimenti, esperienze che l'imprenditore impiega per rendere più efficiente la propria struttura produttiva.

Se un'azienda è ben gestita e sfrutta al meglio *i fattori della produzione* (lavoro, impianti e così via) diremo che ha un buon grado di efficienza.

Ma gli economisti preferiscono al generico concetto di efficienza quello più puntuale di **produttività**.

Per capire di che cosa si tratta consideriamo due fabbriche di scooter e immaginiamo che la prima impieghi 1000 dipendenti per produrre 1000 scooter l'anno, mentre la seconda impieghi solo 500 dipendenti per produrre lo stesso numero di scooter.

Se fossero in vendita allo stesso prezzo quale delle due compreremmo?

Non v'è dubbio che compreremmo la seconda. In questa infatti l'incidenza del costo del *fattore lavoro* su ogni scooter prodotto è la metà rispetto alla prima.
E questo minor costo potrebbe consentirci di ridurre il prezzo di vendita oppure di migliorare la qualità del prodotto applicando più attente rifiniture o aggiungendo nuovi accessori. In ogni caso potremo aspettarci che il mercato ci premi attraverso un aumento della domanda dei nostri scooter in danno delle aziende concorrenti.

Tutto ciò può essere sintetizzato dicendo che la seconda fabbrica ha una **produttività del lavoro** doppia della prima.

→ **Produttività** è il rapporto tra la quantità prodotta (nel nostro esempio 1000 scooter) e la quantità impiegata di un determinato fattore produttivo (nel nostro caso del fattore lavoro).

- Più alta è la produttività e più l'azienda è competitiva.
- Più bassa è la produttività e meno l'azienda è competitiva.

ZOOM

Fattori interni ed esterni della produttività

Come aumentare la produttività?

Generalmente la produttività è resa alta da una buona organizzazione aziendale, da un ottimo *know how*, ma soprattutto da una costante innovazione tecnologica che aumenti la capacità produttiva per unità di tempo degli impianti. Questa è la soluzione generalmente adottata nei Paesi dove l'imprenditoria è più dinamica.

Un altro modo per aumentare la produttività è quello di ridurre i salari, oppure di aumentare l'orario di lavoro a parità di salario, oppure diminuire l'imposizione fiscale sulle imprese.

Queste soluzioni (che sono generalmente preferite dall'imprenditoria meno propensa al rischio) conducono però a un risultato effimero. Mentre, infatti, l'innovazione tecnologica di cui si alimenta la competizione globale non incontra limiti al suo sviluppo, la possibilità di diminuire i salari o di aumentare l'orario di lavoro o di abbassare le tasse incontra il grosso limite di non poter essere riproposta all'infinito. Sotto un certo livello né i salari, né le tasse, potranno mai scendere, né l'orario di lavoro potrà essere prolungato. Questi interventi, al di là delle implicazioni sociali che comportano, possono funzionare solo come rimedio temporaneo, ma non come strategia di lungo periodo. A meno di non voler imitare quei Paesi in via di sviluppo dove la gente lavora per una ciotola di riso.

Che cosa sono le "esternalità"?

Il termine **esternalità** indica quegli elementi esterni alla fabbrica che possono avere influenza sui costi di produzione. Sono tali, per esempio, la vicinanza a una buona rete stradale, a una ferrovia, a un aeroporto o la presenza di servizi di uguale importanza che comportino una riduzione dei costi per le aziende.

Ciò spiega anche la ragione per cui le imprese tendono a concentrarsi nelle aree del Paese meglio servite.

MAPPA che cosa hai imparato

In questa Lezione hai imparato come si determina il prezzo di mercato di beni e servizi e quale rapporto esiste fra il prezzo, la domanda e l'offerta. Hai imparato anche che il ricavo si ottiene moltiplicando il prezzo per il numero di unità vendute, mentre il profitto è dato dal ricavo meno i costi. A proposito dei costi, hai appreso che il produttore deve sostenerne di due tipi, fissi e variabili, che si comportano diversamente all'aumentare della produzione. Infine, hai imparato quali sono i fattori della produzione e che cosa si intende per produttività.

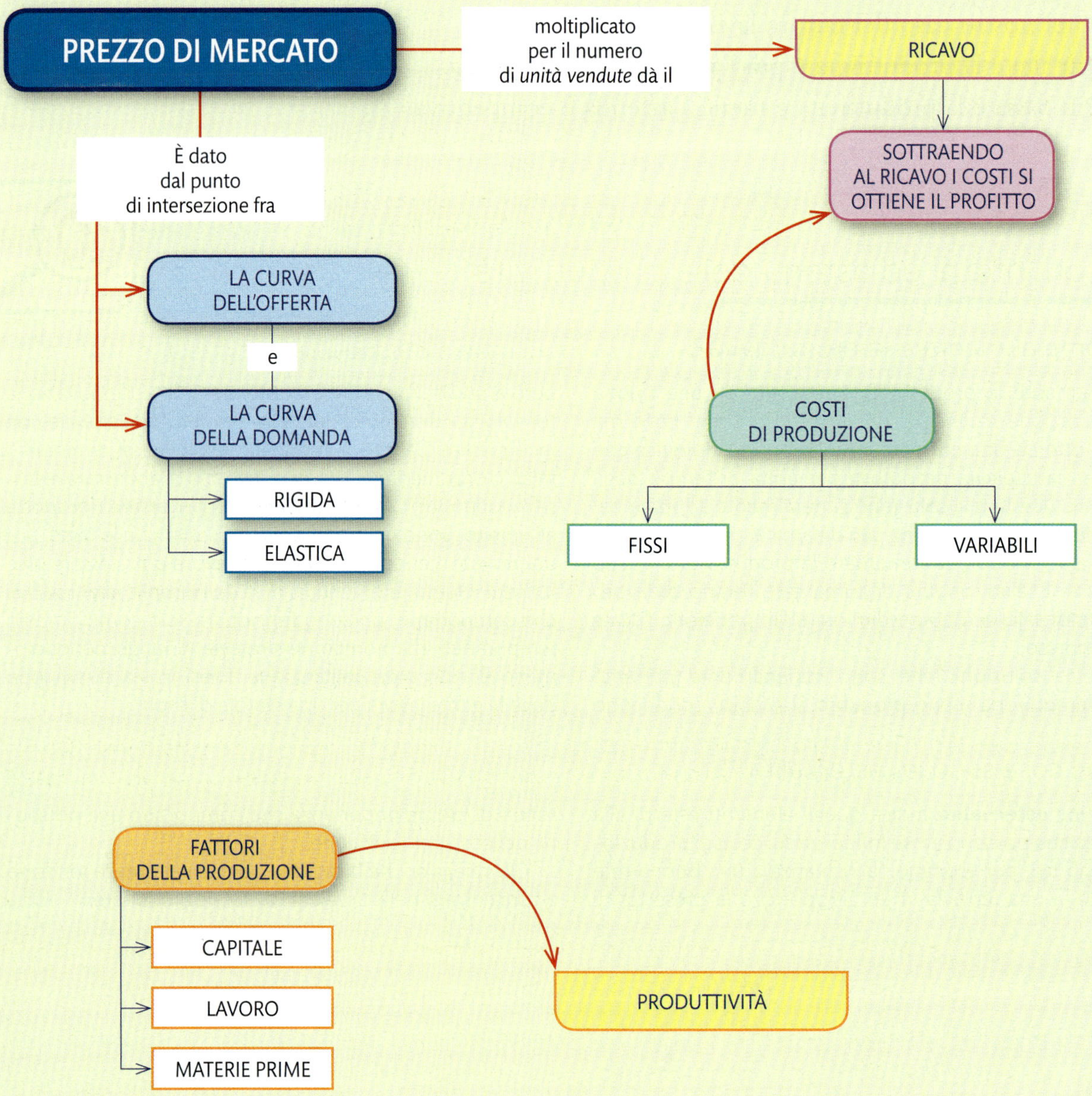

Lezione 13 riguardando gli appunti

Che cos'è la domanda?

- La domanda indica la quantità di un certo bene o servizio che viene richiesta dai *consumatori*. Generalmente la quantità domandata è *inversamente* proporzionale al prezzo.
- Per alcuni prodotti, la quantità domandata è scarsamente sensibile alla variazione del prezzo: in tal caso si parla di domanda *rigida*. Quando invece una piccola variazione del prezzo produce variazioni consistenti nella quantità domandata, si parla di domanda *elastica*.

Che cos'è l'offerta?

- L'offerta indica la quantità di un certo bene o servizio che il *produttore* immette sul mercato.
- In genere, la quantità offerta di un bene o di un servizio è *direttamente* proporzionale al prezzo.

Come si determina il prezzo di mercato?

- Il punto di intersezione fra la curva della domanda e la curva dell'offerta indica il prezzo al quale il produttore è sicuro di vendere tutta la merce prodotta con il massimo profitto.

In che modo le variazioni della domanda e dell'offerta influenzano il prezzo?

- Quando l'offerta supera la domanda il prezzo tende a scendere.
- Quando l'offerta è inferiore alla domanda il prezzo tende a salire.
- Si può dire la stessa cosa invertendo i termini: quando la domanda è più alta dell'offerta, il prezzo sale; quando la domanda è inferiore all'offerta, il prezzo scende.

Che differenza c'è tra profitti e ricavi?

- Il *profitto* è dato dai ricavi meno i costi. Per rendere massimo il profitto occorre che i ricavi siano alti e i costi siano bassi.
- I *ricavi*, o fatturato dell'impresa, si calcolano moltiplicando il prezzo di vendita di ciascuna unità prodotta per il numero di unità complessivamente vendute.

Quali tipi di costo deve sopportare il produttore?

- I costi di produzione si distinguono in *fissi* e *variabili*.
- Costi *fissi* sono quelli che, entro i limiti imposti dalla dimensione dell'azienda, non variano al variare della produzione.
- Costi *variabili* sono quelli che variano al variare della quantità prodotta.

In che modo incidono sulla produzione i costi fissi e i costi variabili?

- Il costo fisso si ripartisce sulla produzione totale. Pertanto, l'incidenza dei costi fissi diminuisce all'aumentare della produzione.
- I costi variabili tendono a crescere man mano che aumenta la produzione.

Fin quando permane l'interesse del produttore a espandere la produzione?

- Al produttore conviene estendere la produzione fin quando il costo dell'ultimo pezzo prodotto è prossimo al prezzo di mercato.
- Se spingesse ancora avanti la produzione, il costo variabile degli ultimi pezzi prodotti potrebbe addirittura essere superiore al prezzo di vendita.

Quali sono i fattori della produzione?

- I fattori della produzione sono tre: il *capitale*, cioè le strutture necessarie alla produzione; il *lavoro* umano necessario per organizzare la produzione e far funzionare le macchine; le *materie prime* da trasformare.

Che cos'è la produttività?

- La produttività è il rapporto tra la quantità prodotta e la quantità impiegata di un determinato fattore produttivo. Più alta è la produttività, più l'impresa è competitiva.

verifica mettiti alla prova

1. Completa la mappa concettuale utilizzando le seguenti parole:

aumenta ~ diminuisce ~ offerta ~ richiesta.

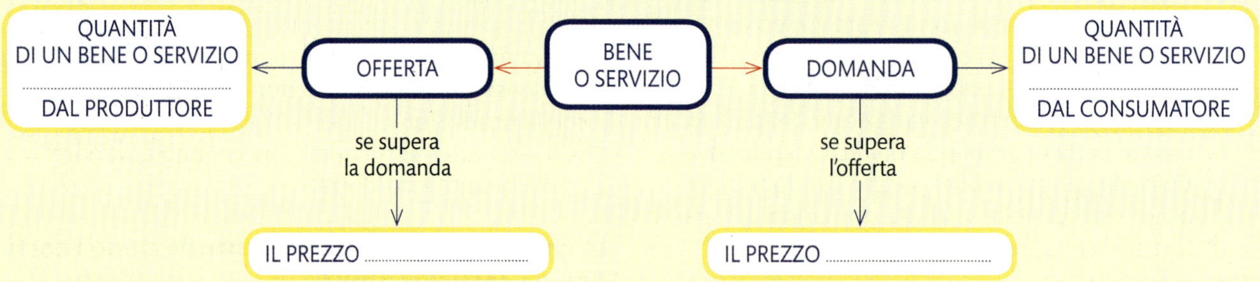

2. Scegli la risposta corretta.

1 Aumentando la produzione, l'incidenza dei costi variabili su ciascun pezzo prodotto:
- a. aumenta
- b. diminuisce
- c. prima aumenta e poi diminuisce
- d. prima diminuisce e poi aumenta

2 La discesa dei prezzi è un fatto positivo?
- a. sì, sempre, perché avvantaggia i consumatori
- b. no, mai, perché danneggia i produttori
- c. sì, se dipende da una diminuzione dei costi di produzione
- d. sì, se dipende da un calo della domanda

3 Costi fissi sono quelli che:
- a. sono fissati dal mercato
- b. sono fissati dalla concorrenza
- c. sono fissati dal produttore
- d. entro certi limiti non variano al variare della produzione

4 Il carburante per auto è un bene a domanda tendenzialmente:
- a. flessibile
- b. rigida
- c. discendente
- d. ascendente

3. Rispondi alle seguenti domande.

A Che cos'è la produttività?

B Che cosa si indica con il termine "offerta"?

C Cosa si intende con l'espressione "prezzo di mercato"?

D Che cosa indicano gli economisti con il termine "domanda"?

4. Barra con una crocetta la risposta che ritieni esatta e motiva il perché.

1 Nella produzione i costi fissi per unità diminuiscono se aumenta la quantità prodotta. SÌ | NO

perché? ....

2 Se la domanda di un bene è elastica può convenire aumentare il prezzo. SÌ | NO

perché? ....

3 Quando l'offerta supera la domanda il prezzo di mercato tende a scendere. SÌ | NO

perché? ....

4 La domanda di un bene o di un servizio dipende solo dal prezzo. SÌ | NO

perché? ....

5 La quantità offerta di un bene o di un servizio è direttamente proporzionale al prezzo di mercato. SÌ | NO

perché? ....

5. Svela il crittogramma.

Sostituisci ogni numero con una lettera dell'alfabeto. A numero uguale corrisponde lettera uguale!

A	B	C	D	E	F	G	H	I	J	K	L	M	N	O	P	Q	R	S	T	U	V	W	X	Y	Z
		6			1							4					17				10				

_ _   _ R _ F _ _ _ _   È   _ _ _ _
9 13   16 17 26 1 9 19 19 26   7 3 19 26

_ _ _   R _ C _ V _   M _ _ _   _   C _ _ _ _ .
7 3 9   17 9 6 3 10 9   4 25 11 26   9   6 26 23 19 9

LEZIONE **14**

Tipi di mercato

VIDEOSIMULATORE
FAI LA TUA SCELTA
I tipi di mercato

1 Che cos'è il mercato?

Nelle pagine precedenti abbiamo più volte menzionato la parola **mercato**. Ora bisognerà chiarire che cos'è un mercato.

Nel linguaggio corrente siamo soliti indicare, con questo termine, il luogo fisico dove si possono acquistare o vendere determinate cose.

Pensiamo al mercato rionale di frutta e verdura o magari al mercatino delle pulci dove si acquistano oggetti usati.

Tuttavia, a ben guardare, usiamo il termine *mercato* anche quando, in senso molto più ampio, parliamo di *mercato dell'automobile*, *mercato discografico*, *mercato librario*.

In questi casi non intendiamo chiaramente riferirci a un luogo fisico dove si vende e si compera, ma piuttosto all'**attività** di compra-vendita di automobili, dischi, libri, e così via.

Quest'ultimo è il significato che gli economisti danno alla parola *mercato* e che d'ora in poi le daremo anche noi.

Monopolio è un termine che viene dal greco *monopolion* composto da *monos* (solo) e *poleo* (vendere).

→ **Mercato** è l'attività del vendere e del comperare o, come preferiscono dire gli economisti, dell'offrire e del domandare.

Il mercato generalmente può presentarsi nella forma di:

- **monopolio**, caratterizzato dalla presenza di una sola impresa che offre un certo tipo di bene o servizio (oppure di un solo soggetto che domanda);
- **oligopolio**, in cui sono presenti poche imprese che offrono;
- **libera concorrenza**, caratterizzata dalla presenza di molte imprese che offrono e di molti soggetti che domandano;
- **concorrenza monopolistica**, le cui particolari caratteristiche esamineremo nel Paragrafo 5.

È importante sapere queste cose?

Conoscere i caratteri dei diversi tipi di mercato è molto importante perché:

- l'obiettivo del nostro studio, non dimentichiamolo mai, è capire come si aumenta il prodotto interno lordo
- e il prodotto interno lordo, lo ricordiamo, è la somma di quanto viene prodotto dalle imprese nell'arco di un anno;
- ma le imprese sono indotte ad aumentare la loro produzione solo se questa viene rapidamente assorbita dal mercato.

È importante dunque capire quale **forma di mercato** è più idonea a stimolare la produzione e a favorirne l'assorbimento da parte dei consumatori.

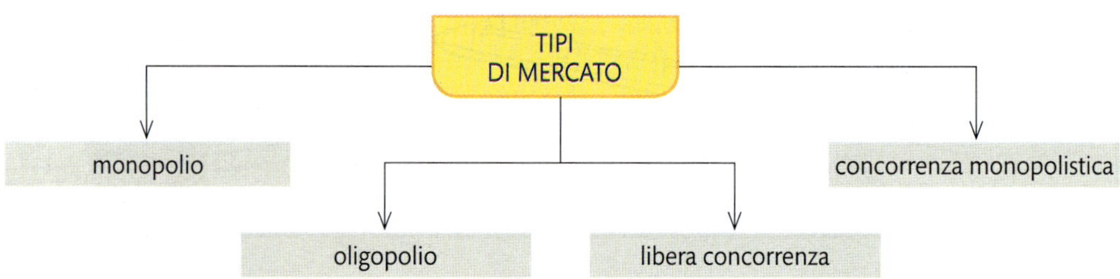

2 Quali effetti produce il mercato di monopolio?

→ **Il monopolio** è un particolarissimo mercato nel quale un certo bene o servizio è offerto da un solo produttore o è domandato da un solo consumatore.

Nel primo caso si ha il **monopolio dell'offerta**; nel secondo il **monopolio della domanda**.

In entrambi i casi il monopolista, mancando di concorrenti, gode di una notevole libertà nel determinare la quantità di beni o servizi da produrre o da acquistare e il prezzo da applicare o da offrire.

Per inquadrare meglio la situazione, immaginiamo che in una scuola ci siano 100 studenti e che fuori dell'edificio scolastico ci sia un chiosco che vende panini al prosciutto.

Supponendo che ciascun panino abbia un *costo di produzione* di 50 centesimi, a che prezzo potrebbe essere venduto?

In teoria il venditore monopolista potrebbe stabilire il prezzo che vuole, ma se vuole ottenere il massimo profitto deve tener conto di due aspetti:

- l'andamento dei propri costi di produzione
- e soprattutto l'andamento della domanda.

Nel nostro esempio egli deve tenere conto di quanti panini sono disposti ad acquistare gli studenti ai diversi possibili prezzi.

Facciamo alcune ipotesi:

- se chiedesse 3 euro l'uno, probabilmente nessuno li comprerebbe;
- se chiedesse 2 euro l'uno è possibile che almeno 50 studenti li acquisterebbero, cosicché il suo ricavo sarebbe di 100 euro;
- se chiedesse 1 euro è probabile che tutti gli studenti li acquisterebbero, e il suo ricavo sarebbe, anche questa volta, di 100 euro.

DOMANDA DI PANINI

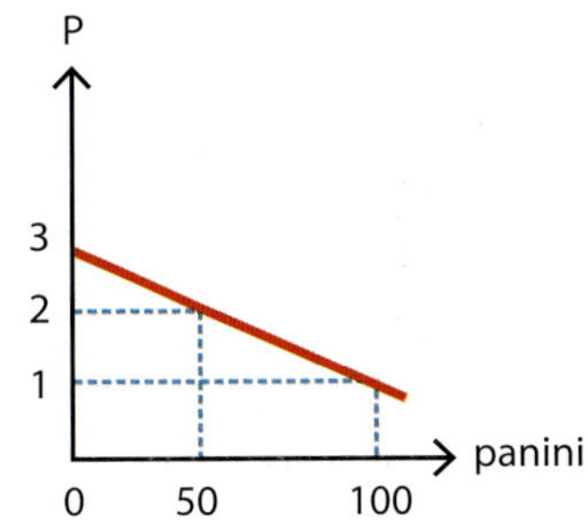

Quale delle tre soluzioni sceglierà? Esclusa la prima ipotesi, è ragionevole che egli si orienti sulla seconda perché gli garantisce, a parità di ricavo, maggiore profitto della terza, con minore dispendio di lavoro, minore investimento di capitale e minore rischio.

In linea generale, come insegnano sia l'esperienza che l'analisi scientifica, il calcolo della convenienza porta il monopolista (sia esso venditore di panini o produttore di automobili o di impianti industriali) a non estendere al massimo la propria offerta, ma ad attestarsi su quel livello di produzione e di prezzo che gli consente di conseguire, detratti i costi di produzione, il **massimo profitto** (nel nostro esempio 50 panini a 2 euro l'uno invece che 100 panini a 1 euro l'uno).

Come è facile immaginare, il monopolio è la condizione di mercato più ambita dai produttori (che cosa c'è di meglio che non avere concorrenti?) ma è anche la **più avversata dagli economisti** proprio perché **non stimola la produzione e mantiene alti i prezzi**.

> Il mercato di monopolio può formarsi per effetto della legge (pensiamo al monopolio per la vendita dei tabacchi) o, più spesso, per effetto di particolari condizioni (pensiamo alle grandi concentrazioni che si formano quando una grande impresa assorbe tutte le imprese concorrenti).

Tipi di monopolio

Il monopolio dell'offerta può prodursi quando una sola impresa possiede il brevetto per un certo farmaco; una sola impresa ha la possibilità di approvvigionarsi di una certa materia prima; una sola impresa è tanto grande da aver sbaragliato tutti i concorrenti, e così via.

Il monopolio della domanda può determinarsi quando piccole imprese producono esclusivamente per una grande impresa committente. Pensiamo al rapporto che si stabilisce tra la grande fabbrica automobilistica e le tante piccole aziende che producono componenti per auto, oppure tra la grande impresa di trasformazione agro-alimentare e le tante piccole aziende agricole che la riforniscono. In entrambi i casi la grande impresa può decidere quanto acquistare e quale prezzo offrire.

3 Che cos'è l'oligopolio?

Oligopolio viene dal greco *oligos*, che significa *scarsità*. Nel mercato di oligopolio c'è *scarsità* di offerenti.

→ **Oligopolio** è chiamato il mercato nel quale un certo prodotto o servizio è offerto da un numero limitato di soggetti.

Questo tipo di mercato tende prevalentemente ad affermarsi:

- nei settori produttivi nei quali servono ingenti investimenti e dove non potrebbero operare piccole imprese. Pensiamo al settore bancario, assicurativo, telefonico;
- oppure in settori nei quali la concorrenza, soprattutto internazionale, è così forte da indurre le imprese che vi operano ad assorbire le imprese minori per acquistare competitività.

Trust è un termine di origine anglosassone impiegato per indicare gruppi di imprese che stringono accordi per limitare gli effetti della libera concorrenza.

Il pericolo che comporta questo tipo di mercato è che i produttori, essendo pochi, decidano di accordarsi tra di loro per dividersi le aree di vendita o per stabilire prezzi comuni al fine di ridurre gli effetti della concorrenza.

Quando ciò accade (e non è raro che accada) l'oligopolio si trasforma in una sorta di **monopolio mascherato**.

Poiché le posizioni di monopolio indeboliscono il mercato e favoriscono l'innalzamento dei prezzi, tutti i Paesi economicamente più avanzati si sono dotati di una normativa *antitrust*.
In Italia opera l'*Autorità garante del mercato e della concorrenza* che ha il compito di sanzionare quelle imprese che stringono accordi volti ad alterare gli effetti del mercato concorrenziale.

4 Quali sono gli effetti della libera concorrenza?

→ **Il mercato di libera concorrenza** è caratterizzato dalla presenza di una elevata quantità di imprese che offrono e da una elevata quantità di soggetti che domandano.

E in queste condizioni è molto difficile far alzare i prezzi riducendo l'offerta. Per rendercene conto riprendiamo l'esempio delle pasticcerie che ci ha accompagnato nella Lezione precedente. Se queste fossero molto numerose e una sola riducesse della metà la propria offerta, la gente neppure se ne accorgerebbe, perché in città l'offerta complessiva di dolci rimarrebbe comunque molto elevata.

Il pasticciere che diminuisse la propria produzione otterrebbe l'unico risultato di ridurre i propri incassi.

> **Chi vuole aumentare i profitti** in un mercato di libera concorrenza può solo tentare di espandere la propria offerta.

Se tutti espandono l'offerta, il prezzo scende?

Il prezzo scenderà fino al punto in cui le imprese troveranno ancora conveniente rimanere sul mercato. Quando alcuni produttori cominceranno a ritenere che il prezzo sia diventato per loro troppo basso, cesseranno quel tipo di produzione e si dedicheranno ad altro.

In questo modo l'offerta globale tornerà a diminuire e il prezzo di mercato tornerà un po' a salire.

Nel mercato di libera concorrenza:

- l'offerta globale tende a essere la più alta possibile;
- il prezzo tende a scendere fino al livello in cui è ancora remunerativo per le imprese operanti sul mercato.

Quando la libera concorrenza è "perfetta"

Affinché un sistema di libera concorrenza esplichi in pieno i propri effetti occorre il concorso di molte favorevoli condizioni. In particolare:

- deve esservi *trasparenza nel mercato*, cosicché il consumatore possa conoscere le diverse offerte e scegliere quella più conveniente;
- i prodotti dello stesso tipo devono avere *identiche caratteristiche*, in modo che la scelta del consumatore sia dettata solo dal prezzo;
- devono esservi moltissimi produttori (dicesi *offerta polverizzata*) in modo che non possano accordarsi per alterare il prezzo di mercato e nessuno possa condizionare con la propria offerta il prezzo di vendita.

Purtroppo è altamente improbabile che si verifichi il concorso di tutte queste condizioni e nella realtà i mercati operano in una condizione di *concorrenza imperfetta* (detta anche *monopolistica*) o di *oligopolio*.

REQUISITI PER LA LIBERA CONCORRENZA PERFETTA

- trasparenza del mercato
- omogeneità dei prodotti
- polverizzazione dell'offerta

5 Quali sono i caratteri della concorrenza monopolistica?

→ **Concorrenza monopolistica** viene chiamata quella situazione di mercato in cui le imprese, pur essendo numerose e in concorrenza tra di loro, tendono a differenziare per qualche particolare la propria offerta.

Questo mercato, detto anche di **concorrenza imperfetta**, è piuttosto diffuso e nasce dal tentativo di ogni produttore di creare una situazione prossima al monopolio, rendendo in qualche modo *unico* il suo prodotto.

Per esempio, tutti gli scooter hanno un motore, due ruote, un sellino, un manubrio e così via, talché, a parità di caratteristiche tecniche, dovrebbe essere del tutto indifferente comperarne uno di una marca o di un'altra. Ma noi sappiamo che non è così: ogni modello di scooter è diverso dall'altro per caratteristiche estetiche o per accessori. E ciò vuol dire che ogni produttore ha teso a rendere *unico* il proprio prodotto.

In questa gara alla ricerca dell'originalità e dell'unicità, chi riuscirà a conquistare il gradimento dei consumatori potrà sfruttare questa posizione di **quasi monopolio** aumentando un poco il prezzo.

Quanto si può aumentare il prezzo in questo modo?

Il prezzo non può in ogni caso distaccarsi troppo da quello generalmente praticato sul mercato per prodotti simili.

Il produttore infatti non opera in condizioni di reale monopolio. Intorno a lui c'è sempre altra gente che presenta proposte altrettanto interessanti e se egli esagerasse con il prezzo è facile immaginare che i consumatori si rivolgerebbero a un concorrente meno avido.

ZOOM

Gli effetti della pubblicità

Per espandere l'offerta e al tempo stesso evitare una caduta dei prezzi, i produttori che ne hanno la possibilità cercano di ampliare la domanda attraverso il potente strumento della pubblicità con cui tentano, spesso con successo, di attirare nel mercato anche i consumatori più diffidenti.

Naturalmente tutti riteniamo di essere abbastanza impermeabili alla pubblicità e di acquistare solo ciò che ci piace. Tuttavia dobbiamo arrenderci al fatto, facilmente verificabile, che la pubblicità fa aumentare le vendite delle imprese. E se le vendite aumentano, significa che molte persone sono state influenzate dalla seduzione pubblicitaria.

La verità è che la pubblicità non pretende da noi una resa immediata: una campagna pubblicitaria può durare settimane, mesi, a volte anni, cosicché alla fine è assai difficile per tutti noi ricordare se una cosa ha cominciato a piacerci prima o dopo il bombardamento pubblicitario.

MAPPA che cosa hai imparato

LOSAI?

In questa Lezione hai imparato quali sono i principali tipi di mercato. Hai studiato le caratteristiche del monopolio e gli effetti negativi che esso produce; hai imparato in che cosa consiste l'oligopolio e qual è la funzione della normativa *antitrust*; hai scoperto quali requisiti deve avere un mercato per potersi definire di libera concorrenza perfetta e, infine, hai imparato che cosa si intende per concorrenza monopolistica (o imperfetta).

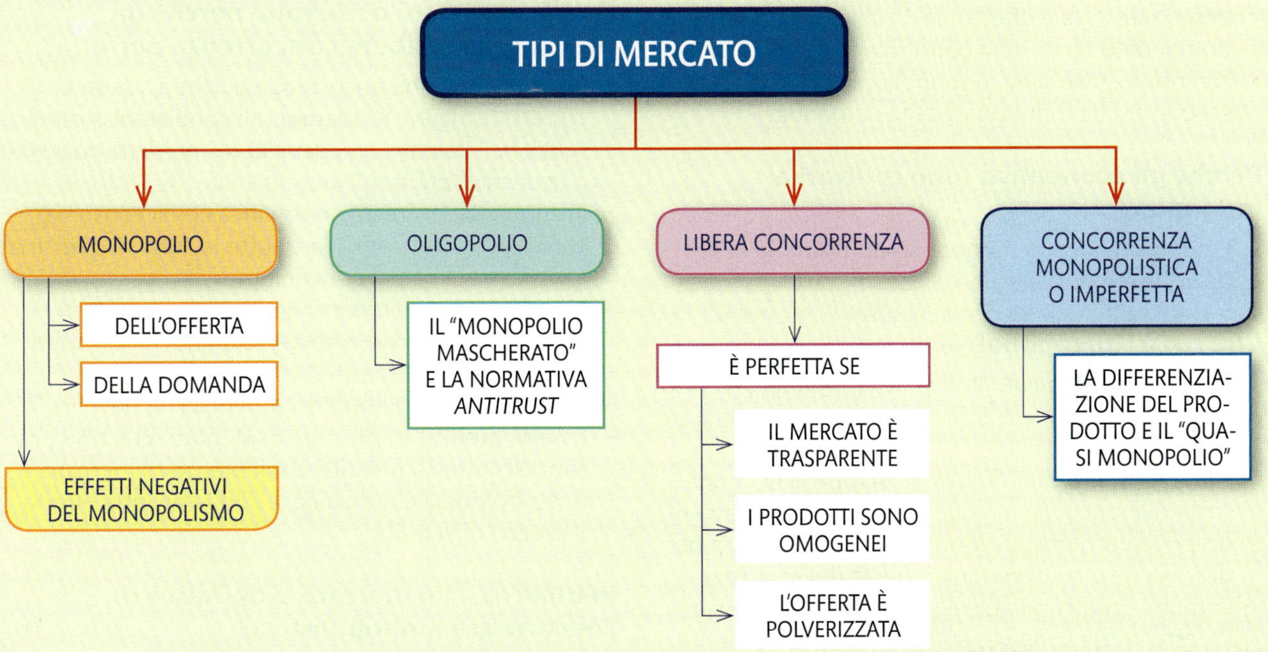

Lezione 14 riguardando gli appunti

Che cosa si intende per mercato?

- Il mercato consiste nell'attività del vendere e del comperare o, più esattamente, dell'offrire e del domandare.
- Il mercato può presentarsi nella forma di *monopolio, oligopolio, libera concorrenza, concorrenza monopolistica*.

Che cos'è il monopolio?

- Il monopolio è un mercato nel quale un certo bene o servizio è offerto da un solo produttore o è domandato da un solo consumatore.
- Nel primo caso si ha monopolio dell'offerta, nel secondo si ha monopolio della domanda.

Perché gli economisti sono contrari ai monopoli?

- Perché il regime di monopolio non stimola la produzione e mantiene alti i prezzi.

Che cos'è l'oligopolio?

- *Oligopolio* è chiamato il mercato nel quale un certo prodotto o servizio è offerto da un numero limitato di soggetti.
- Accade spesso che l'oligopolio si trasformi in una sorta di *monopolio mascherato*: i produttori, essendo poco numerosi, possono accordarsi fra loro per dividersi le aree di vendita o per stabilire prezzi comuni, vanificando gli effetti della concorrenza.
- Queste intese sono generalmente vietate dalle legislazioni nazionali *antitrust*, e per tale ragione vengono tenute segrete da chi le conclude.
- Nel nostro Paese opera l'*Autorità garante del mercato e della concorrenza*, con il compito di sanzionare quelle imprese che stringono accordi che riducono gli effetti della concorrenza.

Che cosa caratterizza un mercato di libera concorrenza?

- Il mercato di libera concorrenza è caratterizzato dalla presenza di una elevata quantità di imprese che offrono e da una elevata quantità di soggetti che domandano.
- Chi vuole aumentare i profitti in un mercato di libera concorrenza può solo tentare di espandere la propria offerta.

Quali condizioni occorrono perché un mercato sia di libera concorrenza perfetta?

- Un mercato è in concorrenza perfetta se sono rispettate alcune fondamentali condizioni: *trasparenza nel mercato, omogeneità dei prodotti, polverizzazione dell'offerta*.
- *Trasparenza nel mercato* significa che il consumatore deve poter conoscere tutte le diverse offerte e scegliere quella più conveniente.
- *Omogeneità dei prodotti* significa che i prodotti dello stesso tipo devono avere identiche caratteristiche (salvo la differenza di prezzo).
- *Polverizzazione dell'offerta* significa che devono esservi moltissimi produttori in modo che non possano accordarsi per alterare il prezzo di mercato e nessuno possa condizionare con la propria offerta il prezzo di vendita.

In quali casi un mercato si definisce di concorrenza monopolistica?

- *Concorrenza monopolistica* (o *imperfetta*) viene chiamata quella situazione di mercato in cui le imprese, pur essendo numerose e in concorrenza tra di loro, tendono a differenziare, per qualche particolare, la propria offerta.

verifica mettiti alla prova

1. Completa la mappa concettuale utilizzando le seguenti parole:

consumatore ~ libera concorrenza ~ oligopolio ~ monopolio ~ produttore.

2. Scegli la risposta corretta.

1 In un mercato di libera concorrenza il prezzo dipende dalla quantità:
   a. offerta   b. risparmiata
   c. domandata   d. domandata e offerta

2 Nello stabilire la quantità da produrre e il prezzo da imporre, il monopolista deve tenere conto:
   a. della domanda
   b. dell'offerta
   c. del prezzo di mercato
   d. del prezzo praticato dai concorrenti

3 Quando parlano di mercato gli economisti intendono:
   a. il luogo dove si compera
   b. il luogo dove si vende
   c. il luogo dove si compera e vende
   d. l'attività del comperare e del vendere

4 Il tipo di mercato oggi più diffuso è:
   a. il monopolio
   b. l'oligopolio
   c. la libera concorrenza
   d. la concorrenza imperfetta

3. Rispondi alle seguenti domande.

A Sai illustrare con un esempio concreto il mercato di oligopolio?

B La domanda di sale da cucina è elastica?

C Come si possono aumentare i profitti in un mercato di libera concorrenza?

D Che cosa è la "concorrenza imperfetta"?

4. Barra con una crocetta la risposta che ritieni esatta e motiva il perché.

1 Il monopolio favorisce l'espansione della produzione. SÌ NO

perché? ....

2 L'oligopolio potrebbe produrre effetti simili al monopolio. SÌ NO

perché? ....

3 La libera concorrenza favorisce l'espansione della produzione. SÌ NO

perché? ....

4 La trasparenza del mercato è fondamentale per la libera concorrenza. SÌ NO

perché? ....

5 A parità di altre condizioni l'aumento del reddito può comportare un aumento della domanda. SÌ NO

perché? ....

5. Svela il crittogramma.

Sostituisci ogni numero con una lettera dell'alfabeto. A numero uguale corrisponde lettera uguale!

A	B	C	D	E	F	G	H	I	J	K	L	M	N	O	P	Q	R	S	T	U	V	W	X	Y	Z
		11	13	15							1						25								

_ L   _ E R C _ _ _   È   L' _ _ _ _ _ _ _ À
17 1   22 15 25 11 6 21 9   1 6 21 21 17 7 17 21

D E L   _ E _ D E R E   E   D E L   C _ _ _ R _ R E .
13 15 1   7 15 26 13 15 25 15   15   13 15 1   11 9 22 5 25 6 25 15

Unità 5 sei pronto per la verifica? in un'ora

1. Scegli la risposta corretta.

1 **La quantità domandata di un bene, a parità di ogni altra condizione:**
a. è direttamente proporzionale al prezzo
b. è inversamente proporzionale al prezzo
c. è direttamente proporzionale al prezzo dei beni simili
d. è inversamente proporzionale al gusto

2 **Un bene è detto "a domanda rigida" quando la quantità domandata:**
a. varia poco al variare del prezzo
b. varia molto al variare del prezzo
c. è direttamente proporzionale al prezzo
d. è inversamente proporzionale al prezzo dei beni simili

3 **A parità di altre condizioni, la quantità offerta di un bene è:**
a. direttamente proporzionale al prezzo di mercato
b. inversamente proporzionale al prezzo di mercato
c. inversamente proporzionale alla domanda
d. indifferente al prezzo di mercato

4 **Un requisito del mercato di libera concorrenza è che:**
a. vi sia un'elevata quantità di soggetti che offrono
b. vi sia una limitata quantità di soggetti che domandano
c. vi sia un solo soggetto che offre
d. siano differenziati i prodotti offerti

5 **In un mercato di libera concorrenza il prezzo dipende:**
a. dalla quantità domandata
b. dalla quantità offerta
c. dalla quantità domandata e da quella offerta
d. dai costi fissi

6 **In un mercato di libera concorrenza se la domanda aumenta, il prezzo:**
a. aumenta
b. diminuisce
c. rimane invariato
d. prima aumenta poi diminuisce

7 **In un mercato di libera concorrenza al produttore conviene estendere la produzione:**
a. fino al limite della sua capacità produttiva
b. oltre il limite della capacità produttiva
c. fino a che i costi variabili cominciano a salire
d. fino a che il costo dell'ultimo pezzo prodotto è prossimo al prezzo di mercato

8 **Il produttore monopolista normalmente tende:**
a. a rendere massima la produzione per guadagnare di più
b. a rendere minima la produzione per far salire il prezzo
c. a rendere massime le vendite
d. ad attestarsi sul livello di produzione e di prezzo che gli garantisca il massimo profitto

9 **L'oligopolio è un mercato nel quale operano:**
a. pochi concorrenti
b. moltissimi concorrenti
c. un numero medio di concorrenti
d. solo due concorrenti

10 **Il pericolo costituito dall'oligopolio è che i concorrenti:**
a. si accordino per aumentare i prezzi
b. si accordino per aumentare la produzione
c. si accordino per diminuire i prezzi
d. non giungano ad alcun accordo lasciando i prezzi senza controllo

11 **Si ha concorrenza monopolistica o imperfetta quando:**
a. più monopolisti si pongono in concorrenza fra di loro
b. ciascun concorrente cerca di rendere unico il suo prodotto
c. la concorrenza è operata all'interno di un mercato unico
d. i produttori sono in numero limitato

12 **All'aumentare della produzione l'incidenza dei costi fissi su ciascun pezzo prodotto:**
a. aumenta
b. diminuisce
c. rimane invariata
d. inizialmente diminuisce poi inizia ad aumentare

13 **Il tipo di mercato più diffuso nei Paesi economicamente più sviluppati è:**
a. il monopolio
b. l'oligopolio
c. la libera concorrenza perfetta
d. la concorrenza imperfetta

14 **Con il termine "produttività" si intende:**
a. la quantità di beni o servizi prodotta in un anno
b. il rapporto tra costi fissi e costi variabili
c. il rapporto tra i fattori della produzione
d. il rapporto tra la quantità prodotta e il costo di uno dei fattori della produzione

2 punti per ogni risposta esatta
Punti: ..../28

ZTE Mettiti alla prova con gli esercizi interattivi — Punteggio massimo: 100 punti | Sufficienza: 60 punti

2. Collega le parole della colonna di sinistra con le corrispondenti espressioni.

1 Grafico della domanda
2 Domanda
3 Offerta
4 Oligopolio
5 Costo fisso
6 Libera concorrenza
7 Monopolio
8 Prezzo di mercato

a. Retta discendente
b. Molti soggetti che offrono e molti soggetti che domandano un bene o un servizio
c. Costo della struttura produttiva
d. Un solo soggetto che offre o che domanda un bene o un servizio
e. Dipende dalla domanda e dall'offerta
f. Numero limitato di soggetti che offrono un bene o un servizio
g. Quantità di un bene o servizio che il produttore immette sul mercato
h. Quantità di un certo bene o servizio che viene richiesto dai consumatori

2 punti per ogni risposta esatta
Punti: ..../16

3. Sai qual è la differenza tra...

Prezzi	Costi ....
Domanda	Offerta ....
Monopolio	Oligopolio ....
Prezzi fissi	Prezzi variabili ....

5 punti per ogni risposta esatta
Punti: ..../20

4. Rispondi alle seguenti domande.

A Quali requisiti occorrono perché la concorrenza sia "perfetta"?
B Qual è generalmente l'andamento della domanda in funzione del prezzo?
C In che modo l'andamento della domanda e dell'offerta influenza il prezzo di mercato?
D Perché i costi fissi diminuiscono all'aumentare della produzione?

9 punti per ogni risposta esatta
Punti: ..../36

5. L'ESPERTO RISPONDE **Metti alla prova le tue competenze.**
Sono indeciso se comperare una fabbrica che con cento operai produce mille pezzi al giorno o una che con 50 operai produce solo pezzi 800. Vorrei un consiglio motivato.

NEWS

n° 6

Il diritto tra economia e democrazia

A chi spetta il primato? Come sappiamo, la democrazia è quel sistema di governo in cui la sovranità appartiene al popolo. L'istituzione che esprime al massimo grado la sovranità popolare è il Parlamento: è lì che nascono le leggi, che dettano regole vincolanti per tutti: nessun potere dello Stato è superiore al diritto. Questo modello, frutto di un cammino durato secoli, assegna quindi un ruolo primario al diritto, espressione del confronto democratico tra le forze politiche. In questo periodo storico, però, la supremazia del diritto è insidiata da un'altra forza in campo: l'economia. Nei dibattiti sui media e sulle pagine dei quotidiani sorge spesso la domanda se sia il diritto a governare l'economia o se, invece, sia l'economia a "dettare l'agenda" al diritto. Il Parlamento è ancora la sede dove si prendono le decisioni cruciali, o a decidere sono di fatto le élite economiche mondiali? ■

Nello Stato di diritto nemmeno le più alte cariche dello Stato sono superiori alla legge. Sai indicare quali sono i vantaggi di vivere in uno sistema che assegna il primato al diritto?

Marco Secchi, Alamy.

In questo periodo storico, il primato del diritto è conteso dall'economia. I centri del potere economico, a differenza del Parlamento, non sono eletti dai cittadini. Si può dire che abbiano una legittimazione democratica?

hidesy, iStock.

Se si assegna all'economia un primato sul diritto, a quali rischi si espone la società?

Alf Ribeiro, Shutterstock.

L'"analfabetismo" economico e finanziario è molto diffuso, anche tra persone con un titolo di studio superiore. Credi sia giusto che economia e finanzia siano riservate solo agli addetti ai lavori?

s_oleg, Shutterstock.

L'ascesa DELL'ECONOMIA.

Pur essendo sempre stata importante per la vita di un Paese, oggi l'economia ha assunto una centralità che in passato non aveva. Pensiamo a quante volte viene citata dai leader mondiali nei loro discorsi, e quante decisioni impopolari vengono prese perché "fanno bene" all'economia. Pensiamo anche a quanta influenza hanno le banche d'investimenti, le grandi società di gestione di fondi e le agenzie di rating, cioè quelle potenti società private che giudicano l'affidabilità finanziaria di Stati, banche, imprese. Complice la crisi mondiale iniziata nel 2008, le previsioni degli economisti sulla possibile ripresa sono attese con la stessa trepidazione con cui si attende il responso del medico al capezzale del malato. Stiamo forse passando dalla democrazia, cioè il governo del popolo, all'"econocrazia", cioè il governo dell'economia?

Lisa S., Shutterstock.

I rischi dell'"econocrazia"

Ma perché il dominio dell'economia sul diritto sarebbe rischioso? Per sua natura, l'economia è più sensibile agli obiettivi dell'efficienza e del profitto che a quelli della giustizia. Per esempio, se un programma di governo è in grado di aumentare la produttività, la competitività, la ricchezza del Paese, l'economia lo giudicherà un buon programma, senza curarsi troppo se sia anche in grado di garantire libertà, eguaglianza, sicurezza, assistenza a chi rimane indietro. Questo è compito della politica. Ecco perché è importante che esistano delle regole in grado di limitare e guidare le ragioni dell'economia garantendo i diritti e l'equità.

Che cosa fare?

Oggi viviamo il paradosso per cui tutti riconosciamo l'importanza dell'economia, ma al contempo ci sembra così difficile da capire che finiamo per lasciarla nelle mani dei tecnici, che non sono eletti dai cittadini e non godono di un'investitura democratica. È da qui che si deve partire per migliorare: avere un'opinione pubblica più informata su questi temi significa aumentare il controllo democratico sull'economia.

ATTIVITÀ

1. Per cominciare.

Osserva le fotografie della pagina accanto. In base a quello che hai imparato, sai rispondere alle domande contenute nelle didascalie?

2. Crea i collegamenti.

Considera ora le immagini come se fossero i fotogrammi di un'unica sequenza. Che cosa le tiene insieme? Quali sono i collegamenti fra l'una e l'altra?
Puoi procedere in questo modo:

- **osserva**: che cosa vedi nella prima fotografia?
- **interpreta**: perché quell'immagine rimanda al mondo del diritto?
- **crea i collegamenti**: quale può essere il legame tra la prima e la seconda fotografia? Che cosa aggiunge la seconda fotografia alla prima?
- Prosegui così per le immagini successive.

StudioSmart, Shutterstock.

UNITÀ 6

La struttura dello Stato italiano

LEZIONE 15

Dove nascono le leggi

COMPETENZE DI UNITÀ

COMPETENZE DI ASSE

- Riconoscere i valori fondamentali posti dalla Costituzione alla base della organizzazione della Repubblica
- Riconoscere le scelte operate dalla Costituzione in merito all'organizzazione amministrativa
- Collocare l'esperienza personale nel tessuto sociale della comunità nel rispetto dei valori espressi dalla Costituzione

CONOSCENZE

- Conoscere l'impianto istituzionale dello Stato italiano
- Comprendere l'importanza della funzione giurisdizionale e i principi che regolano l'amministrazione della giustizia penale e civile
- Conoscere l'organizzazione e le funzioni degli enti autonomi
- Comprendere l'importanza della funzione amministrativa e i principi costituzionali che ne disciplinano l'esercizio

ABILITÀ

- Saper cogliere le dinamiche delle relazioni che intercorrono tra le istituzioni dello Stato
- Saper riconoscere la natura di un contenzioso e il procedimento idoneo a risolverlo
- Saper individuare l'organo amministrativo competente a occuparsi di una situazione data

1 Come si presenta il Parlamento italiano?

In ogni Paese democratico il Parlamento è l'organo che rappresenta al massimo grado la sovranità popolare.

Nel nostro Paese questo organo è composto:

- dalla Camera dei deputati
- e dal Senato della Repubblica.

Non esiste, pertanto, una "sede del Parlamento", ma due sedi distinte (Palazzo Montecitorio e Palazzo Madama) nelle quali si riuniscono rispettivamente i deputati e i senatori.

Senato deriva dal latino *senatum* (assemblea di anziani) a sua volta derivato da *senex*, vecchio.
Deputato proviene dal latino *deputare* composto da *de-* e *putare*, che significa valutare, pensare. I deputati al Parlamento sono delegati a pensare, a valutare le migliori scelte da operare nell'interesse del Paese.

> **Il Parlamento italiano**:

- è un organo elettivo, in quanto i suoi componenti sono eletti direttamente dal popolo;
- è un organo rappresentativo, in quanto i parlamentari eletti rappresentano la volontà popolare;
- è titolare della funzione legislativa, che consiste nel discutere e votare le leggi.

> **Altre importanti funzioni**, assegnate a questo organo dalla Costituzione, sono:

- indirizzare e controllare l'operato del Governo (> Lezione 16);
- eleggere il Capo dello Stato (> Lezione 17);
- ratificare (cioè convalidare) i trattati internazionali di maggiore importanza;
- concedere l'amnistia e l'indulto (> Paragrafo 9);
- dichiarare la guerra (> Paragrafo 9);
- nominare cinque giudici della Corte costituzionale (> Lezione 17);
- porre sotto accusa il Presidente della Repubblica per i reati di alto tradimento e attentato alla Costituzione (> Lezione 17).

Tutti i Parlamenti hanno le stesse funzioni?

Tutti i Parlamenti hanno in comune l'attribuzione della *funzione legislativa*. Per il resto in ogni Paese la Costituzione disegna in piena autonomia il proprio Parlamento, determinandone il numero dei componenti, le funzioni aggiuntive e stabilendo se debba essere composto da una Camera o da due Camere.

È più importante un deputato o un senatore?

Tra deputati e senatori non esiste un ordine di importanza perché il Parlamento italiano è un organo **bicamerale perfetto**.
Ciò non significa, si badi bene, che sia un modello insuperabile di perfezione. Significa soltanto che Senato e Camera dei deputati svolgono funzioni perfettamente identiche.

DIVERSITÀ TRA CAMERA E SENATO
→ Età degli elettori
→ Età dei candidati
→ Numero dei componenti

> **Le diversità** tra i due organismi riguardano soprattutto:

- l'età degli elettori: sono elettori della Camera dei deputati i cittadini che abbiano compiuto 18 anni, mentre sono elettori per il Senato i cittadini che abbiano compiuto 25 anni di età;

I senatori a vita di più recente nomina presidenziale sono: l'economista Mario Monti; il premio Nobel per la medicina Rita Levi Montalcini; la neurobiologa Elena Cattaneo; l'architetto Renzo Piano; il fisico nucleare Carlo Rubbia.

- l'età dei candidati: sono eleggibili alla Camera dei deputati i cittadini che abbiano compiuto 25 anni, mentre sono eleggibili al Senato solo i cittadini che abbiano compiuto 40 anni;
- il numero dei componenti: la Camera dei deputati è composta da 630 membri, 12 dei quali sono eletti nella circoscrizione estero, mentre il Senato della Repubblica è composto da 315 membri, sei dei quali eletti nella circoscrizione estero.

Ai senatori elettivi vanno poi aggiunti gli ex Presidenti della Repubblica (che diventano **senatori a vita** alla scadenza del mandato presidenziale) e altri cinque senatori a vita che possono essere nominati dal Presidente della Repubblica tra i cittadini che hanno illustrato la Patria per altissimi meriti nel campo sociale, scientifico, artistico e letterario.

Quanto tempo rimangono in carica i parlamentari?

> La **legislatura**, cioè l'arco di tempo che va da un'elezione all'altra del Parlamento, ha la durata di **cinque anni.**

Tuttavia è possibile che a essa venga posto fine anticipatamente. Può accadere, infatti, che i parlamentari siano in forte dissidio tra di loro talché non si riesca, se non con molta fatica, ad approvare leggi o altri provvedimenti. In questi casi il Presidente della Repubblica, accertata l'incapacità delle Camere di funzionare regolarmente, può deciderne lo scioglimento anticipato e indire nuove elezioni politiche.

Per prenotare una visita scolastica a Palazzo Madama e a Palazzo Montecitorio è possibile trovare le indicazioni necessarie sui siti **www.senato.it** e **www.camera.it**. Ogni scuola può richiedere una sola visita in un anno per un massimo di cinquanta studenti per visita.

> **Lo scioglimento anticipato** delle Camere non può avvenire, però, nel cosiddetto *semestre bianco*, cioè negli ultimi sei mesi del mandato presidenziale, salvo che questi coincidano in tutto o in parte con gli ultimi sei mesi della legislatura (art. 88 Cost.). La ragione del divieto è evitare che il Presidente della Repubblica possa essere colto dalla tentazione di sciogliere anticipatamente le Camere sperando che i nuovi parlamentari siano più favorevoli a una sua rielezione.

> **Il prolungamento della legislatura** è consentito dalla Costituzione (art. 60) solo se vi è una guerra in corso. In tal caso ai costituenti non è sembrato ragionevole privare il Paese della guida politica e distrarre i parlamentari con impegni di natura elettorale.

I messaggi presidenziali

Può accadere che, pur non essendovi le ragioni per uno scioglimento, il Parlamento non riesca a portare a soluzione alcuni urgenti problemi, oppure trascuri di occuparsi di questioni particolarmente gravi o comunque importanti.
In questi casi il Presidente della Repubblica può inviare alle Camere un *messaggio* con il quale esprime la sua preoccupazione e le sollecita a operare nel miglior modo possibile.

Quando il Parlamento si riunisce in seduta comune

Vi sono alcuni compiti di grande rilievo, tassativamente indicati dalla Costituzione, che le due Camere svolgono insieme riunendosi in *seduta comune* nell'aula della Camera dei deputati. Per esempio, spetta alle Camere riunite in *seduta comune* eleggere il Presidente della Repubblica o (cosa che non è ancora mai accaduta) metterlo in stato d'accusa per alto tradimento o per attentato alla Costituzione (art. 90 Cost.).

Monocameralismo, bicameralismo e il caso dell'Italia

Il Parlamento può essere composto da una sola camera (monocameralismo) o da due camere (bicameralismo). Il bicameralismo può essere, a sua volta, perfetto o imperfetto.

Come abbiamo visto, l'Italia ha un sistema di bicameralismo perfetto o paritario, in cui le due camere hanno le stesse competenze. I Costituenti scelsero questo modello per garantire decisioni più ponderate da parte del Parlamento, dal momento che una camera può correggere gli errori o le sviste commesse dall'altra.

La scelta del bicameralismo perfetto fa dell'Italia un caso pressoché unico a livello mondiale. Negli altri sistemi bicamerali, infatti, il ruolo delle due camere è differenziato: una camera, detta "bassa", è espressione degli interessi nazionali, mentre l'altra, detta "alta", è espressione delle istituzioni territoriali come le Regioni o, nei sistemi federali, gli Stati membri (è il caso del Senato USA e del *Bundesrat* tedesco). Le competenze delle due camere sono asimmetriche: quella della camera bassa sono più ampie di quelle della camera alta.

In Italia sono stati avanzati diversi progetti per passare al bicameralismo imperfetto. Il più recente risale al 2016. Il disegno di legge costituzionale presentato dal Governo in carica prevedeva che i senatori non fossero più eletti direttamente dal popolo e che il loro numero calasse da 315 a 100. Inoltre, prevedeva che la Camera dei deputati diventasse titolare esclusiva del rapporto di fiducia con il Governo, e titolare principale della funzione legislativa e di quella di controllo sull'operato del Governo.

Questo disegno di legge venne approvato dal Parlamento ma, come vedremo più dettagliatamente (Unità 3), le leggi costituzionali prima di entrare in vigore possono essere sottoposte a referendum popolare. E la maggioranza degli elettori italiani ha votato contro. La riforma, pertanto, non ha più avuto attuazione.

2 Come si diventa parlamentare?

Nel nostro ordinamento qualsiasi cittadino, uomo o donna, che possieda i requisiti di età richiesti dalla legge e che non sia stato privato dell'elettorato passivo, può candidarsi nelle liste di un partito. E se riceve un numero sufficiente di voti, può essere eletto deputato o senatore.

La legge, tuttavia, contempla alcuni casi di *incandidabilità*, di *ineleggibilità* e di *incompatibilità*.

> **Non sono candidabili** alla Camera dei deputati e al Parlamento europeo le persone che hanno subito condanne definitive a pene superiori a due anni di reclusione per i delitti, consumati o tentati, di maggiore allarme sociale (mafia, terrorismo, tratta di persone) o per delitti contro la Pubblica Amministrazione (corruzione, concussione, peculato). Se il loro nome comparisse in una lista dovrebbe essere depennato dagli organi di controllo.
Non incorrono in questa censura le persone che sono solo *indagate* dalla Magistratura e quelle la cui condanna non è ancora divenuta definitiva.
La condanna è definitiva (> Lezione 20) solo dopo che sono scaduti i termini per ricorrere a un grado di giudizio superiore oppure quando è stata confermata dalla Cassazione.

L'incandidabilità presuppone la inopportunità di far partecipare alle elezioni chi si sia macchiato di gravi delitti.

> **Sono ineleggibili**, invece, alcune categorie di soggetti ai quali non viene imputato alcun reato ma che, per il ruolo che svolgono, potrebbero esercitare indebite pressioni sugli elettori ricavandone un ingiusto vantaggio elettorale.

L'ineleggibilità presuppone la astratta possibilità che qualcuno ricavi un ingiusto vantaggio dal ruolo ricoperto.

Per esempio, sono ineleggibili (se non si sono dimessi dal loro incarico prima dell'inizio della campagna elettorale) gli ispettori di pubblica sicurezza, gli ufficiali superiori delle Forze armate, i Sindaci dei grandi Comuni e, in generale, tutti i soggetti che si trovino in uno dei casi contemplati nel d.p.r. n. 361 del 1957.
Costoro potrebbero anche candidarsi, ma la loro eventuale elezione verrebbe poi dichiarata nulla.

L'incompatibilità presuppone la inopportunità di ricoprire contemporaneamente più ruoli.

> **Sono incompatibili** con il ruolo di parlamentare alcuni incarichi, come quello di Presidente della Repubblica o di giudice della Corte costituzionale. Inoltre nessuno può essere contemporaneamente senatore e deputato. Chi, dopo le elezioni, si trovasse in una posizione di incompatibilità dovrebbe rinunciare, a sua scelta, a una delle due cariche.

Qual è la particolarità del mandato parlamentare?

Esiste una sanzione per chi fa promesse in campagna elettorale che poi non mantiene? E per chi passa da un partito all'altro?

Il parlamentare che non rispetti gli impegni assunti non è formalmente censurabile. La Costituzione infatti (art. 67) stabilisce che i membri del Parlamento esercitano la loro funzione **senza vincolo di mandato**. Ciò significa che il parlamentare, nello svolgere la sua funzione, non è vincolato a ciò che ha promesso agli elettori. Può accadere, infatti, che dopo le elezioni si modifichino alcune condizioni, cosicché la promessa fatta risulti contraria all'interesse nazionale. In questo caso il parlamentare non può e non deve mantenerla.

Identica considerazione si può fare per quanto riguarda il passaggio da un partito all'altro. Il parlamentare deve essere libero di lasciare il partito nelle cui liste è stato eletto se ritiene che questo abbia assunto una linea politica che egli giudica non più utile all'interesse nazionale. Tuttavia, non sono rari i casi di promesse elettorali non mantenute e di "cambi di bandiera" operati per motivi molto meno nobili della cura dell'interesse nazionale.

In tali ipotesi spetta al cittadino elettore non riconfermare la propria fiducia al parlamentare che si è dimostrato poco corretto. Se il cittadino torna, invece, ad accordare il proprio voto a persone che non lo meritano, non può, poi, che rammaricarsi con se stesso.

Anche gli ecclesiastici possono essere membri del Parlamento. Ciò si deduce dal fatto che non c'è alcuna norma che espressamente lo escluda.

Com'è regolata la presenza delle donne in Parlamento?

Nei quasi 70 anni di vita della Repubblica il numero delle donne elette al Parlamento, o che comunque occupano o hanno occupato cariche elettive, è sempre stato piuttosto esiguo e ciò ha sollevato a più riprese le giuste proteste del mondo femminile. Per porre rimedio a questa palese distorsione è stato modificato, nel 2003, l'art. 51 della Costituzione che ora così dispone:
"Tutti i cittadini dell'uno o dell'altro sesso possono accedere agli uffici pubblici e alle cariche elettive in condizioni di uguaglianza, secondo i requisiti stabiliti dalla legge. **A tale fine la Repubblica promuove con appositi provvedimenti le pari opportunità tra donne e uomini**."

La norma, dunque, non si limita ad una semplice affermazione di principio, ma sollecita gli organi della Repubblica ad operare concretamente, con appositi provvedimenti, affinché venga superata questa anacronistica disuguaglianza.

La legge deve essere uguale per tutti. Ma i parlamentari sono i rappresentanti del popolo. Sono coloro ai quali il popolo (con maggiore o minore oculatezza) ha delegato l'esercizio della sovranità. E questa funzione deve essere posta, nei limiti del ragionevole, al riparo dalle ingerenze degli altri poteri dello Stato. Ecco perché la Costituzione (art. 68) accorda loro due importanti *immunità*.

IMMUNITÀ PARLAMENTARE
- per opinioni espresse
- procedurale

> **L'immunità per le opinioni espresse** consente ai membri di Camera e Senato di non essere chiamati a rispondere davanti al giudice per le opinioni manifestate e per i voti dati nell'esercizio delle loro funzioni (art. 68 Cost.).

> **L'immunità procedurale**, disposta nella restante parte dell'art. 68 Cost., pone dei limiti al modo in cui un giudice può procedere nelle indagini su un parlamentare. In particolare, il magistrato che sospetti un deputato o un senatore di aver commesso un reato, potrà sicuramente indagare su di lui e potrà chiamarlo in giudizio se e quando avrà raccolto sufficienti prove di colpevolezza. Ma (è questo l'oggetto della immunità) senza la preventiva autorizzazione della Camera alla quale il parlamentare appartiene:

- non potrà sottoporlo a perquisizione personale o domiciliare;
- non potrà intercettare le sue conversazioni o sequestrare la sua corrispondenza;
- non potrà sottoporlo ad arresto preventivo.

L'arresto preventivo serve per evitare che un indagato inquini le prove a suo carico o addirittura si dia alla fuga prima che sia terminato il processo a suo carico.

3 Come sono organizzate le Camere

L'art. 64 Cost. consente alle Camere di organizzarsi secondo un proprio regolamento interno.

Secondo quanto si desume dai regolamenti, gli organi principali di ciascuna Camera sono: il Presidente, i Gruppi parlamentari, le Commissioni permanenti e speciali e le Giunte.

Il regolamento della Camera stabilisce che per formare un **Gruppo** occorrono almeno venti deputati. I partiti minori, i cui componenti non raggiungono tale numero minimo, confluiscono nel cosiddetto **Gruppo misto**. A questo solitamente si iscrivono anche i parlamentari che hanno abbandonato il proprio Gruppo e non hanno ancora deciso in quale altro confluire.

> **Il Presidente** è eletto dai membri stessi della Camera e ne dirige i lavori da una posizione di imparzialità.

> **I Gruppi parlamentari** sono raggruppamenti di parlamentari eletti nelle liste del medesimo partito.
Ogni volta che occorre adottare un provvedimento o votare una legge, ciascun Gruppo discute al proprio interno la posizione da assumere e poi delega uno o più rappresentanti a esprimere, in aula, il parere di tutto il Gruppo. In questo modo l'attività parlamentare procede in modo più ordinato e spedito.
Ogni Gruppo elegge un **capogruppo** che ne coordina l'attività.

> **Le Commissioni permanenti** sono una sorta di Camere in scala ridotta in quanto sono composte da un numero di senatori o di deputati calcolato in modo da rispecchiare la consistenza numerica dei diversi gruppi parlamentari.
La loro funzione è rendere più celeri i lavori del Parlamento svolgendo un lavoro preparatorio su tutti provvedimenti che la Camera dovrà poi deliberare.
Ciascuna Commissione si occupa esclusivamente delle questioni riguardanti una determinata materia e a essa vengono rimessi, per un primo esame, tutti i provvedimenti riguardanti quella materia. Per esempio, tutti i progetti di legge riguardanti la scuola verranno assegnati alla Commissione *Istruzione*; tutti i progetti riguardanti le forze armate verranno assegnati alla Commissione *Difesa* e così via.

I regolamenti delle Camere, stabilisce l'art. 64 Cost., garantiscono i **diritti delle minoranze** e il regolamento della Camera dei deputati disciplina lo **statuto delle opposizioni**.

> **Le Commissioni speciali**, a differenza di quelle permanenti, vengono costituite di volta in volta per risolvere questioni particolari, come condurre inchieste, elaborare studi e così via.
L'aggettivo *speciale* non deve trarci in inganno: non si tratta di organismi *eccezionali*, ma solo di Commissioni a cui è affidato uno *specifico* compito, talché si sciolgono quando tale compito è stato assolto.

> **Le Giunte**, diversamente dalle Commissioni, sono organismi, composti da più parlamentari, costituiti per svolgere specifiche funzioni consultive o di controllo. Tra le più note vi sono:

- la Giunta per le autorizzazioni a procedere, che esprime un primo parere sulla opportunità di accogliere o respingere le richieste di arresto di un parlamentare;
- la Giunta per le elezioni, che verifica la presenza, negli eletti, dei requisiti indicati dalla legge.

4 Come avvengono le deliberazioni?

Deliberare significa decidere dopo adeguata discussione. **Delibera** è la decisione assunta.

Le votazioni possono avvenire a *scrutinio segreto* o a *scrutinio palese*.

- **Il voto segreto** costituisce ormai un'eccezione ed è ammesso solo nei casi indicati dai regolamenti delle Camere, primo tra tutti il caso in cui si debba esprimere un voto sulle persone.
- **Il voto palese** è la regola generalmente adottata. Un tempo si votava per alzata di mano mentre ora su ciascun banco delle due aule parlamentari sono presenti sistemi di votazione elettronica che riproducono su un grande tabellone, pressoché istantaneamente, i risultati della votazione.

E se i parlamentari non si recano a votare?

La Costituzione (art. 64) stabilisce che le deliberazioni delle Camere sono valide solo se è presente alla votazione la maggioranza dei componenti.
Tale maggioranza è chiamata **numero legale**, cioè numero previsto dalla legge. Se il numero legale manca a causa delle numerose assenze, la seduta viene sospesa o rinviata. Tuttavia, per evitare di procedere ad appello nominale prima di ogni votazione, si presume che il numero legale vi sia, salvo che qualche Gruppo espressamente ne chieda la verifica.

MAGGIORANZE
- assoluta (metà più uno dei componenti l'assemblea)
- semplice (metà più uno dei presenti in aula)
- qualificata (due terzi dei componenti l'assemblea)

Quali maggioranze sono previste per le deliberazioni?

In funzione della gravità delle scelte da compiere la Costituzione impone *maggioranze* diverse.

- **La maggioranza semplice** è quella normale, che si applica in tutti i casi salvo diversa previsione, e si raggiunge se votano a favore del provvedimento in esame la metà più uno dei presenti in aula. Ciò comporta, ad esempio, che se alla Camera sono presenti 316 membri (numero legale) il provvedimento è approvato se votano a favore 159 deputati.
- **La maggioranza assoluta** si raggiunge se vota a favore del provvedimento non la metà più uno dei presenti in aula ma la metà più uno dei componenti l'assemblea. Nella Camera dei deputati una tale maggioranza si raggiunge con un minimo di 316 consensi.
- **La maggioranza qualificata** è quella che prevede un numero ancora maggiore di voti favorevoli. Per esempio l'art. 83 della Costituzione dispone che per eleggere il Presidente della Repubblica nei primi tre scrutini occorre il voto favorevole dei due terzi del Parlamento riunito in seduta comune.

Le maggioranze più elevate sono imposte dalla Costituzione per l'approvazione dei provvedimenti più gravi per i quali si vuole che ci sia un consenso più ampio possibile.

5 Come nasce una legge?

La funzione principale del Parlamento, come abbiamo già anticipato, consiste nel discutere e approvare le leggi.

→ **Leggi** (dette anche leggi ordinarie per distinguerle dalle leggi costituzionali e dalle leggi regionali) sono solo gli atti normativi approvati dal Parlamento con la procedura che tra breve illustreremo.

Gli atti normativi approvati in modo diverso o provenienti da altri organi o da altri enti assumono nomi diversi. Per esempio, sono chiamate:

- **leggi costituzionali** quelle approvate dal Parlamento con la speciale procedura della quale ci occuperemo nel Paragrafo 9;
- **leggi regionali** quelle deliberate dai Consigli regionali;
- **decreti legge** e **decreti legislativi** taluni atti normativi adottati dal Governo;
- **regolamenti ministeriali** gli atti normativi emanati dai singoli ministri, e così via.

Generalmente le sedute della Camera e del Senato sono pubbliche e chiunque può assistervi accedendo alle tribune appositamente istituite nelle aule parlamentari oppure, più comodamente, può leggere il resoconto sommario e stenografico di ogni seduta accedendo al sito Internet del Parlamento (**www.parlamento.it**).

Il Parlamento può regolare con la legge qualsiasi materia?

Prima che nel 2001 venisse modificato il Titolo V della Costituzione, il Parlamento aveva una competenza legislativa generale. Ciò significa che poteva legiferare su qualsiasi tema, con la sola esclusione delle poche materie riservate alla legge regionale.

Ora, per effetto della modifica costituzionale operata nel 2001, questo rapporto si presenta rovesciato e la situazione appare come segue.

- **La competenza dello Stato è numerata**. Ciò vuol dire che è limitata alle specifiche materie indicate dalla Costituzione e per lo più elencate nel nuovo art. 117 Cost. (tratteremo in modo più puntuale questo tema nella Lezione 18).
- **La competenza della Regione è generale**. La Regione, cioè, può legiferare su ogni materia non riservata allo Stato (ma nel rispetto della Costituzione e degli obblighi assunti dall'Italia in campo internazionale).

Questo capovolgimento è stato operato nel convincimento (giusto o sbagliato) che fosse opportuno affidare in misura maggiore l'esercizio delle funzioni pubbliche agli organismi locali poiché questi, essendo più vicini al cittadino, possono individuarne meglio le necessità.

ZOOM

Disegno, proposta e progetto di legge

Disegno, proposta e progetto di legge sono espressioni che servono a indicare i diversi soggetti da cui è stata assunta l'iniziativa legislativa. In particolare parliamo di:

- *disegno di legge* se l'iniziativa è stata assunta dal Governo o dal Senato;
- *proposta di legge* se l'iniziativa è stata assunta da membri di Camera e Senato o dagli altri soggetti abilitati;
- *progetto di legge* se non intendiamo specificare quale, tra i soggetti sopra indicati, ha assunto l'iniziativa.

6 Come si avvia il procedimento o "iter" legislativo?

Iter è un termine latino che significa *viaggio, passaggio*. E *l'iter legislativo* è la serie di passaggi che deve fare il progetto di legge per essere approvato.

Il Cnel, stabilisce il decreto legge 201 del 2011 è composto da esponenti della cultura economica, sociale e giuridica, da rappresentanti delle categorie produttive e delle organizzazioni di volontariato.

Perché si possa giungere ad approvare una legge occorre, come presupposto logico, che qualcuno la proponga. E una legge si propone presentando alla presidenza della Camera o del Senato un testo diviso per articoli. Il testo verrà poi inviato, per l'esame preventivo, alla Commissione competente per materia (vedi Paragrafo 5).
Per esempio, se il progetto riguardasse la scuola verrebbe inviato alla Commissione Istruzione; se riguardasse il sistema sanitario verrebbe inviato alla Commissione Sanità; e così via.

> **Possono presentare** progetti di legge, stabilisce la Costituzione:

- il Governo;
- ciascun membro delle due Camere,
- 50 mila elettori;
- ciascun Consiglio regionale (art. 121 Cost.).
- Il Cnel (Consiglio nazionale dell'economia e del lavoro, art. 99 Cost.)

Tra i soggetti abilitati a presentare proposte di legge, quali sono i più importanti?

Il Governo si colloca sicuramente al primo posto in questa graduatoria perché i suoi disegni di legge hanno un'altissima probabilità di essere approvati rapidamente.
Come vedremo meglio più avanti, infatti, per governare il Paese il Governo ha bisogno di specifiche leggi che gli consentano di compiere gli atti necessari a realizzare il programma che si è proposto e per il quale ha avuto la fiducia (cioè l'assenso) della maggioranza del Parlamento.
Ora sarebbe ben strano che la maggioranza parlamentare, dopo aver autorizzato il Governo a governare, non approvasse la maggior parte delle leggi che a questo servono per attuare i propri programmi.

Di notevole rilevanza sono anche le proposte che vengono presentate da uno o più parlamentari riuniti.
Questa possibilità, contemplata dalla Costituzione, consente ad ogni membro del Parlamento di proporre soluzioni legislative per questioni che non attengono necessariamente all'attività di governo. Pensiamo alla legge che ha introdotto in Italia il divorzio o a quella che ha depenalizzato l'aborto, entrambe di iniziativa parlamentare e non governativa.

Importanza sicuramente più contenuta assumono, generalmente, le proposte di legge di ***iniziativa popolare***.

Qual è la differenza tra "petizione popolare" e "proposta di legge di iniziativa popolare"?

La proposta di legge di iniziativa popolare *è un atto* formale che obbliga il Presidente dell'Assemblea a cui è indirizzata ad inserirla nel calendario dei lavori parlamentari.
I Presidenti di Camera o Senato che ricevono la proposta la inviano alla Commissione competente per materia perché la discuta. Tuttavia, come dimostra l'esperienza, queste proposte vengono sempre poste in fondo al calendario talché è difficilissimo che giungano ad essere discusse e votate.

La petizione invece è una semplice richiesta, quasi una supplica.
La Costituzione (art. 50) dispone in proposito che: Tutti i cittadini possono rivolgere petizioni alle Camere per chiedere provvedimenti legislativi o esporre comuni necessità.
La funzione, sia del progetto di legge di iniziativa popolare che della petizione, è duplice: per un verso serve a mostrare al destinatario da quante persone è auspicata la soluzione del problema in esse esposto. Per altro verso serve a sensibilizzare l'opinione pubblica, attraverso la raccolta delle firme, sull'esistenza e l'importanza di una determinata questione.

Nel corso della XVI legislatura (2008-2013) sono stati presentati alle Camere 5714 progetti di legge. Di questi, 5288 sono stati di iniziativa parlamentare; 360 di iniziativa governativa; 21 di iniziativa popolare; 24 di iniziativa regionale; 1 è stato presentato dal CNEL.

Quale Camera deve iniziare l'esame del progetto di legge?

Il progetto può essere presentato per la prima volta tanto alla presidenza della Camera dei deputati quanto a quella del Senato. E ciascuna Camera può adottare:

- il **procedimento ordinario**
- il **procedimento decentrato**

In ogni caso è fondamentale che la legge venga approvata da entrambe le Camere nell'identico testo.

L'art. 70 Cost dispone a tale proposito che:
"la funzione legislativa è esercitata *collettivamente* dalle due Camere."

Emendamento significa *modifica, correzione*. Il termine viene dal latino emendare, composto di *ex* (fuori) e *menda* (errore). L'emendamento modifica il testo precedente della legge.

Come si svolge il procedimento ordinario

Questo procedimento, sia nell'una che nell'altra Camera si articola in due fasi.

- **La prima fase** prevede che il progetto venga affidato alla Commissione competente per materia.
  Funzione della Commissione è di esaminare il progetto in un ambiente più ristretto rispetto all'aula parlamentare e vedere se ha concrete possibilità di essere approvato. In questa fase i rappresentanti dei vari gruppi confrontano le loro posizioni, presentano i propri ***emendamenti*** (cioè proposte di cambiamento) e può anche accadere che il testo originario subisca modifiche considerevoli. Quando la Commissione svolge questo lavoro preparatorio, si dice che è riunita in **sede referente**, nel senso che i risultati a cui è pervenuta dovranno essere poi riferiti all'Assemblea.
- **La seconda fase** si svolge in aula, dove il testo esaminato in Commissione viene nuovamente discusso (con possibilità di introdurre ulteriori modifiche) e votato.

Se il progetto viene approvato viene trasmesso alla seconda Camera che può:

- approvare il testo così come le è stato inviato, e in tal caso il progetto diventa legge;
- non approvarlo, e in tal caso il procedimento si esaurisce;
- introdurre uno o più *emendamenti*.

Il procedimento in sede redigente è stato introdotto dai regolamenti parlamentari e viene adottato per leggi di modesta rilevanza. Esso prevede che il testo di legge venga discusso e votato in Commissione articolo per articolo. Se tutti gli articoli sono approvati il testo passa in aula per la sola votazione finale.

In quest'ultima ipotesi il testo ritorna alla prima Camera la quale potrà limitare il riesame ai soli emendamenti effettuati.

Essa potrà:

- approvare la nuova formulazione, e in tal caso il progetto diventa legge;
- non approvarla, e in tal caso il procedimento si esaurisce;
- introdurre ulteriori emendamenti.

Se vengono introdotti nuovi emendamenti il progetto deve tornare alla Camera precedente e il palleggiamento, detto anche "navetta", si ripete finché il testo non venga approvato da entrambe le Camere nell'identica formulazione oppure incappi in una bocciatura definitiva.

Come si svolge il procedimento decentrato?

Questa procedura trova la sua giustificazione nel fatto che la discussione in aula e la successiva votazione del progetto di legge richiede tempi piuttosto lunghi, anche se il testo è già stato approvato in Commissione.

Per abbreviare i tempi i Presidenti delle Camere, se l'Assemblea non si oppone, possono decidere (nei casi non vietati dalla Costituzione) che sia la Commissione stessa a deliberare il progetto di legge evitando la votazione in aula. In questo caso si dice che la Commissione opera in **sede deliberante**.

Che cosa accade se in Commissione vengono presentati più progetti di legge sulla stessa materia?

Quando la Commissione decide di affrontare un certo argomento, prende in considerazione tutti i progetti di legge che le sono pervenuti su quell'argomento e cerca di operare una sintesi. In questa fase può anche accadere che un progetto venga fuso con altri e venga stravolto a tal punto che chi lo ha presentato ne disconosca la paternità. Ciò non di meno, se altri lo assumono come proprio il progetto prosegue il suo percorso.

L'esame termina quando le posizioni dei rappresentanti dei vari Gruppi appaiono ormai definite e immodificabili. A questo punto il progetto viene portato in aula per la discussione e la votazione.

Come opera l'ostruzionismo?

Può accadere che per ostacolare l'approvazione di un progetto di legge a cui sono particolarmente ostili le opposizioni presentino in aula centinaia di emendamenti.

E poiché ogni emendamento deve essere illustrato e votato si finisce, in pratica, per ostacolare la normale attività delle Camere.

Questo espediente si chiama **ostruzionismo**, ma gli inglesi lo chiamano più propriamente *filibustering*, cioè comportamento da filibustieri.

Come avviene la promulgazione e la pubblicazione della legge?

La legge, una volta approvata dal Parlamento, per entrare in vigore deve essere promulgata e resa pubblica.

→ **La promulgazione** è l'atto con cui il Presidente della Repubblica dichiara che la legge è stata regolarmente approvata e ordina di rispettarla e di farla rispettare.

Promulgare è un termine latino composto da *pro* (avanti) e probabilmente *mulgere* (mungere, far uscire).

Tuttavia, se la legge appare in palese contrasto con le norme o con lo spirito della Costituzione, il Presidente, prima di promulgarla, può rinviarla alle Camere perché la ridiscutano.
Se però il Parlamento torna ad approvarla nel medesimo testo, egli ha l'obbligo di promulgarla.

Ma allora qual è il potere del Presidente della Repubblica?

Il fatto che il Presidente sia obbligato a promulgare la legge approvata per la seconda volta dalle Camere può lasciar credere che il **potere di rinvio** sia di scarso rilievo. In realtà non è così.
Certamente il Presidente della Repubblica non ha, come avevano un tempo i sovrani, il potere definitivo di *veto*, il potere cioè di vietare l'emanazione di una legge.
Egli, però, se lo ritiene necessario può, da solo, contrastare una decisione assunta dalla maggioranza dei rappresentanti del popolo italiano costringendoli a ripetere il procedimento legislativo se vogliono veramente che quel testo diventi legge. E questo non è certo un potere di poco conto.

Dopo la promulgazione, il testo originale della legge, munito del sigillo dello Stato, viene inserito nella "Raccolta degli atti normativi della Repubblica italiana" e una copia viene inviata alla redazione della **Gazzetta Ufficiale della Repubblica** perché sia pubblicata.

Con la pubblicazione, la legge viene resa ufficialmente nota a tutti ed entra in vigore (cioè diventa obbligatorio osservarla) dopo un termine, detto ***vacatio legis***, che solitamente è di 15 giorni.

La legge stessa, tuttavia, può prevedere un termine più breve o più lungo. Sarà più breve se il Parlamento ritiene urgente l'entrata in vigore della legge. Sarà più lungo se l'osservanza della legge comporta, da parte di chi dovrà rispettarla, adeguamenti che richiedono un maggior tempo per essere predisposti.

Trascorsa la *vacatio*, nessuno potrà più validamente sostenere davanti a un giudice di non essere stato in grado di conoscere l'esistenza di una determinata legge.

7 Come i cittadini possono abrogare una legge?

Se i cittadini non condividono, in tutto o in parte, il contenuto di una *legge* o di un altro *atto avente forza di legge*, possono cercare di provocarne l'abrogazione mediante referendum. Ricordiamo che sono atti aventi la stessa forza di legge (cioè lo stesso grado nella gerarchia delle fonti) i decreti legge e i decreti legislativi adottati dal Governo nei casi e nei modi previsti dalla Costituzione.

→**Il referendum** è un istituto di democrazia diretta (> Unità 2) attraverso il quale il popolo ha la possibilità di pronunciarsi direttamente in merito a una determinata questione.

Il referendum abrogativo viene indetto dal Presidente della Repubblica se ne fanno richiesta almeno 500 mila elettori o cinque Consigli regionali.

Hanno diritto di esprimere il proprio voto tutti i cittadini che possono votare per la Camera dei deputati.

> **La norma è abrogata**, stabilisce l'art. 75 della Costituzione, se si verificano queste due condizioni:

- se si presenta a votare più della metà degli elettori (questa condizione non è richiesta per i referendum costituzionali);
- e se la maggioranza dei votanti si pronuncia a favore dell'abrogazione.

Se vincono i "sì" il Presidente della Repubblica, con proprio decreto, dichiara abrogata la legge.

Se vincono i "no" la proposta referendaria viene respinta e il medesimo quesito non può essere riproposto prima che siano trascorsi cinque anni.

Se, invece, la consultazione viene annullata perché non vi ha partecipato più del 50% degli elettori, il quesito, secondo quanto ha affermato la Corte di Cassazione, può essere riproposto senza limiti di tempo.

Tra i referendum che si sono tenuti nel nostro Paese almeno tre meritano di essere ricordati per il riflesso che hanno avuto sulla politica e sul costume nazionale:

- nel 1946 gli italiani hanno scelto la forma di governo repubblicana;
- nel 1974 hanno votato *no* all'abrogazione della legge che consente il divorzio;
- nel 1980 ancora un *no* degli elettori all'abrogazione della legge che depenalizza l'interruzione volontaria della gravidanza.

Si potrebbe indire un referendum per non pagare le imposte?

Ci sono leggi, come quelle che prevedono il pagamento delle imposte, che se sottoposte a referendum avrebbero un'altissima probabilità di essere abrogate. Ma ciò avrebbe effetti devastanti sul funzionamento dello Stato.

Per tale ragione la Costituzione stabilisce che **non è ammesso referendum** per le leggi:

- tributarie e di bilancio;
- di amnistia e indulto (> Paragrafo 10);
- di ratifica (cioè di approvazione) dei trattati internazionali.

La Corte costituzionale più volte ha dichiarato inammissibili referendum che non avevano nulla che fare con tributi, amnistie o trattati internazionali. Come si giustifica ciò?

Su questo tema la Corte ha precisato che è suo dovere respingere la richiesta di referendum non solo quando vengano oltrepassati i limiti posti in modo *esplicito* dall'art. 75, ma anche quando vengono oltrepassati limiti *impliciti* ricavabili dallo spirito dell'intera Costituzione.

Poiché la Corte costituzionale è l'unico organo abilitato a individuare ufficialmente tali limiti, essa, di fatto, ha assunto un ruolo determinante nel giudizio di ammissibilità dei referendum.

Tra le condizioni individuate dalla Corte perché un referendum sia ammissibile vi è la **chiarezza**, la **semplicità** e la **univocità** del quesito proposto ai cittadini.

Sono ammessi altri tipi di referendum?

Il referendum abrogativo, regolato dall'art. 75 Cost., non è l'unico tipo di referendum previsto dalla Costituzione.

L'art. 138 Cost. consente di sottoporre a referendum anche le leggi costituzionali non ancora promulgate se nella seconda votazione hanno ottenuto soltanto la maggioranza assoluta dei consensi.

L'art. 123 Cost. assegna agli Statuti regionali il compito di regolare i referendum su leggi e provvedimenti amministrativi delle Regioni.

L'art. 132 Cost. prevede che debba essere avallata con referendum, dalle popolazioni interessate, la richiesta di una legge costituzionale che disponga la fusione di Regioni esistenti o la creazione di nuove Regioni.

L'art. 133 Cost. dispone che la Regione può, con il consenso delle popolazioni interessate (accertato mediante referendum), istituire nel proprio territorio nuovi Comuni, cambiare la denominazione a quelli esistenti e modificare le circoscrizioni.

Inoltre, in ambito locale, è possibile anche indire referendum consultivi per verificare l'orientamento della popolazione in merito a provvedimenti amministrativi, come la chiusura dei centri storici al traffico automobilistico, l'orario di apertura e chiusura dei negozi, e così via.

ZOOM

Come si deve procedere per indire un referendum?

L'istituto referendario è regolato, nei suoi aspetti più specifici, dalla legge 25 maggio 1970, n. 352. Essa sostanzialmente così stabilisce:

- i promotori, in numero non inferiore a 10, devono presentare la richiesta di referendum alla cancelleria della Corte di Cassazione;
- entro 3 mesi devono essere raccolte almeno 500 mila firme su fogli vidimati, ciascuno dei quali deve recare sulla facciata sia il quesito da sottoporre a votazione, sia la legge di cui si propone l'abrogazione;
- le firme dei sottoscrittori devono essere autenticate da un notaio o da un funzionario abilitato a conferire pubblica fede ai documenti;
- la raccolta delle firme deve svolgersi tra il 1° gennaio e il 30 settembre;
- la richiesta di referendum deve essere consegnata entro il 30 settembre all'Ufficio centrale per il referendum presso la Corte di Cassazione che dovrà controllare, entro il 15 dicembre, la regolarità degli adempimenti di legge;
- se l'esame dà esito positivo la richiesta passa alla Corte Costituzionale che si pronuncia sull'ammissibilità entro il 10 febbraio;
- la consultazione si può tenere soltanto in una domenica compresa tra il 15 aprile e il 15 giugno;
- la richiesta di referendum non può essere presentata nell'anno in cui sono previste le elezioni politiche, al fine di evitare ingolfamenti elettorali;
- in caso di elezioni anticipate il referendum deve essere rinviato all'anno successivo.

8 Come si approva una legge costituzionale?

Le leggi di revisione costituzionale (cioè quelle che modificano la Costituzione) o le nuove leggi costituzionali (cioè quelle che la integrano) possono essere approvate dal Parlamento seguendo il complesso procedimento previsto dall'**art. 138** della Costituzione stessa.

La complessità di tale procedimento, che rende **rigida** la Costituzione italiana, consiste in ciò:

- il testo della legge che si vuole introdurre deve essere approvato da entrambe le Camere e successivamente, con un intervallo di tempo di almeno tre mesi, deve essere nuovamente votato e approvato;
- se la seconda approvazione avviene con la maggioranza dei due terzi dei componenti di ciascuna Camera, la legge può essere immediatamente promulgata e pubblicata;
- se, invece, avviene con la sola maggioranza assoluta, cioè la metà più uno dei componenti di ciascuna Camera (e non dei soli presenti in aula), può essere sottoposta a referendum popolare prima della promulgazione.

Possono chiedere il referendum almeno 500 mila elettori o il 20% dei componenti di ciascuna Camera o cinque Consigli regionali. Se entro tre mesi dalla pubblicazione non viene avanzata alcuna richiesta di referendum, la legge, anche se approvata con la sola maggioranza assoluta, viene promulgata dal Capo dello Stato.

Le leggi costituzionali che integrano o modificano la Costituzione incontrano due grandi limiti:

- non possono modificare la forma repubblicana (art. 139 Cost.);
- non possono, secondo la dottrina prevalente, essere in contrasto con i principi fondamentali a cui lo Stato deve ispirare la propria azione.

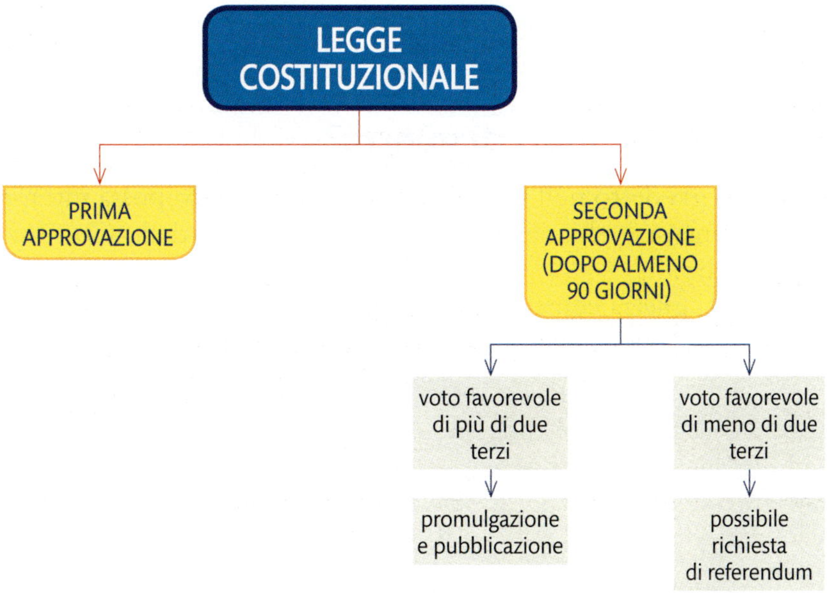

9 Quali sono le altre funzioni e competenze del Parlamento?

Oltre alla funzione legislativa, della quale ci siamo appena occupati, al Parlamento spettano altre rilevanti funzioni, tra le quali di grande importanza è la funzione di **controllo politico**. Di questa, tuttavia, ci occuperemo nella Lezione 16 dedicata all'attività di Governo.

Ora, invece, dobbiamo considerare tre particolari competenze attribuite dalla Costituzione alle Camere: la concessione dell'**amnistia** e dell'**indulto** e la dichiarazione dello **stato di guerra**.

Che cosa distingue l'amnistia dall'indulto?

Entrambi i provvedimenti costituiscono atti di clemenza che il Parlamento può adottare quando lo ritenga opportuno. I loro effetti, però, sono notevolmente diversi.

→ **L'amnistia** estingue il reato. Ciò significa che taluni comportamenti, normalmente considerati reati, non sono giudicati tali se commessi prima della presentazione della legge di amnistia alle Camere.

Per esempio, l'amnistia concessa nel 1990 disponeva, tra l'altro, l'estinzione di tutti i reati per i quali è prevista una pena pecuniaria e di quelli per i quali è prevista una pena detentiva non superiore a un massimo di quattro anni di reclusione.

→ **L'indulto** comporta soltanto una riduzione totale o parziale della pena, sia essa pecuniaria o detentiva.

Amnistia è un termine di origine greca che significa dimenticanza, oblio, perdono.
Indulto deriva dal verbo *indulgere*, cioè essere indulgente, perdonare.

Per esempio l'indulto concesso nel 2006 ha comportato uno sconto di pena fino a tre anni per chi era stato condannato a pene detentive e a uno sconto fino a 10 mila euro per chi era stato condannato a pene pecuniarie. Sono stati esclusi dall'atto di clemenza solo coloro che avevano commesso reati particolarmente gravi, come atti di terrorismo, strage, associazione mafiosa, riduzione in schiavitù, violenza sessuale, pedofilia.

La ragione per la quale fino a oggi sono stati adottati provvedimenti di amnistia e di indulto è stata soprattutto quella di contenere il sovraffollamento negli istituti di pena. In pratica questi due provvedimenti sono stati impiegati in sostituzione di una seria riforma carceraria.

Chi delibera lo stato di guerra?

Come abbiamo già detto nell'Unità 3, l'ipotesi che l'Italia possa intraprendere una guerra offensiva è chiaramente esclusa dall'art. 11 della Costituzione, il quale dispone che:
"L'Italia ripudia la guerra come strumento di offesa alla libertà degli altri popoli e come mezzo di risoluzione delle controversie internazionali; [...]".

Diverso è il caso in cui il Paese debba difendersi da un'aggressione esterna. Una guerra che abbia scopi difensivi è implicitamente ammessa dalla Costituzione che nell'art. 78 stabilisce:
"**Il Parlamento delibera a maggioranza assoluta** lo stato di guerra e conferisce al Governo i poteri necessari".

Ciò vuol dire che in Italia il potere di deliberare la guerra spetta solo alle Camere perché queste sono l'organo che più rappresenta la sovranità popolare. Al Governo, quale organo ristretto e più adatto ad assumere decisioni rapide, verranno invece affidati i poteri che le circostanze richiedono.
La guerra, deliberata dal Parlamento, viene formalmente **dichiarata** dal Presidente della Repubblica.

I palazzi del potere

Palazzo Montecitorio

Nel 1870, quando la capitale del Regno d'Italia venne trasferita a Roma, si pose immediatamente il problema del luogo in cui ospitare la Camera dei deputati. Dopo aver scartato diverse ipotesi la scelta cadde sul vecchio Palazzo di Montecitorio (questo nome è di origine incerta) che dalla fine del Seicento aveva ospitato i tribunali dello Stato pontificio. Progettato dal Bernini su commissione di Innocenzo X, il palazzo ha subito all'interno numerosi interventi necessari per adattarlo alla nuova funzione.
Oggi uno degli ambienti più noti è il famoso salone del **transatlantico**, dal quale spesso provengono le riprese televisive.

Questa immensa e veramente splendida hall deve il suo nome al tipo di illuminazione a plafoniera che un tempo era caratteristica dei grandi bastimenti transoceanici.

Il cuore di Palazzo Montecitorio è la grande aula a emiciclo che ospita l'Assemblea.
I deputati, che siedono sui banchi posti a gradinata, hanno di fronte, in posizione un poco rialzata, il banco della presidenza, al centro del quale siede il Presidente e intorno e dietro a lui prendono posto gli altri componenti dell'ufficio di presidenza. Subito sotto vi sono due file di banchi riservati ai membri del Governo. Sulla fila più alta siedono il Presidente del Consiglio (al centro) e i ministri. Su quella più bassa siedono i sottosegretari di Stato o viceministri.

Davanti ai banchi del Governo, nel mezzo dell'emiciclo, vi è il tavolo degli stenografi: mentre uno stenografa quanto dice l'oratore di turno, gli altri sono pronti a cogliere le

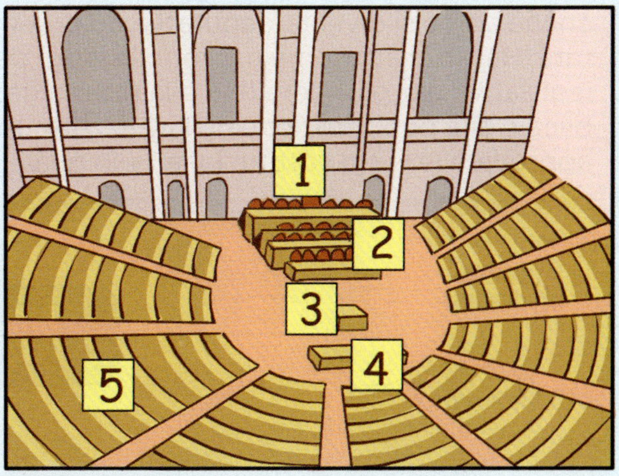

1) Banco della presidenza
2) Banchi del Governo
3) Stenografi
4) Banco dei nove
5) Emiciclo

parole del Presidente o i commenti del Governo o le interruzioni dei deputati.

Sempre nell'emiciclo, rivolto verso la presidenza, vi è un banco ad arco di cerchio detto banco dei nove perché vi siedono nove rappresentanti della Commissione che ha esaminato il progetto di legge in discussione in quel momento.

Palazzo Madama

Il Senato del Regno, dopo qualche incertezza, trovò ospitalità a Palazzo Madama. Chi era mai la Madama che ha dato il nome al palazzo?

La signora in questione era madama Margherita d'Austria, duchessa di Parma e Piacenza, che aveva avuto il palazzo in usufrutto dopo la morte del marito, Alessandro De Medici, figlio naturale del papa Clemente VII. La nobildonna lo abitò dal 1538 fino al 1580.

Nel 1775 il palazzo fu acquistato da papa Benedetto XIV e vi furono installati gli uffici del fisco e della polizia pontificia. Sembra che, a partire dal 1850, sulla loggia esterna del palazzo venissero estratti i numeri del lotto.

Quando Palazzo Madama venne scelto come sede del Senato del Regno d'Italia fu necessario operare, all'interno, adattamenti simili a quelli già operati a Montecitorio. Anche qui è stata ricavata una grande aula a emiciclo nella quale i banchi sono posti in modo del tutto simile a quello scelto per la Camera dei deputati.

Si può assistere ai lavori del Parlamento?

Il secondo comma dell'art. 64 Cost. ci risponde in modo affermativo, anche se prevede la possibilità di eccezioni: "Le sedute sono pubbliche; tuttavia ciascuna delle due Camere e il Parlamento a Camere riunite possono deliberare di adunarsi in seduta segreta."

Generalmente, dunque, le sedute sono pubbliche e chiunque può assistervi accedendo alle tribune appositamente istituite nelle aule parlamentari.

Ma la pubblicità dei lavori è garantita, soprattutto, dall'insieme degli strumenti cartacei, telematici e radiotelevisivi con cui si dà conto all'esterno dell'attività dell'Assemblea e delle Commissioni. In particolare:

- si può leggere il resoconto sommario e stenografico di ogni seduta sia in forma cartacea, sia accedendo al sito Internet del Parlamento (www.parlamento.it);
- è possibile consultare in tempo reale un breve sommario dei lavori e il calendario delle sedute sulle pagine elettroniche di televideo;
- su autorizzazione dei rispettivi Presidenti si possono eseguire riprese dirette radio e televisive dei lavori delle Camere.

MAPPA che cosa hai imparato

In questa Lezione hai imparato come è organizzato il Parlamento italiano e quali sono le funzioni della Camera dei deputati e del Senato della Repubblica. Hai imparato anche come si diventa deputati e quali sono le caratteristiche del mandato parlamentare. Hai studiato come nascono le leggi dello Stato, partendo dalla fase dell'iniziativa legislativa per giungere fino alla promulgazione da parte del Presidente della Repubblica e alla pubblicazione nella Gazzetta Ufficiale. Hai imparato anche come vengono approvate le leggi costituzionali e in quale modo i cittadini possono abrogare le leggi.

CAMERA DEI DEPUTATI + SENATO DELLA REPUBBLICA → **PARLAMENTO ITALIANO**

ORGANIZZAZIONE

- È UN ORGANO BICAMERALE PERFETTO
- SONO ORGANI DI CIASCUNA CAMERA
  - il Presidente
  - i gruppi parlamentari
  - le commissioni
- I PARLAMENTARI GODONO DELLE IMMUNITÀ
  - *per le opinioni espresse e i voti dati* nell'esercizio delle loro funzioni
  - *procedurale*: no arresto preventivo né perquisizioni senza l'autorizzazione della Camera di appartenenza

DELIBERAZIONI

LE CAMERE POSSONO DELIBERARE A MAGGIORANZA SEMPLICE, ASSOLUTA O QUALIFICATA. LA DELIBERAZIONE è VALIDA SOLO SE IN AULA È PRESENTE LA MAGGIORANZA DEI DEPUTATI O SENATORI

È TITOLARE DEL POTERE LEGISLATIVO

→ ALTRE IMPORTANTI FUNZIONI:
- ELEGGE IL PRESIDENTE DELLA REPUBBLICA;
- CONTROLLA L'ATTIVITÀ DEL GOVERNO;
- CONCEDE AMNISTIA E INDULTO;
- DELIBERA LO STATO DI GUERRA

L'**INIZIATIVA** LEGISLATIVA SPETTA A:
- GOVERNO;
- PARLAMENTARI;
- CONSIGLI REGIONALI;
- 50 MILA ELETTORI;
- CNEL.

PROCEDIMENTO: PUÒ ESSERE ORDINARIO O DECENTRATO
- *ordinario*: il progetto di legge viene prima esaminato in commissione e poi deliberato dall'assemblea
- *decentrato*: è la commissione stessa a deliberare

APPROVAZIONE: IL MEDESIMO TESTO DEVE ESSERE APPROVATO DA ENTRAMBE LE CAMERE (O DA ENTRAMBE LE COMMISSIONI)

→ Le leggi costituzionali devono essere approvate due volte da ciascuna Camera con un intervallo non inferiore a 3 mesi.

→ Se in seconda deliberazione la legge non è approvata con maggioranza di almeno 2/3, può essere sottoposta a *referendum* abrogativo.

PROMULGAZIONE DA PARTE DEL PRESIDENTE DELLA REPUBBLICA

PUBBLICAZIONE IN GAZZETTA UFFICIALE

ENTRATA IN VIGORE: TRASCORSO IL PERIODO DI *VACATIO LEGIS*

LE LEGGI POSSONO ESSERE SOTTOPOSTE A *REFERENDUM* ABROGATIVO SU RICHIESTA DI 500 MILA ELETTORI O DI 5 CONSIGLI REGIONALI

Lezione 15 riguardando gli appunti

Come è costituito il Parlamento italiano?

- Il Parlamento italiano è costituito dalla *Camera dei deputati* e dal *Senato della Repubblica*.
- Rimane in carica cinque anni, ma in casi speciali può essere sciolto anticipatamente dal Presidente della Repubblica.
- È titolare, innanzi tutto, del potere legislativo, ma la Costituzione affida al Parlamento anche altre importanti funzioni tra cui l'elezione del Presidente della Repubblica e il controllo sull'operato del Governo.

Che cosa sono i gruppi parlamentari?

- I gruppi parlamentari sono raggruppamenti di deputati o di senatori eletti nelle liste del medesimo partito. Ogni gruppo ha un proprio capogruppo che ne coordina l'attività.

Che cosa sono le commissioni parlamentari?

- Le commissioni sono una sorta di *camere in scala ridotta*. Possono essere permanenti, speciali, bicamerali.
- Le commissioni permanenti si occupano ciascuna dei provvedimenti relativi a una determinata materia.
- Le commissioni speciali sono istituite per svolgere uno specifico compito e si sciolgono quando tale compito è stato assolto.
- Le commissioni bicamerali sono così chiamate perché composte di senatori e di deputati.

Chi può essere eletto parlamentare?

- Qualsiasi cittadino, che possieda i requisiti di età richiesti dalla legge e che non sia stato privato dall'elettorato passivo, può candidarsi nelle liste di un partito ed essere eletto. La legge contempla tuttavia casi di ineleggibilità e di incompatibilità.

Di quali immunità godono i parlamentari?

- Tutti i parlamentari godono di immunità per le opinioni espresse nell'esercizio delle loro funzioni e di una immunità detta *procedurale*.
- L'immunità procedurale comporta il divieto, per il giudice che indaghi su un parlamentare, di arrestarlo o sottoporlo a perquisizione senza l'autorizzazione della Camera di appartenenza.

Come viene esercitata la funzione legislativa?

- La funzione legislativa consiste nel presentare, discutere e votare le leggi.
- Le leggi dello Stato possono disciplinare solo le materie ad esse riservate dalla Costituzione.
- Possono presentare progetti di legge, il Governo, ciascun parlamentare, cinquantamila elettori, ciascun Consiglio regionale e il Cnel (Consiglio nazionale dell'Economia e del Lavoro).
- Il procedimento ordinario prevede che il progetto di legge sia inviato per l'esame preventivo prima in commissione (che assume funzione solo *referente*) e poi sia discusso e votato in aula.
- Il procedimento decentrato consente che sia la stessa commissione a deliberare sul progetto di legge.
- Il progetto deve essere approvato nell'identico testo da entrambe le Camere.

Che cosa è la promulgazione?

- La promulgazione è l'atto con cui il Presidente della Repubblica dichiara che la legge è stata regolarmente approvata da entrambe le Camere e ordina a tutti di rispettarla e di farla rispettare.
- Se la legge appare in palese contrasto con le norme o con lo spirito della Costituzione, il Presidente, prima di promulgarla, può rinviarla alle Camere perché la ridiscutano.
- Se però il Parlamento torna ad approvarla nel medesimo testo, egli ha l'obbligo di promulgarla.
- Dopo la promulgazione la legge deve essere pubblicata sulla *Gazzetta Ufficiale* della Repubblica.

Come si approvano le leggi costituzionali?

- La legge costituzionale deve essere approvata due volte da ciascuna Camera con intervallo non inferiore a tre mesi tra la prima e la seconda deliberazione.
- Se la seconda approvazione avviene con una maggioranza inferiore a due terzi, la legge può essere sottoposta a *referendum* popolare prima della promulgazione.

Che cosa è il *referendum*?

- Il referendum è un istituto di democrazia diretta attraverso il quale il popolo ha la possibilità di pronunciarsi direttamente in merito a una determinata questione.

verifica mettiti alla prova

1. Completa la mappa concettuale utilizzando le seguenti parole:

più di metà degli elettori ~ 5 anni ~ legislativa ~ promulgata ~ pubblicata ~ 500 mila elettori ~ 5 consigli regionali ~ bicamerale ~ cittadini elettori ~ referendum

IL PARLAMENTO → È UN ORGANO .... → VIENE ELETTO OGNI .... → DAI ....

IL PARLAMENTO → ESERCITA LA FUNZIONE .... → LA LEGGE APPROVATA DALLE CAMERE VIENE .... E ....

IL PARLAMENTO → LA LEGGE PUÒ ESSERE ABROGATA MEDIANTE .... → CHIESTO DA .... O DA .... → LA CONSULTAZIONE È VALIDA SE VI PARTECIPA ....

2. Scegli la risposta corretta.

1 Il Parlamento italiano è titolare della funzione:
a. legislativa
b. giudiziaria
c. esecutiva
d. regolamentare

2 L'ammissibilità del referendum è dichiarata in via definitiva:
a. dal Consiglio di Stato
b. dalla Corte costituzionale
c. dalla Corte di cassazione
d. dal Cnel

3 Le commissioni parlamentari operano generalmente:
a. in sede deliberante
b. in sede referente
c. in sede consultiva
d. fuori sede

4 Le Commissioni parlamentari permanenti hanno la funzione di:
a. indagare sui reati commessi dai parlamentari
b. esaminare la competenza dei parlamentari appena eletti
c. valutare le leggi approvate
d. accelerare i lavori del Parlamento

3. Rispondi alle seguenti domande.

A Come è composto il Parlamento e come sono organizzate le Camere?
B In che modo viene esercitata la funzione legislativa del Parlamento?
C Che cos'è la promulgazione?
D Come i cittadini possono determinare l'abrogazione di una legge?

4. Barra con una crocetta la risposta che ritieni esatta e motiva il perché.

1 La competenza legislativa dello Stato è generale. SÌ NO
perché? ....

2 La legge è abrogata se votano per l'abrogazione più di 500 mila elettori. SÌ NO
perché? ....

3 Incandidabilità e ineleggibilità sono sinonimi. SÌ NO
perché? ....

4 In Italia il potere di deliberare la guerra spetta al Presidente della Repubblica. SÌ NO
perché? ....

5 Il Presidente della Repubblica può presentare disegni di legge. SÌ NO
perché? ....

5. Svela il crittogramma.

Sostituisci ogni numero con una lettera dell'alfabeto. A numero uguale corrisponde lettera uguale!

A	B	C	D	E	F	G	H	I	J	K	L	M	N	O	P	Q	R	S	T	U	V	W	X	Y	Z
	13				1						2		22				25								

_ L   B _ _ _ _ R _ L _ _ _ _   _ N   _ _ _ L _ _
10 2   13 10 23 5 14 26 25 5 2 10 3 14 7   10 22   10 24 5 2 10 5

È   _ _ R F _ _ _   (_   _ _ R _ _ _ R _ _).
18 26 25 1 26 24 24 7   7   18 5 25 10 24 5 25 10 7

LEZIONE 16

Il Governo del Paese

UNITÀ 6

La struttura dello Stato italiano

1 Com'è composto il Governo?

→ **Il Governo** è un organo composto dal Presidente del Consiglio e dai ministri, che, quando si riuniscono collegialmente, costituiscono il Consiglio dei ministri.

COMPOSIZIONE DEL GOVERNO
- Presidente del Consiglio
- Ministri
- Consiglio dei ministri

Il rapporto fra i membri del Governo può essere così schematizzato.

Ciascun ministro è posto a capo di un Ministero, cioè di una struttura che ha la funzione di amministrare un particolare settore della vita pubblica (giustizia, scuola, difesa, ordine interno, attività culturali e così via).

Tuttavia, se ciascun ministro amministrasse il settore di propria competenza senza alcun raccordo con gli altri, la gestione complessiva dello Stato risulterebbe piuttosto caotica.

Ecco allora la necessità che i ministri si riuniscano *a consiglio* per elaborare una coerente strategia politica sotto la guida del Presidente del Consiglio dei ministri.

È un organo importante il Governo?

È un organo talmente importante che non v'è partito politico che non vorrebbe governare e non v'è uomo politico che non vorrebbe entrare a far parte di un Governo.

Secondo la tradizionale tripartizione dei poteri dello Stato operata da Montesquieu, al Governo spetta la **funzione esecutiva**, che consiste nel dare pratica esecuzione alle scelte operate dal Parlamento.

In realtà il Governo non è un semplice esecutore. Governare un Paese significa provvedere ai più importanti bisogni della collettività attraverso l'erogazione di servizi pubblici (scuole, strade, ospedali).

E poiché i bisogni della collettività sono tanti e i mezzi di cui dispone lo Stato non sono illimitati, si pone il problema di operare delle scelte.

> **In particolare è compito del Governo**:

- individuare gli interventi che è più urgente realizzare nell'interesse del Paese, sia a livello nazionale (per esempio il Governo potrebbe ritenere particolarmente urgente migliorare le strutture scolastiche), sia a livello internazionale, per esempio stipulando accordi commerciali e di cooperazione con altri Paesi;
- proporre al Parlamento i disegni di legge necessari per realizzare tali interventi (per esempio sostituire i vecchi edifici scolastici con moderni *college*);
- dare attuazione concreta alla legge quando sarà stata approvata dal Parlamento. Nel nostro caso spetterebbe al ministro dell'Istruzione presiedere a gran parte delle operazioni necessarie alla localizzazione e alla edificazione dei nuovi complessi.

2 Come si forma il Governo?

Governo è un termine che deriva dal latino *gubernum* che indicava il timone di una nave. **Ministro** deriva invece da *ministrum*, che significava originariamente *servitore*. Ministro, pertanto, è colui che *serve* il suo Paese.

> **Il procedimento di formazione del Governo** è delineato dalla Costituzione negli artt. 92 e 94, ed è così articolato:

- il Presidente della Repubblica sceglie il futuro Presidente del Consiglio (la scelta presumibilmente ricadrà sul leader della formazione politica che ha conseguito maggiori consensi alle elezioni politiche);
- se questi accetta l'incarico viene nominato ufficialmente e dietro sua proposta vengono nominati anche i ministri;
- tuttavia, prima di poter esercitare le sue funzioni, il Governo deve presentarsi alle Camere per illustrare il proprio programma politico e chiedere su questo il voto di fiducia, cioè il permesso di attuarlo;
- se la maggioranza di ciascuna Camera accorda la **fiducia**, il Governo può iniziare la sua attività;
- se la fiducia non viene accordata, il Governo deve immediatamente dimettersi e il Presidente della Repubblica deve procedere a una nuova nomina.

Il numero dei ministri non è fissato dalla Costituzione, e ciò comporta che può essere variato con una legge ordinaria.

I ministri e i loro dicasteri

Chi sono i ministri con e senza portafoglio?

Con portafoglio sono chiamati i ministri che necessitano di una rilevante dotazione finanziaria per erogare i servizi di loro competenza.
Senza portafoglio sono chiamati quei ministri che svolgono soprattutto compiti di coordinamento o di studio e non hanno bisogno di una significativa dotazione finanziaria. Pensiamo al ministro per l'*Innovazione tecnologica*, al ministro per i *Rapporti con il Parlamento*, e così via.

Chi sono i ministri *ad interim* e i sottosegretari?

Ad interim è un'espressione latina che significa *intanto, nel frattempo*. Quando un ministro, oltre al proprio Ministero, assume temporaneamente la guida di un altro, si dice che assume l'incarico *ad interim*, cioè *fintanto che...* ne verrà nominato un altro.

I sottosegretari di Stato collaborano con i ministri ed esercitano i compiti a essi delegati. Alcuni sottosegretari assumono funzioni più estese e sono indicati come *viceministri*.

Si può essere ministro senza essere parlamentare?

La risposta è affermativa. L'esperienza italiana annovera molti casi di ministri e di Presidenti del Consiglio dei ministri che non erano né deputati né senatori.

I ministri con portafoglio e le loro funzioni (aggiornato alla legge 125/2014)

Ministero degli affari esteri e cooperazione internazionale - Presiede alla politica estera del Governo e cura i rapporti internazionali del nostro Paese.	**Ministero dell'ambiente e della tutela del territorio e del mare** - Attua la politica ambientale del Governo e tutela il patrimonio naturale, marino e atmosferico.
Ministero dell'interno - Tutela l'ordine e la sicurezza pubblica, si occupa di cittadinanza e immigrazione e del funzionamento degli enti locali.	**Ministero delle infrastrutture e dei trasporti** - Si occupa di strade, autostrade, ferrovie, aeroporti e organizza il sistema dei trasporti e della mobilità.
Ministero della giustizia - Si occupa dell'amministrazione degli organi giudiziari. Il ministro della Giustizia svolge le funzioni di Guardasigilli.	**Ministero del lavoro e delle politiche sociali** - È competente in materia di lavoro, di sviluppo dell'occupazione e di previdenza sociale.
Ministero della difesa - Presiede all'amministrazione della difesa e delle Forze armate.	**Ministero dell'istruzione, dell'Università e della ricerca** - Si occupa del sistema scolastico pubblico, dell'Università e della ricerca scientifica e tecnologica.
Ministero dell'economia e delle finanze - Sovrintende alla politica economica e finanziaria ed è competente in materia di spesa pubblica, bilancio ed entrate dello Stato.	**Ministero per i beni e le attività culturali e il turismo** - Si occupa della tutela e della valorizzazione del patrimonio culturale e della promozione del turismo nel nostro Paese.
Ministero dello sviluppo economico - È competente in materia di industria, commercio e artigianato, e di politica energetica e per le comunicazioni.	**Ministero della salute** - Tutela la salute dei cittadini (anche negli ambienti di lavoro) e di igiene pubblica, e coordina i servizi sanitari regionali.
Ministero delle politiche agricole, alimentari e forestali - Presiede al settore dell'agricoltura, dell'agroalimentare, della gestione della pesca, delle foreste e della sicurezza alimentare.	

3 Quando il Governo entra in crisi?

Il Governo dovrebbe rimanere in carica, di regola, per tutta la durata della legislatura. Ma nel nostro Paese ciò non sempre è accaduto e molti Governi sono stati costretti a dimettersi anticipatamente.

> **Le dimissioni anticipate del Governo** possono essere provocate:

- da una **mozione di sfiducia** approvata dalla maggioranza della Camera dei deputati o del Senato (crisi parlamentare) e in questo caso sono obbligatorie;

Non possono ricoprire incarichi di Governo i soggetti che hanno riportato condanne definitive come previsto dal d.lg. n. 235 del 2012.

- da un disaccordo tra le forze politiche che lo sostengono. In questo caso solitamente il Presidente del Consiglio si dimette volontariamente provocando, con ciò, la caduta dell'intero Governo (crisi extraparlamentare).

Mozione è un termine che deriva dalla terminologia parlamentare francese e in generale indica la richiesta di votazione su una determinata questione.
La mozione di sfiducia deve essere votata per appello nominale, affinché sia chiara la posizione assunta da ciascun parlamentare.

Rimpasto di Governo viene comunemente chiamata l'operazione con cui uno o più ministri all'interno del Governo vengono sostituiti.

Il Presidente della Repubblica, che riceve formalmente le dimissioni, deve subito verificare se in Parlamento vi è la disponibilità ad accordare la fiducia a un nuovo Governo composto da altri esponenti politici.

Se tale disponibilità non si riscontra, dovrà sciogliere le Camere e indire elezioni politiche anticipate. Spetterà alle nuove Camere accordare la fiducia a un nuovo Governo.

Che cos'è la questione di fiducia?

Del tutto diversa dalla mozione di sfiducia è la "questione" di fiducia.

Può accadere che un disegno di legge presentato dal Governo rischi di non essere approvato perché trova opposizione sia tra esponenti della minoranza che della maggioranza.

Costoro possono manifestare il proprio dissenso annunciando che voteranno contro, oppure presentando una rilevante quantità di emendamenti con lo scopo di mutare i connotati della legge o, quanto meno, di ritardarne l'approvazione.

In questi casi il Governo può porre la **questione di fiducia**. Essa consiste nel dichiarare che la mancata approvazione del disegno di legge, così come è stato presentato, verrà interpretata dal Presidente del Consiglio come un voto di sfiducia nei suoi confronti e, di conseguenza, si dimetterà.

La proposizione della questione di fiducia può essere letta in due modi diversi:

- come un atto di coraggio da parte del Governo, che rischia il tutto per tutto pur di fare approvare una legge nella quale crede;
- come stratagemma per interrompere la discussione in aula e impedire ai dissenzienti di esercitare il proprio diritto di critica.

4 Chi controlla l'operato del Governo?

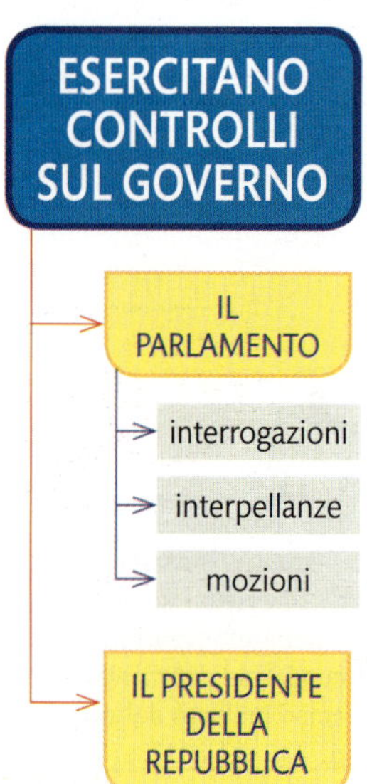

La Costituzione prevede un sistema di controlli reciproci tra i massimi organi dello Stato, cosicché ciascuno, oltre a svolgere le funzioni che gli sono proprie, ha il compito di verificare che gli altri agiscano nel rispetto della legalità e del principio democratico.

L'attività del Governo è sottoposta al controllo:

- del **Parlamento**;
- del **Presidente della Repubblica**.

Come si esercita il controllo del Parlamento?

Il Parlamento controlla il Governo:

- concedendogli o revocandogli la fiducia;
- approvando o respingendo i suoi disegni di legge;
- incalzandolo con interrogazioni, interpellanze e mozioni.

→ **Le interrogazioni** sono domande rivolte a un ministro o all'intero Governo per sapere se siano a conoscenza di determinate notizie e come intendano regolarsi. L'interrogazione si esaurisce con la risposta, scritta od orale, data dal ministro interrogato.

→ **Le interpellanze** sono richieste di chiarimenti sul comportamento che il Governo o un singolo ministro ha tenuto o intende tenere in relazione a un determinato fatto.

A differenza della interrogazione, l'interpellanza comporta l'apertura di una discussione in aula alla quale possono intervenire tutti i parlamentari.

→ **Le mozioni** sono richieste di votazione da parte dell'Assemblea su una determinata questione.

Il Parlamento è un controllore severo?

Per rispondere occorre operare una distinzione tra forze politiche di maggioranza e di opposizione. Se un partito politico vince le elezioni e ottiene la maggioranza dei seggi in Parlamento, ragionevolmente accorderà la fiducia solo a un Governo che sia composto da suoi esponenti o da personalità da esso indicate. Pertanto è piuttosto irragionevole attendersi che successivamente quel partito censuri o ponga ostacoli all'operato di un Governo composto dai suoi stessi membri. È molto più probabile che tra la maggioranza parlamentare e il Governo si stabilisca una stretta intesa piuttosto che una contrapposizione. Almeno fin quando non si sviluppino contrasti interni.

La funzione di controllo, pertanto, è affidata in massima parte alle forze politiche di *opposizione*. Sono queste che normalmente denunciano all'opinione pubblica ciò che ritengono sia sbagliato nel modo di guidare il Paese.

Il ruolo dell'opposizione è importantissimo in un sistema democratico. Ma è altrettanto importante che venga svolto in modo leale, serio e costruttivo avendo presente non solo il proprio interesse di parte, ma anche e soprattutto quello del Paese. Spetta ai cittadini elettori controllare che le opposizioni svolgano con serietà il loro compito.

Come si esercita il controllo del Presidente della Repubblica?

Come vedremo meglio nella Lezione 17, il Presidente della Repubblica è il supremo custode delle garanzie costituzionali. Spetta a lui controllare che l'azione dei massimi organi dello Stato rispetti lo spirito della Costituzione e si mantenga nei limiti che questa pone.

Per tale ragione, **i più importanti atti del Governo** debbono essere firmati dal Presidente della Repubblica.
Questi, in tal modo, ha la possibilità di prenderne conoscenza prima che siano emanati e può, se necessario, esprimere il proprio parere o addirittura, in casi estremi, rifiutare di emanarli.

ZOOM

Perché si esercitano tanti controlli sul Governo?

Il Governo, per svolgere le sue funzioni, dispone di poteri veramente considerevoli. Esso:
- si trova gerarchicamente a capo del poderoso apparato della Pubblica Amministrazione;
- ha il comando della Polizia e delle Forze armate;
- amministra le finanze dello Stato;
- presenta disegni di legge al Parlamento e può adottare atti aventi forza di legge.

L'ampiezza di questi poteri giustifica pienamente i controlli predisposti dalla Costituzione.

Dove ha sede il Governo?

Il Governo italiano ha la sua sede a Palazzo Chigi. Questo bellissimo palazzo del Seicento sorge a Roma in piazza Colonna e confina con Palazzo Montecitorio.

Fin dal 1659 apparteneva alla famiglia Chigi, ma nel 1916 venne ceduto allo Stato italiano che lo adibì a sede del *Ministero per le colonie*.

Nel 1922 ospitò il *Ministero per gli affari esteri* e solo nel 1961, quando questo Ministero fu trasferito nell'attuale sede denominata *la Farnesina*, Palazzo Chigi divenne la sede ufficiale del Governo italiano.

www.governo.it è il sito ufficiale del Governo italiano. Visitandolo si possono trovare tutte le informazioni sulla composizione del Governo, sull'attività dei singoli Ministeri e sugli atti normativi adottati.

5 Quali norme giuridiche può adottare il Governo?

IL GOVERNO PUÒ ADOTTARE
- decreti legge
- decreti legislativi
- regolamenti

Sebbene il potere legislativo spetti al Parlamento (e alle Regioni per le questioni di loro competenza), anche al Governo è attribuita, nei limiti tassativi stabiliti dalla Costituzione, la facoltà di adottare norme giuridiche.

Si tratta del potere di predisporre **decreti legge**, **decreti legislativi** e **regolamenti**, che verranno poi emanati dal Presidente della Repubblica.

I decreti legge

Può accadere, nella vita di un Paese, che ci sia urgente necessità di regolare una specifica questione e che non sia possibile attendere i tempi lunghi del Parlamento. In questi casi la Costituzione consente al Governo di emanare speciali norme chiamate *decreti legge* (d.l.).

→ **I decreti legge** sono provvedimenti provvisori, aventi forza di legge, che il Governo può adottare solo in casi straordinari di necessità e di urgenza e che vengono emanati dal Presidente della Repubblica.

- **La necessità e l'urgenza** sono requisiti essenziali. Se mancassero (cioè se non ci fosse l'urgenza di regolare in fretta una certa materia) il Presidente della Repubblica non potrebbe emanare il decreto.
- **La provvisorietà** consiste nel fatto che questi decreti hanno una durata massima di 60 giorni. Se entro questo termine il Parlamento non li converte (cioè non li trasforma) in legge, decadono e non vanno più rispettati.
- **La conversione** è operata approvando una legge che dichiara convertito il decreto. In questa fase le Camere hanno la possibilità di introdurre emendamenti (cioè modifiche) al testo originario.

Il Governo non può proporre nuovamente i decreti legge che non siano stati convertiti in legge (art. 77 Cost. c. 4).

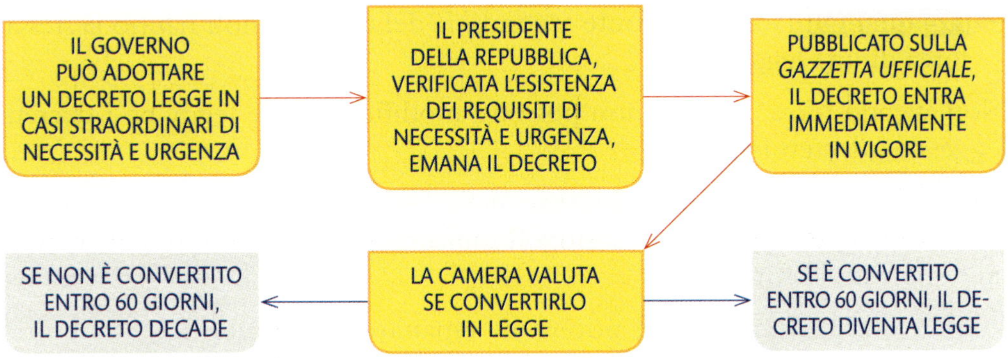

I decreti legislativi

→ **I decreti legislativi** sono atti normativi aventi forza di legge che vengono adottati dal Governo sulla base di una delega approvata da entrambe le Camere.

La delega è contenuta in una legge con la quale si stabilisce quale dovrà essere l'oggetto del decreto e quali principi, criteri e tempi il Governo dovrà rispettare.

Il decreto legislativo (d.lg. o d.lgs.) disposto dal Governo viene direttamente promulgato dal Capo dello Stato e non ha bisogno di essere deliberato dal Parlamento.

Solo in alcuni casi il testo viene inviato, prima della promulgazione, alla Commissione parlamentare competente in materia affinché verifichi la rispondenza del contenuto alle disposizioni della legge di delega.

Perché il Parlamento delega al Governo il compito di adottare questi decreti? Non potrebbe approvare esso stesso una legge che regoli quella certa materia?

In genere si ricorre alla delega quando la legge da approvare contiene aspetti molto tecnici. Pensiamo alla riforma del diritto del lavoro, del diritto di famiglia e così via. In questi casi il Parlamento delinea le linee fondamentali a cui il decreto dovrà attenersi, lasciando che il testo definitivo venga predisposto, nei dettagli, dagli staff di esperti di cui può giovarsi il Governo.

I regolamenti

→ **I regolamenti** sono una fonte secondaria del diritto e non hanno la stessa forza di una legge.

Non avendo forza di legge non possono modificare né le leggi, né i decreti legge, né i decreti legislativi.

Possono essere emanati dal Governo nella forma di decreto del Presidente della Repubblica (**d.p.r.**) o dai singoli ministri con la denominazione di decreto ministeriale (**d.m.**).

Vedremo più avanti che il potere di emanare regolamenti è attribuito dalla Costituzione anche alle Regioni, ai Comuni e alle Città metropolitane.

Le circolari

Le circolari sono una ulteriore categoria di atti normativi la cui caratteristica è di rivolgersi esclusivamente agli organi interni della Pubblica Amministrazione (impiegati, funzionari e così via).
Esse, pertanto, non hanno rilevanza esterna e la loro emanazione non richiede forme particolari. Sono subordinate sia alle leggi che ai regolamenti.

6 Come svolge il Governo la funzione amministrativa?

Sappiamo, per averne già parlato all'inizio di questa Lezione, che governare un Paese significa provvedere alla cura degli interessi pubblici e che questa attività si articola in due momenti:

- la scelta delle cose da fare;
- la realizzazione concreta delle scelte fatte.

Quest'ultima funzione viene chiamata ***esecutiva*** o anche amministrativa. Per svolgere la funzione esecutiva (o amministrativa) il Governo si avvale dell'immenso apparato della Pubblica Amministrazione.

Il Governo non è l'unico organo a cui è affidata la cura degli interessi pubblici. Vedremo che la Costituzione assegna importanti funzioni anche alle **Regioni**, ai **Comuni** e alle **Città metropolitane**.

→ **La Pubblica Amministrazione** (PA) è l'insieme dei soggetti che, a vari livelli, concorrono alla cura degli interessi pubblici.

Per esempio:

- l'interesse a un efficace sistema scolastico è curato dal ministro dell'Istruzione con la collaborazione dell'apparato ministeriale, dei presidi, dei professori e di tutto il personale ausiliario;

- l'interesse al mantenimento dell'ordine pubblico è curato dal ministro dell'Interno con la collaborazione dell'apparato ministeriale, delle questure, dei prefetti e di tutte le forze dell'ordine.

Quali organi sono di supporto all'attività della PA?

Il Consiglio di Stato fornisce al Governo, ai ministri e alle Regioni i pareri da questi richiesti su temi di natura giuridica e amministrativa.

L'Avvocatura dello Stato ha come compito principale quello di rappresentare e assistere lo Stato nelle controversie davanti agli organi giudiziari. Oltre a ciò esplica una funzione consultiva in quanto la PA vi si può rivolgere per chiedere pareri di natura legale.

La Corte dei conti è il principale organo di controllo. La sua funzione tradizionale è controllare che gli atti posti in essere da organi della PA (soprattutto quelli che comportino una spesa) siano conformi a quanto dispone la legge.

Le autorità amministrative indipendenti, dette talvolta *authority*, sono organi di recente creazione istituiti per svolgere un'attività di vigilanza sul rispetto delle regole in alcuni settori particolarmente delicati come la concorrenza e il mercato, la radiodiffusione e l'editoria, le assicurazioni, la tutela dei dati personali e così via.

ZOOM

Come si può capire se un Governo governa bene o male?

Un Governo si giudica in base:
- agli obiettivi che si pone;
- al modo in cui intende perseguirli;
- alla capacità dimostrata nel dare esecuzione al suo programma.

Sul primo punto dobbiamo fare subito un'osservazione: tutti i Governi dichiarano invariabilmente di perseguire il bene del Paese, ma ciò non significa, si badi bene, che tutti abbiano lo stesso programma. La differenza di fondo, infatti, sta in *che cosa* ciascuno intende per bene del Paese.
Un altro elemento di fondamentale importanza, nel giudicare un Governo, è capire come questo intenda reperire i fondi per attuare il proprio programma. Per esempio:
- se decidesse di finanziare i suoi progetti prevalentemente attraverso l'aumento delle *imposte dirette*, probabilmente scontenterebbe la parte più ricca del Paese, perché il prelievo fiscale si attua attraverso l'applicazione di un'aliquota che diventa sempre maggiore all'aumentare del reddito da tassare;
- se, invece, decidesse di finanziare il suo programma prevalentemente riducendo la spesa per i servizi pubblici, potrebbe scontentare gli strati meno agiati della popolazione, perché sono questi che usano con maggiore intensità tali servizi (trasporti urbani, ospedali, scuole statali e così via).

Non meno importante, infine, è il momento dell'attuazione del programma. Tutti sono capaci di promettere. Più difficile è mantenere le promesse fatte. Dal modo in cui il Governo attua il suo programma possiamo giudicare la sua capacità o la sua incapacità amministrativa.

MAPPA che cosa hai imparato

LOSAI?

In questa Lezione hai imparato che cosa è e quali funzioni svolge il Governo. Hai seguito le varie fasi che portano alla formazione del Governo, hai imparato quali cause ne determinano le dimissioni anticipate e qual è la differenza fra questione di fiducia e mozione di sfiducia. Hai imparato quali controlli sono previsti sull'operato del Governo e come l'apparato della Pubblica Amministrazione consenta l'esercizio in concreto dell'attività amministrativa. Infine, hai studiato quali atti rientrano nella potestà normativa del Governo, e cioè i decreti legge e i decreti legislativi (che hanno forza di legge) e i regolamenti.

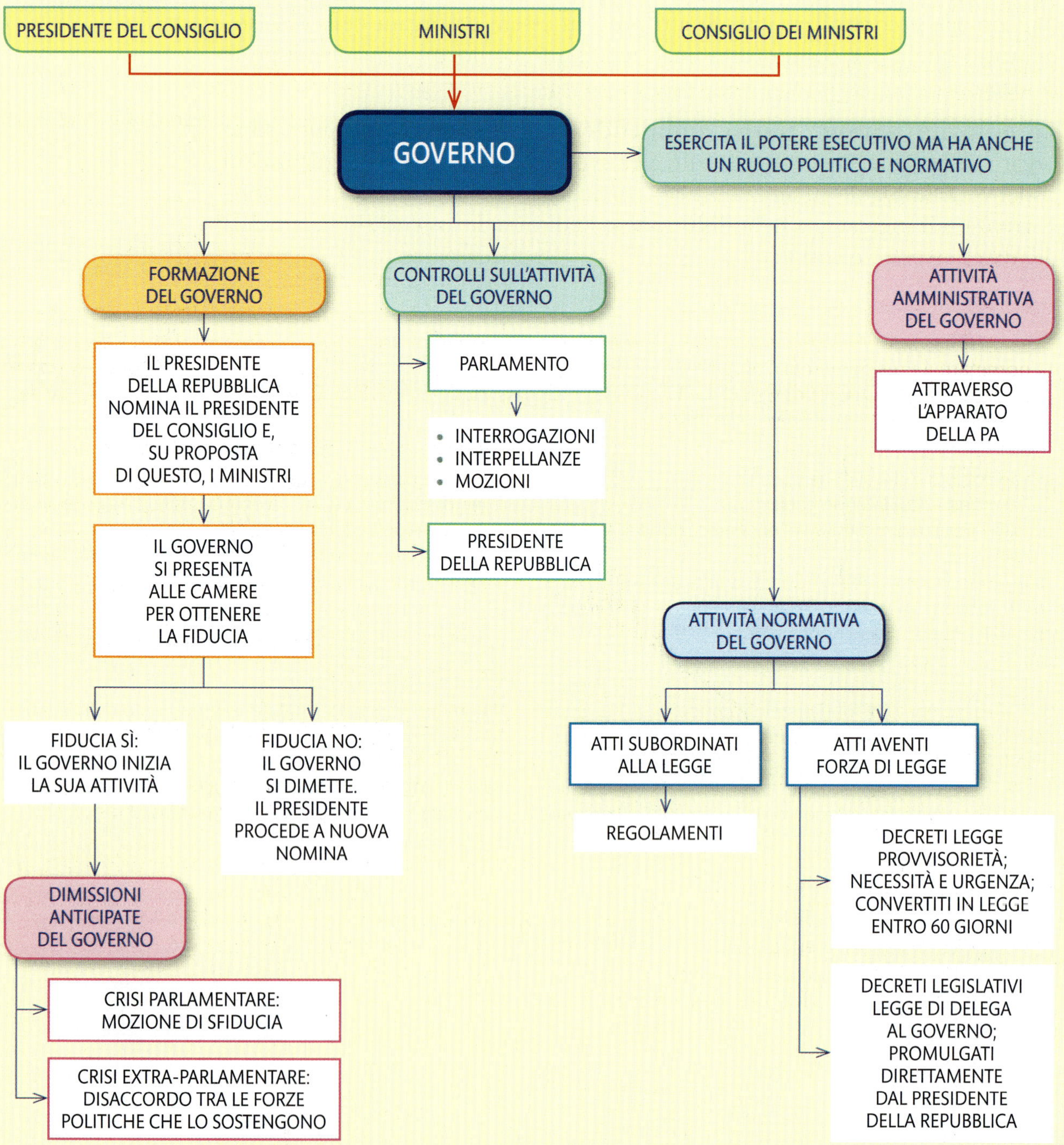

Lezione 16 riguardando gli appunti

Come è composto il Governo?

- Il Governo è un organo composto dal Presidente del Consiglio e dai ministri che, quando si riuniscono collegialmente, costituiscono il Consiglio dei ministri.
- I ministri *con portafoglio* necessitano di una rilevante dotazione finanziaria e sono preposti a un ministero (o dicastero); i ministri *senza portafoglio* svolgono un'attività di coordinamento o di studio e non sono preposti a un ministero.

Quali sono i compiti del Governo?

- Secondo la tradizionale divisione dei poteri, al Governo spetta la funzione *esecutiva* che consiste nel dare pratica esecuzione alle leggi approvate dal Parlamento.
- Oltre alla funzione esecutiva il Governo svolge importanti funzioni quali: individuare gli interventi da realizzare nell'interesse del Paese; proporre al Parlamento i disegni di legge necessari per realizzare tali interventi.

Come viene nominato il Governo?

- Al Presidente della Repubblica spetta il compito di nominare il Presidente del Consiglio dei ministri e, su proposta di questo, i ministri.
- Il Governo, dopo essere stato nominato dal Presidente della Repubblica, deve ottenere dalle Camere il voto di fiducia.
- Se le Camere accordano la fiducia, il Governo può iniziare la sua attività; in caso contrario deve dimettersi e il Presidente procedere a una nuova nomina.

Quando un Governo entra in crisi?

- La crisi di Governo può essere *parlamentare* o *extraparlamentare*. Nel primo caso è provocata da una *mozione di sfiducia* approvata a maggioranza da una Camera, che rende obbligatorie le dimissioni del Governo; nel secondo caso da una decisione volontaria del Presidente del Consiglio dovuta al disaccordo fra le forze che sostengono il Governo.

Che cos'è la questione di fiducia?

- Ponendo la questione di fiducia il Governo fa dipendere la propria permanenza in carica dall'approvazione di un determinato disegno di legge. La mancata approvazione equivale a un voto di sfiducia.

A quali controlli è soggetta l'attività del Governo?

- L'attività del Governo è sottoposta al controllo del Parlamento e del Presidente della Repubblica.
- Il Parlamento concede o revoca la fiducia al Governo, approva o respinge i suoi disegni di legge e propone interrogazioni, interpellanze e mozioni.
- Il Presidente della Repubblica firma i principali atti del Governo. In tal modo ne controlla la conformità con la Costituzione e, in casi estremi, può rifiutarsi di emanarli.

Che cosa sono i decreti legge?

- I decreti legge sono provvedimenti provvisori, aventi forza di legge, che il Governo può adottare solo in casi straordinari di necessità e di urgenza.
- Decadono se non vengono convertiti in legge entro 60 giorni.

Che cosa sono i decreti legislativi?

- I decreti legislativi sono atti aventi forza di legge emanati dal Governo sulla base di una legge delega approvata dalle Camere. Per tale ragione vengono anche detti decreti delegati.

Che cosa sono i regolamenti e le circolari?

- I regolamenti sono atti normativi secondari, cioè subordinati alla legge, emanati con decreto del Presidente della Repubblica (d.p.r.) o di singoli ministri (d.m.).
- Le circolari sono atti normativi subordinati sia alla legge che ai regolamenti e hanno una rilevanza esclusivamente interna agli organi della Pubblica Amministrazione.

Come svolge il governo la funzione amministrativa?

- Per svolgere la funzione amministrativa il Governo si avvale dell'apparato della Pubblica Amministrazione (PA).
- La PA è l'insieme dei soggetti che, a vari livelli, concorrono alla cura degli interessi pubblici.
- Sono organi a supporto della PA il Consiglio di Stato, l'Avvocatura dello Stato, la Corte dei conti e le autorità amministrative indipendenti.

verifica mettiti alla prova

1. Completa la mappa concettuale utilizzando le seguenti parole:

Presidente della Repubblica ~ Parlamento ~ interpellanze ~ ministri ~
Presidente del Consiglio dei ministri ~ Consiglio dei ministri ~ interrogazioni.

IL GOVERNO
→ È COMPOSTO DA ...., ... E .... → È NOMINATO DAL ....
→ LA SUA ATTIVITÀ È CONTROLLATA → DAL PRESIDENTE DELLA REPUBBLICA E DALLA .... → MEDIANTE MOZIONI, ... E ....

2. Scegli la risposta corretta.

1 Il Governo viene nominato:
  a. dal Presidente della Repubblica
  b. dal Presidente del Consiglio
  c. dal Parlamento riunito in seduta comune
  d. dalle più alte cariche dello Stato

2 Per poter governare il Governo deve avere la fiducia:
  a. del Senato
  b. della Camera dei deputati
  c. di entrambe le Camere
  d. del presidente della Repubblica

3 I decreti legge:
  a. hanno lo stesso valore delle leggi
  b. sono subordinati alle leggi
  c. sono subordinati ai decreti legislativi
  d. hanno la stessa forza dei regolamenti

4 Se il Presidente del Consiglio si dimette:
  a. si scioglie anche il Parlamento
  b. scioglie solo la Camera dei deputati
  c. si dimette tutto il Governo
  d. il Governo rimane in carica e il Presidente viene sostituito

3. Rispondi alle seguenti domande.

A Qual è il procedimento di formazione del Governo?

B Quali sono i compiti del Governo?

C Quali tipi di norme può emanare il Governo e quali sono le loro caratteristiche?

D A quali controlli è sottoposta l'attività del Governo?

4. Barra con una crocetta la risposta che ritieni esatta e motiva il perché.

1 Il Governo è un organo composto dal Presidente del Consiglio e dai ministri. SÌ NO

perché? ....
....

2 Il Presidente della Repubblica firma i più importanti atti del Governo. SÌ NO

perché? ....
....

3 Il Governo deve rimanere in carica per tutta la durata della legislatura e non può dimettersi anticipatamente. SÌ NO

perché? ....
....

4 Il Governo ha solo una funzione esecutiva. SÌ NO

perché? ....
....

5 I decreti legislativi possono essere adottati in caso di necessità e urgenza. SÌ NO

perché? ....
....

5. Svela il crittogramma.

Sostituisci ogni numero con una lettera dell'alfabeto. A numero uguale corrisponde lettera uguale!

A	B	C	D	E	F	G	H	I	J	K	L	M	N	O	P	Q	R	S	T	U	V	W	X	Y	Z
						10					6		12		17		9	14	5						

_ L   G _ _ _ R N _   _ À   _ S _ _ _ _ _ _ N _
(2 6) (10 21 8 25 9 12 21) (24) (25 14 25 20 7 3 2 21 12 25)

_ L L _   S _ _ L T _   _ _ L   P _ R L _ _ _ N T _ .
(18 6 6 25) (14 20 25 6 5 25) (24 25 6) (17 18 9 6 18 19 25 12 5 21)

LEZIONE **17**

VIDEOSIMULATORE
FAI LA TUA SCELTA
Il controllo di costituzionalità delle leggi

Il Presidente della Repubblica e la Consulta

1 Come viene eletto il Presidente della Repubblica

→ **Il Presidente della Repubblica**, stabilisce la Costituzione (art. 87), è il Capo dello Stato e rappresenta l'unità della Nazione.

Egli, collocandosi al di sopra delle parti politiche, deve controllare che i massimi organi dello Stato operino nel rispetto della Costituzione.

Il Presidente viene eletto dal Parlamento riunito in seduta comune (stabilisce l'art. 83 Cost.) e alla elezione partecipano anche tre delegati per ciascuna Regione e uno per la Valle d'Aosta, scelti dai rispettivi Consigli regionali. Le votazioni avvengono a scrutinio segreto.

Poiché è auspicabile che il Presidente sia eletto con il più ampio accordo tra le forze politiche, la Costituzione stabilisce che per la sua elezione occorre la maggioranza dei due terzi dell'Assemblea. Tuttavia, se dopo il terzo scrutinio questa ampia maggioranza non si raggiunge, diventa sufficiente quella assoluta (cinquanta per cento più uno degli aventi diritto al voto).

> Può essere eletto Presidente della Repubblica:

- ogni cittadino, sia esso uomo o donna,
- purché goda dei diritti civili e politici
- e abbia compiuto 50 anni di età.

Inoltre:

- non è necessario che sia membro del Parlamento.

Il Presidente Giorgio Napolitano è stato il primo (e fino a ora l'unico) Presidente della Repubblica italiana a essere stato eletto per un secondo mandato (2013).

L'ufficio di Presidente della Repubblica è incompatibile con qualsiasi altra carica: una volta eletto, pertanto, il Presidente decade da qualsiasi altro incarico, compreso, eventualmente, quello di parlamentare.

La Costituzione stabilisce che il Presidente è eletto per **sette anni**. E poiché non aggiunge nulla a proposito di una sua eventuale rielezione, se ne deve dedurre che questa è ammissibile.

Alla fine del settennato, se il Presidente non viene rieletto, diventa di diritto **senatore a vita**.

> In caso di temporaneo impedimento dovuto, ad esempio, a malattia o a un viaggio all'estero, le funzioni di Capo dello Stato sono assunte dal **Presidente del Senato**.

2 Quali sono le principali attribuzioni del Presidente?

La maggior parte dei poteri e delle funzioni che la Costituzione assegna al Presidente della Repubblica è già stata illustrata trattando del Parlamento e del Governo, cosicché ora possiamo limitarci a tracciare un quadro riassuntivo.

Come già sappiamo il Presidente:

- indice le elezioni delle Camere e ne fissa la prima riunione (> Lezione 15);
- può nominare cinque senatori a vita (> Lezione 15);
- può inviare messaggi alle Camere con i quali richiama l'attenzione dei parlamentari su questioni di particolare delicatezza o urgenza (> Lezione 15);
- può sciogliere anticipatamente le Camere (> Lezione 15);
- promulga le leggi, ma può anche rinviarle alle Camere con un messaggio motivato affinché le ridiscutano (> Lezione 15);
- indice il referendum popolare nei casi previsti dalla Costituzione (> Lezione 15);

Inoltre:

- nomina il Presidente del Consiglio dei ministri e, su proposta di questo, i ministri (> Lezione 16);
- autorizza il Governo a presentare disegni di legge al Parlamento (> Lezione 16);
- emana i decreti legge, i decreti legislativi e i regolamenti governativi (> Lezione 16);
- accredita e riceve i rappresentanti diplomatici;

- ratifica i trattati internazionali;
- ha il comando delle Forze armate;
- presiede il Consiglio supremo di difesa;
- dichiara lo stato di guerra deliberato dalle Camere.

E ancora, come vedremo meglio tra breve, il Presidente della Repubblica:

- nomina cinque giudici della Corte costituzionale (> Paragrafo 6);
- presiede il Consiglio Superiore della Magistratura (> Lezione 20);
- può concedere la *grazia* o commutare la pena a un condannato.

La grazia è un provvedimento individuale di clemenza con il quale si cancella o si modifica la pena a cui una persona è già stata condannata.

La richiesta di grazia va inoltrata al ministro della Giustizia il quale, dopo aver ascoltato il parere degli uffici competenti, trasmette la domanda al Capo dello Stato con allegato il proprio parere.

La decisione di accogliere o respingere la domanda, tuttavia, è prerogativa esclusiva del Presidente talché questi, si desume dalla sentenza n. 200/2006 della Corte costituzionale, può concedere la grazia anche in contrasto con il parere del ministro della Giustizia.

La facoltà di concedere la grazia è una delle più antiche prerogative dei Capi di Stato, presente fin dai tempi delle monarchie assolute.
La sua sopravvivenza in un ordinamento moderno è dovuta alla considerazione che talvolta la rigida applicazione del diritto può condurre a risultati contrari al senso di umanità se non addirittura a una ingiustizia di fatto.

ZOOM

I ruoli del Presidente della Repubblica

Il Presidente della Repubblica è il "Capo" dello Stato?

La questione è complessa e possiamo bene interpretarla solo riflettendo con attenzione sui poteri che la Costituzione assegna al Presidente della Repubblica.

Ci sarà facile capire, allora, che, fino a quando nel Paese la vita politica si svolge nel rispetto delle regole democratiche, la funzione del Presidente è prevalentemente di tipo notarile: egli si limiterà a emanare gli atti del Governo e a promulgare le leggi. Ma se vi è turbolenza nelle istituzioni i suoi poteri si attivano. Vediamo come:

- se il Governo pretende di adottare decreti palesemente contrari al dettato o allo spirito della Costituzione egli può rifiutare di emanarli;
- se il Parlamento approva una legge in conflitto con il dettato e lo spirito della Costituzione egli può sospenderne la promulgazione;
- se le Camere si mostrano disattente verso qualche grave problema del Paese egli può richiamarle al loro dovere con un messaggio motivato;
- se vi è crisi di Governo egli deve operare per una rapida soluzione individuando, nel più breve tempo possibile, la persona a cui possa essere affidato con successo il compito di formare un nuovo Governo;
- se il Parlamento non è in grado di funzionare correttamente spetta a lui decidere di scioglierla e indire nuove elezioni politiche.

In tutti questi casi è compito del Presidente prendere in mano la barra del timone e assumere quelle iniziative, indicate dalla Costituzione, che servono a riportare in rotta la vita politica del Paese.

Possiamo ora rispondere alla domanda che ci siamo posti: il Presidente è Capo dello Stato?
La risposta è negativa se per *capo* intendiamo un organo gerarchicamente sopraordinato che ordina e comanda. La risposta è affermativa se per *capo* intendiamo il massimo garante, sul piano costituzionale, della stabilità dello Stato.

Come esercita, il Presidente, il comando delle Forze armate?

Sebbene la Costituzione (art. 87, c. 9) attribuisca al Presidente della Repubblica il comando delle Forze armate, è opinione comune, in dottrina, che non spetti a lui alcun compito operativo. In tempo di pace il comando effettivo delle Forze armate è esercitato dalla gerarchia militare sotto la responsabilità del ministro della Difesa. In presenza di un conflitto l'organo di comando è determinato dalla legge con la quale il Parlamento delibera lo stato di guerra. Il comando attribuito dalla Costituzione al Presidente deve essere pertanto inteso come funzione di garanzia e di controllo sulla imparzialità e apoliticità delle Forze armate. Si tratta di funzioni che assumono grande rilievo se si verificano gravi crisi politiche o particolari disfunzioni all'interno dell'organizzazione militare.

Il Palazzo del Quirinale

La storia del Palazzo del Quirinale ha inizio nel 1583, quando papa Gregorio XIII decise di far costruire una residenza alternativa a quella tradizionale dei palazzi vaticani. La scelta del sito cadde sull'altura del colle Quirinale, dove si trovavano le antiche terme di Costantino, perché la ricchezza di acqua e di verde rendeva il luogo, nei mesi estivi, più fresco e salubre dell'area vaticana.
I papi vi dimorarono per quasi due secoli fin quando, nel 1809, l'esercito napoleonico requisì il palazzo per destinarlo a residenza imperiale. E a questo scopo molte sale furono ristrutturate per ricavarvi gli appartamenti che avrebbero dovuto ospitare Napoleone.
Il previsto soggiorno a Roma dell'imperatore, peraltro, non si verificò e dopo la sua caduta il papa riprese possesso del palazzo e provvide a far smantellare buona parte dell'arredo napoleonico.
Il 20 settembre 1870 Roma si congiunse al Regno d'Italia e il Quirinale venne scelto come residenza ufficiale del re. Vi risiedettero Vittorio Emanuele II, Umberto I, Vittorio Emanuele III e, seppure per un breve periodo, Umberto II.
Dopo il referendum istituzionale del 2 giugno 1946 il palazzo è divenuto sede del Presidente della Repubblica.

3 Qual è la funzione della controfirma ministeriale?

Immaginiamo che il Presidente della Repubblica decida di sciogliere anticipatamente le Camere. Com'è ragionevole, un simile provvedimento può essere condiviso da alcune forze politiche e criticato da altre.
Più in generale ogni atto del Presidente può sollevare consensi e dissensi, plausi e critiche.
Al fine di preservare la più alta carica dello Stato da attacchi di natura politica, la Costituzione prevede che ogni atto compiuto dal Presidente della Repubblica nell'esercizio delle sue funzioni (scioglimento delle Camere, invio di messaggi e così via) debba essere **controfirmato** da un ministro che ne assume la responsabilità.

> **La controfirma ministeriale** serve a tutelare l'immagine del Presidente e porlo al riparo da ogni critica.

Il Capo dello Stato, però, è personalmente responsabile per i reati di alto tradimento o di attentato alla Costituzione.

- **Alto tradimento** è il comportamento posto in essere con il preciso scopo di pregiudicare gli interessi nazionali.
- **Attentato alla Costituzione** è il comportamento diretto a mutare la Costituzione dello Stato o la forma di Governo con mezzi non consentiti dall'ordinamento.

Per questi due reati è previsto che il Presidente venga posto in stato d'accusa dal Parlamento riunito in seduta comune e successivamente venga giudicato dalla Corte costituzionale.

4 Come opera la Corte costituzionale?

Come ben sappiamo la Costituzione repubblicana è rigida e ciò comporta che nessuna legge può validamente porsi in contrasto con essa. Quando vi è il fondato sospetto che un simile contrasto esista, la norma viene sottoposta al giudizio (o verifica) della Corte costituzionale.

→ **La Corte costituzionale**, stabilisce il primo comma dell'art. 134 Cost., giudica sulle controversie relative alla legittimità costituzionale delle leggi dello Stato e delle Regioni, e degli atti aventi forza di legge (decreti legge e decreti legislativi).

Uno dei maggiori impegni della Corte costituzionale, fin dalla sua istituzione, è stato quello di giudicare sulla costituzionalità di norme che, in modo più o meno sottile, consentivano una diversità di trattamento tra uomini e donne, violando il fondamentale principio di uguaglianza contenuto nell'art. 3 della Costituzione.

Vale la pena di riflettere sul fatto che ai tempi dello Statuto albertino non vi era bisogno di un simile organo perché lo Statuto era una costituzione flessibile e quindi si piegava alle leggi del Parlamento.

La Corte deve esaminare tutte le leggi approvate dal Parlamento?

La Corte non procede a una verifica preventiva, cioè prima che la legge entri in vigore, ma solo a una verifica successiva, cioè dopo che la legge è entrata in vigore. Ciò perché la incostituzionalità di una norma non è mai palese. Se così fosse, infatti, il Parlamento non potrebbe approvarla e il Presidente della Repubblica non potrebbe promulgarla. È solo la pratica applicazione della legge che può rivelare qualche sottile aspetto di incostituzionalità.

Come si ricorre alla Corte?

Il giudizio della Corte costituzionale può essere richiesto con procedimento diretto o indiretto.

> **Direttamente** possono rivolgersi alla Corte il **Governo** e le **Regioni** per *conflitti di competenza*.

Per esempio, se il Governo ritiene che una legge regionale invada la **competenza** assegnata allo Stato dalla Costituzione può rivolgersi direttamente alla Corte e chiedere che la legge venga annullata.

Ugualmente può rivolgersi alla Corte una Regione se ritiene che la sua competenza sia stata invasa da una legge dello Stato o di un'altra Regione.

Nella sintassi italiana chiamiamo *incidentale* la frase che, posta tra due virgole o tra due parentesi, interrompe il periodo principale. Similmente con il **procedimento incidentale** il giudice interrompe il processo (come se aprisse una parentesi) e trasmette gli atti alla Corte costituzionale. La parentesi si chiuderà e il processo potrà riprendere quando la Corte si sarà pronunciata.

> **Indirettamente**, o con *procedimento incidentale*, possono rivolgersi alla Corte i **giudici** che, nel corso di un processo, abbiano il sospetto che una delle norme che stanno applicando sia incostituzionale.

La Corte discute la questione in udienza pubblica e al termine può emettere una sentenza di rigetto o di accoglimento:

- **la sentenza di rigetto** conferma la costituzionalità della norma che seguiterà, pertanto, a essere pienamente efficace;
- **la sentenza di accoglimento** fa perdere efficacia alla norma dal giorno successivo alla pubblicazione della decisione sulla Gazzetta Ufficiale.

> **Anche le leggi costituzionali** (che modificano o integrano la Costituzione) possono essere sottoposte al giudizio della Corte. Compito dei giudici, in questo caso, è verificare che la nuova legge non stravolga lo spirito della Costituzione.
Sappiamo già, infatti, che in essa vi sono principi che non possono essere disattesi e diritti fondamentali che non possono essere soppressi. Alla Corte spetta il compito di verificare che ciò non accada.

> **Le sentenze della Corte non sono immutabili**. Può infatti accadere che, giudicando successivamente sulla medesima questione, la Corte muti giudizio sulla base di nuove considerazioni.

Che si fa con chi è stato condannato in base a una legge incostituzionale?

Nei processi non ancora conclusi il giudice non dovrà applicare la legge annullata.

Per i processi già terminati, invece, gli effetti dell'annullamento sono diversi a seconda che si tratti di processi civili o penali:

- i processi civili già decisi con sentenza divenuta *definitiva* non potranno essere riaperti;
- i processi penali invece, per un elementare principio di giustizia, dovranno essere riconsiderati e la pena inflitta sulla base della legge incostituzionale dovrà essere annullata.

5 Quali sono le altre funzioni della Corte?

Oltre a giudicare sulla costituzionalità delle leggi e degli atti aventi forza di legge, alla Corte è affidato il compito di pronunciarsi:

- sui conflitti di attribuzione tra organi costituzionali;
- sulle accuse promosse dal Parlamento contro il Presidente della Repubblica;
- sull'ammissibilità dei referendum.

> **Il conflitto di attribuzione** si verifica quando un organo, con i suoi atti, invade o minaccia di invadere le competenze attribuite dalla Costituzione a un altro organo.

> **Il giudizio sulle accuse al Presidente della Repubblica** per alto tradimento o per attentato alla Costituzione viene esercitato dalla Corte su richiesta del Parlamento.

> **Il giudizio sull'ammissibilità del referendum** è imposto dal fatto che ci sono materie che la Costituzione sottrae al voto referendario (> Lezione 15). La Corte pertanto ha il compito di verificare che il quesito sottoposto non riguardi una delle materie escluse.

6 Com'è composta la Corte costituzionale?

La Corte è composta di 15 membri e, per la delicatezza delle funzioni che debbono assolvere, la Costituzione (art. 135) dispone che essi siano così nominati:

- per un terzo dal Presidente della Repubblica,
- per un terzo dal Parlamento riunito in seduta comune,
- per un terzo dalle Supreme magistrature dello Stato.

I giudici della Corte sono scelti tra i più alti magistrati dello Stato, tra i docenti universitari di materie giuridiche e tra gli avvocati con più di vent'anni di servizio. Durano in carica nove anni e non sono rieleggibili.

Una volta eletti godono di un trattamento economico e di una immunità del tutto simili a quelli previsti per i parlamentari.

Il mandato di giudice costituzionale ha una durata (nove anni) superiore a quella di ogni altro mandato elettivo previsto dalla Costituzione (cinque anni per le Camere, una legislatura per il Governo, sette anni per il Presidente della Repubblica).
In tal modo si è inteso assicurare l'indipendenza dei giudici, anche dagli organi politici che li hanno designati.

ZOOM

La sede della Corte costituzionale

La Corte costituzionale ha sede nello storico Palazzo della Consulta che sorge sul colle Quirinale, di fianco alla Presidenza della Repubblica.

Il palazzo è così chiamato perché, prima della presa di Roma da parte delle truppe piemontesi, ospitava la Congregazione della sacra consulta che aveva, tra l'altro, il compito di interpretare le leggi.

Edificato nel 1732 per volontà di papa Clemente XII, è stato in gran parte finanziato con le entrate provenienti dal gioco del lotto che il pontefice aveva ripristinato per realizzare il suo programma di miglioramenti edilizi.

Dopo l'Unità d'Italia divenne la dimora dei principi ereditari Umberto e Margherita di Savoia e dal 1957 è sede della Corte costituzionale.

MAPPA che cosa hai imparato

LOSAI?

In questa Lezione hai imparato a conoscere due organi fondamentali dell'ordinamento giuridico: il Presidente della Repubblica e la Corte costituzionale. Hai imparato come viene eletto il Presidente della Repubblica, quali attribuzioni gli vengono assegnate dalla Costituzione e qual è la funzione della controfirma ministeriale. Riguardo la Corte costituzionale, hai imparato come è composta, su quali materie è chiamata a giudicare e qual è la differenza fra ricorso diretto e ricorso indiretto (o incidentale) alla Corte.

PRESIDENTE DELLA REPUBBLICA

- È ELETTO A SCRUTINIO SEGRETO DAL PARLAMENTO RIUNITO IN SEDUTA COMUNE, PIÙ 3 DELEGATI PER CIASCUNA REGIONE E 1 PER LA VALLE D'AOSTA
  - A MAGGIORANZA DI 2/3 DELL'ASSEMBLEA OPPURE
  - A MAGGIORANZA ASSOLUTA DOPO IL TERZO SCRUTINIO
- RESPONSABILITÀ DEL PRESIDENTE DELLA REPUBBLICA
  - È PERSONALMENTE RESPONSABILE PER ALTO TRADIMENTO E ATTENTATO ALLA COSTITUZIONE
  - È IRRESPONSABILE PER GLI ATTI COMPIUTI NELL'ESERCIZIO DELLE SUE FUNZIONI
    - CONTROFIRMA MINISTERIALE

CORTE COSTITUZIONALE

- QUINDICI MEMBRI, NOMINATI:
  - 5 DAL CAPO DELLO STATO
  - 5 DAL PARLAMENTO RIUNITO IN SEDUTA COMUNE
  - 5 DALLE SUPREME MAGISTRATURE DELLO STATO
- FUNZIONI
  - GIUDICA DELLA LEGITTIMITÀ COSTITUZIONALE DELLE LEGGI DELLO STATO E DELLE REGIONI E DEGLI ATTI AVENTI FORZA DI LEGGE
  - CONFLITTI DI ATTRIBUZIONE TRA ORGANI COSTITUZIONALI
  - ACCUSE PROMOSSE DAL PARLAMENTO CONTRO IL PRESIDENTE DELLA REPUBBLICA
  - AMMISSIBILITÀ DEL REFERENDUM
- RICORSO ALLA CORTE COSTITUZIONALE
  - DIRETTO: DA PARTE DEL GOVERNO E DELLE REGIONI PER CONFLITTI DI COMPETENZA
  - INDIRETTO O INCIDENTALE: DA PARTE DEI GIUDICI NEL CORSO DEL PROCESSO
    - SENTENZA DI RIGETTO: LA NORMA RIMANE IN VIGORE
    - SENTENZA DI ACCOGLIMENTO: LA NORMA È ABROGATA

Lezione 17 riguardando gli appunti

Come viene eletto il Presidente della Repubblica?

- Il Presidente della Repubblica è il Capo dello Stato e rappresenta l'unità nazionale.
- È eletto a scrutinio segreto dal Parlamento riunito in seduta comune, con la partecipazione di tre delegati per ciascuna regione e uno per la Valle d'Aosta.
- Per l'elezione è prevista la maggioranza dei due terzi dell'Assemblea per i primi tre scrutini.
- È prevista la maggioranza assoluta per gli scrutini successivi.

Chi può essere eletto Presidente?

- Può essere eletto Presidente della Repubblica ogni cittadino che goda dei diritti civili e politici e abbia compiuto 50 anni. Non è necessario che sia membro del Parlamento.

Per quanto tempo rimane in carica il Presidente?

- Il Presidente è eletto per sette anni. Alla fine del settennato, se non viene rieletto, diventa di diritto senatore a vita.
- In caso di temporaneo impedimento le funzioni di Capo dello Stato sono assunte dal Presidente del Senato.

Quali sono le principali attribuzioni del Presidente?

- Può inviare messaggi alle Camere e può scioglierle anticipatamente se non appaiono in grado di funzionare.
- Indice le nuove elezioni politiche.
- Autorizza la presentazione al Parlamento dei disegni di legge del Governo.
- Promulga le leggi ed emana i decreti legge, i decreti legislativi e i regolamenti governativi.
- Indice il referendum popolare nei casi previsti dalla Costituzione.
- Può nominare cinque senatori a vita.
- Nomina il Presidente del Consiglio dei ministri e, su proposta di questo, i ministri.
- Nomina 5 giudici della Corte costituzionale.
- Presiede il Consiglio Superiore della Magistratura.
- Può concedere la grazia o commutare la pena a un condannato.

In che cosa consiste la controfirma ministeriale?

- Ogni atto compiuto dal Presidente della Repubblica nell'esercizio delle sue funzioni deve essere controfirmato da un ministro, che ne assume la responsabilità.
- Il Capo dello Stato risponde personalmente per i reati di alto tradimento o di attentato alla Costituzione.

Qual è la funzione principale della Corte costituzionale?

- La funzione principale della Corte è giudicare sulla costituzionalità delle leggi dello Stato e delle Regioni e degli altri atti aventi forza di legge (decreti legge e decreti legislativi).

Come si ricorre alla Corte costituzionale?

- Il giudizio costituzionale può essere chiesto con procedimento diretto o indiretto.
- *Direttamente* possono rivolgersi direttamente alla Corte il Governo e le Regioni per conflitti di competenza.
- *Indirettamente*, o con *procedimento incidentale*, possono rivolgersi alla Corte i giudici che, nel corso di un processo, abbiano il sospetto che qualcuna delle norme che stanno applicando sia incostituzionale.

Quali sono gli ulteriori compiti affidati alla Corte costituzionale?

- Alla Corte è affidato anche il compito di pronunciarsi sui conflitti di attribuzione tra organi costituzionali; sulle accuse promosse dal Parlamento contro il Presidente della Repubblica; sull'ammissibilità dei referendum.

Come è composta la Corte costituzionale?

- La Corte è composta da quindici membri che restano in carica nove anni e non sono rieleggibili.
- I membri della Corte sono così nominati: cinque dal Presidente della Repubblica, cinque dalla Camera e dal Senato riuniti in seduta comune e cinque dalle Supreme magistrature dello Stato.

verifica | mettiti alla prova

1. Completa la mappa concettuale utilizzando le seguenti parole:

7 anni ~ Capo dello Stato ~ grazia ~ Parlamento ~ senatore a vita ~ unità nazionale.

PRESIDENTE DELLA REPUBBLICA

- RIMANE IN CARICA ....
- CONCEDE LA ....
- DIVENTA DI DIRITTO ....
- È IL .... E RAPPRESENTA L'..................
- VIENE ELETTO DAL ....

2. Scegli la risposta corretta.

1 Il Presidente della Repubblica è eletto:
a. dal popolo
b. dal Governo
c. dal Parlamento
d. da componenti di un'apposita commissione

2 In caso di impedimento o di malattia il Presidente della Repubblica viene sostituto:
a. dal Presidente del Senato
b. dal Presidente della Camera
c. dal Vicepresidente
d. dal Presidente del Consiglio

3 Il Presidente della Repubblica può concedere:
a. l'amnistia
b. l'indulto
c. la grazia
d. l'assoluzione

4 Il controllo di costituzionalità viene generalmente operato dalla Corte costituzionale:
a. prima che la legge venga approvata
b. prima che la legge venga promulgata
c. prima che la legge venga pubblicata
d. successivamente per effetto di un ricorso

3. Rispondi alle seguenti domande.

A A che cosa serve la controfirma ministeriale?
B Il Presidente della Repubblica può presentare disegni di legge?
C Con quali maggioranze può essere eletto il Presidente della Repubblica?
D Quali sono le principali funzioni della Corte costituzionale?

4. Barra con una crocetta la risposta che ritieni esatta e motiva il perché.

1 Il Presidente della Repubblica è il vero "Capo" dello Stato. SÌ | NO
perché? ....

2 Le sentenze della Corte costituzionale sono immutabili. SÌ | NO
perché? ....

3 La Corte costituzionale si pronuncia anche sull'ammissibilità dei referendum. SÌ | NO
perché? ....

4 L'amnistia è concessa dal Presidente della Repubblica. SÌ | NO
perché? ....

5 Può essere eletto Presidente della Repubblica solo un membro del Parlamento. SÌ | NO
perché? ....

5. Svela il crittogramma.

Sostituisci ogni numero con una lettera dell'alfabeto. A numero uguale corrisponde lettera uguale!

A	B	C	D	E	F	G	H	I	J	K	L	M	N	O	P	Q	R	S	T	U	V	W	X	Y	Z
											13		26				3	6	7						

_ L   _ R _ S _ _ _ N T _   _ _ L L _   R _ _ _ _ _ L _ _ _
21 13   14 3 15 6 21 4 15 26 7 15   4 15 13 13 2   3 15 14 11 1 1 13 21 9 2

È   _ L   _ _ _ _   _ _ L L _   S T _ T _ .
  21 13   9 2 14 16   4 15 13 13 16   6 7 2 7 16

LEZIONE 18
Le autonomie locali

1 Che cosa sono le autonomie locali?

Nel 1946, nel predisporre la Costituzione repubblicana, l'Assemblea costituente si trovò a decidere se fosse più opportuno dare al Paese la forma di uno Stato unitario o, come sostenevano alcuni, quella di uno Stato federale (> Unità 2). Poiché entrambe le ipotesi incontravano sostenitori e oppositori, si finì per scegliere, come via intermedia, lo Stato regionale.

→ **Lo Stato regionale** (o delle autonomie locali) è uno Stato unitario nel quale, però, una parte consistente del potere politico e amministrativo è assegnata agli enti pubblici territoriali.

Enti pubblici territoriali (detti anche enti locali) sono le Regioni, i Comuni, le Città metropolitane e le Province (art. 114 Cost.). Queste ultime hanno ormai perso gran parte delle loro attribuzioni, e da tempo si discute dell'opportunità di abolirle.

Ente è un termine impiegato per indicare una organizzazione di persone e di mezzi.

Pubblico significa che tale ente è stato istituito per perseguire finalità di pubblico interesse e ciò comporta che esso (nei limiti posti dalla legge) disponga di un potere di comando nei confronti dei cittadini.

Territoriale (o locale) significa che il potere di comando di Regioni, Comuni, Province e Città metropolitane può essere esercitato solamente entro i limiti del territorio loro assegnato, salvo eccezioni previste dalla legge.

Quale autonomia hanno gli enti pubblici territoriali?

Gli enti pubblici territoriali sono detti anche **enti autonomi** perché nelle materie riservate loro dalla legge hanno un'ampia autonomia decisionale. In particolare:

- **l'autonomia politica** consente loro di predisporre programmi politici propri. I principali organi degli enti territoriali (Presidenti di Regione, consiglieri, Sindaci, ecc.) sono elettivi e ciò consente, a chi vince le elezioni, di attuare il programma per il quale ha avuto la fiducia degli elettori;
- **l'autonomia normativa** consiste nel potere di emanare, entro i limiti posti dall'ordinamento, norme generali e astratte. In particolare i Comuni e le Città metropolitane possono emanare regolamenti mentre le Regioni possono emanare sia regolamenti che leggi regionali;
- **l'autonomia amministrativa** consiste nel potere di dare concreta attuazione ai programmi di Governo locale;
- **l'autonomia finanziaria** consiste nel potere di applicare ai cittadini tributi propri.

2 Che cos'è la Regione?

Regione, dal latino *regio*, indicava originariamente le linee rette tracciate dagli àuguri nel cielo per suddividerne le parti. Successivamente il termine è passato a indicare *porzioni di territorio*.

→ **La Regione** è un ente territoriale a cui lo Stato ha attribuito un ampio potere legislativo e amministrativo.

L'Italia è divisa in 20 Regioni e ciascuna dispone di un proprio *statuto*.

> **Lo statuto** è un insieme di norme che regolano l'organizzazione della Regione e pongono le linee fondamentali alle quali gli organi regionali dovranno attenersi nello svolgere la loro attività.

Statuti speciali sono accordati dalla Costituzione (art. 116) a cinque Regioni: Sicilia, Sardegna, Trentino-Alto Adige, Valle d'Aosta e Friuli-Venezia Giulia.

ZOOM

Il Trentino-Alto Adige

Il territorio della Regione Trentino-Alto Adige è stato diviso in due province autonome:
- la provincia di Trento, abitata in prevalenza da popolazione di lingua italiana;
- la provincia di Bolzano, abitata in prevalenza da popolazioni di lingua tedesca e ladina.

La **specialità** di questi statuti consiste soprattutto nel fatto che attribuiscono agli organi di Governo regionale una maggiore autonomia dall'apparato statale.

Qual è la ragione di questo privilegio?

I motivi che hanno indotto i costituenti a riservare ad alcune Regioni un trattamento particolare sono di natura diversa.

In Sardegna, dopo la fine della Seconda guerra mondiale, si registravano forti spinte indipendentiste e in Sicilia operava addirittura un esercito separatista.
Piuttosto che rischiare una guerra civile, i membri dell'Assemblea costituente preferirono accordare a queste Regioni una maggiore autonomia dal Governo centrale.

Per le altre Regioni, tutte di confine, la scelta fu suggerita dalla considerazione che una maggiore autonomia avrebbe consentito ai Governi locali di attuare politiche più idonee a favorire la convivenza tra i diversi gruppi etnici che vi risiedono.

Oggi queste ragioni sono ampiamente superate e il persistere di un regime particolare sembra ormai solo un immotivato privilegio che comporta, peraltro, un considerevole trasferimento di risorse pubbliche verso queste regioni.

3 Quali sono gli organi dell'amministrazione regionale?

Sono organi della Regione il Consiglio regionale, la Giunta e il Presidente della Regione.

> **Il Consiglio regionale** costituisce il Parlamento della Regione.

Esso:

- discute e approva le leggi regionali;
- può anche avanzare proposte di legge al Parlamento nazionale.

I consiglieri vengono eletti ogni cinque anni con il sistema elettorale che ogni Regione ha stabilito con propria legge.

> **La Giunta** è un organo composto da un numero variabile di assessori ciascuno dei quali (come i ministri nel Governo) si occupa di un ramo particolare dell'amministrazione avvalendosi di una struttura detta Assessorato (Assessorato ai Lavori pubblici, alla Sanità, all'Agricoltura, ecc.).

Gli assessori sono nominati dal Presidente della Regione e da questo possono essere revocati in qualsiasi momento, salvo che lo statuto disponga diversamente.

> **Il Presidente** viene talvolta chiamato anche governatore perché è l'organo più importante del Governo regionale.
Egli rappresenta la Regione; promulga le leggi ed emana i regolamenti regionali; ma soprattutto dirige la politica della Giunta e ne è responsabile.

Giunta è un termine di origine spagnola (*junta*) introdotto forse per la prima volta nel Regno di Napoli. Il termine indica un insieme di persone incaricate di esplicare *congiuntamente* attività amministrative.
Assessore viene dal latino *assessor* composto da *ad* (presso) e *sessor* (seduto). Nel mondo romano assessori erano chiamati coloro che *sedevano accanto* al magistrato come consiglieri.

SONO ORGANI DELLA REGIONE
- il Consiglio regionale
- la Giunta
- il Presidente della Regione

Non sono candidabili a cariche elettive nelle Regioni, nelle Province e nei Comuni coloro che abbiano riportato condanne definitive per delitti di grave allarme sociale, come l'associazione di tipo mafioso, riduzione in schiavitù, prostituzione minorile (d.lg. n. 235/2012).

Come dispone la Costituzione, il Presidente di Regione:

- è eletto ogni cinque anni a suffragio universale diretto, salvo che lo statuto disponga diversamente;
- può essere rimosso dal suo incarico con decreto del Presidente della Repubblica qualora compia atti contrari alla Costituzione, gravi violazioni di legge, o per ragioni di sicurezza nazionale;
- è costretto a dimettersi qualora si dimetta la maggioranza del Consiglio regionale;
- può essere costretto alle dimissioni anche con una mozione di sfiducia approvata dal Consiglio a maggioranza assoluta.

Tuttavia l'art. 126, c. 3 Cost. stabilisce che l'approvazione della **mozione di sfiducia** nei confronti del Presidente della Giunta eletto a suffragio universale e diretto comporta anche lo scioglimento del Consiglio. Ciò significa, in pratica, che se i partiti che compongono il Consiglio regionale intendono sfiduciare il Presidente devono anche essere pronti a lasciare i propri seggi e a sottoporsi nuovamente al giudizio degli elettori. La ragione della norma è evitare che si verifichino crisi scarsamente motivate nel Governo della Regione.

4 Come viene esercitata la funzione legislativa delle Regioni?

Prima che entrasse in vigore la legge di riforma costituzionale n. 3 del 2001, alle Regioni era riconosciuto il potere di emanare leggi regionali solo in alcune specifiche materie e nel rispetto dei principi fondamentali stabiliti dalle leggi dello Stato. Si diceva, a questo proposito, che la Regione aveva una **competenza legislativa *concorrente***, nel senso che poteva solo concorrere, insieme allo Stato, a regolare determinati aspetti della vita sociale. Solo le Regioni a statuto speciale avevano, su alcune materie, una potestà legislativa esclusiva.

Alle province autonome di **Trento e Bolzano** per la loro specificità è consentito emanare leggi provinciali.

In seguito alla citata riforma, il rapporto tra legge statale e legge regionale si è invertito.

Allo Stato, come si desume dall'art. 117 Cost., è rimasto il potere di emanare leggi solo su materie che, per l'importanza che rivestono, è opportuno che siano regolate dal Parlamento (come la difesa del territorio nazionale, la politica estera, la politica dell'immigrazione e così via); su queste materie si dice che lo Stato ha **competenza legislativa esclusiva**.

Le leggi regionali sono subordinate, in ogni caso, al rispetto:
- della Costituzione;
- delle norme poste dall'Unione europea;
- delle norme contenute nei rispettivi statuti;
- degli obblighi internazionali assunti dall'Italia.

Alla Regione, invece, è riconosciuto il potere di emanare leggi su tutte le materie non attribuite alla competenza dello Stato.

Tutto ciò si riassume dicendo che la Regione:

- ha assunto una competenza legislativa generale,
- salvo che per le specifiche materie riservate allo Stato.

La legge regionale, deliberata dal Consiglio e promulgata dal Presidente, deve essere pubblicata sul *Bollettino Ufficiale della Regione*.

Una Regione potrebbe rifiutare di accogliere lavoratori provenienti da altre Regioni?

Assolutamente no. La Costituzione (art. 120) chiaramente dispone che le Regioni non possono:

- ostacolare in qualsiasi modo la libera circolazione delle persone e delle cose;
- limitare l'esercizio del diritto al lavoro in qualunque parte del territorio nazionale;
- istituire dazi di importazione o di esportazione o di transito con le altre Regioni.

5 Quali sono gli organi e le funzioni del Comune?

→ **Il Comune** è l'ente locale a cui è affidato il compito di curare gli interessi e promuovere lo sviluppo della propria comunità.

Può dotarsi di uno **statuto** che, nel rispetto della legge, ne determina l'organizzazione interna.

Essendo l'ente pubblico più vicino alla cittadinanza ha assunto una **competenza amministrativa generale**.
Come criterio generale, infatti, le funzioni pubbliche devono essere svolte dall'ente più vicino ai cittadini (il Comune è più vicino ai suoi abitanti di quanto non lo siano la Regione e lo Stato).
Gli enti di livello superiore subentrano solo nei casi in cui l'ente di livello inferiore non sia in grado di soddisfare i bisogni della comunità.

Per esempio, la Regione interviene per erogare quei servizi che i comuni, singolarmente, non riescono a soddisfare in modo adeguato. Questo principio è detto **principio di sussidiarietà** (art. 118 Cost.).

I principali settori verso i quali si indirizza l'attività comunale sono: la cura dei servizi sociali, l'assetto e l'utilizzazione del territorio, lo sviluppo economico.

Organi *necessari* del Comune (necessari significa che non possono mancare) sono: il Sindaco, la Giunta e il Consiglio comunale.

> **Il Sindaco** è la figura centrale in quanto ha la piena responsabilità dell'amministrazione comunale. Eletto direttamente dai cittadini residenti nel Comune, resta in carica per cinque anni. Può essere rieletto al termine del suo mandato.

In tema di ordine pubblico la legge attribuisce notevoli poteri ai Sindaci. Essi possono emanare provvedimenti, detti **ordinanze**, utili per contrastare sul loro territorio fenomeni come la prostituzione, lo spaccio di sostanze stupefacenti, l'abusivismo, l'accattonaggio, il degrado urbano. In quest'ultima voce, è bene ricordare, rientra anche la lotta ai *writers* e a coloro che consentono ai propri animali di sporcare la strada.

> **La Giunta** è l'organo esecutivo ed è composta dal Sindaco (che la presiede) e dall'insieme degli assessori, ciascuno dei quali, per mezzo di una struttura chiamata Assessorato, provvede ad amministrare un determinato settore della vita pubblica: urbanistica, viabilità, assistenza scolastica e così via. Gli assessori sono collaboratori del Sindaco e come tali vengono da lui nominati e possono essere revocati in qualsiasi momento.

Il termine Comune viene dal latino *communis* che aveva il significato di *svolgere un incarico insieme ad altri*. Nel Medioevo è passato poi a indicare una forma di *comunità politica e territoriale*.
I Comuni in Italia sono 8092, ma il numero tende a mutare per effetto di fusioni o scissioni.

Il termine **sussidiarietà** deriva dal latino *subsidium*, cioè aiuto. Un ente sussidiario svolge quindi una funzione di aiuto o di completamento rispetto a un altro ente.

> **Il Consiglio comunale** è eletto ogni cinque anni dai cittadini residenti nel Comune e svolge soprattutto una funzione di indirizzo e di controllo sulle attività comunali.

La maggioranza consiliare, se ritiene che il Sindaco e la Giunta non operino nel modo migliore, può costringerli alle dimissioni con una **mozione di sfiducia**. Tuttavia, per evitare che tale potere venga impiegato senza ben valutarne le conseguenze, la legge stabilisce che il voto di sfiducia comporti anche le dimissioni dell'intero Consiglio e l'indizione di nuove elezioni amministrative.

Le circoscrizioni di decentramento

Il segretario comunale si trova al vertice della struttura burocratica del Comune. È capo del personale, coordina l'attività dei dirigenti ed è garante della legalità e della correttezza amministrativa.

> **Le circoscrizioni** (in alcune città chiamate Municipi o anche Municipalità) gestiscono, su delega del Comune, alcuni servizi pubblici essenziali su una porzione del territorio comunale e possono essere istituite solo nei Comuni con più di 250 mila abitanti. **Organi della circoscrizione** sono il Consiglio circoscrizionale e il suo Presidente.

6 Che cosa sono le Città metropolitane?

Ci sono, in Italia, almeno dieci grandi città nelle quali il fenomeno dell'urbanizzazione ha provocato la congiunzione con i Comuni vicini e ha determinato il formarsi di un'unica grande **area metropolitana**.

In tali situazioni non appare più ragionevole che alcune funzioni, come il trasporto urbano, lo smaltimento dei rifiuti, la predisposizione di piani regolatori, vengano gestiti separatamente.

Si potrebbero unire i Comuni?

Una semplice unione creerebbe più problemi di quanti ne elimina. Verrebbero a formarsi, infatti, dei mega comuni non più gestibili con il tradizionale tipo di organizzazione. Per questo è stata prevista la creazione di un nuovo ente detto **Città metropolitana** che sostituisce la Provincia e gestisce quei servizi che si estendono su un'area metropolitana che comprende il Comune centrale e quelli compresi nel territorio provinciale.

Questi ultimi, pur seguitando a esistere, perdono parte delle loro funzioni a vantaggio del nuovo ente che nell'area metropolitana assorbe anche le funzioni della Provincia.

Sono previste come città metropolitane Venezia, Milano, Torino, Genova, Bologna, Firenze, Napoli, Bari, Reggio Calabria e Roma che gode di una disciplina speciale e ha assunto la denominazione di Roma capitale.

Metropoli è un termine che viene dal greco ed è composto da *metros* (madre) e *polis* (città). Metropoli, pertanto, è la *città madre* o, estensivamente, la grande città.

> **Organi** della città metropolitana, stabilisce la legge n. 56 del 2014, sono:

- **il Sindaco metropolitano** (carica ricoperta dal sindaco della città capoluogo) che rappresenta l'ente, convoca e presiede il consiglio metropolitano e la conferenza metropolitana, ed esercita le altre funzioni che gli sono attribuite dallo statuto.
- **il Consiglio metropolitano**, composto da sindaci e consiglieri comunali dell'area metropolitana eletti dai loro stessi colleghi. Dura in carica

cinque anni e le sue funzioni principali sono approvare regolamenti e altri atti a esso sottoposti dal sindaco metropolitano.

- **la Conferenza metropolitana**, che è un organo con poteri propositivi e consultivi ed è composta dal sindaco metropolitano che la presiede e dai sindaci dei comuni appartenenti all'area metropolitana.

ZOOM

Si può modificare il numero dei Comuni e delle Regioni?

La risposta è affermativa. Gli artt. 132 e 133 Cost. consentono, mediante referendum, di sottoporre alle popolazioni interessate le proposte:

- di fusione tra più Regioni o creazione di nuove Regioni;
- di istituzione di nuovi Comuni o passaggio di un Comune da una Regione a un'altra.

Se il referendum dà esito positivo le proposte riguardanti le Regioni devono essere poi approvate dal Parlamento con legge costituzionale, mentre quelle riguardanti Comuni possono essere approvate con legge ordinaria (trasferimento di Comuni) o con legge regionale (istituzione di nuovi Comuni).

L'ordinamento consente anche la formazione di **Unioni di Comuni**. Si tratta di organismi per alcuni aspetti simili alla città metropolitana. L'unione, infatti viene costituita da due o più comuni per assolvere in forma associata alcune funzioni e servizi di competenza comunale.
Organi delle Unioni sono:

- il Presidente,
- la Giunta,
- il Consiglio,

Questi organi sono formati da amministratori già in carica nei Comuni associati.

7 Quali sono le nuove funzioni delle Province

Con l'Unità d'Italia tutto il territorio nazionale è stato suddiviso in Province che erano seconde, per importanza, soltanto allo Stato.

Successivamente, con la Costituzione repubblicana e in particolare con l'istituzione delle Regioni, l'importanza delle province è andata progressivamente diminuendo, tanto che ormai da lungo tempo si parla di una loro possibile soppressione. Si tratta, però, di una operazione complessa perché la soppressione comporterebbe una modifica dell'art. 114 della Costituzione che ne prevede l'esistenza.

In attesa che la modifica venga adottata, la legge n. 56 del 2014, che definisce la provincia **ente territoriale di vasta area**, ha di fatto trasferito quasi tutte le funzioni della Provincia alle Regioni e ai Comuni e ha posto una nuova disciplina per la designazione degli organi provinciali.

In particolare

- Il Presidente non è più eletto dai cittadini come in passato, ma dai consiglieri e dai sindaci dei comuni compresi nella provincia; rappresenta l'ente, svolge le funzioni assegnategli dallo statuto e rimane in carica 4 anni.
- Anche il Consiglio provinciale è eletto dai sindaci e dai consiglieri dei Comuni compresi nella Provincia; approva regolamenti, piani e programmi e rimane in carica due anni.
- L'assemblea dei sindaci non è eletta ma è composta da tutti i sindaci dei comuni appartenenti alla Provincia; ha poteri propositivi, consultivi e di controllo.

MAPPA che cosa hai imparato

LOSAI?

In questa Lezione hai imparato che l'Italia è uno Stato regionale (o delle autonomie locali), cioè uno Stato in cui una parte consistente del potere politico e amministrativo è assegnata agli enti pubblici territoriali. Hai imparato che tali enti godono di una notevole autonomia a livello politico, normativo, amministrativo e finanziario. Hai anche scoperto quali funzioni svolgono gli enti locali contemplati dalla Costituzione (le Regioni, i Comuni, le Città metropolitane e le Province) e quali sono gli organi che ne garantiscono il funzionamento.

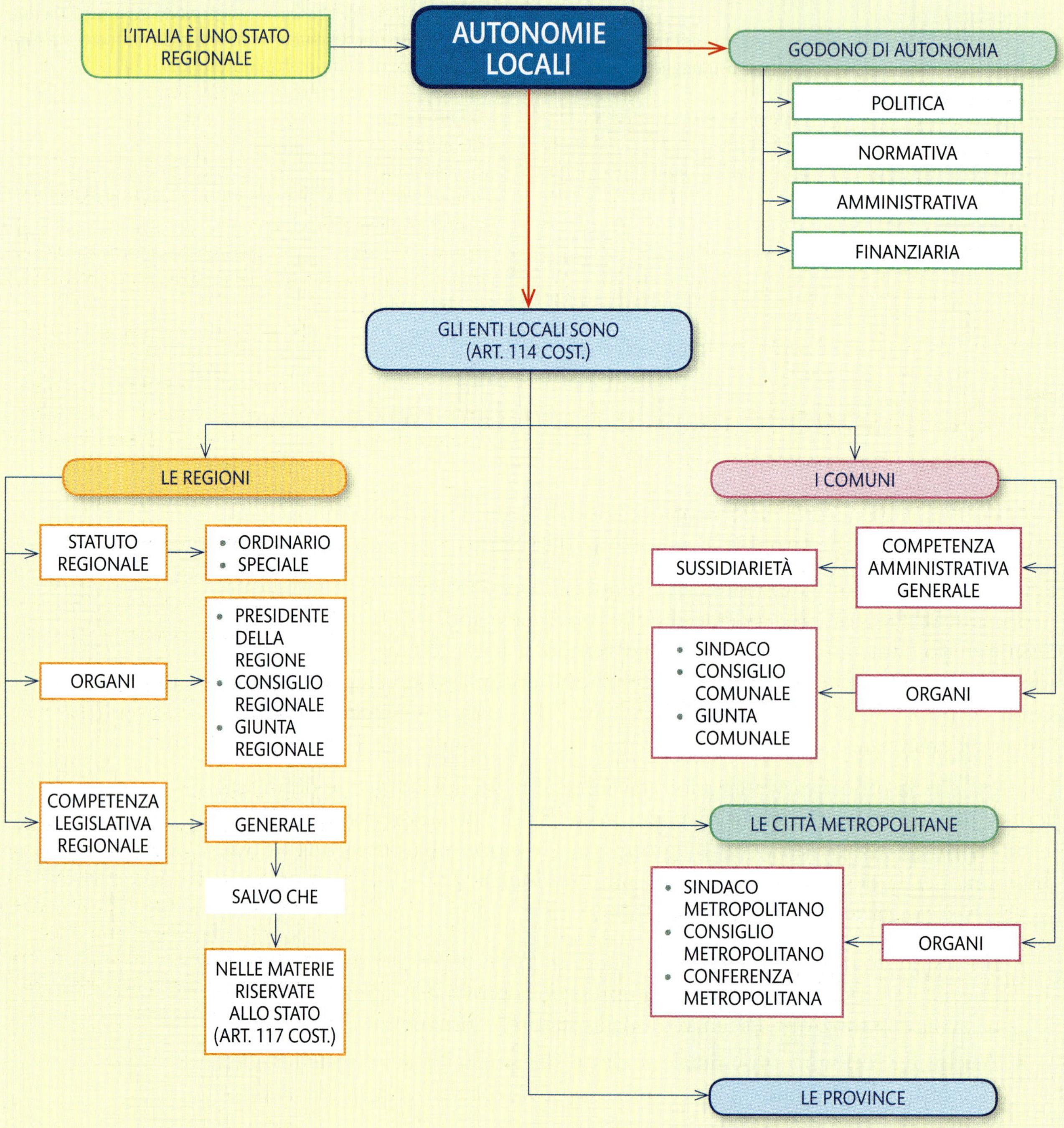

Lezione 18 riguardando gli appunti

Che cosa si intende per Stato regionale?

- Lo Stato regionale, o delle autonomie locali, è uno stato unitario nel quale una parte consistente del potere politico e amministrativo è assegnato agli enti pubblici territoriali.
- Gli enti pubblici territoriali, detti anche enti locali, sono le Regioni, i Comuni, le Città metropolitane e le Province.

Di quale autonomia godono gli enti pubblici territoriali?

- Gli enti pubblici territoriali sono detti anche enti autonomi perché nelle materie di loro competenza godono di ampia autonomia. In particolare hanno autonomia politica, normativa, amministrativa e finanziaria.

Qual è la funzione dello statuto regionale?

- Lo statuto è un insieme di norme che regolano l'organizzazione della Regione.
- Hanno uno statuto speciale (cioè caratterizzato da maggiore autonomia) la Sicilia, la Sardegna, la Valle d'Aosta, il Friuli-Venezia Giulia e il Trentino-Alto Adige.

Quali sono i principali organi della Regione?

- Sono organi della Regione il Consiglio regionale, il Presidente della Regione e la sua Giunta.
- Il *Consiglio* costituisce il parlamento della Regione. Esso approva le leggi regionali e può avanzare proposte di legge al Parlamento nazionale.
- Il *Presidente* rappresenta la Regione, dirige la politica della Giunta e ne è responsabile. È eletto ogni cinque anni a suffragio universale diretto, salvo che lo statuto disponga diversamente. Se il Consiglio approva una mozione di sfiducia, il Presidente è costretto a dimettersi ma anche il Consiglio si scioglie.
- La *Giunta* è un organo composto da un numero variabile di assessori ciascuno dei quali si occupa di un ramo particolare dell'amministrazione avvalendosi di una struttura detta Assessorato.

Su quali materie possono essere emanate leggi regionali?

- La Regione gode di una competenza legislativa generale, salvo che per le specifiche materie riservate alla competenza legislativa dello Stato (art. 117 Cost.).
- Oltre al potere legislativo, alle Regioni spetta anche il potere regolamentare in tutte le materie in cui non vi è competenza legislativa dello Stato.

Che cos'è il Comune?

- Il Comune è l'ente locale a cui è affidato il compito di curare gli interessi e promuovere lo sviluppo della propria comunità. Essendo l'ente pubblico più vicino alla cittadinanza ha assunto una competenza amministrativa generale.
- Sono organi necessari del Comune: il Sindaco, la Giunta e il Consiglio comunale.
- Il *Sindaco* è il responsabile dell'amministrazione comunale. Viene eletto direttamente dai cittadini residenti nel Comune, resta in carica per cinque anni e può essere rieletto.
- La *Giunta* è l'organo esecutivo del Comune ed è composta dal Sindaco, che la presiede, e dall'insieme degli assessori nominati dal Sindaco. Gli assessori, attraverso gli assessorati che presiedono, si occupano ciascuno di un determinato settore della vita pubblica.
- Il *Consiglio comunale* è eletto ogni cinque anni dai cittadini residenti nel Comune e svolge soprattutto una funzione di indirizzo e di controllo politico e amministrativo sulle attività comunali. Il Consiglio comunale può costringere il Sindaco alle dimissioni votando una mozione di sfiducia, ma in tal caso anche lo stesso Consiglio si scioglie.

Che cosa sono le Città metropolitane?

- La Città metropolitana è un ente il cui compito è di gestire quei servizi che si estendono su un'area metropolitana che comprenda il Comune centrale e quelli limitrofi.
- Le Città metropolitane attualmente previste sono: Venezia, Milano, Torino, Genova, Bologna, Firenze, Roma, Napoli, Bari, Reggio Calabria.

Quali sono le funzioni della provincia?

- La provincia, definita ente territoriale di vasta area, ha perduto quasi tutte le proprie funzioni trasferite a regioni e comuni. Le funzioni residue sono esercitate da un Presidente e da un Consiglio provinciale eletti dai sindaci e dai consiglieri dei comuni che rientrano nel territorio provinciale. È inoltre prevista una assemblea di tutti i sindaci della Provincia con poteri propositivi, consultivi e di controllo.

verifica mettiti alla prova

1. Completa la mappa concettuale utilizzando le seguenti parole:

eletto ~ assessori ~ cittadini ~ controllo ~ Segretario comunale ~ Sindaco ~ amministrazione.

COMPOSIZIONE DEL COMUNE

- IL CONSIGLIO COMUNALE SVOLGE UNA FUNZIONE DI INDIRIZZO E DI ....
- IL .... HA LA RESPONSABILITÀ DELLA .... COMUNALE → È .... DIRETTAMENTE DAI ....
- LA GIUNTA È COMPOSTA DAL SINDACO E DALL'INSIEME DEGLI ....

2. Scegli la risposta corretta.

1 Le leggi regionali sono deliberate:
   a. dal Presidente della Regione
   b. dalla Giunta regionale
   c. dal Consiglio regionale
   d. da Giunta e Consiglio congiuntamente

2 Il Sindaco viene:
   a. eletto dagli assessori
   b. eletto dal Consiglio comunale
   c. eletto dai cittadini residenti nel Comune
   d. nominato dal Presidente della Regione

3 La Città metropolitana è:
   a. una città molto grande
   b. un capoluogo di Regione
   c. una città servita da una rete di trasporti sotterranea
   d. un ente che gestisce i servizi di un grande Comune e dei Comuni limitrofi

4 Sono detti territoriali gli enti pubblici che:
   a. debbono vigilare sul territorio loro assegnato
   b. debbono provvedere alla pulizia del territorio loro assegnato
   c. possono esercitare il loro potere su tutto il territorio nazionale
   d. possono esercitare il loro potere su una porzione definita del territorio nazionale

3. Rispondi alle seguenti domande.

A Perché enti pubblici territoriali sono detti anche enti autonomi?

B Quali sono le Regioni italiane a statuto speciale e perché la Costituzione ha attribuito loro un diverso trattamento?

C Quali sono e quali competenze hanno gli organi della Regione?

D Quali solo e quali competenze hanno gli organi del Comune?

4. Barra con una crocetta la risposta che ritieni esatta e motiva il perché.

1 La Regione ha una competenza legislativa limitata a poche materie. **SÌ NO**

perché? ....

2 Se il Presidente della Regione si dimette il Consiglio regionale può nominarne un altro. **SÌ NO**

perché? ....

3 Il Sindaco è eletto dal Consiglio comunale. **SÌ NO**

perché? ....

4 La Regione può limitare l'afflusso di lavoratori da altre Regioni. **SÌ NO**

perché? ....

5 Tutte le città sono suddivise in circoscrizioni. **SÌ NO**

perché? ....

5. Svela il crittogramma.

Sostituisci ogni numero con una lettera dell'alfabeto. A numero uguale corrisponde lettera uguale!

A	B	C	D	E	F	G	H	I	J	K	L	M	N	O	P	Q	R	S	T	U	V	W	X	Y	Z
						26	5						16				6		2						

_ G N _ (17 26 16 21)   R _ G _ _ N _ (6 25 26 21 17 16 25)   H _ (5 11)

_ N (10 16)   _ R _ _ R _ _ (8 6 17 8 6 21 17)   _ T _ T _ T _ (12 2 11 2 10 2 17).

CLIL INTERRAIL Rights through Europe • Germany

IN THIS MODULE YOU WILL

Learn about the structure of German federal system.

Find out about the origins and development of federalism.

Discuss with your classmates about the advantages and disadvantages of federalism compared with a unitary system.

Practice your English through oral and written exercises.

1. Reading

Read the text to learn how the German federal system is structured.

CLIL INTERRAIL Rights through Europe • Germany

In German, Länder is the plural form of the word *Land*. For example: Bavaria is a *Land*; Bavaria and Saarland are *Länder*.

The Länder and the federal system

Germany is a federal republic consisting of sixteen federal states called *Länder*. The *Länder* **enjoy** considerable legal autonomy **within** the German federal system. They are not "states" in the sense of international law, **even though** they do have limited powers in certain areas of **foreign policy**.

As states, the *Länder* have constitutional autonomy. This means that they have the right to create their own constitutions, but Article 28 of German **Basic Law** requires the *Länder* to conform to the principles of a republican, democratic, and social state of law.

The Basic Law divides authority between the federal government and the Länder, with the general principle established in Article 30: The federal government can exercise authority only in those areas specified in the Law.

The legislative competencies of the **Federation** and the *Länder* are regulated in detail by the Basic Law. *Land* laws may not conflict with the federal laws. Article 31 of the Basic Law states that "Federal law shall take the precedence over *Land law*".

The Federation **holds** exclusive legislative competence in fields like: defense, foreign affairs, immigration, transportation, communications, **currency** and money.

The *Länder* have autonomy in the areas of culture, education, police and local government law.

Arthur Gunlicks, *The Länder and the German Federalism*

GLOSSARY

Enjoy: have (have as a benefit)
Within: inside of
Even though: even if
Foreign policy: international affairs
Basic Law: Constitution
Federation: a collection of individual federal states
Hold: have
Currency: the money used in a particular country

2. Questions

Answer the following questions about the German federal system

a. How many *Länder* are there in Germany?
b. What does it mean when we say that the *Länder* have constitutional autonomy?
c. What are the three principles that the constitutions of the *Länder* must follow?
d. What does Art. 30 of German Basic Law provide for?
e. What happens when a *Land's* law conflicts with federal law?
f. What are the main areas of autonomy of the *Länder*?

3. Pair work

The *Bundesrat* (in English, "Federal Council") is a constitutional body which represents the interests of the Länder at the national level. Through the Bundesrat, the Länder participate in the legislation and administration of the Federation. With the help of your classmate, try to find out something more about the Bundesrat and answer the following questions (max 20 lines):

a. What are the main functions of the Bundesrat?
b. Who are the members of the Bundesrat?
c. What is the Bundesrat's role in matters concerning the European Union?

For your research see: http://www.bundesrat.de/EN/homepage/homepage-node.html

4. Watch the video

Do you want to know something more about federal systems of government? Watch the video!

5. Complete the sentences

In the following sentences some words are missing. On the basis of what you have learned in the video, try to fill the blanks. Use the words below.

First • member States • minorities • limitation • XVIII century • power • central government

a. The word "federalism" was first used at the end of the ....
b. The USA was the .... country to adopt a federal system of government.
c. In a federal state, power is divided between the .... and individual ....
d. One of the strong points of federalism is the protection of ....
e. Another characteristic is the .... of political ...., thanks to the presence of different levels of government.

6. Open discussion

In your opinion, what are the advantages and the disadvantages of federalism compared with a unitary system? Discuss with your classmates and give reasons for your answers.

6 UNITÀ
La struttura dello Stato italiano

LEZIONE 19

La Pubblica Amministrazione

1 Che cos'è la funzione amministrativa?

→ **La Pubblica Amministrazione** (abbreviato PA) è l'insieme degli enti e degli organi a cui è demandata la funzione amministrativa.

→ **La funzione amministrativa** è quel complesso di attività con le quali *concretamente* si provvede alla cura degli interessi pubblici.

Gli enti sono organizzazioni di persone e di mezzi. **Gli organi**, invece, sono parti dell'ente che ne consentono il funzionamento. Per esempio: il Comune è un ente, mentre il Sindaco, la Giunta e il Consiglio sono i suoi organi.

Abbiamo usato l'aggettivo *concretamente* non a caso. Tutto l'apparato statale, infatti, ha come unico obiettivo quello di provvedere alla cura degli interessi pubblici.

Ma tale complessa attività si articola in due fasi:

- la scelta politica, che consiste nell'individuare gli obiettivi da conseguire e i mezzi per raggiungerli;
- l'attività amministrativa, che consiste nella realizzazione concreta, pratica di tali obiettivi.

Per esempio, immaginiamo che, su proposta del Governo, si discuta in Parlamento un piano di riforma globale della scuola e supponiamo che tale piano preveda la sostituzione dei vecchi edifici scolastici con moderni *college* dotati di alloggi per gli studenti, campi sportivi, biblioteche, aule, mense e quanto altro serve per trascorrere in modo confortevole e produttivo il tempo degli

studi. Se la maggioranza parlamentare concordasse su una tale scelta politica, potrebbe approvare una legge che recepisca il piano di riforma.
Ma una legge è un documento scritto e nessun documento, per quanto proveniente da fonte autorevole, ha di per sé una capacità operativa.
La legge, pertanto, può soltanto autorizzare gli organi della Pubblica Amministrazione a operare concretamente per dare esecuzione al piano; nel nostro esempio consultando le imprese, valutando i preventivi, accordando i permessi e così via. Questo secondo tipo di attività, che consiste nel dare attuazione alle scelte politiche, è chiamato attività amministrativa.

È più importante l'attività politica o quella amministrativa?

> **Per il buon funzionamento dello Stato** una corretta attività amministrativa è importante quanto una corretta attività politica.

Rimanendo sull'esempio dei *college*, fin quando non venisse compiuta una scelta politica in tal senso dovremmo tutti seguitare a studiare nei vecchi edifici scolastici. Ma se tale scelta venisse compiuta e l'azione della PA si rivelasse scarsamente efficace, la costruzione dei nuovi complessi potrebbe trascinarsi stancamente per mancanza di permessi e di licenze; una volta realizzate le strutture potrebbero mancare gli arredi; provveduto agli arredi potrebbe mancare il personale di sorveglianza e magari il giorno dell'inaugurazione, alla presenza compiaciuta delle autorità, si potrebbe scoprire che sono stati progettati gli alloggi e gli ambienti ricreativi ma non le aule.

Tutto ciò naturalmente è esagerato, ma serve a darci l'idea di come un'ottima scelta politica possa risolversi in un fallimento se viene mal gestita sul piano amministrativo.

A quali principi deve ispirarsi l'attività amministrativa?

In base all'art. 97 della Costituzione l'attività amministrativa deve ispirarsi ai principi di buon andamento e imparzialità.

> Il **buon andamento** consiste nel rispetto dei criteri di efficacia ed efficienza.

- L'azione della PA può dirsi **efficace** quando raggiunge effettivamente il risultato prescritto dalla legge;
- **efficiente**, quando vi è proporzione tra i risultati raggiunti e i costi sostenuti.

> Il principio di **imparzialità** impone agli organi della PA di non compiere favoritismi né discriminazioni.

ZOOM

La PA è imparziale nello stesso modo in cui sono imparziali i giudici?

No, l'imparzialità della PA è diversa da quella dei giudici.

Il giudice non solo è imparziale ma è anche **terzo** rispetto alle parti in causa. Come l'arbitro di una partita di calcio è terzo rispetto alle squadre in campo (l'arbitro non gioca in nessuna delle due squadre), così il giudice decide su questioni in cui non ha un proprio interesse da far valere.

La PA invece è imparziale, non potendo compiere favoritismi, ma non è terza: la PA stessa è una delle parti in campo ed è portatrice di un interesse, che è compiere l'interesse pubblico. Per questo motivo la PA viene anche detta "parte imparziale".

Inoltre l'attività della PA deve svolgersi nel rispetto del **principio di legalità**. Tale principio comporta che gli organi della PA possano compiere solo ciò che **la legge** consente loro di fare e non altro.

Per esempio, se corriamo a piedi in strada nessun vigile urbano potrebbe mai sanzionarci per eccesso di velocità per la semplice ragione che nessuna legge glielo consente.

L'ATTIVITÀ AMMINISTRATIVA
- buon andamento
- imparzialità
- legalità

Chi esercita l'attività amministrativa?

L'attività amministrativa è esercitata:

- dal Governo;
- dagli enti pubblici territoriali, cioè dalle Regioni, dai Comuni, dalle Province e dalle Città metropolitane;
- da altri enti pubblici come, ad esempio, la Banca d'Italia, l'Istituto nazionale della previdenza sociale (Inps), l'Istituto nazionale per l'assicurazione contro gli infortuni sul lavoro (Inail).

Chi controlla l'attività della Pubblica Amministrazione?

I controlli sono affidati soprattutto a un organo chiamato *Corte dei conti*.

La Corte dei conti opera:

- **un controllo preventivo di *legalità***: verifica, cioè, che gli atti emessi dalla PA (soprattutto quelli che comportano una spesa) siano conformi a quanto dispone la legge;
- **un controllo successivo**: revisiona i conti della PA;
- **un controllo sulla gestione**: alla Corte è affidato il compito di accertare che l'attività amministrativa nel suo insieme si svolga nel rispetto dei criteri di efficacia ed efficienza.

La Corte dei conti svolge la duplice funzione di controllore degli atti della Pubblica Amministrazione e di giudice amministrativo per le questioni riguardanti la contabilità pubblica.

2 Come sono regolati gli atti della PA?

→ **Atto**, nella terminologia giuridica, è qualsiasi comportamento volontario che sia produttivo di effetti giuridici. È atto giuridico, per esempio, la conclusione di un contratto, l'invio di una lettera di licenziamento o di assunzione e così via.

GLI ATTI DELLA PA POSSONO ESSERE
- atti di diritto privato
- atti amministrativi

La PA, nell'esercizio delle sue funzioni, compie continuamente atti giuridici che, per le loro caratteristiche, suddividiamo in due grandi gruppi: **atti di diritto privato** e **atti amministrativi**.

> **Gli atti di diritto privato** sono quelli che la PA adotta quando non esercita alcun potere di comando e agisce come un privato cittadino.

Sono atti di diritto privato, per esempio, i contratti con i quali acquista da imprese private i beni che servono al suo funzionamento, come arredi, macchinari, auto e così via. Tali atti, per quanto riguarda il rapporto che si stabilisce con i terzi, sono regolati dal diritto privato e, in caso di contrasto, sarà competente a giudicare la Magistratura ordinaria.

> **Gli atti amministrativi** sono quegli atti posti in essere dalla PA quando persegue un interesse collettivo.

Sono tali, per esempio, gli atti con i quali rilascia licenze o autorizzazioni, emette provvedimenti di requisizione o di esproprio, commina sanzioni e così via. La formazione di questi atti è regolata dal **diritto amministrativo**, e chi ne traesse personale svantaggio (per esempio il destinatario di un atto di espropriazione) dovrebbe rivolgersi a un **giudice amministrativo** (Tar o Consiglio di Stato).

Gli atti amministrativi a loro volta vengono suddivisi in:

- provvedimenti amministrativi;
- atti diversi dai provvedimenti amministrativi.

Quali atti sono definiti provvedimenti amministrativi?

ATTI AMMINISTRATIVI
- PROVVEDIMENTI AMMINISTRATIVI
  - **estensivi** (concessioni, nomine, dispense, ammissioni, autorizzazioni)
  - **restrittivi** (ordini, sanzioni, atti ablativi)
- ATTI DIVERSI DAI PROVVEDIMENTI (CERTIFICAZIONI, REGISTRAZIONI, PARERI)

→ **Provvedimenti amministrativi** sono chiamati gli atti con i quali la PA, da una posizione di superiorità, esprime la propria volontà in relazione a uno specifico oggetto.

I provvedimenti possono determinare una **estensione** o una **compressione** dei diritti delle persone.

> **Sono provvedimenti estensivi**:

- le *concessioni*, con le quali la PA accorda a un privato un diritto che prima non aveva. Per esempio, il diritto di sfruttamento di una miniera, di occupazione del suolo pubblico, di esercizio di un servizio pubblico;
- le *nomine*, con le quali una persona viene preposta a un pubblico ufficio;
- le *dispense*, con le quali si esenta un soggetto da un determinato obbligo;
- le *ammissioni*, con le quali si ammette un soggetto a usufruire di un servizio pubblico;
- le *autorizzazioni*, quali il rilascio di licenze, di patenti e così via.

> **Sono provvedimenti restrittivi**, invece:

- gli *ordini*, con i quali la PA comanda di fare qualcosa (per esempio chiudere un negozio, demolire un edificio pericolante, abbattere degli animali malati), oppure vieta di fare qualcosa, come tenere una certa manifestazione, circolare in una determinata zona della città e così via;
- gli *atti sanzionatori*, come le sanzioni disciplinari comminate ai pubblici dipendenti o le sanzioni pecuniarie comminate a chi contravviene a talune norme di legge (mancato pagamento di imposte, violazione di norme sulla circolazione stradale, ecc.);
- gli *atti ablativi*, cioè che tolgono qualcosa, come gli atti di espropriazione, di requisizione, di confisca.

Ablativo è un termine che deriva dal participio passato del verbo latino *aufero* che significa *portare via*.

Tutti i provvedimenti amministrativi, a qualsiasi categoria appartengano tra quelle sopra menzionate, presentano alcuni caratteri comuni.

Tutti sono:

- **imperativi**, perché il cittadino deve obbligatoriamente conformarsi a essi;
- **esecutivi**, poiché se il cittadino non si conforma la PA può ricorrere anche alla forza pubblica;
- **revocabili**, poiché il provvedimento può essere revocato dalla PA se e quando l'interesse pubblico lo richieda.

PROVVEDIMENTI AMMINISTRATIVI
- imperativi
- esecutivi
- revocabili

Quali sono gli atti diversi dai provvedimenti?

→ **Atti diversi dai provvedimenti amministrativi** sono quelli con i quali la PA non impone la propria volontà ma offre un servizio.

Sono tali, per esempio:

- le **certificazioni** (residenza, matrimonio, cittadinanza);
- le **registrazioni** (annotazioni di nascita, di morte, trascrizioni di matrimonio);
- i **pareri** emessi dagli organi consultivi.

3 Come sono stati resi trasparenti gli atti della PA?

Fino al 1990 era dominante il principio secondo il quale l'attività della PA dovesse essere coperta dal segreto e ai cittadini non era consentito capire, se non a costo di defatiganti indagini, le ragioni per le quali era stato emesso il provvedimento che li riguardava. Ciò costituiva un efficace sistema di autotutela per la Pubblica Amministrazione poiché consentiva agli organi pubblici di coprire, attraverso il segreto, la loro lentezza, inefficienza, incapacità e, talvolta, anche la illegittimità di taluni atti.

Ma era assolutamente ingiusto!

La legge n. 241 del 1990 ha inferto un primo colpo a questo sistema accordando ai cittadini il **diritto di accesso** ai documenti amministrativi che li riguardano, cioè il diritto di esaminarli e averne una copia.

Novità ben più radicali sono state introdotte nel 2013 con il d.lg. n. 33 denominato **decreto trasparenza.**

In base alla nuova normativa non è più il cittadino a dover chiedere di prendere visione di atti o documenti, ma sono gli enti pubblici a dover pubblicare sui loro siti istituzionali tutto ciò che riguarda la loro organizzazione e le attività in corso.

Per rendere queste informazioni più facilmente accessibili è disposto che nella *home page* di ciascun sito istituzionale sia collocata un'apposita sezione denominata **Amministrazione trasparente**, dove il cittadino può cercare ciò che desidera.

In ogni amministrazione è prevista la nomina di un **responsabile per la trasparenza** (che è anche responsabile per la prevenzione della corruzione) che vigila sull'adempimento degli obblighi di pubblicazione.

Ai cittadini è attribuito il diritto di accedere alla sezione di amministrazione trasparente senza necessità di autenticazione né di identificazione.

Se la pubblicazione è stata omessa il cittadino può avvalersi del cosiddetto **accesso civico**, cioè del diritto di rivolgersi al responsabile della trasparenza e pretendere che gli sia consentito visionare i documenti, le informazioni o i dati di cui ha bisogno.

Dovranno essere pubblicati sul sito istituzionale delle diverse amministrazioni pubbliche (soprattutto enti di diritto pubblico nazionali, regionali o locali) i dati riguardanti le fasi dei procedimenti di aggiudicazione ed esecuzione di appalti pubblici, il tempo medio di attesa per le prestazioni sanitarie, l'ammontare complessivo dei debiti, i tempi di attesa per il pagamento di beni acquistati o di servizi commissionati (l. 125/2015 art. 7 c. 1).

Un ulteriore passo in avanti è stato compiuto introducendo nella Costituzione (art. 97) l'obbligo, per la PA, di improntare la propria azione non solo ai principi di legalità, efficacia e efficienza, ma anche al **principio della trasparenza**.

Alla norma costituzionale si ispira chiaramente la **legge n. 125 del 2015** (art. 7) che ha demandato al Governo il compito di adottare uno o più decreti legislativi con i quali:

- viene esteso il tipo di informazioni che le pubbliche amministrazioni hanno l'obbligo di pubblicare sul proprio sito istituzionale;
- si consente a chiunque, indipendentemente da un interesse diretto (pensiamo per esempio ai giornalisti che conducono inchieste) di rivolgere, anche per via telematica, domande specifiche alla PA per avere ulteriori e più precise informazioni su dati, documenti, procedure di spesa, assegnazione di appalti e così via. La domanda potrà essere respinta solo se vengono richieste informazioni che la legge consente di tenere riservate per tutelare interessi pubblici e privati.

4 Come sono stati semplificati gli atti della PA?

Al fine di rendere più agevole il rapporto tra cittadini e PA, la legge n. 127 del 1997 ha disposto l'eliminazione di quasi tutte le certificazioni che in passato venivano richieste dagli uffici pubblici.

Oggi i certificati da allegare alle domande rivolte alla Pubblica Amministrazione sono sostituiti dall'*autocertificazione*.

→ **L'autocertificazione** è una dichiarazione sottoscritta dal cittadino (senza necessità di autenticare la firma) con la quale si comunicano alla PA le informazioni da questa richieste.

Le certificazioni possono essere pretese solo da soggetti privati, come banche, assicurazioni, datori di lavoro.

Si possono autocertificare		
dati anagrafici e di stato civile: - nascita - residenza - cittadinanza - godimento dei diritti politici - esistenza in vita - nascita di figli - decesso dei più stretti congiunti - stato di maternità, di paternità, di famiglia - regime di separazione o di comunione dei beni - annotazioni contenute nei registri dello stato civile	**titoli di studio e qualifiche professionali:** - esami sostenuti - specializzazioni - abilitazioni - titoli di formazione e di aggiornamento - qualificazioni tecniche conseguite **situazione economica, fiscale e reddituale:** - reddito prodotto - assolvimento degli obblighi contributivi - codice fiscale - numero di partita IVA - altri dati contenuti nell'anagrafe tributaria	**posizione giuridica:** - non aver riportato condanne penali - essere legale rappresentante, tutore o curatore di una persona **altri dati:** - iscrizione in albi o elenchi tenuti dalle PA - posizione militare - stato di disoccupazione - qualità di studente, di pensionato, di casalinga - appartenenza ad associazioni o formazioni

E se un cittadino autodichiara una cosa non vera?

Le amministrazioni sono tenute a effettuare controlli, anche a campione, sulla veridicità delle autocertificazioni. Se risultano false il cittadino è soggetto alle sanzioni penali disposte dalla legge.

La durata dei certificati

Anche sulla durata dei certificati la legge di semplificazione è intervenuta in modo significativo. Oggi:

- i certificati di nascita, di morte e quelli attestanti il possesso di titoli di studio hanno durata illimitata;
- altri certificati, come quelli di matrimonio, stato libero, stato di famiglia, cittadinanza, residenza, storico anagrafico e godimento dei diritti politici, hanno validità sei mesi. Ma il cittadino può prolungarne la validità dichiarando in fondo al certificato stesso, e senza autentica della firma, che i dati in esso contenuti non sono mutati.

5 Come si effettuano i ricorsi?

Al cittadino che si ritenga ingiustamente leso da un atto o da un comportamento della Pubblica Amministrazione l'ordinamento offre la possibilità di ricorrere:

- all'autorità amministrativa (ricorso amministrativo);
- oppure alla giurisdizione, sia ordinaria che amministrativa.

Vediamo in quali casi è possibile seguire l'una o l'altra via.

Il ricorso amministrativo

I ricorsi amministrativi previsti dall'ordinamento sono di tre tipi:

- in opposizione;
- gerarchico;
- al Capo dello Stato.

> **Il ricorso in opposizione** viene rivolto allo stesso organo che ha emanato l'atto.

Questo tipo di ricorso è previsto per casi, piuttosto semplici, nei quali si presume che la PA abbia solo commesso un errore materiale: per esempio, un errore nella compilazione di graduatorie o nella trascrizione di dati. In questi casi il ricorso in opposizione è solitamente sufficiente per ottenere l'eliminazione dell'errore.

> **Il ricorso gerarchico** è indirizzato all'organo superiore rispetto a quello che ha emanato l'atto ed è volto a ottenerne l'annullamento o la modifica.

Il ricorso al Capo dello Stato in realtà non è deciso dal Presidente della Repubblica ma dal ministro competente per materia.

> **Il ricorso straordinario al Capo dello Stato** costituisce una sorta di ultimissimo appello concesso nei confronti di atti divenuti ormai definitivi o perché il ricorso gerarchico ha avuto esito negativo o perché sono scaduti i termini per presentarlo. Se il ricorso viene respinto, l'atto diventa definitivo e non è più ammessa alcuna forma di impugnazione.

Il ricorso alla giurisdizione

Il cittadino che non abbia fiducia nell'esito dei ricorsi amministrativi può rivolgersi alla giurisdizione ordinaria oppure a quella amministrativa.

La scelta dipende dall'oggetto del contendere.

> **Al giudice ordinario** ci si può rivolgere solo se si ritiene che la PA abbia leso un proprio diritto soggettivo (> Unità 1).

Questa ipotesi ricorre, per esempio, quando un ente pubblico non paga, o paga in ritardo, l'imprenditore a cui ha commissionato la realizzazione di un'opera o l'esecuzione di un servizio, oppure quando un autobus del servizio pubblico urta una vettura privata, e così via.

CONTRO GLI ATTI DELLA PUBBLICA AMMINISTRAZIONE SI PUÒ ESERCITARE

- UN RICORSO AMMINISTRATIVO
  - in opposizione
  - gerarchico
  - al Capo dello Stato
- UN RICORSO ALLA GIURISDIZIONE
  - **amministrativa** (per violazione di interesse legittimo):
    - Tar
    - Consiglio di Stato
  - **ordinaria** (per lesione di diritto soggettivo)

> **Al giudice amministrativo** ci si deve rivolgere quando si ritiene che sia stato leso un proprio interesse legittimo.

L'interesse legittimo è l'interesse di ogni cittadino a che la PA, nello svolgere le sue funzioni, si attenga a quanto stabilito dalla legge.

Per capire meglio la differenza tra diritto soggettivo e interesse legittimo, immaginiamo di partecipare a un concorso pubblico con altri diecimila concorrenti e supponiamo di scoprire che vi sono state delle irregolarità nella designazione dei vincitori. In un simile caso non possiamo sostenere che sia stato leso un nostro diritto poiché non è affatto certo che, tra diecimila altri concorrenti, avremmo vinto proprio noi il concorso. Ma non è neanche escluso che avremmo potuto vincerlo se fossero state rispettate le regole. Era dunque nostro **legittimo interesse** che la PA si attenesse al rispetto delle regole.

> **Sono giudici amministrativi** i Tar e il Consiglio di Stato.

- **Il Tar**, cioè il Tribunale amministrativo regionale, è un giudice di primo grado. Ha sede nel capoluogo di ogni Regione ed è competente a giudicare sui provvedimenti amministrativi che hanno efficacia nell'ambito regionale. Solo il **Tar del Lazio** è competente a pronunciarsi sugli atti (per esempio i provvedimenti ministeriali) che estendono la loro efficacia su tutto il territorio nazionale.
  Contro la decisione dei Tar si può ricorrere al Consiglio di Stato.
- **Il Consiglio di Stato** è un organo che svolge diverse funzioni e tra queste c'è anche quella di giudice amministrativo di secondo grado.
  Le sue sentenze sono definitive e contro di esse non è più ammessa alcuna forma di ricorso.

MAPPA che cosa hai imparato

LOSAI?

In questa Lezione hai imparato quali sono le funzioni della Pubblica Amministrazione e quale sia la sua rilevanza per la vita dei cittadini. Hai imparato che l'azione della PA deve ispirarsi ai principi di imparzialità, buon andamento e legalità, e che l'operato dei pubblici uffici è sottoposto al controllo della Corte dei conti. Hai anche studiato quali sono gli atti della PA, in particolare i provvedimenti amministrativi, e quali ricorsi si possono attivare per reagire contro un atto o un comportamento della PA.

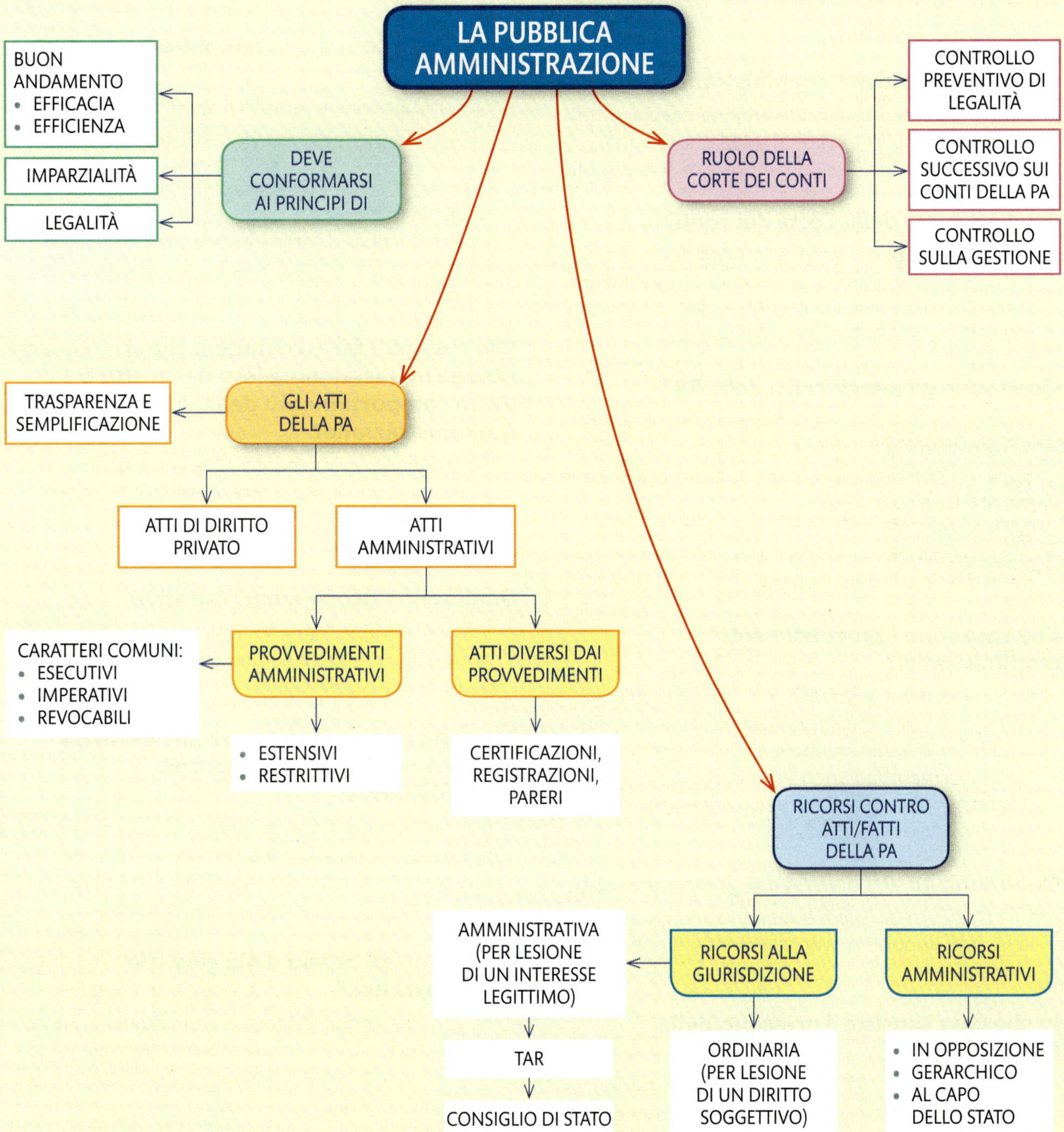

Lezione 19 riguardando gli appunti

In che cosa consistono la Pubblica Amministrazione e la funzione amministrativa?

- Con l'espressione Pubblica Amministrazione (PA) indichiamo l'insieme degli enti e degli organi cui è demandata la funzione amministrativa.
- La funzione amministrativa consiste nel complesso di attività con cui concretamente si provvede alla cura degli interessi pubblici.
- L'attività della PA deve ispirarsi ai principi di imparzialità e buon andamento, e deve rispettare i criteri della efficacia, efficienza e legalità.

Chi esercita l'attività amministrativa?

- L'attività amministrativa è esercitata dal Governo, dagli enti pubblici territoriali (Regioni, Comuni, Province e Città metropolitane) e altri enti pubblici.

Qual è il ruolo della Corte dei conti?

- La Corte dei conti controlla l'attività della PA attraverso: un controllo preventivo di legalità; un controllo successivo sui conti della PA; un controllo sulla efficacia ed efficienza della gestione.

Quali sono gli atti giuridici della PA?

- Gli atti giuridici della PA si dividono in *atti di diritto privato* (in cui la PA agisce come un privato cittadino) e *atti amministrativi* (con i quali la PA persegue un interesse collettivo).
- Gli atti amministrativi sono a loro volta suddivisi in provvedimenti amministrativi e atti diversi dai provvedimenti amministrativi.

Che cosa sono i provvedimenti amministrativi?

- I provvedimenti amministrativi sono gli atti con i quali la PA esprime imperativamente la propria volontà in relazione a uno specifico oggetto.
- I provvedimenti possono estendere oppure comprimere la sfera giuridica dei privati e sono *imperativi*, *esecutivi* e *revocabili*.

Quali sono gli atti diversi dai provvedimenti?

- Gli atti diversi dai provvedimenti sono quelli in cui la PA non impone la propria volontà ma offre un servizio.

In che cosa consiste il principio della trasparenza?

- La legge 241 del 1990 ha stabilito che i cittadini hanno *diritto di accesso* ai documenti amministrativi che li riguardano, cioè il diritto di esaminarli e averne una copia.
- Nel 2013 il cosiddetto decreto trasparenza ha stabilito che le PA devono pubblicare, nella sezione *Amministrazione trasparente* dei loro siti istituzionali, tutti i documenti che riguardano la loro organizzazione e attività. Se la pubblicazione non è stata effettuata il cittadino può avvalersi dell'*accesso civico*.
- In ogni amministrazione è inoltre prevista la figura del responsabile per la trasparenza.

In che cosa consiste la semplificazione degli atti?

- La normativa sulla semplificazione ha introdotto l'*autocertificazione*, cioè una dichiarazione sottoscritta dal cittadino, senza necessità di autenticare la firma, con la quale si comunicano alla PA le informazioni da questa richieste.
- Le autocertificazioni sostituiscono i certificati che, in precedenza, i cittadini dovevano allegare alle domande rivolte alla PA.

Che cosa può fare il cittadino che si ritenga ingiustamente leso da un atto o da un comportamento della Pubblica Amministrazione?

- Al cittadino l'ordinamento offre la possibilità di presentare un *ricorso amministrativo* agli organi della PA oppure ricorrere alla *giurisdizione ordinaria* o *amministrativa*.

Quali sono i ricorsi amministrativi?

- I ricorsi amministrativi sono di tre tipi: ricorso in opposizione, ricorso gerarchico e ricorso straordinario al Capo dello Stato.

In quali casi si può ricorrere alla giustizia ordinaria e in quali alla giustizia amministrativa?

- Il cittadino può ricorrere alla giustizia ordinaria se ritiene che la PA abbia leso un suo *diritto soggettivo*, mentre alla giustizia amministrativa se ritiene che la PA abbia leso un suo *interesse legittimo*.

Quali sono gli organi della giustizia amministrativa?

- La giustizia amministrativa è esercitata in primo grado dai Tar, cioè i Tribunali amministrativi regionali. Contro le sentenze del Tar si può ricorrere al Consiglio di Stato.

verifica mettiti alla prova

1. Completa la mappa concettuale utilizzando le seguenti parole:

giudice amministrativo ~ diritto soggettivo ~ offre un servizio ~ potere di comando.

PA PUBBLICA AMMINISTRAZIONE

→ ATTI AMMINISTRATIVI
- → SONO PROVVEDIMENTI QUANDO LA PA È INVESTITA DI UN ....
- → SONO DIVERSI DAI PROVVEDIMENTI QUANDO LA PA ....

→ CONTRO GLI ATTI DELLA PA RICORSI AL
- → GIUDICE ORDINARIO SE LA PA HA LESO UN ....
- → .... SE LA PA HA LESO UN INTERESSE LEGITTIMO

2. Scegli la risposta corretta.

1 Sugli atti della PA la Corte dei conti effettua un controllo:
- a. di merito
- b. di trasparenza
- c. di legittimità
- d. di costituzionalità

2 L'attività amministrativa è esercitata:
- a. dal Governo
- b. dai magistrati
- c. dal Parlamento
- d. dal Governo e dagli enti pubblici

3 Il cittadino può rivolgersi al tribunale amministrativo se un atto della PA ha violato:
- a. un suo interesse privato
- b. un suo diritto soggettivo
- c. un suo interesse legittimo
- d. un suo interesse specifico

4 Il principio della trasparenza comporta che:
- a. gli atti della PA debbono essere scritti in modo chiaro e comprensibile
- b. i cittadini debbono comportarsi, nei confronti della PA, in modo chiaro
- c. la PA deve comportarsi nei confronti dei cittadini in modo conforme alla legge
- d. i cittadini possono prendere visione dei documenti amministrativi che li riguardano

3. Rispondi alle seguenti domande.

A Qual è la differenza tra attività politica e attività amministrativa?

B Quando l'azione della PA può dirsi efficace e quando può dirsi efficiente?

C Quali atti della PA sono definibili "provvedimenti"?

D Quali tipi di ricorso amministrativo sono previsti?

4. Barra con una crocetta la risposta che ritieni esatta e motiva il perché.

1 La Pubblica Amministrazione compie solo atti amministrativi. SÌ NO

perché? ....

2 Il rilascio di certificati è un provvedimento amministrativo. SÌ NO

perché? ....

3 Il cittadino può rivolgersi al giudice ordinario se la PA lede un suo interesse legittimo. SÌ NO

perché? ....

4 Il ricorso in opposizione è indirizzato all'organo superiore rispetto a quello che ha emesso l'atto. SÌ NO

perché? ....

5 Il Tar è giudice di secondo grado. SÌ NO

perché? ....

5. Svela il crittogramma.

Sostituisci ogni numero con una lettera dell'alfabeto. A numero uguale corrisponde lettera uguale!

A	B	C	D	E	F	G	H	I	J	K	L	M	N	O	P	Q	R	S	T	U	V	W	X	Y	Z
1		16			4						11						5		17						12

L'	A	Z	_	_	_	_		_	_	_	_	A		_	A		_	_	_	_		_	_	_	_	R	_
11	1	12	9	18	13	7		8	7	11	11	1		6	1		8	7	14	7		7	19	19	7	5	7

_	F	F	_	C	A	C	_		_	_		_	F	F	_	C	_	_	_	T	_	.
7	4	4	9	16	1	16	7		7	8		7	4	4	9	16	9	7	13	17	7	

UNITÀ 6
La struttura dello Stato italiano

LEZIONE 20

L'amministrazione della giustizia

1 Che cos'è la Magistratura?

Il ricorso alla forza fisica per risolvere le controversie è una soluzione assolutamente da scartare, sia per una ragione di civiltà, sia perché si rischia una imputazione per lesioni personali con una sanzione che può arrivare fino a tre anni di reclusione.

In tutti i Paesi civili chi ha subito un torto non può farsi giustizia da solo, ma deve rivolgersi alla Magistratura.

→ **La Magistratura** è l'insieme dei giudici a cui è affidato il compito di applicare la legge al caso concreto.

Che cosa significa applicare la legge al caso concreto?

Come sappiamo, il legislatore emana norme generali e astratte destinate a regolare la generalità dei casi della vita. Il giudice invece è chiamato a risolvere singoli casi concreti. Ecco perché si dice che il suo ruolo consiste nell'applicare la legge, che ha portata generale, a una situazione particolare. Per esempio, se un malvivente ci ha rubato il portafoglio sull'autobus, il giudice applicherà la norma generale sul furto, prevista dal codice penale (art. 624 c.p.), al nostro caso specifico.

Il giudice, un po' come gli arbitri nello sport, deve essere **terzo e imparziale** rispetto agli interessi in campo.
Per questo motivo ogni magistrato è **autonomo** e **indipendente** sia dagli altri poteri dello Stato, sia da ogni altro membro della Magistratura (vedi Paragrafo 6).

In presenza di un conflitto solo un giudice, dopo un regolare processo, può stabilire chi ha ragione e chi ha torto, chi deve riparare il danno causato e chi non deve ripararlo, chi deve essere condannato e chi deve essere assolto.

Funzione giurisdizionale è chiamata l'attività che svolgono i giudici quando applicano le disposizioni di legge ai casi concreti che si trovano a giudicare.

Si potrebbe denunciare il gelataio ai Carabinieri?

Rivolgersi ai Carabinieri, o comunque ad agenti di polizia giudiziaria, per un debito non pagato sarebbe del tutto inutile.

È importante chiarire, a questo proposito, che la **Magistratura ordinaria** si divide in due grandi rami:

- Magistratura penale;
- Magistratura civile.

Gli agenti di polizia giudiziaria collaborano esclusivamente con la Magistratura penale.
Per sapere, di volta in volta, se dobbiamo rivolgerci oppure no a Polizia e Carabinieri, è necessario capire se la nostra questione riguarda la Magistratura civile o quella penale.
Vediamo dunque di che cosa si occupano l'una e l'altra.

La Magistratura civile e penale è chiamata **ordinaria** per distinguerla dalle Magistrature dette **speciali**, perché si occupano solo di *specifiche questioni*. Per esempio sono Magistrature speciali i Tar e il Consiglio di Stato, perché si occupano solo di questioni amministrative; lo sono i tribunali militari, la Corte dei conti e così via.

2 Quando si deve ricorrere alla Magistratura penale?

> **La Magistratura penale** si occupa esclusivamente dei reati.

Reati sono il furto, la rapina, la truffa, le lesioni personali e più in generale tutti quei comportamenti che si configurano come violazione di *leggi penali*.

> **Leggi penali** sono chiamate quelle leggi la cui violazione è ritenuta dal legislatore così grave da comportare, come sanzione, una pena.

Qual è la differenza tra reati, delitti e contravvenzioni?

ZOOM

- **Reato**: è chiamata così qualsiasi violazione della legge penale.
- **Delitti**: sono chiamati così i reati più gravi, come l'omicidio, la rapina e così via.
- **Contravvenzioni**: sono chiamati così i reati meno gravi, solitamente sanzionati con la sola pena pecuniaria.

La pena (> Unità 1) può consistere in una limitazione della libertà personale (reclusione, arresti domiciliari o altro) oppure, nei casi meno gravi, nel pagamento di una multa.

Che cosa deve fare un cittadino che sia rimasto vittima di un reato?

Se pensiamo di essere rimasti vittima di un reato, possiamo denunciare il fatto alla polizia giudiziaria. La polizia informerà della denuncia il magistrato e sotto la direzione di questi inizierà le indagini dirette ad accertare:

- se il reato è stato veramente commesso;
- chi lo ha commesso.

Vediamo, seppure sommariamente, come si procede.

La fase delle indagini

→ **Procuratori della Repubblica** sono chiamati i magistrati che, avuta notizia della probabile consumazione di un reato, guidano le indagini della polizia giudiziaria.

Quando queste saranno concluse e si aprirà il processo, **il procuratore** (indossando la toga) assumerà il ruolo di **Pubblico ministero** (Pm) e sosterrà l'**accusa** contro l'imputato.

Il Pubblico ministero che abbia notizia di un avvenuto reato **ha l'obbligo** (stabilisce l'art. 112 Cost.), e non la semplice facoltà, di avviare le indagini. Se non vi fosse questo obbligo il Pm si troverebbe nella condizione di poter decidere quali cittadini perseguire e quali no e ciò costituirebbe una palese violazione del principio di uguaglianza di tutti i cittadini davanti alla legge.

All'inizio delle indagini i soggetti su cui si appuntano i maggiori sospetti vengono iscritti nel **registro degli indagati**. Con questa iscrizione essi vengono formalmente informati che si sta indagando su di loro e che potrebbero essere imputati di aver commesso o partecipato al reato in oggetto.

Se vi è il fondato sospetto che l'indagato possa dileguarsi o inquinare le prove a suo carico, il procuratore può disporre a suo carico misure restrittive della libertà personale, la più grave delle quali è la **custodia cautelare in carcere**.
A questa, tuttavia, la legge **n. 47 del 2015** assegna ormai solo una funzione residuale.
Se non c'è il pericolo concreto e attuale di fuga dell'indagato o il pericolo che questi ripeta lo stesso tipo di reato, la custodia cautelare deve essere disposta presso il domicilio dell'indagato.

ZOOM

Qual è la differenza tra esposto, querela e denuncia?

L'esposto è l'esposizione fatta all'autorità di pubblica sicurezza di fatti che non costituiscono ancora un reato ma che sono al limite del lecito. Oppure di fatti che potrebbero essere oggetto di querela. L'ufficiale di pubblica sicurezza a cui l'esposto viene presentato convoca le parti e cerca di giungere a una composizione pacifica della controversia prospettando all'autore del fatto i rischi che corre se persiste nel suo atteggiamento.

La querela è un atto con il quale una persona dichiara di aver subito uno di quei reati minori che l'ordinamento persegue solo se la parte offesa ne fa esplicita richiesta. Si tratta di reati come l'ingiuria, la diffamazione, le percosse senza lesioni che, pur costituendo fatti deprecabili, non rappresentano un serio pericolo per la pace sociale.

La denuncia è l'atto con il quale un cittadino comunica al giudice, o ad agenti della polizia giudiziaria, di essere rimasto vittima di un grave reato oppure di essere a conoscenza di un fatto che potrebbe costituire un grave reato. Se la denuncia contro una specifica persona risulta infondata o addirittura falsa, il denunciante può essere querelato per diffamazione.

Il giudice per le indagini preliminari

Poiché può accadere che il procuratore, calandosi nella complessità di un'indagine, perda la necessaria lucidità di giudizio, l'ordinamento gli pone a fianco un altro giudice con funzione di controllo.

→ **Il giudice per le indagini preliminari (Gip)** è un magistrato che esercita il controllo sull'attività svolta dal Pm e soprattutto sulla necessità di applicare all'indagato misure restrittive della libertà personale.

Il Tribunale della libertà

E se sbagliassero tutti e due?

Il nostro ordinamento è talmente garantista che, in merito alla **custodia cautelare** dell'indagato, non si fida pienamente né del giudizio del procuratore che l'ha richiesta, né di quello del giudice per le indagini preliminari che l'abbia convalidata. E per evitare eccessi ha istituito uno speciale tribunale chiamato **Tribunale della libertà**.

→ **Il Tribunale della libertà** è un organo istituito nel 1982 e ha sede in ogni capoluogo di Provincia. Suo compito è esaminare, su richiesta degli interessati, i provvedimenti limitativi della libertà personale emessi dal procuratore e convalidati dal Gip.

Se il Tribunale riscontra che nella emissione di tali provvedimenti vi è stata violazione di legge oppure si convince che essi non rispondono a fini di giustizia, può annullarli e disporre la liberazione dell'indagato.

3 Come si svolge il processo penale?

Se le indagini inducono a ritenere con ragionevole certezza che la persona indagata sia realmente responsabile del reato di cui viene accusata, si apre il processo vero e proprio detto anche **dibattimento**.

Sono parti nel processo penale:

- il magistrato che ha guidato l'indagine e che, nelle vesti di Pubblico ministero, sosterrà l'accusa;
- il presunto colpevole che assumerà il ruolo di imputato e dovrà essere obbligatoriamente affiancato da un avvocato difensore.

La difesa, nel processo penale, è un diritto irrinunciabile che la Costituzione riconosce a ogni persona, sia italiana che straniera.

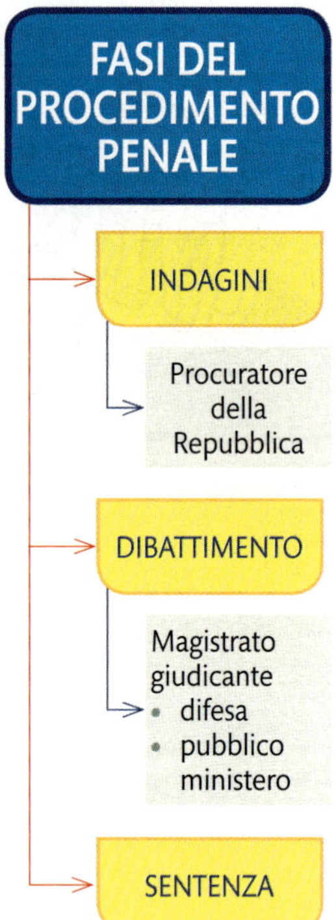

Pertanto:

- se l'imputato, per proprie ragioni, rifiuta di nominare un suo difensore di fiducia, questo verrà nominato d'ufficio dal giudice e l'onorario sarà a carico dell'imputato (**difensore d'ufficio**);
- se l'imputato dimostra di non avere un reddito sufficiente per sostenere le spese legali, verrà assistito da un avvocato pagato dallo Stato (**patrocinio a spese dello Stato**).

L'imputato che non comprende o non parla la lingua impiegata nel processo sarà assistito da un interprete (art. 111, c. 2, Cost.).

All'apertura del dibattimento, i rappresentanti dell'accusa e della difesa si confronteranno, su un piano di parità, davanti al magistrato giudicante. Questi, da una posizione di imparzialità, ascolterà entrambe le parti, esaminerà e valuterà le prove che gli vengono presentate e, quando si sarà creato un sicuro convincimento, emetterà la **sentenza** che potrà essere di assoluzione o di condanna.

Contro questa sentenza, come vedremo tra breve, le parti potranno appellarsi a un giudice di secondo grado e successivamente ricorrere al giudizio della Corte di cassazione.

Quali sono gli organi giudicanti?

Organi giudicanti, nel processo penale di primo grado, sono il *Giudice di pace*, il *Tribunale* e la *Corte d'assise*.

Vediamo brevemente le loro funzioni.

- Il **Giudice di pace** giudica i reati di minore gravità e non può infliggere sanzioni detentive ma solo pecuniarie. Solo nei casi più gravi può imporre alla persona condannata l'obbligo di permanenza domiciliare oppure l'esecuzione di un lavoro di pubblica utilità.

ZOOM

Glossario penale

Il dibattimento è la fase del processo nel quale la difesa e l'accusa dibattono, si confrontano, sostenendo davanti al giudice ciascuna la propria tesi.

Imputato è la persona contro la quale si promuove l'azione penale.

Sentenza deriva da *sentire, ritenere*. E la sentenza è ciò che il giudice *ritiene* giusto in base alla corretta valutazione dei fatti e alle disposizioni di legge.

Motivazione è la parte della sentenza nella quale il giudice spiega come e perché ha preso la sua decisione e deve accompagnare ogni sentenza emessa.

Il patteggiamento è una procedura che tende a evitare i tempi lunghi del processo. Prima che questo si apra, soprattutto se l'esito finale si presenta incerto, il Pm può accordarsi con l'imputato: se questi si dichiarerà colpevole, facendo risparmiare a tutti tempo e denaro, potrà *patteggiare* una riduzione della pena.

Al Giudice di pace si può ricorrere anche contro le sanzioni per violazione del codice della strada.
Contro le sentenze del Giudice di pace ci si può appellare al Tribunale. Non sono appellabili le sentenze che prevedono solo una sanzione pecuniaria.

- Il **Tribunale** giudica i reati che non rientrano nella competenza del Giudice di pace né in quella della Corte d'assise.
- La **Corte d'assise** è composta da due magistrati e da sei giudici popolari (ossia cittadini estratti a sorte da un apposito elenco). Giudica i reati più gravi per i quali è prevista una pena detentiva superiore a 24 anni.

Si può ritirare la denuncia fatta contro una persona?

La risposta è negativa. I reati sono comportamenti molto gravi che devono essere assolutamente perseguiti perché rischiano di compromettere la pace sociale.
La sanzione, pertanto, oltre ad avere una funzione punitiva ha, anche e soprattutto, una funzione dissuasiva. Chi commette un reato deve sapere che, se viene scoperto, non potrà evitare la pena. Ecco perché una volta denunciato un fatto (per esempio un'aggressione subita) l'aggredito non potrà ritirare la denuncia.
Potrà farlo solo se la denuncia riguarda dei reati minori, come la diffamazione, che sono punibili soltanto a querela (cioè a richiesta) della parte offesa.

Quali principi regolano la giurisdizione penale?

La gravità della sanzione nella quale può incorrere chi sia sottoposto a giudizio penale ha indotto il legislatore a dettare alcuni principi a cui occorre uniformarsi nell'amministrazione della giustizia.

Qui ne segnaliamo due che ci sembrano di particolare importanza:

- il **principio della presunzione di non colpevolezza** per effetto del quale l'imputato non può essere considerato colpevole, né trattato come tale, fino a che non è stato condannato in via definitiva;
- il **principio della umanità della pena**, per effetto del quale le pene non possono consistere in trattamenti contrari al senso di umanità e devono tendere alla rieducazione del condannato.

ZOOM

Un giudice può essere indulgente o severo?

La legge lascia al giudice una certa discrezionalità nell'applicazione della pena. Per ciascun reato, infatti, il codice prevede una pena minima e una pena massima. Per esempio l'art. 582 c.p. stabilisce che chiunque cagioni ad altri una lesione personale è punito con la reclusione da tre mesi (pena minima) a tre anni (pena massima). Ciò consente al magistrato non di essere più o meno indulgente a seconda del proprio umore ma, più correttamente, di commisurare la pena ai caratteri specifici del caso che si trova a giudicare. Uno stesso reato, infatti, può essere commesso in un momento di debolezza oppure può essere frutto di un comportamento delinquenziale abituale; può nascere da una casualità o da un piano preordinato; può produrre danni lievi oppure gravi.

Affinché la discrezionalità consentita al giudice non venga impiegata in modo arbitrario egli dovrà sempre motivare, cioè spiegare nella sentenza, le ragioni della sua scelta.

4 Quando si deve ricorrere alla Magistratura civile?

> **Il magistrato civile** si occupa dell'applicazione delle norme di diritto privato.

Compongono il diritto privato (> Unità 1) quelle norme che regolano essenzialmente i rapporti tra privati cittadini, come i rapporti famigliari, i rapporti di lavoro, i rapporti societari, il diritto di proprietà e così via.

Pertanto dovremo rivolgerci al magistrato civile se il debitore non ci paga, se il datore di lavoro non ci accorda le ferie, se il proprietario dell'alloggio di cui siamo inquilini non provvede alle necessarie riparazioni, se il coniuge separato non collabora al mantenimento dei figli e così via.

La violazione delle norme che regolano questo tipo di rapporti non è ritenuta dal legislatore così grave da essere punita con una pena. Per esse è ritenuta sufficiente una **sanzione civile**.

> **La sanzione civile** consiste, il più delle volte, nel risarcimento del danno causato.

Qual è la funzione del difensore?

Avvocato è un termine che viene dal latino *advocare*, cioè chiamare a sé, chiamare in soccorso.

Se vogliamo ricorrere al magistrato civile, ad esempio perché abbiamo venduto un oggetto a un cliente e questi non ci paga il prezzo pattuito, dovremo rivolgerci innanzi tutto a un **avvocato** il quale compirà gli atti necessari per avviare un processo.

A che cosa servono gli avvocati? le parti non potrebbero parlare direttamente con il giudice?

> **Nel processo civile** la presenza dell'avvocato è imposta dalla legge perché, normalmente, le persone non hanno una conoscenza del diritto sufficiente per sostenere validamente in giudizio le proprie ragioni. E senza un'adeguata assistenza rischierebbero di perdere cause che invece potrebbero vincere. Solo davanti al Giudice di pace le parti possono presentarsi senza difensore, ma solo se il valore della causa non supera i 1100 euro (d.l. n. 212/2012).

> **Nel processo penale**, invece, la presenza di un avvocato difensore è imposta dalla legge per tutelare il diritto dell'imputato a un procedimento equo.

Lo svolgimento del processo civile

Il processo civile inizia solo se qualcuno, per mezzo di un avvocato, si rivolge al giudice chiedendo il riconoscimento di un proprio diritto.

> **Le parti** che nel processo civile si confrontano davanti al giudice prendono rispettivamente il nome di *attore* e *convenuto*.

- **Attore** è colui che rivendica un proprio diritto e che dà inizio al processo.
- **Convenuto** è colui che viene chiamato in giudizio e che deve difendersi dalle pretese dell'attore.

Nel corso delle udienze, sia l'attore che il convenuto dovranno fornire al giudice le **prove** di quanto essi affermano. Il giudice, infatti, non può dare credito ad alcuna affermazione che non sia sorretta da **prove certe**.

Le prove possono essere :

- **documentali** (documento informatico, scrittura privata semplice o autenticata, atto pubblico redatto da un notaio);
- **non documentali** (confessione, giuramento e testimonianza).

Quando, sulla base delle prove presentate dalle parti, il giudice si sarà formato un sicuro convincimento, emetterà la sentenza.

Se le ragioni dell'attore verranno riconosciute, il convenuto potrà essere condannato:

- a eseguire la prestazione cui si era obbligato (per esempio consegnare una cosa, pagare una somma di denaro e così via);
- a risarcire il danno che con la sua inadempienza ha procurato;
- a pagare le spese del processo.

Se, invece, le pretese dell'attore verranno respinte, questi potrà essere condannato a pagare le spese del processo, compresi gli onorari degli avvocati.

La prova testimoniale, regolata dal codice civile agli artt. 2721-2726, è considerata dall'ordinamento poco sicura e il valore da attribuire a essa è rimesso, caso per caso, al prudente apprezzamento del giudice.
È da sottolineare che la falsa testimonianza è un reato penale punibile con la reclusione da due a sei anni (art. 372 c.p.) e qualsiasi giudice, abituato per professione a smascherare criminali, non impiega molto a capire se un giovane testimone sta mentendo.

Se le parti si mettono d'accordo possono interrompere il processo?

Ancora una volta dobbiamo evidenziare la differenza tra *processo civile* e *processo penale*.

- **Il processo penale** non si interrompe neppure se la vittima perdona l'imputato, perché è interesse di tutta la collettività (e non solo della vittima) che chi ha commesso un reato venga punito.
- **Il processo civile**, invece, generalmente serve a tutelare l'interesse specifico di chi sostiene di aver subito un danno economico. Pertanto, se costui ritiene più conveniente rinunciare a far valere il proprio diritto o accordarsi con il convenuto, è liberissimo di farlo. Anzi, secondo quanto dispone la legge, è lo stesso giudice che nella prima udienza deve invitare le parti a trovare tra di loro un accordo evitando che il processo abbia inizio.

La negoziazione e la mediazione

Nel tentativo di alleggerire il carico degli uffici giudiziari sono stati recentemente introdotti nell'ordinamento, con legge ordinaria, due nuovi istituti: la **negoziazione assistita** e la **mediazione**.

- **La negoziazione assistita**, regolata dal d.l. n. 132 del 2014, prevede che le parti in lite, piuttosto che intraprendere una lunga vertenza giudiziaria, possano incontrarsi e cercare una soluzione alla controversia **assistiti dai rispettivi avvocati**.
- **La mediazione** è un istituto attraverso il quale le parti in lite, con l'assistenza dei propri difensori, possono rivolgersi a una terza persona qualificata e imparziale (il **mediatore**) che le assiste nella ricerca di un accordo amichevole. Se l'accordo non si raggiunge, le parti possono rivolgersi al giudice.

Secondo gli auspici del legislatore le parti dovrebbero innanzi tutto avvalersi dello strumento della negoziazione assistita. Se questo non pro-

La negoziazione è resa obbligatoria quando la lite ha per oggetto la richiesta di risarcimento dei danni derivanti da circolazione di veicoli o natanti, o crediti fino a 50 000 euro. Solo se attraverso la negoziazione non si trova una soluzione al conflitto, è possibile rivolgersi al giudice. Si dice, in questi casi, che il tentativo di negoziazione è **condizione di procedibilità**.

duce il risultato sperato potrebbero rivolgersi al mediatore e solo nel caso in cui anche questo tentativo di conciliazione fallisse dovrebbero rivolgersi al giudice.

5 Quanti sono i gradi di giudizio?

Al Giudice di pace, dispone l'art. 7 del c.p.c., ci si deve rivolgere per le cause civili relative:
- a beni mobili purché il valore della causa non superi 5000 euro;
- al risarcimento dei danni (fino a 20 000 euro) provocati dalla circolazione di veicoli e di natanti;
- all'uso dei servizi condominiali;
- alle immissioni nelle abitazioni di rumori e altre propagazioni che superino la normale tollerabilità.

Poiché gli errori giudiziari sono sempre possibili, la legge stabilisce (sia per la giurisdizione penale che per la giurisdizione civile) che possano esservi **tre gradi di giudizio**. Il processo, sia **civile** che **penale**, inizia davanti a un giudice di primo grado.

> **Giudici di primo grado** sono:

- il Giudice di Pace, che si occupa di questioni di modico valore e dei reati di minore gravità;
- il Tribunale, che si occupa di tutto ciò che non è di competenza del Giudice di pace e della Corte d'assise;
- la Corte d'assise, che non ha competenza in materia civile e si occupa esclusivamente dei delitti più gravi. È composta da due magistrati e da sei giudici popolari detti giurati.

Contro la sentenza di primo grado si può ricorrere a un giudice di secondo grado. Il ricorso può essere proposto tanto dalla parte che sia stata soccombente nel primo giudizio quanto dalla parte vincitrice che non si ritenga pienamente soddisfatta (per esempio perché in un giudizio civile le è stato riconosciuto il diritto a un risarcimento inferiore a quello richiesto).

> **Il giudice di secondo grado**, o di appello, esamina nuovamente i fatti riguardanti la causa, valuta le prove ed emette una nuova sentenza con la quale potrà confermare o riformare quella emessa dal giudice di primo grado. Contro la decisione del giudice di secondo grado è ammesso un ulteriore ricorso davanti alla Corte di cassazione.

> **La Corte di cassazione**, detta anche Suprema Corte, non riesamina i fatti della causa, ma controlla soltanto che la legge sia stata correttamente applicata. Per tale ragione si dice che essa esprime un giudizio di *legittimità* e non *di merito*.

Se la Corte non riscontra alcuna irregolarità, conferma la sentenza. In caso contrario la **cassa**, cioè la cancella e il processo deve ricominciare davanti a un giudice di grado pari a quello che ha pronunciato la sentenza cassata.

La sentenza diventa definitiva o, come anche si dice, *passa in giudicato*, quando è stata confermata dalla Cassazione oppure le parti hanno lasciato decadere i termini per ricorrere al grado di giudizio superiore.

Legittimità significa conformità a quanto dispone la legge. **Merito** significa *sostanza, contenuto*. E il *giudizio di merito*, espresso da giudici di primo e di secondo grado, è un giudizio che si fonda sulla sostanza dei fatti, che analizza il modo in cui si sono svolti, che valuta il contenuto delle azioni poste in essere dalle parti in causa.

I gradi di giudizio			
Primo grado	**Giudice di pace**	**Tribunale**	**Corte d'assise** (solo per i delitti più gravi)
Secondo grado	Contro le sentenze del Giudice di pace è ammesso il ricorso in **Tribunale**	Contro le sentenze del Tribunale è ammesso ricorso in **Corte d'appello**	Contro le sentenze della Corte d'assise è ammesso ricorso in **Corte d'assise d'appello**
Terzo grado	**Corte di cassazione** Il ricorso è ammesso solo per questioni di corretta applicazione o interpretazione della legge		

La Cassazione e l'interpretazione della legge

Ogni giudice, nel corso del processo, è libero di interpretare le leggi nel modo che ritiene giuridicamente più corretto. Tuttavia tale libertà incontra un limite di fatto nel giudizio della Corte di cassazione.
Questa, se ritiene che la sentenza contro cui è presentato ricorso sia frutto di un'interpretazione errata della legge, la *cassa*, cioè l'annulla, e suggerisce la corretta interpretazione.

Ciò comporta, sul piano pratico, che se un giudice non vuole vedere sistematicamente **cassare** le proprie sentenze deve cercare di uniformarsi alle interpretazioni già fornite dalla Cassazione per altri casi simili. A meno che (e il caso non è raro) egli non ritenga la propria tesi così fondata da indurre la Cassazione a mutare il proprio orientamento.

6 Com'è regolata l'autonomia e l'indipendenza della Magistratura?

L'articolo 104 della Costituzione nel primo comma stabilisce che:
"La Magistratura costituisce un ordine autonomo e indipendente da ogni altro potere".

Per capire l'importanza di questo articolo bisogna considerare che, in linea generale, tutti i soggetti che svolgono un'attività di lavoro dipendente per conto dello Stato sono gerarchicamente subordinati a un ministro competente. I professori, ad esempio, dipendono dal ministro dell'Istruzione che, emanando circolari o regolamenti ne organizza l'attività; i militari dipendono dal ministro della Difesa, la polizia di Stato dal ministro degli Interni e così via. I magistrati, invece, non dipendono da alcun ministro. Essi, stabilisce la norma in esame, costituiscono un ordine *autonomo* e *indipendente*.

> **L'autonomia e l'indipendenza** sono due condizioni indispensabili affinché i giudici possano giudicare in piena serenità e nel solo rispetto della legge senza il rischio di condizionamenti o pressioni.

Chi potrebbe operare condizionamenti o pressioni?

Il CSM è un organo collegiale composto:
- dal primo presidente e dal procuratore generale della Corte di cassazione;
- da 16 magistrati eletti dai loro stessi colleghi;
- da otto membri eletti dal Parlamento riunito in seduta comune scelti tra docenti universitari di materie giuridiche e avvocati con almeno 15 anni di esercizio;
- dal Presidente della Repubblica (che lo presiede).

Innanzitutto potrebbe farlo chi detiene il potere politico e, quindi, soprattutto il Governo. L'esperienza storica ci mostra che quest'organo molto spesso ha cercato di influenzare l'operato della Magistratura.
A volte lo ha fatto per garantire l'impunità ai suoi stessi componenti; altre volte per soffocare scandali che avrebbero compromesso la sua immagine; più spesso per orientare la Magistratura su una linea di giudizio coerente con la politica generale dello Stato. Per evitare che ciò possa nuovamente accadere la Costituzione (art. 105) ha previsto l'istituzione di un organo di autogoverno dei giudici, il **Consiglio Superiore della Magistratura** (in sigla CSM).

> Al **Consiglio Superiore della Magistratura** spetta:
- bandire i concorsi per l'assunzione di nuovi giudici;
- provvedere all'assegnazione delle sedi e agli eventuali trasferimenti;
- adottare le sanzioni disciplinari nei confronti dei magistrati che nell'esercizio delle loro funzioni abbiano violato il dovere di correttezza.

ZOOM

La prescrizione delle pene e dei reati

Quando si prescrivono le pene?

Può accadere che un condannato con sentenza definitiva riesca a sottrarsi per lungo tempo all'esecuzione della pena. In questo caso si può verificare non la prescrizione del reato ma della pena. Secondo quanto dispone l'art. 172 c.p.:
- **la pena della reclusione** si estingue, se non viene scontata, con il decorso di un termine pari al doppio della pena inflitta;
- **la pena della multa** si estingue nel termine di dieci anni;
- **la pena dell'arresto** e dell'ammenda nel termine di cinque anni;
- **la pena** dell'ergastolo è l'unica che non si estingue.

Quando si prescrivono i reati?

È orientamento pressoché unanime della dottrina penalistica che il decorso del tempo renda via via sempre meno utile l'esercizio della funzione repressiva. E tale condivisa considerazione è alla base dell'istituto della prescrizione dei reati.

Il reato si considera prescritto, secondo quanto dispone l'art. 157 del codice penale, se non è intervenuta una sentenza definitiva di condanna entro un termine corrispondente al massimo della pena prevista dalla legge per quel tipo di reato.

Per esempio, se per un reato è prevista la pena massima di dieci anni, la prescrizione scatterà dopo dieci anni da quando il fatto è stato commesso.

Il termine comunque non può essere inferiore a sei anni se si tratta di delitto e a quattro anni se si tratta di contravvenzione.

La prescrizione non estingue i reati per i quali la legge prevede la pena dell'ergastolo.

MAPPA che cosa hai imparato

In questa Lezione hai imparato che cosa è la Magistratura e come essa amministri la giustizia con autonomia e indipendenza. Hai imparato che la Magistratura ordinaria si divide in due rami, penale e civile, e che entrambi prevedono tre gradi di giudizio, l'ultimo dei quali davanti alla Cassazione. Hai anche scoperto quali sono le fasi che compongono il processo penale e quali soggetti entrano in azione in ciascuna di esse. Infine, hai imparato a conoscere i caratteri del processo civile e gli istituti della negoziazione assistita e della mediazione.

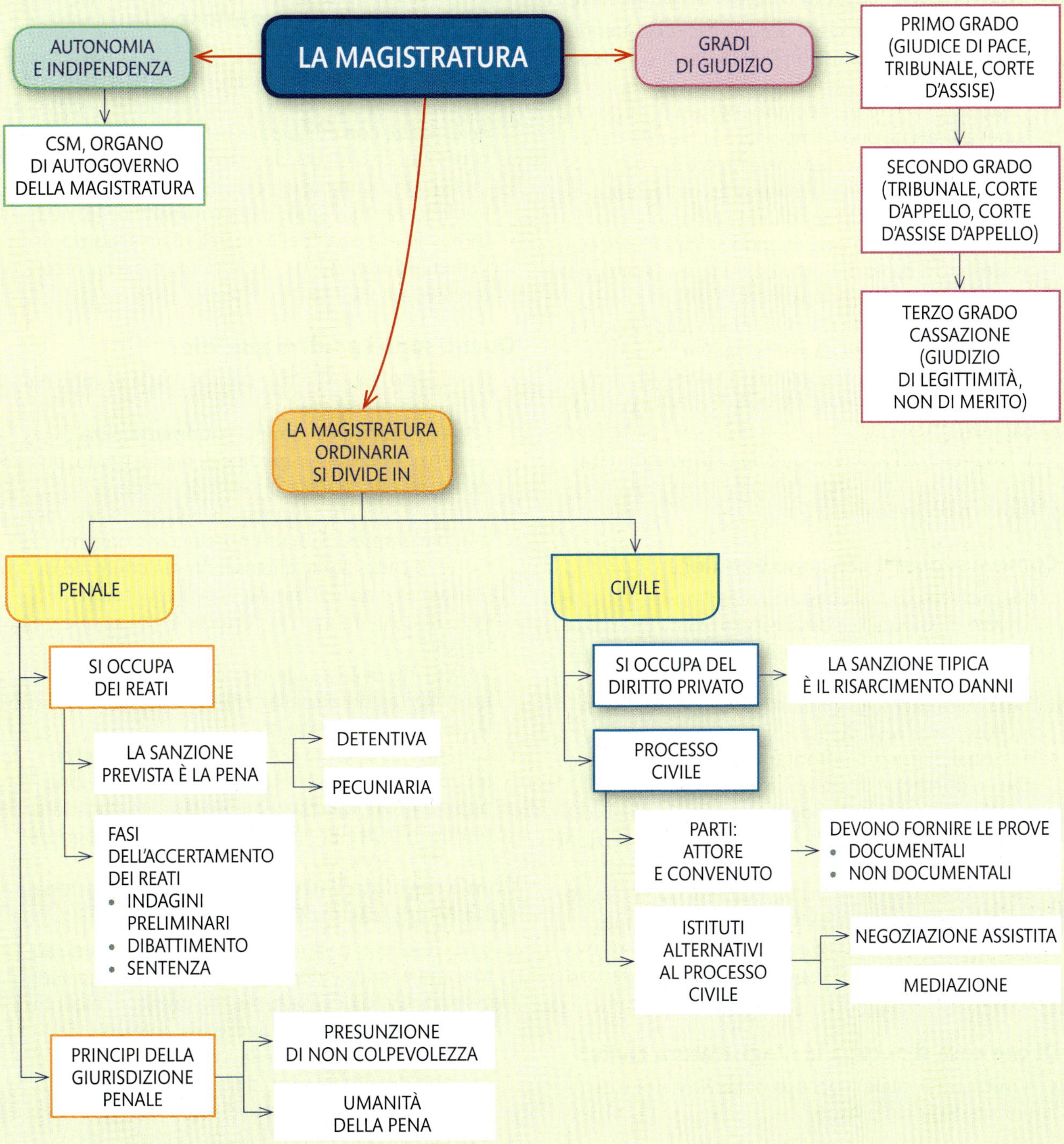

Lezione 20 riguardando gli appunti

Che cos'è la Magistratura?

- La Magistratura è l'insieme dei giudici a cui è affidato il compito di applicare la legge al caso concreto, risolvendo le controversie e applicando le sanzioni previste dalla legge.
- I giudici sono autonomi e indipendenti e svolgono le loro funzioni in posizione di terzietà.
- La Magistratura ordinaria si divide in due grandi rami: penale e civile.

Di che cosa si occupa la Magistratura penale?

- La Magistratura penale si occupa esclusivamente dei reati, cioè di quei comportamenti che violano le leggi penali.
- I reati sono illeciti particolarmente gravi, tanto che la pena prevista può comportare la perdita della libertà personale (reclusione e arresto).
- Tra i magistrati penali, i Procuratori della Repubblica sono coloro che guidano le indagini della polizia giudiziaria e che, quando si apre il processo, assumono il ruolo di Pubblico ministero sostenendo l'accusa contro l'imputato.
- Il Giudice per le indagini preliminari (Gip) esercita un controllo sull'attività svolta dal Pm, in particolare sulla necessità di applicare all'indagato misure restrittive della libertà personale (come la custodia cautelare).
- Il Tribunale della libertà esamina i provvedimenti restrittivi della libertà personale emessi dal Procuratore e convalidati dal Gip.

Come si svolge il processo penale?

- Nel processo penale il presunto colpevole assume il ruolo di imputato e deve essere affiancato da un avvocato difensore. La difesa è un diritto costituzionalmente garantito a tutti.
- Il magistrato che ha guidato le indagini sostiene l'accusa nelle vesti di Pm.
- Accusa e difesa si confrontano davanti a un giudice che, in posizione di imparzialità, ascolterà entrambe le parti e quando si sarà creato un sicuro convincimento emetterà la sentenza di assoluzione o di condanna.
- L'imputato gode della presunzione di non colpevolezza fino alla sentenza definitiva di condanna.
- Gli organi giudicanti nel processo penale di primo grado sono il Giudice di pace, il Tribunale e la Corte d'assise.

Di che cosa si occupa la Magistratura civile?

- Il magistrato civile si occupa della violazione delle norme di diritto privato.
- La sanzione civile consiste, il più delle volte, nel risarcimento del danno causato.
- Nel processo civile si confrontano davanti al giudice l'attore (cioè colui che rivendica un proprio diritto e che ha dato inizio al processo) e il convenuto (cioè colui che deve difendersi dalle pretese dell'attore).
- Sia l'attore che il convenuto devono fornire al giudice le prove (documentali e non documentali) di quanto essi affermano.

Che cosa sono la negoziazione e la mediazione?

- Per alleggerire il carico degli uffici giudiziari il legislatore ha introdotto gli istituti della *negoziazione assistita*, con cui le parti cercano di risolvere la controversia assistite dai rispettivi avvocati, e della *mediazione*, con cui le parti, assistite dai difensori, si rivolgono a una figura terza e imparziale (il mediatore) che le assiste nella ricerca di un accordo. Se la mediazione non ha buon esito, le parti possono rivolgersi al giudice.

Quanti sono i gradi di giudizio?

- Il processo, sia civile che penale, inizia davanti a un giudice di primo grado.
- La parte che non si ritenga soddisfatta dalla sentenza emessa dal giudice di primo grado, può ricorrere a un giudice di secondo grado.
- Contro la sentenza emessa dal giudice di secondo grado è ammesso un ulteriore ricorso davanti alla Corte di cassazione, che esercita un controllo di *legittimità* e non di merito (cioè non riesamina i fatti di causa ma solo la corretta applicazione della legge).
- Se la Corte di cassazione non riscontra alcuna irregolarità conferma la sentenza. In caso contrario la *cassa*, cioè la cancella.
- La sentenza diventa definitiva (*passa in giudicato*) quando è stata confermata dalla Cassazione oppure quando le parti hanno lasciato decadere i termini per passare al grado di giudizio superiore.

Com'è regolata l'autonomia e l'indipendenza della Magistratura?

- L'art. 104 Cost. definisce la Magistratura come autonoma e indipendente, e con ciò intende proteggere l'operato dei magistrati da pressioni e condizionamenti da parte di ogni altro potere.
- Il Consiglio Superiore della Magistratura (CSM) è l'organo di autogoverno della Magistratura. Esso si occupa, fra le altre cose, di applicare sanzioni disciplinari nei confronti dei magistrati.

verifica mettiti alla prova

1. Completa la mappa concettuale utilizzando le seguenti parole:

diritto privato ~ Consiglio Superiore della Magistratura (CSM) ~ giudici ~ indipendente ~ reati ~ sanzione.

- MAGISTRATURA
  - È ORGANO AUTONOMO E ....
  - AUTOGOVERNO: ....
  - INSIEME DEI .... A CUI È AFFIDATO IL COMPITO DI GIUDICARE SULLA VIOLAZIONE DELLE NORME E DI APPLICARE LA .... PREVISTA DALLA LEGGE
  - CIVILE SI OCCUPA DELLA VIOLAZIONE DELLE NORME DI ....
  - PENALE SI OCCUPA DEI ....

2. Scegli la risposta corretta.

1 Sono parti nel processo penale:
a. la vittima e l'imputato
b. la vittima, l'imputato e il Pm
c. l'imputato e il Pm
d. l'imputato, il Pm, e il magistrato giudicante

2 Sono chiamati *giudici di merito*:
a. i giudici di primo grado
b. i giudici di primo e di secondo grado
c. i giudici di Cassazione
d. i giudici più bravi

3 Qual è la differenza tra delitti e reati?
a. reati sono chiamati i delitti di minore gravità
b. delitti sono chiamati i reati di maggiore gravità
c. i due termini hanno identico significato
d. reati sono violazioni delle norme di diritto civile mentre i delitti sono violazioni delle norme di diritto penale

4 Sono parti nel processo civile:
a. l'attore e il convenuto
b. l'attore, il convenuto e il giudice
c. il convenuto e il Pubblico ministero
d. l'attore, il convenuto e i rispettivi difensori

3. Rispondi alle seguenti domande.

A Quali giudici sono di primo, secondo e terzo grado?
B In quali casi si ricorre alla Magistratura civile?
C Quali sono le fasi del processo penale?
D In che modo sono tutelate l'autonomia e l'indipendenza della Magistratura?

4. Barra con una crocetta la risposta che ritieni esatta e motiva il perché.

1 Le forze dell'ordine collaborano con la Magistratura civile e penale. SÌ NO
perché? ....

2 Il Giudice di Pace è un giudice di secondo grado. SÌ NO
perché? ....

3 La Corte di cassazione è giudice di merito. SÌ NO
perché? ....

4 I condannati a pene detentive possono ricorrere al Tribunale della libertà. SÌ NO
perché? ....

5 L'imputato non può essere considerato colpevole prima che la sentenza divenga definitiva. SÌ NO
perché? ....

5. Svela il crittogramma.

Sostituisci ogni numero con una lettera dell'alfabeto. A numero uguale corrisponde lettera uguale!

A	B	C	D	E	F	G	H	I	J	K	L	M	N	O	P	Q	R	S	T	U	V	W	X	Y	Z

_ _ M _ G _ S _ R _ _ _ _ R _ È _ N _ R G _ N _

_ _ _ _ N _ M _ _ _ N D _ _ _ _ N D _ N _ _ _ .

Unità 6 sei pronto per la verifica? in un'ora

1. Scegli la risposta corretta.

1 **Compongono il Governo:**
a. tutti i partiti della maggioranza
b. il Presidente del Consiglio e i ministri
c. il Presidente della Repubblica e i ministri
d. il Presidente del Consiglio, i ministri e il Consiglio dei ministri

2 **I decreti legislativi sono adottati dal Governo su delega:**
a. del Parlamento
b. della Corte costituzionale
c. del Presidente del Consiglio
d. del Presidente della Repubblica

3 **Il Presidente della Repubblica rimane in carica:**
a. cinque anni
b. sette anni e può essere rieletto
c. sette anni e non può essere rieletto
d. fin quando non riceva una mozione di sfiducia da parte del Parlamento

4 **Le leggi regionali sono deliberate:**
a. dalla Giunta regionale
b. dal Consiglio regionale
c. dal Presidente della Regione
d. dal Presidente e dalla Giunta congiuntamente

5 **Contro gli atti della PA che ledano un interesse legittimo si può ricorrere in primo grado:**
a. al Tar
b. alla Corte dei conti
c. al giudice ordinario
d. al Consiglio di Stato

6 **Nel processo penale si confrontano davanti al giudice su un piano di parità:**
a. l'attore e il convenuto
b. la vittima e l'imputato
c. l'imputato e i testimoni
d. il Pubblico ministero e il difensore dell'imputato

7 **Se un debitore rifiuta di pagare il proprio debito il creditore può rivolgersi:**
a. alle forze dell'ordine
b. al magistrato civile
c. al magistrato penale
d. al difensore civico

8 **Il Consiglio Superiore della Magistratura è:**
a. un organo consultivo del ministro della Giustizia
b. un organo consultivo del Governo per le questioni giuridiche
c. l'organo di autogoverno dei giudici
d. un tribunale speciale

9 **L'interesse legittimo è:**
a. un interesse del soggetto ritenuto meritevole di tutela
b. un interesse non in contrasto con alcuna legge
c. l'interesse a che la PA operi nel rispetto della legge
d. l'interesse di ogni soggetto ad avere leggi giuste

10 **Il controllo di costituzionalità viene operato dalla Corte costituzionale:**
a. prima che la legge venga approvata
b. prima che la legge venga promulgata
c. prima che la legge venga pubblicata
d. successivamente per effetto di un ricorso diretto o incidentale

11 **Se il Presidente del Consiglio si dimette:**
a. si sciolgono le Camere
b. si dimette tutto il Governo
c. il Governo rimane in carica e il Presidente viene sostituito
d. il Governo rimane in carica e vengono sostituiti il Presidente e i sottosegretari

12 **Il Presidente della Repubblica può presentare al Parlamento disegni di legge?**
a. sì, sempre
b. sì, ma solo se sono controfirmati da un ministro competente
c. sì, ma solo in casi straordinari di necessità e di urgenza
d. no, mai

13 **Gli atti del Presidente della Repubblica debbono essere controfirmati da un ministro competente:**
a. per trasferire la responsabilità di tali atti al ministro
b. per confermare che l'atto proviene effettivamente dal Presidente
c. per limitare i poteri del Presidente
d. per consentire al Presidente di controllare gli atti del Governo

14 **Con il termine legislatura si intende:**
a. il periodo di tempo che intercorre tra un'elezione e l'altra delle Camere
b. il periodo di tempo in cui rimane in carica il Governo
c. il periodo di tempo in cui rimane in carica il Presidente della Repubblica
d. l'attività di formazione delle leggi

2 punti per ogni risposta esatta

Punti: ..../28

ZTE

Punteggio massimo: 100 punti | Sufficienza: 60 punti

2. Collega le parole della colonna di sinistra con le corrispondenti espressioni.

1	Delitti	a.	fase del processo in cui la difesa e l'accusa si confrontano
2	Presidente della Repubblica	b.	controlla gli atti della Pubblica Amministrazione
3	Iter legislativo	c.	Parlamento della Regione
4	Governo	d.	adotta decreti legge
5	Interesse legittimo	e.	giudice amministrativo
6	Consiglio regionale	f.	resta in carica sette anni
7	Dibattimento	g.	passaggi che deve fare il progetto di legge per essere approvato
8	Corte dei conti	h.	reati gravi

2 punti per ogni risposta esatta
Punti: ..../16

3. Sai qual è la differenza tra...

Camera dei deputati	Senato ....
Tar	Consiglio di Stato ....
Legge ordinaria	Legge regionale ....
Decreto legge	Decreto legislativo ....

5 punti per ogni risposta esatta
Punti: ..../20

4. Rispondi alle seguenti domande.

A Com'è costituito il Parlamento italiano?
B Qual è la funzione delle Commissioni permanenti?
C Come sono resi trasparenti gli atti della Pubblica Amministrazione?
D Qual è la funzione della Magistratura civile?

9 punti per ogni risposta esatta
Punti: ..../36

5. L'ESPERTO RISPONDE **Metti alla prova le tue competenze.**
Il Presidente della Repubblica viene anche chiamato Capo dello Stato. Vorrei sapere se è veramente un "capo" che ordina e comanda.

NEWS

n° 7

L'Unione europea e il sistema delle fonti

UN SISTEMA PIÙ AMPIO. NEL 1957 L'ITALIA È STATA UNO DEI PAESI FONDATORI DELLA COMUNITÀ EUROPEA, L'ANTENATA DELL'UNIONE EUROPEA (UE). L'APPARTENENZA ALL'UE HA PORTATO MOLTI CAMBIAMENTI, A PARTIRE DAL SISTEMA DELLE FONTI DEL DIRITTO. NON SOLO LE FONTI SONO PIÙ NUMEROSE, MA QUELLE NAZIONALI COESISTONO CON LE FONTI EUROPEE: ANCHE SE SPESSO NON CE NE RENDIAMO CONTO, MOLTE LEGGI CHE REGOLANO LA NOSTRA VITA NON SONO ESPRESSIONE IMMEDIATA DEI PARLAMENTI NAZIONALI, MA PROVENGONO DALL'UE. PER ESEMPIO, GRAN PARTE DELLE NORME CHE CI TUTELANO QUANDO ACQUISTIAMO UN PRODOTTO SONO DI MATRICE EUROPEA. QUESTO NATURALMENTE AMPLIA LE RISORSE GIURIDICHE A NOSTRA DISPOSIZIONE, MA SOLLEVA ANCHE QUALCHE INTERROGATIVO. ■

Secondo te, l'Ue potrebbe funzionare se ogni Stato membro avesse leggi completamente diverse dagli altri?

A-Digit, iStock.

I cittadini di tutti gli Stati Ue, dai più avanzati ai più svantaggiati, godono dello stesso livello di diritti e libertà?

Arthimedes, Shutterstock.

L'Unione europea può emanare atti normativi che hanno lo stesso rango delle leggi. Possiamo dire che il potere legislativo non è più un'esclusiva dei Parlamenti nazionali?

Botond Horvath, Shutterstock.

Gli Stati membri dell'Ue hanno rinunciato a una quota della loro autonomia in nome di importanti obiettivi comuni. Sapresti indicare almeno un'importante conquista ottenuta grazie all'Europa unita?

s_oleg, Shutterstock.

Uno spartito COMUNE.

Miceking, Shutterstock.

La tutela del consumatore è solo uno dei settori in cui l'Unione europea è intervenuta per dettare regole comuni ai ventisette Stati membri. L'Italia, al pari degli altri Paesi Ue, le ha recepite incorporandole nelle proprie leggi. Il risultato è che oggi le leggi di tutti gli Stati membri appaiono omogenee o, come si dice, "armonizzate": un po' come se ventisette musicisti di un'orchestra suonassero lo stesso spartito, anche se con strumenti diversi. Questo permette a tutti i cittadini che vivono dentro i confini dell'Unione – non importa se Italiani, Olandesi, Greci o Polacchi – di condividere un nucleo comune di regole, diritti e libertà. Ma c'è un altro aspetto da considerare.

Il ruolo dei Parlamenti nazionali

Se l'Ue è il direttore d'orchestra in grado di dettare uno spartito comune agli Stati membri, è chiaro che i Parlamenti nazionali non sono più gli unici protagonisti della produzione legislativa. Quel ruolo ora lo condividono con le istituzioni dell'Unione europea. Ciò significa che gli Stati sono un po'meno sovrani e un po'meno autonomi che in passato? In parte è così. La rinuncia a una quota di autonomia non è però frutto di un'imposizione, ma di una scelta libera e volontaria degli Stati. E, nel caso dell'Italia, è prevista dalla stessa Costituzione.

Settant'anni di pace

L'Italia "consente alle limitazioni di sovranità necessarie ad un ordinamento che assicuri la pace e la giustizia fra le Nazioni" (art. 11 Cost.). Ed è proprio questo lo spirito con cui è nata l'idea di un'Europa unita dopo le atrocità della Seconda guerra mondiale. L'obiettivo di instaurare una pace duratura in un continente da sempre funestato dalle guerre è stato raggiunto. Malgrado i gravi problemi che oggi affliggono l'Unione europea, non dobbiamo dimenticare che la rinuncia volontaria degli Stati a una porzione di autonomia ha garantito il più lungo periodo di pace che l'Europa ricordi.

Rawpixel.com, Shutterstock.

ATTIVITÀ

1. Per cominciare.

Osserva le fotografie della pagina accanto. In base a quello che hai imparato, sai rispondere alle domande contenute nelle didascalie?

2. Crea i collegamenti.

Considera ora le immagini come se fossero i fotogrammi di un'unica sequenza.
Che cosa le tiene insieme? Quali sono i collegamenti fra l'una e l'altra?
Puoi procedere in questo modo:

- **osserva**: che cosa vedi nella prima fotografia?
- **interpreta**: perché quell'immagine rimanda al mondo del diritto?
- **crea i collegamenti**: quale può essere il legame tra la prima e la seconda fotografia? Che cosa aggiunge la seconda fotografia alla prima?
- Prosegui così per le immagini successive.

UNITÀ 7

Le grandi organizzazioni internazionali

LEZIONE 21

Il diritto internazionale

COMPETENZE DI UNITÀ

COMPETENZE DI ASSE

- Individuare e valutare gli effetti, sul piano interno, dell'appartenenza dell'Italia all'Unione europea e ad altri organismi internazionali come l'ONU e la NATO.
- Individuare il ruolo e i limiti delle diverse istituzioni dell'Unione europea
- Suggerire le linee necessarie per un rilancio del progetto europeo

CONOSCENZE

- Conoscere l'importanza del diritto internazionale a garanzia della pace e dello sviluppo della comunità mondiale
- Conoscere le disposizioni costituzionali in merito al diritto internazionale
- Conoscere le finalità e le funzioni delle maggiori organizzazioni internazionali
- Conoscere le principali funzioni delle istituzioni dell'Unione europea

ABILITÀ

- Saper cogliere i vantaggi ed eventuali svantaggi dell'adesione all'Unione europea
- Saper individuare l'organizzazione alla quale far riferimento per la soluzione di un problema internazionale
- Saper individuare l'istituzione dell'Unione europea alla quale far riferimento per la soluzione di un dato problema

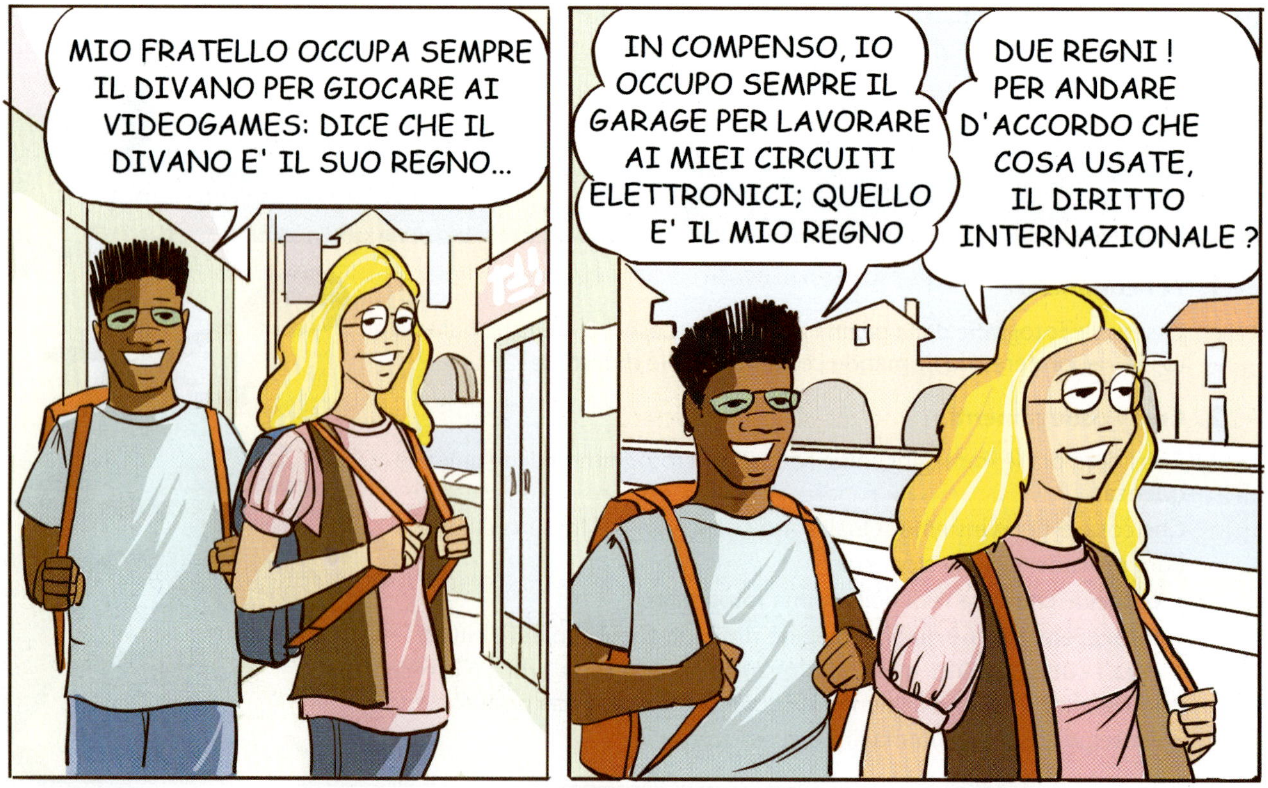

1 Quali sono le fonti del diritto internazionale?

→ **Diritto internazionale** è chiamato l'insieme delle norme che regolano i rapporti tra gli Stati.

Dobbiamo subito aggiungere che si tratta di un diritto piuttosto particolare perché le norme che lo compongono non sono imposte né fatte rispettare da un'autorità superiore. Come abbiamo visto nella Lezione 5, tutti gli Stati si considerano *sovrani* e *indipendenti* e nessuno è disposto a riconoscere un'autorità esterna superiore alla propria che ponga regole e ne imponga il rispetto magari con l'uso della forza.

Pertanto, le norme che regolano i rapporti internazionali, siano essi di natura commerciale, militare o assistenziale, derivano soltanto:

- da *consuetudini* tradizionalmente accettate,
- da *trattati* liberamente stipulati.

→ **Le consuetudini internazionali** sono regole che si sono andate formando nel tempo attraverso la ripetizione costante e uniforme di comportamenti adottati dagli Stati nella convinzione di adempiere a un dovere giuridico.

Per esempio, rispettare i convogli e gli accampamenti della Croce Rossa è una regola alla quale gli Stati sono andati spontaneamente adeguandosi, cosicché essa è ormai diventata una *consuetudine internazionale*. La stessa cosa può dirsi delle regole che consentono al personale diplomatico di evitare i controlli doganali; che estendono alle navi e agli aerei che si trovino in acque o in cieli internazionali la sovranità dello Stato nel quale tali mezzi di trasporto sono stati immatricolati; che rendono l'alto mare aperto e libero, cosicché ciascuno Stato può utilizzarlo nel rispetto della libertà degli altri Stati.

Le consuetudini sono considerate **fonti primarie** del diritto e come tali devono (o dovrebbero) essere rispettate da ogni Paese.

→ **I trattati** sono accordi con i quali due o più Paesi disciplinano questioni di interesse comune.

A differenza delle consuetudini essi vincolano al loro rispetto soltanto gli Stati che li hanno sottoscritti.

Se all'accordo partecipano due soli Paesi il trattato si dice **bilaterale**; se vi partecipano più Paesi si dice **plurilaterale**.

I trattati normalmente divengono efficaci dopo essere stati **ratificati**, cioè approvati dagli organi competenti di ciascuno Stato.

In Italia i trattati vengono ratificati dal Presidente della Repubblica. Solo se l'oggetto del trattato è particolarmente importante il Presidente, prima di procedere alla ratifica, deve ricevere una espressa autorizzazione delle Camere.

Oggetto dei trattati possono essere i temi più vari. Si concludono trattati di pace, trattati per la regolamentazione dei confini, trattati di cooperazione, trattati di collaborazione militare, trattati di natura economica e trattati per l'istituzione di organismi sovranazionali, come l'ONU, la NATO, la Ue e così via.

I Romani facevano grande uso di trattati con i quali cercavano di rendere vantaggioso per i popoli vinti rimanere sotto il dominio di Roma. Ma soprattutto cercavano di approfondire le differenze tra un popolo e l'altro cosicché i vinti non si coalizzassero. Questa tecnica è sintetizzata nel motto *divide et impera*.

Ratifica è un termine che deriva dal latino *ratum facere*, fare valido, convalidare.

Alla famiglia dei trattati appartengono anche altri tipi di accordi, generalmente indicati come **convenzioni** o **carte**.

Rientrano in questa categoria, per esempio, le convenzioni che regolano la navigazione aerea, l'estensione delle acque territoriali, i diritti di pesca, ecc.

Per cogliere la distinzione tra le convenzioni e gli altri trattati occorre considerare che solitamente i trattati sono accordi **chiusi** ai quali non tutti i Paesi vengono invitati a partecipare. Per esempio, se due o tre Stati concludono tra loro un accordo per favorire i reciproci scambi commerciali, non è detto che vogliano estendere tale accordo a tutti quelli che vorrebbero parteciparvi.

→ **Le convenzioni**, invece, sono trattati aperti nati proprio con l'auspicio che tutti vi aderiscano e si uniformino alle regole in essi contenute.

Per esempio, con la *Convenzione sul diritto del mare* gli Stati firmatari, tra cui l'Italia, si sono impegnati a non estendere le proprie acque territoriali oltre le dodici miglia marine dalla costa e auspicano che tutti gli altri Stati sottoscrivano tale accordo al fine di creare una regolamentazione uniforme.

Che cosa accade se uno Stato non rispetta le norme del diritto internazionale?

L'obbligo di rispettare i trattati trova fondamento nell'antica consuetudine latina *pacta sunt servanda* ("i patti vanno rispettati").

Poiché, come abbiamo già detto, non esiste un'autorità sovranazionale che possa imporre con la forza l'osservanza di tali norme, non vi è alcuna certezza che esse vengano rispettate. Pertanto, quando si verifica la violazione di un *trattato* (aperto o chiuso) o di una *consuetudine*, lo Stato che ne subisce gli effetti deve adoperarsi per trovare una soluzione diplomatica al conflitto. Può chiedere, a questo scopo, la solidarietà degli altri Stati; può invocare l'applicazione di sanzioni economiche; può minacciare ritorsioni anche gravi e infine, se nulla giova, può ricorrere alle armi, sebbene questa sia sempre la soluzione meno auspicabile.

Per quanto riguarda l'Italia, il rispetto delle consuetudini internazionali è reso obbligatorio dall'**articolo 10 della Costituzione**. Ne consegue che sarebbe incostituzionale, e quindi nulla, qualsiasi legge approvata dal Parlamento che violasse una consuetudine internazionale.

2 Quali sono le principali organizzazioni internazionali?

Generalmente i trattati e le convenzioni si limitano a stabilire regole che gli Stati firmatari si impegnano poi a rispettare. Ma può accadere che per raggiungere alcune specifiche finalità occorra creare una stabile organizzazione, con dirigenti e impiegati, con una dotazione finanziaria adeguata e, talvolta, con organismi politici che assumano decisioni a cui gli Stati membri dovranno poi adeguarsi. Si formano così le *organizzazioni internazionali*.

Attualmente queste organizzazioni sono piuttosto numerose e perseguono finalità spesso di grande rilievo. Ma non potendo occuparci di tutte, limiteremo la nostra attenzione ad alcune particolarmente importanti.

Di seguito, pertanto, ci occuperemo:

- dell'**ONU**, che ha assunto un carattere universale in quanto riunisce ormai quasi tutti gli Stati del globo;
- della **NATO**, che è diventata l'organizzazione militare sicuramente più rilevante al mondo;
- e dell'**Unione europea**, a cui dedicheremo le Lezioni 22 e 23.

3 Quando è sorta l'Organizzazione delle Nazioni Unite?

→ **L'Organizzazione delle Nazioni Unite (ONU)** è nata con l'ambizioso proposito di garantire una pace duratura nel mondo.

Il primo tentativo di conseguire questo obiettivo era stato operato, subito dopo la fine del primo conflitto mondiale, con la creazione della ***Società delle Nazioni***. Ma evidentemente i tempi non erano ancora maturi, come dimostrò inequivocabilmente lo scoppio della Seconda guerra mondiale. Tuttavia, l'idea di creare un organismo capace di prevenire i conflitti non venne accantonata e nell'ottobre del 1943, ancora in pieno conflitto, si riunì a Mosca una conferenza, alla quale parteciparono quattro grandi potenze (Stati Uniti, Regno Unito, Unione Sovietica e Cina), per assumere gli accordi necessari a promuovere una nuova organizzazione finalizzata al mantenimento della pace e della sicurezza internazionale e aperta alla partecipazione di tutti gli Stati.

Il 25 aprile 1945 i rappresentanti di 51 Paesi si riunirono a San Francisco, in California, e dopo due mesi di lavori deliberarono la nascita della **Organizzazione delle Nazioni Unite**.

Aderiscono oggi a questa Organizzazione 193 Stati.

Non sono membri dell'ONU, ma hanno comunque lo status di osservatori permanenti: lo Stato della Città del Vaticano, la Regione Antartica (che è rappresentata da un comitato internazionale) e l'isola di Taiwan, in quanto è considerata una regione della Cina. Alla Palestina, nel 2012, l'Assemblea generale dell'ONU ha riconosciuto il ruolo di "Stato osservatore".

4 Quali sono gli organi dell'ONU?

La sede centrale dell'ONU conosciuta anche come "Palazzo di Vetro" si trova al numero 760 della *United Nations Plaza* di New York. Fu costruita tra il 1949 e il 1950 su un terreno vicino all'*East River* a Manhattan grazie anche a una donazione di 8,5 milioni di dollari devoluta da John D. Rockefeller Jr.

Gli organi dell'ONU a cui è demandato essenzialmente il compito di trovare un accordo tra le parti in conflitto sono:

- l'Assemblea generale;
- il Consiglio di sicurezza;
- il Segretario generale;
- la Corte internazionale di giustizia.

→ **L'Assemblea generale** è l'organo che più di altri ha la funzione di favorire l'incontro e il dialogo tra i popoli. Si riunisce almeno una volta all'anno nel Palazzo di Vetro delle Nazioni Unite, a New York, e a essa partecipano i rappresentanti di quasi tutti gli Stati del mondo.

In questa sede ciascuno può sollevare le proprie proteste o difendere le proprie scelte. Se un Paese viene imputato di un comportamento scorretto ha la possibilità di esporre le proprie ragioni, di conoscere e valutare le opinioni degli altri e regolarsi di conseguenza. Se vi è una situazione di conflitto l'Assemblea può votare delle **risoluzioni** con le quali invita le parti interessate a cessare comportamenti ostili o comunque pregiudizievoli per la pace.

In seno all'Assemblea la votazione avviene a maggioranza e ciascun Paese, grande o piccolo, ricco o povero, ha diritto a un solo voto.

Che cosa accade se i Paesi a cui vengono indirizzate le risoluzioni non si adeguano?

Le risoluzioni non hanno un valore vincolante ed è possibile che i Paesi a cui sono rivolte decidano di ignorarle. In questi casi è previsto l'intervento di un altro organo dell'ONU: il *Consiglio di sicurezza*.

ORGANI DELL'ONU
- Assemblea generale
- Consiglio di sicurezza
- Segretario generale
- Corte internazionale di giustizia

→ **Il Consiglio di sicurezza** è l'organo al quale sono affidate le principali responsabilità per il mantenimento della pace.

Quando viene sottoposta alla sua attenzione una questione che può costituire una minaccia per la pace, esso deve adottare tutti i provvedimenti che appaiono idonei a raggiungere una composizione della controversia.

Solo se la via della mediazione non produce risultati apprezzabili può decretare sanzioni contro i Paesi in conflitto. E solo in casi veramente gravi, quando appaia minacciata la pace generale, può decidere di intraprendere azioni militari.

Quest'organo è composto da quindici membri, cinque dei quali sono *permanenti*, mentre gli altri dieci vengono rinnovati per elezione ogni due anni.

Sono membri permanenti le potenze uscite vincitrici dalla Seconda guerra mondiale: **Stati Uniti**, **Regno Unito**, **Francia**, **Cina** e **Federazione Russa**.

L'Italia è stata eletta membro non permanente del Consiglio di sicurezza dell'ONU per il biennio 2007-2009.

Le decisioni del Consiglio di sicurezza vengono prese a maggioranza, ma affinché siano valide occorre l'adesione di tutti i membri permanenti.

Se uno solo di questi si oppone, il provvedimento viene respinto, anche se gli altri 14 hanno votato a favore. Ciascuno dei membri permanenti viene ad assumere, pertanto, una sorta di *potere di veto*.

Un ruolo importante nella ricerca di soluzioni pacifiche alle controversie è affidato anche al *Segretario generale* dell'ONU.

→ **Il Segretario generale** viene eletto dall'Assemblea ogni cinque anni e può intraprendere, di propria iniziativa, indagini e tentativi di mediazioni.

Alcuni segretari dell'ONU si sono distinti per aver risolto, con il proprio personale intervento, numerose e gravi controversie.

→ **La Corte internazionale di giustizia** è un organo giudiziario con sede all'Aia.

A essa possono ricorrere gli Stati membri per risolvere questioni di natura giuridica, come le contese sui confini, sui diritti di pesca, sui diritti di sfruttamento minerario e su altre materie previste dallo statuto.

Il Segretario generale delle Nazioni Unite per il quinquennio 2017-2022 è il portoghese Antonio Gutierres, che sostituisce il sudcoreano Ban Ki-moon.

5 Quali sono le più frequenti ragioni di conflitto?

Gli organi dell'ONU che abbiamo sopra esaminato (Assemblea generale, Consiglio di sicurezza e Segretario generale) evidenziano la loro utilità soprattutto quando si profila l'ipotesi di un conflitto fra Stati o tra gruppi etnici all'interno di uno stesso Stato.

Ma nella struttura dell'ONU sono previsti anche altri organi cui è affidato il compito di **prevenire** le ragioni di conflitto.

Quali possono essere queste ragioni?

Non c'è dubbio che i motivi per litigare sono sempre tanti. Ma alcuni sono assolutamente prevedibili. Le radici di molti conflitti (soprattutto quelli che interessano i Paesi in via di sviluppo) sono individuate dallo Statuto delle Nazioni Unite (art. 42):

- nella **povertà**,
- nel **razzismo**,
- nella **repressione**,
- nelle **divisioni sociali ed economiche**.

Per cercare di rimuovere queste cause di disagio e di sofferenza sono state create, all'interno dell'ONU, 11 specifiche organizzazioni (o *agenzie*) che operano attivamente in tutto il mondo. Tra le più note ricordiamo l'**UNICEF**, che si occupa della tutela dell'infanzia; la **FAO**, che opera nel campo agricolo e alimentare; l'**OIL**, che si occupa della tutela dei lavoratori e del dramma del lavoro minorile nel mondo; l'**OMS**, l'Organizzazione mondiale per la sanità.

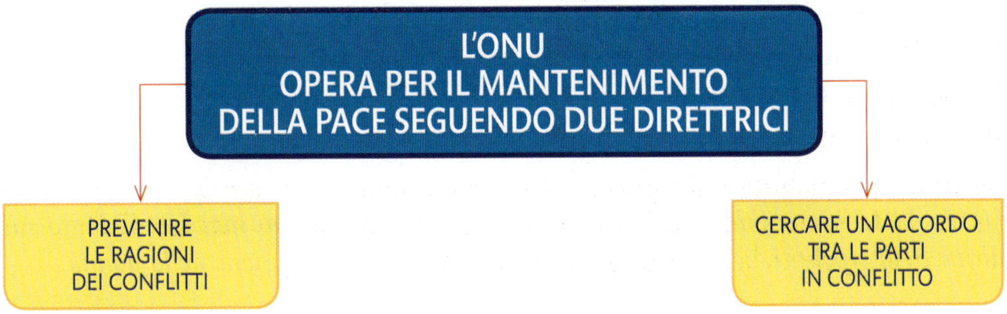

ZOOM

I problemi di difficile soluzione dell'ONU

Perché l'ONU, con tutti i mezzi di cui dispone, non riesce a fermare le guerre?

Le ragioni, com'è comprensibile, sono molte, ma di grande rilevanza è il fatto che gli interventi delle Nazioni Unite sono deliberati dagli Stati membri e gli Stati, sia che siedano in Assemblea o nel Consiglio di sicurezza, non smettono mai di rappresentare se stessi e i propri interessi economici, politici e militari. Qualsiasi decisione assunta, pertanto, non può che essere il frutto di una complessa e spesso lunga mediazione tra le parti, volta a superare resistenze soprattutto di natura politica ed economica. Non è raro, infatti, che le grandi potenze abbiano interessi strategici o commerciali da tutelare, soprattutto nei *Paesi emergenti*, cosicché molti interventi delle Nazioni Unite in queste aree vengono spesso ostacolati o ritardati.

I "caschi blu" sono l'esercito dell'ONU?

L'ONU non ha un proprio esercito permanente e i cosiddetti *caschi blu* sono contingenti militari messi a disposizione dagli Stati membri e possono essere inviati dal Consiglio di sicurezza in quelle zone del globo dove c'è rischio che scoppi una guerra o, più spesso, dove una guerra è appena terminata e la pace è ancora instabile. Il loro compito è generalmente quello di controllare il rispetto del cessate il fuoco, di pattugliare le zone smilitarizzate e di interporsi tra i contendenti in modo da evitare che riprendano gli scontri armati. Salvo che abbiano un mandato particolare, essi possono impiegare le armi di cui sono dotati solo per legittima difesa e mai per favorire l'una o l'altra delle parti in conflitto. Per questo vengono chiamati *truppe di pace*.

Perché, nonostante l'impegno delle "agenzie", più di un miliardo di persone vive al di sotto della soglia di sussistenza?

Anche questa volta la risposta è complessa, ma almeno tre ragioni possiamo individuarle:

- innanzi tutto assistere i Paesi in via di sviluppo ha un costo e i governi dei Paesi ricchi, cui spetterebbe finanziare gli interventi dell'ONU, sono terribilmente avari;
- in secondo luogo i Governi locali non sempre gradiscono interferenze esterne e non è raro che gli aiuti umanitari vengano intercettati da gruppi di potere e gestiti a loro esclusivo vantaggio;
- in terzo luogo, dispiace constatarlo, ma le "agenzie" sono apparati costosissimi che assorbono per il loro funzionamento (stipendi, uffici, viaggi e così via) gran parte della loro dotazione finanziaria.

6 L'ONU e la tutela dei diritti umani

Vi sono diritti che ciascuno di noi percepisce come irrinunciabili e che, secondo unanime riconoscimento, appartengono a tutti gli esseri umani, chiunque essi siano e ovunque essi si trovino. Rientrano nel patrimonio di ogni essere umano il diritto a un'esistenza libera e dignitosa, il diritto a una sufficiente alimentazione, il diritto di essere considerati innocenti fin quando non venga provata la propria responsabilità, il diritto al lavoro e alla libertà personale, il diritto di associazione e di manifestazione del pensiero, il diritto di non essere discriminati in base alla religione, al colore della pelle, al sesso, alle opinioni politiche.

Sul piano internazionale tali diritti trovano il più forte riconoscimento nella **Dichiarazione universale dei diritti dell'uomo**, approvata dall'Assemblea generale dell'ONU il 10 dicembre 1948.

Da questa dichiarazione sono derivate, in tempi successivi, numerose *convenzioni*, tra le quali ricordiamo la *Convenzione internazionale sui diritti dell'infanzia*, la *Convenzione sull'eliminazione delle discriminazioni razziali*, il *Patto sui diritti civili e politici*, la *Convenzione sul divieto di discriminazione della donna*.

Quale valore hanno questi documenti?

Questi documenti non hanno, né possono avere, un valore vincolante. Come sappiamo, ciascuno Stato è sovrano sul proprio territorio e nessuna organizzazione internazionale può intervenire in via diretta nei suoi affari interni. Ciò tuttavia non deve indurci a credere che essi siano privi di valore.

Sul piano ideale questi documenti hanno un valore elevatissimo perché contengono una chiara condanna morale verso qualsiasi forma di tirannide, di oppressione, di sfruttamento, di discriminazione.

Sul piano pratico il riconoscimento internazionale dei diritti dell'uomo, della donna, del bambino, del lavoratore, conferisce legittimità e vigore ai movimenti che, all'interno di ciascun Paese, si impegnano contro le discriminazioni e le disuguaglianze.

7 Che cosa è la NATO?

Sono attualmente membri della NATO i seguenti Paesi: Italia, Francia, Germania, Belgio, Paesi Bassi, Lussemburgo, Norvegia, Danimarca, Islanda, Canada, Portogallo, Regno Unito, Stati Uniti, Grecia, Turchia, Spagna, Repubblica Ceca, Polonia, Ungheria, Bulgaria, Estonia, Lettonia, Lituania, Romania, Slovacchia, Slovenia, Albania, Croazia.

Durante la Seconda guerra mondiale l'Unione Sovietica si è trovata a essere alleata con gli Stati Uniti e con i maggiori Paesi europei nella lotta contro le truppe nazifasciste. Ma con la fine della guerra questa alleanza si è rotta. L'Unione Sovietica non solo non ritirava i propri soldati dai Paesi occupati durante l'avanzata verso la Germania, ma mostrava chiaramente di voler estendere la propria influenza anche su altri Paesi europei.

Sono stati questi segnali inquietanti a indurre alcuni Paesi (Belgio, Francia, Lussemburgo, Paesi Bassi, Regno Unito, Islanda, Danimarca, Italia, Norvegia, Portogallo, Canada e USA) a stringere un patto di difesa reciproca e comune.

Nel 1949 essi sottoscrissero a Washington il *Trattato del Nord Atlantico*, chiamato anche *Patto Atlantico*, con il quale si dava vita a un'organizzazione politico-militare denominata *North Atlantic Treaty Organization*, in sigla **NATO**. Successivamente, e in tempi diversi, hanno aderito al trattato altri Paesi. Oggi gli Stati membri sono 28 e sono in programma nuove adesioni.

Il trattato si compone di 14 articoli piuttosto sintetici e la funzione difensiva dell'accordo è dichiarata nell'**art. 5** che così dispone:

"Le parti convengono che un attacco armato contro una o più di esse in Europa o nell'America settentrionale, sarà considerato come un attacco diretto contro tutte le parti e di conseguenza convengono che se un tale attacco si producesse, ciascuna di esse [...] assisterà la parte o le parti così attaccate [...]."

L'art. 5 è stato invocato un'unica volta nella storia della NATO, e ciò è avvenuto a opera del Governo degli Stati Uniti d'America all'indomani dell'attentato dell'11 settembre 2001 alle torri gemelle di New York.
Altre volte le truppe NATO sono intervenute nelle aree calde del mondo su mandato del Consiglio di sicurezza delle Nazioni Unite.

Le decisioni di intervento sono assunte da un organo chiamato **Consiglio Nord Atlantico** che si riunisce almeno una volta per settimana ed è composto dai rappresentanti di tutti gli Stati membri.

Non ho capito bene la differenza tra ONU e NATO.

Può capitare, all'osservatore poco attento, di operare una certa confusione tra i due organismi. Ciò è dovuto essenzialmente a due fattori. Innanzitutto i principali *partner* della NATO (USA, Francia e Regno Unito) sono anche tre dei cinque membri permanenti del *Consiglio di sicurezza* dell'ONU. In secondo luogo sia la NATO che l'ONU hanno come obiettivo il mantenimento della pace e da questa coincidenza di interessi talvolta nasce una stretta collaborazione. Può accadere, per esempio, che le forze NATO intervengano in una certa area del mondo su mandato dell'ONU.

Ciò non di meno le due organizzazioni sono del tutto distinte:

- l'ONU è un'organizzazione che riunisce quasi tutti gli Stati del pianeta;
- la NATO è un'alleanza di tipo militare che riunisce, a scopo difensivo, solo alcuni Paesi dell'area euroatlantica.

8 Che cosa è il Consiglio d'Europa?

Il Consiglio d'Europa è una organizzazione alla quale aderiscono oggi 47 Stati, sorta nel 1949 con l'obiettivo prioritario di favorire lo sviluppo della democrazia e la tutela dei diritti umani. Il Consiglio ha promosso numerose *convenzioni*, tra le quali assume grande rilievo la **Convenzione europea dei diritti dell'uomo**.

Uno speciale tribunale, con sede a Strasburgo, denominato **Corte europea dei diritti dell'uomo**, giudica sulle violazioni delle convenzioni da parte dei Paesi membri. A essa può appellarsi ciascun cittadino degli Stati membri che lamenti il mancato rispetto, da parte del proprio Governo, di uno o più articoli della Convenzione. Fino a ora ricorsi inoltrati dai cittadini italiani hanno avuto prevalentemente come oggetto la durata eccessiva dei processi e della detenzione preventiva.

9 Che cosa è l'OCSE?

Sono membri dell'OCSE: Australia, Austria, Belgio, Canada, Danimarca, Finlandia, Francia, Germania, Giappone, Regno Unito, Grecia, Irlanda, Islanda, Italia, Lussemburgo, Messico, Norvegia, Nuova Zelanda, Paesi Bassi, Polonia, Portogallo, Repubblica Ceca, Repubblica di Corea, Repubblica Slovacca, Spagna, Stati Uniti, Svezia, Svizzera, Turchia, Ungheria.

L'Organizzazione per la Cooperazione e lo Sviluppo Economico (OCSE) è stata istituita nel 1960, con sede a Parigi, in sostituzione di una precedente organizzazione sorta per amministrare gli aiuti americani all'Europa dopo la fine della seconda guerra mondiale.

Obiettivo principale dell'Organizzazione è favorire gli investimenti, l'occupazione e il miglioramento del tenore di vita nel rispetto dei limiti posti dalla necessità di salvaguardare l'ambiente.
La sua attività non è circoscritta ai soli Paesi membri, ma si estende a oltre 70 Paesi le cui economie, in via di sviluppo, necessitano di un concreto aiuto per raggiungere standard accettabili di crescita.

Attualmente fanno parte dell'OCSE 30 Paesi, ma è in programma un consistente ampliamento.

MAPPA che cosa hai imparato

LOSAI?

In questa Lezione hai imparato a conoscere il diritto internazionale, cioè l'insieme delle norme che regolano i rapporti fra gli Stati. Hai scoperto quali sono le fonti del diritto internazionale, cioè le consuetudini e i trattati, e in che modo esse vincolano gli Stati. Hai anche imparato a conoscere alcune delle più importanti organizzazioni internazionali, come l'ONU, la NATO e il Consiglio d'Europa, soffermandoti sugli obiettivi e il funzionamento di ciascuna di esse.

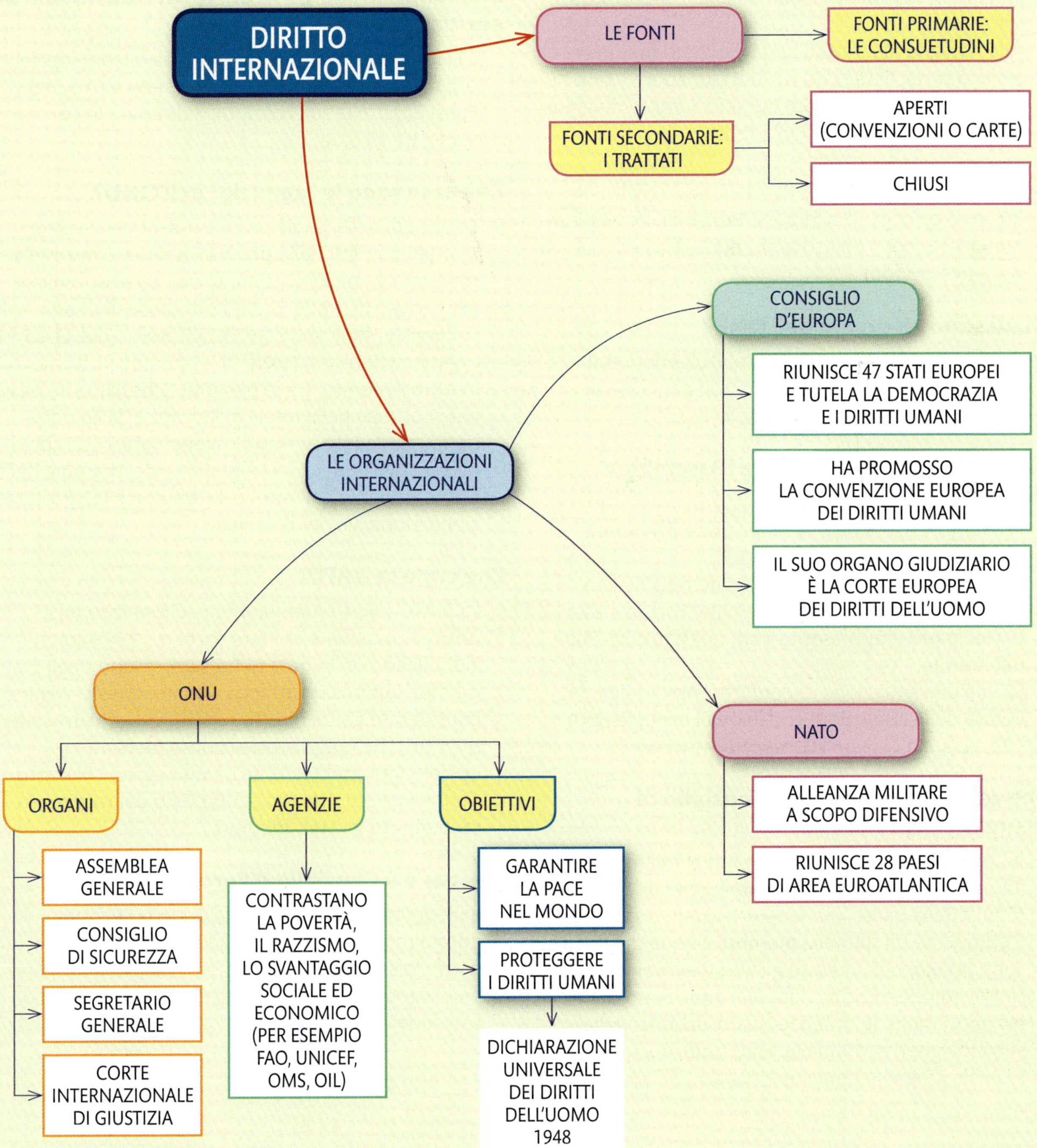

Lezione 21 riguardando gli appunti

Che cos'è il diritto internazionale?

- Il diritto internazionale regola i rapporti tra Stati ed è composto da consuetudini e da trattati.
- Le *consuetudini* internazionali sono regole che si sono andate formando nel tempo attraverso la ripetizione costante di comportamenti adottati dagli Stati nella convinzione di adempiere a un dovere giuridico. Sono vincolanti per tutti gli Stati.
- I *trattati* sono degli accordi con cui due o più Stati regolano questioni di interesse comune. Sono vincolanti soltanto per gli Stati che li hanno sottoscritti.
- Alla famiglia dei trattati appartengono le *convenzioni*, o *carte*. Esse sono dei trattati "aperti", cioè nati con l'auspicio che un numero sempre maggiore di Stati decida via via di aderire.

Che cos'è l'ONU?

- L'ONU è un'organizzazione internazionale costituita nel 1945 con l'obiettivo primario di mantenere la pace nel mondo.

Quali sono gli organi dell'ONU?

- Organi dell'ONU sono: l'Assemblea generale, il Consiglio di sicurezza, il Segretario generale, la Corte internazionale di giustizia.

Che cos'è e che ruolo svolge l'Assemblea generale ONU?

- L'Assemblea generale ha la funzione di favorire l'incontro e il dialogo tra i popoli.
- Si riunisce almeno una volta l'anno nel Palazzo di vetro delle Nazioni Unite, a New York, e a essa partecipano i rappresentanti di quasi tutti gli Stati nel mondo.
- Se vi è una situazione di conflitto l'Assemblea può votare delle risoluzioni con le quali invita le parti interessate a cessare i comportamenti ostili.

Che cos'è e come opera il Consiglio di sicurezza ONU?

- Il Consiglio di sicurezza è l'organo al quale sono affidate le principali responsabilità per il mantenimento della pace.
- È composto da quindici membri, cinque dei quali sono *permanenti*, mentre gli altri dieci vengono rinnovati per elezione ogni due anni. Sono membri permanenti le potenze uscite vincitrici dalla seconda guerra mondiale: Stati Uniti, Regno Unito, Francia, Cina e Federazione russa.
- Le decisioni del Consiglio di sicurezza vengono prese a maggioranza, ma affinché siano valide occorre l'adesione di *tutti i membri permanenti*. Ciascuno di essi ha, pertanto, un *potere di veto*.

Che ruolo ha il Segretario generale ONU?

- Il Segretario generale viene eletto dall'Assemblea ogni 5 anni, e può intraprendere di propria iniziativa indagini e tentativi di mediazione.

Che funzioni svolge la Corte internazionale di giustizia?

- La Corte internazionale di giustizia è il principale organo giudiziario dell'ONU. Ha sede all'Aia, nei Paesi Bassi, e la sua funzione è dirimere le controversie tra gli Stati.

Che cosa sono le "agenzie" dell'ONU?

- Lo *Statuto delle Nazioni Unite* individua le radici di molti conflitti nella povertà, nel razzismo, nella repressione, nelle divisioni sociali ed economiche.
- Per cercare di rimuovere queste cause di disagio e di sofferenza, sono state create, all'interno dell'ONU, 11 organizzazioni (o *agenzie*) che operano attivamente in tutto il mondo. Tra le più note ricordiamo: l'*Unicef*, che si occupa della tutela dell'infanzia; la *Fao*, che opera nel campo agricolo e alimentare; l'*OIL*, che si occupa della tutela dei lavoratori e del dramma del lavoro minorile nel mondo: l'*Oms*, che è l'Organizzazione mondiale per la sanità.

Che cos'è la NATO?

- La NATO (*North Atlantic Treaty Organization*) è un'organizzazione militare sorta nel 1949 con funzioni difensive. In base al trattato, se uno degli Stati membri subisce un attacco armato, questo viene considerato come diretto contro tutti gli altri Stati membri, che reagiscono di conseguenza.
- Le decisioni sono assunte da un organo chiamato *Consiglio Nord Atlantico*, composto dai rappresentanti di tutti gli Stati membri.

Che cos'è il Consiglio d'Europa?

- È un'organizzazione fondata dopo la seconda guerra mondiale per proteggere i diritti umani e favorire lo sviluppo della democrazia. Ha un organo giudiziario, la Corte europea dei diritti dell'uomo, con sede a Strasburgo.

verifica mettiti alla prova

1. Completa la mappa concettuale utilizzando le seguenti parole:

Consiglio Nord Atlantico ~ mantenere la pace ~ organismo militare ~ Stati ~ trattati.

2. Scegli la risposta corretta.

1 Il diritto internazionale è composto:
   a. da trattati e regolamenti
   b. da trattati e consuetudini
   c. solo da trattati
   d. da leggi internazionali

2 Sono membri permanenti del Consiglio di sicurezza dell'ONU:
   a. USA, Regno Unito, Francia, Germania, Russia
   b. USA, Regno Unito, Francia, Cina, Russia
   c. Regno Unito, Francia, Italia, Germania, Belgio
   d. Russia e America

3 Per i Paesi membri dell'ONU le risoluzioni dell'Assemblea hanno valore:
   a. vincolante
   b. non vincolante
   c. facoltativo
   d. determinante

4 L'Italia è stata membro del Consiglio di sicurezza dell'ONU?
   a. una volta
   b. due volte
   c. tre volte
   d. mai

3. Rispondi alle seguenti domande.

A Che cos'è la NATO?

B Quali sono gli organi dell'ONU?

C In che modo vengono regolati i rapporti internazionali?

D In quale "dichiarazione" trova il più forte riconoscimento la tutela dei diritti umani?

4. Barra con una crocetta la risposta che ritieni esatta e motiva il perché.

1 L'ONU è un'organizzazione militare molto importante. **SÌ NO**

perché? ....

2 L'Italia è fra i Paesi membri permanenti del Consiglio di sicurezza dell'ONU. **SÌ NO**

perché? ....

3 Nelle votazioni dell'Assemblea generale dell'ONU i Paesi più grandi dispongono di più voti. **SÌ NO**

perché? ....

4 L'OIL è un'agenzia dell'ONU nata per la regolamentazione del mercato del petrolio. **SÌ NO**

perché? ....

5 Oggi fanno parte della NATO la maggior parte dei Paesi del mondo. **SÌ NO**

perché? ....

5. Svela il crittogramma.

Sostituisci ogni numero con una lettera dell'alfabeto. A numero uguale corrisponde lettera uguale!

A	B	C	D	E	F	G	H	I	J	K	L	M	N	O	P	Q	R	S	T	U	V	W	X	Y	Z
												26	14	19	5		12	22	4	10					

S _ _ O N _ O   _ ' O N U   _ _   _ _ U S _   _ _
22 23 6 19 14 8 19   15 19 14 10   15 2   6 2 10 22 2   8 9

M O _ T _   _ O N _ _ _ T T _   È   _ _   P O _ _ R T À .
26 19 15 4 9   6 19 14 16 15 9 4 4 9   15 2   5 19 17 23 12 4

UNITÀ 7

Le grandi organizzazioni internazionali

LEZIONE 22

L'Unione europea

VIDEOSIMULATORE
FAI LA TUA SCELTA
Il diritto comunitario

1 Sussulti nell'Unione europea

Se è vero che tutte le bandiere trasmettono un messaggio, è certo che il messaggio contenuto nella bandiera europea è di grande ottimismo. Il cerchio di dodici stelle in campo azzurro, che compare al centro del vessillo, vuole infatti rappresentare gli **ideali di unità**, **solidarietà** e **armonia** che dovrebbero legare tra loro tutti i popoli d'Europa.
Questo simbolo è stato scelto dal Parlamento europeo nel 1983, in un momento in cui il processo di unificazione viveva una delle fasi più favorevoli e sembrava veramente che il *cerchio di stelle* potesse saldarsi.

Oggi gli umori sono molto cambiati e si avverte un diffuso risorgere degli egoismi nazionali e un rafforzamento delle spinte centrifughe. Ne è stato esempio palese l'uscita del Regno Unito dall'Unione, decisa con referendum popolare nel giugno del 2016. Un'uscita di scena inaspettata e senza precedenti, che solleva diversi interrogativi sugli scenari futuri.

ZOOM

L'uscita del Regno Unito dall'Unione europea

Per diversi decenni entrare a far parte dell'Unione europea è stata l'aspirazione di molti Stati. Lo testimonia il numero sempre crescente di Paesi che si sono aggiunti alla famiglia Ue, che dai sei Stati fondatori del 1950 è cresciuta fino a raggiungere quota ventotto membri.

A lungo quindi l'immagine della Ue è stata quella di una meta verso cui tendere. Recentemente, però, la capacità attrattiva dell'Unione europea ha subito un duro colpo. Nel giugno del 2016, per la prima volta dalla nascita della Ue, uno dei Paesi membri ha deciso di percorrere la strada nel senso inverso: il Regno Unito ha clamorosamente deciso, con referendum popolare, di abbandonare l'Unione in cui era entrata nel 1973. Vediamo più da vicino che cosa è accaduto.

Il referendum sulla "Brexit"

Il 23 giugno 2016 nel Regno Unito si è svolto il referendum popolare sulla "Brexit", espressione nata dalla fusione fra *British* ed *exit* (uscita). L'uscita o meno del Regno Unito dall'Ue era appunto l'oggetto della consultazione. Due le alternative sottoposte al voto dei cittadini: restare nell'Ue (*remain*) oppure andarsene (*leave*).

Sostenitori del *leave* erano il partito nazionalista dell'Ukip e i movimenti anti-europeisti; sostenitori del *remain* erano le forze di sinistra ma anche una parte dei conservatori, tra cui lo stesso premier Cameron. Ribaltando le previsioni della vigilia, sono stati i *leave* a prevalere con il 52% dei voti.

Il valore del referendum

La vittoria del *leave* ha costretto il premier alle dimissioni e ha sollevato un acceso dibattito sul futuro dell'Europa. È importante specificare però che il referendum, pur avendo un valore politico molto forte, non decreta di per sé l'uscita del Regno Unito dalla Ue: l'uscita di uno Stato membro si compie solo al termine della procedura di *recesso unilaterale* appositamente prevista dal Trattato Ue.

Come si esce dall'Unione europea

Il Trattato di Lisbona del 2009 ha introdotto espressamente la possibilità per gli Stati di uscire dall'Ue. Il fatto che prima del 2009 i trattati non prevedessero questa facoltà dimostra quanta fiducia vi fosse in un'integrazione europea sempre più stretta e irreversibile. Nessuno immaginava che uno Stato potesse desiderare di andarsene.

Oggi invece questa possibilità è prevista all'*art. 50 del Trattato Ue*, secondo cui ogni Paese membro può decidere di recedere unilateralmente dall'Unione europea, in conformità con le proprie norme costituzionali. La procedura di recesso è così articolata:

- lo Stato deve notificare la sua intenzione di recedere al Consiglio europeo;
- Il Consiglio europeo presenta le sue osservazioni allo scopo di pervenire con lo Stato a un *accordo* con cui regolare le modalità del recesso e le future relazioni dello Stato recedente con l'Unione europea;
- l'accordo deve essere approvato dal Parlamento europeo. Una volta approvato, il Consiglio europeo delibera a maggioranza qualificata il recesso dello Stato;
- i Trattati comunitari cessano di essere applicabili al Paese recedente nel momento in cui *entra in vigore* l'accordo di recesso. Se non si riesce a raggiungere un accordo, i Trattati cessano di essere applicabili allo Stato *due anni dopo* la notifica della decisione di recedere.

Un ripensamento è possibile?

Sì. Lo Stato recedente può chiedere di aderire nuovamente all'Unione europea attivando una nuova procedura di adesione.

2 Come nasce l'idea di un'Europa unita

L'idea di fare degli europei un unico popolo è tutt'altro che recente. Già nella prima metà dell'Ottocento troviamo gli auspici di un'Europa unita negli scritti di Giuseppe Mazzini. Ma palesemente i tempi non erano ancora maturi. Sono dovuti passare più di cento anni e almeno quattro guerre perché quell'idea venisse presa in seria considerazione.

Il nome Europa viene dal greco *Europe*, che significa "grandi occhi". Narra la mitologia che "Europa grandi occhi" era la figlia bellissima del re di Tiro. Di lei si innamorò Zeus che, sotto le spoglie di un grande toro, la rapì e la condusse a Creta. Dal loro amore nacquero tre figli. Il primo, Minosse, divenne re di Creta e fu l'iniziatore di quella civiltà cretese che è stata poi la culla della civiltà europea. E il nostro continente deve il suo nome (forse) alla madre di Minosse, una bellissima principessa... dai grandi occhi.

La spinta decisiva è arrivata dopo la tragedia della Seconda guerra mondiale. I Paesi europei erano usciti stremati dal conflitto e nessuno aveva più la forza né la convenienza di proseguire sulla via della contrapposizione frontale.

L'Europa non era più il centro del mondo e la scena internazionale era ormai dominata da due grandi superpotenze: a est l'Unione delle Repubbliche Socialiste Sovietiche (URSS) e a ovest gli Stati Uniti d'America.
Non vi era dubbio, ormai, che per riacquistare un ruolo significativo nel contesto internazionale i Paesi europei dovessero voltare pagina e intraprendere la via della collaborazione sia sul piano economico sia su quello politico.
Tuttavia, se la strada da seguire appariva chiara, la disponibilità a percorrerla era tutt'altro che totale. I maggiori Paesi europei (in quel momento Regno Unito e Francia) non erano affatto disposti a rinunciare al proprio prestigio internazionale e a porsi in seconda fila dietro la bandiera di una ipotetica organizzazione europea.

In quegli anni, ad avere una forte vocazione europeista era in realtà una ristretta *élite* di politici e intellettuali tra i quali ricordiamo i francesi Jean Monnet e Robert Schuman, il cancelliere tedesco Konrad Adenauer, gli italiani Alcide De Gasperi e Altiero Spinelli. Costoro, con maggiore lucidità di altri, intuirono quale storica occasione sarebbe stata la costituzione in Europa di un grande stato federale simile agli USA. Ma si rendevano anche conto di quanto sarebbe stato difficile superare le resistenze nazionali.

E allora che cosa fecero?

Le opinioni su come bisognasse operare per vincere le resistenze erano diverse. Alcuni sostenevano l'opportunità di procedere in modo graduale.
Altri, come l'italiano Spinelli, sostenevano la necessità di presentare subito un progetto di Europa federale. Alla fine prevalse la linea *gradualista* sostenuta dal francese Monnet.
La sua tesi era sostanzialmente la seguente: gli Europei sono ancora troppo intrisi dei residui del nazionalismo per proporre loro di superare d'un colpo il concetto di stato-nazione. Meglio coinvolgerli prima in una collaborazione di natura economica, come la creazione di una vasta area di libero scambio, i cui vantaggi sono chiari a tutti e non comportano eccessive rinunce alla sovranità.
In un secondo momento, quando gli Stati avessero cominciato a digerire l'idea di delegare alcune funzioni a uno o più organismi comuni e avessero cominciato a superare le reciproche diffidenze, sarebbe stato possibile iniziare a lavorare su una *unione politica*, cominciando a dare vita a un Parlamento europeo, a un esercito europeo, a una politica estera europea, e così via.
L'Europa avrebbe cominciato ad affacciarsi sullo scenario internazionale con tutto il peso di una grande potenza economica e militare, sicuramente alleata con gli Stati Uniti ma anche capace di intervenire in modo autonomo nella

soluzione dei grandi problemi internazionali. E ciò avrebbe favorito la nascita, tra i cittadini, di un *orgoglio europeo* che sarebbe stato la giusta spinta emotiva verso un completo processo federativo.

Vedremo che l'intuizione di Monnet e dei suoi collaboratori era giusta per la parte che riguardava l'adesione al progetto di *integrazione economica*, ma era molto ottimista per quanto riguardava la successiva fase dell'integrazione politica.

3 Dall'Europa dei pochi all'Europa dei molti

Coerente con la sua impostazione, Jean Monnet cominciò a gettare le basi di una collaborazione economica puntando sulla nascita di una organizzazione *sovranazionale* che assumesse il compito di regolare un mercato comune europeo nel settore carbosiderurgico.
Nella sua fase iniziale il progetto doveva interessare lo sfruttamento dei bacini carboniferi della Ruhr e della Saar, che da sempre erano stati oggetto di contesa tra Francia e Germania, ma in prospettiva era aperto all'adesione di altri Paesi europei.
L'iniziativa ebbe successo e all'accordo aderirono, oltre alla Francia e alla Germania federale, anche l'Italia, il Belgio, i Paesi Bassi e il Lussemburgo.

Il carbone, dopo la Seconda guerra mondiale, era ancora un combustibile di grande importanza, paragonabile a quella che il petrolio avrebbe assunto pochi anni più tardi.
L'acciaio (prima che venissero inventate le plastiche dure) era ancora un elemento indispensabile nell'industria.

Nel 1951 nasceva così la prima *comunità europea* denominata **CECA**, cioè *Comunità economica del carbone e dell'acciaio*.

I positivi risultati di questa esperienza indussero gli stessi sei Paesi a dar vita, nel **1957**, con il **Trattato di Roma**, ad altre due *Comunità*:

- **la CEEA**, cioè *Comunità europea per l'energia atomica*, detta anche *Euratom*, istituita con lo scopo di realizzare fra gli Stati aderenti la cooperazione nel campo scientifico e nell'utilizzazione a scopi pacifici dell'energia atomica;
- **la CEE**, *Comunità economica europea*, nata per favorire la collaborazione tra gli Stati membri in tutto il campo economico, dall'agricoltura, all'industria, al commercio.

Con il Trattato di Roma prendeva vita quella che per alcuni anni venne da tutti chiamata l'**Europa dei sei**.

Come aveva previsto Monnet, la forza di attrazione delle tre *Comunità* fu notevole, soprattutto per gli indubbi vantaggi che esse comportavano sul piano economico. E così, in tempi diversi, i Paesi membri sono diventati sempre più numerosi. In particolare sono stati accolti:

- nel 1973 l'Irlanda, il Regno Unito e la Danimarca;
- nel 1981 la Grecia;
- nel 1986 la Spagna e il Portogallo;
- nel 1994 l'Austria, la Finlandia e la Svezia.
- nel 2004 la Polonia, l'Ungheria, la Repubblica Ceca, la Slovacchia, l'Estonia, la Lettonia, la Lituania, la Slovenia, Malta e Cipro;
- nel 2007 la Bulgaria e la Romania;
- nel 2013 la Croazia.

Cittadini dell'Unione europea sono circa 507 milioni contro i 320 milioni degli USA e i 143 milioni della Federazione Russa.

Altri Paesi, come l'Islanda, la Serbia, il Montenegro, potrebbero entrare nell'Unione in tempi brevi, mentre per la Macedonia e la Turchia si prevedono tempi più lunghi.

Accesso ed esclusione nell'Unione europea

Come si entra a fare parte dell'Unione europea?

Perché un Paese possa essere accolto nella Ue deve:

- essere un Paese europeo;
- avere istituzioni stabili che garantiscano la democrazia, riconoscano lo Stato di diritto, rispettino le minoranze e tutelino i diritti umani;
- accettare la legislazione della Ue, soprattutto riguardo agli obiettivi principali dell'unione politica, economica e monetaria.

I negoziati di adesione per verificare la sussistenza di questi requisiti si svolgono tra il Paese candidato e la Commissione europea.

Se i negoziati danno esito positivo, la decisione di far entrare nella Ue il nuovo Stato deve essere presa dal Consiglio all'unanimità e dal Parlamento europeo a maggioranza assoluta dei suoi membri.

Da ultimo, il trattato di adesione deve essere ratificato da ogni Stato membro.

Si può essere "cacciati" dall'Unione europea?

Occupandoci della Brexit abbiamo visto come uno Stato membro possa decidere di lasciare volontariamente l'Unione europea, seguendo la procedura dettata dall'art. 50 del Trattato Ue. Non è prevista invece una procedura che consenta di "cacciare" uno Stato dall'Unione europea, nemmeno se commette gravi violazioni dei Trattati. In tali casi, però, l'art. 7 del Trattato Ue prevede la possibilità di sospendere lo Stato dal godimento di alcuni diritti, come il diritto di voto all'interno del Consiglio.

4 Che cosa rende difficile il processo di integrazione

Il punto di arrivo del progetto di *integrazione europea*, secondo gli auspici dei padri fondatori, dovrebbe essere la trasformazione dell'Europa in un grande *Stato federale*.

Uno Stato federale, lo ricordiamo (> Lezione 6), è composto dall'unione di più Stati, ciascuno dei quali conserva il proprio territorio, il proprio popolo e gran parte della propria sovranità. Ma alcune importanti funzioni sono affidate a un'organizzazione centrale chiamata *Stato federale*.

All'apparato federale generalmente è riservata la gestione dei rapporti internazionali, la difesa militare, la politica economica e monetaria.

In Europa la possibilità di creare un'organizzazione politica di questo tipo ha sempre incontrato resistenze molto forti.

Chi si oppone all'idea di integrazione politica?

In realtà non c'è mai stato un chi o un perché ben definito. In ciascun Paese sono presenti forze politiche sinceramente europeiste e forze politiche più diffidenti o addirittura ostili (i cosiddetti *euroscettici*). Quando le prime sono maggioranza nel proprio Paese questo si segnala per il sostegno e la disponibilità alla *causa europea*. Quando sono maggioranza le seconde, l'atteggiamento è opposto. E poiché nei sistemi democratici le maggioranze parlamentari tendono periodicamente a cambiare in funzione dei risultati elettorali, cambia anche la politica (più fredda o più collaborativa) che ciascun Paese adotta verso il processo di unificazione.

Ciò non di meno, fino all'inizio del nuovo secolo il processo di integrazione non si è mai completamente fermato e i trattati iniziali sono stati nel tempo integrati o sostituiti con nuovi trattati che hanno ampliato i compiti e le finalità della Ue e hanno accresciuto i poteri degli organi comunitari, soprattutto quelli del Parlamento europeo.

ZOOM

I passaggi più significativi del processo di integrazione europea

Con l'Atto unico europeo del 1986 è stata concordata:
- la nascita di un mercato comune concepito come *uno spazio senza frontiere interne* nel quale è assicurata non solo la libera circolazione delle merci, ma anche delle persone, dei servizi e dei capitali;
- l'avvio di una politica economica comune tesa a favorire, anche attraverso il finanziamento di piani di sviluppo, una crescita equilibrata di tutte le regioni della Comunità.

Con il Trattato di Maastricht del 1992, la cui esatta denominazione è *Trattato sull'Unione europea*:
- è stata istituita l'**Unione europea**, nella cui organizzazione sono state ricondotte le tre originarie *comunità*;
- è stata istituita la **cittadinanza europea**;
- è stata concordata l'unione monetaria attraverso la costituzione di una *Banca centrale europea* e la nascita di una moneta comune, l'**euro**.

Con il Trattato di Nizza del dicembre 2000 è stata accolta la richiesta di adesione alla Ue di dodici nuovi Paesi, che hanno cominciato a fare il loro ingresso nell'Unione a partire dal 2004.

Con il Trattato di Lisbona, ratificato nel 2009, si è cercato di rendere più agile il funzionamento degli organi comunitari e più stabile la rappresentanza della Ue.

5 Il ruolo assunto dall'opinione pubblica

Con buona approssimazione possiamo dire che per oltre cinquant'anni l'integrazione europea è stata vissuta con una certa indifferenza da gran parte dell'opinione pubblica. Le decisioni, pure molto importanti, che venivano prese a Bruxelles in campo economico, soprattutto agricolo, non arrivavano, se non in piccola parte, a toccare gli interessi diretti e la sensibilità delle persone. La politica europea, pertanto, era completamente rimessa alle decisioni dei leader nazionali.

Ma nei primi anni del nuovo secolo l'opinione pubblica si è improvvisamente destata. A dare la scossa è stato probabilmente l'allargamento dell'Unione a dodici Paesi dell'Europa orientale. Approfittando della libertà di circolazione garantita a tutti i cittadini dell'Unione, è partita, da questi nuovi Paesi membri, un'ondata migratoria verso i Paesi dell'Ovest, ritenuti capaci di offrire maggiori opportunità di lavoro.

L'allargamento dell'Unione ai Paesi dell'Est europeo ha contribuito anche a incrementare il fenomeno della **delocalizzazione**, cioè del trasferimento di imprese dai Paesi dove il costo del lavoro è più elevato a quelli dove è meno elevato.

Questo flusso di persone, spesso prive di mezzi di sostentamento e di serie prospettive di lavoro, ha creato inizialmente qualche problema di ordine pubblico. Ma soprattutto ha innescato paure di ordine economico. L'Europa in quel momento non stava vivendo la sua stagione più florida. La disoccupazione interna era elevata e la concorrenza da parte dei cittadini dei Paesi europei più poveri, disposti a lavorare in nero e per bassi salari, era vissuta con grande irritazione.

Un altro elemento di tensione, almeno in alcuni strati sociali, era costituito in quegli stessi anni dalla introduzione della **moneta unica**, imputata (non sempre a torto) di aver causato un rilevante aumento dei prezzi al consumo.

Adesso queste tensioni e paure si sono attenuate?

Si sono attenuate per quanto riguarda gli effetti della migrazione interna, ma si sono accentuate per quanto riguarda gli effetti del flusso continuo e inarrestabile di migranti proveniente dalle aree più sfortunate del globo, in fuga dalla fame e dalla guerra.

Ad alimentare paure e tensioni provvedono anche elementi interni, come le formazioni politiche più xenofobe che trovano nel malcontento popolare una fonte di consenso e di successo politico.

Le formazioni politiche favorevoli al processo di integrazione europea che cosa hanno fatto nel corso di questi anni per creare una coscienza europea?

Sicuramente non abbastanza. Non ha giovato e seguita a non giovare alla causa europea il comportamento di alcuni leader nazionali che siedono ai tavoli delle trattative comunitarie come fossero a un tavolo da poker.

Spesso la loro maggiore preoccupazione non è individuare soluzioni di interesse comune, quanto strappare vantaggi per il proprio Paese da presentare agli elettori come successi personali.

Talvolta l'Europa viene anche utilizzata come scudo per coprire proprie difficoltà o incapacità: «*... purtroppo l'Europa ci impone... purtroppo l'Europa non ci consente...*».
Tutto ciò genera sconcerto nei cittadini e non agevola la nascita di uno spirito europeista.

6 Alcuni traguardi raggiunti dall'Unione europea

> **La pace interna** è il primo e più importante traguardo raggiunto dall'Unione europea. Fino a settant'anni fa noi europei risolvevamo i contrasti più accesi sparandoci addosso. Oggi i contrasti ci sono ancora (soprattutto per questioni economiche) ma li risolviamo all'interno degli organismi europei e senza indossare divise militari. Per chi ha conosciuto l'orrore della guerra questo è già un motivo sufficiente per apprezzare la Ue e sperare che si rafforzi.

Oltre al consolidamento della pace sono stati raggiunti, in questi anni, altri importanti traguardi, fra i quali ricordiamo:

- l'abbattimento delle frontiere interne;
- l'istituzione della cittadinanza europea;
- l'accordo di Schengen;
- l'attivazione di una politica economica di coesione e sviluppo;
- l'introduzione di una moneta unica.

7 L'abbattimento delle frontiere doganali

Prima che all'interno dell'Unione europea si stabilisse la libera circolazione delle merci, dei servizi e dei capitali, ciascun Paese tendeva a proteggere la produzione nazionale dalla concorrenza straniera.

Ciò poteva sembrare un fatto positivo, ma non lo era per almeno due ragioni:

- innanzitutto le protezioni reciproche rendono asfittico il commercio internazionale e le imprese, non potendo esportare liberamente all'estero, producono di meno e creano minore occupazione;
- in secondo luogo la mancanza di una forte concorrenza estera consente ai produttori nazionali di tenere i prezzi più elevati.

Il contrario avviene quando ci si trova in un ampio mercato di libera concorrenza com'è quello che ormai ci offre l'Unione europea, caratterizzato dalla libera circolazione delle merci, dei servizi e dei capitali.

> **La libera circolazione delle merci** consente ai prodotti stranieri di viaggiare da un Paese all'altro dell'Unione senza subire i rincari dovuti all'imposizione dei dazi alle frontiere.

> **La libera circolazione dei servizi** consente di operare in qualsiasi Paese dell'Unione a banche, compagnie assicurative, compagnie aeree e in generale a tutte le imprese che offrono servizi, con grande vantaggio per la concorrenza.

> **La libera circolazione dei capitali** lascia ciascuno libero di investire il proprio denaro in qualsiasi paese dell'Unione e ciò stimola i Governi degli Stati membri a creare le condizioni migliori per attirare sul proprio territorio gli investimenti esteri dai quali possono scaturire nuovi posti di lavoro.

8 La cittadinanza europea

I diplomi di istruzione secondaria, salvo casi particolari, hanno ormai il medesimo valore in tutti i Paesi dell'Unione.
I diplomi di laurea, invece, sono soggetti a una normativa più articolata. Per l'esercizio di alcune professioni, come quella di medico, odontoiatra, veterinario, farmacista, architetto sono valide le lauree conseguite in uno qualsiasi dei Paesi Ue. Per l'esercizio di altre professioni, invece, può essere richiesto un tirocinio di adattamento o una prova attitudinale che confermi il possesso di determinate abilità.

I cittadini dei Paesi membri dell'Unione europea godono ormai tutti di una **doppia cittadinanza**: sono sicuramente cittadini dello Stato di appartenenza, ma sono anche cittadini europei. Ciò possiamo vederlo plasticamente guardando un qualsiasi passaporto europeo dove è ormai scritto in chiara evidenza prima **Unione europea** e sotto *Repubblica Italiana*, *République française*, *Budesrepublik deutschland*, *Portugal passaporte*, e così via.

> **I vantaggi** di questa doppia cittadinanza sono molti e notevoli. Tutti i cittadini dell'Unione hanno ora:

- il diritto di circolare e risiedere liberamente in ogni parte degli Stati membri;
- il diritto di votare e di candidarsi alle elezioni comunali dello Stato in cui hanno scelto di risiedere, anche se non ne sono cittadini, e il diritto di votare per il Parlamento europeo in qualunque Stato dell'Unione si trovino;
- il diritto di presentare petizioni scritte al Parlamento europeo o di rivolgersi per iscritto al mediatore europeo per segnalare casi di cattiva amministrazione da parte delle istituzioni e degli organi comunitari;
- il diritto alla tutela diplomatica da parte di tutte le ambasciate e i consolati di ciascuno degli Stati membri; ciò vuol dire, per esempio, che se un cittadino italiano si trovasse in un paese extraeuropeo nel quale non fosse presente una sede diplomatica italiana, potrebbe rivolgersi, per la necessaria assistenza, all'ambasciata o al consolato di qualsiasi altro Stato dell'Unione presente in quel Paese. E vale sottolineare che lo farebbe non come straniero in difficoltà, ma con il pieno diritto che compete ai cittadini europei.

Come cittadini europei possiamo anche lavorare in qualsiasi Paese della Ue?

Se ci piace vivere in uno dei Paesi dell'Unione e abbiamo deciso di stabilire lì la nostra residenza, possiamo liberamente cercare un lavoro e anche iniziare un'attività imprenditoriale, senza per questo dover attendere speciali concessioni.
Qualche limitazione, nella ricerca di un lavoro, potremmo incontrarla per accedere ad alcuni settori del pubblico impiego che comportino l'esercizio di un pubblico potere, come le forze di polizia, l'esercito, la magistratura, la diplomazia.
Non vi sono restrizioni, invece, per l'accesso ad altri settori pubblici, come la scuola, i trasporti, la navigazione aerea e marittima, le poste e telecomunicazioni, e così via.

Tuttavia, se volessimo trasferirci, magari per qualche anno, a Parigi, a Berlino o in qualsiasi altra città dell'Unione, sarà bene prendere qualche preventiva informazione sulle norme che regolano i soggiorni di *lunga durata*. Per fronteggiare i problemi connessi al flusso migratorio interno, soprattutto proveniente dal Paesi dell'Est, è stato infatti consentito a tutti gli Stati membri di introdurre qualche restrizione alla incondizionata libertà di soggiorno.

Come è regolato in Italia il soggiorno dei cittadini Ue

Il soggiorno dei cittadini provenienti da altri Paesi membri è regolato, in Italia, dal d.lg. n. 30 del 2007 (più volte modificato), che nelle sue linee essenziali può essere riassunto come segue.

- **Fino a tre mesi** si può soggiornare liberamente nel nostro Paese. In questo arco di tempo si ha la piena libertà di cercare un lavoro dipendente o di iniziare un lavoro autonomo o imprenditoriale.
- **Oltre i tre mesi** è necessario iscriversi all'ufficio anagrafico del Comune in cui si intende risiedere.

Se il richiedente ha già un lavoro, e quindi una fonte di reddito, l'iscrizione viene concessa senza difficoltà.
Se il richiedente non ha già un lavoro o è studente, può essere iscritto solo se dimostra di essere titolare di una assicurazione sanitaria e di possedere risorse economiche proprie che gli consentano di non gravare sull'assistenza pubblica.

- **Dopo cinque anni** di soggiorno regolare e continuativo il cittadino comunitario acquista il diritto al soggiorno permanente; tale diritto si perde se il titolare si allontana dall'Italia per più di due anni consecutivi.
- **Provvedimenti di allontanamento** possono essere emessi nei confronti di singoli cittadini di Stati membri per ragioni di ordine pubblico e di sicurezza pubblica. Secondo l'interpretazione della Corte di Giustizia, ricorrono queste fattispecie quando il soggetto per il quale si emette il provvedimento abbia tenuto un comportamento che costituisca minaccia concreta e grave ai diritti fondamentali della persona, cosicché la sua ulteriore permanenza nel territorio dello Stato sia giudicata incompatibile con la normale convivenza.

Eventuali condanne penali non giustificano l'allontanamento del cittadino comunitario, ma possono comunque concorrere a motivare il provvedimento.

9 L'accordo di Schengen

Salvo situazioni eccezionali, i cittadini europei sono liberi di circolare in qualsiasi Paese dell'Unione. E per agevolare l'esercizio di questa libertà sono stati soppressi, pressoché ovunque, anche i controlli alle frontiere interne, cosicché oggi si può girare per l'Europa, zaino in spalla, quasi senza rendersi contro di attraversare le linee di confine. E questa ampia libertà, forse più di altre, dovrebbe trasmetterci, quasi a livello sensoriale, la piacevolezza dei grandi spazi comuni: sentirsi a casa propria anche oltre i confini nazionali.

La decisione di sospendere i controlli alle frontiere è stata assunta, inizialmente, da cinque Paesi (Francia, Germania, Belgio, Paesi Bassi e Lussemburgo) che nel 1985, nella cittadina lussemburghese di *Schengen*, hanno sottoscritto un accordo in tal senso. Successivamente, in tempi diversi, hanno sottoscritto l'accordo di Schengen quasi tutti i Paesi membri dell'Unione. Si è andata così creando un'area, che va dall'Islanda al Portogallo alla Grecia, all'interno della quale quasi cinquecento milioni di persone possono circolare liberamente.

I Paesi aderenti a Schengen

Rientrano nello spazio di Schengen Italia, il Belgio, la Repubblica ceca, Danimarca, Germania, Estonia, Grecia, Spagna, Francia, Lettonia, Lituania, Lussemburgo, Ungheria, Malta, Paesi Bassi, Austria, Polonia, Portogallo, Slovenia, Slovacchia, Finlandia e Svezia.

Hanno aderito inoltre all'accordo, pur senza essere membri della Ue: Norvegia, Islanda, Svizzera e Liechtenstein.
Sono prossimi a entrare: Bulgaria, Romania, Cipro e Croazia. **L'accordo può essere sospeso** temporaneamente solo per gravi motivi di sicurezza nazionale.

> **Purtroppo** l'accordo di Schengen è attualmente soggetto a forti tensioni a causa dell'incontrollabile flusso migratorio proveniente soprattutto dai teatri orientali di guerra. La mancanza di controllo alle frontiere interne consente agli immigrati che entrino in un Paese Ue, anche clandestinamente, di circolare e spostarsi poi liberamente in qualsiasi altro Paese dell'Unione. E ciò non è gradito a molti Governi che hanno ripristinato, o minacciano di ripristinare, i controlli alla loro frontiera per bloccare i clandestini. Se questa linea dovesse diventare prevalente l'intera costruzione europea potrebbe essere messa in crisi. Meglio sarebbe, come auspicato da più parti, che l'Unione attuasse una politica volta a rimuovere le cause che spingono tanta gente a rischiare la vita per cercare in Europa una fortuna che difficilmente troverà.

10 La politica di coesione e sviluppo

> **La politica di coesione** è la più importante politica di investimento dell'Unione europea. Il suo scopo è consentire alle aree meno sviluppate dell'Unione di colmare il ritardo rispetto a quelle più avanzate e ridurre così le disparità economiche e sociali esistenti.

Per il periodo dal 2014 al 2020 l'Unione europea ha destinato alla politica di coesione circa 350 miliardi di euro, quasi un terzo del suo bilancio complessivo.

Con questi fondi vengono finanziati i progetti più innovativi in alcuni campi strategici, quali: l'occupazione, l'innovazione tecnologica, la ricerca (soprattutto energetica), l'istruzione, l'inclusione sociale e la tutela dell'ambiente e del clima.

I progetti vengono poi finanziati con denaro erogato:

- dal Fondo di coesione
- e dai Fondi strutturali.

> **Il Fondo di coesione** è rivolto a migliorare le infrastrutture nei settori dell'ambiente e dei trasporti e a promuovere lo sviluppo sostenibile nei Paesi membri che hanno un PIL medio pro capite molto basso (inferiore al 90% della media Ue).

> **I Fondi strutturali** sono attualmente due:

- il **Fondo europeo di sviluppo regionale** (FESR) è rivolto soprattutto al mondo delle imprese e finanzia investimenti capaci di aumentare la competitività e creare nuovi posti di lavoro;
- il **Fondo sociale europeo** (FSE) è rivolto soprattutto alle persone, e in particolare al miglioramento delle opportunità di formazione professionale e occupazione delle categorie sociali più deboli.

Perché l'Unione europea si preoccupa di sostenere le economie delle aree meno sviluppate?

Perché è opinione ampiamente condivisa che lo sviluppo ritardato di uno o più Paesi dell'Unione costituisca un freno alla crescita anche degli altri. Per contro, aiutando le aree meno avanzate a superare le loro specifiche difficoltà si dà slancio all'intera economia Ue, con vantaggio di tutti.

ZOOM

In che modo la Ue aiuta i giovani?

Leonardo è il programma dell'Unione europea che offre finanziamenti per migliorare la formazione professionale di studenti e lavoratori e promuove attività di tirocinio presso aziende straniere.
Socrates è il programma che intende favorire la cooperazione tra gli Stati membri nell'ambito dell'istruzione attuando scambi di studenti e insegnanti. Socrates si suddivide in due sottoprogrammi: **Erasmus**, riservato agli studenti universitari, e **Comenius**, riservato agli studenti delle scuole secondarie.

11 La moneta unica europea

Se è vero che l'attribuzione della cittadinanza europea ha comportato un ampliamento della sfera dei nostri diritti e delle nostre libertà, è altrettanto vero che l'elemento che più di ogni altro dovrebbe farci sentire parte di una realtà molto più vasta di quanto siano gli angusti confini nazionali è il fatto di possedere una moneta unica europea. Non più la *lira* (spesso chiamata liretta per la sua perenne debolezza), non più il marco tedesco (spesso chiamato super marco per la sua forza), non più il franco francese o belga, il fiorino olandese, la dracma greca e così via. L'Europa ha una sua moneta, l'euro, che in breve tempo si è inserita tra le monete più forti del mondo.

La lira è stata la valuta italiana a partire dall'unità d'Italia (nel 1861) fino all'avvento dell'euro.
La nascita dell'euro è stata concordata con il Trattato di Maastricht nel 1992, ma la nuova moneta ha iniziato effettivamente a circolare solo nel 2002 in dodici Paesi Ue.
La lira ha cessato ufficialmente di avere corso legale il 28 febbraio del 2002.

L'euro e i debiti sovrani

Sebbene, come abbiamo appena detto, l'euro sia una moneta forte, esso è nato con un difetto genetico che fin dall'inizio si è rivelato capace di minacciarne la stabilità.

L'elemento di debolezza è costituito dai cosiddetti **debiti sovrani**, cioè dai debiti contratti con il mondo finanziario dagli Stati che adottano questa moneta.

Adottano l'euro, in virtù di particolari accordi, alcuni Stati non facenti parti della Ue: Città del Vaticano, Repubblica di San Marino, Principati di Monaco e di Andorra. Inoltre hanno unilateralmente adottato l'euro come moneta nazionale il Montenegro e la regione del Kosovo.

In generale il debito si genera quando il Governo di un Paese non riesce a coprire le proprie spese con le normali entrate, soprattutto tributarie, e si vede costretto a chiedere denaro in prestito ai privati.
In cambio di questi prestiti vengono rilasciati (> Unità 8) **titoli di Stato** (in Italia soprattutto Bot, Btp, Cct) che hanno una scadenza determinata. Quando i titoli scadono lo Stato deve restituire il denaro che ha avuto in prestito, unitamente agli interessi (talvolta addirittura corrisposti in anticipo come avviene per i Bot).

Se lo Stato, prima che i titoli giungano a scadenza, ha accumulato riserve sufficienti, avrà il denaro necessario per estinguere definitivamente il proprio debito. Se non lo ha accumulato, come più spesso accade, dovrà emettere nuovi titoli per pagare i vecchi: in questo modo la massa debitoria sicuramente non diminuisce.

Fonte di preoccupazione, in questi casi, è il timore che il Governo non ce la faccia più a pagare e annunci che non può più rimborsare i titoli emessi o, quanto meno, che non può rimborsarli integralmente.
Il sospetto che ciò possa accadere scoraggia gli investitori dall'acquistare i titoli di quel Paese che, in mancanza di nuovo credito, sarà spinto sempre più verso l'insolvenza.

Per tamponare questa situazione e convincere gli investitori a rischiare comunque il proprio denaro si può offrire loro un interesse più elevato.
Ma questa soluzione non fa che aumentare il debito del Paese e rendere sempre più lontana la prospettiva di un risanamento.

Per uscire da questa spirale un modo semplice, ma ricco di controindicazioni, è aumentare il prelievo fiscale, soprattutto sui cittadini con redditi bassi perché questi sono in maggior numero e anche una piccola tassa può fruttare molto denaro. Ciò tuttavia, oltre a essere un'operazione iniqua, riduce il reddito delle famiglie e per conseguenza i consumi, con effetti depressivi sull'intero sistema economico.

Il modo più corretto, ma anche il più difficile, è invece operare affinché il Paese riesca ad aumentare il proprio **reddito nazionale**. L'aumento del reddito produce un aumento del gettito tributario che può essere impiegato per ridurre progressivamente il debito.

Non capisco in quale modo i debiti sovrani indeboliscano l'euro

I titoli di debito di ciascun Paese dell'eurozona sono posseduti da piccoli risparmiatori, da grandi investitori ma anche da grandi gruppi bancari nazionali e internazionali. Se un Paese va in *default*, cioè diventa insolvente, le banche che ne posseggono i titoli in misura considerevole potrebbero rischiare il fallimento. E poiché tra banche europee ed extra europee esistono complicati intrecci finanziari, il fallimento di una o più di esse potrebbe provocare un *effetto domino*, facendo saltare, nell'ipotesi più disastrosa, ma non impossibile, l'intero sistema bancario e con esso il sistema dell'euro, con effetti devastanti sulle imprese, sull'occupazione e sui risparmi delle famiglie.

Qual è il vantaggio, per l'Italia, di avere l'euro al posto della vecchia lira?

L'Italia ha accumulato negli anni un enorme debito pubblico. Fin quando facciamo parte dell'eurozona, possiamo contare di essere sostenuti, entro certi limiti, dall'azione congiunta degli organismi comunitari, primo fra tutti la Banca centrale europea. Ma se fossimo soli con la nostra *liretta* lo spettro di una possibile insolvenza sarebbe molto più concreto.

Ma in fin dei conti se un Paese fallisse e non pagasse i grandi finanzieri che detengono i suoi Bot o Btp, la gente comune che cosa perderebbe?

I titoli del debito pubblico sono posseduti non solo da grandi investitori, ma anche da gente comune (operai, impiegati, artigiani, piccoli professionisti) che vi hanno collocato i propri risparmi.
Non rimborsare questi titoli significa danneggiare non solo banche e istituti finanziari, ma anche milioni di piccoli risparmiatori. Inoltre è facile prevedere che, se un Paese divenisse insolvente, la gente comune ne subirebbe per intero le disastrose conseguenze mentre i grandi finanzieri potrebbero più agevolmente trovare il modo di proteggere i loro capitali.

Perché non tutti i Paesi della Ue hanno adottato l'euro?

Per entrare a far parte dell'eurozona occorre rispettare alcune condizioni (o parametri) di natura economica e finanziaria stabilite nel Trattato di Maastricht.

Queste condizioni non erano generalmente presenti nei Paesi dell'Est europeo che hanno fatto il loro ingresso nell'Unione a partire dal 2004, e ciò non ha consentito loro di adottare subito l'euro.

Con il tempo, tuttavia, anche questi Paesi hanno cominciato a stabilizzare le loro economie e alcuni, come la Slovenia, la Slovacchia, la Lituania e Cipro, sono già entrati nell'eurozona.

Diverso è il discorso per Regno Unito (che ora non è più nella Ue), Svezia e Danimarca. Questi Paesi, pur potendo adottare l'euro fin dalla sua nascita, hanno scelto, per propria convenienza, di conservare le monete nazionali.

L'euro e il patto di stabilità

Per scongiurare il pericolo sopra esposto e rendere *stabile* il sistema dell'euro, i Paesi che lo hanno adottato hanno concordato un *patto di stabilità*.

> **Il patto di stabilità** nella sua essenza stabilisce:

- che il deficit di bilancio annuale di ciascun Paese non debba superare il 3% del suo PIL;
- che il debito pubblico di ciascun Paese non debba essere superiore al 60% del suo PIL;
- che i Paesi che hanno un debito pubblico superiore al 60% del PIL debbano ridurlo nel giro di pochi anni;
- che la Commissione possa sanzionare i Paesi che non rispettino integralmente tale patto.

Ricordiamo che il PIL, cioè il prodotto interno lordo, è la cifra che annualmente indica il valore lordo di quanto è stato prodotto nel Paese in un anno al netto dei reimpieghi.

Qual è la differenza tra deficit pubblico e debito pubblico?

Quando parliamo di deficit pubblico ci riferiamo al bilancio dello Stato, cioè a quel documento nel quale vengono elencate le entrate (soprattutto tributarie) che confluiscono nelle casse statali e le spese (per il funzionamento dell'apparato statale e per l'erogazione dei servizi pubblici) che escono dalle casse statali. Quando le entrate sono inferiori alle spese, si dice che il bilancio è in deficit.

Il debito pubblico, invece, è il debito che lo Stato ha nei confronti di quanti gli hanno prestato denaro soprattutto acquistando titoli, come Bot, Btp e Cct (> Unità 8). Attualmente il debito pubblico dell'Italia supera i 2 200 miliardi di euro ed è superiore al 130% del nostro PIL. In termini percentuali nella Ue solo la Grecia ha un debito pubblico superiore.

12 Che cosa sono le cooperazioni rafforzate?

> **Le cooperazioni rafforzate** sono lo strumento giuridico che il Trattato Ue consente di adottare quando viene a mancare il consenso di uno o più Stati alla realizzazione di uno o più obiettivi comuni.

Questo consenso può mancare per ragioni economiche, per ragioni di politica interna, per malcelati residui di nazionalismo o, magari, a causa della miopia politica dei *leader* del Paese o dei Paesi dissenzienti. In questi casi, come è stato autorevolmente osservato, non è opportuno che tutti siano costretti a fermarsi per le resistenze di pochi.

È parso più conveniente consentire, agli Stati maggiormente disponibili, di andare avanti, lasciando agli altri Stati la possibilità di aggregarsi in un secondo momento se lo riterranno possibile o conveniente.

Cooperazioni rafforzate sono quelle che già uniscono i Paesi dell'*eurogruppo* (cioè del gruppo che adotta l'euro come moneta comune); quelle che uniscono i Paesi dell'area Schengen; quelle che uniscono i Paesi che stanno tentando di costruire un sistema di difesa comune. E altre *cooperazioni* potranno costituirsi in futuro in modo da consentire all'Unione di marciare verso i suoi obiettivi lasciando che nei Paesi meno preparati maturino le condizioni per unirsi successivamente al gruppo di testa.

13 Su quali valori si fonda l'azione dell'Unione?

VALORI FONDANTI DELL'UNIONE EUROPEA
- dignità
- libertà e uguaglianza
- democrazia
- Stato di diritto
- Rispetto dei diritti umani

L'art. 2 del Trattato Ue stabilisce che l'Unione si fonda sui valori:

- del rispetto della dignità umana;
- della libertà e dell'uguaglianza;
- della democrazia;
- dello Stato di diritto;
- del rispetto dei diritti umani.

Qualcuno potrebbe obiettare che questi valori sono ormai patrimonio di tutti i Paesi civili. Ma sulla solidità di questo patrimonio non c'è da essere troppo sicuri. In Italia e in Germania l'epoca delle dittature e delle discriminazioni razziali è passata da poco più di 70 anni, e anche negli altri Paesi occidentali, in quello stesso periodo, i principi di solidarietà e giustizia sociale non erano poi così rispettati.

Né erano rispettati in quei Paesi dell'Europa orientale che oggi sono membri della Ue, ma che fino all'inizio degli anni '90 erano ancora retti da regimi totalitari legati alla politica sovietica. Se poi volgiamo lo sguardo fuori dell'Europa e lo indirizziamo verso il cosiddetto Sud del mondo, la negazione di questi valori è ancora oggi pratica costante e altamente diffusa.

È bene dunque che sia stato chiarito in modo esplicito quali valori debbono essere posti a fondamento, sia degli ordinamenti giuridici dei Paesi che già fanno parte della Ue, sia degli ordinamenti giuridici dei Paesi che aspirano a farne parte.

E se uno Stato decidesse di non rispettare questi valori?

Se ciò dovesse accadere l'art. 7 del Trattato Ue prevede la possibilità che il Consiglio dei Ministri decida, per quello Stato, la sospensione di alcuni diritti che derivano dall'appartenenza all'Unione. Si tratta di una sanzione gravissima che testimonia quanto sia ritenuto importante, in sede europea, il rispetto dei valori fondamentali.

14 Che cosa dispone la Carta dei diritti fondamentali della Ue?

Questa *Carta* è entrata a far parte dell'ordinamento giuridico europeo con il **Trattato di Lisbona** del **2009**. Contiene 54 articoli riuniti in sei capi (più un settimo di disposizioni generali) titolati: *dignità*, *libertà*, *uguaglianza*, *solidarietà*, *cittadinanza*, *giustizia*.

Il documento, nonostante abbia una titolazione importante, non è considerato di grandissimo rilievo perché quasi tutti i diritti in esso riconosciuti fanno già parte delle garanzie costituzionali presenti negli ordinamenti dei Paesi dell'Unione.

Tuttavia, una particolare attenzione merita il **capo I** che si occupa di un tema di grande rilevanza quale è quello della **dignità umana**.

> **Nell'art. 1** di questo *capo* si legge:
"La dignità umana è inviolabile.
Essa deve essere rispettata e tutelata."

Che cosa si intende per dignità?

Per dignità dobbiamo qui intendere il rispetto per la persona umana.
E questo valore precede per importanza persino i diritti *fondamentali* dell'uomo. Questi diritti, in situazioni *normali*, ci consentono (pur con le inevitabili eccezioni) di condurre una vita autonoma, libera e dignitosa. Ma ci sono anche situazioni *non normali* nelle quali l'autonomia e la libertà della persona sono compresse o comunque fortemente condizionate.
Pensiamo, per esempio, alla situazione delle persone detenute e soggette allo stretto controllo del personale di vigilanza; oppure alla situazione di persone gravate da serie difficoltà fisiche o psichiche, soggette al controllo del personale medico e paramedico. Ebbene, proprio in casi simili, è possibile (e la cronaca non è avara di testimonianze) che esse siano trattate *senza rispetto*. È possibile che la loro dignità venga avvilita con comportamenti che, pur non configurandosi come violazione di specifici diritti, offendono i soggetti nella loro qualità di esseri umani. Sono questi comportamenti che l'articolo in esame ora categoricamente vieta.

MAPPA che cosa hai imparato

In questa Lezione hai imparato a conoscere più da vicino l'Unione europea: come è nata, come si è sviluppata e allargata nel corso degli anni, e quali problemi si trovi oggi ad affrontare. Hai imparato anche quali sono i più importanti traguardi raggiunti dall'Ue, dalla libera circolazione di merci, servizi e capitali alla libera circolazione delle persone senza più controlli doganali; dall'istituzione della cittadinanza europea alle politiche di coesione e sviluppo fino all'introduzione dell'euro. Infine, ti sei soffermato sui principi che ispirano l'azione dell'Ue: dignità, libertà, eguaglianza, rispetto dei diritti umani e dello Stato di diritto.

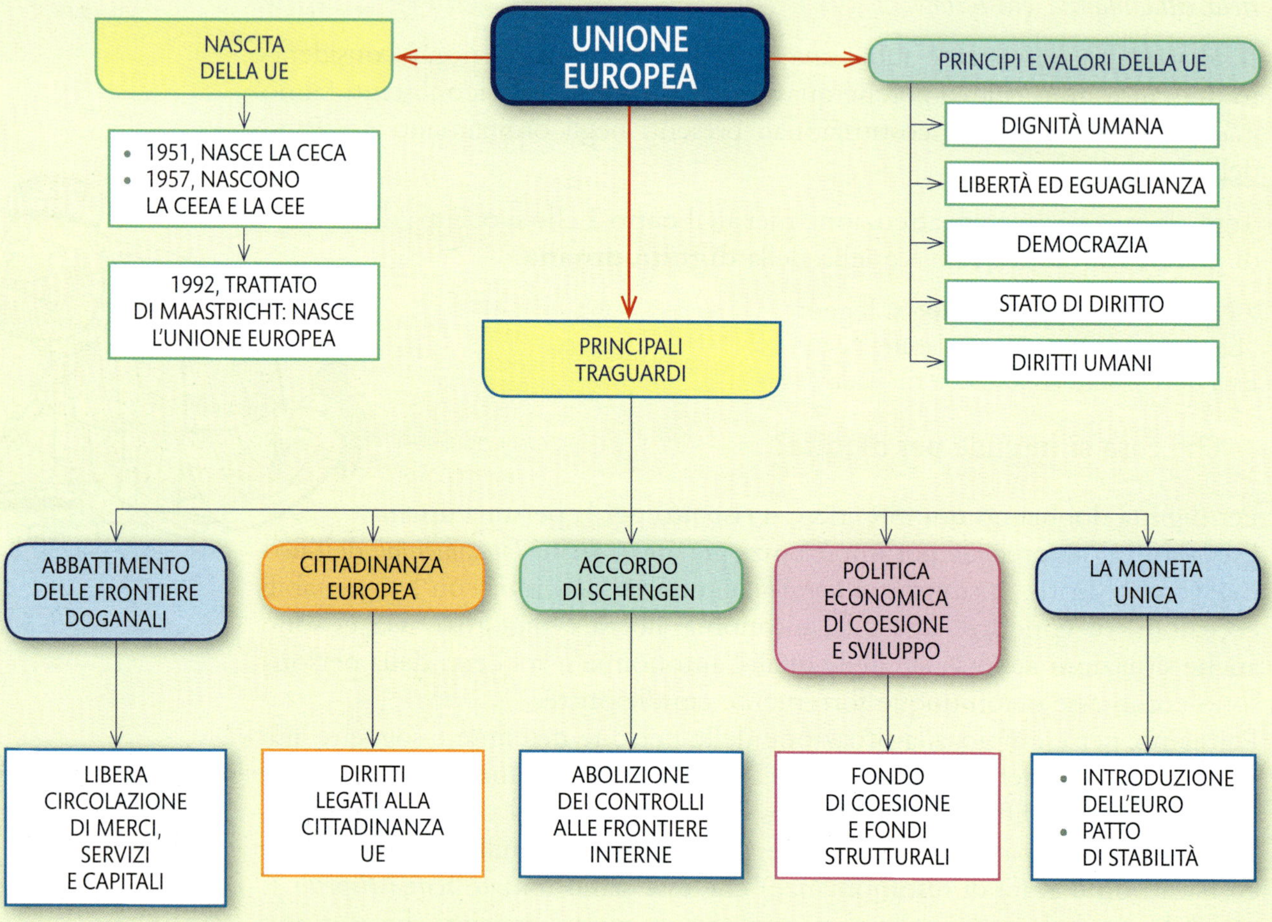

Lezione 22 riguardando gli appunti

Com'è iniziato il processo di unificazione europea?

- Il processo di unificazione è iniziato nel 1951 con la creazione della CECA (*Comunità economica del carbone e dell'acciaio*) ed è proseguito nel 1957 con il Trattato di Roma, che ha dato vita a due nuovi organismi: la *Comunità europea dell'energia atomica*, detta CEEA, o anche Euratom, e la *Comunità economica europea*, CEE.

Quanti sono i Paesi membri dell'Unione?

- Il Trattato di Roma è stato firmato da 6 Paesi: Italia, Francia, Germania, Belgio, Olanda e Lussemburgo. Successivamente e in tempi diversi si sono aggiunti altri 22 Paesi ed altri ancora attendono di essere ammessi.
- Nel 2016 il Regno Unito ha deciso, con referendum popolare, di uscire dalla Ue.

Quali obiettivi sono stati fin qui raggiunti dall'Unione?

- Sono state eliminate le barriere doganali consentendo la libera circolazione delle persone, delle merci, dei servizi e dei capitali.
- La cittadinanza dell'Unione è stata estesa a tutti i cittadini degli Stati membri.
- È stata introdotta la moneta unica, l'euro.

Quali diritti conferisce la cittadinanza europea?

- La cittadinanza europea conferisce, tra gli altri, il diritto alla tutela diplomatica; il diritto di circolare e soggiornare liberamente in ogni parte degli Stati membri; il diritto di lavorare o fondare un'impresa in qualsiasi Paese dell'Unione.

Che cosa prevede l'accordo di Schengen?

- I cittadini dei Paesi aderenti all'accordo di Schengen possono transitare da uno Stato all'altro dell'Unione senza subire controlli alle frontiere.

Che cos'è la politica di coesione e sviluppo?

- La politica di coesione e sviluppo mira a sostenere le economie dei Paesi meno sviluppati dell'Unione.
- A finanziare gli interventi sono il *Fondo di coesione* e i *Fondi strutturali*.

Che cosa sono le cooperazioni rafforzate?

- Le cooperazioni rafforzate sono uno strumento a cui si può ricorrere quando viene a mancare il consenso di uno o più Stati alla realizzazione di uno o più obiettivi comuni.
- Esse consentono ai Paesi maggiormente disponibili di andare avanti e agli altri di aggregarsi in un secondo momento, quando lo riterranno possibile o conveniente.

Quando è nato l'euro?

- La nascita dell'euro risale al trattato di Maastricht del 1992, ma l'entrata in circolazione della moneta unica è avvenuta nel 2002.

L'euro circola in tutti i Paesi dell'Unione?

- Non in tutti. Tra Paesi di più antica appartenenza alla Ue l'assente più illustre è il Regno Unito. Per quanto riguarda invece i Paesi che hanno aderito all'Unione dopo il 2004, alcuni sono già entrati a far parte dell'*eurogruppo*, altri stanno per entrarvi.

L'euro è una moneta forte?

- Sì. Un elemento di debolezza è però rappresentato dall'enorme *debito sovrano* accumulato da alcuni Stati dell'eurogruppo, esposti per ciò al rischio d'insolvenza (*default*).

Che cos'è il patto di stabilità?

- È un patto siglato dai Paesi dell'eurogruppo per assicurare la stabilità del sistema dell'euro, attraverso la vigilanza sui deficit e sui debiti pubblici dei singoli Stati in rapporto al loro PIL.
- La grave crisi economica degli ultimi anni ha indotto alcuni Stati membri, tra cui l'Italia, a chiedere di ammorbidire i rigidi vincoli del patto di stabilità per stimolare un rilancio dell'economia.

verifica mettiti alla prova

1. Completa la mappa concettuale utilizzando le seguenti parole:

capitali ~ moneta unica ~ merci ~ doganali ~ cittadinanza ~ servizi.

ALCUNI OBIETTIVI RAGGIUNTI DALLA UE
- → ATTRIBUZIONE DELLA .... EUROPEA
- → ELIMINAZIONE DELLE FRONTIERE .... → CHE HA COMPORTATO LA LIBERA CIRCOLAZIONE
  - → DELLE ....
  - → DEI ....
  - → E DEI ....
- → INTRODUZIONE DELLA ....

2. Scegli la risposta corretta.

1 I cittadini europei hanno diritto di lavorare in qualsiasi Paese membro?
   a. no
   b. solo se il Paese prescelto rientra nell'area di Schengen
   c. sì
   d. solo se hanno particolari abilità

2 Un Paese membro può essere espulso dall'Unione europea?
   a. sì
   b. no
   c. solo per gravi mancanze
   d. solo se non rispetta i principi della democrazia

3 Il patto di stabilità serve a rendere stabile:
   a. l'Unione europea
   b. il Governo dell'Unione europea
   c. la moneta unica
   d. l'accordo di Schengen

4 Il trattato di Roma è stato sottoscritto:
   a. nel 1977
   b. nel 1967
   c. nel 1957
   d. nel 1947

3. Rispondi alle seguenti domande.

a. Cosa prevede l'accordo di Schengen?
b. Che cosa sono le cooperazioni rafforzate?
c. Che cosa stabilisce l'art. 1 della Carta dei diritti fondamentali della Ue?
d. Su quali valori si fonda l'azione dell'Unione europea, previsti dall'art. 2 del Trattato Ue?

4. Barra con una crocetta la risposta che ritieni esatta e motiva il perché.

1 I cittadini europei possono lavorare solo nei Paesi che hanno aderito al trattato di Schengen. **SÌ | NO**

perché? ....

2 Ogni cittadino dell'Unione ha una doppia cittadinanza. **SÌ | NO**

perché? ....

3 Un cittadino italiano può diventare Sindaco di Parigi. **SÌ | NO**

perché? ....

4 Un cittadino europeo può essere espulso dal Paese membro che temporaneamente lo ospita. **SÌ | NO**

perché? ....

5 I debiti sovrani possono indebolire l'euro. **SÌ | NO**

perché? ....

5. Svela il crittogramma.

Sostituisci ogni numero con una lettera dell'alfabeto. A numero uguale corrisponde lettera uguale!

A	B	C	D	E	F	G	H	I	J	K	L	M	N	O	P	Q	R	S	T	U	V	W	X	Y	Z
						25							11	12			21	4	7	5	22				

_ _ (18 1) N O _ _ (11 12 14 26) _ U R O _ _ (26 5 21 12 24 16) V _ _ N _ (22 18 26 11 26) _ _ _ (8 16 1) G R _ _ O (25 21 26 20 12)

_ (26) S _ G N _ _ _ _ _ (4 18 25 11 18 13 18 20 16) "G R _ N _ _ (25 21 16 11 8 18) O _ _ _ _" (12 20 20 19 18).

CLIL INTERRAIL Rights through Europe • Serbia

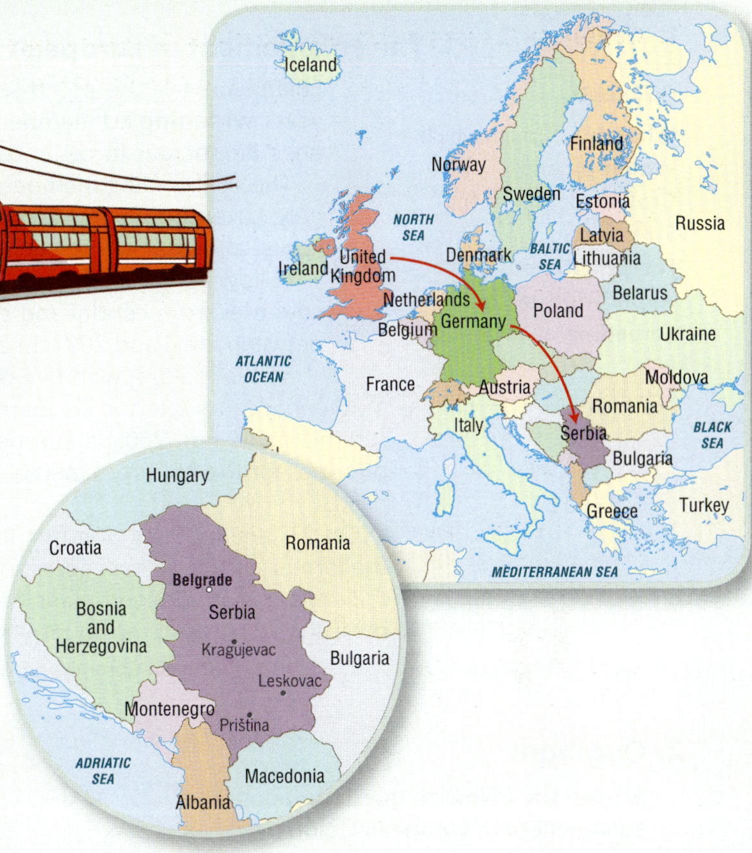

IN THIS MODULE YOU WILL

Learn about the enlargement of the European Union.

Find out how a country may join or leave the European Union.

Discuss the strengths and weaknesses of the European Union today with your classmates.

Practice your English through oral and written exercises.

1. Reading

Read the text to learn about the enlargement process of the European Union.

CLIL INTERRAIL Rights through Europe • Serbia

The enlargement of European Union: a focus on Serbia

GLOSSARY

Whereby: through which
Widen: expand
Growth: development
Strenghten: make stronger
Former: previous, ex
Application: request
Sometime: at an unspecified time

Enlargement is the process **whereby** countries join the EU. Over the past 50 years, **widening** EU membership has promoted economic **growth** and strengthened democratic forces in countries emerging from dictatorship.

The six founding members of the EU in 1957 were Belgium, France, Germany, Italy, Luxembourg and the Netherlands. Several other West European countries joined after 1973.

Following the collapse of their regimes in 1989, many **former** communist countries from central and eastern Europe became EU members in two waves, between 2004 and 2007. In 2013, Croatia became the 28th country to join.

Serbia – along with five other Western Balkans countries – was identified as a potential candidate for EU membership during the Thessaloniki European Council summit in 2003. In 2008, a European partnership for Serbia was adopted, setting out priorities for the country's membership **application**, and in 2009 Serbia formally applied.

On 21 January 2014, the first Intergovernmental Conference took place, signaling the formal start of Serbia's accession negotiations.

Serbia has announced plans to complete all EU-related reforms before 2019, but most analysts predict the country will join the bloc **sometime** between 2020 and 2025.

European Commission, *European Neighbourhood Policy and Enlargement Negotiations*

2. Questions

Answer the following questions about the enlargement of European Union.

a. What is enlargement and what kind of benefits has it brought over the past 50 years?
b. Which countries were the founder-members of the European Union?
c. On which occasion was Serbia identified as a potential candidate for EU membership?
d. What happened on 21 January 2014?
e. When will Serbia probably complete the accession process?

3. Pair work

With the help of a classmate, try to find out something more about the five countries who are on the way to joining the European Union.
For your research, we suggest you explore the European Commission website, in particular the section devoted to enlargement negotiations: http://ec.europa.eu/enlargement/countries/check-current-status/index_en.htm. There you can check the current situation of each State and explore the interactive timelines.
Choose one of the five candidate countries and write a brief summary (max 15 lines) of the main goals in the accession process that have been achieved so far.

4. Watch the video

Do you want to find out how a non-EU country can become a member State of the European Union? Watch the video!

5. Complete the sentences

In the following sentences some words are missing. On the basis of what you have learned in the video, try to fill the blanks. Use the words below.
candidates • Britain • Albania • referendum • requirements • democratic values • approval

a. Any European country may become a member state if it respects ....
b. To join the EU, a country must also satisfy political, economic and legal ....
c. The entrance of a new member State is subject to .... by all existing EU member States.
d. .... is one of the five official .... to join the EU.
e. In June 2016, ... decided to leave the European Union in a historic ....

6. Open discussion

In recent years, the European Union has faced many difficulties: an economic crisis, a refugee emergency, the growth of anti-European political parties and Britain's decision to leave the EU.
In your opinion, why is the European Union still attractive for the candidate countries?
Discuss with your classmates and give reasons for your answers.

LEZIONE 23
L'organizzazione della Ue

1 Le principali istituzioni della Ue

Normalmente, nelle moderne democrazie, il Parlamento esercita la funzione legislativa; il Governo, composto da più ministri, esercita la funzione esecutiva e le leggi si chiamano *leggi*.

Nell'Unione europea, invece:

- il Parlamento non ha la piena funzione legislativa ma la divide con il "Consiglio";
- le leggi si chiamano *regolamenti* e *direttive*;
- i ministri non esercitano la funzione esecutiva;
- l'organo che più assomiglia a un Governo si chiama *Commissione*;
- l'organo più autorevole si chiama *Consiglio europeo*.

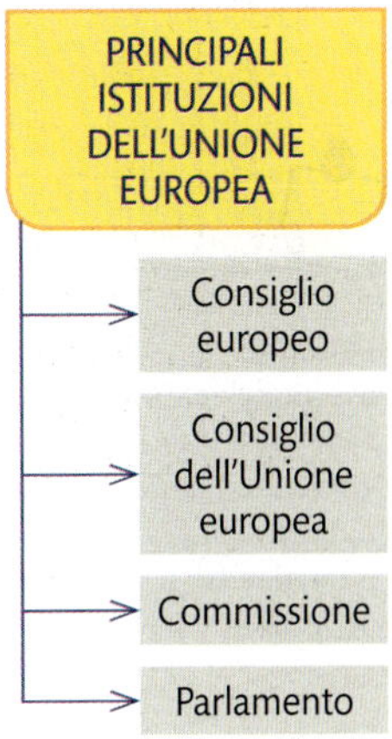

La ragione di questa originalità è nel fatto che fin dall'inizio del processo di integrazione gli esponenti politici di alcuni Paesi membri hanno cercato di sottolineare (anche attraverso la denominazione dei diversi organi) che l'Unione europea non è uno Stato.

Ciò posto, vedremo, nei prossimi Paragrafi, come è organizzata oggi e come funziona l'Unione.

2 Le funzioni del Consiglio europeo

L'ordinamento di ogni Stato membro stabilisce se al Consiglio europeo debba partecipare il Capo del Governo o dello Stato. Per esempio, l'Italia e la Germania inviano il Capo del Governo, la Francia il Capo dello Stato.

→ **Il Consiglio europeo** è un organo ad altissimo livello composto dai Capi di Stato o di Governo dei Paesi membri, dal suo Presidente e dal Presidente della Commissione europea. Con metafora marinara potremmo dire che esso individua e suggerisce agli altri organi la rotta da seguire.

Le sue più importanti funzioni sono:

- trovare un'intesa sulle questioni particolarmente complesse o particolarmente controverse per le quali occorre una assunzione di responsabilità ad alto livello;
- definire gli orientamenti e le priorità politiche generali dell'Unione.

Si riunisce in media due volte a semestre, ma se la situazione lo richiede il suo Presidente può convocare riunioni straordinarie. Le conclusioni vengono poi rese pubbliche.

Il Presidente del Consiglio europeo viene eletto dal Consiglio stesso. Ne presiede i lavori e opera per la ricerca di un accordo tra i suoi membri. Il suo mandato dura due anni e mezzo ed è rinnovabile una sola volta.

3 Quali sono le funzioni del Consiglio dell'Unione europea?

Il **"Consiglio dell'Unione europea"** è un organismo del tutto diverso dal **"Consiglio europeo"**. È diverso per la composizione e soprattutto per le funzioni. Chi ha scelto denominazioni tanto simili sicuramente non ha brillato per originalità e inventiva.

→ **Il Consiglio dell'Unione europea** è indicato anche come *Consiglio dei ministri* o semplicemente *Consiglio*. Esercita la funzione legislativa insieme al Parlamento (> Paragrafo 6).

Questa funzione consiste nel discutere e approvare le regole che i singoli Stati saranno poi tenuti a rispettare.

La principale caratteristica del *Consiglio* è di non essere composto da membri permanenti e ciò comporta che non esistono persone che rivestono stabilmente la carica di *ministro europeo*.

Alle sedute del *Consiglio* partecipano, di volta in volta, i **ministri competenti** nella materia da trattare designati dai Governi degli Stati membri. Ad esempio, se il *Consiglio* deve riunirsi per discutere norme che hanno per oggetto l'agricoltura, la sanità o l'istruzione, i diversi Paesi saranno rappresentati dai loro ministri dell'agricoltura, della sanità, dell'istruzione, e così via.

A partecipare al Consiglio può anche essere delegato un **vice ministro** o un alto funzionario, purché siano abilitati a impegnare il proprio Governo.

L'aspetto meno condivisibile di questo tipo di composizione è nel fatto che i singoli ministri sono responsabili, per le decisioni che assumono, unicamente di fronte ai propri Governi. E ciò comporta che, almeno tendenzialmente, ciascuno di loro è portato ad anteporre gli interessi nazionali a quelli dell'Unione.

→ **La presidenza del Consiglio** viene assunta a turno, dai diversi Stati membri, secondo un sistema a rotazione e per un periodo di 6 mesi che va da gennaio a giugno e da luglio a dicembre.

Le deliberazioni possono essere assunte all'*unanimità*, *a doppia maggioranza* o *a maggioranza semplice*.

- **L'unanimità** è riservata alle decisioni di maggiore importanza, come quelle riguardanti la politica estera, la sicurezza sociale, il fisco.
- **La doppia maggioranza** è un sistema di deliberazione introdotto dal Trattato di Lisbona e divenuto operativo nel 2014. Esso prevede che ogni Paese, grande o piccolo, disponga in Consiglio di un solo voto e la deliberazione è approvata se vota a favore almeno il 55% dei ministri, purché rappresentino nel loro insieme almeno il 65% della popolazione dell'Unione.
- **La maggioranza semplice** è riservata alla deliberazione di questioni di minore importanza, per lo più di natura organizzativa, per le quali si prevede che non ci siano, tra i ministri, particolari ragioni di contrasto.

DELIBERAZIONI DEL CONSIGLIO
- all'unanimità
- a doppia maggioranza (55% dei ministri, che rappresentino almeno il 65% della popolazione Ue)
- a maggioranza semplice

ZOOM

Le deliberazioni all'unanimità sono scarsamente democratiche?

Il criterio dell'unanimità, che a prima vista appare altamente democratico, in realtà lo è molto poco. È vero, infatti, che con esso nessun Paese membro può essere obbligato dal voto degli altri a fare ciò che non ritiene giusto o conveniente. Ma è altrettanto vero che nelle deliberazioni anche un solo membro dissenziente può tenere in scacco tutti gli altri potendo bloccare, con il proprio voto contrario, provvedimenti ampiamente condivisi. E poiché quando ci sono da assumere decisioni importanti capita quasi sempre che qualche Paese, grande o piccolo, sia in dissenso con gli altri, si determina spesso una situazione di stallo dalla quale è possibile uscire solo a prezzo di defatiganti trattative e mediazioni che talvolta finiscono per snaturare il provvedimento originale. Per evitare che ciò accada con troppa frequenza si sta gradualmente tentando di ridurre il numero delle materie su cui occorre deliberare all'unanimità.

4 Come opera la Commissione europea?

→ **La Commissione** è composta da un commissario per ogni Stato membro; è presieduta da un Presidente e deve rinnovarsi ogni cinque anni, subito dopo l'elezione di un nuovo Parlamento.

LE FUNZIONI DELLA COMMISSIONE
- iniziativa
- vigilanza
- esecutiva

A differenza del Consiglio dei ministri, essa è un **organo permanente**, e ciò significa che i suoi membri rimangono in carica fino alla naturale scadenza del loro mandato.

I commissari inoltre, nell'esercizio della loro funzione, non rappresentano gli interessi del Paese di provenienza, ma collegialmente curano gli interessi dell'Unione.

Alla Commissione sono affidate le funzioni di *iniziativa*, di *vigilanza* ed *esecutiva*.

- **La funzione di iniziativa** consiste nel proporre le norme da sottoporre all'approvazione del *Parlamento* e del *Consiglio dei ministri*.
  Questi, infatti, salvo casi eccezionali previsti nei Trattati, possono deliberare solo i progetti normativi a essi presentati dalla *Commissione*.
- **La funzione di vigilanza** consiste nel controllare che gli Stati membri si uniformino a quanto disposto nelle norme comunitarie. In caso di

Vice presidente della Commissione è anche **l'Alto rappresentante dell'Unione per gli affari esteri e la politica di sicurezza**. Si tratta di un organo istituito per rappresentare l'Europa unita nelle questioni internazionali.

mancato rispetto la Commissione ha il dovere di investire della questione la Corte di giustizia (> Paragrafo 8).

- **La funzione esecutiva** consiste nel dare concreta attuazione alle disposizioni contenute nei trattati comunitari e alle decisioni adottate da altri organi della Ue.
  Il Parlamento vigila sull'operato della Commissione e, in caso di cattivo funzionamento, può votare una **mozione di censura** che comporterà, per essa, l'obbligo di dimissioni anticipate.

5 Le funzioni del Parlamento europeo

> **Il Parlamento europeo** ha la sua sede ufficiale a Strasburgo, in Francia, ma poiché la Commissione e il Consiglio europeo hanno sede a Bruxelles, anche molte sedute del Parlamento si tengono, per comodità, nella capitale belga.

Una terza sede si trova a Lussemburgo, ma questa ospita solo il segretariato generale.

Dal 1979 il Parlamento europeo viene eletto ogni cinque anni a suffragio universale dai cittadini dell'*Unione*.

I parlamentari sono 751 e ciascun Paese membro ha diritto di eleggerne un numero proporzionale alla popolazione in esso residente.

È importante sottolineare che, una volta eletti, gli europarlamentari debbono operare nell'interesse dell'Unione e non del Paese di provenienza. All'interno del Parlamento, pertanto, essi non sono raggruppati per nazionalità ma per **gruppi politici**.

In virtù del **principio di attribuzione** l'Unione agisce esclusivamente nei limiti delle proprie competenze.
In virtù del **principio di sussidiarietà**, nei settori che non sono di sua competenza esclusiva, l'Unione interviene soltanto se e nella misura in cui gli obiettivi dell'azione prevista non possono essere efficacemente raggiunti dagli Stati membri.

L'europarlamentare Antonio Tajani è stato eletto Presidente del Parlamento europeo nel 2017.

Nei diversi *gruppi* confluiscono i parlamentari che condividono le stesse idealità e lo stesso programma politico, da qualunque Stato essi provengano.

Le funzioni svolte dal Parlamento sono piuttosto numerose, ma le più importanti sono sicuramente:

- **la collaborazione alla funzione legislativa**: il Parlamento europeo non ha ancora una piena funzione legislativa ma la divide con il Consiglio dei ministri;

- **la funzione di impulso politico**, che consente al Parlamento di assumere tutte le iniziative necessarie per avviare a soluzione le più importanti questioni di ordine sociale, economico e culturale riguardanti l'intera Unione;
- **la funzione di controllo politico**, che sostanzialmente consiste nel controllare tutti gli atti compiuti dalla Commissione e nella possibilità di proporre una mozione di censura che, se approvata dalla maggioranza parlamentare, costringerebbe la Commissione stessa a rassegnare le dimissioni.

I membri del Parlamento europeo non devono essere più di 751. Pertanto, ogni volta che entra nella Ue un nuovo Paese va riconsiderato il numero di deputati che spetta a ciascuno Stato membro, avendo presente che nessuno può avere meno di 6 deputati né più di 96. Attualmente l'Italia ha diritto di eleggere 73 deputati, la Germania 96 e la Francia 74. Questi numeri sono però destinati a cambiare per effetto dell'uscita del Regno Unito dalla Ue.

6 Come si esercita la funzione legislativa?

Come abbiamo visto parlando dell'organizzazione dello Stato italiano (> Unità 6), in tutti i Paesi democratici il potere di discutere e approvare le leggi spetta al Parlamento. Ma l'Unione europea non è ancora uno Stato e il suo Parlamento non ha ancora un potere legislativo esclusivo. Gli Stati membri hanno per ora acconsentito solo a *dividere* tale funzione con il Parlamento, riservando però ancora un ruolo decisivo al *Consiglio dei ministri*, cioè all'organo dell'Unione nel quale ciascun ministro rappresenta gli interessi del proprio Paese.

Il sistema che ne deriva non è dei più agevoli, poiché in funzione delle materie da trattare sono previste procedure legislative diverse. Senza addentrarci nei contorti aspetti tecnici, possiamo dire che la procedura ormai prevalente è quella detta di **codecisione** (cioè *decidere insieme*) in base alla quale:

- l'iniziativa, cioè il potere di presentare un progetto di *atto normativo*, spetta alla Commissione;
- l'approvazione deve trovare concordi sia il Parlamento che il Consiglio dei ministri;
- se non c'è accordo tra le due istituzioni, l'atto non è approvato.

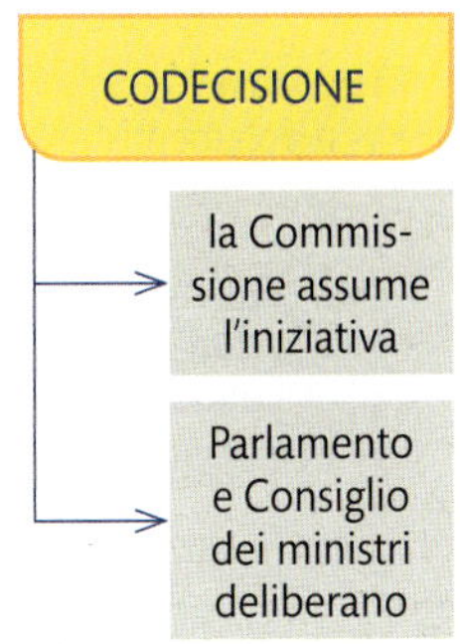

7 Quali norme può emanare l'Unione?

Nel Paragrafo precedente abbiamo genericamente parlato di *atti normativi*, cioè di atti che contengono norme giuridiche. Ora è opportuno vedere quanti e quali tipi di atti normativi sono previsti dai Trattati.

Gli atti di maggiore rilievo sono i *regolamenti dell'Unione* e le *direttive*.

→ **I regolamenti dell'Unione** (chiamati anche *regolamenti comunitari*) contengono regole alle quali debbono uniformarsi i cittadini degli Stati membri come se fossero leggi emanate dai rispettivi parlamenti.

Se una stessa materia fosse regolata in modi diversi da un regolamento Ue e da una legge nazionale, quale norma dovrebbe rispettare il cittadino?

La Corte di giustizia europea ha affermato che il diritto dell'Unione (limitatamente alle materie a essa riservate) prevale sul diritto interno dei singoli Paesi membri. Ciò vuol dire che in caso di contrasto occorrerà rispettare il regolamento comunitario e non la legge nazionale.

Il Parlamento italiano approva, entro il 28 febbraio di ogni anno, una **legge di delegazione europea** con la quale delega il Governo a emanare i decreti legge o i regolamenti necessari a dare attuazione alle direttive europee.

→ **Le direttive europee** sono atti normativi che non entrano a far parte dell'ordinamento giuridico degli Stati membri, ma obbligano i Paesi dell'Unione a raggiungere un determinato risultato.

In pratica la *direttiva* indirizza le legislazioni nazionali sulle linee da essa tracciate, in modo che su determinate materie vi sia una disciplina uniforme in tutti i Paesi dell'Unione, ma lascia agli organi nazionali la libertà di decidere quali strumenti impiegare.

Oggetto delle direttive possono essere gli standard di sicurezza nella fabbricazione dei prodotti industriali, gli standard di genuinità nella produzione di alimenti, gli standard sulla qualità dei servizi, e così via.

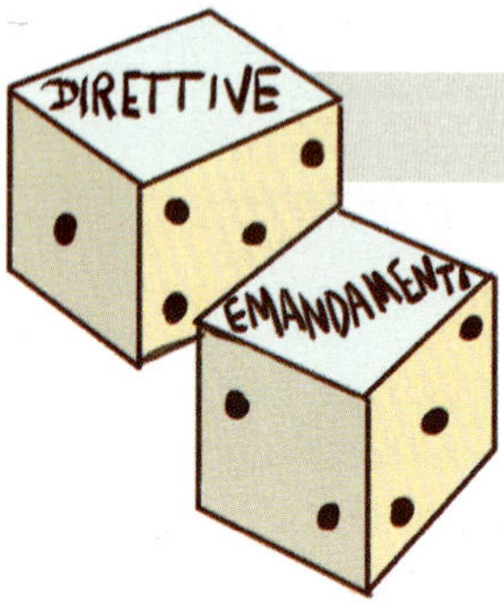

In quali casi l'Ue emana regolamenti e in quali casi emana direttive?

Una regola non esiste. Ma in via generale possiamo dire che ai regolamenti si fa ricorso quando la materia può essere disciplinata in modo compiuto in un unico atto normativo.

Alle direttive, invece, si fa ricorso quando si vuole che gli Stati adeguino un complesso ampio di norme alle indicazioni comunitarie.

Se tale adeguamento non viene effettuato nei tempi previsti, la Commissione può investire del caso la Corte di Giustizia.

Oltre ai regolamenti e alle direttive, l'Unione europea può emanare *atti non legislativi*. Sono così chiamati quegli atti che, pur ponendo norme, non richiedono per la loro approvazione la complessa procedura prevista per i regolamenti e le direttive.

Sono atti non legislativi le *decisioni*, le *raccomandazioni* e i *pareri*:

- **le decisioni** hanno per lo più uno specifico destinatario e sono vincolanti solo per quello;
- **le raccomandazioni** e i **pareri** sono indicazioni autorevoli ma prive di effetto vincolante.

ATTI DELL'UNIONE EUROPEA

legislativi
- regolamenti
- direttive

non legislativi
- decisioni
- raccomandazioni
- pareri

8 Altre istituzioni dell'Unione

Ricordiamo che:
- la *Corte di giustizia* è un organo dell'Unione europea;
- la *Corte europea per la salvaguardia dei diritti dell'uomo* è un organo del Consiglio d'Europa (> pag. 300);
- La *Corte internazionale di giustizia* è invece un organismo dell'Onu (> pag. 297).

Tra le altre istituzioni su cui poggia l'Unione europea particolare importanza rivestono la *Corte di giustizia* e la *Banca centrale europea*.

→ **La Corte di giustizia** si pronuncia su tutte le questioni che riguardano l'osservanza dei trattati e degli atti normativi dell'Unione.

Ha sede a Lussemburgo ed è composta da un giudice per ciascuno Stato membro. A essa può rivolgersi la Commissione per denunciare i Governi che non rispettino le norme comunitarie o anche i singoli Stati o soggetti privati che lamentino violazioni del diritto comunitario.

→ **La Banca centrale europea (BCE)** ha la piena responsabilità della politica monetaria nell'area dell'euro.

Obiettivi principali di tale politica sono l'armonico sviluppo dei Paesi aderenti e la stabilità economica. La BCE opera in piena indipendenza dalle istituzioni e dagli organi dell'Unione, dalle autorità nazionali e da qualsiasi altro organismo.

MAPPA che cosa hai imparato

In questa Lezione hai imparato come è organizzata l'Unione europea e quali sono le sue principali istituzioni. Hai imparato come sono composti e a quali funzioni assolvono il Consiglio europeo, il Consiglio dell'Unione europea, la Commissione e il Parlamento. Hai appreso come si svolge il procedimento legislativo e quali atti normativi vengono emanati in sede comunitaria, e cioè i regolamenti e le direttive.

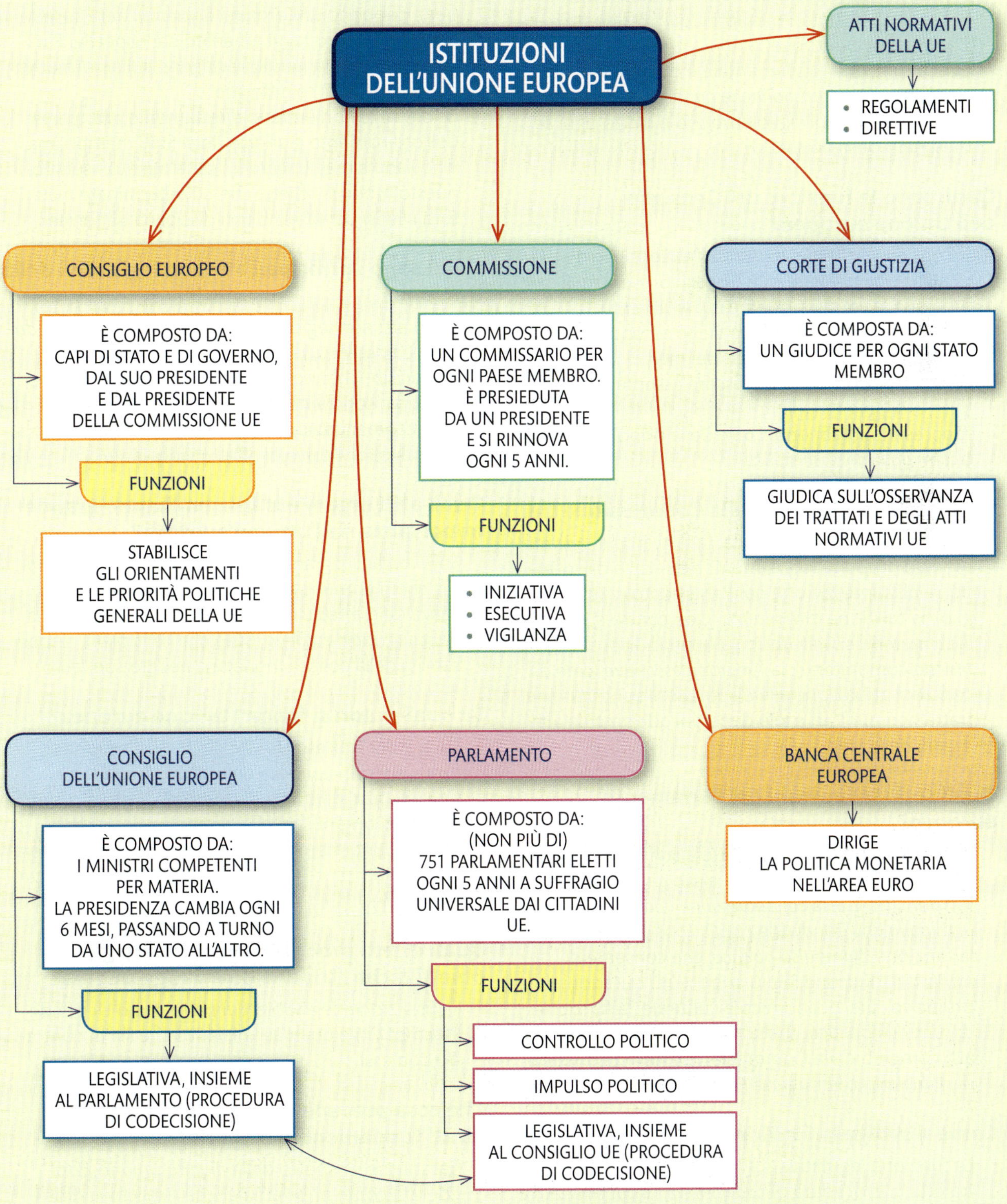

Lezione 23 riguardando gli appunti

Quali sono le principali istituzioni della Ue?

- Sono istituzioni della UE il Consiglio europeo, il Consiglio dell'Unione europea (o Consiglio dei ministri), la Commissione e il Parlamento.

Com'è composto e quali funzioni svolge il Consiglio europeo?

- Il Consiglio europeo è composto dai Capi di Stato e di Governo dei Paesi membri e dal Presidente della Commissione europea.
- La sua funzione fondamentale è definire *gli orientamenti e le priorità politiche* generali dell'Unione. Il presidente del Consiglio europeo è eletto ogni sei mesi dal Consiglio stesso.

Quali sono le funzioni del Consiglio dell'Unione europea?

- Il Consiglio della Ue, detto anche Consiglio dei ministri o semplicemente Consiglio, esercita la funzione *legislativa* insieme al Parlamento.
- La presidenza del Consiglio viene assunta a rotazione dai Paesi membri ogni sei mesi.
- Le deliberazioni possono essere assunte all'*unanimità*, a *doppia maggioranza* (55% dei ministri, che rappresentino almeno il 65% della popolazione Ue) o a *maggioranza semplice*.

Quali sono le funzioni della Commissione Ue?

- La Commissione Ue esercita: la funzione di *iniziativa* (cioè propone regolamenti e direttive da sottoporre all'approvazione del Parlamento e del Consiglio); la funzione di *vigilanza* (cioè controlla che gli Stati membri si uniformino a quanto disposto dalle norme comunitarie); la funzione *esecutiva* (cioè dà concreta attuazione alle disposizioni contenute nei trattati comunitari e alle decisioni adottate da altri organi della Ue).

Quali sono le funzioni del Parlamento europeo?

- Il Parlamento europeo è eletto a suffragio universale dai cittadini della Ue e svolge numerose funzioni, tra cui: la *collaborazione alla funzione legislativa* che condivide con il Consiglio della Ue; la funzione di *impulso politico*, che consente di avviare a soluzione le più importanti questioni di ordine sociale, economico e culturale; la funzione di *controllo politico*, che consiste nel controllare gli atti compiuti dalla Commissione e nella possibilità di *sfiduciarla* costringendola alle dimissioni.

Come si svolge la funzione legislativa?

- La funzione legislativa si svolge prevalentemente tramite la procedura di *codecisione*, in cui l'iniziativa spetta alla Commissione e l'approvazione spetta sia al Parlamento sia al Consiglio Ue. Se non c'è accordo tra le due istituzioni, l'atto non è approvato.

Quali tipi di norme può emanare l'Unione europea?

- Gli atti di maggiore rilievo emanati dall'Ue sono i *regolamenti* e le *direttive*.
- I regolamenti comunitari contengono regole alle quali debbono uniformarsi i *cittadini* dei Paesi Ue come se fossero leggi emanate dai rispettivi Parlamenti. I regolamenti prevalgono sulla normativa dei singoli Stati, se difforme.
- Le direttive non entrano direttamente a far parte dell'ordinamento giuridico degli Stati membri, ma li vincolano a raggiungere un determinato risultato. In questo modo si ottiene che, su determinate materie, tutti i Paesi Ue abbiano una disciplina uniforme.

Quali sono i principali atti non legislativi della Ue?

- Sono atti non legislativi le *decisioni*, le *raccomandazioni* e i *pareri*.
- Le decisioni hanno per lo più uno specifico destinatario e sono vincolanti solo per quello.
- Le raccomandazioni e i pareri sono indicazioni autorevoli ma prive di effetto vincolante.

Quali altri organi e istituzioni hanno grande importanza nell'Unione europea?

- Sono organi di grande importanza la *Corte di Giustizia*, che si pronuncia sulle questioni relative all'osservanza dei trattati e degli atti normativi della Ue, e la *Banca centrale europea* (BCE), che ha la piena responsabilità della politica monetaria nell'area dell'euro.

Su quali valori si fonda l'Unione europea?

- L'art. 2 del Trattato Ue stabilisce che l'Unione si fonda sui principi della dignità umana, libertà, uguaglianza, democrazia, Stato di diritto e rispetto dei diritti umani.
- Se uno Stato membro viola tali principi può essere sospeso dai diritti che derivano dall'appartenenza all'Unione.

Quali effetti produce l'avere fissato gli obiettivi che l'Unione dovrà raggiungere?

- La fissazione degli obiettivi nel trattato Ue rende incompatibile qualsiasi iniziativa che sia in contrasto con essi.

Che cosa prevede il capo I della Carta dei diritti fondamentali della Ue?

- Garantisce il rispetto della *dignità umana*, considerata come prioritaria anche rispetto ai diritti fondamentali dell'uomo.

verifica mettiti alla prova

1. Completa la mappa concettuale utilizzando le seguenti parole:

Strasburgo ~ Bruxelles ~ legislativa ~ Commissione ~ cittadini dell'Unione.

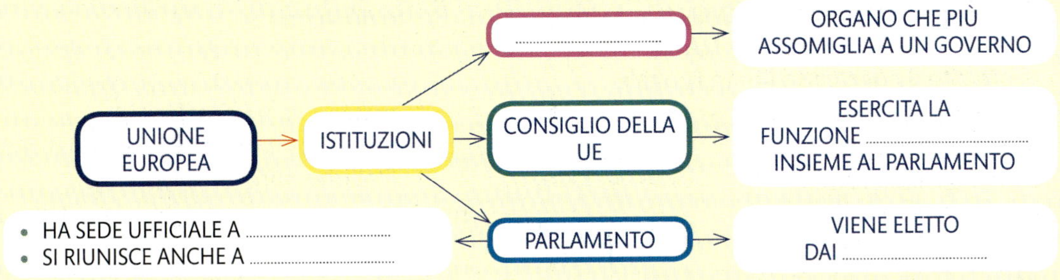

2. Scegli la risposta corretta.

1 Le norme dell'Unione vengono proposte:
  a. dal Parlamento
  b. dalla Commissione
  c. dal Consiglio europeo
  d. dal Consiglio dei ministri

2 Le direttive sono:
  a. norme emanate dai massimi dirigenti dell'Unione
  b. norme direttamente applicabili negli Stati membri
  c. disposizioni che entrano in vigore dopo essere state approvate dagli Stati membri
  d. disposizioni che obbligano gli Stati membri a emanare una normativa con esse compatibile

3 Il Consiglio europeo è formato:
  a. dai Capi di Stato dei Paesi membri
  b. dai Capi di Governo dei Paesi membri
  c. dai Capi di Stato o di Governo dei Paesi membri
  d. dai consiglieri eletti dal Parlamento europeo

4 I parlamentari europei rimangono in carica:
  a. tre anni
  b. quattro anni
  c. cinque anni
  d. fin quando non vengono sfiduciati dalla Commissione all'unanimità

3. Rispondi alle domande.

A Quali sono le principali funzioni del Consiglio europeo?

B Qual è la differenza tra regolamenti e direttive della Ue?

C Che cosa significa "codecisione"?

D Da chi è composto il Consiglio della Ue?

4. Barra con una crocetta la risposta che ritieni esatta e motiva il perché.

1 La Commissione partecipa alla funzione legislativa. **SÌ NO**

perché? ....

2 I regolamenti della Ue prevalgono sempre e in ogni caso sulle leggi nazionali. **SÌ NO**

perché? ....

3 Le direttive della Ue entrano direttamente a fare parte dell'ordinamento degli Stati membri. **SÌ NO**

perché? ....

4 Le raccomandazioni hanno valore vincolante per i Governi degli Stati membri. **SÌ NO**

perché? ....

5 Tutte le decisioni del Consiglio dell'Unione europea devono essere assunte all'unanimità. **SÌ NO**

perché? ....

5. Svela il crittogramma.

Sostituisci ogni numero con una lettera dell'alfabeto. A numero uguale corrisponde lettera uguale!

A	B	C	D	E	F	G	H	I	J	K	L	M	N	O	P	Q	R	S	T	U	V	W	X	Y	Z
		14	7								15	21	12		8			3	16						

L _ (15 5) C _ M M _ S S _ _ N _ (14 1 21 21 17 3 3 17 1 12 4) È C _ M P _ S T _ (14 1 21 8 1 3 16 5) _ _ (6 5)

_ N (7 12) M _ M _ _ _ (21 4 21 9 10 1) P _ _ (8 4 10) _ _ N _ (1 13 12 17) S T _ T _ (3 16 5 16 1).

Unità 7 sei pronto per la verifica? in un'ora

1. Scegli la risposta corretta.

1 Il rispetto del diritto internazionale:
a. non è imposto da nessuna specifica autorità
b. è imposto dalle truppe dell'ONU (caschi blu)
c. è imposto dalle truppe della NATO
d. è imposto da una corte internazionale

2 L'ONU è un'organizzazione nata:
a. con finalità aggressive
b. con finalità difensive
c. per mantenere la pace
d. per imporre il rispetto del diritto internazionale

3 Quale valore hanno le risoluzioni emesse dall'Assemblea generale dell'ONU?
a. non hanno valore vincolante
b. hanno valore vincolante per gli Stati a cui sono indirizzate
c. hanno valore vincolante solo se ratificate dal Consiglio di sicurezza
d. hanno valore vincolante solo se assunte all'unanimità

4 Sono membri permanenti del Consiglio di sicurezza dell'ONU:
a. Italia, Germania, Francia, Regno Unito, USA
b. Germania, Francia, Regno Unito, Cina, USA
c. Francia, Regno Unito, Russia, Cina, USA
d. Italia, Francia, Regno Unito, Spagna e Portogallo

5 La NATO è:
a. la denominazione assunta dall'esercito USA
b. il braccio militare dell'ONU
c. un ente spaziale
d. un'alleanza militare sorta a scopo difensivo

6 Il diritto internazionale è composto:
a. da trattati e regolamenti
b. da trattati e consuetudini
c. solo da trattati
d. da leggi internazionali

7 Il Consiglio europeo:
a. esercita la funzione legislativa
b. esercita la funzione esecutiva
c. indica le priorità generali
d. dirige i lavori della Commissione

8 La Commissione della Ue è:
a. un organo consultivo
b. un organo giurisdizionale
c. un organo che esegue le direttive impartite dal Parlamento
d. un organo che svolge una funzione di iniziativa, di vigilanza ed esecutiva

9 Il Consiglio dei ministri dell'Unione europea:
a. è composto da ministri eletti dai cittadini dell'Unione
b. è nominato dal Parlamento europeo
c. è composto dai ministri competenti nella materia da trattare
d. è composto dai primi ministri di tutti gli Stati membri

10 La funzione principale del Consiglio dei ministri è:
a. occuparsi del funzionamento dell'Unione
b. presentare disegni di legge al Parlamento europeo
c. deliberare, insieme al Parlamento, i progetti normativi presentati dalla Commissione
d. controllare l'operato della Commissione

11 Il Parlamento europeo è composto da parlamentari:
a. eletti dai cittadini dell'Unione a suffragio universale
b. eletti dai Parlamenti degli Stati membri
c. designati dai Governi nazionali
d. nominati dalla Commissione

12 I membri del Parlamento europeo debbono:
a. rappresentare gli interessi del proprio Paese
b. rappresentare gli interessi dell'Unione, qualunque sia il loro Paese di provenienza
c. rappresentare gli interessi del partito politico che li ha candidati
d. tutelare la posizione del proprio Governo

13 Le direttive comunitarie sono:
a. norme direttamente applicabili negli Stati membri
b. norme emanate dai massimi dirigenti dell'Unione
c. disposizioni che obbligano gli Stati membri a emanare una normativa con esse compatibile
d. disposizioni che devono essere poi approvate dagli Stati membri

14 Le cooperazioni rafforzate consentono ad alcuni Paesi membri:
a. di unirsi per realizzare obiettivi per i quali gli altri non sono ancora pronti
b. di unirsi per realizzare obiettivi che esorbitano dai programmi dell'Unione
c. di unirsi per aumentare la loro forza militare
d. di rafforzare l'azione dell'Unione

2 punti per ogni risposta esatta
Punti: ..../28

ZTE **Punteggio massimo: 100 punti | Sufficienza: 60 punti**

2. Collega le parole della colonna di sinistra con le corrispondenti espressioni.

1	Convenzioni	a.	Parlamento europeo e Consiglio
2	Consiglio d'Europa	b.	trattati aperti
3	UNICEF	c.	caschi blu
4	Schengen	d.	politica di coesione
5	Fondi strutturali	e.	tutela l'infanzia
6	NATO	f.	alleanza militare
7	ONU	g.	Corte europea dei diritti dell'uomo
8	Codecisione	h.	eliminazione dei controlli alle frontiere interne

2 punti per ogni risposta esatta
Punti: ..../16

3. Sai qual è la differenza tra...

ONU	NATO ....
Trattati chiusi	Convenzioni ....
Regolamenti dell'Unione	Raccomandazioni ....
Consiglio europeo	Consiglio dell'Unione europea ....

5 punti per ogni risposta esatta
Punti: ..../20

4. Rispondi alle seguenti domande.

A Quali Stati hanno un membro permanente nel Consiglio di sicurezza dell'ONU?
B Come opera la Commissione europea?
C Quali funzioni svolge il Parlamento europeo?
D Che cosa dispone l'art. 5 del trattato NATO?

9 punti per ogni risposta esatta
Punti: ..../36

5. L'ESPERTO RISPONDE **Metti alla prova le tue competenze.**
Il Parlamento è l'organo a cui generalmente è assegnata la funzione legislativa. Mi domando allora perché il Parlamento europeo debba dividere questa funzione con il Consiglio dei ministri.

NEWS

n° 8

Crescita, decrescita, sostenibilità

Voci fuori dal coro. Nel corso degli ultimi secoli si sono sviluppate diverse scuole di pensiero economico. Come vedremo, le ricette che ciascuna scuola propone sono molto diverse se non contrapposte, ma tutte concordano sull'obiettivo da raggiungere: l'aumento della ricchezza della nazione. La crescita economica si associa all'idea di benessere, occupazione, progresso: non c'è da stupirsi che tutti la invochino come meta a cui tendere. Ma negli ultimi anni si sono alzate alcune voci fuori dal coro, secondo cui l'idea di una crescita infinita non solo è impossibile, ma nemmeno desiderabile. L'obiettivo che i governi dovrebbero perseguire non è quello della crescita, ma il suo contrario: la de-crescita. Ma che cosa significa? ■

Le teorie economiche, così come i Governi di tutto il mondo, mirano alla massima crescita possibile. Più un'economia cresce, meglio è! Ma non è rischioso correre troppo?

conrado, Shutterstock.

Ma perché le persone dovrebbero desiderare che l'economia rallenti la sua corsa? Non è triste rinunciare ai beni sempre nuovi e attraenti che il mercato ci offre?

Maxx-Studio, Shutterstock.

Forse uno stile di vita più semplice non è necessariamente più triste. Secondo te, quali potrebbero essere gli aspetti positivi di vivere in un'economia più "lenta"?

Rawpixel.com, Shutterstock.

A ben guardare, anche la decrescita, così come la crescita incontrollata, presenta dei rischi. Non si potrebbe cercare una terza via, un modello di crescita che non metta a rischio le generazioni future?

hin255, Shutterstock.

Togliere il piede DALL'ACCELERATORE.

Henrik5000, iStock.

Secondo i sostenitori della decrescita, la continua rincorsa della crescita si scontra col fatto che le risorse del pianeta non sono illimitate. Crescere all'infinito è materialmente impossibile. Lo sfruttamento intensivo delle materie prime è causa della distruzione di interi ecosistemi, e le emissioni inquinanti prodotte a ritmo incessante dalle industrie minacciano la salute del pianeta. La crescita sfrenata ha effetti negativi per i Paesi più poveri (pensiamo all'invio di rifiuti tossici o allo sfruttamento di manodopera locale a bassissimo costo), ma anche per i Paesi ricchi, schiavi del consumismo e dello spreco. Ecco perché dovremmo tutti rallentare.

Più felici con meno

La decrescita richiede necessariamente di adottare uno stile di vita più sobrio ma, per i suoi sostenitori, ciò non va vissuto come una privazione. Anzi, parlano di una "decrescita felice". Se rallentassimo il ritmo potremmo godere di più tempo libero (la decrescita riguarderebbe anche l'orario di lavoro) e riscoprire il piacere di coltivare relazioni sociali e interessi. Potremmo ridurre gli sprechi, rilocalizzare le imprese sostenendo la produzione a livello locale, e sostituire alla logica del massimo profitto quella dell'equa distribuzione della ricchezza. Tutti effetti positivi che spiegano la "felicità" di questa scelta. Ma non mancano le obiezioni.

Le critiche alla decrescita

La crescita economica non va necessariamente associata a scenari distruttivi per il pianeta: la maggior ricchezza può tradursi in maggiori investimenti in tecnologie "verdi" capaci di sostituire i metodi di produzione inquinanti con altri a ridotto impatto ambientale. La decrescita potrebbe anche portare alla recessione, con effetti negativi per l'occupazione. Un buon compromesso fra la crescita incontrollata e la decrescita potrebbe essere rappresentato dal concetto di crescita sostenibile, cioè compatibile con la salvaguardia dell'ambiente, della società e delle generazioni future.

Trifonenko, iStock.

ATTIVITÀ

1. Per cominciare.

Osserva le fotografie della pagina accanto. In base a quello che hai imparato, sai rispondere alle domande contenute nelle didascalie?

2. Crea i collegamenti.

Considera ora le immagini come se fossero i fotogrammi di un'unica sequenza. Che cosa le tiene insieme? Quali sono i collegamenti fra l'una e l'altra? Puoi procedere in questo modo:

- **osserva**: che cosa vedi nella prima fotografia?
- **interpreta**: perché quell'immagine rimanda al mondo del diritto?
- **crea i collegamenti**: quale può essere il legame tra la prima e la seconda fotografia? Che cosa aggiunge la seconda fotografia alla prima?
- Prosegui così per le immagini successive.

UNITÀ 8

Come aumentare la ricchezza della Nazione

LEZIONE 24 Dal mercantilismo al liberismo

COMPETENZE DI UNITÀ

COMPETENZE DI ASSE

- Analizzare e valutare gli effetti delle diverse scuole di pensiero economico nel sistema globale
- Operare una comparazione con gli elementi oppositivi
- Valutare gli effetti del ruolo dello Stato nel sistema economico

CONOSCENZE

- Conoscere i principi fondamentali dell'economia liberista
- Conoscere la linee fondamentali dell'economia keynesiana
- Individuare i tratti essenziali dell'economia neoliberista

ABILITÀ

- Saper individuare, nella realtà economica contemporanea, i prevedibili effetti sullo sviluppo economico e sociale delle proposte avanzate dalle diverse scuole di pensiero economico
- Saper collocare l'esperienza del proprio Paese nel sistema economico globale

1 Il nostro percorso di studio

La ricerca delle cause e degli accorgimenti che favoriscono l'aumento del PIL (e dunque della ricchezza della nazione) costituisce una parte fondamentale dello studio economico. Ma ne costituisce anche la parte più controversa.

In questa Unità, pertanto, analizzeremo le indicazioni che ci giungono dalle principali scuole del pensiero economico allo scopo di individuare i suggerimenti che ci sembrano più convincenti.

A tal fine seguiremo un percorso storico partendo dalla:

1. prima corrente di pensiero, chiamata **mercantilismo**,
2. passeremo poi alla seconda, detta **liberismo**,
3. e infine alla terza, indicata come **scuola keynesiana**, dal nome del suo fondatore, l'inglese John Maynard Keynes (1883-1946).

Non potremmo occuparci direttamente della terza e tralasciare le meno recenti?

Non possiamo farlo perché i principi della vecchia scuola liberista, che sembravano ormai relegati negli archivi della Storia, sono stati rispolverati, alla fine del Novecento, da alcuni economisti detti **neoliberisti**, e fatti propri da alcune forze politiche. Cosicché il loro studio è necessario non tanto per conoscere il passato, quanto per capire il presente.

Qual è la differenza tra "economia reale" ed "economia finanziaria"?

ZOOM

- **Economia reale** è l'espressione che indica quel complesso di attività e di scelte indirizzate alla produzione e al consumo di *res* (cioè di beni) e di servizi.
  Di questo tipo di economia ci stiamo occupando in via prevalente nel nostro corso.
- **Economia finanziaria** è l'espressione con cui si indica l'attività volta a perseguire un guadagno attraverso lo scambio di valute, di titoli mobiliari e di altri prodotti finanziari. Di questa ci occuperemo nella Lezione 27.

2 Come nasce il mercantilismo?

Fino al XVI secolo i temi dell'economia erano stati parte integrante della riflessione filosofica. Si era discusso molto, per esempio, se fosse conforme alla morale ricavare un interesse dal prestito del denaro o se ciò fosse contrario alla legge divina.

Questo e altri importanti quesiti non toccavano, però, quello che per noi oggi è l'obbiettivo fondamentale dello studio economico: sapere come operare *per aumentare la ricchezza della nazione*.

Questo interrogativo cominciò a porsi in modo prepotente intorno al 1500, quando le spese per le interminabili guerre tra Paesi europei cominciarono a prosciugare le casse dei sovrani. Dove trovare le risorse per mantenere e potenziare i grandi eserciti? E soprattutto: a chi chiedere consiglio?

Com'è ragionevole, un consiglio su come *fare denaro* non poteva che essere chiesto a persone che di denaro avevano saputo farne molto. Erano questi i grandi banchieri, i grandi armatori, i grandi assicuratori, cioè i massimi esponenti di quella borghesia *affaristico-mercantile* che aveva iniziato la sua lenta ascesa nel basso Medioevo e che rappresentava la parte più dinamica e vitale del Paese. Costoro non si sottrassero all'onore (e alla convenienza) di dare ai rispettivi sovrani i migliori consigli. E quei consigli, spesso riuniti in piccoli trattati, dettero vita a quella corrente di pensiero che verrà in seguito chiamata **mercantilismo**, cioè **l'economia dei mercanti**.

Quali consigli davano questi "mercanti" ai loro sovrani?

Com'è facile intuire, chi è diventato ricco commerciando tende a identificare la ricchezza con l'oro che riesce a ricavare dai propri traffici. Coerentemente con questa impostazione i mercantilisti sostenevano una politica economica tesa a favorire **l'afflusso di oro** nel Paese.

La corsa all'accumulo di oro, soprattutto proveniente dai giacimenti minerari delle colonie, ne causò una progressiva ma inarrestabile perdita di valore. Più oro si importava e più il suo valore diminuiva per effetto della legge della domanda e dell'offerta. La diminuzione di valore dell'oro comportò un generale innalzamento dei prezzi dal quale trassero vantaggio solo gli speculatori finanziari e i mercanti che battevano le grandi rotte commerciali.

La strategia che a questo scopo essi generalmente suggerivano può essere riassunta come segue:

- **protezione dell'attività commerciale** attraverso la concessione, a chi la esercita, di monopoli e altri privilegi, compresa, dove possibile, l'esenzione dal pagamento delle imposte;
- **espansione delle colonie**, poiché queste costituivano un inesauribile serbatoio di materie prime e un grande mercato nel quale vendere i prodotti nazionali;
- **ricerca di oro** e di altri metalli preziosi nelle terre conquistate, soprattutto nel centro e sud delle Americhe;
- **imposizioni di dazi** sulle merci provenienti da altri Paesi affinché queste assumessero, per il consumatore, un costo troppo elevato e ne fosse scoraggiato l'acquisto, evitando, in tal modo, la fuoriuscita dal Paese dell'oro necessario per pagarle.

La politica dei dazi fu un vero caposaldo dell'economia mercantile.

Sul piano strettamente contabile essa produsse effettivamente un incremento della quantità di oro nei Paesi che riuscivano a limitare le importazioni e a espandere le esportazioni. Ma produsse anche un generale innalzamento dei prezzi interni dovuto alla mancata concorrenza dei prodotti esteri. E, quel che è più grave, contribuì a mantenere alto il prezzo del grano e con esso il prezzo del pane che era il principale, se non l'unico, alimento delle classi popolari.

Se in quel periodo gli investimenti erano tutti indirizzati verso i traffici commerciali, chi si occupava della produzione di beni e di servizi?

Il grande capitalismo mercantile, quello degli armatori che allestivano flotte di galeoni e quello delle grandi compagnie di *import* ed *export*, si occupava soprattutto del commercio dei beni (sete, spezie, cotone) che prelevava (o rapinava, se si preferisce) nelle nuove terre: America, India, Giappone, Cina.

Ma accanto a questo grande capitalismo ce n'era un altro, che potremmo definire più *domestico*, che si occupava della produzione e commercializzazione di prodotti di largo consumo, come i filati, i panni di lana, i panni di cotone, e così via.

In questi casi era il mercante che commissionava le cose da produrre ai contadini e agli artigiani dai quali ritirava i prodotti finiti che poi vendeva nelle città e in alcuni casi all'estero.

Sarà proprio questo capitalismo **mercantile-manifatturiero** che verso la fine del Settecento, in seguito alla **rivoluzione industriale**, finirà per assumere un ruolo economico e politico assolutamente prevalente.

3 Come ebbe inizio la rivoluzione industriale?

A dare l'avvio, alla fine del Settecento, a quel processo che chiamiamo *rivoluzione industriale* e che sconvolse non solo il modo di produrre ma anche l'assetto sociale e politico in Europa e in America, furono un carpentiere, un barbiere, un meccanico e un pastore anglicano.

Il carpentiere, tale James Hargreaves, ideò una macchina (chiamata *giannetta filatrice*) che rendeva notevolmente più rapido il processo di filatura della lana e della seta.

Il barbiere, Richard Arkwright, inventò il *filatoio ad acqua*, capace di accelerare ancora di più il procedimento.

Il meccanico, di nome Samuel Crompton, completò l'opera mettendo a punto la *mula filatrice*, che era una sintesi avanzata delle due precedenti invenzioni.

L'euforia provocata da queste innovazioni si smorzò rapidamente non appena ci si rese conto che la grande quantità di filo prodotto non riusciva a essere assorbita dai tessitori che tessevano ancora manualmente.

Ma il pastore anglicano Edmund Cartwright stava già lavorando al primo telaio meccanico destinato a eliminare la strozzatura che si era prodotta nel passaggio dai filati ai tessuti.

Contemporaneamente **James Watt** perfezionava la sua **macchina a vapore**, i cui molteplici impieghi comporteranno una vera rivoluzione nei sistemi produttivi.

Nel campo tessile, per esempio, divenne possibile riunire in un unico grande ambiente numerosi telai meccanici azionati dalla stessa macchina a vapore, e ciò rese il sistema produttivo mille volte più efficiente. Stava nascendo la **fabbrica** e con essa due nuove classi sociali destinate in seguito a confrontarsi in modo talvolta molto aspro: la **classe degli imprenditori** e la **classe operaia**.

4 Quali erano le nuove esigenze della produzione?

Nel Medioevo chiunque volesse svolgere un'attività produttiva doveva chiedere il permesso al signore e pagare una tassa. In cambio otteneva spesso il *monopolio* per quella produzione, cioè l'assicurazione che solo lui avrebbe potuto svolgere nella zona quella certa attività.

Questo sistema dei monopoli garantiti dal signore proseguì pressoché inalterato fino al XVIII secolo. E anzi si rafforzò nel periodo "mercantile" quando le grandi compagnie di navigazione, dovendo impegnarsi nelle rischiose spedizioni coloniali, chiedevano al re la garanzia che su quelle rotte non avrebbero avuto concorrenti.

Per molti secoli nessuno pensò che questo sistema potesse essere cambiato. Sia i grandi che i piccoli mercanti consideravano la tassa da pagare in cambio della concessione del monopolio come un elemento aggiuntivo del costo di produzione. E poiché la quantità di prodotti importati dalle colonie o di manufatti realizzati dagli artigiani non era mai sovrabbondante, non si poneva, se non in termini piuttosto limitati, il problema della loro collocazione sul mercato.

La differenza tra la nuova industria e la vecchia bottega artigiana venne bene illustrata da Adam Smith con il celebre esempio degli spilli. Egli osservò come un artigiano, lavorando da solo, non riuscisse a produrre più di venti spilli al giorno. Ma in fabbrica, dove il lavoro è frazionato tra più operai (uno tende il filo, uno lo taglia, uno fa la punta, uno lucida, e così via), si arrivava a produrre anche quarantottomila spilli al giorno.

La rivoluzione industriale, e il conseguente passaggio dalla bottega artigiana alla fabbrica, pose invece una serie di problemi del tutto nuovi. Il neoindustriale si trovava a possedere, rispetto al passato, una capacità produttiva enormemente accresciuta. E questo salto di **quantità** fece sorgere nuove esigenze, come:

- avere un mercato che fosse libero di assorbire tutte le quantità prodotte;
- avere costi di produzione bassi per rendere competitivi i prezzi di vendita;
- assumere tutte le misure capaci di favorire l'espansione della produzione e la crescita dei profitti.

La riflessione su questi temi, e su altri a essi connessi, darà vita a una nuova e rivoluzionaria corrente di pensiero chiamata **liberismo**, che fino al primo quarto del Novecento condizionerà fortemente l'azione dei Governi in campo politico, economico e sociale.

Padri del liberismo economico sono stati Adam Smith, David Ricardo, Thomas Robert Malthus, Jean-Baptiste Say.

Costoro, per essere stati i veri fondatori della nuova scienza, vennero in seguito chiamati **classici**. E **neoclassici**, cioè *nuovi* classici, vennero chiamati gli autori che dopo di loro approfondirono e innovarono i temi della ricerca economica.

Poiché non possiamo qui soffermarci a esporre il contributo di ciascuno all'evoluzione del pensiero economico, ci limiteremo a evidenziare le condizioni da essi generalmente ritenute indispensabili per la **piena occupazione dei fattori produttivi**.

Quali sono i fattori produttivi?

Ricordiamo (ce ne siamo occupati nella Lezione 13) che **fattori produttivi** sono chiamati quegli elementi indispensabili per realizzare qualsiasi tipo di produzione. Sono tali:

- **il capitale**, inteso come insieme di beni materiali (la fabbrica, i macchinari) e immateriali (i brevetti, le licenze) necessari alla produzione;
- **il lavoro** (di dirigenti, impiegati, operai);
- **la materia prima** o **l'energia** da trasformare.

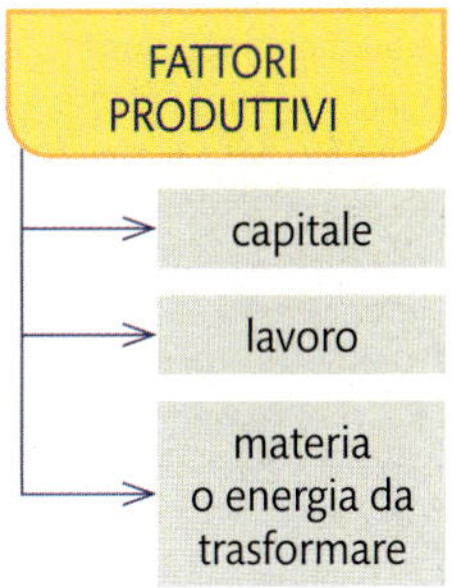

→ **L'economia di un Paese è al massimo livello**, sostenevano correttamente gli economisti classici, quando si raggiunge la piena occupazione di tutti i fattori produttivi.

E la piena occupazione si raggiunge quando tutte le persone lavorano e quando tutte le risorse e tutti i capitali disponibili sono occupati nella produzione.

Nei paragrafi che seguono vedremo quali condizioni, secondo gli economisti liberisti, sono indispensabili perché questo risultato sia raggiunto.

ZOOM — Qual è la differenza tra liberalismo, liberismo e libertarismo?

I tre termini, sebbene abbiano nella *libertà* una radice comune, sottintendono principi del tutto distinti.

Il liberalismo (da cui il termine *liberale*) è una cultura ricca di sfumature e di correnti di pensiero che è a fondamento della nostra democrazia e nella quale assume massima rilevanza la tutela delle libertà individuali: libertà politica, libertà di espressione, libertà religiosa, e così via.

Il liberismo, invece, è soltanto una corrente di pensiero economico che ha come fondamento la necessità di liberare le attività produttive da limiti e controlli imposti dallo Stato. Pertanto, si può essere benissimo liberale senza essere liberista.

Il libertarismo è una cosa ancora diversa. Il termine indica una cultura estrema della libertà che sconfina nell'anarchia.

5 Quale ruolo doveva avere lo Stato nell'economia liberista?

Nel pensiero liberista un sistema economico può cominciare a incamminarsi verso la piena occupazione dei fattori produttivi solo se viene rispettata una prima e fondamentale condizione:

→ **gli imprenditori** debbono essere lasciati liberi di operare senza alcuna limitazione o condizionamento da parte dello Stato.

La mano invisibile
Sosteneva Adam Smith che ogni individuo, lasciato libero di seguire il proprio interesse, fatalmente avrebbe operato per il bene comune come fosse sospinto da una *mano invisibile*. Perché? Perché nella libera competizione ciascun imprenditore avrebbe dato il meglio di sé cercando di produrre di più e a minor costo al fine di battere la concorrenza. Ma così facendo egli avrebbe contribuito tenacemente all'espansione delle attività produttive e dunque alla crescita della ricchezza nazionale.

Lo Stato non deve creare, con le sue norme, ostacoli o vincoli al libero dispiegarsi delle forze economiche e deve rimanere estraneo al processo produttivo. Tanto meno deve occuparsi, come invece si richiede oggi, di assistere le famiglie più povere, perché qualsiasi forma di previdenza e di assistenza nei confronti delle classi popolari favorirebbe soltanto la pigrizia e l'indolenza e distrarrebbe dal sano impegno nel lavoro.

Che cosa dovrebbe fare allora lo Stato?

Nella cultura liberista lo Stato deve svolgere solo le sue **funzioni naturali**. Esso deve cioè occuparsi:

- delle relazioni con gli altri Paesi;
- della difesa del territorio nazionale;
- dell'amministrazione della giustizia;
- dell'ordine interno.

Sul piano più strettamente economico lo Stato deve limitarsi a:

- sorvegliare che non si costituiscano sul mercato posizioni di privilegio o di monopolio capaci di alterare il libero confronto tra gli operatori economici;
- dare esecuzione a quei lavori pubblici (come la costruzione di strade, dighe, ferrovie) che, per l'enormità degli investimenti necessari a realizzarli o per la scarsa remunerazione che offrono, non possono essere eseguiti da soggetti privati.

Limitandosi a queste essenziali funzioni, esso non graverà con le tasse più del necessario sui ceti produttivi, i quali saranno così liberi di accumulare capitali da reinvestire in nuove attività.
I sostenitori dell'economia liberista mostravano una illimitata fiducia nella capacità delle forze di mercato di trovare spontaneamente la via che conduce alla piena occupazione dei fattori produttivi.

6 Quali sono gli effetti della libera concorrenza perfetta?

Secondo la tesi liberista, una ulteriore indispensabile condizione affinché il sistema economico possa procedere verso il pieno impiego dei fattori produttivi è l'esistenza di un mercato di **libera concorrenza perfetta** (> Lezione 14) dal quale siano assolutamente banditi monopoli e oligopoli.

→ **In un mercato di libera concorrenza** chi vuole guadagnare di più ha una sola possibilità: espandere la produzione e conquistare quote di mercato sempre più ampie.

Se tutti i produttori (non avendo altra scelta) si muovono su questa linea:

- l'offerta globale di beni e servizi aumenta;
- il prezzo di mercato scende.

E ciò è esattamente quanto serve per favorire la piena occupazione dei fattori produttivi. Purtroppo, come avremo modo di considerare meglio nella Lezione 25, è pressoché impossibile che si verifichino tutte le condizioni necessarie perché vi sia libera concorrenza perfetta e nella realtà dobbiamo fare i conti soprattutto con mercati di concorrenza imperfetta o di oligopolio.

Ricordiamo a questo proposito che le condizioni perché si realizzi la libera concorrenza perfetta sono: che vi sia trasparenza nel mercato, cosicché il consumatore possa confrontare le diverse offerte; che prodotti dello stesso tipo abbiano identiche caratteristiche, in modo che la scelta del consumatore sia dettata solo dal prezzo più conveniente; che ciascuna impresa sia abbastanza piccola da non poter condizionare con la propria offerta il prezzo di vendita; che vi siano moltissimi produttori (offerta polverizzata), in modo che non possano accordarsi per alterare il prezzo di mercato.

7 Perché il costo del lavoro avrebbe dovuto essere basso?

Da quanto abbiamo fin qui illustrato, emergono due elementi fondamentali del pensiero liberista. Perché vi sia un costante sviluppo della produzione occorre che gli scambi tra produttori e consumatori avvengano in un mercato di *libera concorrenza* e che il *prezzo di mercato* dei beni e dei servizi sia determinato dall'incontro della *domanda* e dell'*offerta*, senza altri condizionamenti.

Ora dobbiamo aggiungere un terzo tassello, costituito dal *costo del lavoro*.

→ **Il costo del lavoro**, secondo il pensiero liberista, deve essere il più basso possibile.

Perché? Perché il ricavato dell'attività imprenditoriale, detratte le spese necessarie alla produzione (macchinari, materia prima, energie, imposte, ecc.), viene normalmente suddiviso tra salari e profitti.

E non v'è dubbio che più basso è il salario dei lavoratori e più alto è il profitto dell'imprenditore.

Perché il profitto dell'imprenditore deve essere più alto?

Perché l'imprenditore (sempre secondo il pensiero liberista) non dissipa il suo denaro ma lo reinveste in nuove strutture produttive, cioè in nuove fabbriche, che daranno nuovo lavoro ai disoccupati e produrranno nuovi beni e nuovo profitto.

Questo verrà ancora reinvestito creando altre fabbriche, altro lavoro, altro profitto, e così via.

Per costo del lavoro intendiamo oggi non solo il salario che il lavoratore percepisce, ma anche tutti quei costi aggiuntivi che il datore di lavoro deve sostenere quando il lavoratore è in ferie o in malattia, oppure quelli necessari a rendere il posto di lavoro sicuro, igienicamente idoneo e così via.
Ma alla fine del Settecento e per tutto l'Ottocento queste erano questioni che nessuno poneva. Il salario era l'unico costo che il datore di lavoro doveva sopportare.

Secondo **David Ricardo**, uno dei padri del pensiero liberista, il lavoro è una *merce* non diversa dalle altre. E come per tutte le merci il suo prezzo (cioè il salario) deve essere fissato dall'incontro della domanda e dell'offerta.

Sul mercato del lavoro:

- i lavoratori offrono le loro braccia;
- gli imprenditori domandano forza lavoro;
- il prezzo (indicato come salario naturale) non può che dipendere dalla quantità di lavoro *domandata* e dalla quantità *offerta*.

Fin quando i lavoratori che si offrono saranno in quantità esuberante il loro salario non potrà che essere basso. Ma nel **lungo periodo**, quando tutti i fattori della produzione saranno impiegati e tutte le persone avranno un'occupazione, se gli imprenditori vorranno un maggiore impegno lavorativo dovranno obbligatoriamente aumentare i salari.

E se nel frattempo uno muore di fame?

Questa fu esattamente l'obiezione sollevata dall'economista J.M. Keynes, che con il tradizionale *humor* inglese osservò che… nel lungo periodo, saremo tutti morti.

La tesi di Ricardo sul costo del lavoro presentava un vizio di fondo: non teneva conto del fatto che i lavoratori e le loro famiglie non erano una *merce*. Sebbene fossero abbrutiti dalla fatica e dagli stenti e talvolta vivessero in una condizione animalesca, erano esseri umani non meno di quanto lo fossero i ricchi possidenti.
E in cambio del loro lavoro avevano diritto subito (e non in un futuro imprecisabile) a una vita libera e dignitosa.

ZOOM

Come erano considerati i poveri nel sistema liberista?

La vita dei poveri non è mai stata invidiabile, ma ciò che colpisce di più, nell'economia liberista, è la tenacia con la quale si cercò di dimostrare scientificamente che la povertà (degli altri) era una necessità imprescindibile per il bene comune.

Illuminante, a questo proposito, è il pensiero di **Thomas Robert Malthus** (1766-1863), un pastore anglicano, figlio di un gentiluomo di campagna, entrato nella storia del pensiero economico soprattutto per il suo *Saggio sul principio di popolazione*. Nel suo *Saggio*, il pastore sostanzialmente osserva che la popolazione tende a raddoppiarsi in media ogni 25 anni, mentre i prodotti della terra non aumentano con altrettanta rapidità. Ciò significa che giungerà il momento in cui non ci sarà più da mangiare per tutti. L'unico modo per allontanare questa prospettiva sarebbe l'astinenza sessuale volontaria. Ma su tale forma di autocontrollo Malthus non faceva molto affidamento.

Per frenare la crescita demografica non restava allora che lasciare nell'estrema povertà le masse miserabili, acciocché la loro capacità riproduttiva fosse naturalmente frenata dalla debolezza e dalla fame.

La teoria malthusiana (naturalmente ben più completa e complessa di come qui abbiamo potuto riassumerla) fu salutata con grande favore dalla ricca borghesia imprenditoriale che ne trasse la giustificazione scientifica allo sfruttamento delle masse proletarie.

ZOOM

In quanti modi si può indicare la remunerazione per il lavoro svolto?

Salario deriva dal latino *salarium*, che indicava la razione di sale corrisposta ai legionari che operavano nelle regioni più calde; poi passò a indicare una indennità in moneta corrisposta agli stessi per acquistare il sale; infine cominciò a essere impiegato nel significato più ampio di retribuzione periodica.

Stipendio invece sembra derivi da *stipis* (*piccola moneta*, di origine sconosciuta) e *pendium*, da *pendere*, pagare.

Parcella è il termine con cui si indica la remunerazione del professionista (avvocato, medico, notaio, ecc). Letteralmente significa *particella, piccola parte, poca cosa*.

Onorario è un altro modo per indicare la remunerazione del professionista. Il termine deriva da onore, *"perché dai clienti lo ricavano per onore della tutela che prendono di essi"* (T. Garzono 1585).

Indennità deriva dal latino *indemnis*, senza danno, e dovrebbe indicare il rimborso delle spese sostenute per svolgere una data attività.

Gettone di presenza indica la retribuzione pagata ai membri di commissioni per ciascuna seduta a cui partecipano.

8 Quale rapporto lega il risparmio e l'investimento?

Il risparmio delle famiglie è un elemento fondamentale per lo sviluppo del sistema economico perché consente la formazione di riserve di denaro che gli imprenditori possono prelevare dalle banche (e più in generale dal *mercato finanziario*) per acquistare quei beni strumentali che servono ad accrescere la produzione (e quindi l'offerta di beni e di servizi).

→ **Interesse** è chiamato il prezzo a cui il denaro viene dato in prestito.

In particolare:

- **interesse passivo** è chiamato quello che le banche pagano ai risparmiatori affinché depositino i propri risparmi nelle loro casse;
- **interesse attivo** (o anche **sconto**) è chiamato quello che deve pagare chi chiede denaro alle banche.

Nel pensiero liberista classico, un *elevato risparmio* e un *basso tasso di interesse* sono le condizioni che favoriscono gli investimenti e con essi l'aumento della produzione e del reddito.

Perché mai?

Perché:

- più le famiglie risparmiano e più aumentano, nelle banche, i depositi di denaro;
- più le banche avranno denaro e più basso sarà l'interesse che esse chiederanno per darlo in prestito;
- più basso sarà l'interesse e maggiore convenienza avranno gli imprenditori a chiedere i finanziamenti necessari per operare nuovi investimenti ed espandere la produzione.

9 Che cosa prevedeva la legge di Say?

LEGGE DI SAY

l'offerta crea la domanda

Abbiamo più volte detto che l'obiettivo a cui tendono tutte le scuole di pensiero economico è quello di aumentare la produzione nazionale e con essa il reddito.

Ciò però sollecita un interrogativo: se la produzione aumenta senza limiti, non si corre il rischio che l'offerta di beni finisca per essere superiore alla domanda?

La questione è importante perché se si verificasse un evento di questo genere, le imprese sarebbero certo indotte a ridurre la produzione e ciò è esattamente il contrario di ciò che si desidera.

Il primo a fornire una rassicurazione su questo tema è stato l'economista francese **Jean-Baptiste Say**, passato alla Storia per avere affermato, nel suo *Trattato di economia politica* del 1803, che se fossero state rispettate tutte le indicazioni fornite della scuola liberista, non si sarebbe mai verificata una **crisi di sovrapproduzione** perché:

→ **l'offerta** crea essa stessa la domanda.

La tesi può essere così spiegata:

- se le imprese aumentano la produzione, aumenta anche il reddito che esse distribuiscono alle famiglie sotto forma di stipendi, profitti o interessi;
- e un aumento del reddito distribuito alle famiglie comporterà un aumento della domanda capace di assorbire tutta la quantità offerta.

L'affermazione di Say ebbe un immediato successo nella società industriale del tempo e ancora oggi la tesi che sia l'offerta a generare la domanda costituisce un cardine fondamentale del pensiero neoliberista.

10 In conclusione

Riannodando le fila del discorso svolto nei precedenti paragrafi possiamo sintetizzare il pensiero liberista come segue.

Per aumentare la produzione (e quindi, in definitiva, la ricchezza nazionale) occorre:

- che vi sia libera concorrenza perfetta;
- che i prezzi delle merci e del lavoro siano determinati unicamente dalla domanda e dall'offerta;
- che i salari possano scendere fino al livello di sussistenza per consentire una maggiore accumulazione di capitali;
- che il risparmio sia incoraggiato al fine di far scendere il tasso di interesse e stimolare gli investimenti;
- che lo Stato si astenga dall'intervenire nelle questioni economiche.

Se tutto questo accadrà, l'offerta creerà la sua domanda (come sosteneva Say) e il sistema economico procederà spedito verso la piena occupazione di tutti i fattori produttivi.

Peccato che tutto ciò non sia mai realmente accaduto.

11 Come si generano le crisi recessive?

Il modo di procedere dell'economia, per tutto l'arco di tempo in cui ha dominato il pensiero liberista, può essere assimilato a quello di un'automobile che abbia le candele sporche e proceda a singhiozzo.

Tutto l'Ottocento e il primo quarto del Novecento furono infatti caratterizzati dall'alternarsi di periodi di **espansione** (durante i quali aumentava la produzione e con essa l'occupazione e il reddito) e di periodi di grave **recessione**.

→ **La recessione** è un fenomeno perverso che viene solitamente innescato da un eccesso di offerta o, il che è lo stesso, da insufficiente domanda.

- Di fronte a un calo della domanda le imprese tendono a ridurre la produzione ed è possibile che alcune chiudano i battenti licenziando operai.
- Ciò produrrà un ulteriore calo dei redditi che farà scendere ancora di più la domanda di beni e di servizi.
- Ma la nuova riduzione della domanda causerà una ulteriore riduzione della produzione e la chiusura di altre fabbriche, con conseguenti licenziamenti di manodopera, e così via, in una spirale perversa che sembra non avere fine.

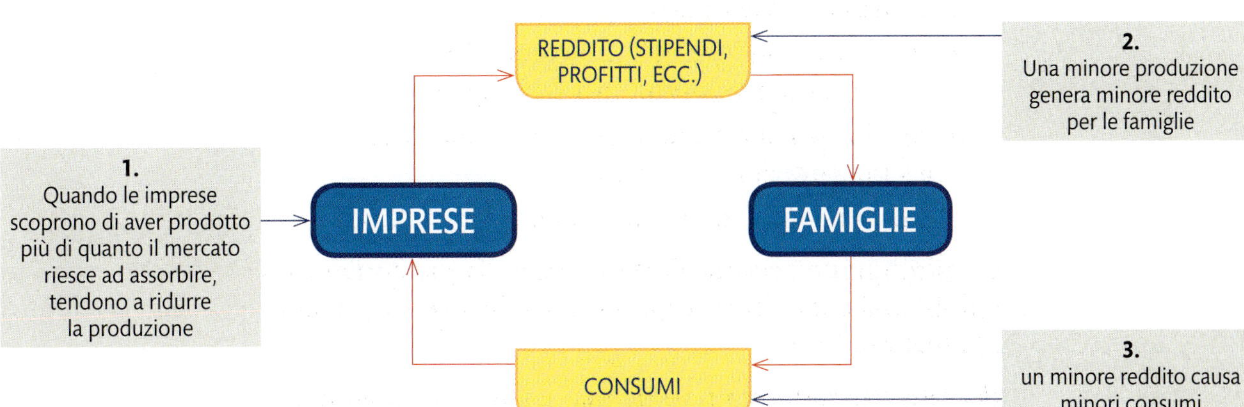

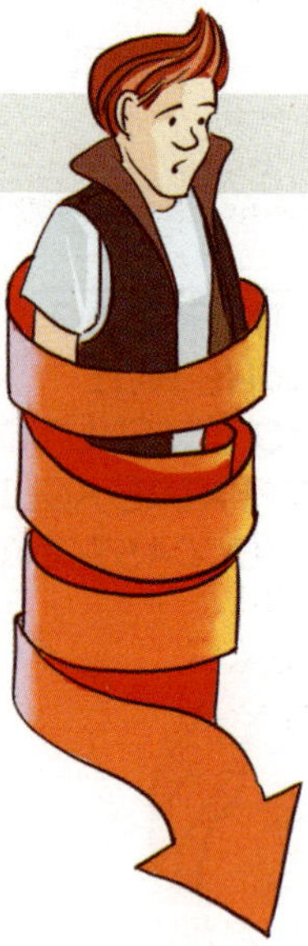

Come si esce da questa spirale?

In mancanza di qualsiasi intervento dello Stato occorre aspettare che il sistema si riequilibri da solo. Arriva sempre il momento in cui le poche industrie rimaste operanti sul mercato reagiscono cercando, per esempio, di migliorare i loro prodotti per attrarre di più i consumatori.

La sequenza può essere così riassunta:

1. per migliorare i prodotti occorre operare nuovi investimenti, cioè acquistare nuovi macchinari;
2. per conseguenza le imprese che producono macchinari e in generale beni d'investimento cominciano a registrare un incremento della domanda che le induce a riattivare la produzione, a interrompere i licenziamenti e magari a tornare ad assumere manodopera;
3. viene così distribuito nuovo reddito che produrrà nuova domanda, la quale incoraggerà gli investimenti e, poco a poco, si andrà esaurendo la fase *recessiva* e riprenderà la fase *espansiva*.

Ciò che è importante rilevare è che quelle crisi di sovrapproduzione che, secondo Say, non avrebbero mai potuto verificarsi si verificavano con drammatica ricorrenza.

Ciononostante gli economisti liberisti hanno per lungo tempo continuato a ritenere corretta la legge di Say. Era infatti opinione diffusa e tenacemente sostenuta che tale legge non trovasse riscontro nei fatti non perché fosse errata, ma perché non tutti i canoni dell'economia liberista venivano scrupolosamente osservati. Se fosse stata garantita la libera concorrenza perfetta, se i monopoli fossero stati efficacemente contrastati, se il costo del lavoro fosse sceso, se lo Stato avesse evitato ogni intervento assistenziale, la crescita economica sarebbe stata regolare e costante.

Oggi nessun economista di area liberista cita più Say, relegato ormai negli archivi della Storia, ma l'idea che sia la produzione a stimolare la domanda e non viceversa è ancora tenacemente sostenuta.

MAPPA che cosa hai imparato

LO SAI?

In questa Lezione hai imparato a conoscere il pensiero mercantilista e quello liberista. Hai scoperto in che modo il mercantilismo si sia sviluppato nel corso del XVI secolo e quali fossero i capisaldi di questa dottrina economica. Hai anche scoperto che a fine Settecento, con la rivoluzione industriale, si sono poste le basi del liberismo, che diventerà la corrente di pensiero dominante fino agli anni '20 del Novecento. Del liberismo hai imparato a conoscere i caratteri fondamentali (fra cui la libera concorrenza perfetta e l'astensione dello Stato dall'economia) e i principali punti deboli.

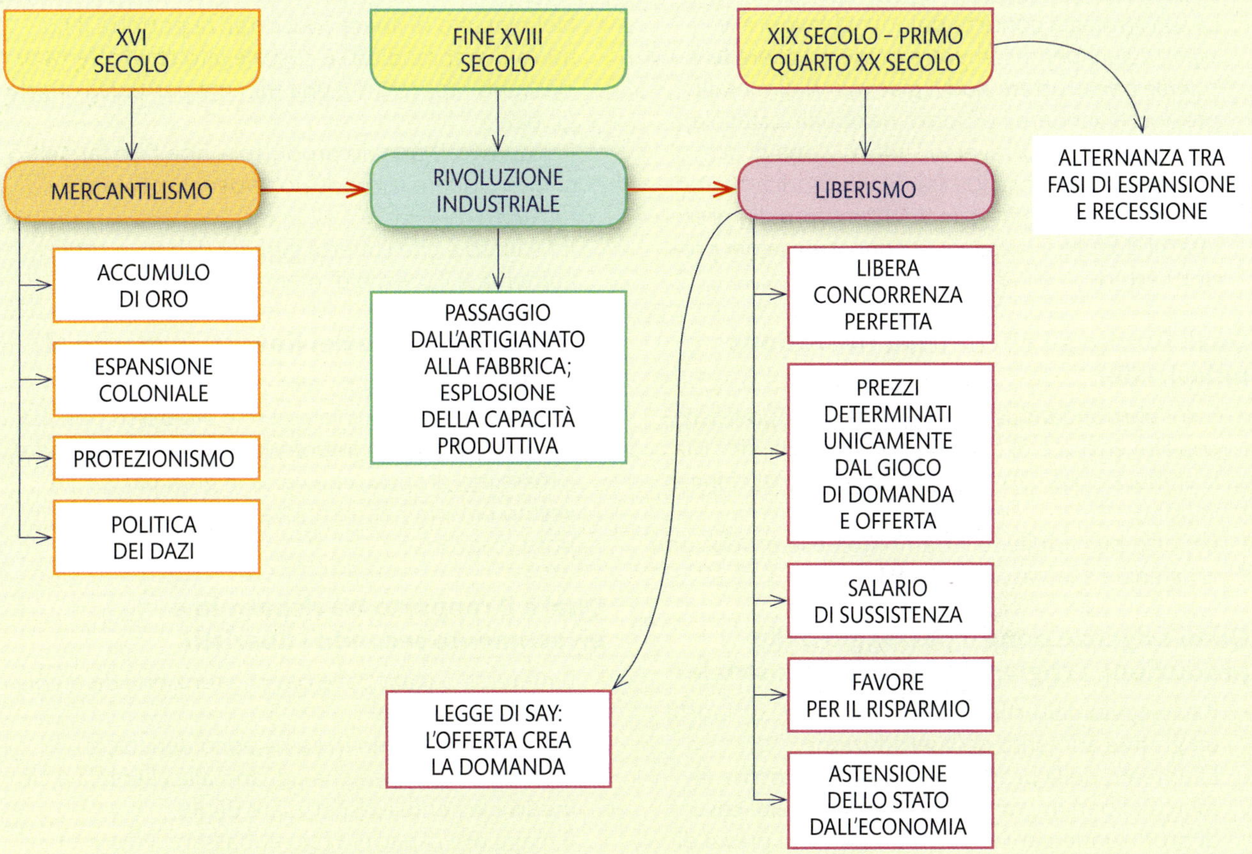

Lezione 24 riguardando gli appunti

Quali sono le principali scuole di pensiero che si sono succedute nella storia dell'economia?

- Il mercantilismo è stata la prima importante corrente di pensiero, alla quale è seguita la scuola liberista e successivamente la scuola keynesiana. In tempi recenti si è affermata la corrente chiamata neoliberismo.

Quale strategia suggerisce il mercantilismo per aumentare la ricchezza nazionale?

- Il mercantilismo identifica la ricchezza con il possesso dell'oro.
- La sua strategia consiste quindi nel favorire le *esportazioni* per incamerare oro; espandere le *colonie* per sfruttare nuovi giacimenti di metalli preziosi e vendere i prodotti nazionali; ostacolare le importazioni attraverso l'imposizione di *dazi* al fine di evitare la fuoriuscita di oro. Storicamente ciò produsse un generale innalzamento dei prezzi interni dovuto alla mancata concorrenza dei prodotti esteri.

Quali furono gli effetti della rivoluzione industriale?

- La rivoluzione industriale iniziò nel campo tessile con l'invenzione di filatoi e di telai meccanici. Ma la spinta decisiva fu l'invenzione della macchina a vapore.
- L'effetto più visibile fu il tramonto della produzione artigianale e la nascita della fabbrica.

Quali esigenze pone il passaggio dalla produzione artigianale a quella industriale?

- Il passaggio dall'artigianato all'industria comporta un grande aumento della produzione.
- L'aumento della produzione crea la necessità di mercati liberi in grado di assorbirla e bassi costi di produzione per rendere competitivi i prezzi di vendita.

Che cos'è il liberismo economico?

- Il liberismo sostiene la necessità di liberare le attività produttive da limiti e controlli imposti dallo Stato.
- I suoi capisaldi sono: la concorrenza perfetta, il basso costo del lavoro, l'astensione dello Stato da ogni intervento assistenziale.
- Padri del liberismo economico, detti per ciò "classici", sono Adam Smith, David Ricardo, Thomas Robert Malthus, Jean-Baptiste Say.
- Secondo gli economisti classici, l'economia è al massimo livello quando si raggiunge la piena occupazione di tutti i fattori produttivi.

Quale ruolo ha lo Stato nell'economia liberista?

- Lo Stato deve limitarsi a svolgere le sue funzioni naturali, quali le relazioni con gli altri Paesi, la difesa del territorio, l'amministrazione della giustizia, il mantenimento dell'ordine interno.
- In campo economico, lo Stato deve limitarsi a sorvegliare che il mercato funzioni correttamente e dare esecuzione ai lavori pubblici.

Quali sono gli effetti della libera concorrenza perfetta?

- Nel mercato di libera concorrenza perfetta il numero di imprenditori è così elevato che l'offerta di ciascuno rappresenta una minima parte dell'offerta globale.
- Per questo, il singolo produttore non può fare altro che espandere la produzione per aumentare il fatturato.
- Il risultato è che l'offerta globale di beni e servizi aumenta e il prezzo di mercato scende.

Qual è la posizione dei liberisti in merito al costo del lavoro?

- Il costo del lavoro deve essere il più basso possibile. In questo modo gli imprenditori possono ottenere il massimo profitto, che verrà in gran parte reinvestito determinando nuova produzione e nuovi posti di lavoro.

Qual è il rapporto tra risparmio e investimento secondo i liberisti?

- L'interesse pagato dalle banche funziona da regolatore del risparmio.
- Se le banche hanno in cassa poco denaro, aumentano l'interesse che pagano alla clientela e ciò indurrà la gente a risparmiare di più.
- Il maggiore risparmio farà abbassare il tasso di sconto e gli imprenditori saranno favoriti nel chiedere prestiti per investimenti produttivi.

Che cosa sostiene la legge di Say?

- Secondo la legge di Say, l'offerta crea essa stessa la domanda. Per questo è impossibile che si verifichi una crisi di sovrapproduzione.

Come si generano le crisi recessive?

- La recessione è innescata da un eccesso di offerta o, il che è lo stesso, da insufficiente domanda.
- Nel periodo in cui ha dominato il pensiero liberista (tutto l'Ottocento e il primo quarto del Novecento) si è avuta un'alternanza fra espansione e recessione. A dispetto della legge di Say, ci furono crisi di sovrapproduzione.

verifica mettiti alla prova

1. Completa la mappa concettuale utilizzando le seguenti parole:

capitale ~ materia prima ~ merce ~ domanda ~ operai.

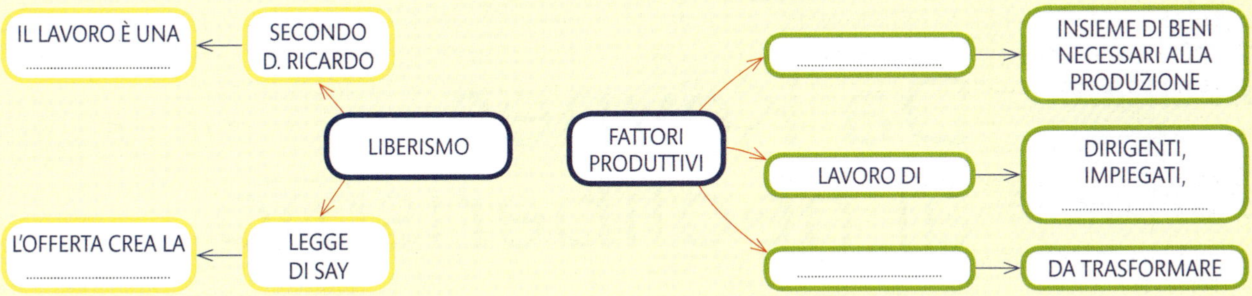

2. Scegli la risposta corretta.

1 Il mercantilismo sostiene la necessità di favorire:
   a. le esportazioni
   b. le importazioni
   c. la libertà degli scambi
   d. l'eliminazione dei dazi

2 Nel sistema liberista il costo del lavoro deve essere:
   a. alto
   b. basso
   c. medio
   d. mediamente alto

3 Nel sistema liberista è ritenuto fondamentale che il mercato sia:
   a. di monopolio
   b. di oligopolio
   c. di libera concorrenza perfetta
   d. di concorrenza imperfetta

4 La legge di Say sostiene che:
   a. l'offerta genera la domanda
   b. la domanda genera l'offerta
   c. deve esserci equilibrio tra domanda e offerta
   d. l'offerta deve essere sempre superiore alla domanda

3. Rispondi alle seguenti domande.

A Come si generano le crisi recessive?

B Qual è il ruolo dello Stato nell'economia liberista?

C Quali condizioni occorrono perché un mercato sia di libera concorrenza perfetta?

D Quali cambiamenti ha determinato la rivoluzione industriale a livello produttivo e sociale?

4. Barra con una crocetta la risposta che ritieni esatta e motiva il perché.

1 I liberisti sono sostenitori di una politica protezionista. **SÌ NO**

perché? ....

....

2 La recessione economica è innescata da un eccesso di domanda. **SÌ NO**

perché? ....

....

3 Interesse attivo è chiamato quello che le banche pagano ai risparmiatori. **SÌ NO**

perché? ....

....

4 La prima rivoluzione industriale prende avvio all'inizio del Settecento. **SÌ NO**

perché? ....

....

5 Il protezionismo favorisce lo sviluppo economico. **SÌ NO**

perché? ....

....

5. Svela il crittogramma.

Sostituisci ogni numero con una lettera dell'alfabeto. A numero uguale corrisponde lettera uguale!

A	B	C	D	E	F	G	H	I	J	K	L	M	N	O	P	Q	R	S	T	U	V	W	X	Y	Z
					24		26		21			12	9		25						1	4			

J _ M _ _   W _ _ _   P _ _ F _ _ _ _ N Ò
21 10 12 15 16   4 10 8 8   25 15 11 24 15 18 3 20 9

_ _   M _ _ _ H _ N _   _   V _ P _ _ _ .
6 10   12 10 23 23 26 3 9 10   10   1 10 25 20 11 15

UNITÀ 8 Come aumentare la ricchezza della Nazione

LEZIONE 25 Da Keynes al neoliberismo

1 Come si sviluppò la Grande crisi del 1929?

Nel 1929 il **crollo della Borsa di New York** favorì l'esplodere della più grande crisi recessiva che gli Stati Uniti e il mondo intero avessero mai conosciuto.

Per capire che cosa accadde dobbiamo prima spiegare che cosa è una *società*. Cominciamo allora con il dire che quando una persona non possiede tutto il capitale necessario per avviare un'impresa, è possibile che si unisca *in società* con altre persone, ciascuna delle quali conferirà una parte del capitale occorrente e parteciperà con le altre alla divisione degli utili.

Tra i diversi tipi di società che è possibile costituire, particolare importanza riveste la *società per azioni*, indicata spesso con l'acronimo S.p.a.

La **società per azioni** ha assunto questo nome perché i soci, in cambio dei loro conferimenti, ricevono speciali ricevute (o *titoli*) chiamate **azioni**.

La caratteristica delle azioni è di poter essere liberamente vendute da chi le possiede. Ciò significa, per esempio, che se abbiamo acquistato azioni di una società e subito dopo scopriamo che il denaro speso ci serve per altre necessità, possiamo immediatamente rivenderle.

Se le azioni di cui vogliamo disfarci appartengono a una grande società, potremo affidarle a un agente che provvederà a venderle *in Borsa* per nostro conto.

→ **Borsa** è chiamato il luogo dove in prevalenza si comperano e si vendono le azioni (e altre specie di titoli) delle grandi società.

A quale prezzo?

Le azioni sono una merce come tutte le altre e il loro prezzo dipende dalla quantità domandata e dalla quantità offerta. Per esempio, se si è diffusa la notizia (vera o presunta) che l'impresa di cui abbiamo acquistato le azioni un anno fa sta per andare in fallimento, ci affretteremo sicuramente a vendere le nostre azioni. E come noi vorranno venderle tutti quelli che le posseggono. Vi sarà dunque, in Borsa, un'offerta molto elevata di quel tipo di azioni e il loro prezzo scenderà rapidamente.

A New York, nel 1929, accadde esattamente questo. La dinamica di quel tragico susseguirsi di eventi può essere così schematizzata.

- L'America cominciava a entrare in una fase recessiva piuttosto grave dovuta a una domanda in diminuzione, e alcune grandi imprese erano già in difficoltà.
- La notizia di queste difficoltà, probabilmente ingigantita, provocò la vendita di azioni che ne fece scendere il prezzo.
- Ciò preoccupò altri risparmiatori che cominciarono a vendere.
- Le vendite si fecero via via più massicce e si cominciò a parlare di *crollo*. A quel punto tutti si affrettarono a vendere e il crollo ci fu veramente.
- Con il valore delle loro azioni prossimo allo zero, molte imprese non poterono più ottenere i prestiti necessari per mantenere attiva la produzione e quelle più deboli cominciarono a chiudere i battenti licenziando i lavoratori dipendenti.
- La gente licenziata, e quindi privata del normale reddito, dovette ridurre i propri consumi. Ciò provocò una diminuzione della domanda globale.
- La diminuzione della domanda causò una riduzione dell'offerta anche da parte delle imprese più solide, e ciò comportò ulteriori licenziamenti che fecero scendere ancora di più la domanda.

In breve tempo gli Stati Uniti si trovarono attanagliati in una crisi recessiva in cui milioni di disoccupati non potevano *domandare* neppure quanto sarebbe stato necessario per sopravvivere e migliaia di fabbriche erano costrette a chiudere i battenti perché non riuscivano a vendere i loro prodotti.

E poiché gli USA assorbivano gran parte delle esportazioni europee, il calo della domanda in quel Paese fece precipitare anche la domanda di prodotti europei. In questo modo una recessione nata al di là dell'Atlantico si ripercosse su tutta l'Europa.

Fu la crisi più spaventosa che la storia economica ricordi e dimostrò, in modo inequivocabile, che la ricetta liberista non era in grado di garantire una continua ed equilibrata crescita economica.

Borsa
Il termine trae origine dal nome della famiglia *van den Burse*, che nel XVI secolo a Bruges, in Belgio, adibì il proprio palazzo a sede per gli scambi dei titoli azionari e obbligazionari.
Nel nostro Paese la prima a essere fondata è stata quella di Venezia nel 1600.
Oggi le principali Borse si trovano a New York, Londra, Parigi, Francoforte, Zurigo, Milano, Hong Kong, Tokyo, Singapore.

La Borsa di New York si trova in **Wall Street** nel quartiere di Manhattan.
Letteralmente Wall Street significa *via del muro* e la strada deve il suo nome al fatto che, nel XVII secolo, in quel luogo correva un muro di protezione che delimitava un insediamento di coloni olandesi. Accanto a quel muro sorgeva un grande platano alla cui ombra erano soliti radunarsi i mercanti per concordare le loro speculazioni. Fu così che quella parte di Manhattan cominciò a diventare un punto di riferimento per chi volesse svolgere attività finanziarie.

ZOOM

La crisi del '29 e la reazione dell'America

Perché negli anni '20 entrò in crisi l'economia più forte del mondo

Tra il 1922 e il 1929 la produzione industriale negli USA era salita del 64% e i profitti del 76%. Ma nello stesso arco di tempo i salari erano aumentati solo del 30%. Ciò significa che le possibilità di acquisto degli americani erano cresciute meno della produzione e i magazzini delle aziende cominciavano a riempirsi di prodotti invenduti.

A peggiorare la situazione si aggiungeva il fatto che l'Europa, uscita malconcia dalla prima guerra mondiale, era soffocata da una terribile crisi economica e stava riducendo di molto le proprie importazioni dagli USA.

Fino al 1929 la Borsa parve non accorgersi di che cosa stava accadendo nell'economia reale, ma era inevitabile che prima o poi qualcuno cominciasse prudentemente a vendere le proprie azioni. Le vendite si fecero via via più massicce e nel famoso *giovedì nero* (era il 24 ottobre 1929) i prezzi della Borsa di New York crollarono. Grosso modo si calcola che chi avesse acquistato azioni per mille dollari all'inizio di settembre, sarebbe riuscito a venderle a novembre per poco più di cento dollari.

Il crollo della Borsa portò alla rovina centinaia di migliaia di americani. I consumi scesero al minimo storico, molte fabbriche chiusero i battenti e il numero dei disoccupati raggiunse, nel 1933, la cifra record di oltre 13 milioni.

Come superò l'America la Grande crisi?

Un ruolo determinante, nel risanamento dell'economia americana, lo ebbe il Presidente Franklin Delano Roosevelt.

Eletto alla presidenza degli Stati Uniti nel 1932, Roosevelt aveva fondato la propria campagna elettorale sulla promessa che avrebbe portato il Paese fuori della recessione (il famoso *new deal* o nuovo patto). E una volta eletto mantenne quel patto, ispirando la propria azione alle teorie rivoluzionarie di un giovane economista inglese, J.M. Keynes.

Per ridurre la disoccupazione l'amministrazione americana avviò subito una imponente massa di lavori pubblici (costruzione di case, strade, ponti, ecc.). Una legge sulla sicurezza sociale (*Social Security Act*) fissò consistenti indennità per disoccupati, invalidi e anziani e un'altra legge (*National Labor Relation Act*) operò il riconoscimento dei sindacati e del diritto di sciopero. L'evasione fiscale fu combattuta con grande energia e fu approvata una legge (battezzata dagli oppositori "legge per tassare i ricchi") che rese fortemente progressiva la tassazione.

Nel 1938 la politica specificamente ispirata ai principi del *new deal* poté considerarsi conclusa. La grande recessione era alle spalle.

2 Quali critiche mosse Keynes all'economia classica?

Nel 1936 venne pubblicata la *Teoria generale dell'occupazione, dell'interesse e della moneta*, opera di un geniale economista inglese, J.M. Keynes, destinata a operare un'autentica rivoluzione nel pensiero economico.

Com'è facile immaginare, l'opera di Keynes è estremamente complessa e qui di seguito possiamo illustrarne in modo molto semplificato soltanto i punti chiave.

Iniziamo cercando di capire quali critiche Keynes mosse a quella che egli definì *economia classica* e che noi fin qui abbiamo chiamato *liberista*.

La critica alla libera concorrenza perfetta

Non c'è dubbio, come sostenevano gli economisti classici, che la libera concorrenza perfetta determini una situazione ottimale nella quale:

- la quantità offerta è la massima possibile,
- e il prezzo che si determina è il più basso possibile.

Ma nella realtà (come abbiamo visto nella Lezione 14), le condizioni necessarie affinché ciò si verifichi sono pressoché irrealizzabili.

Quelle condizioni potevano essere presenti fino alla fine dell'Ottocento, perché in quel tempo le fabbriche erano ancora di dimensioni contenute; nessuna di esse era in grado di assumere una posizione dominante sul mercato e i prodotti di ciascuna erano molto simili a quelli delle altre.

Ma all'inizio del Novecento le cose erano molto cambiate:

- erano già nati i grandi gruppi industriali in grado di assumere una posizione dominante sul mercato;
- si erano formati molti oligopoli;
- gli accordi tra imprese, per quanto osteggiati, erano comunque operanti;
- inoltre cominciava a divenire una pratica normale la diversificazione dei prodotti che poneva le imprese più creative in una posizione di concorrenza monopolistica.

Le condizioni di *libera concorrenza perfetta*, se mai in passato si erano verificate, all'inizio del Novecento, osserva Keynes, apparivano ormai irripetibili.

Ricordiamo ancora una volta che le condizioni perché si realizzi la libera concorrenza perfetta sono:

- che vi sia trasparenza nel mercato, cosicché il consumatore possa conoscere le diverse offerte;
- che prodotti dello stesso tipo abbiano identiche caratteristiche, in modo che la scelta del consumatore sia dettata solo dal prezzo più conveniente;
- che ciascuna impresa sia abbastanza piccola da non poter condizionare con la propria offerta il prezzo di vendita;
- che vi siano moltissimi produttori in modo che non possano accordarsi per alterare il prezzo di mercato.

La critica al salario naturale

La politica dei bassi salari, su cui si fondava per gran parte il modello di sviluppo liberista, non poteva non innescare una diffusa conflittualità. E puntualmente i conflitti cominciarono ad accendersi quando gli operai delle fabbriche, condannati a una vita miserevole in nome di un progresso economico lontano e del tutto incerto, cominciarono a prendere coscienza della propria condizione e a reclamare il diritto a una vita dignitosa.

Fin dalla prima metà dell'Ottocento crebbero ovunque, sebbene con tempi e modalità diverse, i *movimenti sindacali* e i *partiti socialisti*. I primi con l'obiettivo di migliorare le condizioni economiche e di lavoro del proletariato; i secondi con l'ulteriore obiettivo di imprimere una svolta in senso democratico allo Stato.

A questa spinta che proveniva dal basso, i Governi risposero alternando alla dura repressione concessioni via via più consistenti, motivate soprattutto da ragioni di ordine pubblico. Non sembrava prudente, infatti, spingere oltre il tollerabile i contrasti con le masse popolari, sempre più organizzate e sempre più consapevoli della propria forza.

Nella seconda metà dell'Ottocento, pertanto, le condizioni dei lavoratori iniziarono gradualmente a migliorare e i Governi cominciarono ad attuare le prime forme di assistenza e di previdenza sociale.

A queste concessioni gli economisti liberisti imputavano gran parte delle difficoltà nelle quali si dibatteva il sistema economico e sollecitavano con forza il ritorno a una *flessibilità dei salari* che consentisse una riduzione dei costi di produzione in modo da favorire l'accumulazione capitalista e con essa i nuovi investimenti.

Keynes osservò che una politica di riduzione dei salari si presentava come *altamente improbabile* e *sicuramente dannosa*.

- **Improbabile** perché i lavoratori non avrebbero mai accettato di regredire economicamente vanificando in un sol colpo anni di lotte durissime e di sacrifici inenarrabili.

- **Dannosa** perché la riduzione dei salari non avrebbe stimolato nuovi investimenti né avrebbe prodotto nuovi posti di lavoro. In presenza di un calo della domanda, infatti, nessun imprenditore aumenta la propria offerta.

Proletario deriva dal latino *proles*, l'insieme dei figli facenti parte di una famiglia. Nella Roma antica proletari erano coloro che non avevano null'altro che i propri figli. Dalla seconda metà dell'Ottocento, il termine è passato a indicare i lavoratori salariati che non possedendo i mezzi di produzione, traggono il reddito esclusivamente dalla vendita del proprio lavoro.

La riduzione dei salari fa diminuire la domanda e ciò aggrava la recessione!

Per capire meglio questo concetto immaginiamo di essere proprietari di una pizzeria nella quale lavorano tre bravi camerieri.

Ora supponiamo che una politica di *flessibilità dei salari* ci consenta di ridurre il loro stipendio. Questo potrebbe sembrarci un fatto positivo poiché accresce i nostri utili. Ma immaginiamo che la riduzione dei salari sia generalizzata e colpisca tutte le famiglie del nostro quartiere. Sicuramente colpirà anche molti dei nostri abituali clienti i quali, vedendo ridotto il proprio reddito, dovranno ridurre i consumi non essenziali e quindi, presumibilmente, smetteranno di frequentare la nostra pizzeria. Ciò comporterà per noi un drastico calo della domanda e dei profitti.

Ora domandiamoci: in questa situazione *recessiva* sarebbe ragionevole per noi aumentare gli investimenti e l'occupazione (cioè ingrandire la nostra pizzeria e assumere nuovi camerieri)?
Certamente non lo sarebbe. È molto più probabile che di fronte a un calo della domanda e dei profitti decidiamo di licenziare almeno uno dei nostri camerieri.

Ma anche questa decisione, che sembrerebbe dare sollievo ai nostri conti economici, potrebbe rivelarsi altamente dannosa. Se, infatti, tutti gli imprenditori licenziassero una parte dei loro dipendenti, presto mezza città sarebbe disoccupata e ben poche persone avrebbero soldi da spendere in pizzeria.
A quel punto il rischio concreto è che possiamo essere costretti a chiudere i battenti del nostro bel locale. In sostanza, pretendere di curare una crisi recessiva con la riduzione dei salari e con i licenziamenti è come pretendere di curare una persona denutrita con la dieta.

Il ruolo del saggio di interesse e le aspettative imprenditoriali

Come abbiamo visto nella Lezione 24, i liberisti classici vedevano con favore una elevata **propensione al risparmio**, anche se ciò comporta, inevitabilmente, una contrazione dei consumi.
Essi ritenevano che se le famiglie risparmiano di più, le banche hanno in cassa maggiore liquidità e sono indotte ad abbassare il costo del denaro. E ciò stimola gli imprenditori a chiedere denaro in prestito per operare nuovi investimenti e aumentare la propria capacità produttiva.

In pratica, si sosteneva, la diminuzione della domanda per *beni di consumo* è sempre compensata dall'aumento della domanda per *beni di investimento*.

Ma se la domanda dei beni di consumo è in diminuzione, che senso ha aumentare gli investimenti?

Questa è esattamente l'osservazione fatta da Keynes.
Quando, come avveniva nel primo Ottocento, l'industria era in forte espansione e gli industriali sperimentavano nuove tecniche di produzione, è possibile che essi tentassero di migliorare, di ampliare, di rinnovare la loro capacità produttiva contando su un mercato che, prima o poi, si sarebbe aperto. E non avevano torto. C'erano, allora, ceti sociali ricchi, il cui reddito non derivava dal lavoro dipendente (proprietari terrieri, professionisti, alto clero), che stavano pian piano aprendosi al consumismo e a costoro era soprattutto indirizzata la produzione.

Ma nel Novecento la capacità produttiva delle imprese era aumentata in misura più che rilevante e nessun imprenditore avrebbe seguitato ad accrescerla se non avesse avuto *prima* la ragionevole certezza che stava aumentando anche la domanda. E ciò anche se il tasso di interesse per operare nuovi investimenti fosse stato bassissimo.

Torniamo all'esempio della nostra pizzeria e immaginiamo che il basso reddito delle famiglie non consenta loro troppe spese voluttuarie, cosicché vengano pochi clienti nel nostro locale e molti tavoli rimangano vuoti. In queste condizioni, se una banca ci offrisse di prendere in prestito del denaro anche a *zero interesse* per ampliare la nostra pizzeria, lo prenderemmo?
La risposta non può che essere negativa. Perché mai dovremmo indebitarci con la banca per aumentare la nostra offerta che già ora appare eccessiva rispetto alla domanda?
Potremmo essere indotti a farlo solo se avessimo la sensazione che nel nostro quartiere stia aumentando il livello del benessere collettivo e che la gente tornerà a cenare in pizzeria.

A stimolare gli investimenti, più che un basso saggio (o tasso) di interesse, sono le elevate aspettative imprenditoriali.

Possiamo allora concludere che:

- affinché tutto il risparmio delle famiglie si trasformi in beni d'investimento è sicuramente utile che l'interesse praticato dalle banche sia basso;
- ma un basso interesse non stimola gli investimenti se gli imprenditori non si aspettano anche una crescita dei consumi.

Per Keynes dunque:

→ **solo le buone aspettative imprenditoriali** stimolano gli investimenti. E le aspettative imprenditoriali sono buone solo se la domanda di beni e di servizi è in aumento.

Contrariamente a quanto sosteneva Say:

- non è l'offerta che crea la domanda,
- ma è la domanda che stimola l'offerta.

Ricordiamo che:
- **beni di investimento** sono quelli necessari per accrescere la capacità produttiva delle imprese;
- **beni di consumo** sono quelli destinati a soddisfare i bisogni delle famiglie.

3 Quali soluzioni propone Keynes?

La teoria di Keynes muove da una considerazione tutto sommato abbastanza semplice: se la crisi recessiva si innesca per insufficienza della domanda, si può ricacciarla indietro solo aumentando la domanda di beni di investimento, di beni di consumo e di servizi.

Come il consumo dipende dal reddito

Abbiamo visto (> Lezione 12) che il reddito delle famiglie viene ripartito tra risparmi, imposte e consumi.

Soffermando la nostra attenzione sui consumi, non pare dubitabile che questi siano tanto più alti quanto più alto è il reddito delle famiglie. In sostanza, più denaro abbiamo in tasca e più acquisti possiamo fare. Detto in altri termini:

→ **la domanda di beni di consumo** dipende dal reddito delle famiglie.

In presenza di una crisi causata da insufficienza di domanda o, il che è lo stesso, da eccesso di offerta:

- l'ultima cosa da fare è ridurre i salari o licenziare lavoratori;
- al contrario sarebbe utile aumentare sia l'occupazione che i redditi da lavoro;
- tuttavia, com'è intuibile, non si può chiedere agli imprenditori di aumentare i salari dei propri dipendenti quando i consumi (e con essi i profitti) ristagnano;
- si può però arrivare in modo indiretto ad aumentare i consumi delle famiglie aumentando la domanda di beni di investimento.

Il ruolo degli investimenti pubblici

Se la domanda è insufficiente nessun imprenditore spenderà i suoi soldi per fare nuovi investimenti!

È ragionevole che in una situazione di crisi nessun imprenditore possa o voglia spendere denaro per aumentare i propri investimenti.

Per tale ragione, sostiene Keynes, l'unico soggetto che può intervenire è lo Stato.

→ **Lo Stato può rilanciare la domanda** nel Paese realizzando grandi opere pubbliche come autostrade, ferrovie, porti, ospedali, abitazioni, e così via.

Cerchiamo di chiarire questa affermazione con un esempio. Supponiamo che in presenza di una recessione il Governo stanzi una notevole somma di denaro per la costruzione di una linea ferroviaria super veloce con treni che corrono su monorotaia e vediamo che cosa accade.

Gli investimenti pubblici stimolano la domanda e favoriscono l'uscita dalla recessione.

- La somma stanziata costituirà un reddito per l'impresa che dovrà realizzare l'opera.
- Una parte di tale reddito verrà impiegata dall'impresa per pagare i salari ai propri dipendenti, ma una parte ben maggiore sarà investita nell'acquisto di strumenti idonei alla realizzazione dell'opera: camion, scavatrici, binari, nuove stazioni, una nuova rete elettrica, speciali locomotori, particolari vetture, e così via.

- Le imprese che producono tali beni e che verranno coinvolte nell'affare dovranno immediatamente adeguare la loro capacità produttiva alla nuova domanda. Ciò significa che dovranno impiegare una buona parte dei loro incassi futuri nell'acquisto di beni strumentali idonei a produrre camion, scavatrici, ecc.
- Le imprese che producono tali beni strumentali (per esempio presse, sistemi di controllo e altro) al fine di soddisfare la nuova domanda dovranno anch'esse adeguare le proprie strutture produttive acquistando da altre imprese le materie prime e i diversi beni necessari a soddisfare la nuova domanda.

Questo processo, che tende ad allargarsi a macchia d'olio, comporterà necessariamente anche una maggiore domanda di lavoro. Molte persone prima disoccupate riceveranno un reddito che potranno *consumare* acquistando calzature, capi d'abbigliamento, telefonini, oppure andando al cinema, in discoteca, in pizzeria.

Ciò significa che anche le imprese che producono beni di consumo e servizi saranno indotte ad adeguare la loro capacità produttiva investendo una parte dei nuovi profitti. Per esempio, se la nuova linea ferroviaria passasse vicino alla nostra città, non è escluso che molti operai e tecnici potrebbero venire a pranzo o a cena nella nostra pizzeria e ciò potrebbe indurci ad ampliare finalmente il nostro locale e ad assumere altri camerieri producendo e distribuendo nuovo reddito.

In sostanza, sostiene Keynes:

→ **ogni investimento** (da chiunque sia effettuato) produce redditi per un valore multiplo dell'investimento stesso.

Come si moltiplica l'investimento?

Facciamo un esempio numerico molto elementare. Immaginiamo che in una classe nessuno abbia un reddito e che la domanda per consumi sia zero. Ora supponiamo che:

- uno studente riceva un premio (reddito) di 50 euro che spende subito per acquistare da un compagno un iPod;
- il compagno che riceve questo reddito lo spende tutto per acquistare da un amico alcuni DVD;
- l'amico a sua volta spende i 50 euro per acquistare dal vicino di banco uno zainetto;
- il vicino di banco spende i 50 euro per portare una ragazza in discoteca;
- il gestore della discoteca versa i 50 euro in banca insieme agli altri incassi della serata.

Tirando le somme possiamo vedere come i 50 euro iniziali si siano *moltiplicati* producendo redditi per 250 euro che sono stati così impiegati:

- 200 euro in consumi;
- 50 euro in risparmio.

Mio padre dice che nella vita bisogna risparmiare... ma come si fa a risparmiare quando ci sono in giro tante cose belle!

Nella realtà è piuttosto improbabile che la gente spenda tutto il proprio reddito. Supponiamo, allora, che ciascuna delle persone sopra menzionate avesse deciso di risparmiare 10 euro.
Nella nuova sequenza di dare e di avere il primo studente riceve come al solito 50 euro e ne spende 40; il secondo ne riceve 40 e ne spende 30; il terzo ne riceve 30 e ne spende 20; il quarto ne riceve 20 e ne spende 10; il quinto ne riceve 10 e li deposita in banca.

In questo modo i 50 euro iniziali avranno prodotto redditi per soli 150 euro che sono stati così impiegati:

- 100 euro in consumi;
- 50 euro in risparmio.

Se poi ciascuno avesse deciso di risparmiare 20 euro, i soliti 50 euro iniziali avrebbero prodotto reddito per soli 90 euro, dei quali:

- 40 euro saranno stati impiegati in consumi;
- 50 euro saranno stati risparmiati.

Possiamo allora concludere che: ogni investimento produce redditi per un valore multiplo dell'investimento stesso, e l'effetto moltiplicatore sarà tanto più evidente quanto *minore* sarà la *propensione al risparmio* delle persone.

In sostanza, sostiene Keynes:

→ **per rilanciare un'economia depressa** occorre investire molto e consumare molto.

ZOOM

Il consumismo è un comportamento da censurare?

Se pensiamo all'inquinamento causato dalle attività produttive o all'esaurimento delle risorse naturali e più in generale alla salute del nostro pianeta, la risposta è sicuramente affermativa: il consumismo uccide il nostro futuro.
Anche se pensiamo allo stress che ci causa la corsa frenetica ai consumi più discutibili (l'ultimo modello... l'ultima creazione... l'ultima moda...) il giudizio non può che essere negativo.

Cionondimeno, se vogliamo vivere in un sistema di tipo capitalista quale è il nostro, dobbiamo anche accettare il consumismo come condizione imprescindibile perché, come abbiamo ormai imparato, se non c'è consumo non c'è produzione, non c'è lavoro e non c'è ricchezza.
Resta solo da domandarci se nelle nostre scelte non abbiamo sbagliato qualche cosa.

Il ruolo dello Stato

Per rilanciare la domanda **si può anche portare in deficit il bilancio dello Stato** purché il deficit rientri quando la recessione è passata.

Tutto il processo sopra descritto parte dal presupposto che lo Stato immetta nel circuito economico una grossa somma di denaro. Ciò fa sorgere spontanea una domanda: dove prende lo Stato questa grossa somma?

Escludiamo che possa procurarsela attraverso il prelievo tributario. Ogni aumento di imposte, infatti, diminuisce il *reddito disponibile* delle famiglie, e una diminuzione del reddito comporta inevitabilmente una diminuzione dei consumi. E ciò è esattamente il contrario di quanto ci proponiamo di fare.

L'unica alternativa possibile è che lo Stato prenda in prestito una parte di quel risparmio che non viene impiegato dagli imprenditori per nuovi investimenti e che giace inutilizzato nelle banche. Con quel denaro potrà finanziare le grandi opere necessarie per far uscire dalla recessione il sistema economico.

Il ruolo del deficit nel bilancio dello Stato

Per gli economisti liberisti il bilancio dello Stato dovrebbe essere sempre in pareggio e le spese non dovrebbero mai superare le entrate.

Per Keynes, invece:

→ **il bilancio dello Stato può essere in deficit** quando si è in presenza di una recessione economica.

In pratica lo Stato, in presenza di una crisi recessiva, deve spendere più di quanto normalmente incassa prendendo in prestito il risparmio che gli imprenditori privati non utilizzano.

Questa operazione viene eseguita prevalentemente emettendo **titoli di Stato** o del **debito pubblico.**

→ **I titoli di Stato** sono speciali documenti che attestano un prestito fatto allo Stato o ad altro ente pubblico.

Essi danno diritto al pagamento di un interesse e alla restituzione del prestito quando il titolo verrà a scadenza. Il risparmiatore che abbia bisogno di rientrare anticipatamente in possesso del proprio denaro può, in qualsiasi momento, rivolgersi all'istituto bancario che custodisce i suoi titoli e chiedere di rivenderli.
Sono titoli di Stato i Bot, i Btp e i Cct.

- **I Bot** (*buoni ordinari del Tesoro*) sono così chiamati perché emessi dal Ministero del Tesoro (oggi denominato dell'Economia e delle Finanze); hanno scadenza a tre, sei e dodici mesi e per essi viene corrisposto un interesse anticipato.
- **I Btp** (*buoni poliennali del Tesoro*) hanno scadenza tra i due e i trenta anni e attribuiscono il diritto a un interesse fisso.
- **I Cct** (*certificati di credito del Tesoro*) hanno scadenza tra i cinque e i dieci anni e conferiscono un interesse variabile.

Il bilancio dello Stato è un documento che riporta le entrate che nel corso dell'anno lo Stato ha diritto di riscuotere (soprattutto sotto forma di tributi) e le spese che si impegna a sostenere.

Keynes era un socialista?
La rivalutazione keynesiana del ruolo dello Stato e la sollecitazione ad aumentare i redditi da lavoro potrebbe lasciarlo pensare.
Ma nulla sarebbe più errato.
Il ruolo che Keynes assegnava allo Stato aveva l'unica funzione di evitare che il capitalismo si autodistruggesse a causa del susseguirsi delle crisi recessive.

Come far rientrare il debito pubblico

Il ricorso al debito pubblico deve essere fatto con grande cautela. Lo Stato, infatti, non deve indebitarsi in modo permanente assumendo impegni senza limiti di tempo, come avviene, per esempio, quando assume nella Pubblica Amministrazione più dipendenti di quanti siano necessari.
Il debito deve essere impiegato per realizzare opere per le quali è possibile prevedere un termine.
Rilanciata la domanda, lo Stato deve cessare la fase della spesa e dare avvio alla fase di rientro del debito.

Con legge costituzionale n. 1 del 2012 è stata inserita nella nostra Costituzione una norma che impone il principio del **pareggio tra entrate e uscite nel bilancio dello Stato italiano**. A sollecitare l'approvazione di questa norma è stato il fatto che il nostro Stato non ha mai attuato, in passato, una manovra di **riduzione del debito pubblico**, cosicché questo è cresciuto oltre il tollerabile.

Come? Aumentando le imposte?

Non necessariamente. Per effetto del rilancio della domanda e della produzione:

- sarà aumentato il numero degli occupati e con esso il gettito dato dalle imposte sui redditi da lavoro dipendente;
- saranno aumentati i profitti degli imprenditori, e con essi il gettito derivante dalle imposte sugli utili d'impresa;
- saranno aumentati i consumi, e con essi il gettito delle imposte sugli acquisti.

In pratica le entrate dello Stato aumenteranno senza bisogno di aumentare le aliquote (cioè la *percentuale*) delle imposte. E con tali maggiori entrate è possibile pagare i debiti contratti per uscire dalla recessione. Da tutto ciò emerge chiaramente che per Keynes:

→ **lo Stato**, che i liberisti ponevano ai margini dell'attività economica, deve assumere un ruolo centrale divenendo il regolatore dell'economia. Esso deve intervenire ogni volta che il sistema, lasciato a se stesso, tende a scivolare verso la recessione.

ZOOM

Debito pubblico e spesa pubblica

Qual è la differenza tra deficit pubblico e debito pubblico?

Questa differenza l'abbiamo già illustrata nella Lezione 22, ma vale ricordarla.

- **Deficit pubblico** (dal latino *deficere*, mancare) chiamiamo la differenza tra le uscite e le entrate dello Stato (o di altro ente pubblico). Per coprire questa differenza lo Stato chiede soldi ai soggetti privati indebitandosi.
- **Debito pubblico**, pertanto, è quanto lo stato deve restituire ai privati. Attualmente il debito pubblico dello Stato italiano (uno dei più alti del mondo) supera l'astronomica cifra di duemila miliardi di euro.

Perché in Italia la spesa pubblica cresce in continuazione?

Con palese semplificazione possiamo dire che la spesa pubblica si divide in spesa *produttiva* e *improduttiva*.

Per spesa produttiva intendiamo soprattutto quella necessaria al buon funzionamento dell'apparato statale, al buon funzionamento delle attività produttive e alla efficace erogazione di servizi pubblici.
Questo tipo di spesa è destinata inevitabilmente ad aumentare perché con il tempo aumentano le aspettative degli utenti e l'apparato pubblico tende, con maggiore o minore solerzia, a rispondere positivamente a tali richieste, aumentando i servizi pubblici, ampliando le infrastrutture produttive, accrescendo l'efficienza della Pubblica Amministrazione. E ciò comporta un costante aggravio di spesa.

Per spesa improduttiva intendiamo quella che si traduce in puro sperpero di denaro pubblico. E su questo argomento ciascuno può trovare esempi nella propria esperienza personale, nelle cronache giudiziarie o nelle inchieste giornalistiche.
Si può eliminare o almeno ridurre questo tipo di spesa? Leggi severe e magistrati attenti possono sicuramente aiutare. Ma ancora più utile sarebbe una maturazione culturale che portasse tutti noi a considerare l'onestà come un comportamento normale, non come una virtù auspicabile negli altri.

4 Quali sono stati gli effetti della politica keynesiana?

Dopo la fine della Seconda guerra mondiale, soprattutto nei Paesi europei più industrializzati, vi è stato un progressivo abbandono della politica economica liberista e un accoglimento pressoché generalizzato della politica economica keynesiana.
Per effetto di questa trasformazione lo Stato si è trovato al centro della scena economica con funzioni importantissime di impulso e di controllo.

Contemporaneamente crescevano, un po' in tutta Europa, forze politiche che chiedevano allo Stato di farsi garante del benessere di tutti i cittadini soprattutto sostenendo i redditi più bassi, offrendo servizi pubblici a prezzi non speculativi e potenziando le forme di assistenza e di previdenza.
Queste richieste andavano in gran parte nella stessa direzione indicata da Keynes. Sostenere i redditi più bassi, infatti, significa incrementare la domanda e per conseguenza stimolare la produzione e con essa la crescita dell'occupazione e del reddito.
Per singolare coincidenza, dunque, l'economia keynesiana si andava armonizzando pienamente con l'affermazione, sul piano politico, di quello che gli inglesi chiamano *Welfare State*, cioè *Stato del benessere*, e che noi chiamiamo Stato sociale (> Lezione 6).

> Lo Stato sociale generalmente opera su quattro direttrici:

- erogando i servizi pubblici essenziali, come l'istruzione, la sanità, i trasporti in modo che siano accessibili a tutti i cittadini senza distinzione di reddito;
- disponendo l'obbligatorietà delle assicurazioni sociali, la cui funzione è offrire a tutti i cittadini una garanzia contro i grandi rischi legati soprattutto all'insorgere di invalidità e al sopraggiungere della vecchiaia;
- operando una politica fiscale fondata sulla progressività e sulla personalità delle imposte (si applicano aliquote più basse a chi ha minore reddito o più familiari a carico);
- attuando una politica redistributiva del reddito attraverso l'erogazione di assegni di povertà, invalidità, disoccupazione.

In Italia questo modello di Stato ha dato i suoi frutti migliori nella fase iniziale della sua applicazione, e cioè dalla fine della seconda guerra mondiale agli ultimi anni Settanta. Poi la spesa pubblica necessaria per sostenere il costo sempre crescente dei servizi e dell'assistenza ha cominciato a dilatarsi. Per finanziarla è stato necessario alzare la pressione tributaria e ciò (a torto o a ragione) ha finito per scontentare un po' tutti.
Scontenta le imprese alle quali l'aumento delle imposte riduce i profitti. Scontenta le classi economiche più agiate che sopportano una elevata imposizione fiscale per servizi pubblici (scuola pubblica, sanità pubblica, pensioni sociali) di cui godono in misura molto limitata. Scontenta anche le classi economiche meno agiate che, quantunque siano le maggiori beneficiarie degli interventi assistenziali e previdenziali, e dei servizi pubblici in generale, lamentano la scarsa efficienza nella loro erogazione.

Si è così venuta a creare una singolare convergenza tra ceti economici diversi contro uno Stato imputato di assorbire troppe risorse e di impiegarle in modo inefficiente.

5 Quali sono le tesi dei neoliberisti?

Le critiche allo Stato sociale e la irritazione per i costi che questo comporta hanno favorito, a partire dagli ultimi decenni del Novecento, l'affermazione di una corrente di pensiero chiamata *neoliberismo*.

I neoliberisti rimproverano sostanzialmente al sistema keynesiano di aver consentito una eccessiva presenza dello Stato nell'economia e di aver favorito una dilatazione del debito pubblico che obbliga a mantenere alta l'imposizione fiscale.

Raccogliendo un diffuso, ma non sempre giustificato, scontento nei confronti dello Stato sociale, essi ripropongono, con nuova terminologia, le linee fondamentali della vecchia economia liberista:

1. riduzione del costo del lavoro;
2. mobilità del lavoro;
3. ridimensionamento del ruolo dello Stato in economia.

Vediamo, seppure sommariamente, con quali motivazioni.

→ **La riduzione del costo del lavoro** avrebbe come effetto la contrazione dei costi di produzione e ciò consentirebbe alle imprese di operare una riduzione dei prezzi e di essere più competitive, soprattutto sui mercati esteri.

→ **Mobilità del lavoro** significa, in pratica, che il datore di lavoro può licenziare il proprio dipendente senza troppe difficoltà (è mobile ciò che si può spostare agevolmente).

La libertà di licenziamento, secondo i suoi sostenitori, dovrebbe indurre i datori di lavoro ad aumentare l'occupazione, poiché consente loro di assumere dipendenti senza temere di non potersene liberare se l'andamento del mercato, o altre ragioni, consigliassero di operare una riduzione del personale.

→ **Ridimensionamento del ruolo dello Stato** significa, sostanzialmente, che esso deve tornare ai suoi compiti fondamentali lasciando al mercato, cioè ai privati, piena libertà nella gestione dell'economia.

Quali critiche vengono mosse al neoliberismo?

L'impostazione neoliberista, come qualsiasi corrente di pensiero, non è esente da osservazioni critiche.
Riprendiamo allora le diverse proposte e vediamo quali obiezioni sollevano.

La riduzione del costo del lavoro è quella che, in linea di principio, incontra minori opposizioni, perché qualsiasi diminuzione di costi non può che avere effetti benefici sull'attività imprenditoriale.
Il problema è capire come si possa ridurre questo tipo di costo senza diminuire i salari reali.

Una soluzione, con oneri a carico delle imprese, sarebbe quella di aumentare gli investimenti in nuove tecnologie che accrescano la produttività del lavoro (> Lezione 13).

Una seconda soluzione, con oneri a carico dello Stato, sarebbe quella di diminuire la pressione fiscale sulle imprese. Ciò però solleva alcune perplessità sul modo in cui lo Stato potrebbe supplire alla conseguente diminuzione di entrate.

Esso:

- potrebbe cercare di recuperare da altri contribuenti quella parte di entrate tributarie di cui sgrava le imprese;
- potrebbe ridurre la quantità e la qualità dei servizi pubblici offerti;
- potrebbe porre fine agli sperperi di cui tutti, in qualche modo, abbiamo conoscenza;
- potrebbe condurre una serrata lotta all'evasione fiscale.

Queste ultime due soluzioni sembrerebbero le uniche realmente auspicabili, ma l'esperienza in questo campo non induce all'ottimismo.

Sul tema della **mobilità del lavoro** le riserve sono piuttosto numerose. Risultati interessanti si possono ottenere solo se questa viene attuata con molte cautele.

In particolare, per renderla compatibile con lo sviluppo sociale, si ritiene che lo Stato debba:

- svolgere un efficace controllo volto a evitare abusi da parte dei datori di lavoro;
- prevedere sufficienti garanzie economiche per chi perde temporaneamente l'impiego;
- predisporre strumenti di riqualificazione che consentano al lavoratore di acquistare nuove professionalità che ne agevolino il reimpiego anche in settori produttivi diversi.

Il **ridimensionamento del ruolo dello Stato**, infine, va considerato almeno sotto due aspetti: quello delle privatizzazioni e quello del contenimento della funzione di controllo e di intervento.

La politica delle *privatizzazioni* (che comporta la cessione ai privati delle imprese pubbliche) appare sicuramente condivisibile, non fosse altro perché libera il bilancio dello Stato dal peso di imprese costantemente in perdita. Tuttavia, qualche cautela si impone quando a passare di mano sono imprese che erogano servizi pubblici essenziali per la vita dei cittadini.

La privatizzazione è il processo con il quale le imprese pubbliche vengono vendute a imprenditori privati. **La liberalizzazione**, invece, è un processo che tende a liberare soprattutto coloro che erogano un servizio (siano imprese o soggetti privati) da vincoli che ostacolano la libera concorrenza.

Occorre infatti osservare che l'ente pubblico, per sua natura, non ha fine di lucro e ciò gli consente di tenere bassi i prezzi del servizio erogato al fine di renderlo accessibile a tutti, indipendentemente dal reddito.

Al contrario, l'impresa privata ha come obiettivo naturale la massimizzazione del profitto, e questa si ottiene, come sappiamo, riducendo i costi (talvolta anche quelli che riguardano la sicurezza dei lavoratori e degli utenti) e aumentando i prezzi di erogazione.

La **deregolamentazione** è un altro tema che va affrontato con cautela. Per un verso, infatti, il nostro Paese, nonostante i progressi compiuti, è ancora soffocato da una rete di controlli, permessi, concessioni, limiti, divieti spesso assurdi e contraddittori, che fanno invocare una sorta di pulizia generale: basta regole!

Per altro verso la tendenza di molti imprenditori a ridurre le spese per massimizzare i profitti ha procurato in passato (e seguita a procurare ancora oggi) danni sociali enormi.
Pensiamo ai liquami scaricati nei corsi d'acqua, alle immissione di fumi tossici nell'atmosfera, alla mancanza di sistemi di sicurezza sul lavoro, all'evasione fiscale, al lavoro nero, e così via.

Più che alla deregolamentazione, pertanto, sarebbe opportuno pensare a una regolamentazione che sia corretta, efficace e non inutilmente vessatoria, come avviene nei Paesi in cui è più forte il controllo democratico.

MAPPA che cosa hai imparato

In questa Lezione hai imparato come la crisi del 1929 abbia inflitto un duro colpo alla dottrina liberista fino ad allora dominante, ma destinata a cedere il passo alle idee innovative di J.M. Keynes. Hai scoperto quali sono le critiche che Keynes muove all'economia classica/liberista e quali soluzioni egli propone per rilanciare la domanda. Hai imparato così quale fondamentale ruolo Keynes assegni allo Stato e agli investimenti pubblici. Infine, hai imparato che negli ultimi decenni si è affermata una nuova corrente di pensiero, detta neoliberismo, che si contrappone in modo netto al modello di Keynes.

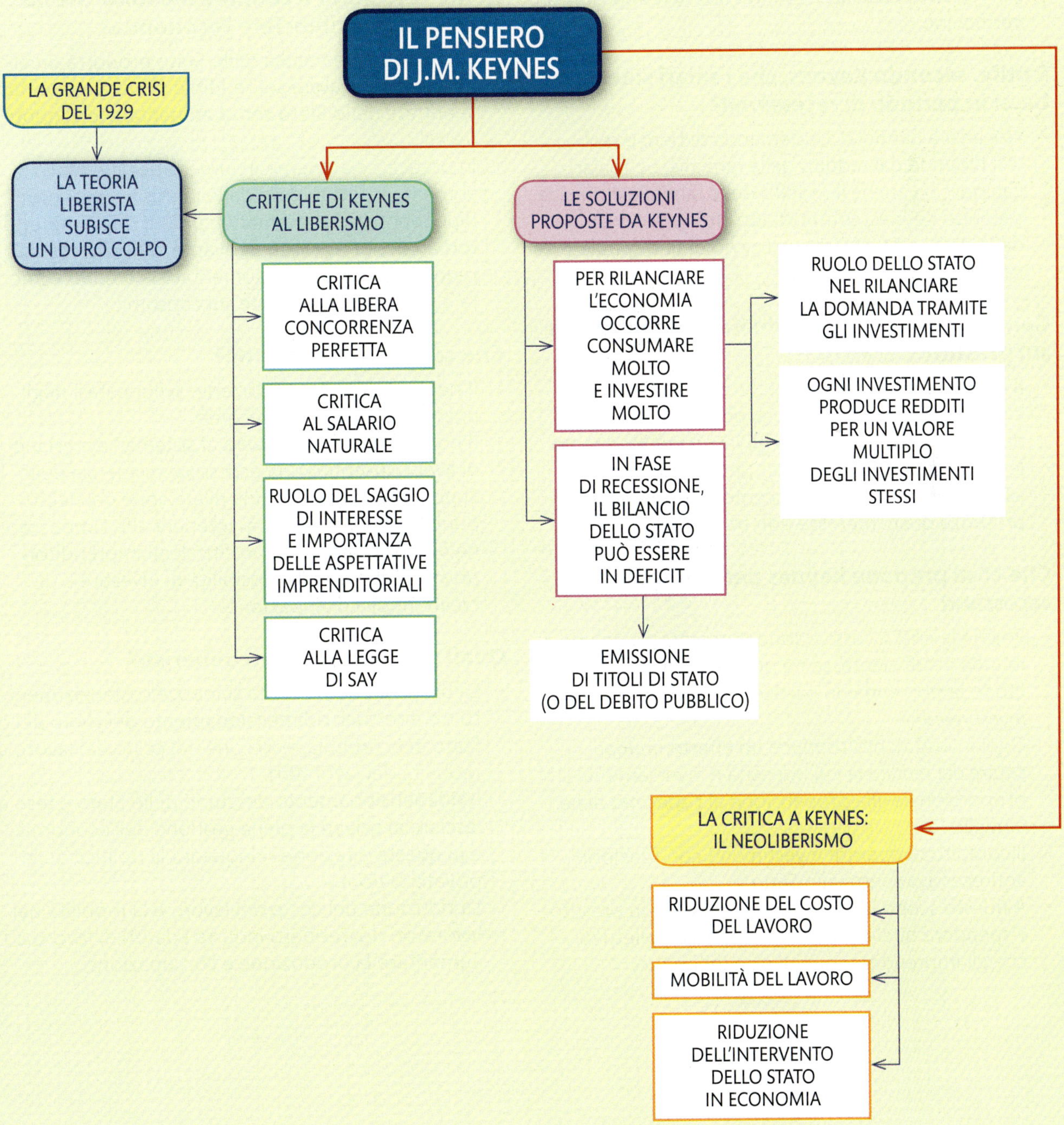

Lezione 25 riguardando gli appunti

Può davvero esistere un mercato di libera concorrenza perfetta?

- La libera concorrenza perfetta richiede, quanto meno, che le imprese siano così piccole che nessuna, da sola, possa condizionare con la propria offerta il prezzo di vendita; che siano così numerose che gli imprenditori non possano accordarsi per alterare il prezzo di mercato; che i prodotti abbiano identiche caratteristiche in modo che la scelta del consumatore sia dettata solo dal prezzo.
- Nei moderni mercati è altamente improbabile, per non dire impossibile, che tutte queste condizioni si verifichino.

È utile, secondo Keynes, che i salari siano bassi in periodo di recessione?

- No, anzi è dannoso. La domanda di beni e servizi dipende dal reddito delle famiglie. Se i salari calano, cala anche il reddito delle famiglie e questo, secondo Keynes, comporta un'ulteriore riduzione della domanda e favorisce l'avvio di una spirale recessiva.

Come deve essere secondo Keynes l'interesse sui prestiti?

- Il saggio di interesse deve essere basso per stimolare gli investimenti. Tuttavia, non è tanto il costo del denaro che condiziona gli investimenti quanto le *aspettative imprenditoriali*. Se l'imprenditore si aspetta una domanda crescente investirà anche in presenza di un interesse non troppo basso.

Che cosa propone Keynes per evitare le crisi recessive?

- Poiché le crisi recessive sono innescate da una domanda insufficiente, se ne può uscire solo aumentando la domanda. In particolare, la domanda per *investimenti*.
- Ogni investimento produce un effetto *moltiplicatore del reddito* la cui intensità è inversamente proporzionale alla propensione al risparmio delle famiglie.
- Il compito di operare investimenti con funzione antirecessiva spetta allo *Stato*.
- A questo scopo lo Stato dovrà prendere in prestito e spendere quella parte del risparmio collettivo che gli imprenditori privati non utilizzano.
- Allo Stato, dunque, nell'economia keynesiana, spetta la funzione di regolatore dell'economia.

Qual è il ruolo del deficit nel bilancio dello Stato?

- Per Keynes, quando si è in presenza di una recessione economica il bilancio dello Stato può andare in deficit. Per combattere la recessione, infatti, lo Stato deve spendere più di quello che incassa. Ciò avviene mediante l'emissione di titoli di Stato.

Come fa lo Stato a colmare il debito che ha contratto per rilanciare l'economia?

- La domanda rilanciata dallo Stato produrrà un effetto moltiplicatore sui redditi e ciò farà aumentare le entrate dello Stato senza aumentare le aliquote fiscali.
- In pratica, se aumenta il numero degli *occupati* aumenta il gettito dato dalle imposte sul lavoro dipendente; se aumentano i *profitti* degli imprenditori aumenta il gettito derivante dalle imposte sul reddito di impresa; se aumentato i *consumi* aumenta il gettito delle imposte sui consumi.

Che cos'è il neoliberismo?

- Il neoliberismo è una corrente sviluppatasi negli ultimi decenni del Novecento.
- Il neoliberismo rimprovera al sistema keynesiano di aver consentito una eccessiva invadenza dello Stato nell'economia e una dilatazione del debito pubblico tale da dover mantenere alta l'imposizione fiscale, riducendo i profitti degli imprenditori privati e, con essi, la possibilità di investire e di creare nuova occupazione.

Quali sono le tesi dei neoliberisti?

- La proposta neoliberista si muove sostanzialmente su tre direttrici: ridimensionamento del ruolo dello Stato in economia, riduzione del costo del lavoro e mobilità dei lavoratori.
- Il ridimensionamento del ruolo dello Stato è teso a lasciare ai privati la piena gestione dell'economia, e in questa direzione si inquadra la politica delle privatizzazioni.
- La riduzione del costo del lavoro e la mobilità dei lavoratori dovrebbero indurre i datori di lavoro ad aumentare la produzione e l'occupazione.

verifica mettiti alla prova

1. Completa la mappa concettuale utilizzando le seguenti parole:

concorrenza perfetta ~ domanda ~ recessione ~ regolatore ~ salari.

SECONDO KEYNES
- SI PUÒ EVITARE LA RECESSIONE AUMENTANDO LA .... DI BENI E SERVIZI
- NON È PROBABILE LA REALIZZAZIONE DELLA ....
- LO STATO HA UN RUOLO DI .... DELL'ECONOMIA
- DURANTE LA .... I .... NON DEVONO ESSERE RIDOTTI

2. Scegli la risposta corretta.

1 Per effetto della recessione:
a. aumentano i redditi delle imprese
b. aumenta la produzione
c. diminuisce l'occupazione
d. diminuiscono la produzione, l'occupazione e i redditi

2 Causa della recessione può essere:
a. una domanda in eccesso
b. una domanda insufficiente
c. una offerta insufficiente
d. interessi bancari troppo bassi

3 Per uscire dalla recessione è utile:
a. ridurre l'offerta di beni e servizi
b. ridurre la domanda di beni o servizi
c. aumentare gli investimenti
d. diminuire gli investimenti

4 Secondo Keynes ciò che più stimola nuovi investimenti sono:
a. i salari bassi
b. il basso tasso d'interesse
c. le buone aspettative imprenditoriali
d. un alto tasso di sconto

3. Rispondi alle seguenti domande.

A Quali sono le proposte dei neoliberisti?
B Cosa accadde nel 1929 in America?
C Qual è per i liberisti il ruolo del saggio di interesse nello sviluppo economico?
D Cosa propone Keynes contro le crisi recessive?

4. Barra con una crocetta la risposta che ritieni esatta e motiva il perché.

1 Secondo Keynes il bilancio dello Stato deve essere in deficit quando si è in presenza di una recessione economica. SÌ NO
perché? ....

2 Per i neoliberisti è utile che si garantisca la mobilità del lavoro. SÌ NO
perché? ....

3 Per i neoliberisti lo Stato deve intervenire come guida esterna nel processo produttivo. SÌ NO
perché? ....

4 Secondo Keynes lo Stato può rilanciare la domanda realizzando grandi opere pubbliche. SÌ NO
perché? ....

5 Keynes ritiene che lo Stato debba assumere la funzione di regolatore dell'economia. SÌ NO
perché? ....

5. Svela il crittogramma.

Sostituisci ogni numero con una lettera dell'alfabeto. A numero uguale corrisponde lettera uguale!

A	B	C	D	E	F	G	H	I	J	K	L	M	N	O	P	Q	R	S	T	U	V	W	X	Y	Z
4		23								25			18		26			9			16				

_ A   _ _ _ _ _ A   C _ N C _ _ _ _ N _ A   P _ _
19 4   19 7 12 1 8 4   23 3 18 23 3 8 8 1 18 24 4   26 1 8

K _ _ N _ S   N _ N   È   _ A _   P _ _ _ _ _ _ A .
25 1 11 18 1 9   18 3 18   5 4 7   26 1 8 20 1 10 10 4

Unità 8 sei pronto per la verifica? in un'ora

1. Scegli la risposta corretta.

1 **La recessione è il processo per cui:**
a. diminuisce la produzione
b. diminuisce l'occupazione
c. aumentano i redditi delle imprese
d. diminuiscono la produzione, l'occupazione e il reddito

2 **L'economia mercantilista aveva come punto di forza:**
a. la libera circolazione delle merci
b. l'applicazione di dazi alle merci in entrata
c. l'applicazione di dazi alle merci in uscita
d. l'applicazione di dazi sia alle merci in entrata che a quelle in uscita

3 **Gli economisti chiamano capitale:**
a. una grande somma di denaro
b. l'insieme di beni che appartengono a una persona
c. l'insieme degli strumenti necessari alla produzione
d. la materia prima da trasformare

4 **La rivoluzione industriale comportò:**
a. una riduzione della produzione dovuta alle rivolte operaie
b. una riduzione della produzione dovuta a innovazioni tecnologiche
c. un incremento della produzione dovuto a nuove invenzioni
d. una rivoluzione nei consumi

5 **Nel 1929 il crollo della Borsa di New York fu causato:**
a. da acquisti massicci di titoli azionari
b. dalla vendita massiccia di titoli azionari
c. dall'assenza di investitori
d. da un eccesso di ottimismo negli investitori

6 **Per Keynes i produttori sono indotti a espandere la produzione:**
a. se aumenta l'offerta
b. se diminuisce l'offerta
c. se aumenta la domanda
d. se diminuisce la domanda

7 **Quando il tasso di sconto è basso gli imprenditori hanno convenienza:**
a. a investire
b. a risparmiare
c. ad aumentare i prezzi
d. a diminuire i prezzi

8 **Lo sconto è la somma che:**
a. il risparmiatore riceve dalla banca per il suo deposito
b. il cliente paga alla banca per avere denaro in prestito
c. il risparmiatore paga alla banca che custodisce i suoi depositi
d. la banca paga ai clienti migliori

9 **La necessità di applicare dazi a tutte le merci dirette all'estero era sostenuta:**
a. dai mercantilisti
b. dai liberisti
c. dai keynesiani
d. da nessuno

10 **L'impresa che voglia aumentare i ricavi in un mercato di libera concorrenza deve:**
a. aumentare la produzione per conquistare nuove quote di mercato
b. ridurre la produzione per far aumentare i prezzi
c. aumentare i salari
d. ottenere sovvenzioni dallo Stato

11 **Il salario dei lavoratori in un sistema liberista potrà aumentare:**
a. nel breve periodo
b. nel lungo periodo
c. in un periodo intermedio
d. mai

12 **Nel pensiero keynesiano il bilancio dello Stato può essere in deficit:**
a. nei periodi di espansione
b. nei periodi di recessione
c. nei periodi di congiunzione
d. mai

13 **Il mercato di libera concorrenza perfetta:**
a. è sempre possibile
b. è sempre sconsigliabile
c. è difficilmente realizzabile
d. non è mai auspicabile

14 **Gli investimenti pubblici:**
a. deprimono l'economia
b. favoriscono la ripresa economica
c. disincentivano gli investimenti privati
d. riducono la domanda globale

2 punti per ogni risposta esatta

Punti: ..../28

ZTE **Punteggio massimo: 100 punti | Sufficienza: 60 punti**

2. Collega le parole della colonna di sinistra con le corrispondenti espressioni.

1	Mercantilismo	a.	certificati di credito del tesoro
2	Lavoro	b.	dazi alle importazioni
3	David Ricardo	c.	il lavoro è una merce
4	Jean-Baptiste Say	d.	Stato sociale
5	Economia liberista	e.	l'offerta crea la domanda
6	Cct	f.	fattore produttivo
7	Teoria keynesiana	g.	lo Stato non deve intervenire nel processo produttivo
8	Welfare State	h.	lo Stato deve regolare l'economia

2 punti per ogni risposta esatta
Punti: ..../16

3. Sai qual è la differenza tra...

Interesse	Sconto ....
Produzione industriale	Produzione artigianale ....
Capitale	Lavoro ....
Deficit pubblico	Debito pubblico ....

5 punti per ogni risposta esatta
Punti: ..../20

4. Rispondi alle seguenti domande.

A Quali effetti ha determinato la rivoluzione industriale?
B Perché si ritiene che la riduzione dei salari in tempo di recessione sia dannosa?
C Quali effetti produce il protezionismo?
D Come uscire da una crisi recessiva?

9 punti per ogni risposta esatta
Punti: ..../36

5. L'ESPERTO RISPONDE **Metti alla prova le tue competenze.**
Per contrastare la concorrenza dei Paesi in via di sviluppo nei quali il costo della manodopera è molto basso, occorre abbassare i salari anche nel nostro Paese. O no?

La moneta virtuale

Senza banche e senza Stato. Per secoli le monete sono state realizzate in oro e altri metalli preziosi, e perciò avevano un valore in sé: ancora adesso la ricchezza è spesso rappresentata sotto forma di una lucente montagna di monete d'oro. Oggi però il denaro che teniamo nel portafoglio consiste in dischetti di metallo non prezioso e in qualche foglietto di carta, il cui valore materiale è irrisorio rispetto alla cifra che vi è stampigliata. Se siamo disposti ad accettare che un foglietto di carta con su scritto 10 euro vale davvero 10 euro, è perché la produzione della moneta è garantita dallo Stato, dalle banche e da autorità di controllo. Accetteremmo una moneta priva di queste garanzie? Qualcuno scommette di sì. ■

Quando giochiamo a Monopoly, siamo pronti a vendere un intero palazzo in cambio delle banconote fornite dal gioco. Potremmo utilizzarle per pagare un semplice caffè al bar?

CaseyMartin, Shutterstock.

La carta di credito è stata inventata nel lontano 1950, ma ancora oggi alcune persone diffidano dei pagamenti elettronici preferendo i contanti. Secondo te, quante chances di successo può avere una moneta puramente virtuale?

Olleg, Shutterstock.

Secondo i sostenitori di Bitcoin, fare a meno delle banche e sfuggire al controllo degli Stati è la realizzazione di un'utopia. Che cosa ne pensi?

David M G, Shutterstock.

Se tu fossi a capo di una grande banca e ti trovassi a fronteggiare l'ascesa della moneta virtuale, che cosa faresti?

Creative Lab, Shutterstock.

L'avvento di **BITCOIN.**

Nel 2008 è stata lanciata la prima moneta virtuale, chiamata Bitcoin. Fisicamente, i Bitcoin non esistono: sono creati e scambiati solo sul web, attraverso una complessa architettura digitale. Bitcoin ha avuto una rapida ascesa e oggi il suo giro d'affari è pari a 10 miliardi di dollari. Ma chi controlla questa massa di denaro digitale? Qui sta la sorpresa: nessuno Stato, nessun governo, nessuna autorità centrale di regolamentazione. L'idea degli inventori di Bitcoin è certamente spiazzante rispetto a ciò a cui siamo abituati: una moneta che fa a meno delle banche e che sfugge al controllo degli Stati, utilizzabile direttamente dalle persone senza intermediari né speculazioni, a costo praticamente nullo e in tempo reale.

Fat Jackey, Shutterstock.

Come funziona

Bitcoin non ha bisogno di un soggetto che faccia da garante dell'esistenza delle somme di denaro scambiato e della regolarità delle transazioni. La garanzia è data dalla stessa struttura del sistema: ogni transazione diventa l'anello di una catena, detta *Blockchain*, e viene memorizzata in una specie di libro mastro digitale visibile a tutti. Il numero di Bitcoin in circolazione è fisso, per cui non esiste inflazione. L'anonimato e l'assenza di controlli di Bitcoin aumentano il rischio che la malavita ne approfitti per traffici illeciti, ma a oggi risulta che gli scambi leciti siano la maggior parte: la moneta virtuale ha riscosso un tale successo che sempre più società hanno iniziato a utilizzarla per il proprio business.

Le banche non stanno a guardare

Dal canto loro, le banche si stanno attrezzando per non subire l'ascesa della moneta virtuale, ma anzi coglierne le opportunità. Alcuni colossi bancari mondiali si sono alleati per lanciare entro il 2018 una nuova valuta digitale, modellata sull'architettura di Bitcoin, che consentirebbe loro di essere competitive e di tagliare enormemente i costi di gestione

ATTIVITÀ

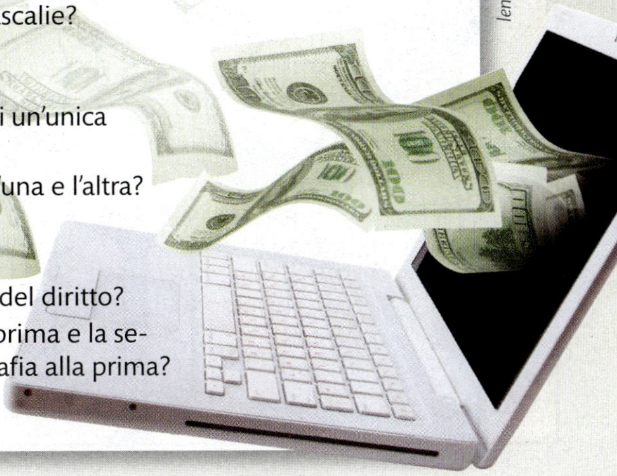

lenetstan, iStock.

1. Per cominciare.

Osserva le fotografie della pagina accanto. In base a quello che hai imparato, sai rispondere alle domande contenute nelle didascalie?

2. Crea i collegamenti.

Considera ora le immagini come se fossero i fotogrammi di un'unica sequenza.
Che cosa le tiene insieme? Quali sono i collegamenti fra l'una e l'altra?
Puoi procedere in questo modo:

- **osserva**: che cosa vedi nella prima fotografia?
- **interpreta**: perché quell'immagine rimanda al mondo del diritto?
- **crea i collegamenti**: quale può essere il legame tra la prima e la seconda fotografia? Che cosa aggiunge la seconda fotografia alla prima?
- Prosegui così per le immagini successive.

UNITÀ 9
La moneta

LEZIONE 26

Moneta, inflazione e svalutazione

COMPETENZE DI UNITÀ

COMPETENZE DI ASSE
- Valutare gli effetti prodotti sul tessuto economico e sociale dai possibili interventi di politica antinflazionistica e anti recessiva condotti dallo Stato
- Individuare le strategie utili per prevenire o respingere eventuali attacchi della speculazione finanziaria

CONOSCENZE
- Conoscere il ruolo della moneta nell'economia moderna
- Conoscere le cause e gli effetti dell'inflazione nel sistema economico e sociale
- Individuare i tratti della recessione economica
- Individuare le possibili cause della svalutazione o della rivalutazione monetaria

ABILITÀ
- Saper scegliere le strategie più idonee a contrastare gli effetti dell'inflazione da costi e da domanda
- Saper individuare la politica anti recessiva più idonea in un dato momento storico
- Saper suggerire scelte politiche capaci di dare equilibrio alla moneta del proprio Paese

1 Come si passa dal baratto alla moneta?

Nei tempi più remoti, prima che l'idea di moneta fosse concepita, gli scambi avvenivano in forma di baratto: la gente scambiava le cose che aveva con quelle di cui aveva bisogno. I mercanti, che passavano di villaggio in villaggio, portavano cose di terre lontane e prendevano in cambio quello che gli indigeni avevano da offrire: utensili, pelli, grano, animali. Tuttavia, se nel villaggio c'erano metalli, i mercanti preferivano sicuramente essere pagati con quelli: rame, ferro, oro, argento.

Perché proprio i metalli?

Il metallo, a differenza delle altre merci, possedeva alcuni requisiti che per ogni mercante rivestivano una grande importanza:

- era una merce preziosa, e come tale riuniva un grande valore in poco spazio;
- era una merce talmente utile che tutti la accettavano in pagamento, cosicché il mercante, al suo ritorno, era sicuro di poterla scambiare con altri beni: un nuovo carro, nuovi cavalli, nuove armi;
- poteva essere ridotto in piccole parti per scambi di modesto valore o fuso in grosse barre o lingotti per scambi di grande valore;
- non si deteriorava durante il viaggio.

Nessun'altra merce possedeva, tutti insieme, questi quattro requisiti. Il metallo assunse così, oltre alla funzione "industriale" che gli era propria, anche quella di **mezzo di scambio**.

Come mezzo di scambio tuttavia, sebbene fosse il migliore possibile, presentava un inconveniente: doveva essere pesato. E la pesatura era sempre un momento molto critico, considerando la rozzezza delle bilance dell'epoca e l'atavica tendenza a frodare il prossimo.

Non ci è difficile immaginare come dovessero essere animati gli scambi negli affollati mercati dell'antichità; né ci è difficile vedere con la fantasia i furbi naviganti greci, mille anni prima di Cristo, scendere negli empori della costa ionica e pesare con bilance primitive l'oro o l'argento che pretendevano in cambio dei loro prodotti.

Dobbiamo arrivare alla fine del VII secolo a.C. prima che il problema della pesatura cominci a trovare soluzione nella prima, incerta circolazione di *monete coniate*.

→ **La moneta coniata** è un dischetto di metallo (oro, argento, rame) che reca impresso il simbolo di un'autorità, religiosa o politica, che sostanzialmente ne attesta e garantisce sia il peso che il titolo.

Con la moneta coniata la bilancia avrebbe dovuto "andare in pensione". Ma non fu subito così.

Immaginiamo di essere un pastore del VI secolo a.C. che vive sulle coste della Calabria e supponiamo che arrivi una nave di mercanti greci che pretende di pagare ciò che vuole da noi con dei dischetti di metallo il cui peso è garantito dalle autorità di una sconosciuta città dell'Asia Minore.

Ci fideremmo? E perché dovremmo fidarci di quanto attesta gente di cui non abbiamo mai sentito parlare? Meglio ricorrere al vecchio sistema della bilancia.

Alcuni metalli, come il **ferro** e il **rame**, cominciarono a perdere valore con l'affinarsi della tecnica estrattiva e cominciò a venire meno quella qualità (riunire un grande valore in poco spazio) che in passato li aveva resi un ottimo mezzo di scambio. **Oro e argento**, invece, rimanendo sempre difficili da estrarre, seguitarono (e seguitano ancora) a essere considerati metalli preziosi.

Conio è la matrice di metallo duro su cui viene incisa la figura che si vuole riprodurre sulla moneta e *coniazione* è l'operazione del coniare.
Titolo indica la percentuale di metallo prezioso fuso con metallo più vile, indispensabile per rendere la moneta abbastanza rigida da poter essere maneggiata senza piegarsi.

Bisognerà arrivare al V secolo a.C. prima che la moneta coniata venga guardata da tutti con ragionevole fiducia e cominci definitivamente ad affermarsi come mezzo di scambio.

2 Come si arriva alla moneta cartacea?

Moneta era il nome dato in origine all'officina per il conio che i Romani avevano collocato nel tempio della dea Giunone Moneta.
Denaro, da *deni* (dieci) indicava per i Romani una moneta da dieci assi e l'*asse* era una grande moneta fusa di bronzo (poi di rame).
Soldo è una moneta coniata a partire dal XIII secolo e la sua denominazione deriva da *solidus* (massiccio, solido) a indicare che era di oro massiccio.
Zecca è il termine con cui oggi indichiamo l'officina dove si coniano le monete e deriva dall'arabo *dar as-sikka*, letteralmente casa delle monete.

Benché la moneta coniata avesse comportato un mutamento epocale negli scambi, presentava ancora un grave inconveniente: poteva essere rubata e nessuno avrebbe potuto più distinguere le proprie monete da altre simili. Se poi fosse stata fusa, avrebbe perso ogni identità.

Si può comprendere allora quanto fosse preoccupante per i mercanti che viaggiavano per terra o per mare portare con sé l'oro necessario per i loro traffici.

Per supplire a questo inconveniente cominciò ad affermarsi, nel Medioevo, il ricorso alla **lettera di cambio**: uno strumento che, seppure con diverse caratteristiche, era già conosciuto nel mondo romano.

La *lettera* era una speciale ricevuta con la quale il banchiere affermava che la tale persona aveva depositato presso di lui una certa somma di denaro.

Inizialmente questo documento aveva solo la funzione di certificato di deposito. Ma successivamente, con l'intensificarsi degli scambi in Europa, esso assunse un ruolo di maggiore importanza. In pratica accadeva questo: il mercante che, per esempio, doveva recarsi da Firenze ad Hannover (dove c'era il più ricco mercato delle lane) depositava il suo denaro nelle casse di un banchiere fiorentino che gli rilasciava una *lettera* nella quale era indicato il valore del versamento effettuato. Una volta giunto ad Hannover, il mercante portava questa lettera all'emissario locale del banchiere fiorentino che la cambiava in moneta locale con la quale il mercante poteva operare i propri acquisti.

Accadeva, tuttavia, che chi riceveva in pagamento quella somma in contanti, per evitare di esserne derubato si affrettava a depositarla presso un altro banchiere ricevendo in cambio una nuova *lettera*.

Apparve allora presto evidente che lo stesso risultato si poteva ottenere in modo più agevole se l'acquirente avesse semplicemente *girato* la sua lettera di cambio al venditore. Il quale a sua volta poteva girarla ai suoi creditori e questi ad altri creditori, senza che nessuno avvertisse la necessità di prelevare l'oro depositato nella cassa del banchiere.

A poco a poco, le grandi transazioni cominciarono a effettuarsi esclusivamente con scambi di carte che avevano lo stesso valore della moneta.

Era nata la carta moneta?

Non ancora. Alla moneta di carta si arriverà un po' più tardi, guidati dalla necessità di risolvere alcuni problemi pratici.

Immaginiamo di essere mercanti medievali, di possedere una *lettera* del valore di mille fiorini e di dover operare un acquisto per un importo di 500 fiorini. Per effettuare il pagamento dovremmo recarci presso il nostro banchiere e cambiare la lettera da mille fiorini con due da 500. Ma se due giorni dopo dovessimo fare un acquisto da 250 fiorini, dovremmo andare nuovamente dal banchiere e cambiare la nostra lettera da 500 con due da 250.

Possiamo allora intuire come il processo logico successivo fosse quello di rilasciare, in cambio di un deposito in oro, non più una sola lettera personalizzata, ma una serie di lettere di importo diverso, già predisposte dal banchiere.

Cominciavano così a prendere forma i futuri biglietti di banca che in qualsiasi momento, a richiesta del possessore, potevano essere convertiti in oro o in argento.

La moneta cartacea (in seguito detta anche **banconota**) iniziava in questo modo la lunga navigazione che l'avrebbe portata a essere il più diffuso mezzo di pagamento fino all'avvento della *moneta elettronica*.

Come funzionava il *gold standard*?

Inizialmente ogni moneta cartacea emessa dalla banca aveva il suo esatto corrispettivo in oro o in argento e chiunque possedesse moneta cartacea poteva, in qualsiasi momento, chiedere al banchiere di convertirla nell'uno o nell'altro metallo. Ben presto l'esperienza dimostrò che tali richieste non venivano avanzate con grande frequenza, e così divenne pratica costante dei banchieri stampare più carta moneta di quanto metallo avessero realmente in cassa. Ciò, tuttavia, determinò più di qualche inconveniente. Se, per incertezze politiche o per guerre imminenti, la gente si recava in massa a convertire la propria *carta* in oro, il banchiere si trovava senza copertura e non di rado, prima di essere processato per bancarotta, "scappava con la cassa".

Il fondato timore di comportamenti scorretti da parte di banchieri privati, unito alla grande funzione che la *carta moneta* assolveva ormai nel sistema economico, cominciò a consigliare i Governi, soprattutto a partire dal XIX secolo, a porre sotto controllo l'attività delle banche e in modo particolare l'emissione di banconote.

L'**oro** (a parte l'uso industriale che se ne può fare) dopo l'abbandono del *gold standard* è utilizzato come **bene rifugio**. Quando la gente teme che la moneta cartacea possa perdere valore tende a liberarsene mettendo la propria ricchezza *al riparo* attraverso l'acquisto di beni (oro, case, terreni, oggetti antichi) di cui non ha bisogno ma che suppone (o spera) che non perdano valore nel tempo.
Anche le banche centrali si premuniscono contro una eventuale perdita di valore della moneta cartacea accumulando scorte di oro da vendere in caso di bisogno.

Quest'ultima attività venne poi progressivamente ristretta alle sole banche di Stato (Banca d'Inghilterra, Banca di Francia, Banca d'Italia, ecc.).

Il sistema che consentiva la libera convertibilità della carta moneta in oro viene chiamato **gold standard** (traducibile con **sistema aureo**) e funzionò abbastanza bene fin quando l'intensità degli scambi rimase tutto sommato contenuta.

Ma quando, soprattutto verso la metà del Novecento, si ebbe in Occidente una forte espansione economica, il *gold standard* mostrò il suo limite maggiore: il metallo posseduto dalle banche centrali non era sufficiente a consentire l'emissione di tutta la carta moneta necessaria a favorire il crescente volume degli scambi commerciali.

Per questa, e per altre più complesse ragioni, il sistema aureo è stato progressivamente abbandonato in tutti i Paesi (ultimi gli USA nel 1971).

Oggi l'oro, che pure le banche centrali detengono ancora in grande quantità a scopo precauzionale, non ha più alcuna funzione monetaria e l'emissione di carta moneta è regolata su altri e più complessi parametri.

Ma allora la banconota è solo un foglio di carta?

Sì, ma è un foglio di carta molto speciale, poiché per legge deve essere accettato da tutti in pagamento.

Se un nostro debitore deve pagarci dieci euro non possiamo pretendere che egli ce li paghi in oro o in qualunque altro bene. Per legge egli è liberato dal suo obbligo se ci offre un biglietto da dieci euro.

> **La carta moneta**, pertanto, è *moneta legale*, nel senso che questa funzione le viene attribuita dalla legge; ed è soggetta a *circolazione forzosa*, poiché si è obbligati (per forza) ad accettarla in pagamento.

Banconota è chiamata le carta moneta emessa dalla Banca centrale. Sono banconote un foglio da cinque euro, da dieci dollari, e così via.
Del tutto diversa è la **moneta bancaria**, emessa dalle singole banche e costituita da assegni, carte di credito o bancomat.

Che cos'è la moneta bancaria?

I pagamenti, come sappiamo per normale esperienza, oltre che con *moneta legale* (dalla monetina da un centesimo alla banconota da 500 euro) possono essere effettuati con assegni, carte di credito, bancomat.

Tutti gli strumenti di pagamento diversi dalla moneta legale formano la cosiddetta **moneta bancaria**, che ha ormai assunto grandissima importanza. Abitualmente, infatti, per motivi di praticità e di sicurezza, in casa o nel portafogli abbiamo solo quel po' di moneta legale che ci occorre per i piccoli acquisti.

La parte più importante del nostro reddito è custodita in banca e la spendiamo, quando ne abbiamo necessità, rilasciando **assegni** o impiegando la **carta di credito** o il **bancomat**.

Possiamo calcolare che, mediamente, il valore della moneta bancaria in circolazione sia dieci volte superiore a quello della moneta legale.

La moneta come misura e come riserva di valore

Se qualcuno ci chiede quanto vale l'orologio che portiamo al polso rispondiamo, ad esempio, 50 euro; se ci chiede quanto vale lo scooter con cui andiamo a scuola rispondiamo duemila euro; e così via.

Se vogliamo sapere se una cosa vale molto o poco domandiamo quanto costa. Ciò vuol dire che facciamo abitualmente ricorso alla moneta (come fosse un metro) per **misurare il valore** delle cose.

Ora immaginiamo di possedere mille euro depositati in banca. Potremmo decidere di spenderli subito (cioè di cambiarli con cose di valore corrispondente) o potremmo riservarci di spenderli quando ci farà comodo o ci farà piacere. Ciò significa, in pratica, che abbiamo considerato la moneta che possediamo una **riserva di valore**.

FUNZIONI DELLA MONETA
- mezzo di scambio
- riserva di valore
- misuratore di valore

3 Quali sono le funzioni della BCE?

Come ben sappiamo (> Lezione 22) con il Trattato di Maastricht si è dato vita all'Unione monetaria europea. E nei Paesi che hanno aderito a tale accordo, le vecchie monete nazionali sono state sostituite con una moneta comune: l'**euro**. Ciò ha comportato una riorganizzazione del sistema bancario e la creazione di organismi comuni.

Al vertice di questo sistema si trova oggi la **Banca centrale europea** (BCE), a cui è affidato il compito di gestire la politica monetaria comune avendo come obiettivi principali la stabilità dei prezzi e la definizione dei più idonei tassi di interesse. La Banca centrale europea e le Banche centrali nazionali formano il **Sistema europeo delle banche centrali** (SEBC), a cui sono affidati importanti compiti di vigilanza e di garanzia.

Alle Banche centrali nazionali (per l'Italia la Banca d'Italia) sono rimaste soprattutto *funzioni di vigilanza e controllo* sull'attività delle banche che operano sul loro territorio.

4 Quali effetti produce l'inflazione?

→ **Inflazione** è chiamato l'aumento generalizzato dei prezzi, al quale corrisponde una diminuzione del valore della moneta.

Per esempio, immaginiamo che 100 grammi di pizza al pomodoro costino 1 euro. Ciò significa che 1 euro *vale* 100 grammi di pizza al pomodoro. Ora supponiamo che la pizza raddoppi il suo prezzo. Ciò vorrà dire che l'euro che abbiamo in tasca non vale più 100 grammi di pizza, ma solo 50 grammi. In pratica:

> **all'aumento dei prezzi** corrisponde una perdita di valore della moneta.

Questa perdita di valore non è un fatto privo di conseguenze, perché sconvolge il sistema economico e provoca ripercussioni negative sui redditi e sui risparmi. Vediamo come.

L'inflazione può essere più o meno intensa.
Se i prezzi aumentano in media del 2 o 3% l'anno si parla di inflazione **strisciante**; se salgono più del 10% siamo in presenza di un'inflazione **grave**; se salgono oltre il 20% siamo in presenza di un'inflazione **galoppante**. Se i prezzi addirittura salissero di settimana in settimana o di giorno in giorno saremmo in presenza di una **iperinflazione**.

Quali effetti produce l'inflazione sui salari?

> **La diminuzione dei salari "reali"** dei lavoratori è una conseguenza immediatamente percepibile dell'inflazione.

L'aggettivo *reale* deriva dal latino *res*, che significa *cosa*. E il salario *reale* ci dà la misura delle *cose* che con esso si possono comperare.

EFFETTI DELL'INFLAZIONE
- diminuzione del salario reale
- erosione dei risparmi

Per capire meglio questo concetto, immaginiamo che una persona abbia un reddito da lavoro dipendente di duemila euro al mese e che vi sia nel Paese una rilevante inflazione:

- nominalmente il suo salario seguiterà a essere di duemila euro (*reddito nominale*);
- ma *di fatto* egli sarà diventato più povero, perché con duemila euro acquista molte meno *res*, cioè molte meno cose di prima.

Ciò può essere sintetizzato in due modi:

- dicendo che il suo salario nominale è rimasto invariato, ma è diminuito il suo salario reale;
- oppure che è diminuito il *potere di acquisto* del suo salario.

La stessa terminologia viene impiegata per qualsiasi forma di reddito. Per esempio, se riceviamo un reddito di 500 euro al mese per un appartamento che abbiamo dato in locazione e si accende l'inflazione nel Paese:

- il nostro reddito nominale sarà ancora di 500 euro,
- ma il reddito reale sarà diminuito in misura proporzionale al tasso di inflazione.

ZOOM

Come fare per mantenere invariati i salari reali?

Bisognerebbe adeguarli al **tasso di inflazione**, ma l'esperienza ci dimostra che i datori di lavoro non sono mai molto solleciti nell'aumentare i salari nominali. Per ottenere tale aumento i lavoratori dipendenti debbono solitamente ricorrere a scioperi e manifestazioni di protesta che creano grandi disagi per tutti. E quando finalmente si arriva a un accordo, l'inflazione ha seguitato a procedere e l'aumento ottenuto non compensa la perdita di valore del salario reale. Così ricominciano le proteste in una sorta di inseguimento senza speranza.

Inoltre l'**aumento di salario** che viene concesso comporta per gli imprenditori un aumento dei costi di produzione che essi solitamente riversano sui prezzi. E ciò contribuisce ad alimentare l'inflazione, con ulteriore diminuzione del potere di acquisto della moneta.

I soggetti che in questo quadro agitato riescono a mantenere inalterato il loro **reddito reale** sono coloro che possono autonomamente ritoccare le proprie parcelle (per esempio i professionisti) o i prezzi dei propri prodotti o servizi (per esempio i negozianti e gli artigiani) senza chiedere il permesso a nessuno. E non è raro che per costoro l'inflazione sia un comodo pretesto per aumentare in modo del tutto ingiustificato i loro redditi reali a danno di clienti e di consumatori.

I **beni più sensibili** agli aumenti inflazionistici sono quelli a *domanda rigida*, cioè quelli per i quali la quantità domandata diminuisce di poco all'aumentare del prezzo. Si tratta, per lo più, di beni di prima necessità e di beni di cui è diventato ormai difficile fare a meno, come i carburanti o il gas per riscaldamento domestico.

Quale effetto produce l'inflazione sui risparmi?

> **L'erosione dei risparmi** è un altro effetto negativo dell'inflazione.

Per esempio, se faticosamente abbiamo risparmiato la somma necessaria per acquistare uno scooter e nel Paese si accende l'inflazione, potremmo scoprire con amarezza che i nostri risparmi hanno perso valore e non sono più sufficienti ad acquistare lo stesso scooter.

Non c'è dubbio che rinunciare a un tale acquisto possa essere per noi spiacevole, ma alla fin fine si tratta di rinunciare a un bene voluttuario. Molto più grave invece è la situazione di quei milioni di famiglie che hanno risparmiato per anni una parte del loro reddito in vista di difficoltà future e scoprono, drammaticamente, che a quelle difficoltà non potranno più fare fronte.

5 Quali sono le maggiori cause di inflazione?

Le cause che possono innescare il processo inflattivo sono molte, ma le più frequenti sono:

- l'aumento della domanda di beni e di servizi;
- l'aumento dei costi di produzione.

> **L'inflazione da domanda** si innesca quando i consumi delle famiglie tendono ad aumentare.

L'incremento dei consumi dovrebbe stimolare le imprese ad accrescere l'offerta. E ciò solitamente avviene. Ma non sempre avviene con la tempestività che sarebbe necessaria. Per un imprenditore aumentare la propria capacità produttiva è un'operazione non sempre agevole e non sempre celere. Talvolta occorre adeguare le strutture aziendali, altre volte occorre raggiungere accordi con distributori e dettaglianti. E intanto il tempo passa, la domanda si mantiene più alta dell'offerta e i prezzi aumentano.

Tale aumento, sia ben chiaro, non è un fatto inevitabile come la pioggia, o il gelo; non è scritto in nessuna legge della natura. Esso si verifica solo perché chi *offre* cerca di cogliere il momento favorevole per aumentare i propri profitti. E se tutti si comportano nello stesso modo l'inflazione si accende rapidamente.

> **L'inflazione da costi** si produce quando aumentano per le imprese i costi di produzione. Tale aumento può riguardare:

- **i costi interni** (aumento delle tariffe, delle imposte, del costo del lavoro, e così via);
- **i costi esterni** (aumento delle materie prime, dei brevetti, del petrolio, ecc.).

L'**aumento dei consumi** può essere dovuto a incrementi salariali che accrescono la capacità di acquisto delle famiglie, oppure a una diminuzione della disoccupazione. Quando la disoccupazione scende, cresce il numero di persone che dispongono di un reddito e cresce la domanda globale di beni e di servizi. L'**aumento dei costi** talvolta viene assorbito dalle imprese che accettano di sopportare una riduzione dei loro profitti. Più spesso viene riversato sui consumatori attraverso l'aumento dei prezzi.

6 Come si contrasta l'inflazione?

La lotta all'inflazione è una operazione lunga e complessa e richiede strategie diverse a seconda che si tratti di combattere un'inflazione da costi o da domanda.

L'inflazione da costi (soprattutto quella dovuta a un aumento dei costi delle materie importate) si può contrastare applicando alla produzione nuove tecnologie che consentano di ridurre l'incidenza di quegli specifici fattori. Ma si tratta di interventi che richiedono comunque molto tempo e non danno risultati immediati.

L'inflazione da domanda, invece, si riduce diminuendo i consumi delle famiglie.

Per tale ragione quando i prezzi di taluni prodotti tendono ad aumentare, le famiglie dovrebbero immediatamente ridurre il consumo di quegli specifici prodotti in modo da troncare sul nascere tentazioni inflazionistiche.

L'ho sempre detto che gli altri debbono risparmiare!

Il rimedio, tuttavia, funziona solo in linea teorica. Innanzitutto ci sono beni *a domanda rigida* ai quali è difficile rinunciare. Ma a parte ciò, l'inflazione si propone in modo subdolo. Essa non procede a grossi balzi immediatamente percepibili e capaci di sollecitare l'immediata reazione dei consumatori. Al contrario è come una sorta di nebbia che scende pian piano (2% l'anno, 3% l'anno, 4% l'anno) e quando te ne rendi conto ci sei già dentro fino al collo.

L'INFLAZIONE SI PUÒ CONTRASTARE
- aumentando il costo del denaro
- riducendo i redditi delle famiglie

A questo punto le reazioni sono più o meno le seguenti:

- le famiglie con un basso reddito si vedono costrette a porre mano ai risparmi per fronteggiare i bisogni quotidiani;
- le famiglie a reddito più elevato, che mantengono ancora una capacità di risparmio, si rendono conto che il denaro accantonato si svaluta inesorabilmente e si domandano perché non impiegarlo subito in acquisti (magari di beni rifugio) piuttosto che lasciarlo svalutare.

> **L'inflazione** riduce i risparmi e fa aumentare i consumi.

Ma un aumento della domanda per beni di consumo, come sappiamo, favorisce ancora di più l'aumento dei prezzi.

Per uscire da questa spirale la scienza economica consiglia di agire su due direttrici:

- aumentare il costo del denaro;
- ridurre i redditi delle famiglie.

Quali effetti produce l'aumento del costo del denaro?

Il **costo del denaro** indica il tasso di interesse che le banche pretendono per prestare denaro. In questo modo le banche ottengono un compenso per essersi private, per un certo periodo di tempo, della somma di denaro prestata.

Normalmente tutti noi consumiamo il reddito che abbiamo percepito. Se, però, acquistiamo un bene con *pagamento dilazionato*, spendiamo il reddito che ancora non abbiamo (altrimenti pagheremmo in contanti), ma che contiamo di avere in un prossimo futuro.

La domanda globale dunque dipende:

- in parte dal reddito conseguito (pagamento *immediato*);
- in parte dal reddito che percepiremo (pagamento *rateale*).

Il pagamento rateale, apparentemente semplice, opera in realtà su un meccanismo abbastanza complesso.

Immaginiamo di voler acquistare a rate una barca a vela proponendo al venditore di rilasciargli alcune cambiali.
Costui ci spiegherà che al prezzo della barca dovremmo aggiungere l'interesse bancario.

Che cosa c'entra la banca?

C'entra perché il venditore sicuramente non potrà aspettare la scadenza delle cambiali per incassare quanto gli spetta. Egli le porterà subito in banca e questa gli anticiperà l'intera somma, *scontata* però di quella parte che essa trattiene a titolo di interesse.
E poiché il venditore normalmente non si fa carico dell'interesse bancario, lo aggiungerà al prezzo del natante che, in tal modo, ci costerà più del suo prezzo di listino.

Se l'interesse è basso l'idea di pagare questa maggiore somma non ci dissuade dall'acquisto. Ma se l'interesse fosse alto o molto alto probabilmente rinunceremmo alla barca a vela rimandando l'acquisto a tempi migliori.

In generale possiamo allora dire che:

- aumentando il costo del denaro (cioè l'interesse bancario) si riduce la domanda;
- e la diminuzione della domanda favorisce la discesa dei prezzi.

Chi stabilisce quanto alto o quanto basso deve essere il costo del denaro?

La risposta è piuttosto complessa. Per semplicità diciamo che nei Paesi che adottano l'euro il potere di indurre le Banche nazionali ad aumentare o diminuire l'interesse praticato ai clienti è oggi esercitato dalla **Banca centrale europea**. Essa solleciterà:

- un innalzamento dei tassi quando avverte il pericolo di inflazione;
- un abbassamento quando avverte il pericolo di una recessione.

SE I TASSI DI INTERESSE SALGONO → la domanda di beni tende a diminuire

SE I TASSI DI INTERESSE SCENDONO → la domanda di beni tende ad aumentare

Quali effetti negativi può indurre la manovra sui tassi di interesse?

La manovra di aumento dei tassi di interesse per contrastare l'inflazione va utilizzata con grande cautela perché presenta una grave controindicazione. Al sistema bancario, infatti, non si rivolgono solo le famiglie. Anche gli imprenditori chiedono abitualmente prestiti per finanziare i nuovi investimenti e se il costo del denaro è molto alto possono verificarsi due ipotesi:

- alcuni imprenditori decideranno ugualmente di chiedere il prestito, ma l'alto tasso di interesse farà lievitare il costo globale della loro produzione e ciò si tradurrà, il più delle volte, in un innalzamento dei prezzi di vendita che andrà ad alimentare ancora di più l'inflazione;
- altri imprenditori, invece, potrebbero rinunciare all'investimento, scoraggiati dall'impegno finanziario che questo comporta. E se le rinunce di questo tipo fossero molte o comunque prevalenti, potrebbe addirittura innescarsi nel Paese un grave processo di *stagflazione*.

→ **Stagflazione** significa stagnazione degli investimenti e inflazione. E ciò rappresenta quanto di peggio possa capitare.

Le famiglie infatti vedono ridurre i loro redditi per effetto dell'inflazione e in più vedono diminuire i posti di lavoro disponibili perché le imprese non effettuano nuovi investimenti.

A che cosa serve una politica dei redditi?

Sappiamo che la domanda di beni e di servizi è strettamente legata al reddito delle famiglie (> Lezione 13). Pertanto, se si riuscisse a ridurre i redditi, sarebbe ragionevole aspettarsi che diminuisca anche la domanda e con essa i prezzi. Ma come ridurre i redditi?

I redditi si possono dividere in due grandi categorie:

- redditi da lavoro non dipendente;
- redditi da lavoro dipendente.

Sui primi è pressoché impossibile intervenire. Nessuno può costringere il professionista a non aumentare la propria parcella o il commerciante o l'artigiano a non ritoccare i propri prezzi.

Sui secondi invece è possibile intervenire contrastando le richieste di aumenti salariali.

E questo, diciamolo subito, è anche l'intervento che fino a ora si è rivelato più efficace per almeno due ragioni:

- le famiglie il cui reddito dipende da lavoro dipendente sono le più numerose e una riduzione dei loro redditi reali provoca una diminuzione sensibile e immediata della domanda globale;
- le famiglie che hanno un reddito medio-basso sono costrette a consumarlo tutto per sopperire ai normali bisogni e ogni variazione in più o in meno del loro reddito avrà una ripercussione immediata sulla domanda individuale di beni di consumo.

I lavoratori dipendenti, pertanto, sono quelli a cui solitamente si chiede di sopportare il maggiore onere nella lotta all'inflazione.

E i lavoratori sono d'accordo?

Per la verità, come ha dimostrato la concreta esperienza, c'è poco da scegliere. I redditi fissi sono quelli più penalizzati dall'inflazione e i lavoratori dipendenti, pertanto, sono quelli che più hanno interesse a combattere l'inflazione, costi quel che costi, sia più o meno giusto.

7 La deflazione

Il fenomeno opposto rispetto all'inflazione è la **deflazione** (detta anche "stagnazione"), che consiste in una **riduzione generalizzata** del livello dei prezzi.

> Mentre la parola **inflazione** deriva dal latino *in* (dentro) *flare* (soffiare), e allude al fatto che con l'inflazione i prezzi "si gonfiano", la **deflazione** deriva dal latino *de* (fuori) *flare* (soffiare), e allude al fatto che i prezzi, in deflazione, "si sgonfiano".

Quindi la deflazione è molto desiderabile! Non è il sogno di tutti poterci procurare beni e servizi sempre più a buon mercato?

A prima vista, la deflazione rappresenta un fenomeno certamente allettante per i consumatori. Ma a ben guardare le cose non stanno così.

La riduzione dei prezzi che caratterizza la deflazione deriva dal calo della domanda di beni e servizi.
Se la domanda cala, i produttori sono spinti ad abbassare i prezzi per invogliare i consumatori all'acquisto.

> Nell'estate del 2014, per la prima volta dal 1959, l'Italia è entrata in deflazione. L'Istat ha rilevato un calo dei prezzi dello 0,1% rispetto all'agosto del 2013.

Ma questa strategia non sempre produce gli effetti sperati:

- da un lato, vista la discesa dei prezzi, i consumatori sono tentati di rimandare gli acquisti per godere di ulteriori ribassi;
- dall'altro, la riduzione dei prezzi comporta, per i produttori, una riduzione dei ricavi. A fronte di ricavi più bassi, gli imprenditori tenderanno a ridurre i costi abbassando i salari dei dipendenti o riducendo la manodopera. L'effetto che ne deriva sarà quello di un impoverimento generale della collettività, con conseguente e ulteriore contrazione della domanda.

In questo modo si genera quella che viene chiamata **spirale deflattiva**, e cioè un circolo vizioso che deprime l'economia generando o aggravando una situazione di stagnazione o, nei casi più gravi, di recessione.

8 Quali sono gli effetti del commercio internazionale sulle monete?

I rapporti commerciali tra Paesi sono un elemento essenziale per lo sviluppo economico generale. La possibilità di operare scambi consente per un verso alle imprese di approvvigionarsi all'estero dei beni e servizi necessari alla produzione; per altro verso consente loro di produrre non solo per il mercato interno, ma anche per il più vasto mercato estero.

L'apertura dei mercati, inoltre, pone le imprese nazionali in concorrenza con quelle di altri Paesi. E se le une vorranno prevalere sulle altre o non vorranno soccombere, dovranno cercare di migliorare la qualità dei prodotti e ridurre i costi affinché i prezzi di vendita siano sempre più convenienti o, come meglio si dice, siano sempre più *concorrenziali*.
Se i prodotti di un Paese sono apprezzati sul mercato estero e i prezzi sono concorrenziali, vi sarà in quel Paese un'elevata produzione e un'elevata distribuzione del reddito.

La **libertà negli scambi** è una conquista abbastanza recente nella politica dei Governi. In passato, soprattutto quando in Europa il pericolo di guerre era costantemente incombente, ogni Paese cercava di seguire una politica tendenzialmente *autarchica*, volta cioè all'autosufficienza.
E il risultato è stato, pressoché ovunque, scarsità di beni, prezzi elevati e un'economia stentata.

Non v'è dubbio, dunque, che gli scambi internazionali siano un **potente stimolo alla crescita**. Essi, tuttavia, fanno anche nascere **problemi valutari** a cui occorre prestare molta attenzione.

Per esempio, se il titolare di un autosalone giapponese volesse importare automobili dagli Stati Uniti, dovrebbe dare ordine alla propria banca di accreditare il corrispondente valore in dollari su una banca statunitense.

Allo stesso modo, se il titolare di un autosalone in USA volesse importare automobili giapponesi dovrebbe dare ordine alla propria banca di accreditare il corrispondente valore in yen su una banca nipponica.

Se i due valori si equivalgono, le due banche compenseranno tra di loro il *dare* e l'*avere* e non vi sarà alcun trasferimento di valuta da un Paese all'altro. Ma se, per esempio, il valore delle importazioni giapponesi superasse il valore delle importazioni statunitensi, la banca giapponese dovrebbe pagare la differenza in dollari americani.

Dove li trova?

Può procurarseli chiedendo alle banche straniere che operano sui mercati finanziari internazionali di cambiare yen con dollari. Se questo tipo di richiesta non è molto frequente non produrrà grandi scompensi. Ma se l'offerta di yen in cambio di dollari fosse massiccia e costante, le banche che possiedono dollari comincerebbero ad alzare il prezzo per venderli. Per esempio, se normalmente un dollaro si cambia con 90 yen, le banche potrebbero cominciare a chiedere 90 yen più un centesimo, più due centesimi, più tre centesimi, e così via.

In questo modo i bollettini che giornalmente rilevano l'andamento delle contrattazioni valutarie cominceranno a registrare una progressiva perdita di valore dello yen nei confronti del dollaro.
Naturalmente il commercio internazionale non vede come protagonisti solo il Giappone e gli USA. In realtà quasi tutti i Paesi del mondo commerciano con quasi tutti, e ciò determina un interscambio valutario di grande complessità.

Per avere un quadro riassuntivo della situazione, ciascun Paese riunisce i dati dell'*import* ed *export* in un documento contabile che in Italia (> Lezione 12) prende il nome di **bilancia commerciale**.

9 Quando una moneta è forte, stabile o debole?

MONETA
- **forte** (se viene richiesta in gran quantità)
- **debole** (se viene offerta in gran quantità)
- **stabile** (se domanda e offerta si equivalgono)

Se la *bilancia commerciale* di un Paese è costantemente in attivo perché vengono esportati più beni e servizi di quanti ne vengono importati, la sua moneta sarà molto richiesta sui mercati internazionali e ciò ne farà costantemente aumentare il valore.

Se, viceversa, la *bilancia commerciale* fosse in costante deficit, la moneta nazionale sarebbe offerta in gran quantità per pagare le importazioni e ciò ne farebbe diminuire progressivamente il valore.

→ **Moneta forte** viene chiamata quella che tende a rivalutarsi, cioè ad aumentare nel tempo il proprio valore.

→ **Moneta stabile** viene chiamata quella che, per un sostanziale equilibrio tra domanda e offerta, tende a mantenere inalterato il proprio valore.

→ **Moneta debole** viene chiamata quella che tende a svalutarsi, cioè a perdere valore.

10 Quali sono gli effetti della svalutazione monetaria?

LA SVALUTAZIONE
- FA AUMENTARE LE ESPORTAZIONI
- MA FA AUMENTARE ANCHE IL COSTO DELLE MATERIE PRIME
  - che produrrà un aumento dei prezzi e una conseguente riduzione delle esportazioni

La svalutazione a cui sono soggette le *monete deboli* provoca, nel Paese che la subisce, un effetto momentaneamente positivo e un effetto stabilmente negativo.

> **L'effetto positivo** è un aumento delle esportazioni. È normale, infatti, che gli importatori dei Paesi a moneta forte trovino più conveniente importare merci dai Paesi a moneta debole perché, con il cambio a loro favorevole, le pagano di meno.

> **L'effetto negativo** per il Paese che ha visto svalutare la propria moneta è il maggior costo che assumeranno le importazioni, soprattutto quelle di prodotti indispensabili alle industrie nazionali, come le materie prime, i semilavorati, le fonti di energia, e così via.

Questo aumento di costi farà innescare un processo inflattivo che produrrà due effetti entrambi negativi:

- sconvolgerà l'economia interna del Paese;
- renderà più cari i prodotti destinati all'esportazione, facendo così perdere l'effimera competitività conquistata nella fase iniziale del processo.

> **L'Italia, entrando nell'euro**, si è posta al riparo dalle frequenti svalutazioni a cui era soggetta la lira.

Insomma è sempre meglio avere una moneta molto forte!

Non esattamente: una moneta troppo forte costituisce un freno alle esportazioni verso i Paesi a moneta più debole perché rende per loro troppo cari gli acquisti. E ciò può comportare, per il Paese esportatore, una riduzione della produzione, dell'occupazione e del reddito.

La condizione ottimale, per una moneta, è quella di essere stabile o al massimo di registrare nel tempo un leggero apprezzamento.

MAPPA che cosa hai imparato

In questa Lezione hai imparato che cos'è la moneta e come, partendo dal baratto delle società arcaiche, si sia giunti alla nascita delle banconote e dei sistemi monetari attuali. Hai imparato quali sono le funzioni della moneta, quale differenza c'è fra moneta legale e bancaria, e come è cambiato nel tempo il rapporto fra la moneta e l'oro. Hai anche scoperto che cosa accade quando si innescano processi inflazionistici e che cosa significa avere una moneta forte, stabile o debole. Infine, hai imparato quali sono gli effetti della svalutazione monetaria.

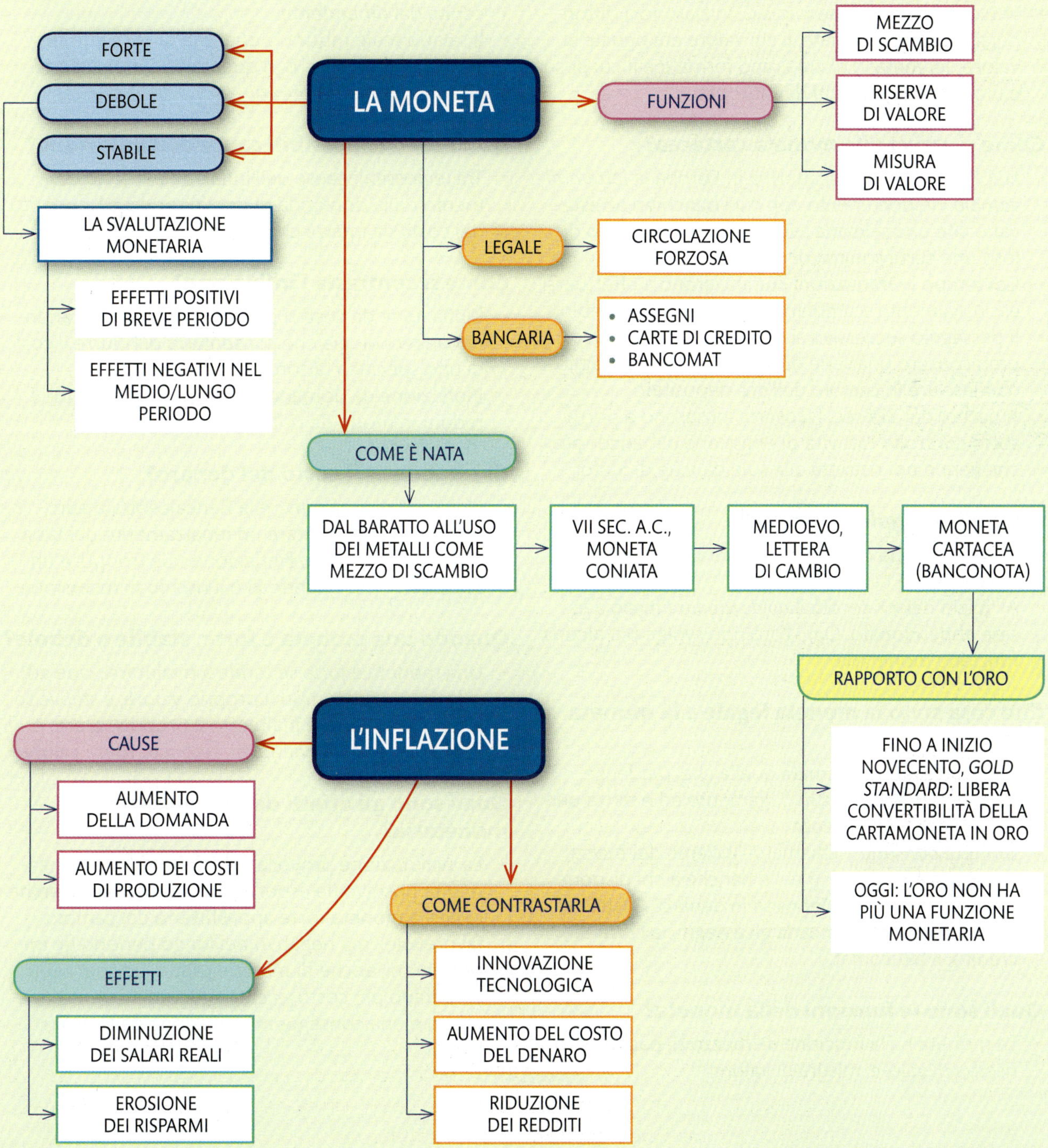

Lezione 26 riguardando gli appunti

Che cosa è il baratto?

- Il baratto consiste nello scambio di una cosa con un'altra cosa di uguale valore.

Perché il metallo ha assunto la funzione di mezzo di pagamento?

- Perché riuniva un grande valore in poco spazio, era accettato da tutti per la sua utilità, poteva essere ridotto in piccole parti o fuso in grosse barre e non si deteriorava nel tempo.
- Verso la fine del VII secolo a.C. iniziarono a diffondersi le monete coniate, il cui valore era uguale al valore del metallo di cui erano formate e il cui peso e titolo erano garantiti dall'autorità.

Come si arriva alla moneta cartacea?

- Nel XVI secolo d.C. si afferma in Europa la *lettera di cambio*: un documento con cui i banchieri attestavano che una persona aveva depositato presso di loro una certa somma di denaro.
- Col tempo le transazioni cominciarono a effettuarsi esclusivamente scambiandosi le lettere di cambio.
- Il passaggio successivo si ebbe quando i banchieri predisposero una serie di biglietti di diverso taglio da rilasciare in cambio dell'oro depositato.
- A partire dal XIX sec. i Governi iniziarono a porre sotto controllo l'attività di emissione di banconote, che venne poi ristretta alle sole banche di Stato.

Che cosa è il *gold standard*?

- È il sistema che consentiva la libera convertibilità della moneta cartacea in oro.
- All'inizio del XX secolo il *gold standard* iniziò a essere abbandonato. Oggi l'oro non svolge più alcuna funzione monetaria.

Che cosa sono la moneta legale e la moneta bancaria?

- Moneta *legale* è chiamata quella che, per legge, deve essere accettata in pagamento ed è detta perciò a *circolazione forzosa*.
- Moneta *bancaria* è chiamato l'insieme dei mezzi di pagamento rilasciati dalle banche a chi dispone presso di esse di un deposito in denaro. Costituiscono moneta bancaria gli assegni, la carta di credito, il bancomat.

Quali sono le funzioni della moneta?

- La moneta ha la funzione di: mezzo di pagamento, riserva di valore, misura di valore.

Che cosa è l'inflazione?

- L'inflazione è l'aumento generalizzato dei prezzi, al quale corrisponde una diminuzione del valore della moneta.
- Gli effetti più rilevanti dell'inflazione sono la riduzione dei salari reali e l'erosione dei risparmi.

Che cosa sono il salario nominale e il salario reale?

- Il salario nominale indica quale somma viene percepita dal dipendente.
- Il salario reale misura la quantità di cose che si possono acquistare con quel salario in relazione all'andamento dei prezzi.

Quali sono le possibili cause dell'inflazione?

- Tra le possibili cause dell'inflazione vi sono l'aumento della domanda di beni e servizi e l'aumento dei costi, sia interni che esterni.

Come si contrasta l'inflazione?

- L'inflazione da costi si può contrastare adottando nuove tecnologie che consentano di ridurre il costo di uno specifico fattore.
- L'inflazione da domanda si contrasta riducendo i redditi in modo da ridurre i consumi.

Chi stabilisce il costo del denaro?

- Nei Paesi di area euro, è la Banca centrale europea che può sollecitare un innalzamento dei tassi di interesse quando l'inflazione sale troppo, e un abbassamento quando vi è il rischio di recessione.

Quando una moneta è forte, stabile o debole?

- Una moneta è *forte* se tende a rivalutarsi, cioè ad aumentare nel tempo il proprio valore; è *stabile* se tende a mantenere inalterato il proprio valore; è *debole* se tende a svalutarsi, cioè a perdere valore.

Quali sono gli effetti della svalutazione monetaria?

- La svalutazione provoca un effetto momentaneamente positivo (le esportazioni aumentano perché i Paesi a moneta forte approfittano del cambio favorevole), ma negativo nel lungo periodo (le importazioni, anche di materie prime indispensabili, diventano più costose, causando un aumento dei prezzi e una conseguente riduzione delle esportazioni).

verifica | mettiti alla prova

1. Completa la mappa concettuale utilizzando le seguenti parole:

aumento ~ costi di produzione ~ domanda ~ prezzi ~ reddito reale ~ risparmi.

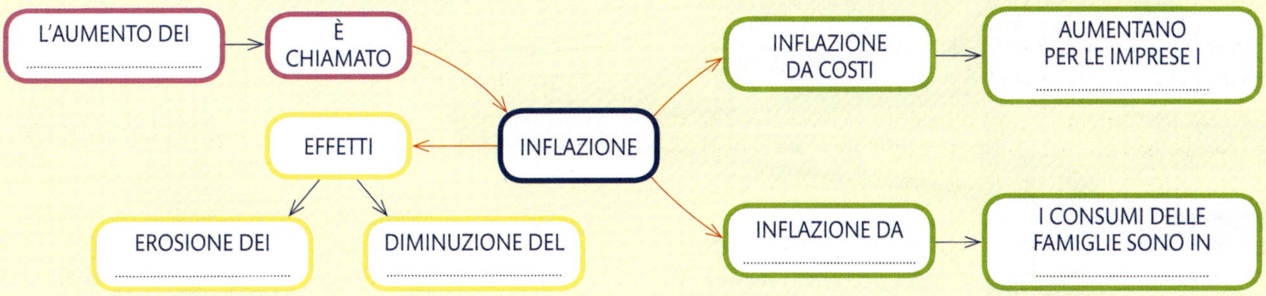

2. Scegli la risposta corretta.

1 Il *gold standard* prevedeva che:
- a. circolassero solo monete d'oro
- b. circolassero solo monete d'oro e d'argento
- c. si potesse cambiare la carta moneta in oro
- d. si potesse cambiare l'oro in carta moneta

2 La circolazione forzosa della moneta comporta:
- a. che il debitore deve per forza pagare il debito con quella
- b. che il creditore deve accettarla per forza in pagamento
- c. che lo Stato forza la gente a spenderla
- d. che lo Stato forza la gente a risparmiare

3 L'assegno circolare costituisce:
- a. moneta bancaria, perché emesso dalla banca
- b. moneta legale, perché la sua circolazione è regolata dalla legge
- c. moneta convertibile, poiché può essere cambiato con denaro liquido
- d. moneta facoltativa, poiché ciascuno può accettarlo o non accettarlo in pagamento

4 L'inflazione è:
- a. l'aumento di valore della moneta
- b. l'aumento generale dei prezzi
- c. l'aumento generale dei salari
- d. l'aumento generale dei costi

3. Rispondi alle seguenti domande.

A Quali sono le possibili cause di inflazione e quali ne sono gli effetti?

B Come si contrasta l'inflazione?

C Che cosa è la deflazione e quali effetti produce?

D Quali effetti produce la svalutazione monetaria?

4. Barra con una crocetta la risposta che ritieni esatta e motiva il perché.

1 L'inflazione ha effetti positivi sui risparmi. **SÌ | NO**

perché? ....

2 Le esportazioni aumentano quando la moneta è forte. **SÌ | NO**

perché? ....

3 L'aumento del costo del denaro non favorisce le attività produttive. **SÌ | NO**

perché? ....

4 La stagflazione è più dannosa dell'inflazione. **SÌ | NO**

perché? ....

5 L'inflazione da domanda si contrasta non aumentando i salari. **SÌ | NO**

perché? ....

5. Svela il crittogramma.

Sostituisci ogni numero con una lettera dell'alfabeto. A numero uguale corrisponde lettera uguale!

A	B	C	D	E	F	G	H	I	J	K	L	M	N	O	P	Q	R	S	T	U	V	W	X	Y	Z
					11						5						6	23	3						13

L' _ R _ S _ _ _ _   _ _ _   R _ S _ R _ _ È
5 ' 7 6 25 23 17 25 21 7   16 7 17   6 17 23 12 19 6 26 17 È

_ _   _ F F _ T T _   _ _ L L'   _ _ F L _ Z _ _ _ _ .
8 21   7 11 11 7 3 3 25   16 7 5 5 '   17 21 11 5 19 13 17 25 21 7 .

CLIL INTERRAIL Rights through Europe • Denmark

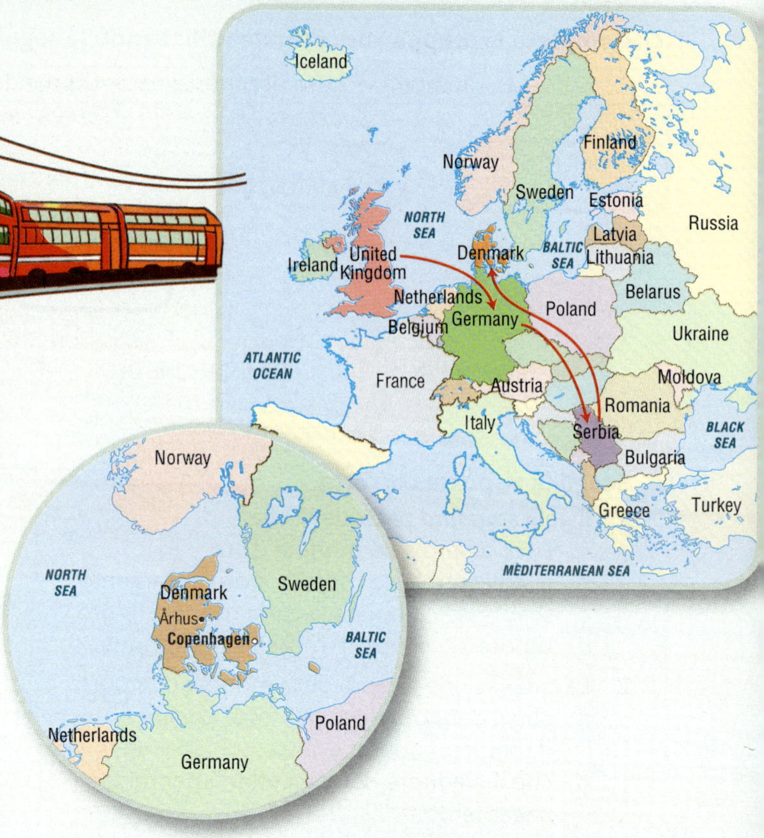

IN THIS MODULE YOU WILL

Learn about the development and the composition of the euro area.
Find out about the origins of the euro and its importance for European integration.
Discuss with your classmates about the impact of the common currency on our lives.
Practice your English through oral and written exercises.

1. Reading

Read the text to learn something interesting about the euro area.

CLIL INTERRAIL Rights through Europe • Denmark

What is the euro area?

The euro area consists of those Member States of the European Union that have adopted the euro as their **currency**. All European Union Member States are part of Economic and Monetary Union and coordinate their economic policy-making to support the economic **aims** of the EU. However, a number of Member States have taken a step further by replacing their national currencies with the single currency: the euro. These Member States form the euro area.

Of the Member States outside the euro area, Denmark and the United Kingdom have "opt-outs" from **joining**, **laid down** in Protocols annexed to the Treaty, **although** they can join in the future if they so wish. Sweden has not yet qualified to be part of the euro area.

The remaining non-euro area Member States are among those which acceded to the Union in 2004, 2007 and 2013, after the euro was launched. At the time of their accession, they did not meet the necessary conditions for entry to the euro area, but have committed to joining as and when they meet them. They are Member States with a derogation, such as Sweden.

Andorra, Monaco, San Marino and the Vatican City have adopted the euro as their national currency by virtue of specific monetary agreements with the EU, and may **issue** their own euro coins within certain limits. However, as they are not EU Member States, they are not part of the euro area.

European Commission, *Adopting the euro*, Economic and financial affairs

Opt-out When Member States negotiate an opt-out, it means that they choose not to participate in a certain policy

GLOSSARY

Currency: the money used in a particular country
Aim: aspiration/ objectives
Join: become a member of
Laid down: established/ stated
Although: even if
Issue: to put currency into circulations

2. Questions

Answer the following questions about the euro area.

a. Are all the Member States of the European Union part of the euro area?
b. Which country, beside Denmark, has an "opt-out" clause from joining the euro?
c. Can Denmark decide to adopt the euro in the future?
d. Some of the states which acceded to the Union in 2004, 2007 and 2013 are not yet in the euro area. Why?
e. San Marino and the Vatican City have adopted the euro. Are they part of the euro area?

3. Pair work

The euro was introduced on 1 January 1999, but it was only in 2002 that euro banknotes and coins began to circulate in Europe. At first, there were eleven Member States in the euro area. Today they are nineteen, and seven more States are on the enlargement agenda. Try to find out:

a. Which countries are already in the euro area, and when they joined it;
b. Which countries are members of the European Union but not of the euro area;
c. Which EU Member State will probably adopt the euro in the near future.

Draw a table with three columns, and write the names of the relevant countries in each column. For your research see: http://ec.europa.eu/economy_finance/euro/index_en.htm

4. Watch the video

Do you want to know something more about the euro? Watch the video!

5. Complete the sentences

In the following sentences some words are missing. On the basis of what you have learned in the video, try to fill the blanks. Use the words below.

European Central Bank • *change* • *monetary policy* • *economic stability* • *nineteen* • *member States* • *currencies*

a. The euro is currently used by 340 million Europeans in .... countries.
b. Thanks to the euro, we don't need to .... our money into a different .... every time we travel across the Eurozone.
c. A common currency has positive effects on ....
d. Monetary policy is implemented by the .... and by the National central banks of the ....
e. The primary objective of .... is to maintain price stability.

6. Open discussion

In your opinion, what would happen if European countries decided to leave the euro and return to their national currencies? How would our lives change? Discuss with your classmates and give reasons for your answers.

UNITÀ 9
La moneta

LEZIONE 27

L'attività finanziaria

1 Il mercato finanziario e la speculazione

Prodotto finanziario è un'espressione che indica, in generale, le azioni, le obbligazioni, i titoli di Stato, le quote di organismi di investimento collettivo e ogni altra forma di investimento finanziario.

> **Attività finanziaria** è chiamata l'attività che ha per oggetto la compravendita di:

- valute, cioè monete dei diversi Paesi;
- titoli mobiliari (soprattutto azioni e obbligazioni di grandi società);
- titoli di Stato (in Italia Bot, Btp, Cct);
- altri prodotti finanziari.

L'insieme di queste compravendite dà luogo al cosiddetto **mercato finanziario**.

Operano su questo mercato:

- **le banche**, che acquistano o vendono valuta e prodotti finanziari;
- **le imprese**, che possono collocare presso i risparmiatori azioni e obbligazioni;

- **i Governi**, che possono offrire i loro titoli di Stato (> Lezione 25);
- **le grandi agenzie di intermediazione finanziaria**, che comperano e vendono questi prodotti.

La speculazione

Come in ogni mercato, tutto ciò che viene offerto e domandato ha un prezzo. E il prezzo, in un sistema di libera concorrenza, è sempre un elemento variabile.
Varia il tasso di cambio delle valute in funzione della domanda e dell'offerta; si apprezzano o si deprezzano le azioni delle società a seconda che i loro bilanci registrino attivi o perdite; sale o scende il valore delle obbligazioni; e così via.

Speculare è un verbo che deriva dal sostantivo latino *speculum* che significava specchio. **Lo speculatore**, pertanto, è colui che osserva, come in uno specchio, l'andamento degli affari e prende le decisioni per lui più opportune.

In generale tutti i prodotti che si scambiano sul mercato finanziario sono soggetti a oscillazioni di prezzo. E di queste oscillazioni si nutre la speculazione finanziaria.

→ **L'attività speculativa** consiste nel comperare un prodotto quando si ritiene che la sua quotazione stia per salire per rivenderlo a maggior prezzo quando il suo valore è salito.

In genere chi conduce questo tipo di attività non è interessato a ciò che compera o vende (valute, azioni, titoli di Stato) ma solo alla variazione di prezzo che consente di realizzare un guadagno.

Chi sono gli speculatori?

Indirettamente speculatori siamo un po' tutti. Quando abbiamo dei risparmi (tanti o pochi che siano) e li affidiamo a una banca perché li investa sul mercato finanziario per nostro conto, ci aspettiamo che quei risparmi fruttino un interesse. E più questo interesse è elevato, più siamo contenti.

In pratica, più la banca è abile a speculare (direttamente o indirettamente) e più soddisfa i propri clienti. La stessa cosa vale per le grandi società multinazionali, per le compagnie petrolifere, per i grandi armatori.
Tutti si servono di banche e di altre **agenzie di intermediazione finanziaria** per gestire il loro denaro liquido e farlo fruttare.

La speculazione è da condannare?

La speculazione, al di là di ogni giudizio morale, è utile nella misura in cui mantiene vivo il mercato finanziario.

Per esempio: le grandi società commerciali finanziano la loro attività emettendo azioni e obbligazioni ed è importante per loro e per l'economia in generale che i risparmiatori le acquistino.

Per altro verso i risparmiatori le acquistano perché sanno che se avessero un improvviso bisogno di denaro liquido potrebbero subito rivenderle. E questa sicurezza è data dal fatto che esiste un *mercato* dove (per fini speculativi) si vendono e si acquistano in continuazione prodotti finanziari.

La speculazione finanziaria costituisce dunque un utile supporto all'economia reale.
Ma solo fin quando non diventa un elemento distorsivo del sistema, com'è accaduto in questi anni.

Gli eccessi della speculazione

Economia reale è chiamato quell'insieme di attività e di scelte che hanno per oggetto la produzione e il consumo di beni e di servizi.
Si distingue dall'**attività finanziaria** che non produce nulla, modifica solo il valore di scambio di merci e valute.

Tra la fine del Novecento e l'inizio del nuovo secolo sono accaduti alcuni fatti che hanno provocato una esplosione incontrollata dell'attività speculativa.

- Innanzitutto è stata liberalizzata pressoché ovunque la circolazione dei capitali monetari, consentendo ai loro possessori di spostarli senza limitazione in ogni parte del mondo.
- In secondo luogo si è creata una rete telematica che consente di operare questi spostamenti 24 ore su 24 alla ricerca dell'impiego più remunerativo.
- Infine la distribuzione ineguale del reddito nel mondo ha consentito la concentrazione in poche mani di capitali monetari immensi che vengono affidati a grandi banche e ad altri intermediari affinché li utilizzino in attività speculative.

Il concorso di questi tre fattori ha prodotto, negli ultimi decenni, una sorta di rivoluzione. Mentre in passato la speculazione cercava di ottenere un guadagno intuendo quale sarebbe stato l'andamento dell'**economia reale**, oggi dispone di una tale libertà di movimento e di una tale quantità di capitale che, vendendo e comperando, può essa stessa condizionare il sistema economico provocando l'apprezzamento o il deprezzamento delle valute; l'aumento o la diminuzione dei prezzi delle materie prime; le quotazioni dei mercati azionari e obbligazionari; e così via.

Come la speculazione riduce gli investimenti produttivi

La produttività del lavoro, lo ricordiamo, è il rapporto tra la quantità prodotta di un bene o di un servizio e la quantità di lavoro necessaria a produrlo.
In un'azienda tecnologicamente poco avanzata la produttività del lavoro è bassa. Ciò significa che ciascun lavoratore produce meno di quanto potrebbe. In questo modo i costi di produzione rimangono alti e l'azienda è scarsamente competitiva.

Un effetto collaterale, ma non trascurabile, della crescita dell'attività speculativa è la tendenza a ridurre gli investimenti nel sistema produttivo. Molti imprenditori si sono resi conto che quando la domanda di beni e servizi tende a deprimersi, speculare sui mercati finanziari può procurare guadagni più consistenti e immediati di quanto prometta l'attività produttiva tradizionale. Accade così che vengano dirottati verso l'attività speculativa i capitali che avrebbero dovuto essere investiti nelle aziende per aumentare la *produttività*, soprattutto del lavoro, con grave danno per il sistema economico.

2 Come opera la speculazione sulle valute?

Gli speculatori, su qualsiasi cosa vogliano speculare, possono fare solo due cose: vendere o comperare.

Se le grandi centrali speculative, quelle che movimentano milioni di dollari al giorno, decidono di *comperare*, il prezzo del prodotto oggetto di acquisti massicci tenderà ad aumentare. Se decidono di *vendere* tenderà a diminuire.

In tema di valute, se una certa moneta viene venduta tenderà a svalutarsi; se viene acquistata tenderà ad apprezzarsi.

Nella Lezione precedente abbiamo visto quali effetti negativi possono produrre sia l'eccessivo apprezzamento, sia la eccessiva svalutazione. Ora dobbiamo capire quali strategie è possibile attuare per contrastare sia l'uno che l'altra.

Quali sono le strategie di contrasto?

Se la speculazione valutaria sta attaccando la moneta di un Paese vendendola sui mercati finanziari per farla deprezzare, la **Banca centrale** di quel Paese può reagire **acquistando essa stessa la propria valuta**. Se questo intervento sarà tempestivo e consistente, gli effetti delle vendite e degli acquisti potrebbero compensarsi e la speculazione verrebbe bloccata.
Il successo dell'operazione, tuttavia, non sarà stato indolore. Per acquistare la propria moneta, quella banca avrà dovuto spendere la valuta forte (dollari, euro o altro) che custodiva a titolo precauzionale, rimanendo sguarnita di fronte alla possibilità di nuovi attacchi.

Un'altra strategia a disposizione del Paese la cui moneta è sotto attacco è **deliberare un aumento dei tassi di interesse**. Di fronte alla prospettiva di lucrare un maggiore interesse gli speculatori potrebbero decidere di cessare la vendita di quella moneta e addirittura di tornare ad acquistarla, facendone così rialzare il valore.
Anche questa manovra, come la precedente, ha un risvolto negativo. L'aumento dei tassi farà guadagnare gli speculatori, ma renderà più caro ai cittadini e alle imprese chiedere denaro in prestito alle banche. E ciò avrà effetti negativi sia sui consumi sia sugli investimenti.

Tutte le Banche centrali (la BCE per i Paesi che adottano l'euro; la *Federal reserve* per gli Usa; la *Bank of England* per la Gran Bretagna; e così via) detengono, a scopo precauzionale, consistenti riserve di oro e di *valute forti* che possono impiegare in caso di necessità.

STRATEGIE DI CONTRASTO

ACQUISTARE LA PROPRIA MONETA PER COMPENSARE LE VENDITE SUI MERCATI VALUTARI

AUMENTARE IL TASSO DI INTERESSE

Come operava la speculazione valutaria prima dell'euro?

Le monete europee hanno sempre costituito un fertile terreno per la speculazione finanziaria internazionale che, con il gioco degli acquisti e delle vendite, ha determinato una costante instabilità nei tassi di cambio. Ma l'introduzione dell'euro ha ridotto considerevolmente questa area di manovra. Non più marchi tedeschi, franchi francesi, lire italiane, pesetas spagnole tra cui navigare comperando o vendendo, ma un'unica grande moneta con cui fare i conti. In più, essendo l'euro una moneta forte, non si presta facilmente ad attacchi diretti della speculazione e questa può essere un'altra delle ragioni per le quali i grandi mercati finanziari non hanno mai visto con favore la nascita della nostra moneta unica.

Quali effetti ha prodotto il passaggio dalla lira all'euro?

Nel quadro europeo la lira è sempre stata particolarmente debole. Abbiamo visto (> Lezione 26) come talvolta la debolezza di una moneta, seppure avvantaggi momentaneamente le esportazioni, provochi instabilità e incertezza nel sistema. Per contrastare i frequenti deprezzamenti della lira, la Banca d'Italia è stata costantemente costretta a tenere alti i tassi di interesse in modo da rendere la nostra moneta appetibile ai grandi investitori.
Con l'introduzione dell'euro la situazione è mutata di colpo. La forza della moneta unica ha consentito di tenere bassi i tassi di interesse in tutta *Eurolandia*, con grande vantaggio per le imprese, le famiglie e i Governi.

3 Come opera la speculazione sui titoli di Stato?

Ci siamo occupati dei titoli di Stato nella Lezione 22 quando abbiamo trattato dell'Unione europea e dell'introduzione dell'euro. Ne abbiamo di nuovo parlato nella Lezione 25 quando abbiamo studiato gli effetti del deficit di bilancio su un'economia depressa.

Ora dobbiamo nuovamente riprendere l'argomento per vedere quali danni può provocare la speculazione su questi titoli.

Con **mercato primario** si intende l'offerta e l'acquisto dei titoli di nuova emissione.
Con **mercato secondario**, invece, si intende la vendita e l'acquisto di titoli non ancora giunti a scadenza (simile a una vendita di seconda mano).

Immaginiamo di avere acquistato dei Btp a dieci anni e di accingerci tranquillamente a godere degli interessi che ci verranno pagati convinti che, se avessimo urgente bisogno di denaro liquido, potremmo rivenderli in qualsiasi momento.

Ora immaginiamo che, seguendo i propri contorti interessi, la speculazione internazionale cominci a vendere i Btp italiani facendone scendere il prezzo. Allarmati, li vendiamo anche noi, rimettendoci qualche cosa, ma comunque rientrando almeno di una parte del nostro denaro.

Dopo qualche mese, per finanziare la spesa pubblica, il Governo italiano emette nuovi Btp. Saremmo disposti a comperarli con il rischio che un nuovo attacco della speculazione li faccia nuovamente deprezzare? In linea di massima la risposta è negativa. A meno che il Governo italiano non offra un interesse così alto da indurci a correre il rischio. In questo modo però lo Stato si indebiterà ancora di più e per ridurre questo debito dovrà ridurre la spesa pubblica e magari aumentare le tasse con grave danno per tutti i cittadini.

La conclusione è che la speculazione avrà fatto il suo gioco e la gente comune ne avrà pagato le spese.

Che cosa è lo spread?

Per capire rapidamente di quanto aumenta o diminuisce l'interesse che viene pagato da ciascun Paese sui propri titoli, si è soliti operare un confronto con i titoli del Paese che, grazie alla sua stabilità finanziaria, paga minori interessi (in Europa solitamente il Paese di riferimento è la Germania).

Spread viene chiamata questa differenza.
Per esempio, se un Paese offre un interesse del 2% sui propri titoli e un altro un interesse del 7%, la differenza (o spread) sarà del 5% o, come anche si dice, di 500 punti.

Perché proprio la Germania è il Paese di riferimento?

Quando si prestano soldi allo Stato, c'è sempre il rischio che questo possa non restituirli per proprie difficoltà finanziarie.
Questo rischio si allontana se l'economia del Paese è in crescita e lo Stato ha i conti in ordine.
Sotto questo profilo la Germania è sicuramente il Paese che offre le maggiori garanzie e per questo gli investitori domandano in gran quantità titoli del debito pubblico tedesco. E la grande domanda consente di offrirli con i tassi di interesse più bassi d'Europa.

4 Che cosa sono i contratti derivati?

→ **I contratti derivati** assumono questo nome perché il modo in cui dovranno essere adempiuti deriva (cioè dipende) dal valore che assumerà, alla data stabilita, una certa merce (oro, tabacco, rame, ecc.), un certo indice o un certo prodotto finanziario.

In Italia i più diffusi contratti derivati sono:

- i contratti a termine su indice di borsa, in inglese chiamati *stock index futures* o, più semplicemente, *futures*;
- i contratti di opzione.

Vediamo sinteticamente i loro caratteri.

I *futures*

→ ***I futures*** sono scommesse che hanno per oggetto l'andamento della quotazione di un titolo, di una merce o l'andamento di un indice.

Si scommette sul rialzo o sul ribasso della quotazione che assumerà il titolo, la merce o l'indice, incassando o pagando giornalmente la differenza.

Il contratto nasce con la funzione di assicurare gli operatori contro il rischio di perdite. Per esempio, immaginiamo di possedere un rilevante pacchetto azionario e di temere che queste azioni possano scendere di valore. Per garantirci contro una tale eventualità scommettiamo sul loro ribasso. Se il ribasso dovesse realmente verificarsi potremo compensare la temuta perdita di valore con la vincita della scommessa.

Lo stesso ragionamento possiamo farlo a proposito delle valute. Se abbiamo venduto merce all'estero per un valore di un milione di dollari con pagamento a tre mesi e in questo arco di tempo il dollaro dovesse svalutarsi, verremmo pagati con moneta svalutata. Per coprirci da questo rischio scommettiamo sul ribasso del dollaro.

Ricordiamo che **prodotto finanziario** è un'espressione che indica, in generale, le azioni, le obbligazioni, i titoli di Stato, le quote di organismi di investimento collettivo e ogni altra forma di investimento di natura finanziaria.

Con il tempo i *futures* hanno attenuato la loro funzione di *copertura del rischio* per diventare solo scommesse speculative.

La speculazione sui prodotti finanziari è un gioco che non produce ricchezza perché è sempre a *somma zero*: se una parte guadagna, l'altra deve necessariamente perdere.

I contratti di opzione

→ **I contratti di opzione** (ricordiamo che optare significa scegliere, preferire) sono contratti che attribuiscono il diritto (ma non l'obbligo) di comprare (*opzione call*) o di vendere (*opzione put*) entro una certa data (o al raggiungimento di una certa data) un prodotto finanziario o una merce.

Con il contratto di *opzione call* una parte, dietro pagamento di un premio, si riserva il diritto di comperare dall'altra prodotti finanziari o merci a un prezzo prefissato (supponiamo 10 euro) ed entro un determinato tempo.

Se in quell'arco di tempo il titolo sale di valore (per esempio a 11 euro) rispetto al prezzo prefissato, la parte che ha il diritto di opzione sceglierà di acquistarlo (in pratica acquista una cosa che oggi vale di più pagandola al prezzo di ieri quando valeva di meno).

Se, invece, il titolo scende di valore (per esempio a 9 euro) sceglierà di non acquistarlo, limitando la perdita al premio pagato.

Con il contratto di *opzione put*, una parte (sempre dietro pagamento di un premio) si riserva il diritto di vendere all'altra prodotti finanziari o merci a un prezzo prefissato ed entro un determinato termine di tempo. Se in quell'arco di tempo il titolo aumenta di valore rispetto al prezzo prefissato, la parte che ha il diritto di opzione sceglierà di non venderlo; se invece il titolo perde valore, sceglierà di venderlo al maggior prezzo prefissato.

MAPPA che cosa hai imparato

LOSAI?

In questa Lezione hai imparato che cos'è l'attività finanziaria e quali sono gli operatori che si muovono sui mercati finanziari. Hai appreso che cos'è la speculazione e quali sono i pro e i contro dell'attività speculativa; hai osservato in particolare come opera la speculazione sulle valute e quali sono le strategie che uno Stato può adottare per contrastare gli effetti della speculazione valutaria; hai imparato anche come si svolge la speculazione sui titoli di Stato e che cosa si intende per *spread*. Infine, hai imparato quali sono i tipi principali di contratti derivati, e cioè i *futures* e i contratti di opzione.

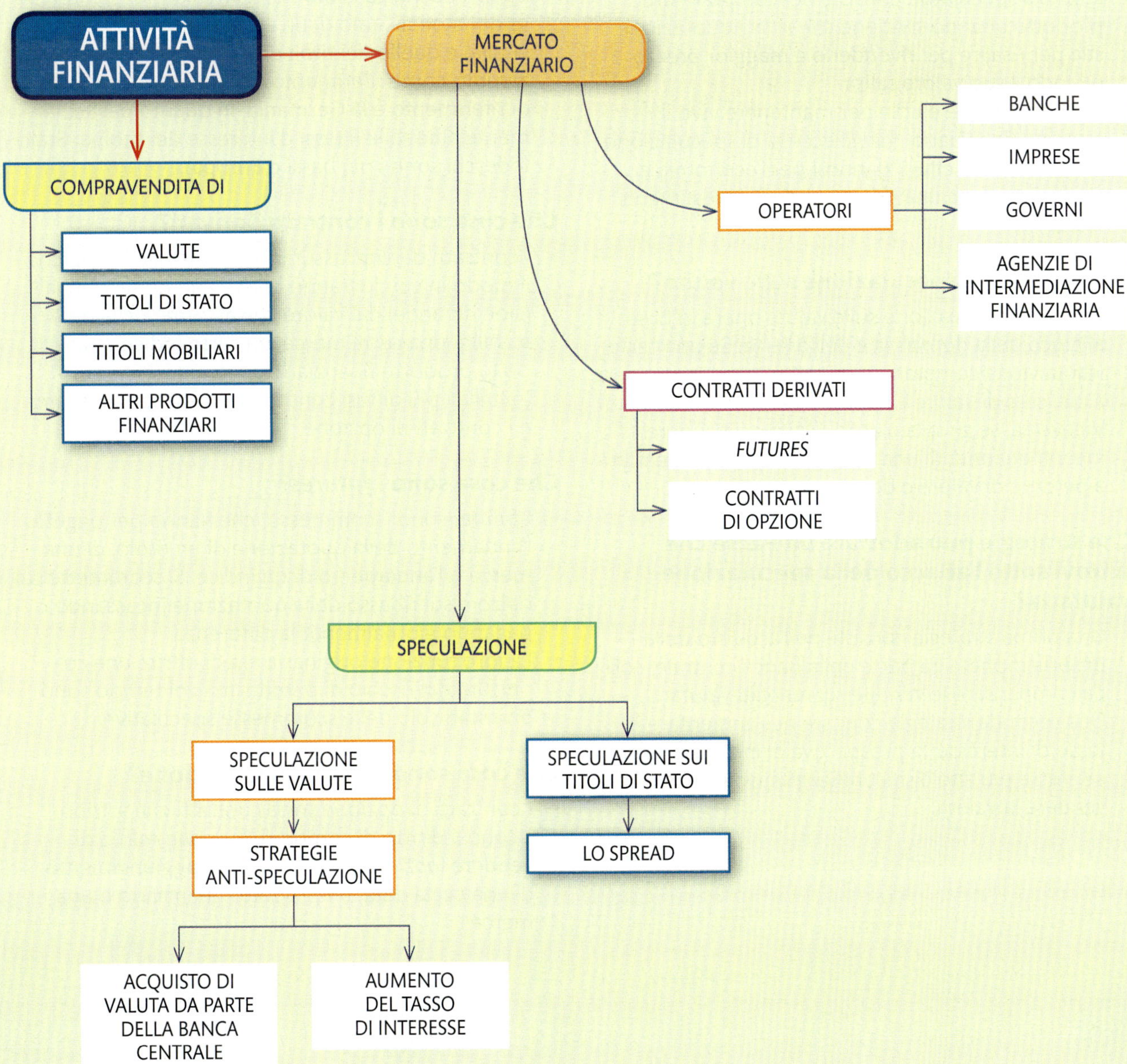

Lezione 27 riguardando gli appunti

Che cosa si intende per attività finanziaria?

- L'attività finanziaria consiste nella compravendita di valute, titoli mobiliari, titoli di Stato, altri prodotti finanziari.

Che cos'è il mercato finanziario?

- L'insieme delle attività finanziarie dà luogo al mercato finanziario. Gli operatori del mercato finanziario sono le banche, le imprese, i governi e le agenzie di intermediazione finanziaria.

In che cosa consiste l'attività speculativa?

- L'attività speculativa consiste nel comprare un prodotto quando si ritiene che la sua quotazione stia per risalire per rivenderlo a maggior prezzo quando il suo valore salirà.
- La speculazione è utile per mantenere vivo il mercato finanziario, ma gli eccessi di speculazione possono avere effetti dannosi per l'economia e portare anche a una riduzione degli investimenti produttivi.

Come opera la speculazione sulle valute?

- Anche la speculazione sulle valute opera in base al gioco della domanda e dell'offerta. Se una certa valuta viene comprata in quantità massicce tenderà a crescere di valore e apprezzarsi.
- Viceversa, se gli speculatori iniziano a vendere ingenti quantità di una certa valuta, questa tenderà a perdere di valore e deprezzarsi.

Che strategie può adottare un Paese che si trovi sotto l'attacco della speculazione valutaria?

- Una prima strategia consiste nell'acquisto della propria moneta da parte della Banca centrale, così da compensare le vendite sui mercati valutari.
- Una seconda strategia consiste nell'aumentare il tasso di interesse: la prospettiva di incassare un interesse più alto disincentiva gli speculatori dal vendere la valuta.

Quale effetto ha avuto l'introduzione dell'euro sulla speculazione valutaria?

- Per l'Italia, passare dalla lira all'euro ha significato passare da una moneta debole e spesso soggetta a speculazioni finanziarie a una moneta forte e stabile.
- L'euro ha ridotto considerevolmente l'area di manovra per la speculazione finanziaria internazionale che ora può muoversi solo tra poche grandi monete.

Che cosa si intende per *spread*?

- Lo spread indica la differenza fra il tasso di interesse dei titoli di Stato di un certo Paese (per esempio, l'Italia) e quello dei titoli di Stato di un altro Paese assunto come riferimento: nel nostro caso il Paese di riferimento è la Germania, in quanto particolarmente affidabile (i tassi d'interesse dei titoli di Stato tedeschi sono i più bassi d'Europa).

Che cosa sono i contratti derivati?

- I contratti derivati assumono questo nome perché il modo in cui dovranno essere adempiuti deriva (cioè dipende) dal valore che assumerà alla data stabilita una certa merce, un certo indice o un certo prodotto finanziario.
- In Italia i più diffusi contratti derivati sono i *futures* e i contratti di opzione.

Che cosa sono i *futures*?

- I *futures* sono "scommesse" che hanno per oggetto l'andamento della quotazione di un titolo, di una merce o l'andamento di un indice. Si scommette sul rialzo o sul ribasso della quotazione incassando o pagando giornalmente la differenza.
- La loro funzione originaria era di offrire una copertura dal rischio di perdite, ma col tempo sono diventati solo delle scommesse speculative.

Che cosa sono i contratti di opzione?

- I contratti di opzione sono contratti che attribuiscono il diritto di comprare (*opzione call*) o di vendere (*opzione put*), entro o al raggiungimento di una certa data, un prodotto finanziario o una merce.

verifica | mettiti alla prova

1. Completa la mappa concettuale utilizzando le seguenti parole:

comprano e vendono ~ svalutarsi ~ titoli di Stato ~ acquistata.

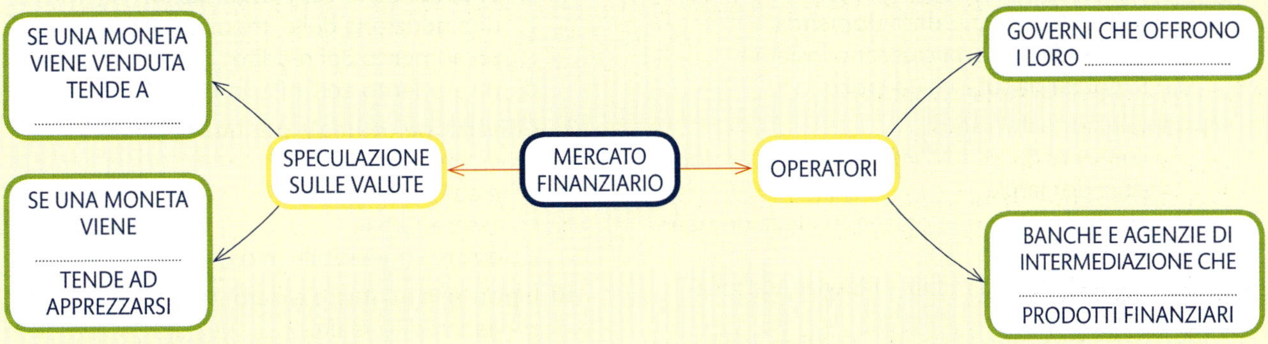

2. Scegli la risposta corretta.

1 In Europa il paese di riferimento per calcolare il valore dello spread è:
   a. l'Italia b. la Francia
   c. il Belgio d. la Germania

2 se una moneta viene venduta in grande quantità il suo valore tenderà:
   a. ad aumentare
   b. a diminuire
   c. a rimanere invariata
   d. prima ad aumentare e poi a diminuire

3 Per rafforzare moneta del proprio Paese la Banca centrale potrà:
   a. aumentare i tassi di interesse
   b. diminuire i tassi di interesse
   c. tenere bloccati i tassi di interesse
   d. stampare nuova moneta

4 La svalutazione della moneta provoca:
   a. un aumento delle importazioni
   b. un aumento delle esportazioni
   c. un aumento del reddito
   d. una diminuzione del risparmio

3. Rispondi alle seguenti domande.

A Che cos'è lo spread?
B Cosa sono i contratti derivati?
C Come opera la speculazione e come si può contrastare?
D Che cos'è il mercato finanziario e quali sono i principali soggetti che vi operano?

4. Barra con una crocetta la risposta che ritieni esatta e motiva il perché.

1 La speculazione può condizionare l'economia reale. **SÌ NO**
perché? ....

2 La speculazione è sempre da condannare. **SÌ NO**
perché? ....

3 I contratti derivati si chiamano così perché sono contratti secondari, meno importanti. **SÌ NO**
perché? ....

4 La speculazione sui prodotti finanziari non produce nuova ricchezza. **SÌ NO**
perché? ....

5 La Banca centrale può intervenire in favore della moneta nazionale per contrastare gli effetti della speculazione. **SÌ NO**
perché? ....

5. Svela il crittogramma.

Sostituisci ogni numero con una lettera dell'alfabeto. A numero uguale corrisponde lettera uguale!

A	B	C	D	E	F	G	H	I	J	K	L	M	N	O	P	Q	R	S	T	U	V	W	X	Y	Z
	12		20		23						26						9	1		22	15				

L(26) _(21)   F(23) _(8) D(20) _(8) R(9) _(21) L(26)   R(9) _(8) S(1) _(8) R(9) V(15) _(8)   È   L(26) _(21)   B(12) _(21) _(13) _(7) _(21)

_(7) _(8) _(13) _(14) R(9) _(21) L(26) _(8)   D(20) _(8) _(11) L(26) _(19)   U(22) S(1) _(21) .

Unità 9 sei pronto per la verifica? in un'ora

1. Scegli la risposta corretta.

1 **Si ha inflazione da domanda quando:**
a. la domanda cresce più dell'offerta
b. l'offerta cresce più della domanda
c. domanda e offerta crescono insieme
d. la domanda subisce un crollo

2 **La riduzione dei salari:**
a. consente di ridurre l'inflazione poiché riduce la domanda
b. aggrava l'inflazione poiché rende la domanda insufficiente
c. può avere una limitata influenza sull'inflazione
d. non ha alcuna reale influenza sull'inflazione

3 **Vi è deflazione quando:**
a. i prezzi aumentano
b. i prezzi diminuiscono
c. la domanda dei consumatori è elevata
d. il debito pubblico è eccessivo

4 **Per bene rifugio si intende un tipo di bene:**
a. dal quale è opportuno rifuggire, quando la moneta minaccia di perdere valore
b. da acquistare quando la moneta minaccia di perdere valore
c. da nascondere in tempo di inflazione
d. da utilizzare in tempo di inflazione

5 **Banconota è:**
a. una moneta emessa dalla banca
b. una moneta emessa dallo Stato
c. una moneta di grosso taglio
d. una moneta che si riscuote solo con il bancomat

6 **Il valore globale della moneta bancaria è:**
a. superiore a quello della moneta legale
b. inferiore a quello della moneta legale
c. uguale a quello della moneta legale
d. uguale a quello dell'oro custodito nelle banche

7 **La politica monetaria nella zona euro è gestita:**
a. dalla Banca centrale tedesca
b. dalla Banca centrale belga
c. dalla Banca centrale italiana
d. dalla BCE

8 **L'apprezzamento di una valuta provoca:**
a. una riduzione delle esportazioni
b. una riduzione delle importazioni
c. un aumento del reddito
d. un aumento dell'inflazione

9 **Condizione ottimale per una valuta è:**
a. essere forte
b. essere debole
c. essere stabile
d. essere convertibile in oro

10 **Il potere d'acquisto è dato:**
a. dal reddito reale
b. dal reddito nominale
c. dal reddito costante
d. dal tasso di interesse

11 **Per la banca lo sconto è:**
a. un'operazione attiva
b. un'operazione passiva
c. un favore fatto ai clienti migliori
d. una pratica ormai in disuso

12 **La lettera di cambio:**
a. precede l'emissione di carta moneta
b. segue l'emissione di carta moneta
c. è contemporanea all'emissione di carta moneta
d. sostituisce nel Medioevo l'emissione di carta moneta

13 **L'inflazione comporta una diminuzione:**
a. dei redditi nominali
b. dei redditi reali
c. degli incassi
d. delle vendite

14 **In presenza di inflazione generalmente il risparmio delle famiglie tende:**
a. ad aumentare
b. a diminuire
c. a rimanere invariato
d. a rivalutarsi

2 punti per ogni risposta esatta

Punti: ..../28

ZTE **Punteggio massimo: 100 punti | Sufficienza: 60 punti**

2. Collega le parole della colonna di sinistra con le corrispondenti espressioni.

1 Inflazione	a. moneta cartacea emessa dallo Stato
2 Stagflazione	b. moneta bancaria
3 Spread	c. si ipotizza che non perda valore
4 Banconota	d. scambio di una cosa con un'altra
5 Assegno	e. aumento generale dei prezzi
6 Bene rifugio	f. comprare e vendere prodotti finanziari
7 Baratto	g. differenza
8 Speculazione finanziaria	h. stagnazione degli investimenti e inflazione

2 punti per ogni risposta esatta

Punti: ..../16

3. Sai qual è la differenza tra...

Moneta forte	Moneta debole ....
Inflazione da costi	Inflazione da domanda ....
Reddito reale	Reddito nominale ....
Inflazione	Deflazione ....

5 punti per ogni risposta esatta

Punti: ..../20

4. Rispondi alle seguenti domande.

A Come si contrasta l'inflazione?

B Quali sono le strategie di contrasto alla speculazione valutaria?

C Che cosa è lo spread?

D Come opera il mercato finanziario?

9 punti per ogni risposta esatta

Punti: ..../36

5. L'ESPERTO RISPONDE **Metti alla prova le tue competenze.**

Si sente spesso parlare male della speculazione finanziaria. È possibile che questa attività non abbia alcun risvolto positivo?

Scenari globali

Il giro del mondo. Un gruppo di ricercatori svedesi ha calcolato che una tipica colazione nordeuropea (a base di pane, burro, formaggio, caffè, succo d'arancia e zucchero) prima di arrivare in tavola viaggia, complessivamente, per un tragitto pari alla circonferenza terrestre. E una colazione italiana? Prendiamo la Nutella, uno dei nostri prodotti più famosi al mondo. L'Organizzazione per la cooperazione e lo sviluppo economico ha eletto Nutella come modello di globalizzazione: solo il latte e i barattoli di vetro sono italiani. Gli altri ingredienti provengono da tre diversi continenti. Se è vero che l'uomo è ciò che mangia, siamo tutti (almeno un po') globalizzati. ■

Nell'era globale è possibile mangiare lo stesso tipo di hamburger in tutto il mondo e bere ovunque la stessa bibita. Ti sembra che, oltre ai vantaggi, ciò generi anche svantaggi?

PeopleImages, iStock.

Le multinazionali muovono un giro d'affari enorme. Il benessere che ne deriva è distribuito in modo equo tra chi contribuisce a creare questa ricchezza?

MJ Photography, Alamy.

Negli ultimi anni si sta diffondendo una maggiore attenzione ai prodotti locali. In che modo si differenziano da quelli distribuiti sul mercato globale?

Magdevski, iStock.

Ti è mai capitato di vedere un prodotto con l'etichetta *fair trade*? È l'etichetta del mercato equo e solidale. Sai di che cosa si tratta?

BartCo, iStock.

Uno
PER TUTTI.

Il mercato globale ci offre un'enorme quantità di prodotti, senza limiti geografici né stagionali. Ma l'aumento dell'offerta va di pari passo con una crescente standardizzazione: se gli stessi prodotti sono venduti ovunque, significa che i gusti e gli stili di vita sono ovunque simili. Una riprova di questa omologazione delle preferenze è il cosiddetto Big Mac index, un indice che utilizza il costo di un Big Mac per confrontare il potere d'acquisto delle valute mondiali. Perché proprio il Big Mac? Perché è venduto con le stesse caratteristiche in tutti i McDonald's del mondo e può quindi offrirsi come pietra di paragone. Ma l'omologazione non è l'unico prezzo da pagare al mercato globale, né il più salato.

Le ombre della globalizzazione

Sono numerose le voci critiche contro la globalizzazione e le multinazionali (che del mercato globale sono i principali attori), accusate di saccheggiare le risorse naturali del pianeta e sfruttare i lavoratori nel Sud del mondo. Pur partecipando col proprio lavoro a un enorme giro d'affari, i lavoratori dei Paesi poveri sono tagliati fuori dai benefici dello sviluppo economico ed esclusi dal godimento di diritti fondamentali come istruzione, equa retribuzione, assistenza sanitaria. Quella che manca, accanto alla globalizzazione dei consumi, è dunque la globalizzazione dei diritti. Ma è possibile arginare gli effetti negativi della globalizzazione?

Due alternative

Due strade sembrano possibili, anche se al momento rimangono minoritarie: una è quella del commercio equo e solidale, che garantisce un giusto compenso ai lavoratori dei Paesi più poveri liberandoli dallo sfruttamento. Un'altra è l'interesse dimostrato dai consumatori, soprattutto quelli più sensibili ai problemi sociali e ambientali, per i prodotti "a chilometri zero", espressione di tradizioni e tipicità locali e non importati dall'altra parte del mondo.

Natykach Nataliia, Shutterstock.

ATTIVITÀ

1. Per cominciare.

Osserva le fotografie della pagina accanto. In base a quello che hai imparato, sai rispondere alle domande contenute nelle didascalie?

2. Crea i collegamenti.

Considera ora le immagini come se fossero i fotogrammi di un'unica sequenza.
Che cosa le tiene insieme? Quali sono i collegamenti fra l'una e l'altra?
Puoi procedere in questo modo:

- **osserva**: che cosa vedi nella prima fotografia?
- **interpreta**: perché quell'immagine rimanda al mondo del diritto?
- **crea i collegamenti**: quale può essere il legame tra la prima e la seconda fotografia? Che cosa aggiunge la seconda fotografia alla prima?
- Prosegui così per le immagini successive.

UNITÀ 10

Sottosviluppo e globalizzazione

LEZIONE 28

Il mercato globale

COMPETENZE DI UNITÀ

COMPETENZE DI ASSE

- Individuare gli effetti della globalizzazione nelle diverse realtà politiche e sociali
- Individuare i possibili interventi di contrasto alla povertà nei Paesi economicamente meno sviluppati tenendo conto della loro specificità politica, culturale e territoriale

CONOSCENZE

- Conoscere i caratteri del mercato globale e il nuovo ruolo assunto dallo Stato
- Comprendere le cause principali dello sviluppo economico ineguale
- Riconoscere gli effetti perduranti del colonialismo
- Conoscere le condizioni per una corretta crescita economica

ABILITÀ

- Saper individuare gli interventi più idonei per accelerare la crescita economica nei Paesi meno sviluppati
- Saper individuare le cause del sovraindebitamento in alcuni Paesi in via di sviluppo

1 Come si avvia il processo di globalizzazione dell'economia?

→ **Globalizzazione** è un termine che designa, seppure in maniera molto generale e approssimativa, un complesso processo di trasformazione che riguarda l'economia, la politica, la tecnologia, la cultura e che, da alcuni decenni, sta coinvolgendo il mondo intero.

Sotto l'aspetto strettamente economico questo processo trova impulso con la fine della Seconda guerra mondiale. In quel periodo si chiude, almeno nei Paesi occidentali, l'era dei nazionalismi e dei protezionismi e diventa patrimonio culturale comune il principio che solo la libera concorrenza può favorire la crescita economica. Le frontiere, prima protette da forti dazi, cominciano gradualmente ad aprirsi e le merci e i capitali cominciano a circolare sempre più liberamente tra gli Stati.

Le grandi società industriali, minerarie, commerciali e di trasporto cominciano a estendere la loro attività in altre nazioni, assumendo così la forma di **società multinazionali**.

Nell'ultimo quarto del Novecento le società multinazionali hanno esteso le loro ramificazioni su tutti i continenti, dislocando le loro attività produttive dove appariva via via più opportuno e più conveniente. Contemporaneamente, l'accresciuta competizione internazionale spingeva le più grandi società a fondersi con altre formando gruppi di dimensioni colossali. Si calcola che oggi 60 mila *società madri*, per lo più con sede negli USA, in Giappone e in Europa, controllino oltre mezzo milione di filiali estere.

I gruppi societari

Le grandi società hanno generalmente la forma di *società per azioni* nelle quali, come sappiamo, i soci versano ciascuno una parte del capitale e ricevono in cambio delle speciali *ricevute*, dette azioni.

Quando si vota in assemblea per assumere le più importanti decisioni (come l'elezione degli amministratori), ogni azione vale un voto. Ciò significa che il socio che possiede la maggioranza delle azioni ha il controllo della società.

Immaginiamo ora che la società giapponese **A**, che produce automobili, acquisti la maggioranza delle azioni della società italiana **B** che produce pneumatici e poi acquisti la maggioranza della società belga **C** che produce navigatori satellitari e ancora la maggioranza della società spagnola **D** che produce componentistica. Da questa serie di acquisti:

1. sarà nato un **gruppo** di società;
2. il gruppo sarà **multinazionale** perché opera in più nazioni;
3. la società **A**, che detiene la maggioranza azionaria di tutte le altre, verrà indicata come **società madre o capogruppo** (*holding* in inglese) perché dirigerà la politica dell'intero gruppo.

Ora supponiamo che un'altra società madre, la statunitense **K**, abbia il controllo di un altro gruppo multinazionale che si occupa di aerei, e immaginiamo che essa acquisti la maggioranza azionaria della società **A**. In questo modo si sarà formato un mega gruppo che controllerà una parte rilevante del mercato mondiale di automobili e aerei, al vertice del quale si troverà la società **K**.

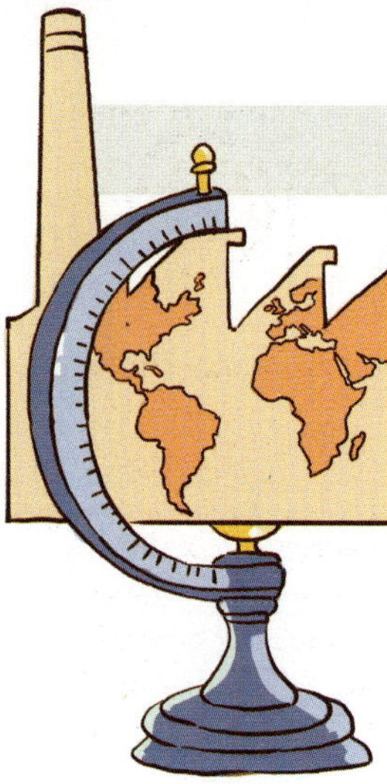

Questo processo è un bene o un male?

La risposta è complessa. Se in un Paese una certa impresa si trova in difficoltà finanziarie e minaccia la chiusura, il fatto di essere acquistata da una società straniera, che vi immetta capitali freschi e rilanci la produzione e l'occupazione, è sicuramente un evento positivo.

Il rovescio della medaglia è che la società acquistata, entrando a far parte di un gruppo multinazionale, perde la propria autonomia e le scelte che sarà obbligata ad assumere in futuro non risponderanno più alle sue specifiche esigenze, ma alla strategia generale del gruppo decisa dalla società madre. Può accadere così che, dopo il rilancio, si decida il ridimensionamento dell'impresa in questione, o la sua chiusura, o il suo trasferimento. E le autorità locali non avranno alcuna possibilità di influire su scelte che sono state operate magari dall'altra parte dell'oceano.

Esempio di gruppo societario

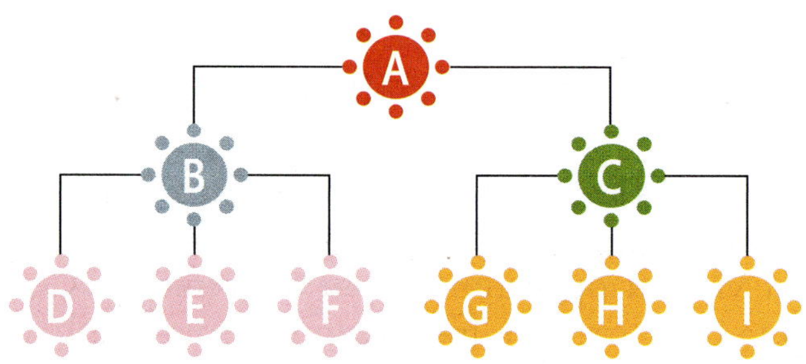

2 Qual è il ruolo dello Stato nell'era globale?

Dopo la fine della Seconda guerra mondiale, in quasi tutti i Paesi industrializzati lo Stato era diventato soggetto attivo della vita economica gestendo, direttamente o indirettamente, molte imprese pubbliche.

Ma dall'inizio degli anni Ottanta, una ventata di nuovo liberismo ha indotto quasi tutti i Governi a procedere a una massiccia opera di privatizzazione. Hanno cominciato a essere vendute a soggetti privati non solo banche e imprese industriali, ma anche aziende pubbliche addette alla erogazione di servizi fondamentali come i servizi postali, di telecomunicazione, dei trasporti oppure di fornitura di energia elettrica, acqua, gas.

Chi ha acquistato tutte queste imprese?

Com'è facile immaginare la parte del leone l'hanno fatta i grandi gruppi *transnazionali*. È accaduto così, in molti Paesi, che servizi pubblici fondamentali per la vita del cittadino siano ora gestiti in funzione della strategia globale del gruppo e non più in funzione delle esigenze della collettività nazionale.

Particolarmente penetrante è l'azione dei *gruppi* nelle aree in via di sviluppo. Nei Paesi soffocati dal debito estero i Governi, spinti dall'esigenza di incassare denaro, stanno cedendo le grandi aziende pubbliche a prezzi spesso molto inferiori al loro valore reale. E le grandi società transnazionali che le stanno acquistando assumono senza sforzo il controllo quasi assoluto dei settori strategici dell'economia.

ZOOM

È conveniente privatizzare la gestione delle reti idriche?

La privatizzazione delle aziende pubbliche che forniscono acqua potabile è in forte crescita sia nei Paesi più sviluppati che in quelli meno sviluppati. Negli ultimi decenni si è così creato un mercato privato dell'acqua il cui giro di affari equivale, secondo alcune stime, a circa il 40% di quello del petrolio. Questo mercato è controllato da una decina di grandi gruppi transnazionali. Il francese *Suez*, per esempio, gestisce in oltre 40 Paesi 1000 centrali idriche che alimentano 125 milioni di clienti. Si calcola che nei prossimi quindici anni i maggiori gruppi controlleranno in Europa e in Nord America il 65 o il 75% degli acquedotti pubblici.

I sostenitori delle privatizzazioni affermano che la gestione privata degli acquedotti alla lunga abbasserà i costi per il consumatore e diminuirà gli sprechi. Purtroppo l'esperienza dimostra il contrario: a causa del monopolio o dell'oligopolio che viene a formarsi con le privatizzazioni il prezzo dell'acqua aumenta, consentendo ai gestori privati di accrescere i loro utili. Le conseguenze sociali e sanitarie sono gravissime. In Sudafrica quasi 10 milioni di persone si sono viste sospendere l'erogazione dell'acqua perché non hanno potuto pagare le bollette.

3 Che cosa induce alla delocalizzazione?

→ **Delocalizzazione** significa, in generale, trasferimento da un luogo all'altro. In economia con questo termine si intende soprattutto il trasferimento dell'attività produttiva dai Paesi di origine verso Paesi che offrono maggiori opportunità di profitto.

Tra le tante specifiche ragioni che generalmente spingono alla delocalizzazione possiamo individuarne due: la necessità di *penetrare in nuovi mercati* e la possibilità di *ridurre i costi* di produzione.

La ricerca di nuovi mercati

Negli ultimi decenni si sono formate, nel mondo, **aree di libero scambio** all'interno delle quali circolano senza ostacoli merci e capitali. Ma chi voglia esportare fuori di queste aree deve ancora sopportare le limitazioni imposte dal Paese importatore e generalmente contrattate con accordi tra Governi. Pertanto, se un'impresa, poniamo italiana, volesse esportare i propri prodotti in un Paese non facente parte dell'Unione europea, dovrebbe rispettare tali limitazioni. Ma se trasferisse in quel Paese parte della sua attività produttiva, non sarebbe più qualificata come *straniera* e potrebbe espandersi liberamente su quel mercato.

La ricerca del basso costo di produzione

Diverso, rispetto all'ipotesi sopra prospettata, è il caso in cui il trasferimento delle imprese all'estero (soprattutto in taluni Paesi asiatici e dell'Est europeo) è operato solo perché consente di impiegare manodopera a basso costo. In questo caso siamo in presenza di un'attività speculativa che perpetua lo sfruttamento del lavoro umano e altera le condizioni del libero mercato perché pone in seria difficoltà le imprese che, per scelta o per necessità, mantengono la loro attività in patria e sopportano i maggiori costi indotti dal progresso sociale.

Gli imprenditori italiani delocalizzano?

Anche molte imprese italiane hanno attuato ormai da decenni in tutto o in parte il trasferimento delle proprie attività produttive all'estero, soprattutto in America Latina, in Asia e nell'Europa centro orientale.
Una corrente particolarmente intensa è diretta verso la Romania, dove sono attualmente registrate più di diecimila aziende italiane operanti nei settori calzaturiero, tessile, meccanico e della lavorazione del legno.

Si presume che a spingere molti imprenditori a trasferire la produzione nei Paesi meno sviluppati sia soprattutto:

- il basso costo del lavoro;
- la debole presenza dei sindacati;
- la maggiore libertà di licenziamento;
- la presenza di norme sulla sicurezza, sulla salute in fabbrica e sulla difesa dell'ambiente molto più permissive che in Italia e, soprattutto, più facilmente eludibili.

LOSAI?

MAPPA che cosa hai imparato

In questa Lezione hai imparato a conoscere i caratteri fondamentali della globalizzazione e come essa si sia sviluppata nel corso degli ultimi decenni. Hai anche imparato a conoscere le società multinazionali e i gruppi di società che, sotto il controllo della società madre, si formano in diversi Paesi del mondo. Hai anche scoperto a quali effetti negativi può portare una massiccia privatizzazione delle imprese che operano in settori cruciali per le economie dei rispettivi Paesi. Infine, hai imparato che cos'è la delocalizzazione e quali sono i motivi che inducono le imprese a delocalizzare.

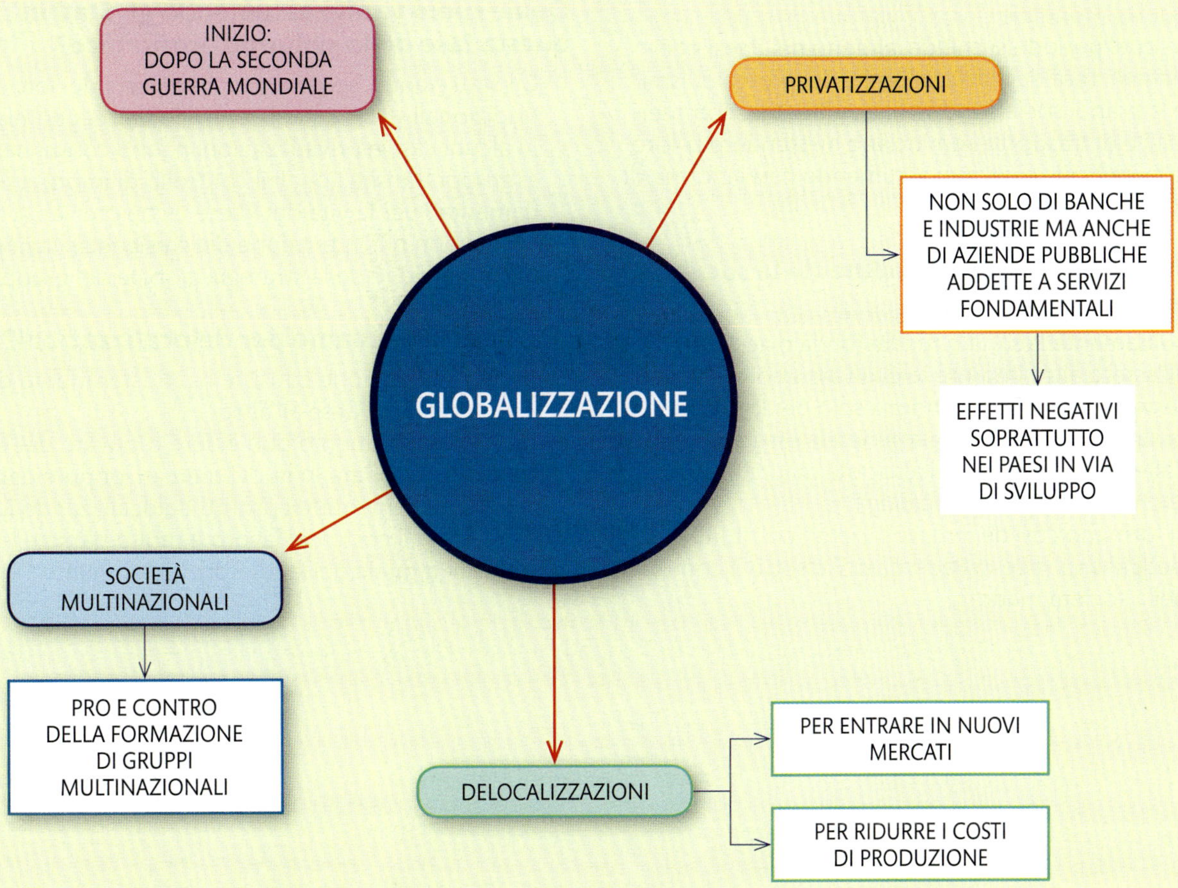

Lezione 28 riguardando gli appunti

Che cosa si intende per globalizzazione?

- La globalizzazione indica un complesso fenomeno che, da alcuni decenni, sta coinvolgendo (e sconvolgendo) il mondo intero.
- Si tratta di un processo di trasformazione che riguarda l'economia, la politica, la tecnologia e la cultura le quali, per la prima volta nella Storia, sono chiamate a muoversi su una scala globale.

Quando inizia questo processo?

- Sotto l'aspetto strettamente economico il processo di globalizzazione inizia con la fine della Seconda guerra mondiale.
- In quel periodo si chiude, almeno nei Paesi occidentali, l'era dei nazionalismi e dei protezionismi e le grandi società industriali, minerarie, commerciali e di trasporto cominciano a estendere la loro attività in altre nazioni assumendo così la forma di *società multinazionali*.

Come operano tradizionalmente le società multinazionali?

- Solitamente la *società madre* fonda o acquista all'estero altre imprese le quali assumono o conservano una loro autonomia solo per la gestione ordinaria. Per la strategia generale esse dipendono dalle scelte operate dalla società madre (detta anche capogruppo o *holding*).
- Si formano così dei *gruppi societari* costituiti da società aventi sede in Paesi diversi e sotto il controllo della società madre.

La formazione di gruppi multinazionali è un bene o un male?

- È un fatto positivo che, quando un'impresa si trova in difficoltà finanziarie, essa venga acquistata da una società straniera che vi immetta capitali freschi e rilanci la produzione e l'occupazione.
- È un fatto negativo che la società acquistata, entrando a far parte di un gruppo multinazionale, sarà obbligata a seguire strategie che rispondono agli interessi generali del gruppo e non alle sue specifiche esigenze.

Quale ruolo vanno assumendo gli Stati in questa fase dello sviluppo economico?

- Gli Stati stanno perdendo buona parte dei loro tradizionali strumenti di controllo dell'economia.
- In alcuni casi le privatizzazioni hanno consegnato ai gruppi transnazionali il controllo di imprese fondamentali per la vita del Paese e che ora vengono gestite non più in funzione delle esigenze nazionali, ma in funzione della strategia globale del gruppo.

Che cosa intendiamo per delocalizzazioni?

- La delocalizzazione consiste nel trasferimento di imprese da un Paese all'altro.
- Questo trasferimento può essere motivato dall'esigenza di penetrare in nuovi mercati, oppure dalla volontà di aumentare i profitti delocalizzando in Paesi in cui il costo del lavoro è molto basso e le garanzie a tutela dei lavoratori sono minime.

verifica mettiti alla prova

1. Completa la mappa concettuale utilizzando le seguenti parole:

costi di produzione ~ delocalizzazione ~ mercati ~ multinazionali ~ politico ~ trasformazione.

2. Scegli la risposta corretta.

1 La globalizzazione dell'economia sta comportando:
   a. una maggiore presenza dello Stato nell'economia
   b. una minore presenza dello Stato nell'economia
   c. una presenza saltuaria dello Stato nell'economia
   d. non ha alcuna influenza sulla presenza dello Stato nell'economia

2 Società madre è chiamata:
   a. la società da cui tutte le altre derivano
   b. la società che controlla un gruppo societario
   c. la società che è controllata dalle società del gruppo
   d. una società molto vecchia

3 Nella società per azioni comanda:
   a. chi possiede più azioni
   b. chi ha fondato la società
   c. chi è più autorevole
   d. chi è più capace

4 Con la parola delocalizzazione si intende:
   a. il trasferimento delle imprese da un luogo all'altro dello Stato
   b. il trasferimento delle imprese da uno Stato all'altro
   c. la ricerca del luogo in cui impiantare un'impresa
   d. la ricerca dei locali adatti all'impresa

3. Rispondi alle seguenti domande.

A Cosa si intende per globalizzazione dell'economia?

B Come operano tradizionalmente le società multinazionali?

C Per quali ragioni si "delocalizzano" le imprese?

D Quali sono gli aspetti positivi e negativi della delocalizzazione?

4. Barra con una crocetta la risposta che ritieni esatta e motiva il perché.

1 Nell'era globale lo Stato ha aumentato il potere di controllo sull'economia. **SÌ NO**

perché? ....

2 Le grandi società tendono a trasferire la produzione nei Paesi più poveri. **SÌ NO**

perché? ....

3 La delocalizzazione ha per obiettivo anche la penetrazione in nuovi mercati. **SÌ NO**

perché? ....

4 La globalizzazione dell'economia inizia con il formarsi delle prime società multinazionali. **SÌ NO**

perché? ....

5 Le società che compongono un "gruppo" perdono parte della loro autonomia. **SÌ NO**

perché? ....

5. Svela il crittogramma.

Sostituisci ogni numero con una lettera dell'alfabeto. A numero uguale corrisponde lettera uguale!

A	B	C	D	E	F	G	H	I	J	K	L	M	N	O	P	Q	R	S	T	U	V	W	X	Y	Z
		5	16								4				6			23	20		18				

S P _ S S _   S _   D _ L _ C _ L _ _ _ _   D _ V _   _ L
23 6 22 23 23 24   23 14   16 22 4 24 5 12 4 14 13 13 12   16 24 18 22   14 4

C _ S T _   D _ L   L _ V _ _ _   È   P _ Ù   _ _ S S _ .
5 24 23 20 24   16 22 4   4 12 18 24 11 24   6 14   26 12 23 23 24

UNITÀ 10
Sottosviluppo e globalizzazione

LEZIONE 29
Ricchezza e povertà nel mondo

1 Lo sviluppo ineguale

Ogni anno, nel mondo, il reddito globale aumenta. E ciò potrebbe lasciar credere che tutti stiamo diventando sempre più ricchi. In realtà sappiamo benissimo, per diffusa conoscenza, che la ricchezza prodotta si distribuisce nel mondo in modo assolutamente ineguale.

In base al reddito prodotto e consumato, i Paesi della Terra sono generalmente raggruppati in tre grandi fasce:

- Paesi economicamente molto sviluppati;
- Paesi in via di sviluppo, detti anche *emergenti*;
- Paesi ancora sottosviluppati.

Esiste la povertà nei Paesi ricchi?

Il fatto che in un Paese il reddito nazionale sia elevato non significa che esso sia distribuito equamente fra tutti i cittadini. Negli Stati Uniti, come in Gran Bretagna, in Germania o in Italia, esistono aree più arretrate di altre e fasce sociali che vivono in condizioni economiche spesso molto precarie.

Ogni anno in tutti i Paesi economicamente più avanzati vengono censiti milioni di persone che vivono al di sotto della soglia della povertà, che non hanno un lavoro o non hanno una casa.

Tuttavia questo tipo di problemi, seppure gravissimi per chi li vive, sono risolvibili con una sana politica sociale. Nei Paesi ricchi, in sostanza, ci sono tutti gli strumenti per battere, o quanto meno attenuare, la povertà interna. E se questi strumenti non vengono impiegati la ragione è soprattutto politica.

Molto più complesso è intravedere una soluzione rapida per i Paesi in via di sviluppo e ancora di più per quelli sottosviluppati.

In questo caso, infatti, non si tratta di operare piccoli correttivi in favore di una fascia minoritaria della popolazione. La FAO denuncia che ci sono al mondo almeno due miliardi di persone che soffrono di malnutrizione cronica e ogni giorno 24 mila esseri umani muoiono consumati dalla fame.

La fame imperversa nelle campagne, dove la siccità rende sterile la terra; nelle bidonville, dove la gente si assiepa nella speranza di trovare un lavoro; nelle zone di guerra, nei campi profughi, nelle regioni devastate dalle catastrofi naturali.

Il problema è così enorme che appare difficile persino intravedere una soluzione.

Perché in quella parte del mondo non si riesce ad avviare un normale sviluppo?

La risposta è complessa, perché il problema riguarda più della metà del globo terrestre. Ciò significa che vi rientrano aree geografiche molto diverse tra loro che possiedono potenzialità economiche altrettanto diverse: le regioni aride dell'Etiopia hanno poco in comune con le regioni umide dell'Amazzonia o con gli altopiani delle Ande. E anche la storia e la cultura dei popoli che le abitano sono diverse.

Com'è comprensibile, non possiamo esaminare in dettaglio tutte queste realtà. Possiamo però cercare di inquadrare i termini generali del problema ragionando per confronto. Pertanto:

- nel prossimo Paragrafo schematizzeremo le condizioni che, in generale, agevolano la crescita economica di un Paese;
- nei Paragrafi successivi vedremo quali, tra queste condizioni, sono assenti nelle aree più povere del globo e soprattutto perché sono assenti.

Le persone sottoalimentate, secondo una mappa tracciata dalla FAO, sono così distribuite:
- 221 milioni in India;
- 204 milioni nell'Africa sub sahariana;
- 156 milioni in Asia e nell'area del Pacifico;
- 142 milioni in Cina;
- 53 milioni in America Latina e nei Caraibi;
- 39 milioni nel Vicino Oriente e in Africa del nord.

2 Quali sono le condizioni per una corretta crescita economica?

Affinché in un Paese possa avviarsi un regolare processo di crescita economica occorre che si formi un *surplus*: occorre cioè che si produca, in quel Paese, un po' più di quanto viene consumato.

Se questo *surplus* verrà investito in attività produttive, genererà nuova occupazione e nuovo reddito. Il nuovo reddito alimenterà l'espansione dei consumi che a sua volta stimolerà nuovi investimenti. Si innescherà così un processo virtuoso di crescita.

Surplus è un termine francese che significa *sovrappiù*.
Il *surplus* è ciò che eccede.

Tuttavia, affinché questo processo possa effettivamente avviarsi, è necessario il concorso di una serie di altri importanti fattori. Occorrono:

- investimenti pubblici;
- redditi interni capaci di sostenere la domanda;
- un buon rapporto commerciale con l'estero;
- una struttura educativa e sanitaria efficiente;
- una solida democrazia che garantisca le libertà fondamentali.

Analizziamo, dunque, questi singoli fattori.

Gli investimenti pubblici

Infra in latino significa *sotto*. **L'infrastruttura**, pertanto, è quell'insieme di impianti, come strade, elettrodotti, porti, che *stanno sotto* (e quindi sorreggono) l'attività produttiva.

Oltre ai capitali monetari necessari per acquistare e potenziare le aziende, gli imprenditori hanno bisogno, per sviluppare con profitto le loro attività, quanto meno di fonti di energia e di una rete di trasporti che consenta alle imprese di rifornirsi di materie prime e successivamente di inviare il prodotto finito verso i mercati di destinazione.

Centrali elettriche, ferrovie, autostrade, ponti, porti, aeroporti, rete internet, sono le **infrastrutture** di cui i Governi debbono dotare il loro Paese per favorire lo sviluppo produttivo.

Ma per realizzare queste opere lo Stato deve prelevare una parte del reddito prodotto attraverso l'imposizione fiscale. E l'imposizione fiscale darà un buon gettito solo se il Paese è ricco e ha un alto reddito; darà un gettito modesto se il Paese è povero.

La domanda interna

FAVORISCONO LO SVILUPPO ECONOMICO

- investimenti pubblici
- domanda sostenuta
- buoni rapporti commerciali con l'estero
- buone scuole e servizi sanitari
- solida democrazia

Per le imprese ha un senso *produrre* se c'è qualcuno che *domanda*, cioè che acquista e consuma ciò che viene prodotto.

Ma perché le famiglie possano domandare tutto quanto viene prodotto occorre che a esse sia garantito un reddito che consenta di soddisfare non solo i bisogni primari (mangiare, bere, dormire) ma anche i bisogni secondari. Più alto sarà il reddito delle famiglie e più alti saranno i loro consumi.

Il commercio estero

Nessun Paese al mondo dispone di tutte le materie prime, le energie e i brevetti necessari a consentire un'intensa produzione di beni e di servizi. Molte cose debbono essere importate dall'estero. Ma affinché un Paese non debba trovarsi con la bilancia dei pagamenti costantemente in deficit, occorre che il valore delle sue importazioni sia pari o almeno prossimo al valore delle sue esportazioni. Occorre, dunque, che il Paese sia inserito in un'**area di libero scambio** e disponga di una forza contrattuale pari a quella degli altri Stati.

La sanità

Sostenevano i Romani che per avere una mente sana occorre avere un corpo sano (*mens sana in corpore sano*, dicevano). Naturalmente una simile affermazione non va presa alla lettera. La storia dell'umanità è piena di esempi in cui a una mente lucidissima non ha corrisposto un corpo da atleta. Così com'è piena di atleti che esibiscono un fisico perfetto ma una mente non sempre lucida.

Ciò che la massima vuole dire è che un popolo stressato dagli stenti e dalle malattie trova con maggiore difficoltà lo spirito per intraprendere iniziative brillanti.

Un efficiente sistema sanitario, che prevenga le malattie o le debelli al loro primo insorgere, non risponde solo a esigenze di carattere umanitario, ma anche a esigenze economiche.

La democrazia, le libertà fondamentali e l'istruzione

- **La democrazia** consente, con il voto popolare, di cambiare periodicamente la classe dirigente che non abbia provveduto in modo efficace a soddisfare i bisogni del Paese (sostenere la domanda interna, garantire alle famiglie redditi adeguati, creare le infrastrutture necessarie, e così via).
- **Le libertà fondamentali** (soprattutto le libertà di espressione, di riunione e di associazione) favoriscono la circolazione delle idee, che è assolutamente indispensabile per valutare l'azione delle forze politiche e per proporre nuove strategie.
- **L'istruzione** è la condizione che consente alle masse popolari di non cadere vittima di politici parolai e di valutare correttamente quali programmi, al di là degli slogan propagandistici, soddisfino realmente i bisogni della gente. Inoltre, cittadini istruiti e professionalmente preparati sono l'humus da cui possono scaturire idee nuove, ricerche brillanti, iniziative intraprendenti.

Queste condizioni sono ancora parzialmente o totalmente assenti nei Paesi in via di sviluppo e nei Paesi sottosviluppati.

Perché sono assenti?

La ragione viene generalmente fatta risalire ai guasti prodotti dal colonialismo. Naturalmente non possiamo sapere quale sarebbe stata l'evoluzione di quei Paesi se non vi fosse stata nella loro storia l'irruzione violenta delle potenze coloniali. Ma questa irruzione vi è stata; ha sconvolto interi continenti e i suoi effetti durano ancora.

3 Quali sono stati gli effetti del colonialismo?

Sotto il profilo umano l'esperienza coloniale è stata una tragedia di proporzioni bibliche durata diversi secoli. Troppo grande, dunque, e troppo lunga nel tempo per essere riassunta in poche righe.

Sotto il profilo economico, invece, questa catastrofe, i cui effetti durano ancora, può essere più facilmente sintetizzata.

Pur nelle loro diversità organizzative e culturali, i popoli sui quali si è riversata la rapacità coloniale vivevano generalmente di un'economia povera, basata prevalentemente sull'agricoltura, scarsamente industrializzata, con limitati scambi commerciali e con una produzione volta soprattutto all'autoconsumo. Cionondimeno questa economia aveva in sé le potenzialità per una progressiva e naturale evoluzione, grazie soprattutto all'abbondanza di risorse naturali.

Su queste fragili strutture si è abbattuta la conquista coloniale. Le grandi compagnie mercantili si sono appropriate con la forza delle terre migliori e vi hanno impiantato monocolture sterminate (banane, cocco, arachidi, caffè, cacao) destinate unicamente all'esportazione.

Secondo una stima della FAO:
- *9 miliardi di euro* sarebbe la cifra necessaria per garantire acqua potabile e impianti sanitari in tutto il mondo.
- *11 miliardi di euro* è la cifra che si spende annualmente in Europa nel mercato del gelato.
- *17 miliardi di euro* è la cifra che si spende in Europa e negli USA per il mantenimento di animali domestici.

La piccola proprietà contadina, che costituiva la base delle economie indigene, è stata spazzata via e milioni di piccoli agricoltori sono stati costretti a offrirsi come braccianti, in un rapporto di semi schiavitù, nelle grandi piantagioni dei *bianchi*.

> **Durante la dominazione coloniale**:
- i redditi delle famiglie indigene sono generalmente rimasti al di sotto del livello di sussistenza;
- la creazione di infrastrutture è stata limitata a quanto era strettamente necessario all'attività coloniale: poche strade, poche ferrovie, pochissime scuole, qualche acquedotto funzionale alla irrigazione delle grandi piantagioni o alle necessità delle compagnie minerarie e null'altro;
- l'istruzione è stata consentita solo a una ristretta *élite* indigena di funzionari e collaboratori;
- le libertà civili e politiche sono state del tutto inibite per evitare prese di coscienza e ribellioni;
- la sanità pubblica è stata affidata all'opera volenterosa dei missionari.

In queste condizioni nessun Paese al mondo avrebbe potuto avviare uno sviluppo simile, o almeno paragonabile, a quello che negli stessi anni stava interessando l'Europa e il Nord America.

4 Qual è stata l'eredità del colonialismo?

In linea generale il persistere del sottosviluppo in molte ex colonie può essere imputato ad alcuni fattori facilmente individuabili:

- lotte fra etnie rivali per il controllo dello Stato;
- classi dirigenti spesso discutibili;
- mancanza di tecnologia e di capitali;
- mancanza di una seria riforma agraria;
- un eccessivo indebitamento estero.

Esaminiamo ciascuno di questi punti.

Lotte fra etnie

Nello spartirsi l'area afro-asiatica, le potenze coloniali non hanno tenuto in alcun conto le realtà politiche esistenti su quei territori. E per comodità amministrativa hanno creato Stati prima inesistenti tracciandone i confini sulla carta geografica con riga e squadra o inserendoli nel reticolo dei *meridiani* e dei *paralleli*.

L'Africa, prima dell'occupazione coloniale, era divisa in circa diecimila regni, federazioni e comunità tribali che non costituivano Stati in senso moderno, ma erano comunque organizzazioni sovrane e indipendenti.

In questo modo sono state separate antiche etnie o, più spesso, sono state racchiuse entro gli stessi confini etnie divise da una secolare rivalità.

Quando gli europei si sono ritirati, i vecchi contrasti tribali sono ripresi, avendo ora come ambizioso obiettivo la conquista del potere sull'intero Paese a danno delle etnie rivali. Sul piano umano queste guerre hanno provocato milioni di vittime, soprattutto fra la popolazione civile. Sul piano economico hanno inibito ogni forma di attività produttiva e ogni possibilità di intervento pubblico. Ma l'aspetto più riprovevole di tutto ciò è che spesso le potenze ex coloniali, nascostamente (ma neanche troppo), hanno alimentato questa instabilità fornendo aiuti economici e militari ai gruppi ribelli o governativi più disponibili a garantire i loro interessi nella regione.

Le classi dirigenti

In alcuni Paesi, come l'India, la Tunisia, il Marocco, la decolonizzazione ha lasciato il posto a una classe politica adeguata al suo ruolo dirigente. Partendo da una condizione assolutamente disperata, i Governi di questi Paesi sono riusciti faticosamente a mettere in moto un autonomo processo di sviluppo che, sebbene sia ancora lontano dall'essere completato, costituisce comunque un buon traguardo intermedio.

In altri Paesi invece, soprattutto nell'Africa sub sahariana, il potere politico è stato spesso assunto dagli esponenti più intraprendenti di una ristretta borghesia (composta da impiegati, piccoli trafficanti, militari di medio grado) che era cresciuta all'ombra delle compagnie coloniali assorbendo gli aspetti meno pregevoli della cultura occidentale. Questa *élite* ha generalmente impiegato il potere di cui si è autoinvestita per accrescere i propri privilegi, tornando a collaborare con i Paesi ex dominanti, e lasciando la popolazione in una condizione non dissimile da quella del periodo coloniale.

Capitali e tecnologie

Coltivare caffè non significa raccoglierlo cantando come si vede nelle pubblicità. Un'azienda agricola di migliaia di ettari (sia che coltivi caffè, banane o cocco) ha bisogno di investimenti colossali per produrre, e ha bisogno di una solida rete di commercializzazione per vendere. Così è accaduto che molti Paesi, dopo aver raggiunto l'indipendenza e aver riacquistato la disponibilità delle proprie risorse, si sono resi conto di non possedere né i capitali, né le professionalità necessarie per sfruttarle. Per conseguenza, al fine di mantenere attiva l'unica fonte di reddito, quasi tutti si sono visti costretti a offrire nuovamente a società occidentali lo sfruttamento e la commercializzazione delle loro risorse. In pratica, cacciati *dalla porta*, gli ex dominatori sono rientrati *dalla finestra*.

La mancata riforma agraria

La condizione delle popolazioni locali è almeno un po' migliorata?

Per migliorare la condizione della popolazione, soprattutto rurale, sarebbe stata necessaria una coraggiosa *riforma agraria*. Ma questa non è stata seriamente attuata in nessun Paese. La necessità di conservare le grandi piantagioni e, in molti casi, l'impossibilità di sottrarre le terre migliori alla nuova *élite* di potere che se ne è impossessata, hanno lasciato la grande massa dei contadini su terreni marginali e aridi, resi ormai improduttivi dall'eccessivo sfruttamento. Per rendere di nuovo fertili questi terreni sarebbero necessari interventi di irrigazione e di meccanizzazione, ma i proprietari non hanno nulla da offrire in garanzia e così non possono accedere a prestiti o sussidi. E anche chi riesce a ottenere un prestito spesso viene a trovarsi nella condizione di non poter pagare gli interessi e di dover cedere la propria terra alle banche o ai grandi latifondisti.

Si calcola che negli ultimi decenni abbiano perso i loro appezzamenti e siano rimasti privi di qualsiasi sostentamento almeno mezzo miliardo di famiglie contadine. In queste condizioni l'unica strada percorribile, per uomini, donne e bambini, è quella di offrirsi come braccianti nelle grandi aziende. Ma l'eccesso di offerta di lavoro ha fatto crollare già da tempo i salari bracciantili sotto al livello di sussistenza.

La miseria spinge così molta gente verso le città in cerca di fortuna. I più rimangono impantanati nelle straripanti periferie urbane dove non c'è fortuna e dove ormai si assiepano, in condizioni disumane, milioni di diseredati.

Solo i più temerari tentano la via dell'immigrazione clandestina e ogni anno alcune decine di migliaia riescono ad arrivare sulle coste del *paradiso*. Per scoprire, prima ancora di sbarcare, che per loro non c'è posto.

5 Com'è cresciuto il sovraindebitamento nei Paesi in via di sviluppo?

Nell'ultimo quarto del Novecento, nonostante le lotte tribali, la mancanza di capitali e di tecnologie e l'incompetenza di molti leader politici, alcuni Paesi ex coloniali si erano faticosamente incamminati sulla via di un'apprezzabile crescita economica. Ma la speranza di uscire dalle secche del sottosviluppo è stata soffocata sul nascere dal ricorso sconsiderato al debito estero, dalla rigidità delle strutture internazionali di credito e dall'opportunismo speculativo delle grandi società multinazionali.

Perché si sono indebitati?

Il processo di indebitamento è iniziato all'incirca negli anni '70 quando i prezzi delle principali materie prime (prodotti agricoli, minerali, combustibili fossili) hanno cominciato a salire sui mercati internazionali. Fidando sul buon livello delle entrate, i Governi dei Paesi esportatori hanno chiesto e ottenuto grossi prestiti sia dalle istituzioni pubbliche che dalle banche private dei Paesi industrializzati. Ma, dopo essere aumentati, i prezzi hanno cominciato a scendere, un po' per l'eccessiva offerta, un po' per la diminuzione della domanda e un po' perché il controllo della commercializzazione (e quindi dei prezzi) era tornato in mano alle grandi multinazionali occidentali.

La discesa dei prezzi ha prodotto un calo nelle entrate, che ciascun Paese esportatore ha cercato di compensare aumentando la quantità prodotta. In tal modo, si è creato un eccesso di offerta che ha fatto deprimere ancora di più i prezzi.

Il crollo delle entrate ha costretto molti Governi a domandare nuovi prestiti. Ma, secondo una regola generalmente adottata, più è basso il reddito del Paese debitore, più aumenta il rischio di insolvenza e più elevati sono gli interessi richiesti. Si è così arrivati all'assurdo che oggi molti Paesi sono costretti a devolvere l'intero reddito nazionale ai Paesi ricchi in pagamento di interessi stratosferici. Come se ciò non bastasse, i prestiti, che sono all'origine di questo disastro e che sarebbero dovuti servire per realizzare le infrastrutture necessarie all'avvio di un processo di sviluppo economico (strade, ferrovie, porti, scuole, ospedali), in molti casi sono stati sperperati dai Governi in opere vacue, come l'ammodernamento delle capitali, la costruzione di lussuosi quartieri residenziali, la realizzazione di aeroporti ultramoderni, e così via.

Alcuni Paesi asiatici, come l'India, Taiwan, la Corea del Sud, hanno avuto la capacità di impiegare gli aiuti e i prestiti internazionali nella costruzione di apparati produttivi altamente efficienti, e oggi i loro prodotti competono a pieno titolo con quelli dei Paesi a più antica industrializzazione. Ma questo *miracolo economico* è ottenuto in gran parte con l'impiego di manodopera a bassissimo costo, cosicché a fronte di un PIL in costante aumento, permangono sacche di profonda miseria e aree di intenso sfruttamento umano.

La stessa cosa può dirsi della Cina, dove il graduale passaggio da un'economia pianificata a un'economia di mercato ha prodotto un rapido innalzamento del prodotto nazionale, ottenuto però anche grazie a bassi salari e alla mancanza di ogni forma di tutela dei lavoratori.

6 Che cosa si può fare?

La domanda che spesso si pongono le persone di normale sensibilità è come si possano aiutare i Paesi più sfortunati a uscire dalla palude del sottosviluppo.

La risposta non è semplice. Inviare aiuti alimentari e sanitari o costruire qualche diga qua e là è sicuramente utile, ma non risolve il problema della fame e della sete. In questi ultimi anni si sta affermando una nuova linea di pensiero: più che con interventi calati dall'alto sembra più opportuno intervenire con quei piccoli *input* capaci di aiutare la gente normale a trovare da sola la via di una crescita che sia a misura del proprio *habitat* e della propria cultura.

Quali sono questi input?

Poiché parliamo di società tradizionalmente basate sull'artigianato e sull'agricoltura, è opinione diffusa che occorra fornire loro quei mezzi che servano per cominciare a rendere remunerative le loro attività.
Dove questa operazione è stata avviata hanno cominciato a svilupparsi quelle piccole iniziative che in un primo momento servono a superare il problema della fame e progressivamente creano quel sovrappiù che è la base per costruire un lento ma equilibrato sviluppo economico.

MAPPA che cosa hai imparato

LOSAI?

In questa Lezione hai imparato come la ricchezza sia distribuita in modo ineguale fra i vari Paesi del mondo (e anche all'interno di ciascun Paese). Hai imparato quali sono le condizioni necessarie per favorire la crescita economica e quali sono gli effetti del colonialismo che ancora oggi penalizzano le ex colonie, spesso afflitte da un grave sottosviluppo. Hai anche imparato quali sono i principali ostacoli che impediscono ai Paesi più poveri di avviare un processo di crescita e sviluppo.

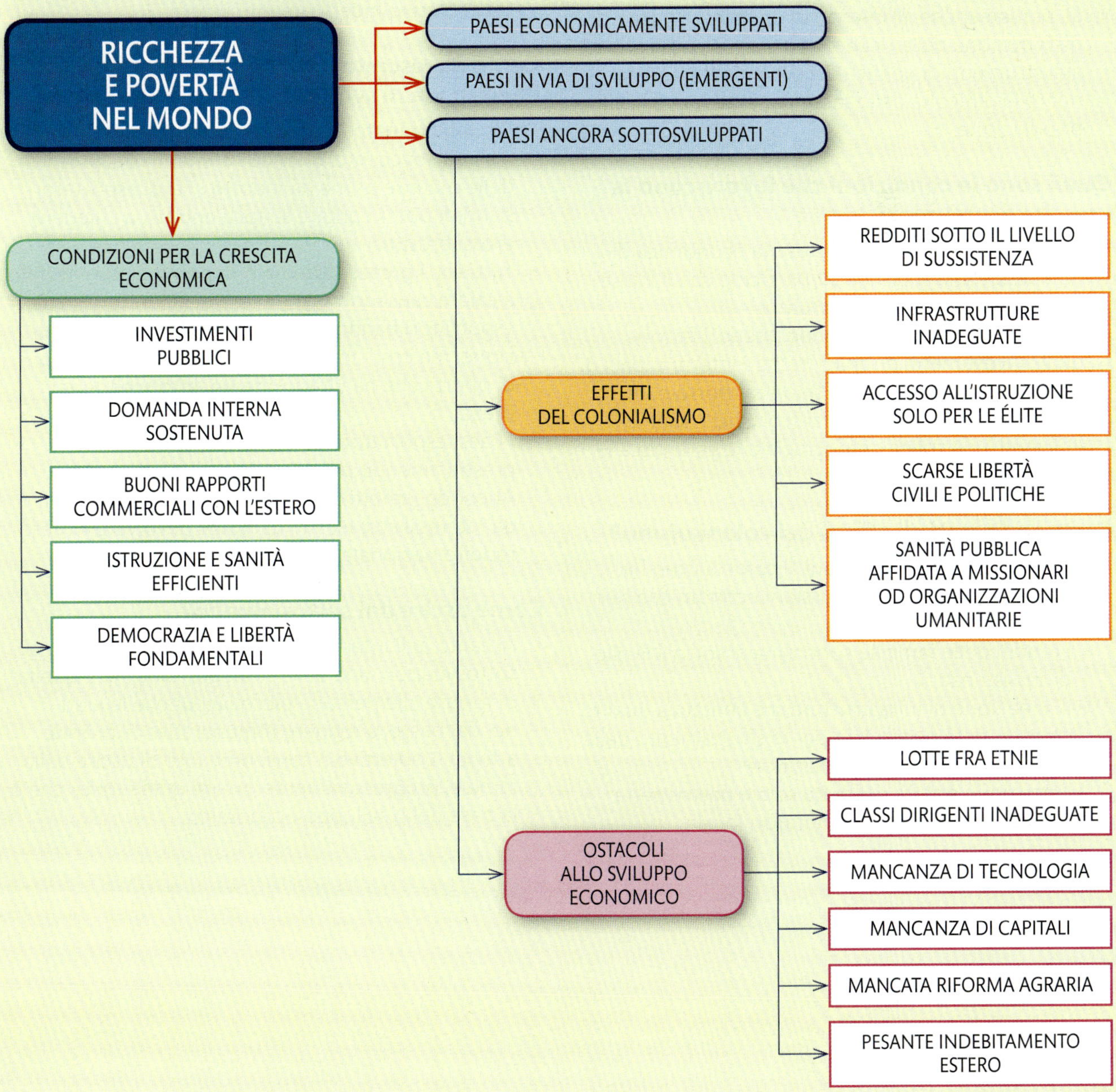

Lezione 29 riguardando gli appunti

L'aumento del reddito globale corrisponde a un aumento omogeneo della ricchezza nel mondo?

- No. La ricchezza prodotta si distribuisce nel mondo in modo ineguale, e per questo i Paesi della Terra possono essere divisi in tre gruppi:
  - i Paesi economicamente molto sviluppati;
  - i Paesi in via di sviluppo, detti emergenti;
  - i Paesi ancora sottosviluppati.

Esiste la povertà nei paesi ricchi?

- Sì, perché anche all'interno di uno stesso Paese la distribuzione della ricchezza è ineguale. Ma grazie agli strumenti di politica sociale è possibile attenuare le difficoltà delle fasce più indigenti della popolazione.

Quali sono le condizioni che favoriscono la crescita economica?

- La condizione base per la crescita economica di un Paese è che si crei un *surplus*, cioè che il Paese produca più di quanto consumi.
- Oltre a ciò, la crescita richiede ulteriori fattori quali: investimenti pubblici, redditi interni capaci di sostenere la domanda, un buon rapporto commerciale con l'estero, servizi scolastici e sanitari efficienti, una solida democrazia che garantisca le libertà fondamentali.

Quali sono stati gli effetti del colonialismo?

- Oltre ai tragici risvolti umani, il colonialismo ha avuto pesantissime ripercussioni economiche per le colonie:
  - i redditi delle famiglie sono rimasti sotto il livello di sussistenza;
  - la creazione di infrastrutture si è limitata a quanto strettamente necessario per lo sfruttamento delle risorse da parte dei colonizzatori;
  - l'istruzione è stata riservata solo a una ristretta élite di funzionari e collaboratori locali;
  - le libertà civili e politiche sono state inibite per evitare il rischio di sollevazioni;
  - la sanità è stata affidata per lo più all'opera dei missionari.

Perché l'economia di molti Paesi ex coloniali ancora non decolla?

- Tra le principali cause che si possono individuare vi sono: le lotte tra etnie rivali per il controllo dello Stato; classi dirigenti non all'altezza; mancanza di tecnologia, di capitali e di una seria riforma agraria; un eccessivo indebitamento estero.

Come è cresciuto il sovraindebitamento nei Paesi in via di sviluppo?

- L'indebitamento è cominciato all'inizio degli anni '70 del Novecento, quando l'aumento dei prezzi delle materie prime ha indotto i Paesi esportatori, sicuri di poter contare su forti entrate, a chiedere grossi prestiti.
- Tuttavia, i prezzi delle materie prime hanno iniziato a calare causando una discesa delle entrate. I Paesi esportatori hanno reagito aumentando la produzione, ma così facendo hanno creato un eccesso di offerta che ha ulteriormente fatto scendere i prezzi.
- I Paesi esportatori hanno quindi chiesto nuovi prestiti, finendo per accumulare debiti enormi. Ancor oggi molti di questi Paesi sono schiacciati da interessi così elevati da dover devolvere l'intero reddito nazionale ai Paesi ricchi.

Come uscire dal sottosviluppo?

- Accanto agli interventi su larga scala per la lotta al sottosviluppo, una delle strategie adottate è quella di fornire alle persone piccoli *input* che le aiutino, dal basso, a rendere remunerative le proprie attività. L'obiettivo è consentire loro di uscire dalla fame e, progressivamente, creare quel *surplus* che è la base dello sviluppo economico.

verifica mettiti alla prova

1. Completa la mappa concettuale utilizzando le seguenti parole:

domanda ~ estero ~ efficiente ~ democrazia ~ investimenti.

PER STIMOLARE UNA CORRETTA CRESCITA ECONOMICA OCCORRONO
- .... PUBBLICI
- UNA SOLIDA ....
- REDDITI SUFFICIENTI A SODDISFARE LA .... INTERNA
- RAPPORTI COMMERCIALI CON L' ....
- STRUTTURA EDUCATIVA E SANITARIA ....

2. Scegli la risposta corretta.

1 Le infrastrutture sono strutture che:
   a. si trovano nel mezzo
   b. bisogna accrescere per favorire la produzione
   c. bisogna eliminare per favorire la produzione
   d. non servono a nulla

2 *Holding* è un termine inglese che indica:
   a. un gruppo di società
   b. un gruppo di imprese
   c. una società capogruppo
   d. una società multinazionale

3 Sulla crescita economica un buon grado di istruzione generalmente ha:
   a. effetti positivi perché stimola idee e iniziative
   b. effetti negativi perché istruire costa molto
   c. effetti negativi perché poi tutti vogliono guadagnare di più
   d. nessun effetto

4 Per accelerare la crescita economica nei Paesi in via di sviluppo la domanda interna dovrebbe essere:
   a. piuttosto alta
   b. preferibilmente bassa
   c. rigorosamente controllata
   d. poco favorita

3. Rispondi alle seguenti domande.

A Quali sono stati gli effetti del colonialismo?
B Quali sono le condizioni per una corretta crescita economica?
C Perché l'economia di molti Paesi ex coloniali stenta a decollare?
D Perché è cresciuto molto l'indebitamento dei Paesi in via di sviluppo?

4. Barra con una crocetta la risposta che ritieni esatta e motiva il perché.

1 Per lo sviluppo economico è necessario un buon rapporto commerciale con l'estero. SÌ NO

perché? ....

2 Il colonialismo ha favorito lo sviluppo economico dei Paesi occupati. SÌ NO

perché? ....

3 Oggi, nei Paesi economicamente più sviluppati, la povertà non esiste più. SÌ NO

perché? ....

4 L'istruzione è alla base dello sviluppo economico. SÌ NO

perché? ....

5 La democrazia è un fattore di stimolo a una corretta crescita economica. SÌ NO

perché? ....

5. Svela il crittogramma.

Sostituisci ogni numero con una lettera dell'alfabeto. A numero uguale corrisponde lettera uguale!

A	B	C	D	E	F	G	H	I	J	K	L	M	N	O	P	Q	R	S	T	U	V	W	X	Y	Z
	5	21	8			14						20	6					13		15					7

_ _   _ _ C C _ _ Z Z _   N _ _   M _ N D _   S _
16 9   23 2 21 21 23 10 7 7 9   6 10 16   20 19 6 8 19   13 3

D _ S _ _ _ B U _ S C _   _ N   M _ D _   _ N _ G U _ _ _ .
8 3 13 25 22 3 5 15 3 13 21 10   3 6   20 19 8 19   3 6 10 14 15 9 16 10

Unità 10 sei pronto per la verifica? in un'ora

1. Scegli la risposta corretta.

1 La crescita del livello di istruzione di un Paese:
a. è utile allo sviluppo economico perché stimola idee e iniziative
b. non è utile perché nessuno vuole più fare lavori umili
c. non è utile perché tutti vogliono guadagnare di più
d. è assolutamente ininfluente

2 Per agevolare lo sviluppo economico del Paese lo Stato deve:
a. creare le infrastrutture necessarie
b. lasciare che siano i privati a occuparsi della produzione di infrastrutture
c. contrastare l'esportazione dei prodotti nazionali per favorire il consumo interno
d. favorire le importazioni

3 Il colonialismo:
a. ha favorito l'espansione della piccola proprietà terriera
b. ha consentito il mantenimento della piccola proprietà terriera
c. ha eliminato la piccola proprietà terriera
d. non ha avuto alcuna influenza sull'assetto economico preesistente

4 In molti Paesi più poveri il gettito fiscale, indispensabile per finanziare le infrastrutture:
a. è molto elevato perché i Governi sono autoritari
b. è molto elevato perché la popolazione è numerosa
c. è molto basso perché la popolazione ha un basso reddito
d. è molto basso perché i Governi non vogliono gravare la popolazione con troppe tasse

5 In linea generale per favorire la crescita economica di un Paese occorre:
a. stimolare la crescita della domanda interna
b. limitare la domanda interna e favorire le importazioni
c. limitare l'offerta
d. agevolare le importazioni

6 I Paesi del Terzo mondo esportatori di materie prime solitamente registrano una bilancia dei pagamenti:
a. attiva b. in perdita
c. in pareggio d. con andamento altalenante

7 L'indebitamento dei Paesi in via di sviluppo spesso è dovuto:
a. alla necessità di sostenere il reddito delle popolazioni locali
b. a debiti contratti in modo talvolta sconsiderato
c. alla mancanza di materie prime
d. alla mancanza di imprenditori capaci

8 I tassi di interesse praticati sui mercati finanziari internazionali:
a. aumentano con l'aumentare del reddito del Paese debitore
b. aumentano con il diminuire del reddito del Paese debitore
c. diminuiscono con il diminuire del reddito del Paese debitore
d. non sono rapportati al reddito del Paese debitore

9 Aree di libero scambio sono:
a. zone prossime ai valichi di frontiera
b. zone all'interno delle quali circolano liberamente merci e capitali
c. zone all'interno delle quali è consentito lo scambio di azioni e di altri titoli
d. grandi ipermercati

10 Per domanda interna si intende:
a. la domanda operata all'interno dello Stato
b. la domanda operata all'interno dell'impresa
c. la domanda interna a un gruppo di imprese
d. la domanda che non viene esternata

11 Per privatizzazione si intende:
a. il passaggio di imprese pubbliche in mani private
b. il passaggio di imprese private in mano pubblica
c. il trasferimento di imprese private all'estero
d. l'ingresso di società private in grandi gruppi multinazionali

12 Terminato il periodo coloniale la maggior parte dei Paesi che hanno riacquistato l'indipendenza:
a. ha saputo sfruttare al meglio le infrastrutture lasciate dalle compagnie coloniali
b. ha dovuto affidarsi nuovamente alle compagnie ex coloniali
c. ha operato riforme agrarie capaci di aumentare i redditi delle popolazioni locali
d. ha potenziato le infrastrutture produttive

13 Sono dette multinazionali le società che:
a. vendono i loro prodotti in più nazioni
b. hanno imprese dislocate in più nazioni
c. nascono da trattati stipulati da più nazioni
d. hanno nazionalità multipla

14 La nuova strategia per aiutare i Paesi meno sviluppati consiste:
a. nell'aumentare l'invio di cibo
b. nell'aumentare l'invio di medicine
c. nell'aiutare la piccola impresa
d. nel sospendere gli aiuti affinché le popolazioni locali imparino a cavarsela da sole

2 punti per ogni risposta esatta

Punti: ....../28

ZTE Mettiti alla prova con gli esercizi interattivi — Punteggio massimo: 100 punti | Sufficienza: 60 punti

2. Collega le parole della colonna di sinistra con le corrispondenti espressioni.

1	*Holding*	a.	emergenti
2	Delocalizzazione	b.	parte eccedente della produzione
3	Paesi in via di sviluppo	c.	trasferimento di imprese in un diverso Paese
4	Surplus	d.	Food and Agriculture Organization
5	Colonialismo	e.	ha determinato la scomparsa della piccola proprietà terriera
6	Aree di libero scambio	f.	società madre
7	Infrastruttura	g.	dove le merci e i servizi circolano liberamente
8	FAO	h.	strutture utili all'attività produttiva

2 punti per ogni risposta esatta
Punti: ..../16

3. Sai qual è la differenza tra...

Gruppi societari nazionali	Gruppi multinazionali ....
Paesi economicamente sviluppati	Paesi in via di sviluppo ....
Globalizzazione	Delocalizzazione ....
Investimenti pubblici	Investimenti privati ....

5 punti per ogni risposta esatta
Punti: ..../20

4. Rispondi alle seguenti domande.

A Come è cambiato il ruolo dello Stato nell'era globale?
B Quali sono le condizioni che favoriscono una equilibrata crescita economica?
C Quali sono stati gli effetti del colonialismo?
D Che cosa è accaduto sul piano economico a molti Paesi ex coloniali?

9 punti per ogni risposta esatta
Punti: ..../36

5. L'ESPERTO RISPONDE **Metti alla prova le tue competenze.**
Perché la democrazia, l'istruzione e la sanità sono ritenute elementi essenziali per lo sviluppo economico di un Paese?

EDUCAZIONE FINANZIARIA

- Aprire un conto corrente
- Pagare con le carte
- Rischio e assicurazione
- Investire: gli errori da evitare

educazione finanziaria il conto corrente

Aprire un conto corrente

A cosa serve un conto corrente? Lo scopo principale è quello di raccogliere i nostri risparmi per far fronte alle esigenze della vita quotidiana. Per esempio, possiamo usare il conto corrente per fare e ricevere pagamenti, pagare le bollette, farci accreditare lo stipendio dal nostro datore di lavoro e ricaricare il credito del cellulare.

Chi ha meno di 18 anni può avere un conto corrente?

Sì. Se siamo minorenni, i nostri genitori (o il tutore legale) possono aprire un conto a nostro favore, di cui diventiamo titolari a tutti gli effetti, anche se con alcune limitazioni sulle operazioni.

Come scegliere il conto corrente?

Esistono diverse tipologie di conto corrente. Per individuare quella più adatta a noi dobbiamo chiederci:

- che tipo di utente siamo: un professionista, un pensionato, un giovane? Molte banche offrono conti speciali destinati ai giovani, sia studenti che lavoratori.
- Quali sono i servizi che più ci interessano? Per esempio, l'uso della carta di credito o la domiciliazione delle bollette?
- Quanto ci viene a costare? La banca è tenuta a indicare il costo annuo del conto. In questo modo possiamo fare confronti e scegliere quello che più ci conviene.

Come facciamo a identificare un conto corrente?

Tramite il codice IBAN, ovvero l'*International Bank Account Number*, che identifica in modo univoco ciascun conto corrente.
L'IBAN è costituito da una serie alfanumerica (cioè composta di numeri e lettere) la cui lunghezza varia da Paese a Paese. In Italia, l'IBAN è composto di 27 caratteri.

L'estratto conto

Periodicamente, la banca invia al correntista un documento, l'estratto conto, che contiene l'elenco delle operazioni effettuate (i "movimenti") e il saldo finale. Più in particolare:

- **uscite ed entrate** indicano rispettivamente le somme prelevate (per pagamenti, ricariche telefoniche, prelievi allo sportello, ecc.), e le somme versate sul conto (lo stipendio, un pagamento a nostro favore, ecc.);
- **il saldo**. Spesso è la prima voce cui si guarda, poiché rivela quanto abbiamo sul conto! Tutti vorremmo avere un saldo sempre positivo (cioè superiore a zero), ma a volte può capitare di ritrovarsi con il saldo negativo o, come usa dire, "in rosso". Se il saldo è in rosso, significa che abbiamo speso più soldi di quanti ne avessimo a disposizione sul conto.

Che cos'è l'*home banking*?

È uno strumento che ci permette di gestire il conto corrente via internet ("da casa", appunto) senza doverci recare fisicamente in banca. Tramite l'*home banking* possiamo fare pagamenti online, leggere l'estratto conto, pagare bollette, fare bonifici, e così via. Sono soprattutto i correntisti più giovani a preferirlo, mentre quelli più anziani, o comunque non troppo abituati all'uso delle tecnologie, tendono a scegliere il conto tradizionale.

Conto corrente e conto deposito. Se il nostro scopo è accumulare risparmi nel tempo, prelevandoli solo in casi particolari (per esempio comprare casa), allora lo strumento più adatto è il conto deposito. I conti deposito offrono interessi più elevati, ma consentono di effettuare solo operazioni di prelievo e versamento. Ciò perché la loro funzione non è quella di far fronte alle esigenze della vita di tutti i giorni (come i conti correnti), ma di mettere da parte risorse nel corso del tempo.

Me lo spieghi?

Sai aiutare Rebecca a chiarirsi le idee? Completa le frasi scegliendo le parole fra le seguenti:

uscite ~ saldo ~ minorenni ~ *home banking* ~ IBAN ~ entrate ~ estratto conto.

Rebecca Ogni tanto i nonni mi regalano delle somme di denaro. Non mi va di tenerli nel cassetto, vorrei aprire un conto corrente!

Tu Buona idea. Così potrai vedere l'andamento dei tuoi risparmi leggendo l'..............................., e controllare che le .... non superino le ....!

R. Perché, mi hai preso per una spendacciona?

Tu Ehi, non ti scaldare. Sono sicuro che il tuo .... resterà attivo, ok?

R. Così va meglio...
Bene, allora è deciso: domani mattina apro il mio primo conto corrente!

Tu Sì, però non puoi fare tutto da sola: i .... hanno bisogno dei genitori o del tutore legale per aprire il conto.

R. I miei saranno contenti che io inizi a interessarmi dei miei risparmi. Finora non sono mai stata in banca...

Tu Giusto. Però lo sai, vero, che in banca non è necessario andarci? Si possono fare le operazioni via internet, usando l'...............................

R. Quante ne sai! Dovrei proprio farti un regalo...

Tu Beh, puoi sempre sdebitarti mettendo 100 euro sul mio conto! Ti serve giusto il mio codice .... e il gioco è fatto!

R. Non ci sperare...

educazione finanziaria | le carte di credito e di debito

Pagare con le carte

Quando pensiamo al denaro, di solito pensiamo a banconote e monete. Ma il denaro contante non è l'unico mezzo di pagamento a nostra disposizione. Anzi, sempre più diffusi sono i cosiddetti mezzi di pagamento elettronici, come le carte di credito e le carte di debito. I vantaggi che offrono sono molti, ma non manca qualche rischio.

Come sono fatte?

Le carte di credito e di debito si presentano come una tessera plastificata (*badge*) dotata di una banda magnetica e, nelle versioni recenti, di un microchip. Vengono rilasciate da una banca o da un ente finanziario. Sulla tessera sono riportati alcuni codici e sul retro vi è uno spazio riservato alla firma autografa del titolare. È importante ricordarsi di firmare la propria carta: rendere più difficili le frodi!

Le carte di credito

Le carte di credito sono nate negli USA oltre mezzo secolo fa. La prima carta di credito, la *Diner's Club credit card*, risale al 1950. In Italia la loro diffusione è ancora relativamente bassa. Ma come funzionano? Il meccanismo è quello del "buy now, pay later", e cioè: compra adesso e paga più avanti. Immaginiamo di pagare un importo di 100 € con la carta di credito: quei 100 € *non* saranno addebitati *subito* sul nostro conto corrente, ma solo in un momento successivo, di norma entro 30 giorni dal pagamento.

Le carte di debito

Le carte di debito vengono spesso chiamate, impropriamente, "bancomat". Si usano per prelevare denaro agli appositi sportelli e per pagare gli acquisti nei negozi tramite un dispositivo, chiamato POS, collegato in via telematica con la banca. A differenza delle carte di credito, quando usiamo una carta di debito le somme spese o prelevate vengono addebitate subito sul nostro conto corrente. È quindi necessario che, al momento dell'operazione, abbiamo sul conto una somma sufficiente a coprire la cifra pagata o prelevata!

Le carte prepagate

Sono chiamate anche carte *ricaricabili* proprio perché permettono di "caricare" sulla carta una certa cifra, che potrà poi essere spesa per fare acquisti o prelevata presso gli sportelli. Non è possibile spendere o prelevare somme superiori all'importo caricato. Ecco perché le carte prepagate vengono spesso utilizzate per gli acquisti su internet: in caso di clonazione della carta, i danni saranno circoscritti al solo importo caricato.

Che cos'è la tracciabilità dei pagamenti?

Il denaro contante passa di mano in mano senza lasciare traccia e per questo si presta a pagamenti "in nero". I mezzi di pagamento elettronici, invece, permettono di ricostruire i passaggi di denaro da un soggetto all'altro: è la cosiddetta *tracciabilità*. Tracciare i pagamenti è uno strumento utile contro l'evasione fiscale e il riciclaggio di denaro sporco, e per questo viene incentivato da molti Governi. Ma occorre tenere gli occhi aperti: le carte possono essere soggette a frodi, come la clonazione e il *phishing*. Vediamo di che si tratta.

La clonazione

Con la clonazione, i dati contenuti nella banda magnetica vengono "copiati" e la carta viene duplicata. I malviventi usano diverse tecniche per clonare le carte: lo *skimmer* (un dispositivo che cattura i codici contenuti nella banda magnetica con la semplice "strisciata" della carta), mini telecamere nascoste, false tastiere bancomat, marchingegni che trattengono la carta all'interno della fessura, consentendo al malfattore di recuperarla in un secondo momento, e altri ancora. Come ci accorgiamo che la nostra carta è stata clonata? Di solito, la scoperta avviene quando troviamo addebitati sul nostro conto dei pagamenti che non abbiamo mai fatto. Con l'inserimento del microchip nelle carte, il rischio di clonazione è stato ridotto.

Il *phishing*

Può capitare di ricevere un'email con una grafica che imita fedelmente quella utilizzata dalla nostra banca, e in cui ci viene richiesto di inserire i dati della carta di credito, la password e il PIN che autorizza i pagamenti. Se ci capita di ricevere un'email di questo tipo, molto probabilmente siamo vittime di un tentativo di *phishing*. Perché questo nome? In inglese, *phishing* significa pescare: in effetti, è come se i truffatori "andassero a pesca" di codici e password, facendoseli rivelare proprio dagli ignari proprietari, per poter poi usare in modo fraudolento le carte dei malcapitati.

Me lo spieghi?

Sai aiutare Justin a chiarirsi le idee? Completa le frasi scegliendo le parole fra le seguenti:

carta prepagata ~ *phishing* ~ tracciabilità ~ clonata ~ evasione fiscale ~ carta di debito.

Justin La prossima estate andrò a studiare a Parigi per un mese. Ho chiesto a mio padre di prestarmi il suo bancomat durante il mio soggiorno. Per ogni evenienza...

Tu Lo sai, vero, che non è esatto parlare di bancomat? Dovresti dire ....

J. Ehi! Magari, se gliela metto così, papà si convince! Ma temo sarà dura...

Tu Beh, un buon compromesso potrebbe essere la ....: decide lui che cifra caricare e così può stare tranquillo, anche rispetto al rischio di frodi.

J. Quali frodi?

Tu Beh, per esempio potresti trovarti sul conto delle spese che tu non hai mai fatto: in tal caso, è probabile che la tua carta sia stata ....

J. Accidenti! Meglio tenere gli occhi aperti.

Tu Già! Soprattutto, diffida di chi ti chiede la password e il PIN: spesso si tratta di malfattori che usano la tecnica del ....

J. Mi stai un po' spaventando. Non è meglio, a questo punto, usare i contanti?

Tu Ma no, Justin. Le carte sono comunque molto sicure. E poi sono comode. Senza contare che permettono contrastare l'... grazie alla .... dei pagamenti.

J. Mi hai convinto. Ora rimane solo da convincere mio padre!

educazione finanziaria | le assicurazioni

Rischio e assicurazione

Se tutti noi potessimo leggere nel futuro, probabilmente le assicurazioni non esisterebbero. Se ci assicuriamo è proprio per far fronte agli imprevisti che il futuro potrebbe riservarci. Purtroppo, non possiamo prevedere se e quando un evento sfortunato si verificherà. Però possiamo premunirci. Ed è proprio qui che entrano in gioco le assicurazioni.

Una specie di scommessa

Possiamo assicurarci contro una grande varietà di eventi dannosi (una malattia, un infortunio, un furto, una perdita di denaro, un terremoto, un disastro aereo), purché si tratti di eventi *futuri* e *incerti*. Nessuno cioè può né deve sapere se si verificheranno davvero: un po' come nelle scommesse. L'evento futuro e incerto prende il nome di *sinistro*. Il *rischio*, invece, indica la probabilità che un evento dannoso si verifichi in futuro. Più alto è il rischio, maggiore è la probabilità che l'evento accada. Ma come ci si assicura?

Polizza e premio

Per essere assicurati occorre stipulare un contratto, detto anche *polizza* assicurativa. Con il contratto di assicurazione, l'assicurato si impegna a versare una quota di denaro, detta *premio*, all'assicuratore. In cambio, l'assicuratore si impegna a versargli una somma prestabilita nel caso in cui il sinistro si verifichi.

Per esempio, un agricoltore può decidere di assicurarsi contro il rischio che il suo raccolto sia danneggiato da eventi atmosferici come piogge torrenziali o siccità. Se l'evento si verifica (una grandinata colpisce il raccolto), l'assicurazione coprirà i danni versandogli la somma pattuita.

Il trasferimento del rischio

Il meccanismo alla base dell'assicurazione consiste nel trasferire le conseguenze dannose di un evento (la grandinata) dal singolo (l'agricoltore) alla società di assicurazione. L'assicurato, pagando il premio, sostiene un costo molto inferiore a quello che dovrebbe affrontare, da solo, in caso di sinistro.

Come si calcola il premio?

In base alla probabilità che il sinistro si verifichi. Se viviamo in una zona in cui gli incendi sono frequenti, assicurarci contro il rischio d'incendio ci costerà più caro. Ma ci sono anche altri parametri: per esempio, un guidatore che ha avuto diversi incidenti pagherà un premio più alto perché, statisticamente, è più soggetto a sinistri.

L'assicurazione sulla vita

Oltre che contro i danni, ci si può assicurare anche sulla vita. Nello specifico ci si può assicurare: 1) *per il caso di morte*: l'assicuratore si impegna a pagare un capitale o una rendita in caso di morte dell'assicurato. Beneficiari della somma saranno i soggetti indicati dall'assicurato, per esempio moglie e figli; 2) *per il caso di vita*: l'assicuratore pagherà all'assicurato la cifra pattuita se al termine stabilito (per esempio, al compimento dei 65 anni) l'assicurato sarà ancora in vita. È possibile stipulare anche una polizza mista fra le due tipologie.

La r.c. auto

In generale, siamo liberi di decidere se assicurarci o meno. Nel caso della circolazione stradale, però, l'assicurazione è *obbligatoria*. Per legge tutti i veicoli a motore *devono* essere assicurati contro i danni derivanti dalla circolazione: è la cosiddetta responsabilità civile auto, abbreviata in r.c. auto. L'assicurazione va a vantaggio del proprietario del veicolo che non dovrà risarcire i danni di tasca propria, ma soprattutto tutela il danneggiato che potrà contare sul patrimonio della compagnia assicuratrice, certamente superiore a quello personale del danneggiante.

Il massimale

Al verificarsi del sinistro, l'assicuratore si impegna a coprire i danni entro una soglia stabilita nel contratto, detta *massimale*. Al di sopra del massimale, è il danneggiante a dover provvedere in prima persona. Più alto è il massimale, e più ci sentiamo tranquilli, ma per avere un massimale alto occorre pagare un premio più salato.

Me lo spieghi?

Sai aiutare Max a chiarirsi le idee? Completa le frasi scegliendo le parole fra le seguenti:

futuro e incerto ~ massimale ~ premio ~ contratto ~ sinistro ~ obbligatoria.

Max Ciao! Non ho capito molto bene cosa sia un'assicurazione. Tu me lo sai spiegare?

Tu Certo, Viola! L'assicurazione è un ....

M. Ok, ma come funziona?

Tu Assicurandoti, tu paghi un .... all'assicuratore e lui, in cambio, coprirà i danni qualora si verifichi il ....

M. D'accordo, ma quanto dovrei pagare?

Tu Dipende. In generale, più alto è il .... e più alto è il premio. È una questione di statistica...

M. Mi è venuta un'idea. Ieri qualcuno ha rubato la bici a mia sorella. Potrei dirle di correre ad assicurarsi contro il furto, no? Così l'assicuratore le ripaga la bici!

Tu Temo proprio di no. Vedi, ci si può assicurare solo contro un evento ....!

M. Capisco... Ma quindi, se un domani mi comprassi il motorino, credi che sarebbe una buona idea assicurarmi?

Tu È molto più che una buona idea, Viola! L'assicurazione in questo caso è ....

M. Ok, ho capito. Beh, in fin dei conti è meglio: così, in caso di incidenti, l'assicurazione copre tutti i danni.

Tu Non proprio tutti! Sai, esiste una soglia massima, il ...., oltre la quale l'assicuratore non paga...

M. Accidenti. Dovrò stare attenta. Quando sarà il momento, ti va se il contratto lo leggiamo insieme?

educazione finanziaria | gli investimenti

Investire: gli errori da evitare

Supponiamo di aver messo da parte un certo gruzzolo di denaro: potremmo decidere di tenerlo sul conto corrente o magari su un conto deposito. Ma se lo volessimo investire? Le strade percorribili sono molte e scegliere non è sempre facile, anche per la crescente complessità del mondo finanziario. Per cominciare, vediamo quali sono gli errori da evitare quando muoviamo i primi passi nel mondo degli investimenti.

Non c'è guadagno senza rischio

Il primo errore da evitare è quello di illuderci che esista un investimento in grado di farci guadagnare (magari anche poco) senza correre rischi. È importante ricordare, invece, che ogni volta che investiamo accettiamo di correre un rischio: più o meno elevato, ma comunque ineliminabile.

Differenziare gli investimenti

Proprio perché investire è rischioso, non bisognerebbe mai puntare tutto su un unico investimento: se un domani dovesse crollare, avremmo perso quasi tutto il nostro capitale. La strategia migliore è sempre quella di diversificare gli investimenti per "spalmare" il rischio e compensare le eventuali perdite. Per esempio, meglio non puntare tutto sul solo settore tecnologico, ma differenziare tra tecnologico, farmaceutico, servizi, assicurativo, ecc., così come è meglio non investire tutto in azioni, ma differenziare tra azioni, obbligazioni, titoli di Stato, ecc.

Quando comprare e quando vendere?

Quando la Borsa è in un periodo di rialzo, molti corrono a comprare presi dall'euforia, mentre quando è in calo molti si affrettano a vendere. Un investitore accorto, però, agisce esattamente all'opposto: compra le azioni quando sono in ribasso, e le vende quando sono al culmine del rialzo. Ciò permette, da un lato, di comprare a prezzi bassi e beneficiare del successivo (possibile)

rialzo; dall'altro, di uscire dall'investimento prima che questo inizi a calare e perdere di valore. Per usare le parole di Warren Buffett, il più grande investitore USA: «Siate avidi quando tutti sono paurosi e siate paurosi quando tutti sono avidi».

Questione di tempo

Un altro errore in cui possiamo cadere è quello di sottovalutare l'importanza del fattore tempo. Il rendimento dei nostri investimenti è strettamente legato al tempo: più investiamo a breve termine, più scarso sarà il rendimento. Se invece investiamo con un orizzonte temporale a medio o lungo termine (superiore ai cinque anni), possiamo aspettarci rendimenti maggiori.

Qual è l'investimento più redditizio?

Gli studi indicano che, sul lungo periodo, le azioni sono più redditizie rispetto agli altri tipi d'investimento come obbligazioni o titoli di Stato. L'esperienza insegna che il rendimento delle azioni quasi certamente diventa positivo, a patto però di avere la "pazienza" di aspettare alcuni anni. Per questo chi investe in azioni non deve commettere l'errore di farsi prendere dal panico se il mercato attraversa periodi di crisi! Deve anzi avere la freddezza di aspettare tempi migliori.

Sappiamo cosa vogliamo?

Per investire bene occorre prima chiarirsi le idee su che cosa ci aspettiamo e che tipo di investitore siamo, anche sul piano psicologico. È importante farsi queste domande per evitare di commettere errori di valutazione. Per esempio, l'investimento azionario è adatto a chi prevede di investire a medio-lungo termine; a chi non ha in previsione spese ingenti nel breve periodo (altrimenti si troverebbe costretto a disinvestire il capitale prima del tempo, con maggiori rischi di cattiva riuscita); a chi ha una buona attitudine al rischio ed è scarsamente incline al panico (se è la tranquillità che cerchiamo, meglio scegliere altro).

Me lo spieghi?

Sai aiutare Matteo a chiarirsi le idee? Completa le frasi scegliendo le parole fra le seguenti:

differenziare ~ rendimento ~ comprare ~ breve termine ~ rischio ~ vendere.

Matteo Se avessi un capitale da parte, mi piacerebbe investire. Sceglierei un investimento sicuro, di quelli a prova di bomba! Voglio guadagnare, mica rimetterci!

Tu Questo è il sogno di tutti! Purtroppo, però, non c'è investimento senza .... Però si può tentare di limitarlo.

M. Quindi, per mettermi il più possibile al sicuro, potrei individuare un titolo bello solido e puntare tutto su quello?

Tu No, non è una buona idea... La strategia migliore è quella di .... gli investimenti, in modo da poter compensare perdite e guadagni.

M. Uffa, non ne azzecco una. Altri consigli?

Tu Beh, per esempio, se desideri che il .... sia alto non devi investire a ....

M. E se volessi provare a investire in azioni?

Tu Difficile dare consigli, ma una regola generale è quella di .... quando i mercati scendono, e .... quando sono al culmine del rialzo.

M. Bene, me ne ricorderò quando... mi sarò procurato una somma da investire!

Le parole del diritto a colpo d'occhio

I concetti chiave del diritto e dell'economia.
Un glossario di 80 voci con definizioni e mappe per visualizzare i contenuti e i loro collegamenti.

GLOSSARIO

ABROGAZIONE: consiste nella eliminazione di una norma dall'ordinamento. L'abrogazione può avvenire in modo tacito (quando una nuova norma è incompatibile con norme precedenti, di rango uguale o inferiore, queste ultime sono abrogate); in modo espresso (una norma dichiara esplicitamente che una norma precedente è eliminata); mediante referendum abrogativo (i cittadini sono chiamati a decidere se vogliono eliminare o meno una legge o una sua parte). Il mancato rispetto di una norma scritta non ne determina l'abrogazione. → *Lezione 2*

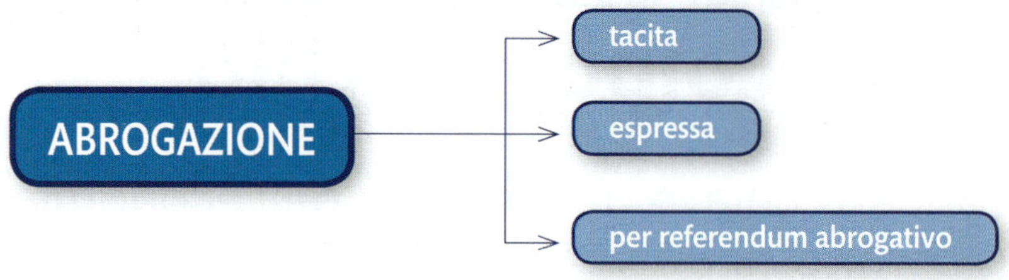

ATTI DELLA PUBBLICA AMMINISTRAZIONE: si dividono in atti di diritto privato (in cui la PA agisce come un privato cittadino) e atti amministrativi (con i quali la PA persegue un interesse collettivo). Gli atti amministrativi si dividono a loro volta in provvedimenti amministrativi e atti diversi dai provvedimenti amministrativi. → *Lezione 19*

BILANCIA COMMERCIALE E DEI PAGAMENTI: la bilancia commerciale è il conto che annota, nella voce entrate, il valore dei beni e servizi esportati dalle imprese nazionali in un anno; nella voce uscite il valore dei beni e dei servizi importati. La bilancia dei pagamenti è uno schema contabile che registra il valore globale delle entrate e delle uscite di valuta in un anno. → *Lezione 12*

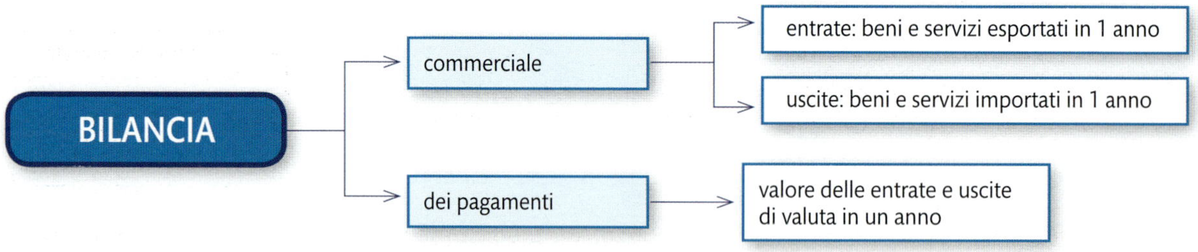

BILANCIO DELLO STATO: è il documento in cui ogni anno il Governo illustra le spese che intende sostenere per erogare servizi pubblici e i tributi che ritiene di applicare per finanziare tali spese. Il bilancio deve essere approvato dal Parlamento. → *Lezione 12*

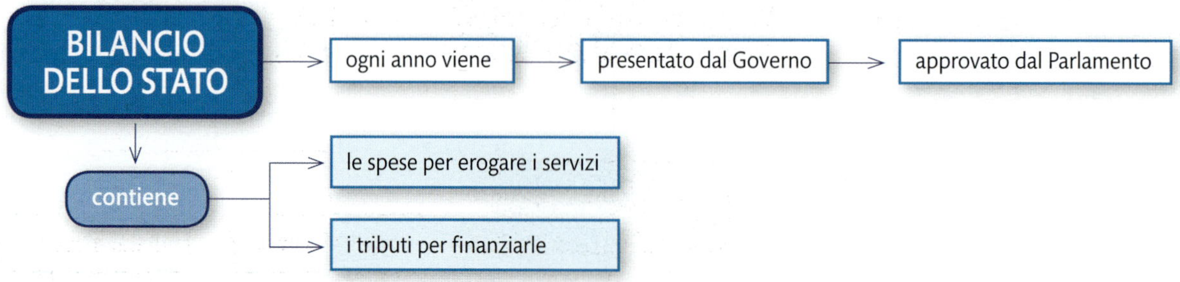

CAPACITÀ DI AGIRE: è la capacità di esercitare diritti e di assumere obblighi. Si acquista solo con la maggiore età. Il minore emancipato può compiere atti di ordinaria amministrazione. Per le persone incapaci, del tutto o in parte, di curare i propri interessi sono previsti gli istituti della interdizione, inabilitazione e amministrazione di sostegno. → *Lezione 3*

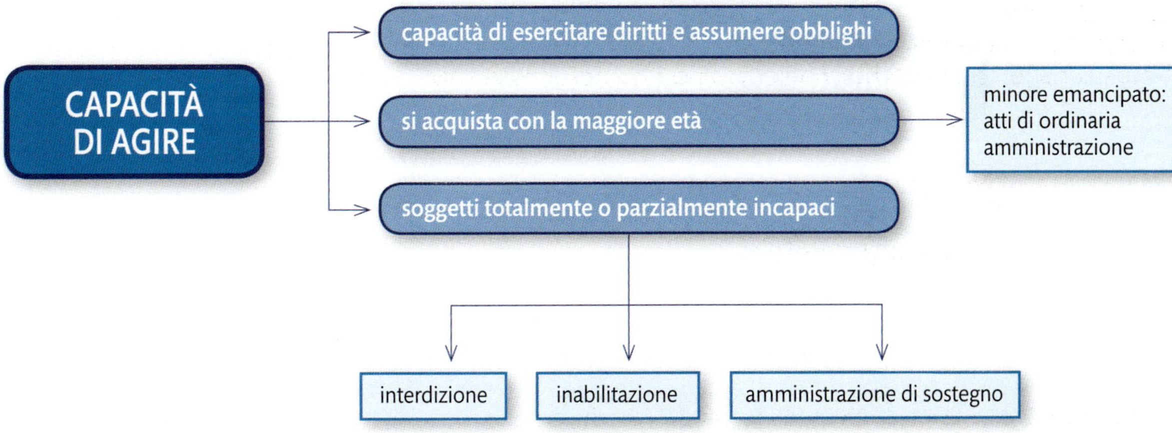

CAPACITÀ GIURIDICA: è l'idoneità a essere titolare di diritti e di doveri. Si acquista con la nascita e si perde solo con la morte. → *Lezione 3*

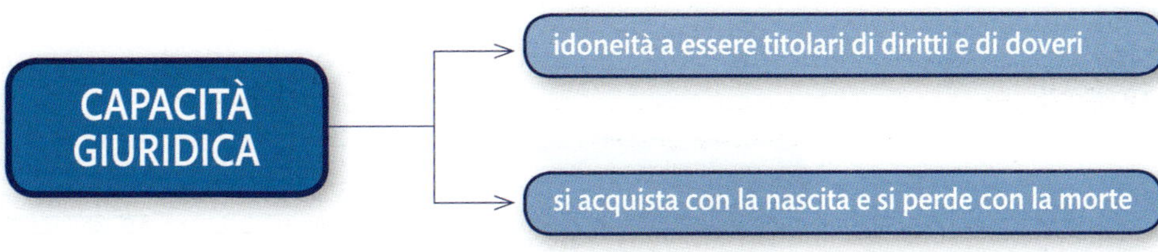

CITTÀ METROPOLITANA: è un ente locale che gestisce i servizi che si estendono su un'area metropolitana che comprende il comune centrale e quelli compresi nella provincia. Attualmente le Città metropolitane sono: Venezia, Milano, Torino, Genova, Bologna, Firenze, Roma, Napoli, Bari, Reggio Calabria. → *Lezione 18*

CITTADINANZA: indica l'appartenenza di una persona a uno Stato e implica una serie di diritti e doveri. Si acquista per diritto di sangue, cioè per discendenza, o per diritto di suolo. Tutti i cittadini dei Paesi membri dell'Ue godono della cittadinanza comunitaria. → *Lezioni 5 e 22.*

COMUNE: è l'ente locale più vicino alla cittadinanza. È dotato di una competenza amministrativa generale che si esprime specialmente nella cura dei servizi sociali, dell'assetto del territorio, dello sviluppo economico. I suoi organi sono il Sindaco, la Giunta e il Consiglio comunale.
→ *Lezione 18*

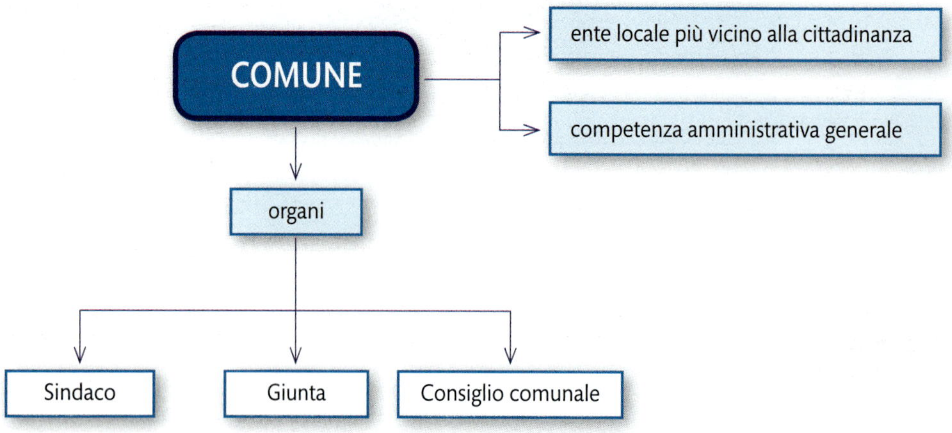

CONCORRENZA: la libera concorrenza è un mercato caratterizzato da un'elevata quantità di imprese che offrono e da un'elevata quantità di consumatori che domandano. La concorrenza è definita "perfetta" se: a) il mercato è trasparente, b) i prodotti sono omogenei e c) l'offerta polverizzata. È definita "monopolistica" o "imperfetta" quando le imprese sono numerose, in concorrenza tra loro, e differenziano per qualche particolare la propria offerta. → *Lezione 14*

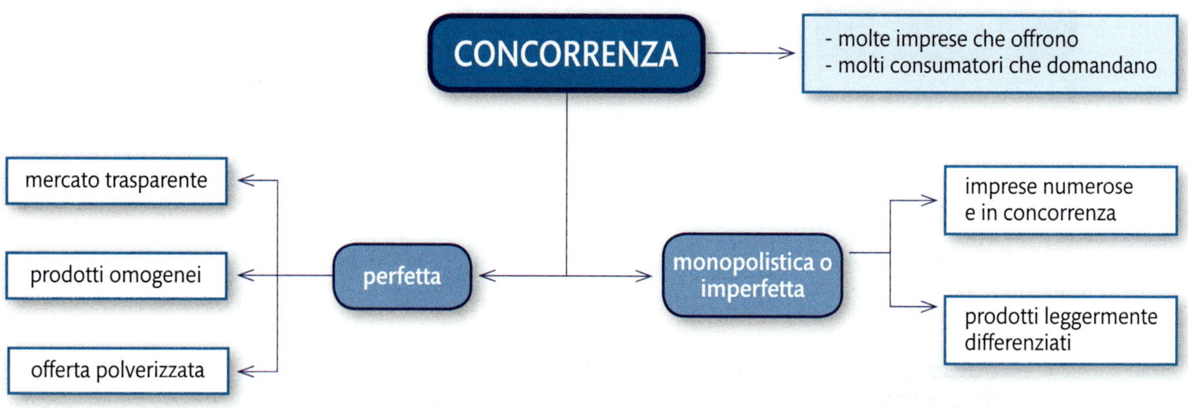

CORTE COSTITUZIONALE: è un organo, composto da 15 giudici, che si occupa di: verificare la costituzionalità delle leggi statali e regionali e degli atti aventi forza di legge; pronunciarsi sui conflitti di attribuzione tra organi costituzionali e sulle accuse mosse dal Parlamento contro il Presidente della Repubblica; giudicare l'ammissibilità dei referendum. → *Lezione 17*

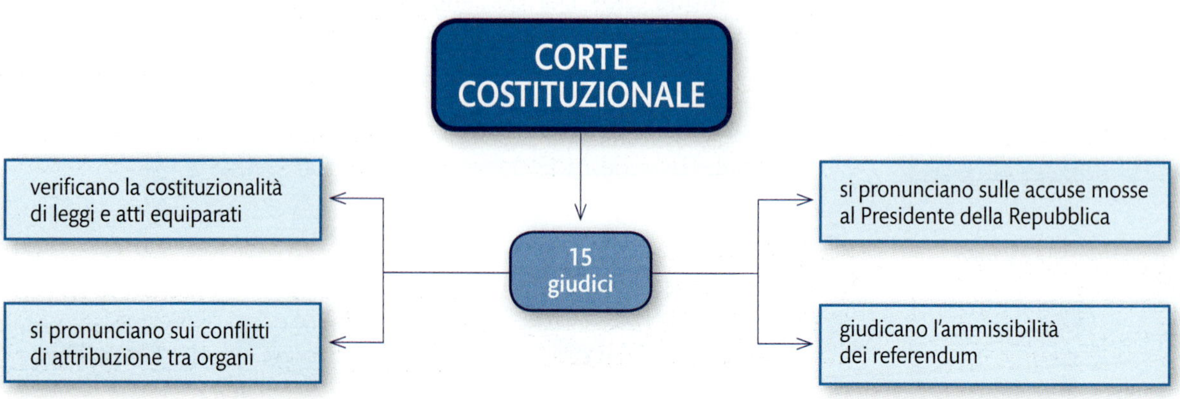

CORTE DEI CONTI: svolge la duplice funzione di controllore degli atti della Pubblica Amministrazione e di giudice amministrativo in materia di contabilità pubblica. Il controllo sulla PA può essere un controllo preventivo di legalità, un controllo successivo sui i conti della PA, e un controllo sulla efficacia ed efficienza della gestione della PA. → *Lezione 19*

COSTI DI PRODUZIONE: si dividono in fissi e variabili. I costi fissi non variano al variare della produzione. La loro incidenza diminuisce all'aumentare della quantità prodotta. I costi variabili, invece, variano al variare della quantità prodotta. → *Lezione 13*

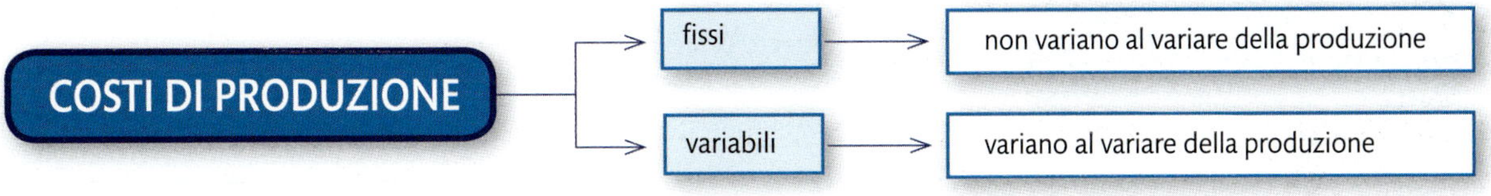

COSTITUZIONE: è la legge fondamentale dello Stato e si colloca al vertice della gerarchia delle fonti del diritto. Contiene le regole e i principi su cui si fonda l'intero ordinamento. La Costituzione italiana è entrata in vigore nel 1948. → *Lezione 1*

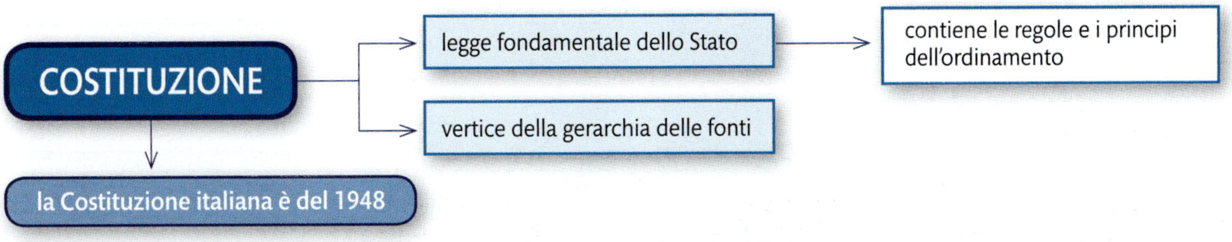

DECRETI LEGGE: sono atti aventi forza di legge, emanati dal Governo solo in casi straordinari di necessità e di urgenza. I decreti legge sono provvisori e se non vengono convertiti in legge entro 60 giorni decadono. → *Lezione 16*

DECRETI LEGISLATIVI: sono atti aventi forza di legge, emanati dal Governo sulla base di una legge delega approvata dalle Camere. Per tale ragione vengono anche detti decreti delegati. → *Lezione 16*

DEFLAZIONE: consiste nella riduzione generalizzata del livello dei prezzi dovuta al calo della domanda di beni e servizi. La deflazione genera una spirale deflattiva che può portare nei casi più gravi alla recessione. → *Lezione 26*

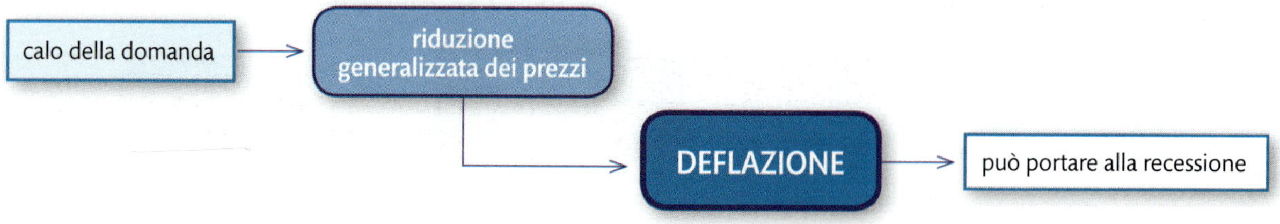

DELOCALIZZAZIONE: indica il trasferimento di un'impresa da un Paese a un altro, allo scopo di aumentare i profitti (trasferendosi in Paesi in cui il costo del lavoro è molto basso e la tutela dei lavoratori è minima) e penetrare nuovi mercati. → *Lezione 28*

DEMOCRAZIA: è un sistema di governo in cui la sovranità appartiene al popolo. Si caratterizza per il suffragio universale, il pluralismo politico, la libertà di riunione, di associazione e di espressione del pensiero. Può essere diretta o indiretta (o rappresentativa). → *Lezione 6*

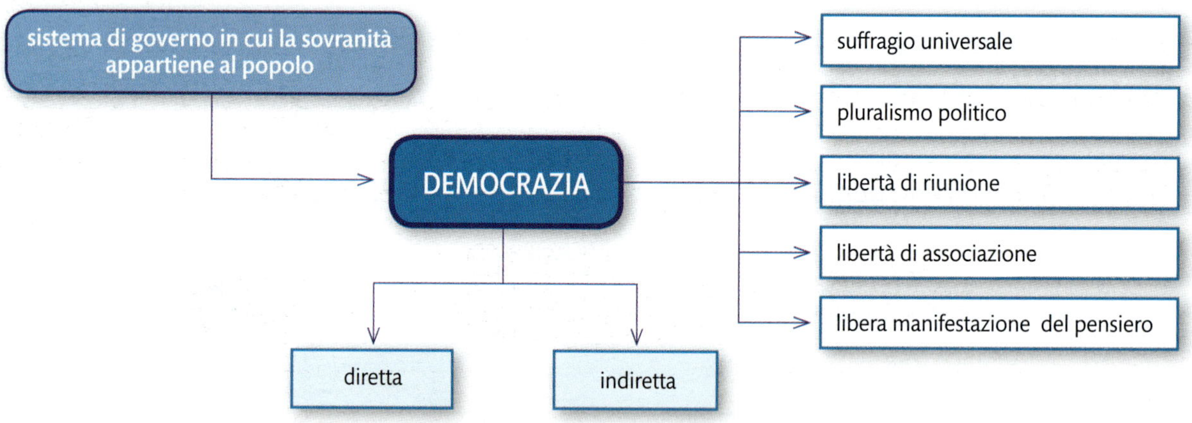

DIRETTIVE: sono atti normativi dell'Unione europea di carattere legislativo. Non entrano direttamente a far parte dell'ordinamento degli Stati membri, ma obbligano questi ultimi a raggiungere un determinato risultato. Se gli Stati non si conformano alle direttive nei tempi previsti, la Commissione può interpellare la Corte di Giustizia. → *Lezione 23*

DIRITTO: è l'insieme delle regole poste dallo Stato, che prendono il nome di norme giuridiche. Le funzioni principali del diritto sono di assicurare la pacifica convivenza dei cittadini, regolare l'organizzazione e il funzionamento degli organi dello Stato, favorire la crescita economica e sociale del Paese. → *Lezione 1*

DIRITTO INTERNAZIONALE: è quel ramo del diritto che regola i rapporti fra Stati. Le fonti del diritto internazionale sono le consuetudini, vincolanti per tutti gli Stati, e i trattati, vincolanti solo per gli Stati che vi aderiscono. → *Lezione 21*

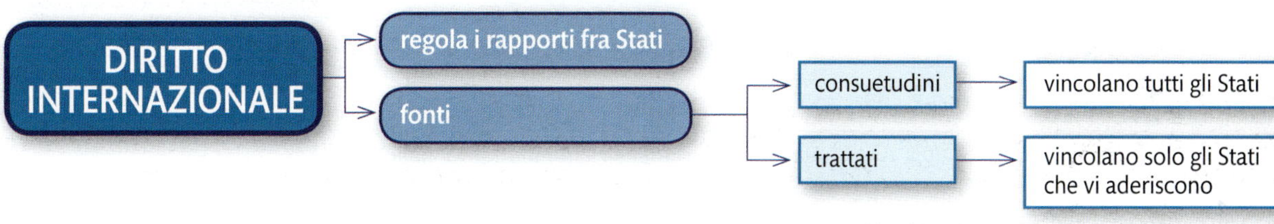

DIRITTO PUBBLICO E DIRITTO PRIVATO: il diritto pubblico è quel ramo del diritto che si occupa dell'organizzazione dello Stato e degli altri enti pubblici, e regola i casi in cui gli enti pubblici esercitano un potere di comando. Il diritto privato regola i rapporti tra privati cittadini e le situazioni in cui gli enti pubblici non esercitano alcun potere di comando. → *Lezione 1*

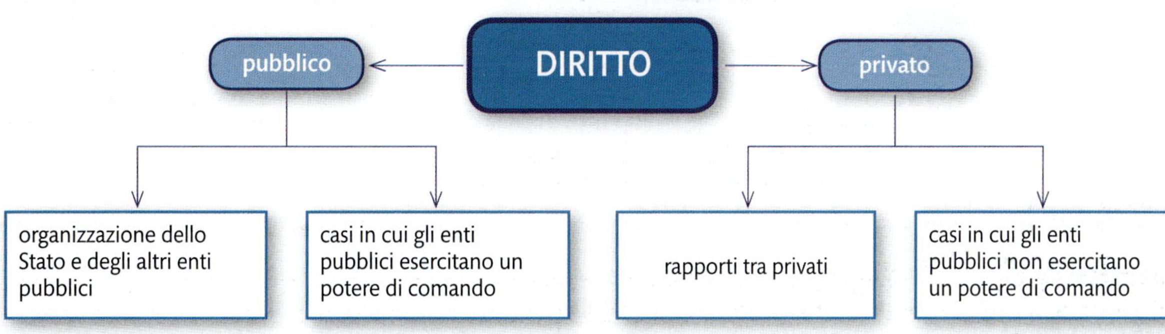

DIRITTO SOGGETTIVO E DIRITTO OGGETTIVO: il diritto soggettivo è il potere, attribuito a un soggetto, di far valere davanti al giudice un proprio interesse riconosciuto prevalente da una norma giuridica. Il diritto oggettivo è l'insieme delle norme poste dallo Stato. → *Lezione 1*

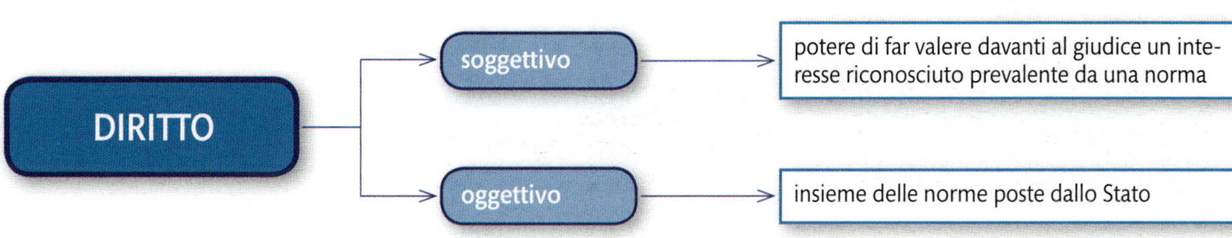

DOMANDA: indica la quantità di un bene o di un servizio richiesta dai consumatori. A parità di altre condizioni, la domanda è inversamente proporzionale al prezzo. Può essere rigida o elastica a seconda che la quantità domandata sia, rispettivamente, poco sensibile o molto sensibile alla variazione del prezzo. → *Lezione 13*

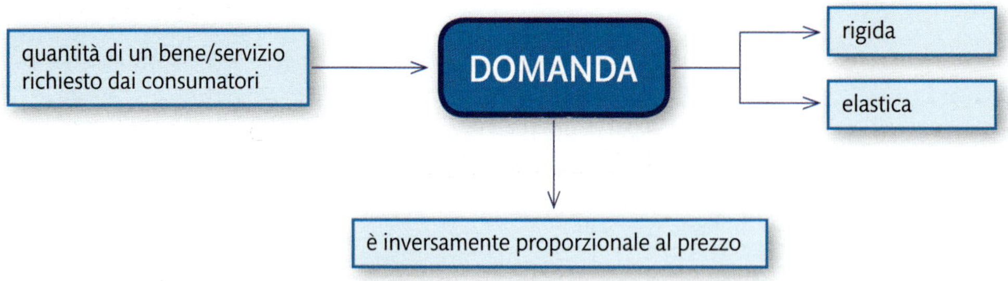

ENTI PUBBLICI TERRITORIALI (O ENTI LOCALI, O AUTONOMIE LOCALI): sono enti pubblici la cui competenza è limitata a un certo territorio. Comprendono le Regioni, i Comuni, le Città metropolitane e le Province. Nelle materie di loro competenza godono di ampia autonomia politica, normativa, amministrativa e finanziaria. → *Lezione 18*

EURO: è la moneta unica europea. La sua nascita risale al Trattato di Maastricht (1992), ma l'entrata in circolazione risale al 2002, quando ha sostituito le monete nazionali. Alcuni Stati membri dell'Ue non adottano l'euro, e perciò non fanno parte del cosiddetto eurogruppo. → *Lezione 22*

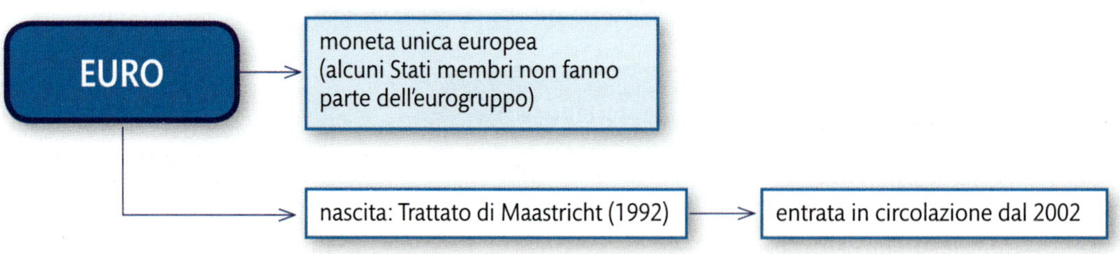

FAMIGLIA: indica sia il nucleo ristretto, composto dai coniugi e dai figli con essi conviventi, sia l'insieme delle persone unite da rapporti di parentela e di affinità. La parentela è il vincolo che lega le persone che discendono da uno stesso stipite, e può essere in linea retta o collaterale. L'affinità è il vincolo che unisce un coniuge ai parenti dell'altro. → *Lezione 4*

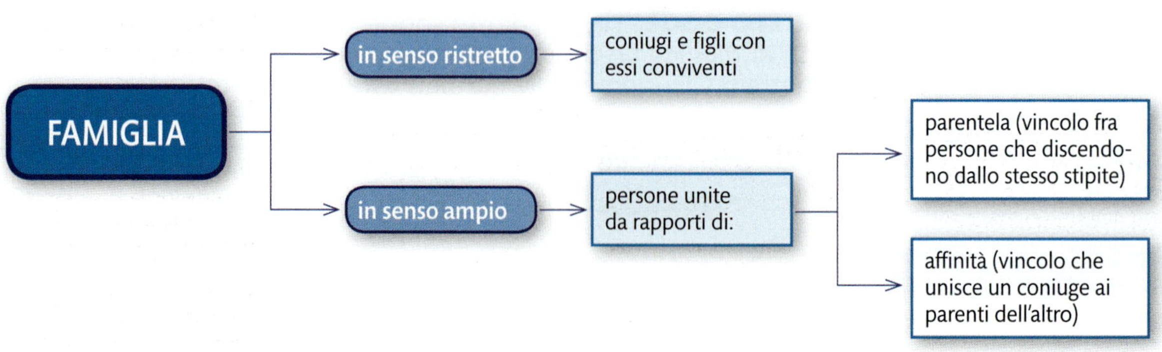

FATTORI DELLA PRODUZIONE: sono gli elementi impiegati per la produzione di un bene o di un servizio, e comprendono: il capitale, cioè le strutture necessarie alla produzione; il lavoro umano necessario per organizzare la produzione e far funzionare le macchine; le materie prime da trasformare. → *Lezione 13*

FEDERALISMO: consiste nell'unione di più Stati che sottoscrivono una Costituzione comune e delegano parte della sovranità a un apparato centrale, detto Stato federale. Le materie delegate allo Stato federale generalmente sono: la politica estera, la difesa del territorio e la politica economica e monetaria. → *Lezione 6*

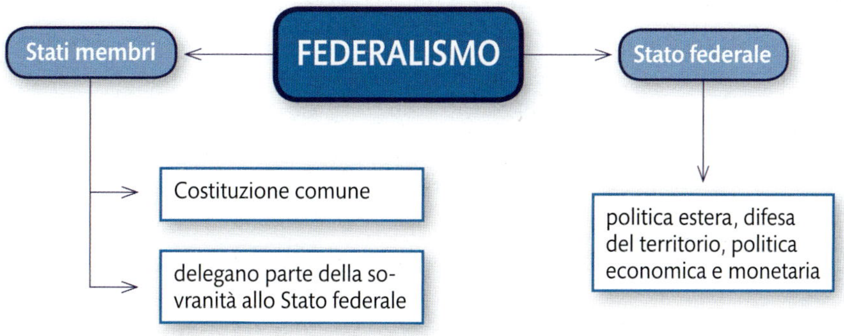

FIDUCIA (QUESTIONE DI): quando il governo pone la questione di fiducia, fa dipendere la propria permanenza in carica dall'approvazione di un determinato disegno di legge. La mancata approvazione equivale quindi a un voto di sfiducia. → *Lezione 16*

FONTI DEL DIRITTO: sono gli atti e i fatti produttivi di norme giuridiche. Le fonti sono ordinate in modo gerarchico: al primo posto la Costituzione; al secondo posto le fonti primarie (leggi statali, decreti legge e decreti legislativi; leggi regionali e delle Province autonome di Trento e Bolzano; fonti comunitarie); al terzo posto i regolamenti; al quarto le consuetudini o usi. Una fonte di grado inferiore non può porsi in contrasto con una di grado superiore. → *Lezione 1*

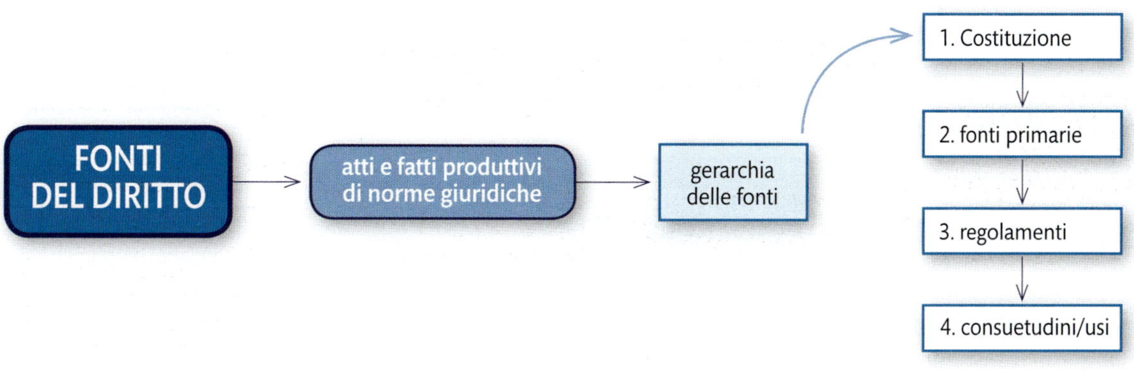

FORMA DI STATO: indica il tipo di rapporto che si stabilisce tra l'apparato statale e i cittadini (o i sudditi). Nel corso del tempo si sono affermate diverse forme di Stato: lo stato assoluto, liberale, democratico, liberal-democratico, lo stato sociale, lo stato autoritario (fascista e comunista). → *Lezione 6*

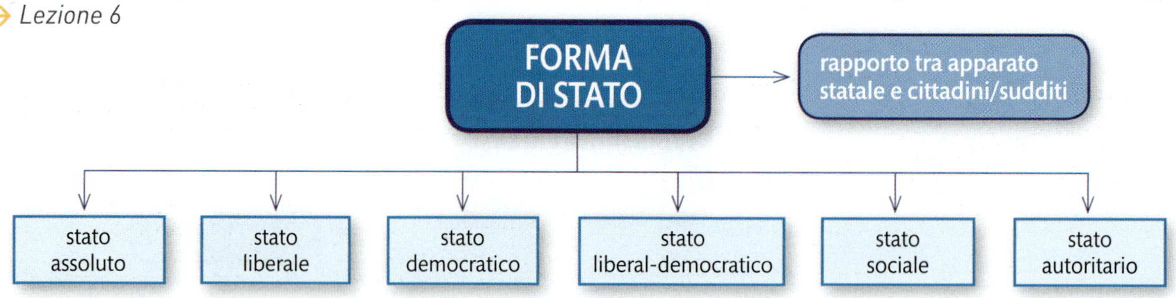

FORMA DI GOVERNO: indica il modo in cui il potere sovrano è ripartito tra i diversi organi dello Stato apparato. Le forme di governo si divindono in monarchia (assoluta, costituzionale, parlamentare) e repubblica (parlamentare e presidenziale). → *Lezione 6*

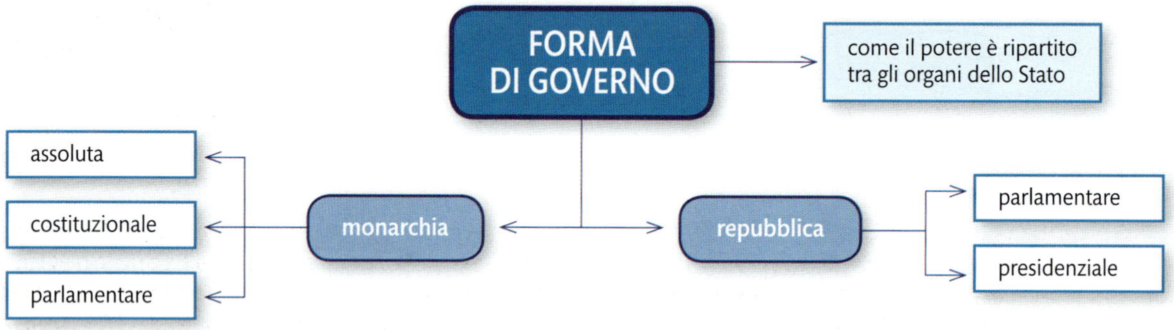

GIUDICI AMMINISTRATIVI: si ricorre ai giudici amministrativi per la lesione di un interesse legittimo. Il TAR (Tribunale amministrativo regionale) è giudice amministrativo di primo grado, e ha sede nel capoluogo di ogni Regione. Il Consiglio di Stato è il giudice di secondo grado e le sue sentenze non sono appellabili. → *Lezione 19*

GOVERNO: organo titolare del potere esecutivo e vertice della Pubblica amministrazione. È composto dal Presidente del Consiglio e dai Ministri, che insieme formano il Consiglio dei ministri. Il Governo può emanare atti di rango primario (decreti legge e decreti legislativi) e secondario (regolamenti), e proporre disegni di legge alle Camere. → *Lezione 16*

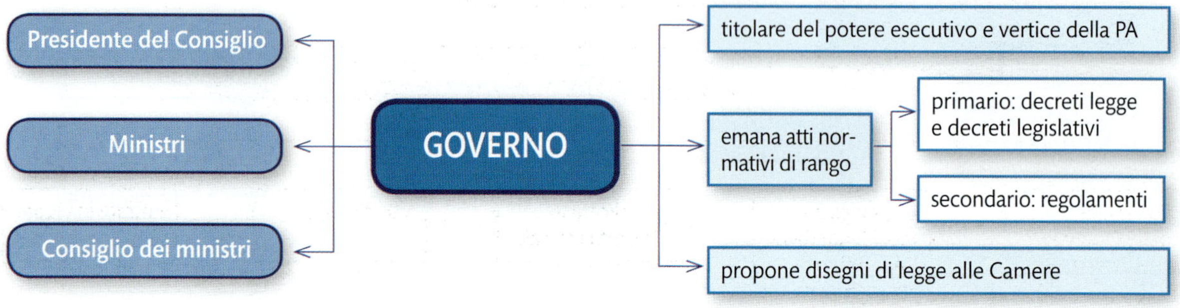

GRADI DI GIUDIZIO: nel nostro sistema esistono tre gradi di giudizio. I primi due gradi sono di merito, cioè esaminano i fatti della causa, mentre il terzo è un giudizio di legittimità, cioè riguarda la corretta applicazione della legge, e si svolge davanti alla Corte di Cassazione. → *Lezione 20*

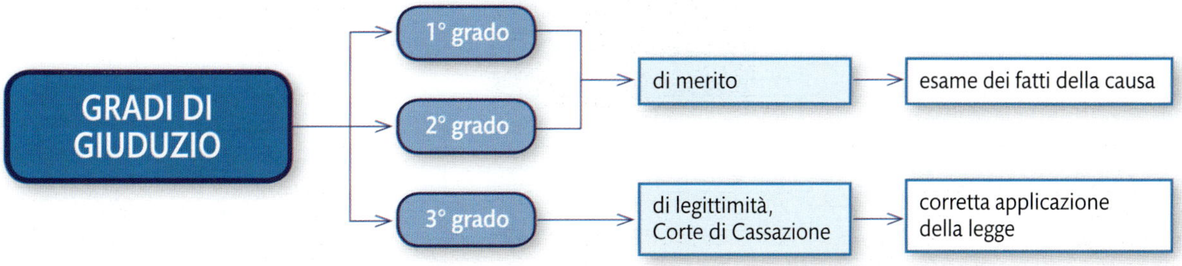

INFLAZIONE: consiste nell'aumento generalizzato dei prezzi, al quale corrisponde una diminuzione del valore della moneta. Gli effetti più rilevanti dell'inflazione sono la riduzione dei salari reali e l'erosione dei risparmi. → *Lezione 26*

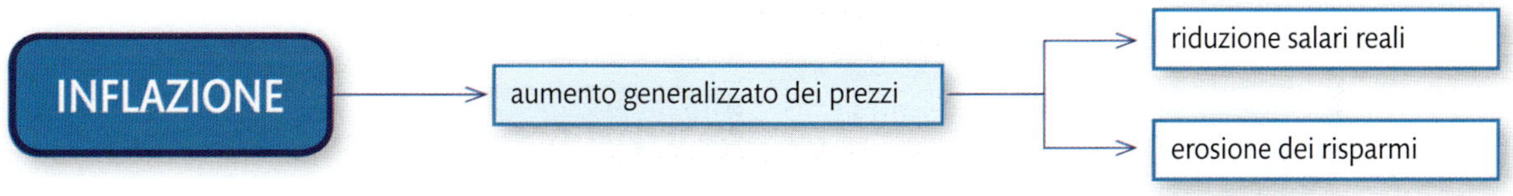

LEGGE COSTITUZIONALE: è una legge che integra o modifica la Costituzione (legge di revisione costituzionale). Negli ordinamenti a costituzione rigida, le leggi costituzionali sono adottate dal Parlamento con una procedura aggravata, cioè più complessa rispetto a quella ordinaria (art. 138 Cost.). Sono esclusi dalla revisione costituzionale: la forma repubblicana (art. 139 Cost.); i principi fondamentali dell'ordinamento. → *Lezione 15*

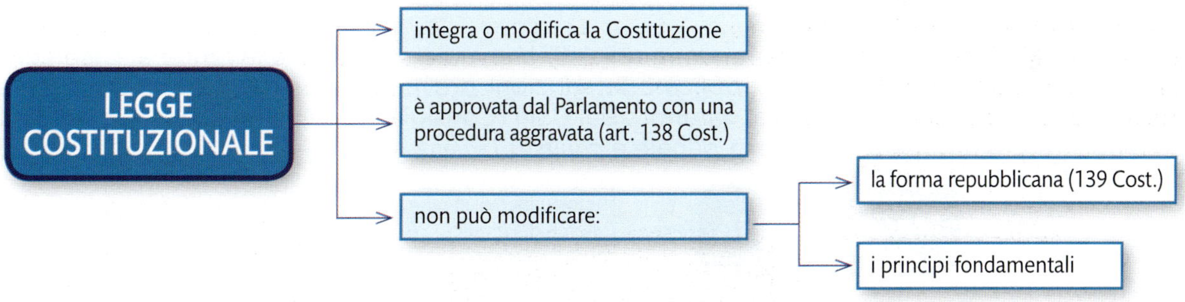

LEGGE ORDINARIA: è una fonte di rango primario, espressione del potere legislativo del Parlamento. Dopo l'approvazione da parte delle Camere, le leggi vengono promulgate dal Presidente della Repubblica, pubblicate sulla Gazzetta ufficiale ed entrano in vigore dopo il periodo di *vacatio legis.* La Costituzione (art. 117) delimita gli ambiti riservati alla legislazione dello Stato. → *Lezione 15*

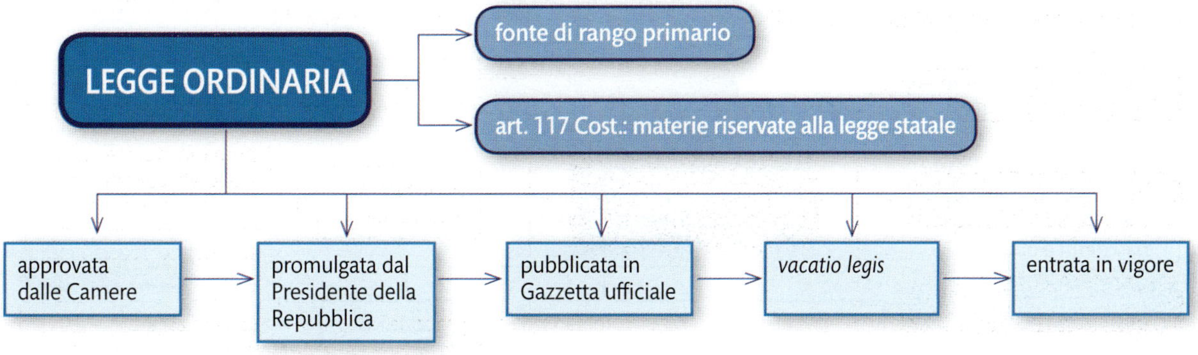

LEGGE REGIONALE: è adottata dal Consiglio regionale; ha lo stesso rango delle leggi statali ma si applica solo entro i confini della Regione. Le Regioni hanno una potestà legislativa generale, cioè su tutte le materie che non sono riservate alla competenza esclusiva dello Stato. In alcune materie hanno una competenza concorrente con lo Stato (art. 117 Cost.). → *Lezione 15 e 18*

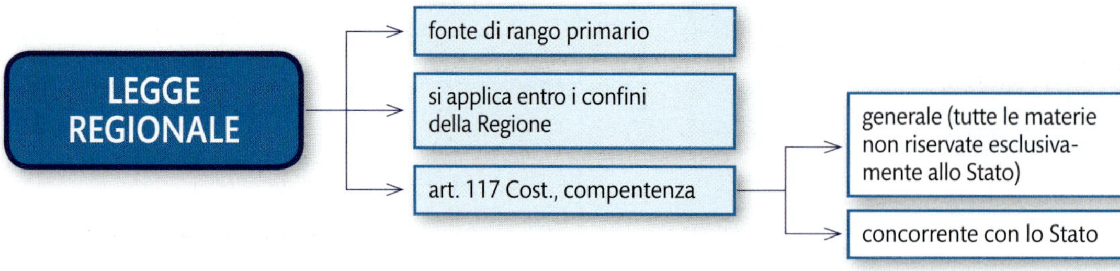

LIBERISMO E NEOLIBERISMO: il liberismo è una corrente economica basata sui principi di concorrenza perfetta, basso costo del lavoro, astensione dello Stato da ogni intervento assistenziale. Negli ultimi decenni, in opposizione alle teorie keynesiane, si è sviluppata la corrente del neoliberismo che rilancia alcune tesi del liberismo (astensione dello Stato dall'economia, riduzione del costo del lavoro, mobilità dei lavoratori). → *Lezione 25*

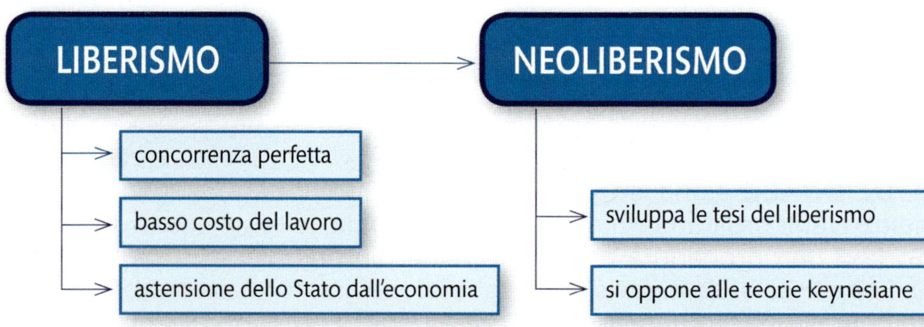

MAGISTRATURA: è data dall'insieme dei giudici. Il loro ruolo è applicare la legge al caso concreto, risolvere le controversie e applicare le sanzioni previste dalla legge. La magistratura gode di autonomia e indipendenza, garantite dal CSM (Consiglio Superiore della Magistratura). La magistratura ordinaria si divide in penale e civile. → *Lezione 20*

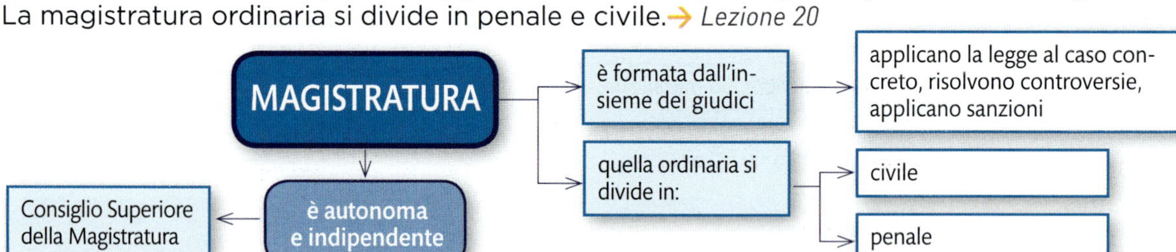

MATRIMONIO: è un atto giuridico con cui due persone manifestano la volontà di costituire una nuova famiglia. Dà vita al rapporto matrimoniale che comporta per i coniugi gli stessi diritti e gli stessi obblighi. Può essere celebrato secondo il rito civile, concordatario o acattolico. La separazione attenua i doveri fra i coniugi, mentre il divorzio scioglie il vincolo matrimoniale → *Lezione 4*

MERCANTILISMO: dottrina economica (XVI-XVIII secolo) che identifica la ricchezza della nazione con il possesso di oro e metalli preziosi, e quindi incentiva le esportazioni per incamerare oro e ostacola le importazioni attraverso l'imposizione di dazi (protezionismo) per evitare la fuoriuscita di oro. → *Lezione 24*

MERCATO: consiste nell'insieme della domanda (da parte dei consumatori) e dell'offerta (da parte dei produttori). Il mercato può presentarsi nella forma di monopolio, oligopolio, libera concorrenza, concorrenza monopolistica. → *Lezione 14*

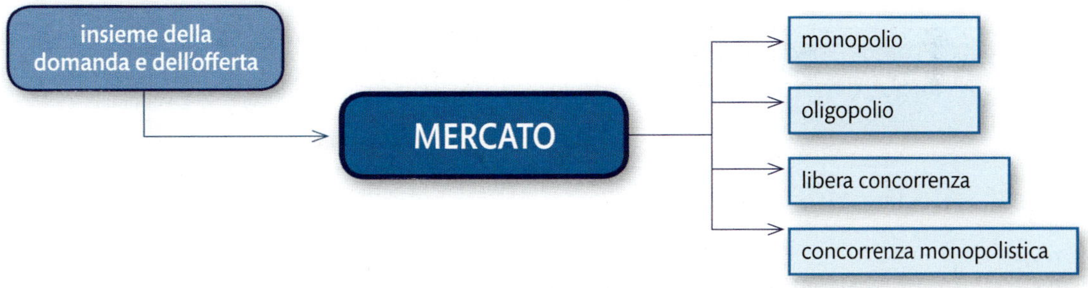

MONETA: è un mezzo di pagamento affermatosi già nell'antichità, in sostituzione del baratto. Svolge anche la funzione di riserva di valore e di misura di valore. Si distingue fra moneta legale (che è a circolazione forzosa, cioè per legge deve essere accettata in pagamento) e moneta bancaria (come gli assegni, la carta di credito, il bancomat). → *Lezione 26*

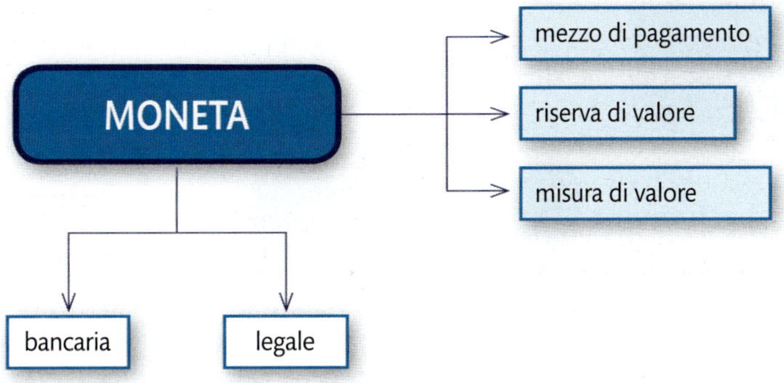

MONOPOLIO: è un mercato nel quale un certo bene o servizio è offerto da un solo produttore (monopolio dell'offerta) o è domandato da un solo consumatore (monopolio della domanda). → *Lezione 14*

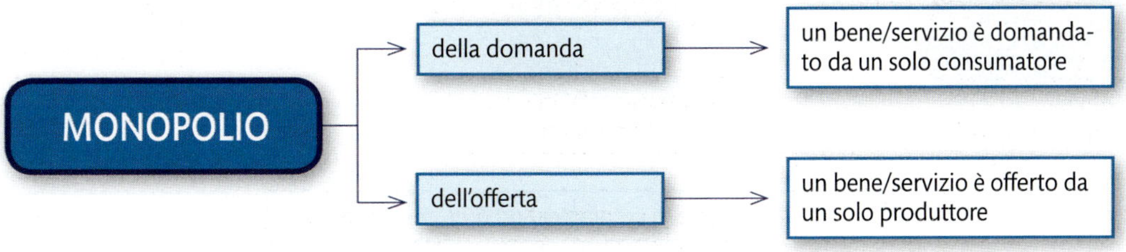

MULTINAZIONALI: sono imprese che estendono la loro attività su due o più Paesi. Spesso danno origine a gruppi societari in cui la società madre, detta holding, controlla varie società aventi sede in diversi parti del mondo. → *Lezione 28*

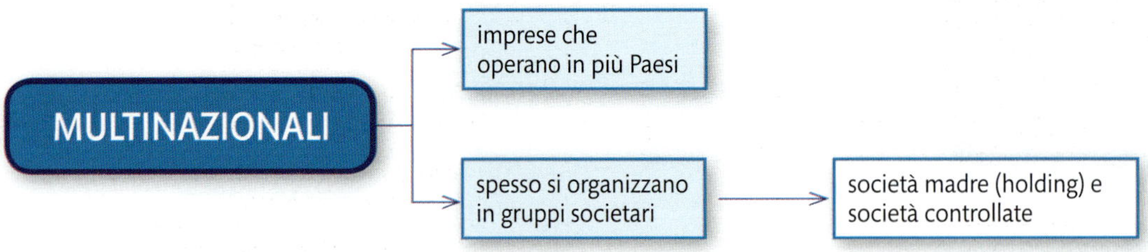

NORMA GIURIDICA: indica la regola di diritto. Caratteri comuni alle norme giuridiche sono la generalità (sono rivolte a tutti), l'obbligatorietà (possono essere imposte con la forza e, se violate, prevedono una sanzione), e l'astrattezza (descrivono un comportamento ipotetico, detto fattispecie). → *Lezione 1*

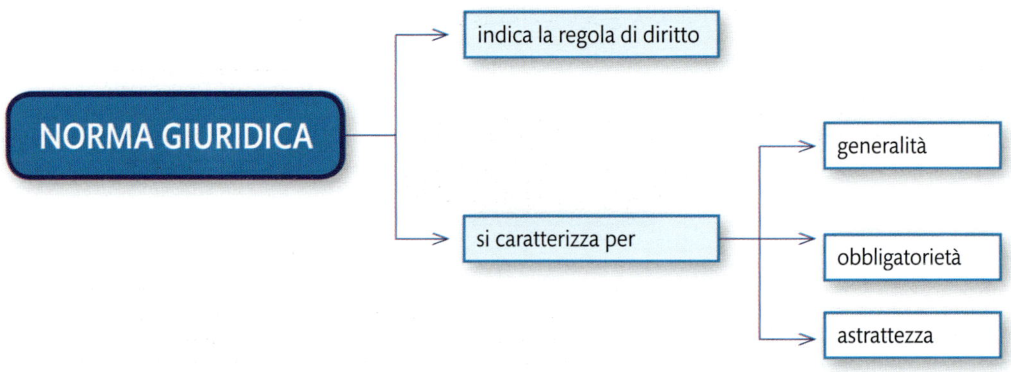

OFFERTA: indica la quantità di un certo bene o servizio che il produttore immette sul mercato. In genere, la quantità offerta è direttamente proporzionale al prezzo. → *Lezione 13*

OLIGOPOLIO: è un mercato nel quale un certo prodotto o servizio è offerto da un numero limitato di produttori. Può accadere che i produttori, accordandosi fra loro, trasformino l'oligopolio in un monopolio mascherato. Per evitare simili intese esiste la normativa antitrust. → *Lezione 14*

ONU: L'Organizzazione delle Nazioni Unite è un'organizzazione internazionale istituita nel 1945 allo scopo di mantenere la pace nel mondo. Gli organi dell'ONU sono: l'Assemblea generale, il Consiglio di sicurezza, il Segretario generale, la Corte internazionale di giustizia. → *Lezione 21*

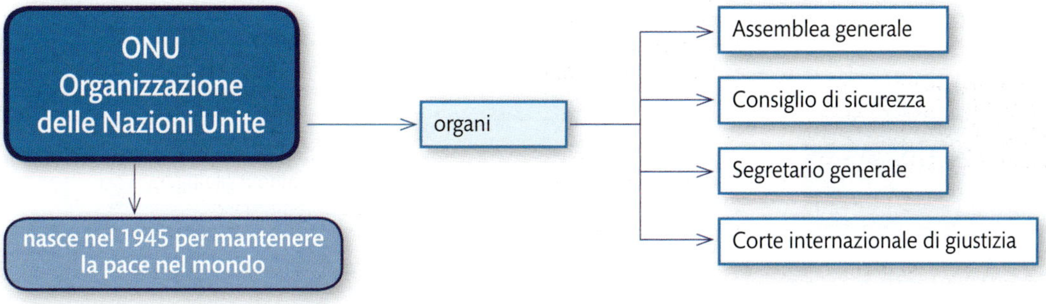

PARLAMENTO: è l'organo titolare della funzione legislativa e rappresenta al massimo grado la sovranità popolare. È composto dalla Camera dei Deputati e dal Senato della Repubblica, che hanno le stesse competenze (bicameralismo perfetto). Deputati e Senatori sono eletti direttamente dai cittadini e stanno in carica 5 anni (legislatura). → *Lezione 15*

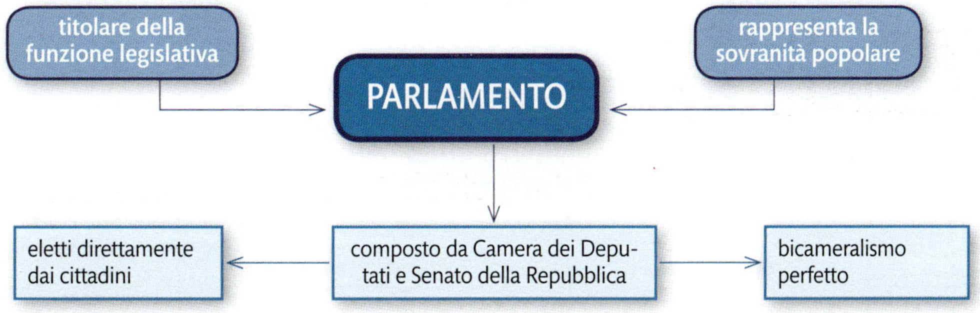

PATTO DI STABILITÀ: patto siglato dai Paesi dell'eurogruppo per assicurare la stabilità del sistema dell'euro, attraverso la vigilanza sui deficit e sui debiti pubblici dei singoli Stati in rapporto al loro PIL. → *Lezione 22*

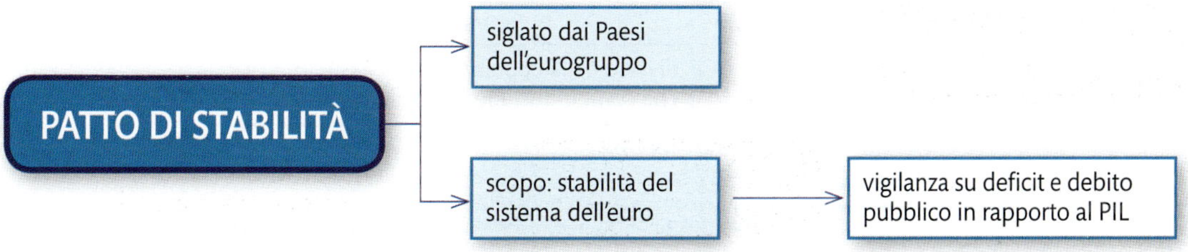

PERSONA FISICA: indica il soggetto di diritto, titolare di diritti e obblighi. La persona fisica nasce giuridicamente con l'inizio della respirazione polmonare e si estingue con la morte. Tutte le persone fisiche sono dotate di capacità giuridica. → *Lezione 3*

PERSONA GIURIDICA: ente al quale l'ordinamento riconosce la titolarità di diritti e di obblighi. Sono persone giuridiche le associazioni, costituite per il perseguimento di finalità non economiche; le società, costituite per svolgere un'attività economica al fine di dividerne gli utili tra i soci; le fondazioni, che sono organizzazioni di beni destinati a uno scopo di natura ideale. → *Lezione 3*

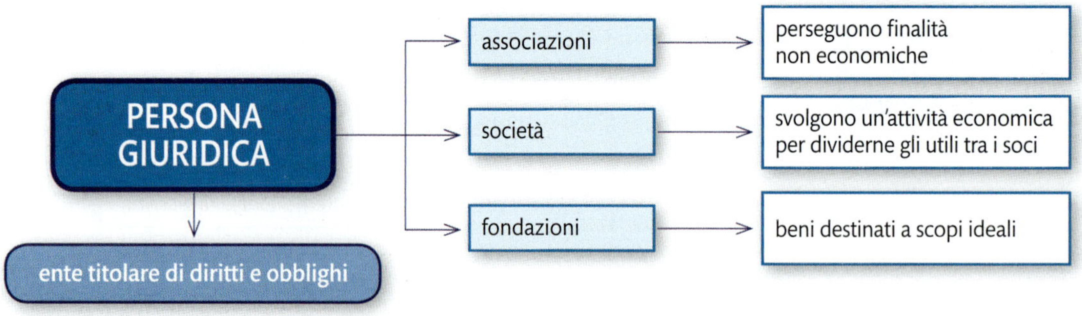

PRODOTTO INTERNO LORDO (PIL): indica la somma di beni e di servizi finali prodotti in un anno in un certo Paese. È detto "lordo" perchè viene calcolato al lordo degli ammortamenti, e "interno" perché comprende la produzione realizzata all'interno del Paese sia da operatori nazionali, sia da operatori esteri. In Italia il PIL viene periodicamente rilevato dall'ISTAT. → *Lezione 11*

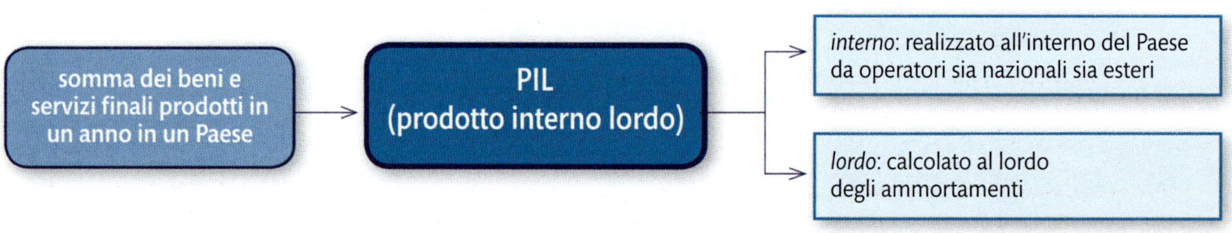

POPOLO: è composto dall'insieme dei cittadini dello Stato, cioè da quelle persone alle quali è riconosciuta la cittadinanza. Si distingue dalla popolazione che comprende tutti coloro che si trovano nel territorio dello Stato, compresi stranieri e apolidi. → *Lezione 5*

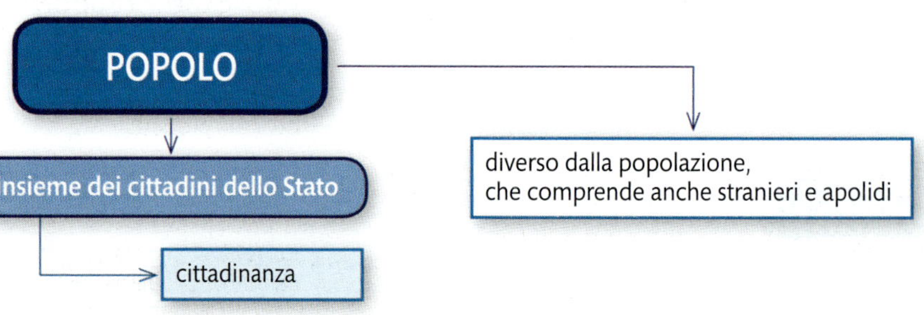

PRESCRIZIONE: è l'estinzione di un diritto dovuta al mancato esercizio da parte del titolare per il tempo previsto dalla legge (in genere 10 anni). Si distingue dalla decadenza, che è l'estinzione del diritto dovuta alla mancata osservanza del termine perentorio entro il quale può essere esercitato. I diritti indisponibili non sono soggetti a prescrizione. → *Lezione 1*

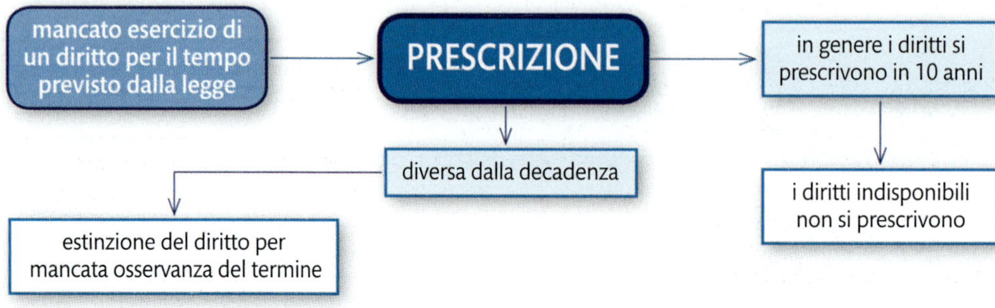

PRESIDENTE DELLA REPUBBLICA: è il Capo dello Stato, rappresenta l'unità nazionale e garantisce il rispetto della Costituzione. Viene eletto a scrutinio segreto dal Parlamento in seduta comune e rimane in carica per 7 anni. Al termine del mandato diventa senatore a vita. → *Lezione 17*

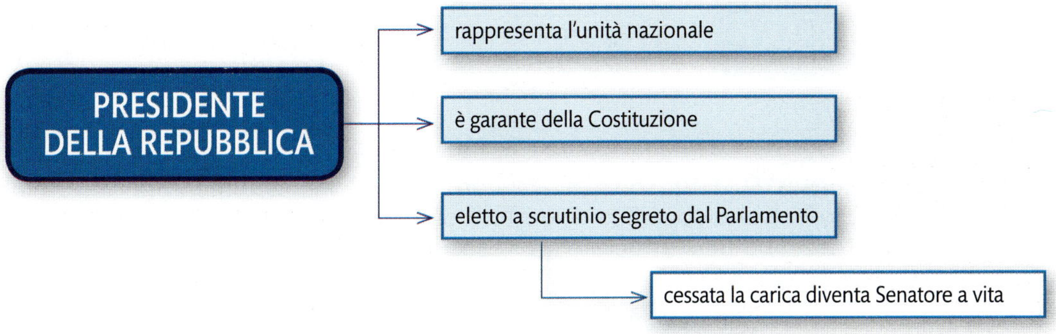

PREZZO DI MERCATO: è il prezzo medio di un prodotto che si registra in un dato momento sul mercato. Assicura al produttore di vendere tutta la quantità prodotta con il massimo profitto. Graficamente è dato dall'intersezione fra le curve della domanda e dell'offerta. → *Lezione 13*

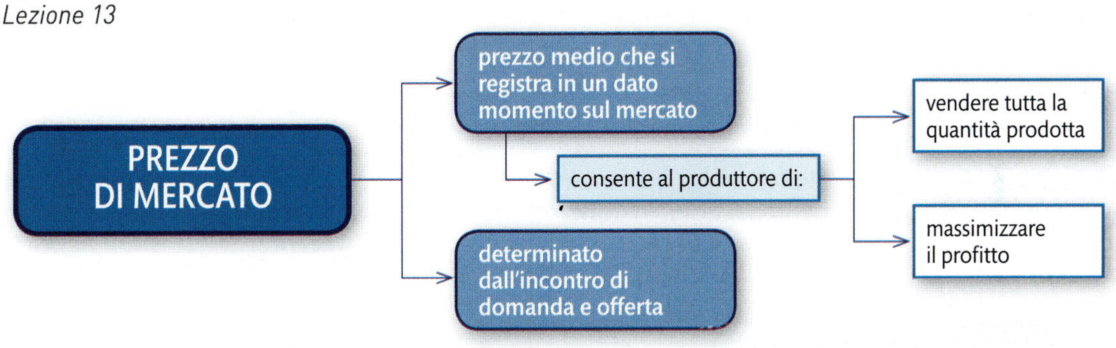

PRODUTTIVITÀ: è il rapporto tra la quantità prodotta e la quantità impiegata di un determinato fattore produttivo. Maggiore è la produttività, più l'azienda è efficiente e dunque competitiva. → *Lezione 13*

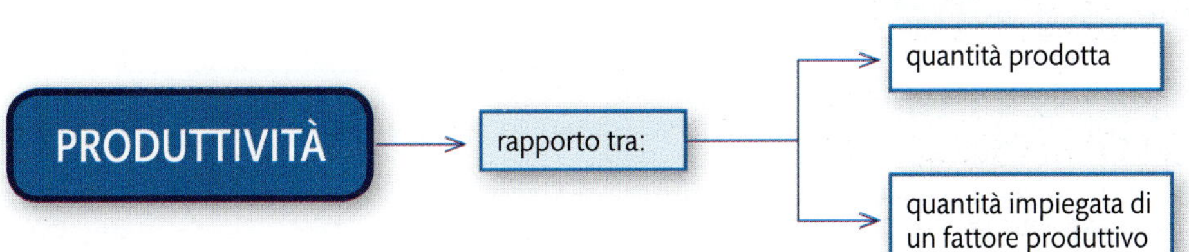

PROMULGAZIONE: è l'atto con cui il Presidente della Repubblica dichiara che la legge è stata regolarmente approvata dalle Camere e ordina a tutti di rispettarla. Se una legge appare in contrasto con la Costituzione, il Presidente può rinviarla alle Camere perché la ridiscutano, ma se viene nuovamente approvata ha l'obbligo di promulgarla. Alla promulgazione segue la pubblicazione in Gazzetta ufficiale. → *Lezione 15*

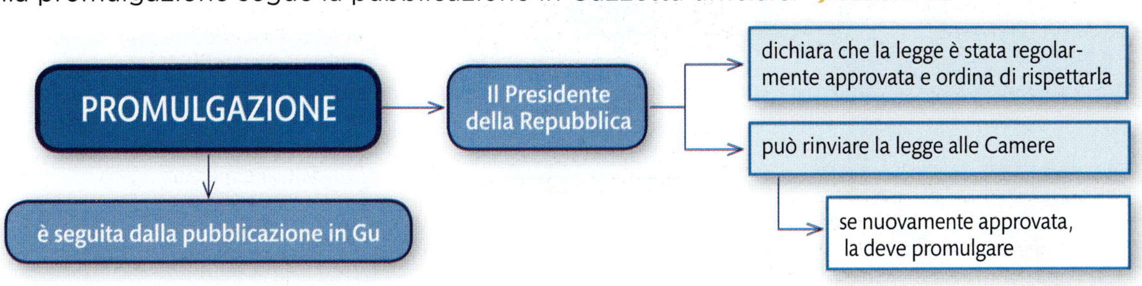

PROTEZIONISMO: è una politica che mira a proteggere i prodotti nazionali dalla concorrenza straniera. Si attua imponendo dazi molto alti sulle merci provenienti dall'estero, in modo da scoraggiarne l'acquisto da parte dei cittadini a favore delle merci nazionali. → *Lezione 12*

PROVVEDIMENTI AMMINISTRATIVI: sono gli atti con i quali la PA esprime imperativamente la propria volontà in relazione a uno specifico oggetto. Possono essere estensivi o restrittivi. Tutti i provvedimenti si caratterizzano per l'imperatività, l'esecutività e la revocabilità. → *Lezione 19*

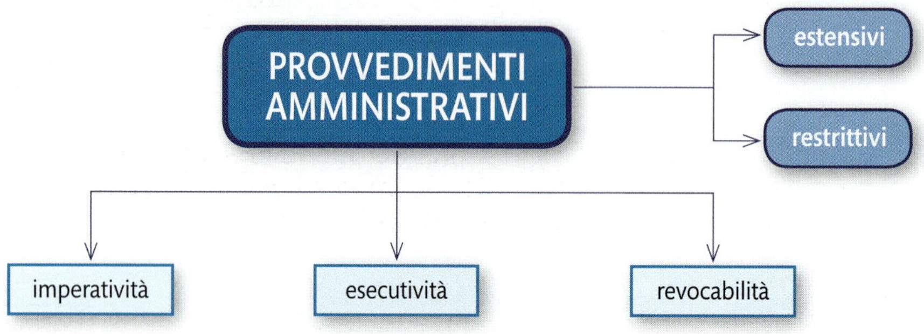

PUBBLICA AMMINISTRAZIONE (PA): è l'insieme degli enti e degli organi a cui è demandata la funzione amministrativa, cioè la gestione in concreto degli interessi pubblici. L'attività amministrativa è esercitata dal Governo e dagli enti pubblici, territoriali e non territoriali. Si ispira ai principi di buon andamento, imparzialità, legalità e trasparenza. → *Lezione 19*

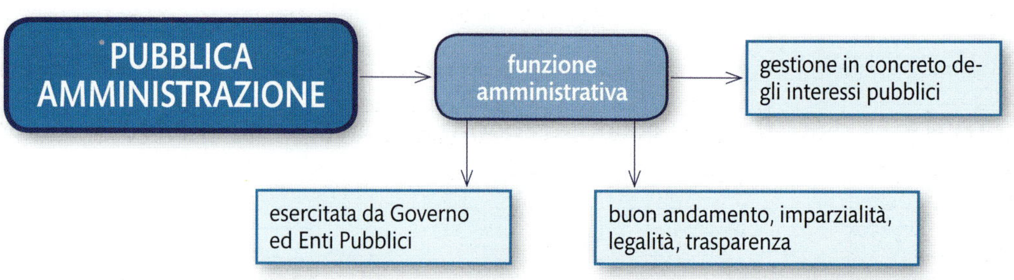

REFERENDUM: è un istituto di democrazia diretta. Esistono vari tipi di referendum: abrogativo, confermativo, consultivo. Il referendum abrogativo è indetto dal Presidente della Repubblica su richiesta di almeno 500mila elettori o 5 Consigli regionali. La consultazione è valida se partecipa la maggioranza degli aventi diritto (*quorum*). Non è ammesso il referendum abrogativo per: le leggi tributarie e di bilancio; di amnistia e indulto; di ratifica dei trattati internazionali. → *Lezione 15*

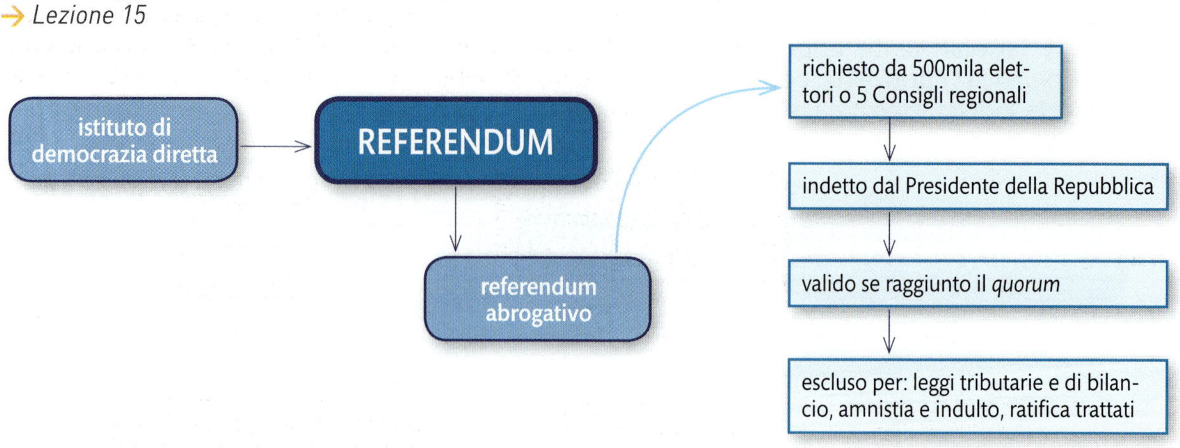

REGIONE: è un ente locale dotato di ampia autonomia politica, legislativa e amministrativa. I suoi organi sono il Consiglio regionale, il Presidente della Regione e la Giunta. L'organizzazione e il funzionamento della Regione sono stabiliti nello statuto. L'Italia è divisa in venti regioni, cinque delle quali godono di uno statuto speciale. → *Lezione 18*

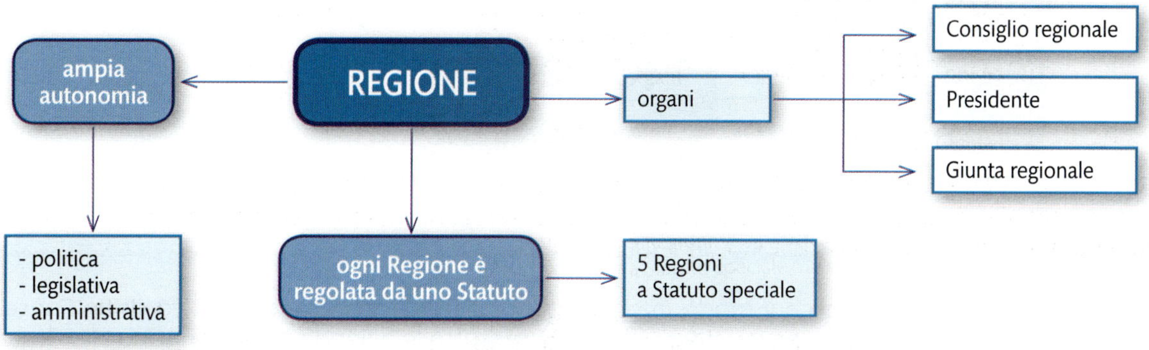

REGOLAMENTI Ue: sono atti normativi dell'Unione europea di carattere legislativo. Entrano direttamente a far parte dell'ordinamento degli Stati membri e hanno lo stesso rango delle leggi. In caso di contrasto una tra legge e un regolamento comunitario, prevale il regolamento. → *Lezione 23*

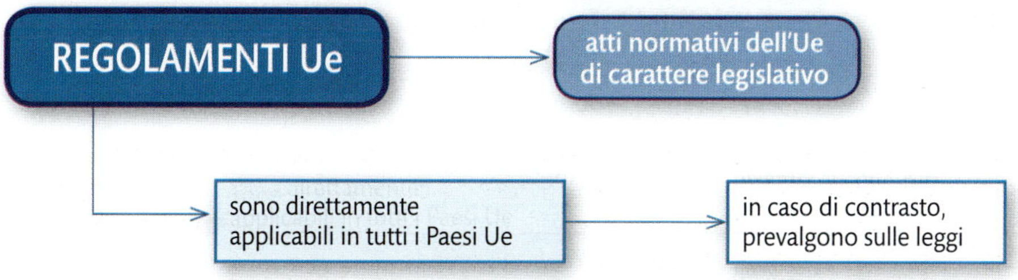

RESIDENZA: è il luogo in cui la persona vive abitualmente. La residenza viene riportata sui documenti di riconoscimento della persona. Si differenzia sia dal domicilio (sede principale degli affari e interessi) che dalla dimora (luogo di permanenza occasionale o transitoria). → *Lezione 3*

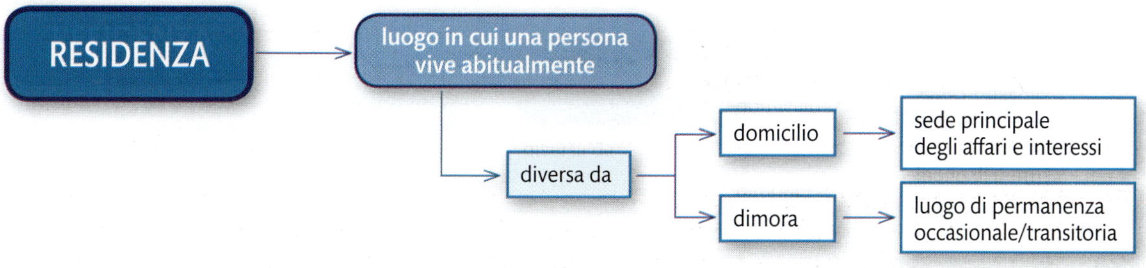

RICORSI AMMINISTRATIVI: sono rimedi a disposizione del cittadino che si ritenga leso da un atto o comportamento della PA. Sono di tre tipi: ricorso in opposizione, rivolto allo stesso organo che ha emanato l'atto; ricorso gerarchico, rivolto all'organo superiore a quello che ha emanato l'atto, e ricorso straordinario al Capo dello Stato. → *Lezione 19*

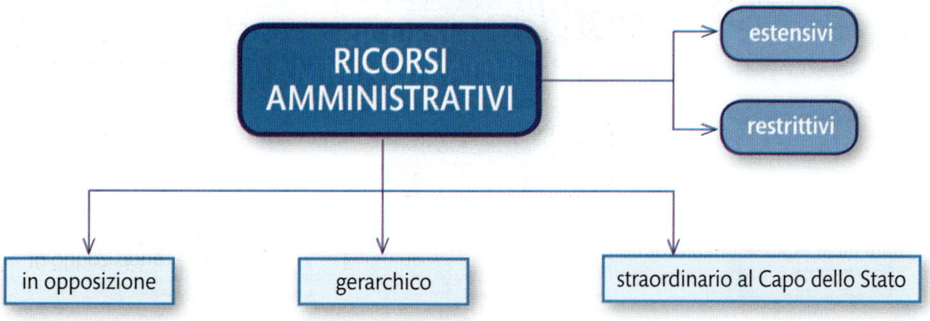

SANZIONE: è la conseguenza prevista dall'ordinamento in caso di violazione delle norme giuridiche. Può essere civile, penale o amministrativa e può colpire il patrimonio o, nel caso della pena, la libertà personale. → *Lezione 2*

SISTEMA ECONOMICO: indica il modo in cui è organizzato l'apparato produttivo di un Paese. I sistemi economici principali sono il sistema collettivista (tutte le aziende appartengono allo Stato), il sistema capitalista puro (capitali e aziende appartengono a privati) e il sistema misto, che è quello scelto dalla nostra Costituzione. I principali attori del sistema economico sono: famiglie, imprese, PA, resto del mondo. → *Lezione 10*

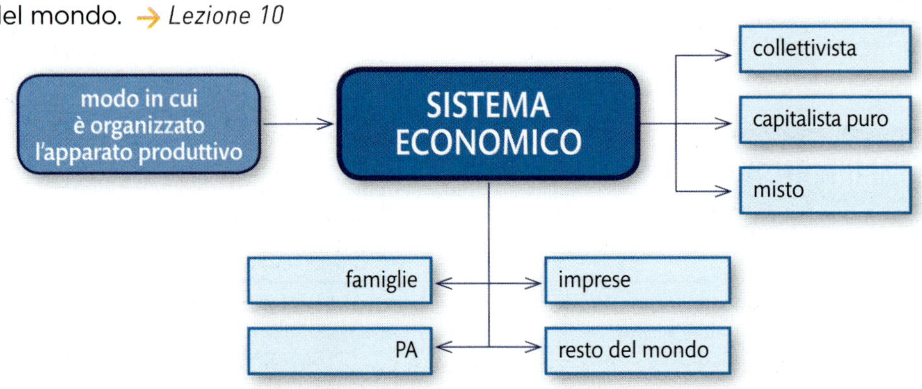

SOVRANITÀ: è un attributo dello Stato in quanto ente dotato di superiorità, indipendenza e originarietà. → *Lezione 5*

STATO: il termine Stato può indicare: a) il territorio, delimitato da confini, su cui vive stabilmente un popolo governato da un proprio apparato; b) l'apparato che, su quel popolo e su quel territorio, esercita la sovranità. Gli elementi costitutivi dello Stato sono il popolo, il territorio e la sovranità. → *Lezione 5*

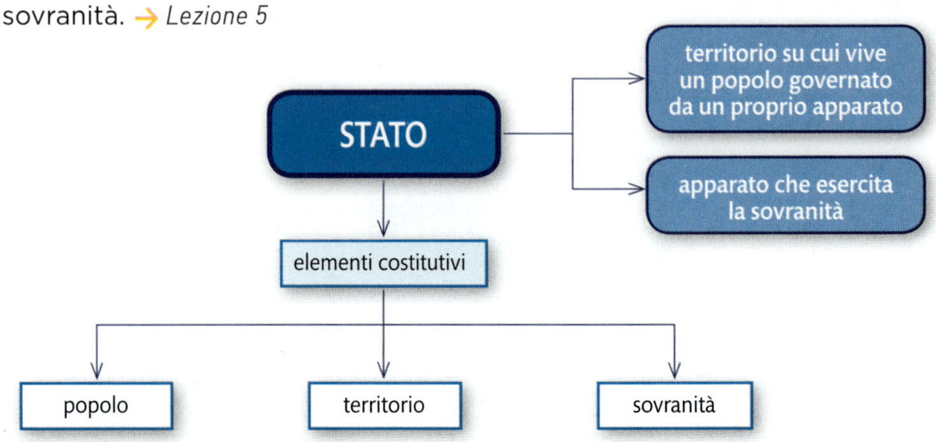

TERRITORIO: è lo spazio, delimitato da confini, all'interno del quale lo Stato esercita il proprio potere sovrano. È composto dalla terraferma, dalle acque territoriali (se si tratta di uno Stato rivierasco), dallo spazio aereo che sovrastante e dal sottosuolo, sia terrestre che marino. → *Lezione 5*

TRIBUTI: sono le somme che, in vario modo, lo Stato richiede ai cittadini. Si distingue fra imposte e tasse. Le imposte, che possono essere dirette o indirette, sono prelievi che lo Stato opera d'autorità sui redditi dei cittadini. Le tasse sono quei tributi richiesti per poter usufruire di un servizio pubblico. → *Lezione 12*

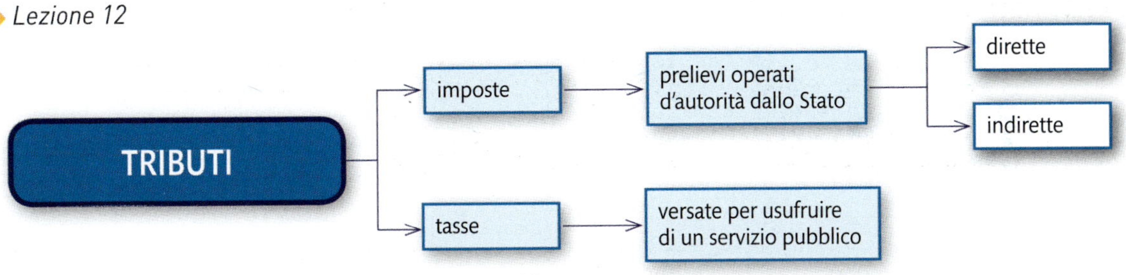

VACATIO LEGIS: indica il periodo di tempo che intercorre tra la pubblicazione di una legge e la sua entrata in vigore. La durata della *vacatio* è generalmente di 15 giorni. Il suo scopo è consentire ai cittadini di conoscere e adeguarsi alle nuove norme. → *Lezione 2*

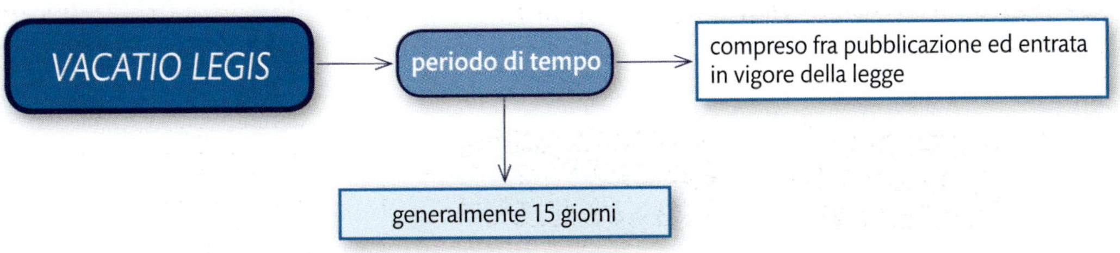

LA COSTITUZIONE ITALIANA

PRINCIPI FONDAMENTALI

1. L'Italia è una Repubblica democratica, fondata sul lavoro.

La sovranità appartiene al popolo, che la esercita nelle forme e nei limiti della Costituzione.

2. La Repubblica riconosce e garantisce i diritti inviolabili dell'uomo, sia come singolo sia nelle formazioni sociali ove si svolge la sua personalità, e richiede l'adempimento dei doveri inderogabili di solidarietà politica, economica e sociale.

3. Tutti i cittadini hanno pari dignità sociale e sono eguali davanti alla legge, senza distinzione di sesso, di razza, di lingua, di religione, di opinioni politiche, di condizioni personali e sociali.

È compito della Repubblica rimuovere gli ostacoli di ordine economico e sociale, che, limitando di fatto la libertà e l'eguaglianza dei cittadini, impediscono il pieno sviluppo della persona umana e l'effettiva partecipazione di tutti i lavoratori all'organizzazione politica, economica e sociale del Paese.

4. La Repubblica riconosce a tutti i cittadini il diritto al lavoro e promuove le condizioni che rendano effettivo questo diritto.

Ogni cittadino ha il dovere di svolgere, secondo le proprie possibilità e la propria scelta, un'attività o una funzione che concorra al progresso materiale o spirituale della società.

5. La Repubblica, una e indivisibile, riconosce e promuove le autonomie locali; attua nei servizi che dipendono dallo Stato il più ampio decentramento amministrativo; adegua i princìpi ed i metodi della sua legislazione alle esigenze dell'autonomia e del decentramento.

6. La Repubblica tutela con apposite norme le minoranze linguistiche.

7. Lo Stato e la Chiesa cattolica sono, ciascuno nel proprio ordine, indipendenti e sovrani.

I loro rapporti sono regolati dai Patti Lateranensi. Le modificazioni dei Patti, accettate dalle due parti, non richiedono procedimento di revisione costituzionale.

8. Tutte le confessioni religiose sono egualmente libere davanti alla legge.

Le confessioni religiose diverse dalla cattolica hanno diritto di organizzarsi secondo i propri statuti, in quanto non contrastino con l'ordinamento giuridico italiano.

I loro rapporti con lo Stato sono regolati per legge sulla base di intese con le relative rappresentanze.

9. La Repubblica promuove lo sviluppo della cultura e la ricerca scientifica e tecnica.

Tutela il paesaggio e il patrimonio storico e artistico della Nazione.

10. L'ordinamento giuridico italiano si conforma alle norme del diritto internazionale generalmente riconosciute.

La condizione giuridica dello straniero è regolata dalla legge in conformità delle norme e dei trattati internazionali.

Lo straniero, al quale sia impedito nel suo paese l'effettivo esercizio delle libertà democratiche garantite dalla Costituzione italiana, ha diritto d'asilo nel territorio della Repubblica, secondo le condizioni stabilite dalla legge.

Non è ammessa l'estradizione dello straniero per reati politici.

11. L'Italia ripudia la guerra come strumento di offesa alla libertà degli altri popoli e come mezzo di risoluzione delle controversie internazionali; consente, in condizioni di parità con gli altri Stati, alle limitazioni di sovranità necessarie ad un ordinamento che assicuri la pace e la giustizia fra le Nazioni; promuove e favorisce le organizzazioni internazionali rivolte a tale scopo.

12. La bandiera della Repubblica è il tricolore italiano: verde, bianco e rosso, a tre bande verticali di eguali dimensioni.

PARTE PRIMA

DIRITTI E DOVERI DEI CITTADINI

TITOLO I

Rapporti civili

13. La libertà personale è inviolabile.

Non è ammessa forma alcuna di detenzione, di ispezione o perquisizione personale, né qualsiasi altra restrizione della libertà personale, se non per atto motivato dell'autorità giudiziaria e nei soli casi e modi previsti dalla legge.

In casi eccezionali di necessità ed urgenza, indicati tassativamente dalla legge, l'autorità di pubblica sicurezza può adottare provvedimenti provvisori, che devono essere comunicati entro quarantotto ore all'autorità giudiziaria e, se questa non li convalida nelle successive quarantotto ore, si intendono revocati e restano privi di ogni effetto.

È punita ogni violenza fisica e morale sulle persone comunque sottoposte a restrizioni di libertà.

La legge stabilisce i limiti massimi della carcerazione preventiva.

14. Il domicilio è inviolabile.

Non vi si possono eseguire ispezioni o perquisizioni o sequestri, se non nei casi e modi stabiliti dalla legge secondo le garanzie prescritte per la tutela della libertà personale.

Gli accertamenti e le ispezioni per motivi di sanità e di incolumità pubblica o a fini economici e fiscali sono regolati da leggi speciali.

15. La libertà e la segretezza della corrispondenza e di ogni altra forma di comunicazione sono inviolabili.

La loro limitazione può avvenire soltanto per atto motivato dell'autorità giudiziaria con le garanzie stabilite dalla legge.

16. Ogni cittadino può circolare e soggiornare liberamente in qualsiasi parte del territorio nazionale, salvo le limitazioni che la legge stabilisce in via generale per motivi di sanità o di sicurezza. Nessuna restrizione può essere determinata da ragioni politiche.

Ogni cittadino è libero di uscire dal territorio della Repubblica e di rientrarvi, salvo gli obblighi di legge.

17. I cittadini hanno diritto di riunirsi pacificamente e senz'armi.

Per le riunioni, anche in luogo aperto al pubblico, non è richiesto preavviso.

Delle riunioni in luogo pubblico deve essere dato preavviso alle autorità, che possono vietarle soltanto per comprovati motivi di sicurezza o di incolumità pubblica.

18. I cittadini hanno diritto di associarsi liberamente, senza autorizzazione, per fini che non sono vietati ai singoli dalla legge penale.

Sono proibite le associazioni segrete e quelle che perseguono, anche indirettamente, scopi politici mediante organizzazioni di carattere militare.

19. Tutti hanno diritto di professare liberamente la propria fede religiosa in qualsiasi forma, individuale o associata, di farne propaganda e di esercitarne in privato o in pubblico il culto, purché non si tratti di riti contrari al buon costume.

20. Il carattere ecclesiastico e il fine di religione o di culto d'una associazione od istituzione non possono essere causa di speciali limitazioni legislative, né di speciali gravami fiscali per la sua costituzione, capacità giuridica e ogni forma di attività.

21. Tutti hanno diritto di manifestare liberamente il proprio pensiero con la parola, lo scritto e ogni altro mezzo di diffusione.

La stampa non può essere soggetta ad autorizzazioni o censure.

Si può procedere a sequestro soltanto per atto motivato dell'autorità giudiziaria nel caso di delitti, per i quali la legge sulla stampa espressamente lo autorizzi, o nel caso di violazione delle norme che la legge stessa prescriva per l'indicazione dei responsabili.

In tali casi, quando vi sia assoluta urgenza e non sia possibile il tempestivo intervento della autorità giudiziaria, il sequestro della stampa periodica può essere eseguito da ufficiali di polizia giudiziaria, che devono immediatamente, e non mai oltre ventiquattro ore, fare denunzia all'autorità giudiziaria. Se questa non lo convalida nelle ventiquattro ore successive, il sequestro si intende revocato e privo d'ogni effetto.

La legge può stabilire, con norme di carattere generale, che siano resi noti i mezzi di finanziamento della stampa periodica.

Sono vietate le pubblicazioni a stampa, gli spettacoli e tutte le altre manifestazioni contrarie al buon costume. La legge stabilisce provvedimenti adeguati a prevenire e a reprimere le violazioni.

22. Nessuno può essere privato, per motivi politici, della capacità giuridica, della cittadinanza, del nome.

23. Nessuna prestazione personale o patrimoniale può essere imposta se non in base alla legge.

24. Tutti possono agire in giudizio per la tutela dei propri diritti e interessi legittimi.

La difesa è diritto inviolabile in ogni stato e grado del procedimento.

Sono assicurati ai non abbienti, con appositi istituti, i mezzi per agire e difendersi davanti ad ogni giurisdizione.

La legge determina le condizioni e i modi per la riparazione degli errori giudiziari.

25. Nessuno può essere distolto dal giudice naturale precostituito per legge.

Nessuno può essere punito se non in forza di una legge che sia entrata in vigore prima del fatto commesso.

Nessuno può essere sottoposto a misure di sicurezza se non nei casi previsti dalla legge.

26. L'estradizione del cittadino può essere consentita soltanto ove sia espressamente prevista dalle convenzioni internazionali.

Non può in alcun caso essere ammessa per reati politici.

27. La responsabilità penale è personale.

L'imputato non è considerato colpevole sino alla condanna definitiva.

Le pene non possono consistere in trattamenti contrari al senso di umanità e devono tendere alla rieducazione del condannato.

Non è ammessa la pena di morte.

28. I funzionari e i dipendenti dello Stato e degli enti pubblici sono direttamente responsabili, secondo le leggi penali, civili e amministrative, degli atti compiuti in violazione di diritti. In tali casi la responsabilità civile si estende allo Stato e agli enti pubblici.

TITOLO II

Rapporti etico-sociali

29. La Repubblica riconosce i diritti della famiglia come società naturale fondata sul matrimonio.

Il matrimonio è ordinato sulla eguaglianza morale e giuridica dei coniugi, con i limiti stabiliti dalla legge a garanzia dell'unità familiare.

30. È dovere e diritto dei genitori mantenere, istruire ed educare i figli, anche se nati fuori del matrimonio.

Nei casi di incapacità dei genitori, la legge provvede a che siano assolti i loro compiti.

La legge assicura ai figli nati fuori del matrimonio ogni tutela giuridica e sociale, compatibile con i diritti dei membri della famiglia legittima.

La legge detta le norme e i limiti per la ricerca della paternità.

31. La Repubblica agevola con misure economiche e altre provvidenze la formazione della famiglia e l'adempimento dei compiti relativi, con particolare riguardo alle famiglie numerose.

Protegge la maternità, l'infanzia e la gioventù, favorendo gli istituti necessari a tale scopo.

32. La Repubblica tutela la salute come fondamentale diritto dell'individuo e interesse della collettività, e garantisce cure gratuite agli indigenti.

Nessuno può essere obbligato a un determinato trattamento sanitario se non per disposizione di legge. La legge non può in nessun caso violare i limiti imposti dal rispetto della persona umana.

33. L'arte e la scienza sono libere e libero ne è l'insegnamento.

La Repubblica detta le norme generali sull'istruzione ed istituisce scuole statali per tutti gli ordini e gradi.

Enti e privati hanno il diritto di istituire scuole ed istituti di educazione, senza oneri per lo Stato.

La legge, nel fissare i diritti e gli obblighi delle scuole non statali che chiedono la parità, deve assicurare ad esse piena libertà e ai loro alunni un trattamento scolastico equipollente a quello degli alunni di scuole statali.

È prescritto un esame di Stato per l'ammissione ai vari ordini e gradi di scuole o per la conclusione di essi e per l'abilitazione all'esercizio professionale.

Le istituzioni di alta cultura, università ed accademie, hanno il diritto di darsi ordinamenti autonomi nei limiti stabiliti dalle leggi dello Stato.

34. La scuola è aperta a tutti.

L'istruzione inferiore, impartita per almeno otto anni, è obbligatoria e gratuita.

I capaci e meritevoli, anche se privi di mezzi, hanno diritto di raggiungere i gradi più alti degli studi.

La Repubblica rende effettivo questo diritto con borse di studio, assegni alle famiglie ed altre provvidenze, che devono essere attribuite per concorso.

TITOLO III

Rapporti economici

35. La Repubblica tutela il lavoro in tutte le sue forme ed applicazioni.

Cura la formazione e l'elevazione professionale dei lavoratori.

Promuove e favorisce gli accordi e le organizzazioni internazionali intesi ad affermare e regolare i diritti del lavoro.

Riconosce la libertà di emigrazione, salvo gli obblighi stabiliti dalla legge nell'interesse generale, e tutela il lavoro italiano all'estero.

36. Il lavoratore ha diritto ad una retribuzione proporzionata alla quantità e qualità del suo lavoro e in ogni caso sufficiente ad assicurare a sé e alla famiglia un'esistenza libera e dignitosa.

La durata massima della giornata lavorativa è stabilita dalla legge.

Il lavoratore ha diritto al riposo settimanale e a ferie annuali retribuite, e non può rinunziarvi.

37. La donna lavoratrice ha gli stessi diritti e, a parità di lavoro, le stesse retribuzioni che spettano al lavoratore.

Le condizioni di lavoro devono consentire l'adempimento della sua essenziale funzione familiare e assicurare alla madre e al bambino una speciale adeguata protezione.

La legge stabilisce il limite minimo di età per il lavoro salariato.

La Repubblica tutela il lavoro dei minori con speciali norme e garantisce ad essi, a parità di lavoro, il diritto alla parità di retribuzione.

38. Ogni cittadino inabile al lavoro e sprovvisto dei mezzi necessari per vivere ha diritto al mantenimento e all'assistenza sociale.

I lavoratori hanno diritto che siano preveduti ed assicurati mezzi adeguati alle loro esigenze di vita in caso di infortunio, malattia, invalidità e vecchiaia, disoccupazione involontaria.

Gli inabili ed i minorati hanno diritto all'educazione e all'avviamento professionale.

Ai compiti previsti in questo articolo provvedono organi ed istituti predisposti o integrati dallo Stato.

L'assistenza privata è libera.

39. L'organizzazione sindacale è libera.

Ai sindacati non può essere imposto altro obbligo se non la loro registrazione presso uffici locali o centrali, secondo le norme di legge.

È condizione per la registrazione che gli statuti dei sindacati sanciscano un ordinamento interno a base democratica.

I sindacati registrati hanno personalità giuridica. Possono, rappresentati unitariamente in proporzione dei loro iscritti, stipulare contratti collettivi di lavoro con efficacia obbligatoria per tutti gli appartenenti alle categorie alle quali il contratto si riferisce.

40. Il diritto di sciopero si esercita nell'ambito delle leggi che lo regolano.

41. L'iniziativa economica privata è libera.

Non può svolgersi in contrasto con l'utilità sociale o in modo da recare danno alla sicurezza, alla libertà, alla dignità umana.

La legge determina i programmi e i controlli opportuni perché l'attività economica pubblica e privata possa essere indirizzata e coordinata a fini sociali.

42. La proprietà è pubblica o privata. I beni economici appartengono allo Stato, ad enti o a privati.

La proprietà privata è riconosciuta e garantita dalla legge, che ne determina i modi di acquisto, di godimento e i limiti allo scopo di assicurarne la funzione sociale e di renderla accessibile a tutti.

La proprietà privata può essere, nei casi preveduti dalla legge, e salvo indennizzo, espropriata per motivi d'interesse generale.

La legge stabilisce le norme ed i limiti della successione legittima e testamentaria e i diritti dello Stato sulle eredità.

43. A fini di utilità generale la legge può riservare originariamente o trasferire, mediante espropriazione e salvo indennizzo, allo Stato, ad enti pubblici o a comunità di lavoratori o di utenti determinate imprese o categorie di imprese, che si riferiscano a servizi pubblici essenziali o a fonti di energia o a situazioni di monopolio ed abbiano carattere di preminente interesse generale.

44. Al fine di conseguire il razionale sfruttamento del suolo e di stabilire equi rapporti sociali, la legge impone obblighi e vincoli alla proprietà terriera privata, fissa limiti alla sua estensione secondo le regioni e le zone agrarie, promuove ed impone la bonifica delle terre, la trasformazione del latifondo e la ricostituzione delle unità produttive; aiuta la piccola e la media proprietà.

La legge dispone provvedimenti a favore delle zone montane.

45. La Repubblica riconosce la funzione sociale della cooperazione a carattere di mutualità e senza fini di speculazione privata. La legge ne promuove e favorisce l'incremento con i mezzi più idonei e ne assicura, con gli opportuni controlli, il carattere e le finalità.

La legge provvede alla tutela e allo sviluppo dell'artigianato.

46. Ai fini della elevazione economica e sociale del lavoro e in armonia con le esigenze della produzione, la Repubblica riconosce il diritto dei lavoratori a collaborare, nei modi e nei limiti stabiliti dalle leggi, alla gestione delle aziende.

47. La Repubblica incoraggia e tutela il risparmio in tutte le sue forme; disciplina, coordina e controlla l'esercizio del credito.

Favorisce l'accesso del risparmio popolare alla proprietà dell'abitazione, alla proprietà diretta coltivatrice e al diretto e indiretto investimento azionario nei grandi complessi produttivi del Paese.

TITOLO IV

Rapporti politici

48. Sono elettori tutti i cittadini, uomini e donne, che hanno raggiunto la maggiore età.

Il voto è personale ed eguale, libero e segreto. Il suo esercizio è dovere civico.

La legge stabilisce requisiti e modalità per l'esercizio del diritto di voto dei cittadini residenti all'estero e ne assicura l'effettività. A tale fine è istituita una circoscrizione Estero per l'elezione delle Camere, alla quale sono assegnati seggi nel numero stabilito da norma costituzionale e secondo criteri determinati dalla legge.

Il diritto di voto non può essere limitato se non per incapacità civile o per effetto di sentenza penale irrevocabile o nei casi di indegnità morale indicati dalla legge.

49. Tutti i cittadini hanno diritto di associarsi liberamente in partiti per concorrere con metodo democratico a determinare la politica nazionale.

50. Tutti i cittadini possono rivolgere petizioni alle Camere per chiedere provvedimenti legislativi o esporre comuni necessità.

51. Tutti i cittadini dell'uno o dell'altro sesso possono accedere agli uffici pubblici e alle cariche elettive in condizioni di eguaglianza, secondo i requisiti stabiliti dalla legge. A tale fine la Repubblica promuove con appositi provvedimenti le pari opportunità tra donne e uomini.

La legge può, per l'ammissione ai pubblici uffici e alle cariche elettive, parificare ai cittadini gli italiani non appartenenti alla Repubblica.

Chi è chiamato a funzioni pubbliche elettive ha diritto di disporre del tempo necessario al loro adempimento e di conservare il suo posto di lavoro.

52. La difesa della Patria è sacro dovere del cittadino.

Il servizio militare è obbligatorio nei limiti e modi stabiliti dalla legge. Il suo adempimento non pregiudica la posizione di lavoro del cittadino, né l'esercizio dei diritti politici.

L'ordinamento delle Forze armate si informa allo spirito democratico della Repubblica.

53. Tutti sono tenuti a concorrere alle spese pubbliche in ragione della loro capacità contributiva.

Il sistema tributario è informato a criteri di progressività.

54. Tutti i cittadini hanno il dovere di essere fedeli alla Repubblica e di osservarne la Costituzione e le leggi.

I cittadini cui sono affidate funzioni pubbliche hanno il dovere di adempierle con disciplina ed onore, prestando giuramento nei casi stabiliti dalla legge.

PARTE SECONDA
ORDINAMENTO DELLA REPUBBLICA

TITOLO I

Il Parlamento

Sezione I. - *Le Camere*

55. Il Parlamento si compone della Camera dei deputati e del Senato della Repubblica.

Il Parlamento si riunisce in seduta comune dei membri delle due Camere nei soli casi stabiliti dalla Costituzione.

56. La Camera dei deputati è eletta a suffragio universale e diretto.

Il numero dei deputati è di seicentotrenta, dodici dei quali eletti nella circoscrizione Estero.

Sono eleggibili a deputati tutti gli elettori che nel giorno delle elezioni hanno compiuto i venticinque anni di età.

La ripartizione dei seggi tra le circoscrizioni, fatto salvo il numero dei seggi assegnati alla circoscrizione Estero, si effettua dividendo il numero degli abitanti della Repubblica, quale risulta dall'ultimo censimento generale della popolazione, per seicentodiciotto e distribuendo i seggi in proporzione alla popolazione di ogni circoscrizione, sulla base dei quozienti interi e dei più alti resti.

57. Il Senato della Repubblica è eletto a base regionale, salvi i seggi assegnati alla circoscrizione Estero.

Il numero dei senatori elettivi è di trecentoquindici, sei dei quali eletti nella circoscrizione Estero.

Nessuna Regione può avere un numero di senatori inferiore a sette; il Molise ne ha due, la Valle d'Aosta uno.

La ripartizione dei seggi tra le Regioni, fatto salvo il numero dei seggi assegnati alla circoscrizione Estero, previa applicazione delle disposizioni del precedente comma, si effettua in proporzione alla popolazione delle Regioni, quale risulta dall'ultimo censimento generale, sulla base dei quozienti interi e dei più alti resti.

58. I senatori sono eletti a suffragio universale e diretto dagli elettori che hanno superato il venticinquesimo anno di età.

Sono eleggibili a senatori gli elettori che hanno compiuto il quarantesimo anno.

59. È senatore di diritto e a vita, salvo rinunzia, chi è stato Presidente della Repubblica.

Il Presidente della Repubblica può nominare senatori a vita cinque cittadini che hanno illustrato la Patria per altissimi meriti nel campo sociale, scientifico, artistico e letterario.

60. La Camera dei deputati e il Senato della Repubblica sono eletti per cinque anni.

La durata di ciascuna Camera non può essere prorogata se non per legge e soltanto in caso di guerra.

61. Le elezioni delle nuove Camere hanno luogo entro settanta giorni dalla fine delle precedenti. La prima riunione ha luogo non oltre il ventesimo giorno dalle elezioni.

Finché non siano riunite le nuove Camere sono prorogati i poteri delle precedenti.

62. Le Camere si riuniscono di diritto il primo giorno non festivo di febbraio e di ottobre.

Ciascuna Camera può essere convocata in via straordinaria per iniziativa del suo Presidente o del Presidente della Repubblica o di un terzo dei suoi componenti.

Quando si riunisce in via straordinaria una Camera, è convocata di diritto anche l'altra.

63. Ciascuna Camera elegge tra i suoi componenti il Presidente e l'Ufficio di presidenza.

Quando il Parlamento si riunisce in seduta comune, il Presidente e l'Ufficio di presidenza sono quelli della Camera dei deputati.

64. Ciascuna Camera adotta il proprio regolamento a maggioranza assoluta dei suoi componenti.

Le sedute sono pubbliche; tuttavia ciascuna delle due Camere e il Parlamento a Camere riunite possono deliberare di adunarsi in seduta segreta.

Le deliberazioni di ciascuna Camera e del Parlamento non sono valide se non è presente la maggioranza dei loro componenti e se non sono adottate a maggioranza dei presenti, salvo che la Costituzione prescriva una maggioranza speciale.

I membri del Governo, anche se non fanno parte delle Camere, hanno diritto, e se richiesti obbligo, di assistere alle sedute. Devono essere sentiti ogni volta che lo richiedono.

65. La legge determina i casi di ineleggibilità e di incompatibilità con l'ufficio di deputato o di senatore.

Nessuno può appartenere contemporaneamente alle due Camere.

66. Ciascuna Camera giudica dei titoli di ammissione dei suoi componenti e delle cause sopraggiunte di ineleggibilità e di incompatibilità.

67. Ogni membro del Parlamento rappresenta la Nazione ed esercita le sue funzioni senza vincolo di mandato.

68. I membri del Parlamento non possono essere chiamati a rispondere delle opinioni espresse e dei voti dati nell'esercizio delle loro funzioni.

Senza autorizzazione della Camera alla quale appartiene, nessun membro del Parlamento può essere sottoposto a perquisizione personale o domiciliare, né può essere arrestato o altrimenti privato della libertà personale, o mantenuto in detenzione, salvo che in esecuzione di una sentenza irrevocabile di condanna, ovvero se sia colto nell'atto di commettere un delitto per il quale è previsto l'arresto obbligatorio in flagranza.

Analoga autorizzazione è richiesta per sottoporre i membri del Parlamento ad intercettazioni, in qualsiasi forma, di conversazioni o comunicazioni e a sequestro di corrispondenza.

69. I membri del Parlamento ricevono una indennità stabilita dalla legge.

Sezione II. - *La formazione delle leggi*

70. La funzione legislativa è esercitata collettivamente dalle due Camere.

71. L'iniziativa delle leggi appartiene al Governo, a ciascun membro delle Camere ed agli organi ed enti ai quali sia conferita da legge costituzionale.

Il popolo esercita l'iniziativa delle leggi, mediante la proposta, da parte di almeno cinquantamila elettori, di un progetto redatto in articoli.

72. Ogni disegno di legge, presentato ad una Camera è, secondo le norme del suo regolamento, esaminato da una commissione e poi dalla Camera stessa, che l'approva articolo per articolo e con votazione finale.

Il regolamento stabilisce procedimenti abbreviati per i disegni di legge dei quali è dichiarata l'urgenza.

Può altresì stabilire in quali casi e forme l'esame e l'approvazione dei disegni di legge sono deferiti a commissioni, anche permanenti, composte in modo da rispecchiare la proporzione dei gruppi parlamentari. Anche in tali casi, fino al momento della sua approvazione definitiva, il disegno di legge è rimesso alla Camera, se il Governo o un decimo dei componenti della Camera o un quinto della commissione richiedono che sia discusso e votato dalla Camera stessa oppure che sia sottoposto alla sua approvazione finale con sole dichiarazioni di voto. Il regolamento determina le forme di pubblicità dei lavori delle commissioni.

La procedura normale di esame e di approvazione diretta da parte della Camera è sempre adottata per i disegni di legge in materia costituzionale ed elettorale e per quelli di delegazione legislativa , di autorizzazione a ratificare trattati internazionali, di approvazione di bilanci e consuntivi.

73. Le leggi sono promulgate dal Presidente della Repubblica entro un mese dall'approvazione.

Se le Camere, ciascuna a maggioranza assoluta dei propri componenti, ne dichiarano l'urgenza, la legge è promulgata nel termine da essa stabilito.

Le leggi sono pubblicate subito dopo la promulgazione ed entrano in vigore il quindicesimo giorno successivo alla loro pubblicazione, salvo che le leggi stesse stabiliscano un termine diverso.

74. Il Presidente della Repubblica, prima di promulgare la legge, può con messaggio motivato alle Camere chiedere una nuova deliberazione.

Se le Camere approvano nuovamente la legge, questa deve essere promulgata.

75. È indetto *referendum* popolare per deliberare l'abrogazione, totale o parziale, di una legge o di un atto avente valore di legge, quando lo richiedono cinquecentomila elettori o cinque Consigli regionali.

Non è ammesso il *referendum* per le leggi tributarie e di bilancio, di amnistia e di indulto, di autorizzazione a ratificare trattati internazionali.

Hanno diritto di partecipare al *referendum* tutti i cittadini chiamati ad eleggere la Camera dei deputati.

La proposta soggetta a *referendum* è approvata se ha partecipato alla votazione la maggioranza degli aventi diritto, e se è raggiunta la maggioranza dei voti validamente espressi.

La legge determina le modalità di attuazione del *referendum.*

76. L'esercizio della funzione legislativa non può essere delegato al Governo se non con determinazione di princìpi e criteri direttivi e soltanto per tempo limitato e per oggetti definiti.

77. Il Governo non può, senza delegazione delle Camere, emanare decreti che abbiano valore di legge ordinaria.

Quando, in casi straordinari di necessità e d'urgenza, il Governo adotta, sotto la sua responsabilità, provvedimenti provvisori con forza di legge, deve il giorno stesso presentarli per la conversione alle Camere che, anche se sciolte, sono appositamente convocate e si riuniscono entro cinque giorni.

I decreti perdono efficacia sin dall'inizio, se non sono convertiti in legge entro sessanta giorni dalla loro pubblicazione. Le Camere possono tuttavia regolare con legge i rapporti giuridici sorti sulla base dei decreti non convertiti.

78. Le Camere deliberano lo stato di guerra e conferiscono al Governo i poteri necessari.

79. L'amnistia e l'indulto sono concessi con legge deliberata a maggioranza dei due terzi dei componenti di ciascuna Camera, in ogni suo articolo e nella votazione finale.

La legge che concede l'amnistia o l'indulto stabilisce il termine per la loro applicazione.

In ogni caso l'amnistia e l'indulto non possono applicarsi ai reati commessi successivamente alla presentazione del disegno di legge.

80. Le Camere autorizzano con legge la ratifica dei trattati internazionali che sono di natura politica, o prevedono arbitrati o regolamenti giudiziari, o importano variazioni del territorio od oneri alle finanze o modificazioni di leggi.

81. Lo Stato assicura l'equilibrio tra le entrate e le spese del proprio bilancio, tenendo conto delle fasi avverse e delle fasi favorevoli del ciclo economico.

Il ricorso all'indebitamento è consentito solo al fine di considerare gli effetti del ciclo economico e, previa autorizzazione delle Camere adottata a maggioranza assoluta dei rispettivi componenti, al verificarsi di eventi eccezionali.

Ogni legge che importi nuovi o maggiori oneri provvede ai mezzi per farvi fronte.

Le Camere ogni anno approvano con legge il bilancio e il rendiconto consuntivo presentati dal Governo.

L'esercizio provvisorio del bilancio non può essere concesso se non per legge e per periodi non superiori complessivamente a quattro mesi.

Il contenuto della legge di bilancio, le norme fondamentali e i criteri volti ad assicurare l'equilibrio tra le entrate e le spese dei bilanci e la sostenibilità del debito del complesso delle pubbliche amministrazioni sono stabiliti con legge approvata a maggioranza assoluta dei componenti di ciascuna Camera, nel rispetto dei principi definiti con legge costituzionale.

82. Ciascuna Camera può disporre inchieste su materie di pubblico interesse.

A tale scopo nomina fra i propri componenti una commissione formata in modo da rispecchiare la proporzione dei vari gruppi. La commissione d'inchiesta procede alle indagini e agli esami con gli stessi poteri e le stesse limitazioni dell'autorità giudiziaria.

TITOLO II

Il Presidente della Repubblica

83. Il Presidente della Repubblica è eletto dal Parlamento in seduta comune dei suoi membri.

All'elezione partecipano tre delegati per ogni Regione eletti dal Consiglio regionale in modo che sia assicurata la rappresentanza delle minoranze. La Valle d'Aosta ha un solo delegato.

L'elezione del Presidente della Repubblica ha luogo per scrutinio segreto a maggioranza di due terzi dell'assemblea. Dopo il terzo scrutinio è sufficiente la maggioranza assoluta.

84. Può essere eletto Presidente della Repubblica ogni cittadino che abbia compiuto i cinquanta anni d'età e goda dei diritti civili e politici.

L'ufficio di Presidente della Repubblica è incompatibile con qualsiasi altra carica.

L'assegno e la dotazione del Presidente sono determinati per legge.

85. Il Presidente della Repubblica è eletto per sette anni.

Trenta giorni prima che scada il termine, il Presidente della Camera dei deputati convoca in seduta comune il Parlamento e i delegati regionali, per eleggere il nuovo Presidente della Repubblica.

Se le Camere sono sciolte, o manca meno di tre mesi alla loro cessazione, la elezione ha luogo entro quindici giorni dalla riunione delle Camere nuove. Nel frattempo sono prorogati i poteri del Presidente in carica.

86. Le funzioni del Presidente della Repubblica, in ogni caso che egli non possa adempierle, sono esercitate dal Presidente del Senato.

In caso di impedimento permanente o di morte o di dimissioni del Presidente della Repubblica, il Presidente della Camera dei deputati indice la elezione del nuovo Presidente della Repubblica entro quindici giorni, salvo il maggior termine previsto se le Camere sono sciolte o manca meno di tre mesi alla loro cessazione.

87. Il Presidente della Repubblica è il capo dello Stato e rappresenta l'unità nazionale.

Può inviare messaggi alle Camere.

Indice le elezioni delle nuove Camere e ne fissa la prima riunione.

Autorizza la presentazione alle Camere dei disegni di legge di iniziativa del Governo.

Promulga le leggi ed emana i decreti aventi valore di legge e i regolamenti.

Indice il *referendum* popolare nei casi previsti dalla Costituzione.

Nomina, nei casi indicati dalla legge, i funzionari dello Stato.

Accredita e riceve i rappresentanti diplomatici, ratifica i trattati internazionali, previa, quando occorra, l'autorizzazione delle Camere.

Ha il comando delle Forze armate, presiede il Consiglio supremo di difesa costituito secondo la legge, dichiara lo stato di guerra deliberato dalle Camere.

Presiede il Consiglio superiore della magistratura.

Può concedere grazia e commutare le pene.

Conferisce le onorificenze della Repubblica.

88. Il Presidente della Repubblica può, sentiti i loro Presidenti, sciogliere le Camere o anche una sola di esse.

Non può esercitare tale facoltà negli ultimi sei mesi del suo mandato, salvo che essi coincidano in tutto o in parte con gli ultimi sei mesi della legislatura.

89. Nessun atto del Presidente della Repubblica è valido se non è controfirmato dai ministri proponenti, che ne assumono la responsabilità.

Gli atti che hanno valore legislativo e gli altri indicati dalla legge sono controfirmati anche dal Presidente del Consiglio dei ministri.

90. Il Presidente della Repubblica non è responsabile degli atti compiuti nell'esercizio delle sue funzioni, tranne che per alto tradimento o per attentato alla Costituzione.

In tali casi è messo in stato di accusa dal Parlamento in seduta comune, a maggioranza assoluta dei suoi membri.

91. Il Presidente della Repubblica, prima di assumere le sue funzioni, presta giuramento di fedeltà alla Repubblica e di osservanza della Costituzione dinanzi al Parlamento in seduta comune.

TITOLO III

Il Governo

Sezione I. - *Il Consiglio dei ministri*

92. Il Governo della Repubblica è composto del Presidente del Consiglio e dei ministri, che costituiscono insieme il Consiglio dei ministri.

Il Presidente della Repubblica nomina il Presidente del Consiglio dei ministri e, su proposta di questo, i ministri.

93. Il Presidente del Consiglio dei ministri e i ministri, prima di assumere le funzioni, prestano giuramento nelle mani del Presidente della Repubblica.

94. Il Governo deve avere la fiducia delle due Camere.

Ciascuna Camera accorda o revoca la fiducia mediante mozione motivata e votata per appello nominale.

Entro dieci giorni dalla sua formazione il Governo si presenta alle Camere per ottenerne la fiducia.

Il voto contrario di una o d'entrambe le Camere su una proposta del Governo non importa obbligo di dimissioni.

La mozione di sfiducia deve essere firmata da almeno un decimo dei componenti della Camera e non può essere messa in discussione prima di tre giorni dalla sua presentazione.

95. Il Presidente del Consiglio dei ministri dirige la politica generale del Governo e ne è responsabile. Mantiene l'unità di indirizzo politico ed amministrativo, promuovendo e coordinando l'attività dei ministri.

I ministri sono responsabili collegialmente degli atti del Consiglio dei ministri, e individualmente degli atti dei loro dicasteri.

La legge provvede all'ordinamento della Presidenza del Consiglio e determina il numero, le attribuzioni e l'organizzazione dei ministeri.

96. Il Presidente del Consiglio dei Ministri ed i Ministri, anche se cessati dalla carica, sono sottoposti, per i reati commessi nell'esercizio delle loro funzioni, alla giurisdizione ordinaria, previa autorizzazione del Senato della Repubblica o della Camera dei deputati, secondo le norme stabilite con legge costituzionale.

Sezione II. - *La Pubblica Amministrazione*

97. Le pubbliche amministrazioni, in coerenza con l'ordinamento dell'Unione europea, assicurano l'equilibrio dei bilanci e la sostenibilità del debito pubblico.

I pubblici uffici sono organizzati secondo disposizioni di legge, in modo che siano assicurati il buon andamento e l'imparzialità dell'amministrazione.

Nell'ordinamento degli uffici sono determinate le sfere di competenza, le attribuzioni e le responsabilità proprie dei funzionari.

Agli impieghi nelle pubbliche amministrazioni si accede mediante concorso, salvo i casi stabiliti dalla legge.

98. I pubblici impiegati sono al servizio esclusivo della Nazione.

Se sono membri del Parlamento, non possono conseguire promozioni se non per anzianità.

Si possono con legge stabilire limitazioni al diritto d'iscriversi ai partiti politici per i magistrati, i militari di carriera in servizio attivo, i funzionari ed agenti di polizia, i rappresentanti diplomatici e consolari all'estero.

Sezione III. - *Gli organi ausiliari*

99. Il Consiglio nazionale dell'economia e del lavoro è composto, nei modi stabiliti dalla legge, di esperti e di rappresentanti delle categorie produttive, in misura che tenga conto della loro importanza numerica e qualitativa.

È organo di consulenza delle Camere e del Governo per le materie e secondo le funzioni che gli sono attribuite dalla legge.

Ha l'iniziativa legislativa e può contribuire alla elaborazione della legislazione economica e sociale secondo i princìpi ed entro i limiti stabiliti dalla legge.

100. Il Consiglio di Stato è organo di consulenza giuridico-amministrativa e di tutela della giustizia nell'amministrazione.

La Corte dei conti esercita il controllo preventivo di legittimità sugli atti del Governo, e anche quello successivo sulla gestione del bilancio dello Stato. Partecipa, nei casi e nelle forme stabiliti dalla legge, al controllo sulla gestione finanziaria degli enti a cui lo Stato contribuisce in via ordinaria. Riferisce direttamente alle Camere sul risultato del riscontro eseguito.

La legge assicura l'indipendenza dei due istituti e dei loro componenti di fronte al Governo.

TITOLO IV

La Magistratura

Sezione I. - *Ordinamento giurisdizionale*

101. La giustizia è amministrata in nome del popolo.

I giudici sono soggetti soltanto alla legge.

102. La funzione giurisdizionale è esercitata da magistrati ordinari istituiti e regolati dalle norme sull'ordinamento giudiziario.

Non possono essere istituiti giudici straordinari o giudici speciali. Possono soltanto istituirsi presso gli organi giudiziari ordinari sezioni specializzate per determinate materie, anche con la partecipazione di cittadini idonei estranei alla magistratura.

La legge regola i casi e le forme della partecipazione diretta del popolo all'amministrazione della giustizia.

103. Il Consiglio di Stato e gli altri organi di giustizia amministrativa hanno giurisdizione per la tutela nei confronti della pubblica amministrazione degli interessi legittimi e, in particolari materie indicate dalla legge, anche dei diritti soggettivi.

La Corte dei conti ha giurisdizione nelle materie di contabilità pubblica e nelle altre specificate dalla legge.

I tribunali militari in tempo di guerra hanno la giurisdizione stabilita dalla legge. In tempo di pace hanno giurisdizione soltanto per i reati militari commessi da appartenenti alle Forze armate.

104. La magistratura costituisce un ordine autonomo e indipendente da ogni altro potere.

Il Consiglio superiore della magistratura è presieduto dal Presidente della Repubblica.

Ne fanno parte di diritto il primo presidente e il procuratore generale della Corte di cassazione.

Gli altri componenti sono eletti per due terzi da tutti i magistrati ordinari tra gli appartenenti alle varie categorie, e per un terzo dal Parlamento in seduta comune tra professori ordinari di università in materie giuridiche ed avvocati dopo quindici anni di esercizio.

Il Consiglio elegge un vicepresidente fra i componenti designati dal Parlamento.

I membri elettivi del Consiglio durano in carica quattro anni e non sono immediatamente rieleggibili.

Non possono, finché sono in carica, essere iscritti negli albi professionali, né far parte del Parlamento o di un Consiglio regionale.

105. Spettano al Consiglio superiore della magistratura, secondo le norme dell'ordinamento giudiziario, le assunzioni, le assegnazioni ed i trasferimenti, le promozioni e i provvedimenti disciplinari nei riguardi dei magistrati.

106. Le nomine dei magistrati hanno luogo per concorso.

La legge sull'ordinamento giudiziario può ammettere la nomina, anche elettiva, di magistrati onorari per tutte le funzioni attribuite a giudici singoli.

Su designazione del Consiglio superiore della magistratura possono essere chiamati all'ufficio di consiglieri di cassazione, per meriti insigni, professori ordinari di università in materie giuridiche e avvocati che abbiano quindici anni d'esercizio e siano iscritti negli albi speciali per le giurisdizioni superiori.

107. I magistrati sono inamovibili. Non possono essere dispensati o sospesi dal servizio né destinati ad altre sedi o funzioni se non in seguito a decisione del Consiglio superiore della magistratura, adottata o per i motivi e con le garanzie di difesa stabilite dall'ordinamento giudiziario o con il loro consenso.

Il Ministro della giustizia ha facoltà di promuovere l'azione disciplinare.

I magistrati si distinguono fra loro soltanto per diversità di funzioni.

Il pubblico ministero gode delle garanzie stabilite nei suoi riguardi dalle norme sull'ordinamento giudiziario.

108. Le norme sull'ordinamento giudiziario e su ogni magistratura sono stabilite con legge.

La legge assicura l'indipendenza dei giudici delle giurisdizioni speciali, del pubblico ministero presso di esse, e degli estranei che partecipano all'amministrazione della giustizia.

109. L'autorità giudiziaria dispone direttamente della polizia giudiziaria.

110. Ferme le competenze del Consiglio superiore della magistratura, spettano al Ministro della giustizia l'organizzazione e il funzionamento dei servizi relativi alla giustizia.

Sezione II. - *Norme sulla giurisdizione*

111. La giurisdizione si attua mediante il giusto processo regolato dalla legge.

Ogni processo si svolge nel contraddittorio tra le parti, in condizioni di parità, davanti a giudice terzo e imparziale. La legge ne assicura la ragionevole durata.

Nel processo penale, la legge assicura che la persona accusata di un reato sia, nel più breve tempo possibile, informata riservatamente della natura e dei motivi dell'accusa elevata a suo carico; disponga del tempo e delle condizioni necessari per preparare la sua difesa; abbia la facoltà, davanti al giudice, di interrogare o di far interrogare le persone che rendono dichiarazioni a suo carico, di ottenere la convocazione e l'interrogatorio di persone a sua difesa nelle stesse condizioni dell'accusa e l'acquisizione di ogni altro mezzo di prova a suo favore; sia assistita da un interprete se non comprende o non parla la lingua impiegata nel processo.

Il processo penale è regolato dal principio del contraddittorio nella formazione della prova. La colpevolezza dell'imputato non può essere provata sulla base di dichiarazioni rese da chi, per libera scelta, si è sempre volontariamente sottratto all'interrogatorio da parte dell'imputato o del suo difensore.

La legge regola i casi in cui la formazione della prova non ha luogo in contraddittorio per consenso dell'imputato o per accertata impossibilità di natura oggettiva o per effetto di provata condotta illecita.

Tutti i provvedimenti giurisdizionali devono essere motivati.

Contro le sentenze e contro i provvedimenti sulla libertà personale, pronunciati dagli organi giurisdizionali ordinari o speciali, è sempre ammesso ricorso in Cassazione per violazione di legge. Si può derogare a tale norma soltanto per le sentenze dei tribunali militari in tempo di guerra.

Contro le decisioni del Consiglio di Stato e della Corte dei conti il ricorso in Cassazione è ammesso per i soli motivi inerenti alla giurisdizione.

112. Il pubblico ministero ha l'obbligo di esercitare l'azione penale.

113. Contro gli atti della pubblica amministrazione è sempre ammessa la tutela giurisdizionale dei diritti e degli interessi legittimi dinanzi agli organi di giurisdizione ordinaria o amministrativa.

Tale tutela giurisdizionale non può essere esclusa o

limitata a particolari mezzi di impugnazione o per determinate categorie di atti.

La legge determina quali organi di giurisdizione possono annullare gli atti della pubblica amministrazione nei casi e con gli effetti previsti dalla legge stessa.

TITOLO V

Le Regioni, le Province, i Comuni

114. La Repubblica è costituita dai Comuni, dalle Province, dalle Città metropolitane, dalle Regioni e dallo Stato.

I Comuni, le Province, le Città metropolitane e le Regioni sono enti autonomi con propri statuti, poteri e funzioni secondo i princìpi fissati dalla Costituzione.

Roma è la capitale della Repubblica. La legge dello Stato disciplina il suo ordinamento.

115. [articolo abrogato].

116. Il Friuli Venezia Giulia, la Sardegna, la Sicilia, il Trentino-Alto Adige/Südtirol e la Valle d'Aosta/Vallée d'Aoste dispongono di forme e condizioni particolari di autonomia, secondo i rispettivi statuti speciali adottati con legge costituzionale.

La Regione Trentino-Alto Adige/Südtirol è costituita dalle Province autonome di Trento e di Bolzano.

Ulteriori forme e condizioni particolari di autonomia, concernenti le materie di cui al terzo comma dell'articolo 117 e le materie indicate dal secondo comma del medesimo articolo alle lettere *l*), limitatamente all'organizzazione della giustizia di pace, *n*) e *s*), possono essere attribuite ad altre Regioni, con legge dello Stato, su iniziativa della Regione interessata, sentiti gli enti locali, nel rispetto dei princìpi di cui all'articolo 119. La legge è approvata dalle Camere a maggioranza assoluta dei componenti, sulla base di intesa fra lo Stato e la Regione interessata.

117. La potestà legislativa è esercitata dallo Stato e dalle Regioni nel rispetto della Costituzione, nonché dei vincoli derivanti dall'ordinamento comunitario e dagli obblighi internazionali.

Lo Stato ha legislazione esclusiva nelle seguenti materie:

a) politica estera e rapporti internazionali dello Stato; rapporti dello Stato con l'Unione europea; diritto di asilo e condizione giuridica dei cittadini di Stati non appartenenti all'Unione europea;

b) immigrazione;

c) rapporti tra la Repubblica e le confessioni religiose;

d) difesa e Forze armate; sicurezza dello Stato; armi, munizioni ed esplosivi;

e) moneta, tutela del risparmio e mercati finanziari; tutela della concorrenza; sistema valutario; sistema tributario e contabile dello Stato; armonizzazione dei bilanci pubblici; perequazione delle risorse finanziarie;

f) organi dello Stato e relative leggi elettorali; *referendum* statali; elezione del Parlamento europeo;

g) ordinamento e organizzazione amministrativa dello Stato e degli enti pubblici nazionali;

h) ordine pubblico e sicurezza, ad esclusione della polizia amministrativa locale;

i) cittadinanza, stato civile e anagrafi;

l) giurisdizione e norme processuali; ordinamento civile e penale; giustizia amministrativa;

m) determinazione dei livelli essenziali delle prestazioni concernenti i diritti civili e sociali che devono essere garantiti su tutto il territorio nazionale;

n) norme generali sull'istruzione;

o) previdenza sociale;

p) legislazione elettorale, organi di governo e funzioni fondamentali di Comuni, Province e Città metropolitane;

q) dogane, protezione dei confini nazionali e profilassi internazionale;

r) pesi, misure e determinazione del tempo; coordinamento informativo statistico e informatico dei dati dell'amministrazione statale, regionale e locale; opere dell'ingegno;

s) tutela dell'ambiente, dell'ecosistema e dei beni culturali.

Sono materie di legislazione concorrente quelle relative a: rapporti internazionali e con l'Unione europea delle Regioni; commercio con l'estero; tutela e sicurezza del lavoro; istruzione, salva l'autonomia delle istituzioni scolastiche e con esclusione della istruzione e della formazione professionale; professioni; ricerca scientifica e tecnologica e sostegno all'innovazione per i settori produttivi; tutela della salute; alimentazione; ordinamento sportivo; protezione civile; governo del territorio; porti e aeroporti civili; grandi reti di trasporto e di navigazione; ordinamento della comunicazione; produzione, trasporto e distribuzione nazionale dell'energia; previdenza complementare e integrativa; coordinamento della finanza pubblica e del sistema tributario; valorizzazione dei beni culturali e ambientali e promozione e organizzazione di attività culturali; casse di risparmio, casse rurali, aziende di credito a carattere regionale; enti di credito fondiario e agrario a carattere regionale. Nelle materie di legislazione concorrente spetta alle Regioni la potestà legislativa, salvo che per la determinazione dei princìpi fondamentali, riservata alla legislazione dello Stato.

Spetta alle Regioni la potestà legislativa in riferimento ad ogni materia non espressamente riservata alla legislazione dello Stato.

Le Regioni e le Province autonome di Trento e di Bolzano, nelle materie di loro competenza, partecipano alle decisioni dirette alla formazione degli atti normativi comunitari e provvedono all'attuazione e all'esecuzione degli accordi internazionali e degli atti dell'Unione europea, nel rispetto delle norme di procedura stabilite da legge dello Stato, che disciplina le modalità di esercizio del potere sostitutivo in caso di inadempienza.

La potestà regolamentare spetta allo Stato nelle materie di legislazione esclusiva, salva delega alle Regioni. La potestà regolamentare spetta alle Regioni in ogni altra materia. I Comuni, le Province e le Città metropolitane hanno potestà regolamentare in ordine alla disciplina dell'organizzazione e dello svolgimento delle funzioni loro attribuite.

Le leggi regionali rimuovono ogni ostacolo che impedisce la piena parità degli uomini e delle donne nella vita sociale, culturale ed economica e promuovono la parità di accesso tra donne e uomini alle cariche elettive.

La legge regionale ratifica le intese della Regione con altre Regioni per il migliore esercizio delle proprie funzioni, anche con individuazione di organi comuni.

Nelle materie di sua competenza la Regione può concludere accordi con Stati e intese con enti territoriali interni ad altro Stato, nei casi e con le forme disciplinati da leggi dello Stato.

118. Le funzioni amministrative sono attribuite ai Comuni salvo che, per assicurarne l'esercizio unitario, siano conferite a Province, Città metropolitane, Regioni e Stato, sulla base dei princìpi di sussidiarietà, differenziazione ed adeguatezza.

I Comuni, le Province e le Città metropolitane sono titolari di funzioni amministrative proprie e di quelle conferite con legge statale o regionale, secondo le rispettive competenze.

La legge statale disciplina forme di coordinamento fra Stato e Regioni nelle materie di cui alle lettere *b)* e *h)* del secondo comma dell'articolo 117, e disciplina inoltre forme di intesa e coordinamento nella materia della tutela dei beni culturali.

Stato, Regioni, Città metropolitane, Province e Comuni favoriscono l'autonoma iniziativa dei cittadini, singoli e associati, per lo svolgimento di attività di interesse generale, sulla base del principio di sussidiarietà.

119. I Comuni, le Province, le Città metropolitane e le Regioni hanno autonomia finanziaria di entrata e di spesa, nel rispetto dell'equilibrio dei relativi bilanci, e concorrono ad assicurare l'osservanza dei vincoli economici e finanziari derivanti dall'ordinamento dell'Unione europea.

I Comuni, le Province, le Città metropolitane e le Regioni hanno risorse autonome. Stabiliscono e applicano tributi ed entrate propri, in armonia con la Costituzione e secondo i princìpi di coordinamento della finanza pubblica e del sistema tributario. Dispongono di compartecipazioni al gettito di tributi erariali riferibile al loro territorio.

La legge dello Stato istituisce un fondo perequativo, senza vincoli di destinazione, per i territori con minore capacità fiscale per abitante.

Le risorse derivanti dalle fonti di cui ai commi precedenti consentono ai Comuni, alle Province, alle Città metropolitane e alle Regioni di finanziare integralmente le funzioni pubbliche loro attribuite.

Per promuovere lo sviluppo economico, la coesione e la solidarietà sociale, per rimuovere gli squilibri economici e sociali, per favorire l'effettivo esercizio dei diritti della persona, o per provvedere a scopi diversi dal normale esercizio delle loro funzioni, lo Stato destina risorse aggiuntive ed effettua interventi speciali in favore di determinati Comuni, Province, Città metropolitane e Regioni.

I Comuni, le Province, le Città metropolitane e le Regioni hanno un proprio patrimonio, attribuito secondo i princìpi generali determinati dalla legge dello Stato. Possono ricorrere all'indebitamento solo per finanziare spese di investimento, con la contestuale definizione di piani di ammortamento e a condizione che per il complesso degli enti di ciascuna Regione sia rispettato l'equilibrio di bilancio. È esclusa ogni garanzia dello Stato sui prestiti dagli stessi contratti.

120. La Regione non può istituire dazi di importazione o esportazione o transito tra le Regioni, né adottare provvedimenti che ostacolino in qualsiasi modo la libera circolazione delle persone e delle cose tra le Regioni, né limitare l'esercizio del diritto al lavoro in qualunque parte del territorio nazionale.

Il Governo può sostituirsi a organi delle Regioni, delle Città metropolitane, delle Province e dei Comuni nel caso di mancato rispetto di norme e trattati internazionali o della normativa comunitaria oppure di pericolo grave per l'incolumità e la sicurezza pubblica, ovvero quando lo richiedono la tutela dell'unità giuridica o dell'unità economica e in particolare la tutela dei livelli essenziali delle prestazioni concernenti i diritti civili e sociali, prescindendo dai confini territoriali dei governi locali. La legge definisce le procedure atte a garantire che i poteri sostitutivi siano esercitati nel rispetto del principio di sussidiarietà e del principio di leale collaborazione.

121. Sono organi della Regione: il Consiglio regionale, la Giunta e il suo presidente.

Il Consiglio regionale esercita le potestà legislative attribuite alla Regione e le altre funzioni conferitegli dalla Costituzione e dalle leggi. Può fare proposte di legge alle Camere.

La Giunta regionale è l'organo esecutivo delle Regioni.

Il Presidente della Giunta rappresenta la Regione; dirige la politica della Giunta e ne è responsabile; promulga le leggi ed emana i regolamenti regionali; dirige le funzioni amministrative delegate dallo Stato alla Regione, conformandosi alle istruzioni del Governo della Repubblica.

122. Il sistema di elezione e i casi di ineleggibilità e di incompatibilità del Presidente e degli altri componenti della Giunta regionale nonché dei consiglieri regionali sono disciplinati con legge della Regione nei limiti dei princìpi fondamentali stabiliti con legge della Repubblica, che stabilisce anche la durata degli organi elettivi.

Nessuno può appartenere contemporaneamente a un Consiglio o a una Giunta regionale e ad una delle Camere del Parlamento, ad un altro Consiglio o ad altra Giunta regionale, ovvero al Parlamento europeo.

Il Consiglio elegge tra i suoi componenti un Presidente e un ufficio di presidenza.

I consiglieri regionali non possono essere chiamati a rispondere delle opinioni espresse e dei voti dati nell'esercizio delle loro funzioni.

Il Presidente della Giunta regionale, salvo che lo statuto regionale disponga diversamente, è eletto a suffragio universale e diretto. Il Presidente eletto nomina e revoca i componenti della Giunta.

123. Ciascuna Regione ha uno statuto che, in armonia con la Costituzione, ne determina la forma di governo e i princìpi fondamentali di organizzazione e funzionamento. Lo statuto regola l'esercizio del diritto di iniziativa e del *referendum* su leggi e provvedimenti amministrativi della Regione e la pubblicazione delle leggi e dei regolamenti regionali.

Lo statuto è approvato e modificato dal Consiglio regionale con legge approvata a maggioranza assoluta dei suoi componenti, con due deliberazioni successive adottate ad intervallo non minore di due mesi. Per tale legge non è richiesta l'apposizione del visto da parte del Commissario del Governo. Il Governo della Repubblica può promuovere la questione di legittimità costituzionale sugli statuti regionali dinanzi alla Corte costituzionale entro trenta giorni dalla loro pubblicazione.

Lo statuto è sottoposto a *referendum* popolare qualora entro tre mesi dalla sua pubblicazione ne faccia richiesta un cinquantesimo degli elettori della Regione o un quinto dei componenti il Consiglio regionale. Lo statuto sottoposto a *referendum* non è promulgato se non è approvato dalla maggioranza dei voti validi.

In ogni Regione, lo statuto disciplina il Consiglio delle autonomie locali, quale organo di consultazione fra la Regione e gli enti locali.

124. [articolo abrogato].

125. [comma abrogato].

Nella Regione sono istituiti organi di giustizia amministrativa di primo grado, secondo l'ordinamento stabilito da legge della Repubblica. Possono istituirsi sezioni con sede diversa dal capoluogo della Regione.

126. Con decreto motivato del Presidente della Repubblica sono disposti lo scioglimento del Consiglio regionale e la rimozione del Presidente della Giunta che abbiano compiuto atti contrari alla Costituzione o gravi violazioni di legge. Lo scioglimento e la rimozione possono altresì essere disposti per ragioni di sicurezza nazionale. Il decreto è adottato sentita una Commissione di deputati e senatori costituita, per le questioni regionali, nei modi stabiliti con legge della Repubblica.

Il Consiglio regionale può esprimere la sfiducia nei confronti del Presidente della Giunta mediante mozione motivata, sottoscritta da almeno un quinto dei suoi componenti e approvata per appello nominale a maggioranza assoluta dei componenti. La mozione non può essere messa in discussione prima di tre giorni dalla presentazione.

L'approvazione della mozione di sfiducia nei confronti del Presidente della Giunta eletto a suffragio universale e diretto, nonché la rimozione, l'impedimento permanente, la morte o le dimissioni volontarie dello stesso comportano le dimissioni della Giunta e lo scioglimento del Consiglio. In ogni caso i medesimi effetti conseguono alle dimissioni contestuali della maggioranza dei componenti il Consiglio.

127. Il Governo, quando ritenga che una legge regionale ecceda la competenza della Regione, può promuovere la questione di legittimità costituzionale dinanzi alla Corte costituzionale entro sessanta giorni dalla sua pubblicazione.

La Regione, quando ritenga che una legge o un atto avente valore di legge dello Stato o di un'altra Regione leda la sua sfera di competenza, può promuovere la questione di legittimità costituzionale dinanzi alla Corte costituzionale entro sessanta giorni dalla pubblicazione della legge o dell'atto avente valore di legge.

128-130. [articoli abrogati].

131. Sono costituite le seguenti Regioni: Piemonte; Valle d'Aosta; Lombardia; Trentino-Alto Adige; Veneto; Friuli-Venezia Giulia; Liguria; Emilia-Romagna; Toscana; Umbria, Marche; Lazio; Abruzzi; Molise; Campania; Puglia; Basilicata; Calabria; Sicilia; Sardegna.

132. Si può con legge costituzionale, sentiti i Consigli regionali, disporre la fusione di Regioni esistenti o la creazione di nuove Regioni con un minimo di un milione di abitanti, quando ne facciano richiesta tanti Consigli comunali che rappresentino almeno un terzo delle popolazioni interessate, e la proposta sia approvata con *referendum* dalla maggioranza delle popolazioni stesse.

Si può, con l'approvazione della maggioranza delle popolazioni della Provincia o delle Province interessate e del Comune o dei Comuni interessati espressa mediante *referendum* e con legge della Repubblica, sentiti i Consigli regionali, consentire che Province e Comuni, che ne facciano richiesta, siano staccati da una Regione ed aggregati ad un'altra.

133. Il mutamento delle circoscrizioni provinciali e la istituzione di nuove Province nell'ambito d'una Regione sono stabiliti con legge della Repubblica, su iniziativa dei Comuni, sentita la stessa Regione.

La Regione, sentite le popolazioni interessate, può con sue leggi istituire nel proprio territorio nuovi Comuni e modificare le loro circoscrizioni e denominazioni.

TITOLO VI

Garanzie costituzionali

Sezione I. - *La Corte costituzionale*

134. La Corte costituzionale giudica:

sulle controversie relative alla legittimità costituzionale delle leggi e degli atti, aventi forza di legge, dello Stato e delle Regioni;

sui conflitti di attribuzione tra i poteri dello Stato e su quelli tra lo Stato e le Regioni, e tra le Regioni;

sulle accuse promosse contro il Presidente della Repubblica, a norma della Costituzione.

135. La Corte costituzionale è composta di quindici giudici nominati per un terzo dal Presidente della Repubblica, per un terzo dal Parlamento in seduta comune e per un terzo dalle supreme magistrature ordinaria ed amministrative.

I giudici della Corte costituzionale sono scelti tra i magistrati anche a riposo delle giurisdizioni superiori ordinaria ed amministrative, i professori ordinari di università in materie giuridiche e gli avvocati dopo venti anni d'esercizio.

I giudici della Corte costituzionale sono nominati per nove anni, decorrenti per ciascuno di essi dal giorno del giuramento, e non possono essere nuovamente nominati.

Alla scadenza del termine il giudice costituzionale cessa dalla carica e dall'esercizio delle funzioni.

La Corte elegge fra i suoi componenti, secondo le norme stabilite dalla legge, il Presidente, che rimane in carica per un triennio, ed è rieleggibile, fermi in ogni caso i termini di scadenza dall'ufficio di giudice.

L'ufficio di giudice della Corte è incompatibile con quello di membro del Parlamento, di un Consiglio regionale, con l'esercizio della professione di avvocato e con ogni carica ed ufficio indicati dalla legge.

Nei giudizi di accusa contro il Presidente della Repubblica intervengono, oltre i giudici ordinari della Corte, sedici membri tratti a sorte da un elenco di cittadini aventi i requisiti per l'eleggibilità a senatore, che il Parlamento compila ogni nove anni mediante elezione con le stesse modalità stabilite per la nomina dei giudici ordinari.

136. Quando la Corte dichiara la illegittimità costituzionale di una norma di legge o di atto avente forza di legge, la norma cessa di avere efficacia dal giorno successivo alla pubblicazione della decisione.

La decisione della Corte è pubblicata e comunicata alle Camere ed ai Consigli regionali interessati, affinché, ove lo ritengano necessario, provvedano nelle forme costituzionali.

137. Una legge costituzionale stabilisce le condizioni, le forme, i termini di proponibilità dei giudizi di legittimità costituzionale, e le garanzie d'indipendenza dei giudici della Corte.

Con legge ordinaria sono stabilite le altre norme necessarie per la costituzione e il funzionamento della Corte.

Contro le decisioni della Corte costituzionale non è ammessa alcuna impugnazione.

Sezione II. - *Revisione della Costituzione. Leggi costituzionali*

138. Le leggi di revisione della Costituzione e le altre leggi costituzionali sono adottate da ciascuna Camera con due successive deliberazioni ad intervallo non minore di tre mesi, e sono approvate a maggioranza assoluta dei componenti di ciascuna Camera nella seconda votazione.

Le leggi stesse sono sottoposte a *referendum* popolare quando, entro tre mesi dalla loro pubblicazione, ne facciano domanda un quinto dei membri di una Camera o cinquecentomila elettori o cinque Consigli regionali. La legge sottoposta a *referendum* non è promulgata, se non è approvata dalla maggioranza dei voti validi.

Non si fa luogo a *referendum* se la legge è stata approvata nella seconda votazione da ciascuna delle Camere a maggioranza di due terzi dei suoi componenti.

139. La forma repubblicana non può essere oggetto di revisione costituzionale.

DISPOSIZIONI TRANSITORIE E FINALI

I.

Con l'entrata in vigore della Costituzione il Capo provvisorio dello Stato esercita le attribuzioni di Presidente della Repubblica e ne assume il titolo.

II.

Se alla data della elezione del Presidente della Repubblica non sono costituiti tutti i Consigli regionali, partecipano alla elezione soltanto i componenti delle due Camere.

III.

Per la prima composizione del Senato della Repubblica sono nominati senatori, con decreto del Presidente della Repubblica, i deputati dell'Assemblea Costituente che posseggono i requisiti di legge per essere senatori e che:

sono stati Presidenti del Consiglio dei Ministri o di Assemblee legislative;

hanno fatto parte del disciolto Senato;

hanno avuto almeno tre elezioni, compresa quella all'Assemblea Costituente;

sono stati dichiarati decaduti nella seduta della Camera dei deputati del 9 novembre 1926;

hanno scontato la pena della reclusione non inferiore a cinque anni in seguito a condanna del tribunale speciale fascista per la difesa dello Stato.

Sono nominati altresì senatori, con decreto del Presidente della Repubblica, i membri del disciolto Senato che hanno fatto parte della Consulta Nazionale.

Al diritto di essere nominati senatori si può rinunciare prima della firma del decreto di nomina. L'accettazione della candidatura alle elezioni politiche implica rinuncia al diritto di nomina a senatore.

IV.

Per la prima elezione del Senato il Molise è considerato come Regione a sé stante, con il numero dei senatori che gli compete in base alla sua popolazione.

V.

La disposizione dell'art. 80 della Costituzione, per quanto concerne i trattati internazionali che importano oneri alle finanze o modificazioni di legge, ha effetto dalla data di convocazione delle Camere.

VI.

Entro cinque anni dall'entrata in vigore della Costituzione si procede alla revisione degli organi speciali di giurisdizione attualmente esistenti, salvo le giurisdizioni del Consiglio di Stato, della Corte dei conti e dei tribunali militari.

Entro un anno dalla stessa data si provvede con legge al riordinamento del Tribunale supremo militare in relazione all'articolo 111.

VII.

Fino a quando non sia emanata la nuova legge sull'ordinamento giudiziario in conformità con la Costituzione, continuano ad osservarsi le norme dell'ordinamento vigente.

Fino a quando non entri in funzione la Corte costituzionale, la decisione delle controversie indicate nell'articolo 134 ha luogo nelle forme e nei limiti delle norme preesistenti all'entrata in vigore della Costituzione.

[comma abrogato].

VIII.

Le elezioni dei Consigli regionali e degli organi elettivi delle amministrazioni provinciali sono indette entro un anno dall'entrata in vigore della Costituzione.

Leggi della Repubblica regolano per ogni ramo della pubblica amministrazione il passaggio delle funzioni statali attribuite alle Regioni. Fino a quando non sia provveduto al riordinamento e alla distribuzione delle funzioni amministrative fra gli enti locali restano alle Province ed ai Comuni le funzioni che esercitano attualmente e le altre di cui le Regioni deleghino loro l'esercizio.

Leggi della Repubblica regolano il passaggio alle Regioni di funzionari e dipendenti dello Stato, anche delle amministrazioni centrali, che sia reso necessario dal nuovo ordinamento. Per la formazione dei loro uffici le Regioni devono, tranne che in casi di necessità, trarre il proprio personale da quello dello Stato e degli enti locali.

IX.

La Repubblica, entro tre anni dall'entrata in vigore della Costituzione, adegua le sue leggi alle esigenze delle autonomie locali e alla competenza legislativa attribuita alle Regioni.

X.

Alla Regione del Friuli-Venezia Giulia, di cui all'articolo 116, si applicano provvisoriamente le norme generali del Titolo V della parte seconda, ferma restando la tutela delle minoranze linguistiche in conformità con l'articolo 6.

XI.

Fino a cinque anni dall'entrata in vigore della Costituzione si possono, con leggi costituzionali, formare altre Regioni, a modificazione dell'elenco di cui all'articolo 131, anche senza il concorso delle condizioni richieste dal primo comma dell'articolo 132, fermo rimanendo tuttavia l'obbligo di sentire le popolazioni interessate.

XII.

È vietata la riorganizzazione, sotto qualsiasi forma, del disciolto partito fascista.

In deroga all'articolo 48, sono stabilite con legge, per non oltre un quinquennio dalla entrata in vigore della Costituzione, limitazioni temporanee al diritto di voto e alla eleggibilità per i capi responsabili del regime fascista.

XIII.

[I membri e i discendenti di Casa Savoia non sono elettori e non possono ricoprire uffici pubblici né cariche elettive].[1]

[Agli ex re di Casa Savoia, alle loro consorti e ai loro discendenti maschi sono vietati l'ingresso e il soggiorno nel territorio nazionale].[2]

I beni, esistenti nel territorio nazionale, degli ex re di Casa Savoia, delle loro consorti e dei loro discendenti maschi, sono avocati allo Stato. I trasferimenti e le costituzioni di diritti reali sui beni stessi, che siano avvenuti dopo il 2 giugno 1946, sono nulli.

XIV.

I titoli nobiliari non sono riconosciuti.

I predicati di quelli esistenti prima del 28 ottobre 1922 valgono come parte del nome.

L'Ordine mauriziano è conservato come ente ospedaliero e funziona nei modi stabiliti dalla legge.

La legge regola la soppressione della Consulta araldica.

XV.

Con l'entrata in vigore della Costituzione si ha per convertito in legge il decreto legislativo luogotenenziale 25 giugno 1944, n. 151, sull'ordinamento provvisorio dello Stato.

XVI.

Entro un anno dall'entrata in vigore della Costituzione si procede alla revisione e al coordinamento con essa delle precedenti leggi costituzionali che non siano state finora esplicitamente o implicitamente abrogate.

XVII.

L'Assemblea Costituente sarà convocata dal suo Presidente per deliberare, entro il 31 gennaio 1948, sulla legge per la elezione del Senato della Repubblica, sugli statuti regionali speciali e sulla legge per la stampa.

Fino al giorno delle elezioni delle nuove Camere, l'Assemblea Costituente può essere convocata, quando vi sia necessità di deliberare nelle materie attribuite alla sua competenza dagli articoli 2, primo e secondo comma, e 3, comma primo e secondo, del decreto legislativo 16 marzo 1946, n. 98.

In tale periodo le Commissioni permanenti restano in funzione. Quelle legislative rinviano al Governo i disegni di legge, ad esse trasmessi, con eventuali osservazioni e proposte di emendamenti.

I deputati possono presentare al Governo interrogazioni con richiesta di risposta scritta.

L'Assemblea Costituente, agli effetti di cui al secondo comma del presente articolo, è convocata dal suo Presidente su richiesta motivata del Governo o di almeno duecento deputati.

XVIII.

La presente Costituzione è promulgata dal Capo provvisorio dello Stato entro cinque giorni dalla sua approvazione da parte della Assemblea Costituente, ed entra in vigore il 1° gennaio 1948.

Il testo della Costituzione è depositato nella sala comunale di ciascun Comune della Repubblica per rimanervi esposto, durante tutto l'anno 1948, affinché ogni cittadino possa prenderne cognizione.

La Costituzione, munita del sigillo dello Stato, sarà inserita nella Raccolta ufficiale delle leggi e dei decreti della Repubblica.

La Costituzione dovrà essere fedelmente osservata come Legge fondamentale della Repubblica da tutti i cittadini e dagli organi dello Stato.

Data a Roma, addì 27 dicembre 1947

ENRICO DE NICOLA

Controfirmano:

Il Presidente dell'Assemblea Costituente
UMBERTO TERRACINI

Il Presidente del Consiglio dei Ministri
ALCIDE DE GASPERI

Visto: *Il guardasigilli*
GIUSEPPE GRASSI